I0896614

Max Graf Solms

Freda Gräfin Solms

zu eigen

STAATSVERFASSUNGEN

EINE SAMMLUNG WICHTIGER VERFASSUNGEN
DER VERGANGENHEIT UND GEGENWART
IN URTEXT UND ÜBERSETZUNG

HERAUSGEGEBEN
VON
GÜNTHER FRANZ

MÜNCHEN 1950
VERLAG VON R. OLDENBOURG

Copyright 1950 by R. Oldenbourg, München
Druck und Buchbinderarbeiten: R. Oldenbourg, Graphische Betriebe G. m. b. H., München
Einband von Fr. Wobst

VORWORT

Sammlungen von Verfassungen sind im letzten Jahrhundert mehrfach erschienen. Sie gaben bald den Urtext, bald begnügten sie sich mit Übersetzungen. In dem vorliegenden Bande wird erstmals für die englischen und französischen Texte Urtext und Übersetzung nebeneinandergestellt und damit eine stete Nachprüfung der Übersetzung ermöglicht. Bei der russischen Verfassung und erst recht bei den chinesischen Verfassungstexten wurde dagegen auch heute noch von dem Abdruck des Urtextes abgesehen. Ein Abdruck aller Verfassungen der Welt würde viele Bände füllen. Eine Auswahl war nötig. Es wurden nicht nur die gegenwärtig gültigen Verfassungen in Betracht gezogen, sondern auch wesentliche Texte vergangener Zeiten aufgenommen, um die Entwicklung des Verfassungsrechtes im allgemeinen wie in den bedeutendsten Ländern aufzuzeigen. Veränderungen, die die Verfassungen im Laufe ihrer Geltungen erfahren haben, sind jeweils in den Anmerkungen berücksichtigt worden. Hat Großbritannien auch keine geschriebene Verfassung im eigentlichen Sinne, so schien es doch angemessen, die Grundgesetze, auf denen das britische Staatsleben seit 700 Jahren beruht, mitaufzunehmen. Grundsätzlich werden die Verfassungen, die für den Abdruck ausgewählt wurden, in vollem Wortlaut gegeben. Einzig die englischen Gesetze, die manche überholte Bestimmungen enthalten, und die Grundgesetze des Deutschen Bundes, die nicht ausschließlich Verfassungsrecht geben, wurden gekürzt. Doch wurden die Kürzungen jeweils kenntlich gemacht. Jede Auswahl ist willkürlich. Stand die Wahl einzelner Texte von vornherein fest, so kann über die Aufnahme oder Nichtaufnahme anderer gestritten werden. Wenn die chinesischen Verfassungsgesetze aufgenommen wurden, so geschah es nicht nur, um die asiatische Welt zu Wort kommen zu lassen (die neue japanische Verfassung war noch nicht zugänglich). In der so ganz anderen Welt Chinas waren manche Fragen zu lösen, die uns heute auch gestellt sind. Wir hoffen, daß die vorliegende Sammlung dem Historiker wie dem Juristen, dem Wissenschaftler wie dem Politiker zugleich zu dienen vermag.

Bei der Übersetzung der fremdsprachlichen Texte hat mir Professor Ulrich Scheuner in freundschaftlicher Weise seinen juristischen Rat geliehen.

Das Buch wurde bereits im Sommer 1949 abgeschlossen. So konnte wohl das „Grundgesetz der Bundesrepublik Deutschland“, nicht aber mehr das Verfassungsgesetz der Ostzone Aufnahme finden.

Herbst 1949. Günther Franz

INHALT

STAATSVERFASSUNGEN

Vor über 150 Jahren, im Jahre 1786, hat sich das Volk der Vereinigten Staaten von Amerika zur Begründung seiner Unabhängigkeit und zur Sicherung seiner inneren und äußeren Freiheit eine Verfasung gegeben. Es ist die erste geschriebene Verfassung, die wir besitzen. Seitdem haben sich fast alle Staaten der Erde „Verfassungen", Staatsgrundgesetze gegeben, in denen der Staatsaufbau, die Verteilung der Machtbefugnisse zwischen Regierung und Parlament, zwischen Zentralgewalt und Einzelstaaten, Landschaften und Gemeinden, die Grundrechte und Grundpflichten der Bürger bestimmt sind. Einzig England besitzt auch heute noch keine geschriebene Verfassung. Sein Staatsleben beruht auf einigen wenigen Gesetzen, die zumeist beträchtlich älter sind als alle sonstigen Verfassungen und deren erstes, die Magna Charta aus dem hohen Mittelalter stammt. Nur das Britische Weltreich hat im Westminsterstatut 1931 eine Verfassung erhalten. Manche Bestimmungen kehren in allen Verfassungen wieder. Und doch ist es reizvoll zu sehen, wie jedes Volk nach seinen Bedürfnissen, jede Zeit ihrem Denken entsprechend Verfassungen geschaffen hat. Sucht das eine Grundgesetz das staatliche Leben bis in alle Einzelheiten hinein zu regeln, so begnügt sich ein anderes damit, gleichsam nur die Grundlinien des Staatsaufbaus zu zeichnen, alles weitere aber der Einzelgesetzgebung zu überlassen. Ist die amerikanische Verfassung seit mehr als anderthalb Jahrhunderten nahezu unverändert in Kraft, so hat sich Frankreich im gleichen Zeitraum 12 verschiedene Verfassungen gegeben. Manche von ihnen hatten nur wenige Jahre Gültigkeit. Doch sind auch sie nicht selten — ich brauche nur an die berühmte erste Verfassung von 1791 zu erinnern — wichtige Geschichtsquellen, von Einfluß weit über ihre Zeit hinaus. Hat die eine Verfassung das politische Denken eines Mannes geformt, ist eine andere aus dem Erlebnis einer großen geschichtlichen Stunde fast spontan geboren, so sind die meisten doch aus langwierigen Verhandlungen entstanden, zeigen vielfach die Spuren des notwendigen Ausgleiches verschiedener Interessen. Die schönste Verfassung aber wird (wie es der Züricher Staatsschreiber und Dichter Gottfried Keller einmal formuliert hat) immer die sein, „in welcher ohne Rücksicht auf Stil und Symmetrie ein Konkretum, ein errungenes Recht neben dem anderen liegt wie die harten glänzenden Körner im Granit, und welche zugleich die klarste Geschichte ihrer selbst sind", in denen sich das Volk selbst in all seinen Eigenheiten spiegelt. Doch eine solche Verfassung zu besitzen ist ein Glück, das nur wenigen Völkern gegeben ist.

Sammlungen: K. H. L. Pölitz, „Die europäischen Verfassungen seit dem Jahre 1789" (4 Bände), 2. Aufl. 1832—33); W. Altmann, „Ausgewählte Urkunden zur außerdeutschen Verfassungsgeschichte seit 1776" (1897, 2. Aufl. 1913); F. R. und P Dareste, „Les constitutions modernes" (4. ed., 6 Bände, 1928—34); P. Posener, „Die Staatsverfassungen des Erdballes" (1909); B. Dennewitz, „Die Verfassungen der modernen Staaten" (4 Bände, 1947—49).

VEREINIGTE STAATEN VON AMERIKA

Die amerikanische Verfassung von 1787 ist in einer Zeit entstanden, in der in Europa noch der Absolutismus herrschte, kein Staat eine geschriebene Verfassung besaß. Sie ist die erste Verfassung, die sich überhaupt ein Volk gegeben hat, und zugleich die einzige, die so lange Zeit in Kraft geblieben ist. In ihr einen sich die Gedanken von Rousseaus „Contrat Social" und Montesquieus Lehre von der Teilung der Gewalten mit dem nüchternen angelsächsischen Tatsachensinn, der Rücksicht auf das praktisch Erreichbare. Sie versteht es, individuelle Freiheit mit staatlicher Macht zu vereinen und als bundesstaatliche Verfassung den Gegensatz zwischen den großen und kleinen Staaten der Union zu überbrücken.

Schon ehe sich die Vereinigten Staaten eine eigene Verfassung gaben, haben sich eine Reihe ihrer Einzelstaaten, wie Pennsylvanien (1776) und Massachusetts (1780), eigene Verfassungen gegeben. An der Spitze dieser Verfassungsgesetze steht die „Bill of Rights" von Virginia, in der 1776 erstmals die Menschenrechte als gültiges Verfassungsrecht formuliert wurden. Sie sind nicht zuletzt unter dem Einfluß von Thomas Paines Flugschrift „Common Sense" von einem Ausschuß von zweiunddreißig virginischen Politikern, dem vor allem auch James Madison angehörte, aufgestellt worden. Diese virginische Erklärung hat auf die Fassung der Grundrechte in den Verfassungen fast aller Staaten den stärksten Einfluß ausgeübt. Gleichzeitig wurde in der amerikanischen Unabhängigkeitserklärung 1776 festgestellt:

„Wir halten diese Wahrheiten für offenbar und keines weiteren Beweises bedürftig: Daß alle Menschen gleich sind von Geburt, daß sie von ihrem Schöpfer mit gewissen, unveräußerlichen Rechten ausgestattet sind, daß zu diesen Leben, Freiheit und das Streben nach Glück gehören; — daß, um diese Rechte zu sichern, Regierungen unter den Menschen eingerichtet sind, welche ihre rechtmäßige Gewalt von der Zustimmung der Regierten herleiten. So oft eine Regierungsform diesen Endzwecken verderblich wird, hat das Volk das Recht, sie zu ändern oder abzuschaffen, eine neue Regierung einzusetzen und diese auf solchen Grundsätzen aufzubauen und ihre Befugnisse in solche Formen zu kleiden, die die Sicherheit und das Glück des Volkes zu gewährleisten scheinen."

Die amerikanische Verfassung hat zunächst auf eine Formulierung der Grundrechte verzichtet. Sie wurden erst nachträglich in den ersten zehn Zusatzartikeln zur Verfassung, die gleichsam eine „Bill of Rights" bilden und 1791 von den Einzelstaaten ratifiziert wurden, eingefügt. Seitdem hat die amerikanische Verfassung nur sehr wenige Änderungen erfahren. In über hundertfünfzig Jahren wurden nur elf Verfassungszusätze angenommen. In den Jahren 1810 bis 1865 und wiederum von 1869 bis 1913 erfolgte überhaupt keine Änderung. Die 13. bis 15. Zusatzartikel hoben

nach dem Bürgerkrieg die Sklaverei auf und stellten die formale staatsbürgerliche Gleichheit für alle amerikanischen Bürger her.

Text: W. Altmann, „Ausgewählte Urkunden zur außerdeutschen Verfassungsgeschichte" (1897). A. Rock, „Dokumente der amerikanischen Demokratie" (1947) mit deutscher Übersetzung. F. E. Morrisson, „Dokuments of the American Constitution" (1923)

Wir geben die deutsche Übersetzung der Verfassung nach dem von der Nachrichtenkontrolle der Militärregierung für Hessen zugleich mit der Verfassung des Landes Hessen veröffentlichten Text. Andere Übersetzungen bei J. M. Beck, „Die Verfassung der Vereinigten Staaten von Nordamerika" (1926) und N. M. Butler, „Der Aufbau des amerikanischen Staates" (1927).

Hingewiesen sei auf G. Jellinek, „Die Erklärung der Menschen- und Bürgerrechte", 4. Aufl., von W. Jellinek (1927) und O. Voßler, „Die amerikanischen Revolutionsideale" (1929).

1. VIRGINIA BILL OF RIGHTS

June 12, 1776

A declaration of rights made by the representatives of the good people of Virginia, assembled in full and free convention; which rights do pertain to them and their posterity, as the basis and foundation of government.

Section 1. That all men are by nature equally free and independent and have certain inherent rights, of which, when they enter into a state of society, they cannot by any compact deprive or divest their posterity; namely the enjoyment of life and liberty, with the means of acquiring and possessing property and pursuing and obtaining happiness and safety.

Section 2. That all power ist vested in and consequently derived from the people; that magistrates are their trustees and servants and at all times amenable to them.

Section 3. That government is or ought to be instituted for the common benefit, protection and security of the people, nation or community; of all the various modes and forms of government, that is best which is capable of producing the greatest degree of happiness and safety and is most effectually secured against the danger of maladministration; and that when any government shall be found inadequate or contrary to these purposes, a majority of the community has an indubitable, inalienable and indefeasible right to reform, alter, or abolish it, in such manner as shall be judged most conducive to the public weal.

Section 4. That no man or set of men are entitled to exclusive or separate emoluments or privileges from the community, but in consideration of public services; which not being descendible, neither ought the offices of magistrate, legislator or judge to be hereditary.

Section 5. That the legislative and executive powers of the State should be separate and distinct from the judiciary; and that the members of the two first may be restrained from oppression by feeling and participating the burdens of the people, they should at fixed periods be reduced to a private station, return into that body from which they were originally taken, and the vacancies be supplied by frequent, certain and regular elections, in which all or any part of the former members to be again eligible or ineligible, as the laws shall direct.

1. DIE GRUNDRECHTE VON VIRGINIA

12. Juni 1776

Eine Erklärung der Rechte, von den Vertretern der guten Bevölkerung von Virginia, in vollständiger und freier Versammlung zusammengetreten, abgegeben über die Rechte, die ihnen und ihrer Nachkommenschaft als Grundlage und Fundament der Regierung zustehen.

Abschnitt 1. Alle Menschen sind von Natur aus in gleicher Weise frei und unabhängig und besitzen bestimmte angeborene Rechte, welche sie ihrer Nachkommenschaft durch keinen Vertrag rauben oder entziehen können, wenn sie eine staatliche Verbindung eingehen, und zwar den Genuß des Lebens und der Freiheit, die Mittel zum Erwerb und Besitz von Eigentum und das Erstreben und Erlangen von Glück und Sicherheit.

Abschnitt 2. Alle Macht ruht im Volke und leitet sich folglich von ihm her; die Beamten sind nur seine Bevollmächtigten und Diener und ihm jederzeit verantwortlich.

Abschnitt 3. Eine Regierung ist oder sollte zum allgemeinen Wohle, zum Schutze und zur Sicherheit des Volkes, der Nation oder Allgemeinheit eingesetzt sein; von all den verschiedenen Arten und Formen der Regierung ist diejenige die beste, die imstande ist, den höchsten Grad von Glück und Sicherheit hervorzubringen, und die am wirksamsten gegen die Gefahr schlechter Verwaltung gesichert ist; die Mehrheit eines Gemeinwesens hat ein unzweifelhaftes, unveräußerliches und unverletzliches Recht, eine Regierung zu verändern oder abzuschaffen, wenn sie diesen Zwecken unangemessen oder entgegengesetzt befunden wird, und zwar so, wie es dem Allgemeinwohl am dienlichsten erscheint.

Abschnitt 4. Kein Mensch oder keine Gruppe von Menschen ist zu ausschließlichen und besonderen Vorteilen und Vorrechten seitens des Staates berechtigt, außer in Anbetracht öffentlicher Dienstleistungen; da diese nicht vererbt werden können, sollen auch die Stellen der Beamten, Gesetzgeber oder Richter nicht erheblich sein.

Abschnitt 5. Die gesetzgebende und die ausführende Gewalt des Staates sollen von der richterlichen getrennt und unterschieden sein; die Mitglieder der beiden ersteren sollen dadurch, daß sie die Lasten des Volkes mitfühlen und mittragen, von einer Unterdrückung abgehalten werden und deshalb in bestimmten Zeitabschnitten in ihre bürgerliche Stellung entlassen werden und so in jene Umwelt zurückkehren, aus der sie ursprünglich berufen wurden; die freigewordenen Stellen sollen durch häufige, bestimmte und regelmäßige Wahlen wieder besetzt werden, bei denen alle oder ein gewisser Teil der früheren Mitglieder wieder oder unwählbar sind, je nachdem es die Gesetze bestimmen.

Section 6. That elections of members to serve as representatives of the people in assembly, ought to be free; and that all men, having sufficient evidence of permanent common interest with and attachment to the community, have the right of suffrage and cannot be taxed or deprived of their property for public uses, without their own consent, or that of their representatives so elected, nor bound by any law to which they have not in like manner assented for the public good.

Section 7. That all power of suspending laws, or the execution of laws, by any authority, without consent of the representatives of the people, is injurious to their rights and ought not to be exercised.

Section 8. That in all capital or criminal prosecutions a man has a right to demand the cause and nature of his accusation, to be confronted with the accusers and witnesses, to call for evidence in his favor and to a speedy trial by an impartial jury of twelve men of his vicinage, without whose unanimous consant he cannot be found guilty; nor can he be compelled to give evidence against himself; that no man be deprived of his liberty, except by the law of the land or the judgment of his peers.

Section 9. That excessive bail ought not to be required, nor excessive fines imposed, nor cruel and unusual punishments inflicted.

Section 10. That general warrants, whereby an officer or messenger may be commanded to search suspected places without evidence of a fact committed, or to seize any person or persons not named, or whose offence is not particularly described and supported by evidence, are grievous and oppressive and ought not to be granted.

Section 11. That in controversies respecting property and in suits between man and man the ancient trial by jury is preferable to any other and ought to be held sacred.

Section 12. That the freedom of the press is one of the great bulwarks of liberty and can never be restrained but by despotic governments.

Section 13. That a well-regulated militia, composed of the body of the people, trained to arms, is the proper, natural and safe defence of a free State; that standing armies in time of peace should be avoided as dangerous to liberty, and that in all cases the military should be under strict subordination to and governed by the civil power.

Section 14. That the people have a right to uniform government; and therefore, that no government, separate from or independent of the government of Virginia, ought to be erected or established within the limits thereof.

Abschnitt 6. Die Wahlen der Abgeordneten, die als Volksvertreter in der Versammlung dienen, sollen frei sein; alle Männer, die ihr dauerndes Interesse und ihre Anhänglichkeit an die Allgemeinheit erwiesen haben, besitzen das Stimmrecht. Ihnen kann ihr Eigentum nicht zu öffentlichen Zwecken besteuert oder genommen werden ohne ihre eigene Einwilligung oder die ihrer so gewählten Abgeordneten, noch können sie durch irgendein Gesetz gebunden werden, dem sie nicht in gleicher Weise um des öffentlichen Wohles willen zugestimmt haben.

Abschnitt 7. Jede Gewalt, Gesetze oder die Ausführung von Gesetzen durch irgendeine Autorität ohne Einwilligung der Volksvertreter aufzuschieben, ist ihren Rechten abträglich und soll nicht durchgeführt werden.

Abschnitt 8. Bei allen schweren oder kriminellen Anklagen hat jedermann ein Recht, Grund und Art seiner Anklage zu erfahren, den Anklägern und Zeugen gegenübergestellt zu werden, Entlastungszeugen herbeizurufen und eine rasche Untersuchung durch einen unparteiischen Gerichtshof von zwölf Männern seiner Nachbarschaft zu verlangen, ohne deren einmütige Zustimmung er nicht als schuldig befunden werden kann; auch kann er nicht gezwungen werden, gegen sich selbst auszusagen; niemand kann seiner Freiheit beraubt werden außer durch Landesgesetz oder das Urteil von seinesgleichen.

Abschnitt 9. Es sollen keine übermäßige Bürgschaft verlangt, keine übermäßigen Geldbußen auferlegt, noch grausame und ungewöhnliche Strafen verhängt werden.

Abschnitt 10. Allgemeine Vollmachten, durch die ein Beamter oder ein Beauftragter ermächtigt wird, verdächtige Plätze zu durchsuchen, ohne daß eine begangene Tat erwiesen ist, oder eine oder mehrere Personen, die nicht benannt sind, oder solche, deren Vergehen nicht durch Beweisstücke genau beschrieben ist oder offensichtlich zutage liegt, festzunehmen, sind kränkend und bedrückend und sollen nicht genehmigt werden.

Abschnitt 11. Bei Streitigkeiten bezüglich des Eigentums und bei Händeln persönlicher Art ist die altherkömmliche Verhandlung vor einem Geschworenengericht jeder anderen vorzuziehen und soll heilig gehalten werden.

Abschnitt 12. Die Freiheit der Presse ist eines der starken Bollwerke der Freiheit und kann nur durch despotische Regierungen beschränkt werden.

Abschnitt 13. Eine wohlgeordnete Miliz, aus der Masse des Volkes gebildet und im Waffendienst geübt, ist der geeignete, natürliche und sichere Schutz eines freien Staates; stehende Heere sollen in Friedenszeiten als der Freiheit gefährlich vermieden werden; auf alle Fälle soll das Militär der Zivilgewalt streng untergeordnet und von dieser beherrscht werden.

Abschnitt 14. Das Volk hat ein Recht auf eine einheitliche Regierung; daher soll keine Regierung gesondert oder unabhängig von der Regierung Virginias innerhalb dessen Grenzen errichtet oder eingesetzt werden.

Section 15. That no free government or the blessings of liberty can be preserved to any people, but by a firm adherence to justice, moderation, temperance, frugality and virtue and by frequent recurrence to fundamental principles.

Section 16. That religion or the duty, which we owe to our Creator and the manner of discharging it can be directed only by reason and conviction, not by force or violence and therefore all men are equally entitled to the free exercise of religion, according to the dictates of conscience; and that it is the mutual duty of all to practise Christian forbearance, love and charity towards each other.

2. CONSTITUTION OF THE UNITED STATES

September 17, 1787

We the People of the United States, in Order to form a more perfect Union, establish Justice, insure domestic Tranquility, provide for the common defence, promote the general Welfare, and secure the Blessings of Liberty to ourselves and our Posterity, do ordain and establish this Constitution for the United States of America.

Article I

Section 1. All legislative Powers herein granted shall be vested in a Congress of the United States, which shall consist of a Senate and House of Representatives.

Section 2. The House of Representatives shall be composed of Members chosen every second Year by the People of the several States, and the Electors in each State shall have the Qualifications requisite for Electors of the most numerous Branch of the State Legislature.

Abschnitt 15. Eine freie Regierung und die Segnungen der Freiheit können einem Volke nur erhalten werden durch strenges Festhalten an der Gerechtigkeit, Mäßigung, Enthaltsamkeit, Sparsamkeit und Tugend und durch häufiges Zurückgreifen auf die Grundprinzipien.

Abschnitt 16. Die Religion oder die Ehrfurcht, die wir unserem Schöpfer schulden, und die Art, wie wir sie erfüllen, können nur durch Vernunft und Überzeugung bestimmt sein und nicht durch Zwang oder Gewalt; daher sind alle Menschen gleicherweise zur freien Religionsausübung berechtigt, entsprechend der Stimme ihres Gewissens; es ist die gemeinsame Pflicht aller, christliche Nachsicht, Liebe und Barmherzigkeit aneinander zu üben.

2. DIE VERFASSUNG DER VEREINIGTEN STAATEN VON AMERIKA

17. September 1787

Artikel 1. Die gesetzgebende Gewalt. Abgeordnetenhaus und Senat. 2. Die ausübende Gewalt. Der Präsident. 3. Die richterliche Gewalt. 4. Die Bundesstaaten. 5. Verbesserung der Verfassung. 6. Übergangsbestimmungen. Eid auf die Verfassung. 7. Ratifizierung.

Zusatzartikel: 1.—10. Grundrechte. 11. Richterliche Gewalt. 12. Wahl des Präsidenten und Vizepräsidenten. 14.—15. Abschaffung der Sklaverei, gleiche Rechte für alle Staatsbürger. 16. Einkommensteuer. 17. Wahl der Senatoren. 18. Alkoholverbot. 19. Frauenwahlrecht. 20. Amtsantritt des Präsidenten, der Senatoren und Abgeordneten. 21. Aufhebung des Alkoholverbotes.

Wir, das Volk der Vereinigten Staaten, von der Absicht geleitet, unseren Bund zu vervollkommnen, Gerechtigkeit zu verwirklichen, die Ruhe im Innern zu sichern, für die Landesverteidigung zu sorgen, die allgemeine Wohlfahrt zu fördern und das Glück der Freiheit uns selbst und unseren Nachkommen zu bewahren, setzen diese Verfassung für die Vereinigten Staaten von Amerika in Geltung.

Artikel I

Abschnitt 1. Alle in dieser Verfassung verliehene gesetzgebende Gewalt soll einem Kongreß der Vereinigten Staaten übertragen sein, der aus einem Senat und einem Abgeordnetenhaus bestehen soll.

Abschnitt 2. Das Abgeordnetenhaus soll aus Mitgliedern zusammengesetzt sein, die jedes zweite Jahr in den einzelnen Staaten vom Volke gewählt werden; und die Wähler in jedem Staate sollen den Bedingungen genügen, die für die Wähler der zahlenmäßig stärksten Kammer der Staatsgesetzgebung vorgeschrieben sind.

No Person shall be a Representative who shall not have attained to the Age of twenty-five Years, and been seven Years a Citizen of the United States, and who shall not, when elected, be an Inhabitant of that State in which he shall be chosen.

(Representatives and direct Taxes shall be apportioned among the several States which may be included within this Union, according to their respective Numbers, which shall be determined by adding to the whole Number of free Persons, including those bound to Service for a Term of Years, and excluding Indians not taxed, three fifths of all other Persons.) The actual Enumeration shall be made within three Years after the first Meeting of the Congress of the United States, and within every subsequent Term of ten Years, in such Manner as they shall by Law direct. The Number of Representatives shall not exceed one for every thirty Thousand, but each State shall have at Least one Representative; and until such enumeration shall be made, the State of New Hampshire shall be entitled to chuse three, Massachusetts eight, Rhode-Island and Providence Plantations one, Connecticut five, New York six, New Jersey four, Pennsylvania eight, Delaware one, Maryland six, Virginia ten, North Carolina five, South Carolina five, and Georgia three

When vacancies happen in the Representation from any State, the Executive Authority thereof shall issue Writs of Election to fill such Vacancies.

The House of Representatives shall chuse their Speaker and other Officers; and shall have the sole Power of Impeachment.

Section 3. The Senate of the United States shall be composed of two Senators from each State, chosen by the Legislature thereof, for six Years, and each Senator shall have one Vote.

Immediately after they shall be assembled in Consequence of the first Election, they shall be divided as equally as may be into three Classes. The Seats of the Senators of the first Class shall be vacated at the Expiration of the second year, of the second Class at the Expiration of the fourth Year, and of the third Class at the Expiration of the sixth Year, so that one third may be chosen every second Year; and if Vacancies happen by Resignation, or otherwise, during the Recess of the Legislature of any State, the Executive thereof may make temporary Appointments until the next Meeting of the Legislature, which shall then fill such Vacancies.

No Person shall be a Senator who shall not have attained to the Age of thirty Years, and been nine Years a Citizen of the United States, and who shall not, when elected, be an Inhabitant of that State for which he shall be chosen.

Niemand soll Abgeordneter sein, der nicht das Alter von 25 Jahren erreicht hat und sieben Jahre Bürger der Vereinigten Staaten gewesen ist, und der nicht zur Zeit seiner Wahl Einwohner desjenigen Staates ist, in dem er gewählt wird.

(Abgeordnete und direkte Steuern sollen auf die einzelnen Staaten, die in diese Union eingeschlossen sind, im Verhältnis zu deren zahlenmäßiger Stärke verteilt werden; diese soll bestimmt werden, indem zur Gesamtzahl der freien Personen, einschließlich derer, die für eine bestimmte Zahl von Jahren zu Dienst verpflichtet sind, jedoch ausschließlich der nicht besteuerten Indianer, drei Fünftel aller übrigen Personen hinzugezählt werden[1]. Die Durchführung der Zählung soll innerhalb von drei Jahren nach dem erstmaligen Zusammentreten des Kongresses der Vereinigten Staaten stattfinden und hernach innerhalb jedes folgenden Zeitraumes von zehn Jahren in der Weise, wie es in einem zu erlassenden Gesetz angeordnet wird. Die Anzahl der Abgeordneten soll nicht größer sein als einer auf je dreißigtausend, doch soll jeder Staat durch wenigstens einen Abgeordneten vertreten sein; und bis diese Zählung stattgefunden hat, soll der Staat New Hampshire berechtigt sein, drei zu erwählen, Massachusetts acht, Rhode Island und Providence Plantations einen, Connecticut fünf, New York sechs, New Jersey vier, Pennsylvania acht, Delaware einen, Maryland sechs, Virginia zehn, North Carolina fünf, South Carolina fünf, und Georgia drei[2].)

Wenn in der Vertretung eines Staates ein Mandat erledigt ist, soll dessen Regierung Wahlen ausschreiben, um das erledigte Mandat neu zu besetzen.

Das Abgeordnetenhaus soll seinen Präsidenten (Sprecher) und seine übrigen Amtsträger wählen; und soll allein das Recht haben, die Staatsanklage zu erheben.

Abschnitt 3. Der Senat der Vereinigten Staaten soll aus zwei Senatoren von jedem Staate zusammengesetzt sein, welche von dessen gesetzgebender Körperschaft für sechs Jahre erwählt werden; und jeder Senator soll eine Stimme haben.

Unmittelbar nach dem sie auf Grund der erstmaligen Wahl zusammengetreten sind, sollen sie so gleichmäßig wie möglich in drei Gruppen eingeteilt werden. Die Sitze der Senatoren der ersten Gruppe sollen bei Ablauf des zweiten Jahres erledigt sein, die der zweiten Gruppe bei Ablauf des vierten Jahres und die der dritten Gruppe bei Ablauf des sechsten Jahres, so daß jedes zweite Jahr ein Drittel neu zu wählen ist; und wenn Sitze durch Verzicht oder auf andere Weise zu einer Zeit erledigt werden, da die gesetzgebende Körperschaft eines Staates nicht versammelt ist, so kann dessen Regierung eine Ernennung mit vorläufiger Wirksamkeit bis zum nächsten Zusammentreten der gesetzgebenden Körperschaft vornehmen, welche dann solch erledigte Stellen wieder besetzen soll[3].

Niemand soll Senator sein, der nicht das Alter von dreißig Jahren erreicht hat und neun Jahre Bürger der Vereinigten Staaten gewesen ist, und der nicht zur Zeit seiner Wahl Einwohner desjenigen Staates ist, für den er gewählt werden soll.

[1] *Absatz 3 durch den 14. Zusatzartikel abgeändert.*
[2] *Letzter Satz überholt.*
[3] *Durch den 17. Zusatzartikel geändert.*

The Vice President of the United States shall be President of the Senate, but shall have no Vote, unless they be equally divided.

The Senate shall chuse their other Officers, and also a President pro tempore, in the Absence of the Vice President, or when he shall exercise the Office of President of the United States.

The Senate shall have the sole Power to try all Impeachments. When sitting for that Purpose, they shall be on Oath or Affirmation. When the President of the United States is tried, the Chief Justice shall preside: And no Person shall be convicted without the Concurrence of two-thirds of the Members present.

Judgment in Cases of Impeachment shall not extend further than to removal from Office, and disqualification to hold and enjoy any Office of honor, Trust or Profit under the United States: but the Party convicted shall nevertheless be liable and subject to Indictment, Trial, Judgment and Punishment, according to Law.

Section 4. The Times, Places and Manner of holding Elections for Senators and Representatives, shall be prescribed in each State by the Legislature thereof; but the Congress may at any time by Law make or alter such Regulations, except as to the Plates of chusing Senators.

The Congress shall assemble at least once in every Year, and such Meeting shall be on the first Monday in December, unless they shall by Law appoint a different Day.

Section 5. Each House shall be the Judge of the Elections, Returns and Qualifications of its own Members, and a Majority of each shall constitute a Quorum to do Business; but a smaller Number may adjourn from day to day, and may be authorized to compel the Attendance of absent Members, in such Manner, and under such Penalties as each House may provide.

Each House may determine the Rules of its Proceedings, punish its Members for disorderly Behavior, and, with the Concurrence of two thirds, expel a Member.

Each House shall keep a Journal of its Proceedings, and from time to time publish the same, excepting such Parts as may in their Judgment require Secrecy; and the Yeas and Nays of the Members of either House on any question shall, at the Desire of one fifth of those present, be entered on the Journal.

Der Vizepräsident der Vereinigten Staaten soll Präsident des Senates sein; er soll jedoch keine Stimme haben, ausgenommen den Fall der Stimmengleichheit.

Der Senat soll seine übrigen Amtsträger wählen und auch einen Präsidenten zur zeitweiligen Geschäftsführung, im Falle der Vizepräsident abwesend ist oder das Amt des Präsidenten der Vereinigten Staaten ausübt.

Der Senat soll allein befugt sein, über alle Staatsanklagen Gericht zu halten. Wenn er zu diesem Zwecke zusammentritt, sollen die Senatoren einen Eid oder ein feierliches Gelöbnis leisten. Wenn der Präsident der Vereinigten Staaten unter Anklage steht, soll der Vorsitzende des Obersten Gerichtshofes den Vorsitz führen, und niemand soll ohne die Zustimmung von zwei Dritteln der anwesenden Mitglieder verworfen bleiben.

In den Fällen der Staatsanklage soll sich das Urteil auf die Entfernung vom Amte und auf Aberkennung der Fähigkeit beschränken, ein Ehrenamt, ein Vertrauensamt oder ein besoldetes Amt unter der Hoheit der Vereinigten Staaten innezuhaben und auszuüben; der Verurteilte aber soll nichtsdestoweniger haftbar und einer Anklage, einem Verfahren, einer Verurteilung und einer Bestrafung dem Rechte gemäß unterworfen werden.

Abschnitt 4. Zeit, Ort und Art der Abhaltung der Wahlen für Senatoren und Abgeordnete soll in jedem Staate durch dessen gesetzgebende Körperschaft vorgeschrieben werden; doch kann der Kongreß jederzeit durch Gesetz solche Vorschriften erlassen oder ändern, mit Ausnahme der Bestimmung der Orte für die Wahl der Senatoren.

Der Kongreß soll sich wenigstens einmal in jedem Jahre versammeln, und zwar soll er am ersten Montag im Dezember zusammentreten[1], wenn nicht durch Gesetz ein anderer Tag bestimmt wird.

Abschnitt 5. Jedes Haus soll über die Wahlen, die Abstimmungsergebnisse und die Wählbarkeit seiner eigenen Mitglieder Richter sein, und in jedem Hause soll eine Mehrheit über die Hälfte der Mitglieder zur Beschlußfähigkeit erforderlich sein; doch kann eine kleinere Zahl die Sitzung von einem Tag auf den anderen vertagen und soll befugt sein, das Erscheinen abwesender Mitglieder in solcher Weise und unter solchen Strafandrohungen zu erzwingen, wie sie jedes Haus vorsieht.

Jedes Haus kann sich seine Geschäftsordnung geben, seine Mitglieder wegen ordnungswidrigen Verhaltens bestrafen und, mit einer Mehrheit von zwei Dritteln, ein Mitglied ausschließen.

Jedes Haus soll einen fortlaufenden Verhandlungsbericht führen und diesen von Zeit zu Zeit veröffentlichen; ausgenommen sind solche Teile, die nach dem Ermessen der Mitglieder Geheimhaltung erfordern; und die Ja- und die Nein-Stimmen der Mitglieder jedes Hauses in irgendeiner Frage sollen im Verhandlungsbericht vermerkt werden, wenn es ein Fünftel der Anwesenden verlangt.

[1] *Durch den 20. Zusatzartikel abgeändert.*

Neither House, during the Session of Congress, shall, without the Consent of the other, adjourn for more than three days, nor to any other Place than that in which the two Houses shall be sitting.

Section 6. The Senators and Representatives shall receive a Compensation for their Services, to be ascertained by Law, and paid out of the Treasury of the United States. They shall in all Cases, except Treason, Felony and Breach of the Peace, be privileged from Arrest during their Attendance at the Session of their respective Houses, and in going to and returning from the same; and for any Speech or Debate in either House, they shall not be questioned in any other Place.

No Senator or Representative shall, during the Time for which he was elected, be appointed to any civil Office under the Authority of the United States, which shall have been created, or the Emoluments whereof shall have been encreased during such time; and no Person holding any Office under the United States, shall be a Member of either House during his Continuance in Office.

Section 7. All Bills for Raising Revenue shall originate in the House of Representatives; but the Senate may propose or concur with Amendments as on other Bills.

Every Bill which shall have passed the House of Representatives and the Senate, shall, before it become a Law, be presented to the President of the United States; If he approve he shall sign it, but if not he shall return it, with his Objections to that House in which it shall have originated, who shall enter the Objections at large on their Journal, and proceed to reconsider it. If after such Reconsideration two thirds of that House shall agree to pass the Bill, it shall be sent, together with the Objections to the other House, by which it shall likewise be reconsidered, and if approved by two thirds of that House, it shall become a Law. But in all such Cases the Votes of both Houses shall be determined by Yeas and Nays, and the Names of the Persons voting for and against the Bill shall be entered on the Journal of each House respectively. If any Bill shall not be returned by the President within ten Days (Sundays excepted) after it shall have been presented to him, the Same shall be a law, in like Manner as if he had signed it, unless the Congress by their Adjournment prevent its Return, in which Case it shall not be a Law.

Every Order, Resolution, or Vote to which the Concurrence of the Senate and House of Representatives may be necessary (except on a question of Adjournment)

Keines der beiden Häuser soll, während der Kongreß versammelt ist, sich ohne Zustimmung des andern auf mehr als drei Tage vertagen noch seine Sitzungen nach einem anderen Orte verlegen als dem, an welchem beide Häuser tagen sollen.

Abschnitt 6. Die Senatoren und Abgeordneten sollen für ihre Dienste eine Entschädigung erhalten, die vom Gesetze festgestellt und vom Schatzamt der Vereinigten Staaten ausbezahlt werden soll. Sie sollen in allen Fällen, außer bei Verrat, peinlichen Verbrechen oder Friedensbruch, vor Verhaftung geschützt sein, während sie einer Sitzung des Hauses, dem sie angehören, beiwohnen, sowie während sie sich auf dem Wege dahin oder auf dem Heimwege daher befinden; und wegen einer Rede oder Äußerung in einem der Häuser sollen sie nirgendwo anders zur Rechenschaft gezogen werden.

Kein Senator oder Abgeordneter soll während der Zeit, für die er gewählt wurde, zu irgendeinem Staatsamt unter der Hoheit der Vereinigten Staaten berufen werden, das während dieser Zeit entweder geschaffen oder mit erhöhten Einkünften ausgestattet worden ist; und niemand, der ein Amt unter der Hoheit der Vereinigten Staaten bekleidet, soll Mitglied eines der beiden Häuser sein, solange er in seinem Amte verbleibt.

Abschnitt 7. Alle Gesetzesvorlagen für die Erhebung von Staatseinkünften sollen vom Abgeordnetenhaus ausgehen; doch kann der Senat Abänderungen vorschlagen oder nur mit Vorbehalt solchen zustimmen, wie bei anderen Gesetzesvorlagen.

Jede Gesetzesvorlage, die vom Abgeordnetenhaus und vom Senat verabschiedet worden ist, soll, ehe sie Gesetz wird, dem Präsidenten der Vereinigten Staaten vorgelegt werden; wenn er sie gutheißt, so soll er sie unterzeichnen, wenn aber nicht, so soll er sie, mit seinen Einwendungen, an jenes Haus zurückleiten, von dem sie ausgegangen ist; dieses soll die Einwendungen ausführlich in seinen laufenden Bericht eintragen und an eine erneute Beratung schreiten. Wenn nach solch erneuter Beratung zwei Drittel jenes Hauses sich für die Verabschiedung der Gesetzesvorlage entscheiden, so soll sie, zusammen mit den Einwendungen, dem anderen Hause zugesandt werden, damit die dort gleichfalls erneut beraten wird, und wenn sie die Zustimmung von zwei Dritteln auch dieses Hauses findet, soll sie Gesetz werden. In allen solchen Fällen aber sollen die Abstimmungen in beiden Häusern durch Ja- und Nein-Stimmen entschieden werden und die Namen derer, die für und gegen die Gesetzesvorlage stimmen, sollen im Verhandlungsbericht des betreffenden Hauses vermerkt werden. Wenn eine Gesetzesvorlage vom Präsidenten nicht innerhalb von zehn Tagen (Sonntage nicht eingerechnet), nachdem sie ihm unterbreitet worden ist, zurückgeleitet wird, soll sie in gleicher Weise Gesetzeskraft erhalten, als ob er sie unterzeichnet hätte, es sei denn, daß der Kongreß durch Vertagung die Rückleitung verhindert hat; in diesem Fall soll sie nicht Gesetzeskraft erlangen.

Jede Anordnung, Entschließung oder Abstimmung, für welche übereinstimmende Beschlüsse des Senates und des Abgeordnetenhauses erforderlich sind (ausgenommen

shall be presented to the President of the United States; and before the same shall take Effect, shall be approved by him, or being disapproved by him, shall be repassed by two thirds of the Senate and House of Representatives, according to the Rules and Limitations prescribed in the Case of a Bill.

Section 8. The Congress shall have Power to lay and collect Taxes, Duties, Imposts and Excises, to pay the Debts and provide for the common Defence and general Welfare of the United States; but all Duties, Imposts and Excises shall be uniform throughout the United States;

To borrow Money on the Credit of the United States;

To regulate Commerce with foreign Nations, and among the several States, and with the Indian Tribes;

To establish an uniform Rule of Naturalization, and uniform Laws on the subject of Bankruptcies throughout the United States;

To coin Money, regulate the Value thereof, and of foreign Coin, and fix the Standard of Weights and Measures;

To provide for the Punishment of counterfeiting the Securities and current Coin of the United States;

To establish Post Offices and Post Roads;

To promote the Progress of Science and useful Arts, by securing for limited Times to Authors and Inventors the exclusive Right to their respective Writings and Discoveries;

To constitute Tribunals inferior to the supreme Court;

To define and Punish Piracies and Felonies committed on the high Seas, and Offences against the Law of Nations;

To declare War, grant Letters of Marque and Reprisal, and make Rules concerning Captures on Land and Water;

To raise and support Armies, but no Appropriation of Money to that Use shall be for a longer Term than two Years;

To provide and maintain a Navy;

To make Rules for the Government and Regulation of the land and naval Forces;

To provide for calling forth the Militia to execute the Laws of the Union, suppress Insurrections and repel Invasions;

To provide for organizing, arming, and disciplining, the Militia, and for governing such Part of them as may be employed in the Service of the United States, reserving to the States respectively, the Appointment of the Officers, and the Authority of training the Militia according to the discipline prescribed by Congress;

den Fall einer Vertagung), soll dem Präsidenten der Vereinigten Staaten vorgelegt werden; und ehe sie wirksam wird, soll sie von ihm genehmigt werden; sonst, falls ihr die Genehmigung von ihm verweigert wird, soll sie von Senat und Abgeordnetenhaus mit Zweidrittelmehrheit neuerlich verabschiedet werden, gemäß den Regeln und Beschränkungen, wie sie im Falle einer Gesetzesvorlage vorgeschrieben sind.

Abschnitt 8. Dem Kongreß steht es zu, Steuern, Zölle, Abgaben und Akzisen aufzulegen und einzuziehen, um die Schulden der Vereinigten Staaten zu bezahlen und für die Landesverteidigung und allgemeine Wohlfahrt zu sorgen; alle Zölle, Abgaben und Akzisen sollen aber im gesamten Bereich der Vereinigten Staaten gleichförmig sein;

für Rechnung der Vereinigten Staaten Geld zu borgen;

den Handelsverkehr mit fremden Nationen und zwischen den einzelnen Staaten und mit den Indianerstämmen zu regeln;

für den gesamten Bereich der Vereinigten Staaten eine einheitliche Einbürgerungsordnung zu schaffen und eine einheitliche Insolvenzgesetzgebung einzuführen;

Münze zu schlagen, deren Wert und den Wert fremder Münze zu bestimmen und Normalmaße und Normalgewichte festzusetzen;

die Strafbestimmungen für Verfälschung der Staatspapiere und gültigen Münze der Vereinigten Staaten zu erlassen;

Postämter und Poststraßen einzurichten;

den Fortschritt der Wissenschaft und nützlichen Künste dadurch zu fördern, daß den Autoren und Erfindern für beschränkte Zeit das ausschließliche Recht an ihren Schriftwerken und Entdeckungen gesichert wird;

Gerichtshöfe niedrigeren Ranges unter dem Obersten Gerichtshof zu errichten;

den Begriff und die Strafe der Seeräuberei und anderer auf hoher See begangener peinlicher Verbrechen sowie der Verletzungen des Völkerrechts festzusetzen;

Krieg zu erklären, Kaper- und Repressalienbriefe auszustellen und Vorschriften über das Prisenrecht zu Lande und zu Wasser zu erlassen;

Armeen aufzustellen und zu unterhalten; doch soll die Bewilligung von Geldmitteln für diese Zwecke nicht für länger als zwei Jahre erteilt werden;

eine Flotte zu bauen und zu erhalten;

für die Führung und den Dienst der Land- und Seestreitkräfte die Vorschriften zu erlassen;

für das Aufgebot der Miliz Vorkehrungen zu treffen, um die Gesetze der Union zu vollstrecken, Aufstände zu unterdrücken und feindliche Einfälle abzuwehren;

für die Einrichtung, Bewaffnung und Schulung der Miliz und die Führung derjenigen ihrer Teile, die im Dienst der Vereinigten Staaten Verwendung finden, Sorge zu tragen; doch soll den einzelnen Staaten die Ernennung der Offiziere und die Befugnis zur Ausbildung der Miliz gemäß den Vorschriften des Kongresses vorbehalten bleiben;

To exercise exclusive Legislation in all Cases whatsoever, over such District (not exceeding ten Miles square) as may, by Cession of particular States, and the Acceptance of Congress, become the Seat of the Government of the United States, and to exercise like Authority over all Places purchased by the Consent of the Legislature of the State in which the Same shall be, for the Erection of Forts, Magazines, Arsenals, dock-Yards, and other needful Buildings; — And

To make all Laws which shall be necessary and proper for carrying into Execution the foregoing Powers, and all other Powers vested by this Constitution in the Government of the United States, or in any Department or Officer thereof.

Section 9. The Migration or Importation of such Persons as any of the States now existing shall think proper to admit, shall not be prohibited by the Congress prior to the Year one thousand eight hundred and eight, but a Tax or Duty may be imposed on such Importation, not exceeding ten dollars for each Person.

The Privilege of the Writ of Habeas Corpus shall not be suspended, unless when in Cases of Rebellion or Invasion the public Safety may require it.

No Bill of Attainder or ex post facto Law shall be passed.

No Capitation, or other direct, tax shall be laid, unless in Proportion to the Census or Enumeration herein before directed to be taken.

No Tax or Duty shall be laid on Articles exported from any State.

No Preference shall be given by any Regulation of Commerce or Revenue to the Ports of one State over those of another; nor shall Vessels bound to, or from, one State, be obliged to enter, clear, or pay Duties in another.

No Money shall be drawn from the Treasury, but in Consequence of Appropriations made by Law; and a regular Statement and Account of the Receipts and Expenditures of all public Money shall be published from time to time.

No Title of Nobility shall be granted by the United States: And no Person holding any Office of Profit or Trust under them, shall, without the Consent of

in allen Fällen, welcher Art auch immer, die ausschließliche Gesetzgebung über jenes Gebiet (das nicht größer sein soll als 10 Meilen im Geviert) auszuüben, welches auf Grund der Abtretung von seiten einzelner Staaten und der Annahme seitens des Kongresses zum Sitz der Regierung der Vereinigten Staaten ausersehen sein soll, und die gleiche Hoheit über alle Orte auszuüben, die mit der Zustimmung der gesetzgebenden Körperschaft des Staates, in welchem sie gelegen sind, für die Errichtung von Festungswerken, Vorratslagern, Zeughäusern, Schiffswerften und anderen notwendigen Bauwerken käuflich erworben werden; — und

alle für die Durchführung der vorstehenden sowie aller jener sonstigen Befugnisse notwendigen und zweckdienlichen Gesetze zu erlassen, welche durch diese Verfassung der Regierung der Vereinigten Staaten, einem ihrer Verwaltungszweige oder einem einzelnen Amtsträger übertragen sind.

Abschnitt 9. Die Einwanderung oder Einführung solcher Personen, deren Zulassung einer der derzeit bestehenden Staaten für angemessen hält, soll durch den Kongreß vor dem Jahre 1808 nicht verboten werden, doch kann eine Steuer oder ein Zoll auf solche Einfuhr gelegt werden, die zehn Dollar für jede Person nicht übersteigen soll[1].

Das Recht, einen Habeas-Corpus-Befehl zu erwirken, soll nicht aufgehoben werden, außer zeitweilig, wenn im Falle eines Aufstandes oder feindlichen Einfalles die öffentliche Sicherheit es erfordert.

Kein Ausnahmegesetz, das eine Verurteilung ohne Gerichtsverfahren zum Inhalt hat, oder Strafgesetz mit rückwirkender Kraft soll verabschiedet werden.

Keine Kopfsteuer oder sonstige direkte Steuer soll auferlegt werden, es sei denn im Verhältnis der Ergebnisse der Schätzung oder Volkszählung, wie sie im vorhergehenden angeordnet wurde[2].

Keine Steuer und kein Zoll soll auf Waren gelegt werden, die aus einem Staat ausgeführt werden.

Kein Vorzug soll durch irgendeine Vorschrift über Handel oder über Staatseinkünfte den Häfen eines Staates vor denen eines anderen eingeräumt werden, und Schiffe, die für einen Staat bestimmt sind oder von einem solchen kommen, sollen nicht verpflichtet sein, in einem anderen anzulegen, zu klarieren oder Abgaben zu bezahlen.

Kein Geld soll der Staatskasse entnommen werden außer auf Grund von Bewilligungen in der Form des Gesetzes; und regelmäßige Aufstellungen und Rechenschaftsberichte über Einnahmen und Ausgaben aller öffentlichen Gelder sollen von Zeit zu Zeit veröffentlicht werden.

Kein Adelstitel soll von den Vereinigten Staaten verliehen werden; und niemand, der ein besoldetes oder Vertrauensamt unter der Hoheit der Vereinigten Staaten

[1] *Überholt.*

[2] *Vgl. den 16. Zusatzartikel.*

the Congress, accept of any Present, Emolument, Office, or Title, of any kind whatever, from any King, Prince, or foreign State.

Section 10. No State shall enter into any Treaty, Alliance, or Confederation; grant Letters of Marque and Reprisal; coin Money; emit Bills of Credit; make any Thing but gold and silver Coin a Tender in Payment of Debts; pass any Bill of Attainder, ex post facto Law, or Law impairing the Obligation of Contracts, or grant any Title of Nobility.

No State shall, without the Consent of the Congress, lay any Imposts or Duties on Imports or Exports, except what may be absolutely necessary for executing its inspections Laws; and the net Produce of all Duties and Imposts, laid by any State on Imports or Exports, shall be fore the Use of the Treasury of the United States; and all such Laws shall be subject to the Revision and Control of the Congress.

No State shall, without the Consent of Congress, lay any Duty of Tonnage, keep Troops, or Ships of War in time of Peace, enter into any Agreement or Compact with another State, or with a foreign Power, or engage in War, unless actually invaded, or in such imminent Danger as will not admit of Delay.

Article II

Section 1. The executive Power shall be vested in a President of the United States of America. He shall hold his Office during the Term of four Years, and, together with the Vice President, chosen for the same Term, be elected, as follows:

Each State shall appoint, in such Manner as the Legislature thereof may direct, a Number of Electors, equal to the whole Number of Senators and Representatives to which the State may be entitled in the Congress: but no Senator or Representative or Person holding an Office of Trust or Profit under the United States, shall be appointed an Elector.

(The electors shall meet in their respective States, and vote by ballot for two Persons, of whom one at least shall not be an Inhabitant of the same State with themselves. And they shall make a List of all the Persons voted for, and of the Number of Votes for each; which List they shall sign and certify, and transmit sealed to the Seat of the Government of the United States, directed to the President of the Senate. The President of the Senate shall, in the Presence of the Senate and House of Representatives, open all the Certificates, and the Votes shall then be

bekleidet, soll ohne Zustimmung des Kongresses ein Geschenk, ein Gehalt, ein Amt oder einen Titel irgendeiner Art von einem König, Fürsten oder fremden Staat annehmen.

Abschnitt 10. Kein Staat soll einen Vertrag, ein Bündnis oder einen Bund eingehen; Kaper- oder Repressalienbriefe ausstellen; Münze schlagen; Banknoten ausgeben; irgend etwas außer Gold- und Silbermünzen zum gesetzlichen Zahlungsmittel für Schulden machen; ein Ausnahmegesetz, das eine Verurteilung ohne Gerichtsverfahren zum Inhalt hat, oder ein Strafgesetz mit rückwirkender Kraft oder ein die Gültigkeit von Verträgen beeinträchtigendes Gesetz verabschieden oder einen Adelstitel verleihen.

Kein Staat soll ohne Zustimmung des Kongresses Auflagen oder Zölle auf Ein- oder Ausfuhr legen, soweit dies nicht zur Durchführung der Überwachungsgesetze unbedingt nötig ist; der Reinertrag aus allen von einem Staat auf Ein- oder Ausfuhr gelegten Zöllen und Auflagen soll dem Staatsschatz der Vereinigten Staaten zufließen; und alle derartigen Gesetze sollen der Abänderung und Aufsicht des Kongresses unterliegen.

Kein Staat soll ohne Zustimmung des Kongresses Tonnengelder erheben, Truppen oder in Friedenszeiten Kriegsschiffe halten, eine Vereinbarung oder einen Vertrag mit einem der anderen Staaten oder mit einer fremden Macht schließen oder Krieg führen, wenn er nicht tatsächlich angegriffen ist oder die Gefahr, in der er sich befindet, so drohend ist, daß sie keinen Aufschub duldet.

Artikel II

Abschnitt 1. Die vollziehende Gewalt soll einem Präsidenten der Vereinigten Staaten von Amerika übertragen sein. Er soll sein Amt für die Dauer von vier Jahren innehaben und soll zugleich mit dem für dieselbe Amtsdauer zu wählenden Vizepräsidenten auf folgende Weise erwählt werden:

Jeder Staat soll in der von seiner gesetzgebenden Körperschaft vorgeschriebenen Weise eine Anzahl von Wahlmännern bestellen, die der Gesamtzahl der dem Staat im Kongreß zustehenden Senatoren und Abgeordneten gleich ist; doch soll kein Senator oder Abgeordneter oder jemand, der ein Vertrauens- oder besoldetes Amt unter der Hoheit der Vereinigten Staaten bekleidet zum Wahlmann bestellt werden.

(Die Wahlmänner sollen in ihren Staaten zusammentreten und auf zwei Namen lautende Stimmzettel abgeben; wenigstens einer der Bezeichneten soll nicht Einwohner desselben Staates sein wie sie selber. Und sie sollen eine Liste von allen Personen, für die Stimmen abgegeben worden sind, aufstellen und jedesmal die Anzahl der erhaltenen Stimmen hinzufügen; diese Liste sollen sie unterzeichnen und beglaubigen und sie versiegelt an den Sitz der Regierung der Vereinigten Staaten übersenden, zu Händen des Präsidenten des Senats. Der Präsident des Senats soll in Gegenwart des Senats und des Abgeordnetenhauses alle diese beglaubigten Papiere öffnen, und dann sollen

counted. The Person having the greatest Number of Votes shall be the President, if such Number be a Majority of the whole Number of Electors appointed; and if there be more than one who have such Majority and have an equal Number of Votes, then the House of Representatives shall immediately chuse by Ballot one of them for President; and if no person have a Majority, then from the five highest on the List the said House shall in like Manner chuse the President. But in chusing the President, the Votes shall be taken by States, the Representation from each State having one Vote; A quorum for this Purpose shall consist of a Member or Members from two-thirds of the States, and a Majority of all the States shall be necessary to a Choice. In every Case, after the Choice of the President, the person having the greatest Number of Votes of the Electors shall be the Vice President. But if there should remain two or more who have equal Votes, the Senate shall chuse from them by Ballot the Vice President.)

The Congress may determine the Time of chusing the Electors, and the Day on which they shall give their Votes; which Day shall be the same throughout the United States.

No Person except a natural born Citizen, or a Citizen of the United States, at the time of the Adoption of this Constitution, shall be eligible to the Office of President; neither shall any Person be eligible to that Office who shall not have attained to the Age of thirty five Years, and been fourteen Years a Resident within the United States.

In Case of the Removal of the President from Office, or of his Death, Resignation, or Inability to discharge the Powers and Duties of the said Office, the same shall devolve on the Vice President, and the Congress may by Law provide for the Case of Removal, Death, Resignation, or Inability, both of the President and Vice President, declaring what Officer shall then act as President, and such Officer shall act accordingly, until the Disability be removed, or a President shall be elected.

The President shall, at stated Times, receive for his Services, a Compensation, which shall neither be encreased nor diminished during the Period for which he shall have been elected, and he shall not receive within that Period any other Emolument from the United States, or any of them.

Before he enter on the Execution of his Office, he shall take the following Oath or Affirmation: — "I do solemnly swear (on "affirm) that I will faithfully execute the Office of President of "the United States, and will to the best of my Ability, preserve, "protect and defend the Constitution of the United States."

die Stimmen gezählt werden. Derjenige, der die größte Stimmenzahl auf sich vereinigt, soll Präsident sein, wenn diese Stimmen mehr als die Hälfte der Gesamtzahl der bestellten Wahlmänner ausmachen; wenn aber mehr als einer eine solche Mehrheit erreicht und Stimmengleichheit besteht, dann soll das Abgeordnetenhaus sogleich einen von ihnen durch Stimmzettel zum Präsidenten erwählen; und wenn niemand die Mehrheit erreicht hat, dann soll das besagte Haus in gleicher Weise aus den fünf auf der Liste zuhöchst Stehenden den Präsidenten wählen. Bei der Präsidentschaftswahl soll aber nach Staaten gestimmt werden, wobei die Vertretung jedes Staates eine Stimme haben soll; zur Beschlußfähigkeit für diese Abstimmung soll die Anwesenheit von je einem oder mehreren Mitgliedern von zwei Dritteln der Staaten erforderlich sein, und eine Mehrheit über die Hälfte aller Staaten soll zu einer Wahl nötig sein. In jedem Fall soll nach der Wahl des Präsidenten derjenige, der die größte Anzahl der Stimmen der Wahlmänner auf sich vereinigt, Vizepräsident sein. Wenn aber zwei oder mehrere mit gleicher Stimmenzahl übrigbleiben, soll der Senat unter ihnen durch Stimmzettel den Vizepräsidenten erwählen[1].

Der Kongreß kann festsetzen, wann die Wahlmänner gewählt werden sollen und an welchem Tag sie ihre Stimmen abgeben sollen; dieser Tag soll im ganzen Bereich der Vereinigten Staaten derselbe sein.

Nur wer als Bürger in den Vereinigten Staaten geboren wurde oder zur Zeit der Annahme dieser Verfassung Bürger war, soll zum Amt des Präsidenten wählbar sein; und niemand soll zu diesem Amte wählbar sein, der nicht das Alter von 35 Jahren erreicht hat und seit vierzehn Jahren im Gebiete der Vereinigten Staaten wohnhaft ist.

Im Falle der Amtsentsetzung des Präsidenten oder seines Todes, Verzichtleistung oder Unfähigkeit, die Befugnisse und Obliegenheiten seines Amtes auszuüben, soll dieses auf den Vizepräsidenten übergehen, und der Kongreß kann durch Gesetz für den Fall der Amtsentsetzung, des Todes, der Verzichtleistung oder Unfähigkeit sowohl des Präsidenten als des Vizepräsidenten Bestimmungen erlassen und festsetzen, welcher Amtsträger dann die Präsidentschaft versehen soll, und dieser Beamte soll dann bestimmungsgemäß das Amt versehen, bis die Unfähigkeit behoben oder ein Präsident gewählt ist.

Der Präsident soll zu festgesetzten Zeiten für seine Dienste eine Entschädigung erhalten, die während der Zeit, für die er gewählt ist, weder vermehrt noch vermindert werden soll, und während dieses Zeitraums von den Vereinigten Staaten oder einem der Staaten keine anderen Einkünfte beziehen.

Ehe er sein Amt antritt, soll er diesen Eid oder dieses Gelöbnis leisten: „Ich schwöre (oder gelobe) feierlich, daß ich das Amt des Präsidenten der Vereinigten Staaten getreulich verwalten und die Verfassung der Vereinigten Staaten nach besten Kräften erhalten, schützen und verteidigen will."

[1] *Durch den 12. Zusatzartikel ersetzt.*

Section 2. The President shall be Commander in Chief of the Army and Navy of the United States, and of the Militia of the several States, when called into the actual Service of the United States; he may require the Opinion, in writing, of the principal Officer in each of the executive Departments, upon any Subject relating to the Duties of their respective Offices, and he shall have Power to grant Reprieves and Pardons for Offences against the United States, except in Cases of Impeachment.

He shall have Power, by and with the Advice and Consent of the Senate, to make Treaties, provided two thirds of the Senators present concur; and he shall nominate, and by and with the Advice and Consent of the Senate, shall appoint Ambassadors, other public Ministers and Consuls, Judges of the supreme Court, and all other Officers of the United States, whose Appointments are not herein otherwise provided for, and which shall be established by Law: but the Congress may by Law vest the Appointment of such inferior Officers, as they think proper, in the President alone, in the Courts of Law, or in the Heads of Departments.

The President shall have Power to fill up all Vacancies that may happen during the Recess of the Senate, by granting Commissions which shall expire at the End of their next Session.

Section 3. He shall from time to time give to the Congress Information of the state of the Union, and recommend to their Consideration such Measures as he shall judge necessary and expedient, he may, on extraordinary ocasions, convene both Houses, or either of them, and in Case of Disagreement between them, with Respect of the Time of Adjournment, he may adjourn them to such Time as he shall think proper; he shall receive Ambassadors and other public Ministers; he shall take Care that the Laws be faithfully executed, and shall Commission all the Officers of the United States.

Section 4. The President, Vice President and all civil Officers of the United States, shall be removed from Office on Impeachment for, and Conviction of, Treason, Bribery, or other high Crimes and Misdemeanors

Article III

Section 1. The judicial Power of the United States, shall be vested in one supreme Court, and in such inferior Courts as the Congress may from time to time ordain and establish. The Judges, both of the supreme and inferior Courts, shall hold their Offices during good Behavior, and shall, ad stated Times, receive for their Services, a Compensation, which shall not be diminished during their Continuance in Office.

Abschnitt 2. Der Präsident soll Oberbefehlshaber der Armee und der Marine der Vereinigten Staaten und der Miliz der einzelnen Staaten sein, wenn letztere zur aktiven Dienstleistung für die Vereinigten Staaten einberufen wird; er kann von den obersten Amtsträgern jedes Verwaltungszweiges eine schriftliche Meinungsäußerung über irgendeine Angelegenheit, die zum Dienstkreis des betreffenden Amts gehört, verlangen und er soll das Recht haben, außer in Fällen der Staatsanklage, Strafaufschub und Begnadigung für strafbare Handlungen gegen die Vereinigten Staaten zu bewilligen.

Es steht ihm zu, auf den Rat und mit Zustimmung des Senats Verträge zu schließen, vorausgesetzt, daß zwei Drittel der anwesenden Senatoren zustimmen; er soll auf den Rat und mit Zustimmung des Senats Gesandte, andere diplomatische Geschäftsträger und Konsuln, die Richter des Obersten Gerichtshofs und alle anderen Amtsträger der Vereinigten Staaten, deren Bestallung durch die Verfassung nicht anderweitig geregelt ist und deren Ämter durch Gesetz geschaffen sind, vorschlagen und ernennen; doch kann der Kongreß wenn er es angemessen findet, die Ernennung von Beamten geringeren Ranges durch Gesetz dem Präsidenten allein, den Gerichtshöfen oder den Leitern der Verwaltungszweige überlassen.

Der Präsident soll die Befugnis haben, Stellen, die, während der Senat nicht versammelt ist, erledigt werden, durch Erteilung von Bestallungen zu besetzen, die mit Ende der nächsten Tagung ablaufen.

Abschnitt 3. Er soll von Zeit zu Zeit dem Kongreß über den Stand der Dinge im Staate Bericht erstatten und Maßregeln, die er für notwendig und nützlich erachtet, zur Beratung empfehlen; er kann bei außerordentlichen Anlässen beide oder eines der Häuser einberufen und kann, falls sie sich über die Dauer der Vertagung nicht einigen können, sie bis zu einem von ihm für richtig erachteten Zeitpunkt vertagen; er soll Gesandte und andere diplomatische Geschäftsträger empfangen; er soll Sorge tragen, daß die Gesetze gewissenhaft vollzogen werden, und allen Amtsträgern der Vereinigten Staaten die Ernennungsurkunden erteilen.

Abschnitt 4. Der Präsident, Vizepräsident und alle Zivilangestellten der Vereinigten Staaten sollen ihrer Stellen enthoben werden, wenn sie wegen Verrats, Bestechung und anderer schwerer Verbrechen und Vergehen unter Staatsanklage gestellt und verurteilt worden sind.

Artikel III

Abschnitt 1. Die richterliche Gewalt der Vereinigten Staaten soll einem Obersten Gerichtshof und solchen unteren Gerichten übertragen sein, wie sie der Kongreß von Zeit zu Zeit anordnen und errichten wird. Die Richter sowohl des Obersten Gerichtshofs wie der unteren Gerichte sollen im Amte bleiben, solange ihre Amtsführung einwandfrei ist, und sollen zu bestimmten Zeiten für ihre Dienste eine Entschädigung erhalten, die während ihrer Amtsdauer nicht herabgesetzt werden soll.

Section 2. The judicial Power shall extend to all Cases, in Law and Equity, arising under this Constitution, the Laws of the United States, and Treaties made, or which shall be made, under their Authority; — to all Cases affecting Ambassadors, other public Ministers and Consuls; — to all Cases of admiralty and maritime Jurisdiction; — to Controversies to which the United States shall be a Party; — to Controversies between two or more States; — between a State and Citizens of another State; — between Citizens of different States, — between Citizens of the same State claiming Lands under Grants of different States, and between a State, or the Citizens thereof, and foreign States, Citizens or Subjects.

In all Cases affecting Ambassadors, other public Ministers and Consuls, and those in which a State shall be Party, the supreme Court shall have original Jurisdiction. In all the other Cases before mentioned, the supreme Court shall have appellate Jurisdiction, both as to Law and Fact, with such Exceptions, and under such Regulations as the Congress shall make.

The Trial of all Crimes, except in Cases of Impeachment, shall be by Jury; and such Trial shall be held in the State where the said Crimes shall have been committed; but when not committed within any State, the Trial shall be at such Place or Places as the Congress may by Law have directed.

Section 3. Treason against the United States, shall consist only in levying War against them, or in adhering to their Enemies, giving them Aid and Comfort. No Person shall be convicted of Treason unless on the Testimony of two Witnesses to the same overt Act, or on Confession in open Court.

The Congress shall have Power to declare the Punishment of Treason, but no Attainder of Treason shall work Corruption of Blood, or Forfeiture except during the Life of the Person attainted.

Article IV

Section 1. Full Faith and Credit shall be given in each State to the public Acts, Records, and judicial Proceedings of every other State. And the Congress may by general Laws prescribe the Manner in which such Acts, Records and Proceedings shall be proved, and the Effect thereof.

Abschnitt 2. Die richterliche Gewalt soll sich auf alle Fälle, Recht wie Billigkeit, erstrecken, die im Geltungsbereich dieser Verfassung, der Gesetze der Vereinigten Staaten und der Verträge entstehen, die unter deren Hoheit abgeschlossen wurden oder künftig geschlossen werden; — auf alle Fälle, die Gesandte, andere diplomatische Geschäftsträger oder Konsuln betreffen; — auf alle Fälle der Schiffahrts- und Seegerichtsbarkeit; — auf Streitigkeiten, in denen die Vereinigten Staaten Partei sind; — auf Streitigkeiten zwischen zwei oder mehreren Staaten; — zwischen einem Staat und den Bürgern eines anderen Staates[1]; — zwischen Bürgern verschiedener Staaten, — zwischen Bürgern desselben Staates, die auf Grund von Verleihungen seitens verschiedener Staaten Landansprüche erheben, und zwischen einem Staat oder dessen Bürgern und fremden Staaten, Bürgern oder Untertanen.

In allen Fällen, die Gesandte, andere diplomatische Geschäftsträger und Konsuln betreffen, und in denjenigen, in welchen ein Staat Partei ist, soll der Oberste Gerichtshof ursprüngliche Gerichtsbarkeit besitzen. In allen anderen obenerwähnten Fällen soll der Oberste Gerichtshof Rechtsmittelgericht sein, und zwar sowohl hinsichtlich der Rechts- wie der Tatfragen; Ausnahmen und Einzelheiten bestimmt der Kongreß.

Alle Verbrechen, mit Ausnahme der Fälle der Staatsanklage, sollen vor einem Geschworenengericht abgeurteilt werden; und die Verhandlung soll in dem Staate stattfinden, in dem das Verbrechen begangen worden ist. Wenn das Verbrechen aber nicht innerhalb des Bereichs eines der Staaten begangen worden ist, so soll die Verhandlung an dem Orte oder den Orten stattfinden, die der Kongreß durch Gesetz bestimmt haben wird.

Abschnitt 3. Als Verrat gegen die Vereinigten Staaten sollen nur Kriegführung gegen sie oder Hilfe für ihre Feinde mit Rat und Tat gelten. Niemand soll des Verrats schuldig befunden werden, es sei denn auf Grund der Aussage zweier Zeugen über dieselbe offenkundige Handlung oder auf Grund eines Geständnisses in offener Gerichtssitzung.

Der Kongreß soll die Befugnis haben, die Strafe des Verrats festzusetzen, aber der Ehrverlust wegen Verrats soll sich nicht auf die Nachkommen oder Verwirkung des Vermögens erstrecken, außer für die Dauer des Lebens des Verurteilten selbst.

Artikel IV

Abschnitt 1. Die öffentlichen Handlungen, Urkunden, Aufzeichnungen und gerichtlichen Verfahren eines jeden Staates sollen in jedem anderen Staat vollen Glauben genießen. Und der Kongreß kann durch allgemeine Gesetze die Art und Weise, wie solche Urkunden, Aufzeichnungen und Verfahren als echt erwiesen werden, und deren Wirkung bestimmen.

[1] *Durch den 11. Zusatzartikel eingeschränkt.*

Section 2. The Citizens of each State shall be entitled to all Privileges and Immunities of Citizens in the several States.

A Person charged in any State with Treason, Felony, or other Crime, who shall flee from Justice, and be found in another State, shall on Demand of the executive Authority of the State from which he fled, be delivered up, to be removed to the State having Jurisdiction of the Crime.

No Person held to Service or Labour in one State, under the Laws thereof, escaping into another, shall, in Consequence of any Law or Regulation therein, be discharged from such Service or Labour, but shall be delivered up on Claim of the Party to whom such Service or Lobour may be due.

Section 3. New States may be admitted by the Congress into this Union; but no new State shall be formed or erected within the Jurisdiction of any other State; nor any State be formed by the Junction of two or more States, or Parts of States, without the Consent of the Legislatures of the States concerned as well as of the Congress.

The Congress shall have Power to dispose of and make all needful Rules and Regulations respecting the Territory or other Property belonging to the United States; and nothing in this Constitution shall be so construed as to Prejudice any Claims of the United States, of any particular State.

Section 4. The United States shall guarantee to every State in this Union a Republican Form of Government, and shall protect each of them against Invasion; and on Application of the Legislature, or of the Executive (when the Legislature cannot be convened) against domestic Violence.

Article V

The Congress, whenever two thirds of both Houses shall deem it necessary, shall propose Amendments to this Constitution, or, on the Application of the Legislatures of two thirds of the several States, shall call a Convention for proposing Amendments, which, in either Case, shall be valid to all Intents and Purposes, as Part of this Constitution, when ratified by the Legislatures of three fourths of the several States, or by Conventions in three fourths thereof, as the one or the other Mode of Ratification may be proposed by the Congress; Provided

Abschnitt 2. Den Bürgern eines jeden Staates sollen alle Vorrechte und Freiheiten der Bürger in allen anderen Staaten zukommen[1].

Wer in irgendeinem Staate des Verrats, eines peinlichen oder sonstigen Verbrechens bezichtigt wird, sich der Strafverfolgung durch Flucht entzieht und in einem anderen Staate aufgegriffen wird, soll auf Verlangen der Regierung des Staates, aus dem er entflohen, ausgeliefert und nach dem Staat geschafft werden, der über dieses Verbrechen Gerichtsbarkeit hat.

Niemand, der in einem Staate nach dessen Gesetzen zu Dienst oder Arbeit verpflichtet ist und nach einem anderen Staate entflieht, soll auf Grund irgendeines dort geltenden Gesetzes oder einer Verordnung von dieser Dienst- oder Arbeitspflicht befreit werden, sondern soll auf Verlangen desjenigen, dem Dienst und Arbeit geschuldet werden, ausgeliefert werden[2].

Abschnitt 3. Neue Staaten können vom Kongreß in diese Union aufgenommen werden; aber kein neuer Staat soll innerhalb des Hoheitsbereichs eines anderen Staates gebildet oder errichtet werden; noch soll ein anderer Staat durch die Verbindung von zwei oder mehr Staaten oder Teilen von Staaten gebildet werden, ohne daß sowohl die gesetzgebenden Körperschaften der betreffenden Staaten als auch der Kongreß ihre Zustimmung erteilen.

Dem Kongreß steht es zu, über Gebiet und sonstiges den Vereinigten Staaten gehöriges Eigentum zu verfügen und alle nötigen Regeln und Verordnungen zu erlassen; und nichts in dieser Verfassung soll so ausgelegt werden, daß daraus den Ansprüchen der Vereinigten Staaten oder irgendeines einzelnen Staates Abbruch geschehe.

Abschnitt 4. Die Vereinigten Staaten sollen jedem Staate in dieser Union eine republikanische Regierungsform gewährleisten und sollen jeden von ihnen gegen feindliche Einfälle schützen; und auf Antrag seiner gesetzgebenden Körperschaft oder der Regierungsbehörde (wenn die gesetzgebende Körperschaft nicht einberufen werden kann) auch gegen Gewalttätigkeit im Inneren.

Artikel V

Der Kongreß soll, wenn immer zwei Drittel beider Häuser es für nötig befinden, Abänderungen zu dieser Verfassung vorschlagen oder auf Ansuchen der gesetzgebenden Körperschaften von zwei Dritteln der Einzelstaaten einen Konvent zum Ausarbeiten von Abänderungsvorschlägen einberufen, und diese Abänderungen sollen in beiden Fällen in jeder Hinsicht als Teile dieser Verfassung gültig sein, wenn sie von den gesetzgebenden Körperschaften oder von Konventen von drei Vierteln der Einzelstaaten bestätigt worden sind, je nachdem die eine oder andere Form der

[1] *Durch den 14. Zusatzartikel erweitert.*

[2] *Durch den 13. Zusatzartikel überholt.*

that no Amendment which may be made prior to the Year One thousand eight hundred and eight shall in any Manner affect the first and fourth Clauses in the Ninth Section of the first Article; and that no State, without its Consent, shall be deprived of its equal Suffrage in the Senate.

Article VI

All Debts contracted and Engagements entered into, before the Adoption of this Constitution, shall be as valid against the United States under this Constitution, as under the Confederation.

This Constitution, and the Laws of the United States which shall be made in Pursuance thereof; and all Treaties made, or which shall be made, under the Authority of the United States, shall be the supreme Law of the Land; and the Judges in every State shall be bound thereby, any Thing in the Constitution or Laws of any State to the Contrary notwithstanding.

The Senators and Representatives before mentioned, and the Members of the several State Legislatures, and all executive and judicial Officers, both of the United States and of the several States, shall be bound by Oath or Affirmation, to support this Constitution; but no religious Test shall ever be required as a Qualification to any Office or public Trust under the United States.

Article VII

The Ratification of the Conventions of nine States, shall be sufficient for the Establishment of this Constitution between the States so ratifying the Same.

Done in Convention by the unamimous Consent of the States present the 17. Day of September in the Year of our Lord 1787 and of the Independence of the United States of America the 12.

Articles in Addition to, and Amendment of, the Constitution

Article 1. Congress shall make no law respecting an establishment of religion, or prohibiting the free exercise thereof; or abridging the freedom of speech, or of the press; or the right of the people peaceable to assemble, and to petition the Government for a redress of grievances.

Article 2. A well regulated Militia, being necessary to the security of a free State, the right of the people to keep and bear Arms, shall not be infringed.

Bestätigung vom Kongreß vorgeschlagen ist; dies mit der Einschränkung, daß keine vor dem Jahre 1808 beschlossene Abänderung in irgendeiner Weise den 1. und 4. Absatz des 9. Abschnitts des 1. Artikels berühren soll[1]; und ferner, daß keinem Staat ohne seine Zustimmung das gleiche Stimmrecht im Senat entzogen werden soll.

Artikel VI

Alle vor Annahme dieser Verfassung begründeten Schulden und eingegangenen Verbindlichkeiten sollen den Vereinigten Staaten gegenüber unter der Geltung dieser Verfassung dieselbe Rechtswirksamkeit besitzen wie unter der Konföderation[2].

Diese Verfassung und die in deren Verfolg zu erlassenden Gesetze der Vereinigten Staaten sowie alle unter der Hoheit der Vereinigten Staaten abgeschlossenen oder künftig abzuschließenden Verträge sollen oberstes Gesetz des Landes sein, und die Richter in jedem Staate sollen daran gebunden sein, ungeachtet etwa entgegenstehender Bestimmungen in der Verfassung oder den Gesetzen des Einzelstaates.

Die vorerwähnten Senatoren und Abgeordneten und die Mitglieder der gesetzgebenden Körperschaften der Einzelstaaten sowie alle Amtsträger der Vollziehung und Gerichtsbarkeit sowohl der Vereinigten Staaten als auch der einzelnen Staaten sollen durch Eid oder Gelöbnis verpflichtet werden, die Verfassung aufrechtzuhalten; doch soll niemals der Nachweis einer Religionszugehörigkeit als eine Voraussetzung für ein Amt oder eine öffentliche Vertrauensstellung unter der Hoheit der Vereinigten Staaten verlangt werden.

Artikel VII

Die Bestätigung durch die Konvente von neun Staaten soll genügen, damit diese Verfassung zwischen den sie bestätigenden Staaten in Wirksamkeit trete.

Gegeben im Konvent unter der einhelligen Zustimmung der anwesenden Staaten am 17. Tage des Monats September, im Jahre des Herrn 1787 und im 12. Jahre der Unabhängigkeit der Vereinigten Staaten von Amerika.

Zusatzartikel und Abänderungen der Verfassung.

1. Artikel[3]. Der Kongreß soll kein Gesetz erlassen, das eine Einrichtung einer Religion zum Gegenstand hat oder deren freie Ausübung beschränkt, oder eines, das Rede- und Pressefreiheit oder das Recht des Volkes, sich friedlich zu versammeln und an die Regierung eine Petition zur Abstellung von Mißständen zu richten, verkürzt.

2. Artikel. Da eine wohlgeordnete Miliz für die Sicherheit eines freien Staates notwendig ist, soll das Recht des Volkes, Waffen zu besitzen und zu tragen, nicht verkürzt werden.

[1] *Überholt.*
[2] *Durch den 14. Zusatzartikel erweitert.*
[3] *Die ersten zehn Zusatzartikel sind 1791 in Kraft getreten.*

Article 3. No soldier shall, in time of peace be quartered in any house, without the consent of the Owner, nor in time of war, but in a manner to be prescribed by law.

Article 4. The right of the people to be secure in their persons, houses, papers, and effects, against unreasonable searches and seizures, shall not be violated, and no Warrants shall issue, but upon probable cause, supported by Oath or affirmation, and particularly describing the place to be searched, and the persons or things to be seized.

Article 5. No person shall be held to answer for a capital, or otherwise infamous crime, unless on a presentment or indictment of a Grand Jury, except in cases arising in the land or naval forces, or in the Militia, when in actual service in time of War or public danger; nor shall any person be subject for the same offence to be twice put in jeopardy of life or limb; nor shall be compelled in any Criminal Case to be a witness against himself, nor be deprived of life, liberty, or property, without due process of law; nor shall private property be taken for public use, without just compensation.

Article 6. In all criminal prosecutions, the accused shall enjoy the right to a speedy and public trial, by an impartial jury of the State and district wherein the crime shall have been committed, which district shall have been previously ascertained by law, and to be informed of the nature and cause of the accusation; to be confronted with the witnesses against him; to have compulsory process for obtaining Witnesses in his favor, and to have the Assistance of Counsel for his defence.

Article 7. In suits at common law, where the value in controversy shall exceed twenty dollars, the right of trial by jury shall be preserved, and no fact tried by a jury shall be otherwise re-examined in any Court of the United States, than according to the rules of the common law.

Article 8. Excessive bail shall not be required, nor excessive fines imposed, nor cruel and unusual punishments inflicted.

Article 9. The enumeration in the Constitution, of certain rights, shall not be construed to deny or disparage others retained by the people.

Article 10. The powers not delegated to the United States by the Constitution, nor prohibited, by it to the States, are reserved to the States respectively, or to the people.

3. Artikel. Kein Soldat soll in Friedenszeiten ohne Zustimmung des Eigentümers in einem Hause einquartiert werden, auch in Kriegszeiten soll dies nur in der vom Gesetz vorgeschriebenen Weise geschehen.

4. Artikel. Das Recht des Volkes auf Sicherheit der Person, des Hauses, der Papiere und der Habe vor ungerechtfertigter Nachsuchung und Beschlagnahme soll nicht verletzt werden und Durchsuchungs- und Haftbefehle sollen nur aus zureichendem Grunde erteilt werden, gestützt auf Eid oder Gelöbnis, und sollen die zu durchsuchende Örtlichkeit und die in Gewahrsam zu nehmenden Personen oder Gegenstände genau bezeichnen.

5. Artikel. Niemand soll wegen eines todeswürdigen oder sonstigen schimpflichen Verbrechens zur Verantwortung gezogen werden, es sei denn auf Grund der Anschuldigung oder Anklage seitens eines großen Geschworenengerichts, außer in Fällen, die bei den Land- oder Seestreitkräften oder bei der Miliz im aktiven Dienst in Zeiten des Krieges oder öffentlicher Gefahr sich ereignen; und niemand soll wegen derselben Straftat zweimal der Gefahr eines Verfahrens um Leib und Leben ausgesetzt werden; noch gezwungen werden, in einem Strafverfahren gegen sich selbst als Zeuge auszusagen, noch soll jemandem Leben, Freiheit oder Eigentum genommen werden, außer im ordentlichen Gerichtsverfahren und nach Recht und Gesetz; noch soll Privateigentum ohne gerechte Entschädigung für öffentliche Zwecke eingezogen werden.

6. Artikel. In allen Verfolgungen wegen Verbrechen soll der Angeklagte Anspruch haben auf ein schleuniges und öffentliches Verfahren vor einem unparteiischen Geschworenengericht des Staates und Bezirks, in dem das Verbrechen begangen wurde, der Bezirk soll vorher durch Gesetz festgestellt sein; der Angeklagte hat das Recht, über die Art und Gründe der Anklage unterrichtet und den Belastungszeugen gegenübergestellt zu werden: und Entlastungszeugen unter Zwangsandrohung vorladen zu lassen und sich eines Rechtsbeistandes zu seiner Verteidigung zu bedienen.

7. Artikel. In Rechtssachen nach gemeinem Recht, in denen der Wert des Streitgegenstandes zwanzig Dollar übersteigt, soll das Recht auf ein Verfahren vor Geschworenen gewahrt bleiben; und keine Tatsache, über die ein Geschworenengericht befunden hat, soll von irgendeinem Gerichtshof der Vereinigten Staaten nach anderen Regeln als denen des gemeinen Rechts einer erneuten Prüfung unterzogen werden.

8. Artikel. Übermäßige gerichtliche Sicherheitsleistung soll nicht verlangt noch sollen übermäßige Geldstrafen auferlegt noch grausame oder ungewöhnliche Strafen verhängt werden.

9. Artikel. Die Aufzählung bestimmter Rechte in der Verfassung soll nicht so ausgelegt werden, daß andere Rechte, die dem Volke geblieben sind, dadurch verneint oder geschmälert werden.

10. Artikel. Die Befugnisse, die von der Verfassung weder den Vereinigten Staaten übertragen noch den Einzelstaaten versagt sind, bleiben jeweils den Einzelstaaten oder dem Volke vorbehalten.

Article 11. The Judicial power of the United States shall not be construed to extend to any suit in law or equity, commenced or prosecuted against one of the United States by Citizens of another State, or by Citizens or Subjects of any Foreign State.

Article 12. The Electors shall meet in their respective states, and vote by ballot for President and Vice-President, one of whom, at least, shall not be an inhabitant of the same state which themselves; they shall name in their ballots the person voted for as President, and in distinct ballots the person voted for as Vice-President, and they shall make distinct lists of all persons voted for as President, and of all persons voted for as Vice-President, and of the number ob votes for each, which lists they shall sign and certify, and transmit sealed to the seat of the government of the United States, directed to the President of the Senate; — The President of the Senate shall, in presence of the Senate and House of Representatives, open all the certificates and the votes shall then be counted; — The person having the greatest number of votes for President, shall be the President, if such number be a majority of the whole number of Electors appointed; and if no person have such majority, then from the persons having the highest numbers not exceeding three on the list of those voted for as President, the House of Representatives shall choose immediately, by ballot, the President. But in choosing the President, the votes shall be taken by states, the representation from each state having one vote; a quorum for this purpose shall consist of a member or members from two-thirds of the states, and a majority of all the states shall be necessary to a choice. And if the House of Representatives shall not choose a President whenever the right of choice shall devolve upon them, before the fourth day of March next following, then the Vice-President shall act as President, as in the case of the death or other constitutional disability of the President.

The person having the greatest number of votes as Vice-President, shall be the Vice-President, if such number be a majority of the whole number of Electors appointed, and if no person have a majority, then from the two highest numbers on the list, the Senate shall choose the Vice-President; a quorum for the purpose shall consist of two-thirds of the whole number of Senators, and a majority of the whole number shall be necessary to a choice. But no person constitutionally ineligible to the office of President shall be eligible to that of Vice-President of the United-States

11. Artikel[1]. Die Gerichtsgewalt der Vereinigten Staaten soll nicht so ausgelegt werden, daß sie sich auf ein Rechts- oder Billigkeitsverfahren erstreckt, das gegen einen der Vereinigten Staaten von Bürgern eines anderen Staates oder von Bürgern oder Untertanen eines fremden Staates angestrengt oder verfolgt wird.

12. Artikel[2]. Die Wahlmänner sollen in ihren Staaten zusammentreten und sollen durch Stimmzettel für einen Präsidenten und einen Vizepräsidenten stimmen, von denen wenigstens einer nicht Einwohner des Staates ist, dem sie selber angehören; sie sollen in den Zetteln die Person bezeichnen, für die sie als Präsidenten stimmen, und auf besonderen Zetteln die Person, für die sie als Vizepräsidenten stimmen; sie sollen besondere Listen von allen Personen anlegen, die Stimmen als Präsident. und von allen jenen, die Stimmen als Vizepräsident erhalten haben, und die Stimmenzahl für jeden angeben und sollen diese Listen unterzeichnen und beglaubigen und versiegelt nach dem Sitz der Regierung der Vereinigten Staaten zu Händen des Präsidenten des Senats schicken. — Der Präsident des Senats soll in Gegenwart des Senats und Abgeordnetenhauses alle Beglaubigungen öffnen, und die Stimmen sollen dann gezählt werden; — die Person, die die größte Stimmenzahl als Präsident hat, soll Präsident sein, wenn diese Zahl größer ist als die Hälfte der gesamten Zahl der bestellten Wahlmänner; und wenn keine Person eine solche Mehrheit hat, so soll das Abgeordnetenhaus sofort von denjenigen drei Personen, die auf der Liste die höchste Zahl der für den Präsidenten abgegebenen Stimmen haben, durch Stimmzettel den Präsidenten wählen. Bei der Wahl des Präsidenten sollen die Stimmen nach Staaten abgegeben werden, so daß die Vertretung jedes Staates eine Stimme hat; zur Beschlußfähigkeit für diese Abstimmung soll die Anwesenheit von je einem oder mehreren Mitgliedern von zwei Dritteln der Staaten erforderlich sein, und eine Mehrheit über die Hälfte aller Staaten soll für eine Wahl nötig sein. Und wenn das Abgeordnetenhaus, wenn ihm das Wahlrecht zufällt, nicht vor dem nächstfolgenden vierten März einen Präsidenten wählt, so soll der Vizepräsident als Präsident fungieren, wie im Falle des Todes oder sonstiger verfassungsmäßiger Behinderung des Präsidenten.

Die Person, die die größte Anzahl von Stimmen als Vizepräsident hat, soll Vizepräsident sein, wenn diese Zahl größer ist als die Hälfte der Gesamtzahl der bestellten Wahlmänner, und wenn keine Person eine solche Mehrheit hat, so soll der Senat von den zwei auf der Liste mit der größten Stimmenzahl stehenden Personen den Vizepräsidenten wählen; zur Beschlußfähigkeit für diese Abstimmung soll die Anwesenheit von zwei Dritteln der Gesamtzahl der Senatoren erforderlich sein; eine Mehrheit über die Hälfte der Gesamtzahl soll zu einer Wahl nötig sein. Niemand, der verfassungsmäßig nicht zum Amt des Präsidenten wählbar ist, soll zum Amt des Vizepräsidenten wählbar sein.

[1] *1798 in Kraft getreten.*
[2] *1804 in Kraft getreten.*

Article 13. Section 1. Neither slavery nor involuntary servitude, except as a punishment for crime whereof the party shall have been duly convicted, shall exist within the United States, or any place subject to their jurisdiction.

Section 2. Congress shall have power to enforce this article by appropriate legislation.

Article 14. Section 1. All persons born or naturalized in the United States, and subject to the jurisdiction thereof, are citizens of the United States and of the State wherein they reside. No State shall make or enforce any law which shall abridge the privileges or immunities of citizens of the United States; nor shall any State deprive any person of life, liberty, or property, without due process of law; nor deny to any person within its jurisdiction the equal protection of the laws.

Section 2. Representatives shall be apportioned among the several States according to their respective numbers, counting the whole number of persons in each State, excluding Indians not taxed. But whenever the right to vote at any election for the choice of electors for President and Vice-President of the Unidet States, Representatives in Congress, the Executive and Judicial officers of a State, or the members of the Legislature thereof, is denied to any of the male inhabitants of such States, being twenty-one years of age, and citizens of the United States, or in any way abridged, except for participation in rebellion, or other crime, the basis of representation therein shall be reduced in the proportion which the number of such male citizens shall bear to the whole number of male citizens twenty-one years of age in such State.

Section 3. No person shall be a Senator or Representative in Congress, or elector of President and Vice-President, or hold any office, civil or military, under the United States, or under any State, who, having previously taken an oath, as a member of Congress, or as an officer of the United States, or as a member of any State legislature, or as an executive or judicial officer, of any State, to support the Constitution of the United States, shall have engaged in insurrection or rebellion against the same, or given aid or comfort to the enemies thereof. But Congress may by a vote of two-thirds of each House, remove such disability.

Section 4. The validity of the public debt of the United States, authorized by law, including debts incurred for the payment of pensions and bounties for services in

13. Artikel[1]. Abschnitt 1. Weder Sklaverei und unfreiwillige Dienstknechtschaft soll, außer als Strafe für ein Verbrechen, dessen die betreffende Person im ordentlichen Verfahren überführt worden ist, in den Vereinigten Staaten oder in irgendeinem ihrer Hoheit unterworfenen Gebiet bestehen.

Abschnitt 2. Der Kongreß soll befugt sein, die zur Ausführung dieses Artikels angemessenen Gesetze zu erlassen.

14. Artikel[2]. Abschnitt 1. Alle diejenigen, die in den Vereinigten Staaten geboren oder eingebürgert und ihrer Regierungsgewalt unterworfen sind, sind Bürger der Vereinigten Staaten und des Staates, in dem sie ihren Wohnsitz haben. Kein Staat soll Gesetze erlassen oder ausführen, welche die Vorrechte oder Freiheiten von Bürgern der Vereinigten Staaten verkürzen; und kein Staat soll irgend jemandem das Leben, die Freiheit oder das Eigentum nehmen, es sei denn durch ordentliches Gerichtsverfahren, nach Recht und Gesetz, noch irgend jemandem innerhalb seines Gebietes den gleichen Schutz der Gesetze versagen.

Abschnitt 2. Die Abgeordneten sollen auf die einzelnen Staaten im Verhältnis zu deren zahlenmäßiger Stärke verteilt werden, wobei in jedem Staat die Gesamtzahl aller Personen mit Ausschluß der nicht besteuerten Indianer gezählt werden soll. Wenn aber das Wahlrecht für irgendeine Wahl, für die der Wahlmänner für den Präsidenten oder Vizepräsidenten der Vereinigten Staaten, die der Abgeordneten im Kongreß, die der Amtsträger der vollziehenden und richterlichen Gewalt eines Staates oder die der Mitglieder seiner gesetzgebenden Körperschaft irgendwelchen männlichen Einwohnern dieses Staates, die über einundzwanzig Jahre alt und Bürger der Vereinigten Staaten sind, versagt oder irgendwie verkürzt wird, es sei denn wegen Teilnahme an Aufruhr oder wegen eines sonstigen Verbrechens, so soll die Grundzahl der Vertretung daselbst in dem Verhältnis herabgesetzt werden, in dem die Zahl solcher männlichen Bürger zur Gesamtzahl der männlichen über einundzwanzig Jahre alten Bürger in diesem Staate steht.

Abschnitt 3. Niemand soll Senator oder Abgeordneter im Kongreß oder Wahlmann für die Wahl des Präsidenten oder Vizepräsidenten sein oder irgendein bürgerliches oder militärisches Amt unter der Hoheit der Vereinigten Staaten oder eines Staates bekleiden, der, nachdem er als Mitglied des Kongresses oder als Amtsträger der Vereinigten Staaten oder als Mitglied der gesetzgebenden Körperschaft eines Staates oder als Amtsträger der vollziehenden oder richterlichen Gewalt eines Staates einen Eid auf die Einhaltung der Verfassung der Vereinigten Staaten geleistet hat, an einem Aufstand oder Aufruhr gegen sie teilgenommen oder ihre Feinde mit Rat oder Tat unterstützt hat. Doch kann der Kongreß mit Zweidrittelmehrheit jedes der beiden Häuser diese Unfähigkeit aufheben.

Abschnitt 4. Die Gültigkeit der im Gesetz begründeten Staatsschuld der Vereinigten Staaten mit Einschluß der Schulden, die für die Zahlung von Ruhe-

[1] *1865 in Kraft getreten.*
[2] *1868 in Kraft getreten.*

suppressing insurrection or rebellion, shall not be questioned. But neither the United States nor any State shall assume or pay any debt or obligation incurred in aid of insurrection or rebellion against the United States, or any claim for the loss or emancipation of any slave; but all such debts, obligations and claims shall beheld illegal and void.

Section 5. The Congress shall have power to enforce, by appropriate legislation, the provisions of this article.

Article 15. Section 1. The right of citizens of the United States to vote shall not be denied or abridged by the United States or by any State on account of race, color, or previous condition of servitude.

Section 2. The Congress shall have power to enforce this article by appropriate legislation.

Article 16. The Congress shall have power to lay and collect taxes on incomes, from whatever sources derived, without apportionment among the several States, and without regard to any census or enumeration.

Article 17. 1. The Senate of the United States shall be composed of two Senators from each State, elected by the people thereof, for six years; and each Senator shall have one vote. The electors in each State shall have the qualifications requisite for electors of the most numerous branch of the State Legislatures.

2. When vacancies happen in the representation of any State in the Senate, the executive authority of such State shall issue writs of election to fill such vacancies: Provided, that the Legislature of any State may empower the Executive thereof to make temporary appointment until the people fill the vacancies by election as the Legislature may direct.

3. This amendment shall not be so construed as to affect the election or term of any Senator chosen before it becomes valid as part of the Constitution.

Article 18. 1. After one year from the ratification of this article the manufacture, sale, or transportation of intoxicating liquors within, the importation thereof into, or the exportation thereof from the United States and all territory subject to the jurisdiction thereof for beverage purposes is hereby prohibited.

genüssen und Sondergaben für Dienste anläßlich der Unterdrückung von Aufstand und Aufruhr aufgenommen worden sind, soll nicht in Frage gestellt werden. Doch sollen weder die Vereinigten Staaten noch irgendein Staat eine Schuld oder Verbindlichkeit übernehmen oder einlösen, die zur Unterstützung eines Aufstands oder Aufruhrs gegen die Vereinigten Staaten eingegangen worden sind, noch irgendeinen Ersatzanspruch für den Verlust oder die Freilassung eines Sklaven; vielmehr sollen alle derartigen Schulden, Verbindlichkeiten und Ansprüche null und nichtig sein.

Abschnitt 5. Der Kongreß soll befugt sein, die zur Ausführung der Bestimmungen dieses Artikels angemessenen Gesetze zu erlassen.

15. Artikel[1]. Abschnitt 1. Das Wahlrecht der Bürger der Vereinigten Staaten soll von den Vereinigten Staaten oder einem der Staaten nicht auf Grund von Rasse, Farbe oder vormaliger Unfreiheit versagt oder verkürzt werden.

Abschnitt 2. Der Kongreß soll befugt sein, die zur Ausführung dieses Artikels angemessenen Gesetze zu erlassen.

16. Artikel[2]. Der Kongreß soll befugt sein, Steuern auf Einkommen, aus welcher Quelle immer dieses stammt, aufzulegen und einzuheben, ohne an eine verhältnismäßige Aufteilung auf die einzelnen Staaten oder an eine Schätzung oder Volkszählung gebunden zu sein.

17. Artikel[3]. Der Senat der Vereinigten Staaten soll aus zwei Senatoren von jedem Staate zusammengesetzt sein, die von dessen Bevölkerung auf sechs Jahre gewählt werden; und jeder Senator soll eine Stimme haben. Die Wähler in jedem Staat sollen den Bedingungen genügen, die für die Wähler der zahlenmäßig stärksten Kammer der Staatsgesetzgebung vorgeschrieben sind.

Wenn Mandate in der Vertretung der Staaten im Senat erledigt sind, so soll dessen Regierung Wahlen ausschreiben, um das erledigte Mandat neu zu besetzen. Es wird vorgesehen, daß die gesetzgebende Körperschaft jedes Staates ihre Regierung ermächtigen kann, Ernennungen mit vorläufiger Wirksamkeit vorzunehmen, bis die erledigten Mandate durch Volkswahl, wie sie die gesetzgebende Körperschaft vorschreibt, wieder besetzt werden.

Dieser Zusatzartikel soll nicht so ausgelegt werden, daß dadurch die Wahl oder die Amtsdauer eines Senators berührt wird, der gewählt wurde, bevor der Artikel als Teil der Verfassung rechtswirksam wird.

18. Artikel[4]. Abschnitt 1. Nach Ablauf eines Jahres von der Bestätigung dieses Artikels angefangen ist die Erzeugung, der Verkauf oder die Versendung alkoholischer Getränke innerhalb des Gebietes der Vereinigten Staaten, ihre Einfuhr in oder ihre Ausfuhr aus den Vereinigten Staaten und allen Gebieten, die ihrer Hoheit unterstehen, für menschlichen Genuß hiermit verboten.

[1] *1870 in Kraft getreten.*

[2] *1913 in Kraft getreten.*

[3] *1913 in Kraft getreten.*

[4] *1919 in Kraft getreten, aber 1933 durch den 21. Artikel wieder aufgehoben.*

2. The Congress and the several States shall have concurrent power to enforce this article by appropriate legislation.

3. This article shall be inoperative unless it shall have been ratified as an amendment to the Constitution by the Legislatures of the several States as provided in the Constitution, within seven years from the date of the submission hereof to the States by the Congress.

Article 19. 1. The right of citizens of the United States to vote shall not be denied or abridged by the United States or by any State on account of sex.

2. Congress shall have power, by appropriate legislation, to enforce the provisions of this article.

Article 20. 1. The terms of the President and Vice-President shall end at noon on the 20th day of January, of the years in which such terms would have ended if this article had not been ratified; and the terms of their successors shall begin.

2. The Congress shall assemble at least once in every year, and such meeting shall begin at noon on the 3rd day of January, unless they shall by law appoint a different day.

3. If, at the time fixed for the beginning of the term of the President, the President elect shall have died, the Vice-President elect shall become President. If a President shall not have been chosen before the time fixed for the beginning of his term, or if the President elect shall have failed to qualify then the Vice-President elect shall act as President until a President shall have qualified; and the Congress may by law provide for the case wherein neither a President elect nor a Vice-President elect shall have qualified, declaring who shall then act as President, or the manner in which one who is to act shall be selected, and such person shall act accordingly until a President or Vice-President shall have qualified.

4. The Congress may by law provide for the case of the death of any of the persons from whom the House of Representatives may choose a President whenever the right of choice shall have devolved upon them and for the case of the death of any of the persons from the Senate may choose a Vice-President whenever the right of choice shall have devolved upon them.

5. Section 1 and 2 shall thake effect on the 15th day of October following the ratification of this article.

Abschnitt 2. Der Kongreß und die Einzelstaaten sollen in gleicher Weise befugt sein, die zur Ausführung dieses Artikels angemessenen Gesetze zu erlassen.

Abschnitt 3. Dieser Artikel soll unwirksam sein, wenn er nicht durch die gesetzgebenden Körperschaften der einzelnen Staaten, wie es die Verfassung bestimmt, binnen sieben Jahren, vom Zeitpunkt seiner Unterbreitung an die Staaten seitens des Kongresses als Abänderung der Verfassung bestätigt wird.

19. Artikel[2]. Das Wahlrecht der Bürger der Vereinigten Staaten soll von den Vereinigten Staaten oder einem Einzelstaat auf Grund des Geschlechtes weder verweigert noch verkürzt werden. Der Kongreß soll befugt sein, die zur Ausführung dieses Artikels angemessenen Gesetze zu erlassen.

20. Artikel[3]. Abschnitt 1. Die Amtsdauer des Präsidenten und Vizepräsidenten soll am 20. Tage des Monats Januar mittags enden, und die Amtsdauer der Senatoren und Abgeordneten am 3. Tage des Monats Januar mittags, und zwar in denjenigen Jahren, in denen die Amtsdauer geendet hätte, wenn dieser Artikel nicht bestätigt worden wäre, und die Amtszeit ihrer Nachfolger soll dann beginnen.

Abschnitt 2. Der Kongreß soll wenigstens einmal in jedem Jahr zusammentreten und diese Versammlung soll am 3. Tage des Monats Januar mittags beginnen, außer wenn durch Gesetz ein anderer Tag bestimmt wird.

Abschnitt 3. Wenn zu der für den Beginn der Amtsdauer des Präsidenten festgesetzten Zeit der gewählte Präsident verstorben sein sollte, dann soll der gewählte Vizepräsident Präsident werden. Wenn ein Präsident vor der für den Beginn der Amtsdauer festgesetzten Zeit nicht gewählt worden sein sollte, oder wenn der gewählte Präsident nicht den vorgeschriebenen Erfordernissen genügt, dann soll der gewählte Vizepräsident das Amt des Präsidenten versehen, bis ein Präsident den vorgeschriebenen Erfordernissen entspricht; und der Kongreß kann durch Gesetz für den Fall, daß weder ein gewählter Präsident noch ein gewählter Vizepräsident den Erfordernissen genügt, festsetzen, wer dann das Amt des Präsidenten versehen soll oder das Verfahren bestimmen, in dem derjenige, der das Amt versehen soll, gewählt werden soll, und der so Gewählte soll dann das Amt entsprechend ausüben, bis ein Präsident oder Vizepräsident den vorgeschriebenen Erfordernissen genügt.

Abschnitt 4. Der Kongreß kann durch Gesetz Bestimmungen für den Fall des Todes einer der Personen treffen, aus denen das Abgeordnetenhaus einen Präsidenten wählen kann, falls das Recht zur Wahl auf das Haus übergeht, sowie für den Fall des Todes einer der Personen, aus denen der Senat einen Vizepräsidenten wählen kann, falls das Recht zur Wahl auf den Senat übergeht.

Abschnitt 5. Der erste und zweite Abschnitt sollen am 15. Tage des Monats Oktober, der der Bestätigung dieses Artikels folgt, in Kraft treten.

[2] *1920 in Kraft getreten.*
[3] *1933 in Kraft getreten.*

6. This article shall be inoperative unless it shall have been ratified as an amendment to the Constitution by the legislatures of three-fourths of the several States within seven years from the date of its submission.

Article 21. 1. The eighteenth article of amendment to the Constitution of the United States is hereby repealed.

2. The transportation or importation nito any State, Territory, or Possession of the United States for delivery or use therein of intoxicating liquors, in violation of the laws thereof, is hereby prohibited.

3. This article shall be inoperative unless it shall have been ratified as an amendment to the Constitution by Conventions in the several States, as provided in the Constitution, within seven years from the date of the submission hereof to the States by the Congress.

Abschnitt 6. Dieser Artikel soll unwirksam sein, wenn er nicht als ein Zusatz zur Verfassung von den gesetzgebenden Körperschaften von drei Vierteln der Einzelstaaten binnen sieben Jahren vom Zeitpunkt seiner Unterbreitung bestätigt ist.

21. Artikel[1]. Abschnitt 1. Der achtzehnte Zusatzartikel zur Verfassung der Vereinigten Staaten wird hiermit aufgehoben.

Abschnitt 2. Der Versand oder die Einfuhr von alkoholischen Getränken in irgendeinen Staat, ein Gebiet oder einen Besitz der Vereinigten Staaten zum Zwecke der Ablieferung oder des Gebrauchs daselbst ist hiermit verboten, wenn dadurch ein dort geltendes Gesetz verletzt wird.

Abschnitt 3. Dieser Artikel soll unwirksam sein, wenn er nicht als ein Zusatz zur Verfassung von den Konventen der Einzelstaaten, wie in der Verfassung vorgesehen, innerhalb von sieben Jahren vom Zeitpunkt seiner Unterbreitung durch den Kongreß an die Staaten bestätigt ist.

[1] *1933 in Kraft getreten.*

BELGIEN

Nachdem in der Revolution von 1830 ein eigener belgischer Staat entstanden war, wurde die Verfassung vom Nationalkongreß geschaffen. Seine Wahl sollte nach einem möglichst liberalen Wahlrecht in direkter Abstimmung erfolgen. Doch waren von den 3900000 Einwohnern des neuen Staates infolge des hohen Zensus nur 44000 wahlberechtigt. Träger der Verfassungsarbeit waren die liberalen Katholiken, die sich die französische Verfassung von 1791 und die neue französische Charte vom August 1830 zum Vorbild nahmen. Doch hat auch das englische Vorbild eingewirkt. Die belgische Verfassung hat als Verfassungsurkunde einer konstitutionellen Monarchie einen starken Einfluß auf andere Verfassungen, so vor allem auf die preußische von 1850 ausgeübt. Obgleich sie nunmehr seit über einem Jahrhundert in Kraft ist, hat sie nur zwei Verfassungsrevisionen, im Jahre 1893 und in den Jahren 1920/21, erfahren, die beide vor allem die Zusammensetzung der beiden Kammern und das Wahlrecht betrafen.

Text: Dareste, „Les Constitutions modernes", 4. Aufl. von J. Delpesch und J. Laferrière, Bd. I, 1 (1928), S. 345—69 gibt den Text von 1921 mit Kennzeichnung der Abänderungen und der ergänzenden Gesetze. W. Altmann, „Ausgewählte Urkunden" (1897), S. 215—27. P. Errera, „Das Staatsrecht des Königreiches Belgien" („Das öffentl. Recht der Gegenwart", Bd. 7, 1909). E. van der Smissen, „Les institutions politiques de la Belgique, Recueil des Textes" (1925).

CONSTITUTION DE LA BELGIQUE

1831 février 7

Titre I. Du territoire et de ses divisions

Article 1. La Belgique est divisée en provinces. Ces provinces sont: Anvers, le Brabant, la Flandre occidentale, la Flandre orientale, le Hainaut, Liége, le Limbourg, le Luxembourg, Namur, sauf les relations du Luxembourg avec la Confédération germanique[1].

Il appartient à la loi de diviser, s'il y a lieu, le territoire en un plus grand nombre de provinces[2].

Article 2. Les subdivisions des provinces ne peuvent être établies que par la loi.

Article 3. Les limites de l'État, des provinces et des communes ne peuvent être changées ou rectifiées qu'en vertu d'une loi.

Titre II. Des Belges et de leurs droits

Article 4. La qualité de Belges s'acquiert, se conserve et se perd d'après les règles déterminées par la loi civile.

La présente Constitution et les autres lois relatives aux droits politiques déterminent quelles sont, outre cette qualité, les conditions nécessaires pour l'exercice de ces droits.

Article 5. La naturalisation est accordée par le pouvoir législatif.

La grande naturalisation seule assimile l'étranger au Belge pour l'exercice des droits politiques[3].

[1] sauf ... germanique *1893 gestrichen.*

[2] *1893 als neuer Absatz eingefügt:* Les colonies, possesions d'outre-mer ou protectorats que la Belgique peut acquérir sont régis par des lois particulières. Les troupes belges destinées à leur défense ne peuvent être recrutées que par des engagements volontaires.

[3] *Absatz 1921 gestrichen.*

DIE VERFASSUNG BELGIENS

7. Februar 1831

Titel I. Vom Land und seinen Unterteilen. Titel II. Von den Belgiern und ihren Rechten. Titel III. Von den Gewalten. Kapitel I. Von den Kammern; Abgeordnetenkammer, Senat; Kapitel II. Vom König und den Ministern; Kapitel III. Von der richterlichen Gewalt; Kapitel IV. Von den provinzialen und örtlichen Einrichtungen. Titel IV. Von den Finanzen. Titel V. Von der öffentlichen Gewalt. Titel VI. Allgemeine Verfügungen. Titel VII. Von der Revision der Verfassung. Titel VII. Übergangsbestimmungen.

Der Nationalkongreß beschließt:

Titel I. Vom Land und seinen Unterteilen

Artikel 1. Belgien ist in Provinzen eingeteilt. Diese Provinzen sind: Antwerpen, Brabant, West- und Ostflandern, Hennegau, Lüttich, Limburg, Luxemburg, Namur, unbeschadet der Verbindung Luxemburgs mit dem Deutschen Bunde[1].

Es kommt dem Gesetz zu, das Land gegebenenfalls in eine größere Anzahl von Provinzen einzuteilen[2].

Artikel 2. Die Untereinteilungen der Provinzen können nur durch Gesetz bestimmt werden.

Artikel 3. Die Grenzen des Staates, der Provinzen und der Gemeinden können nur kraft Gesetzes geändert oder verbessert werden.

Titel II. Von den Belgiern und ihren Rechten

Artikel 4. Die Eigenschaft eines Belgiers wird erlangt, bewahrt und verloren nach den durch das bürgerliche Recht bestimmten Regeln.

Die gegenwärtige Verfassung und die anderen Gesetze über die politischen Rechte bestimmen, welche außer dieser Eigenschaft die notwendigen Bedingungen für die Ausübung dieser Rechte sind.

Artikel 5. Die Einbürgerung wird durch die gesetzgebende Gewalt bewilligt.

Allein die große Einbürgerung stellt den Ausländer in der Ausübung der politischen Rechte dem Belgier gleich[3].

[1] unbeschadet ... Bunde: *1893 gestrichen, nachdem Belgien bereits 1839 endgültig auf Luxemburg verzichtet hatte.*

[2] *7. 9. 1893 als neuer Absatz eingefügt:*

Die Kolonien, überseeischen Besitzungen und Schutzgebiete, die Belgien erwerben kann, stehen unter eigenen Gesetzen; die für ihre Verteidigung bestimmten belgischen Truppen können nur durch freiwillige Werbungen rekrutiert werden.

[3] *Die große Einbürgerung wurde bis 1881 nur für hervorragende, dem Staate geleistete Dienste verliehen, seitdem auch unter bestimmten Voraussetzungen nach zumeist zehnjährigem Wohnsitz in Belgien. Die gewöhnliche Einbürgerung ist bereits nach fünfjähriger Ansässigkeit erreichbar.*

Dieser Absatz wurde 1921 gestrichen.

Article 6. Il n'y a dans l'État aucune distinction d'ordres.

Les Belges sont égaux devant la loi; seuls ils sont admissibles aux emplois civils et militaires, sauf les exceptions, qui peuvent être établies par une loi pour des cas particuliers.

Article 7. La liberté individuelle est garantie.

Nul ne peut être poursuivi que dans les cas prévus par la loi et dans la forme, qu'elle prescrit.

Hors le cas de flagrant délit nul ne peut être arrêté qu'en vertu de l'ordonnance motivée du juge, qui doit être signifiée au moment de l'arrestation ou au plus tard dans les 24 heures.

Article 8. Nul ne peut être distrait contre son gré du juge, que la loi lui assigne.

Article 9. Nulle peine ne peut être établie ni appliquée qu'en vertu de la loi.

Article 10. Le domicile est inviolable; aucune visite domiciliaire ne peut avoir lieu que dans les cas prévus par la loi et dans la forme, qu'elle prescrit.

Article 11. Nul ne peut être privé de sa propriété que pour cause d'utilité publique dans les cas et de la manière établie par la loi et moyennant une juste et préalable indemnité.

Article 12. La peine de la confiscation des biens ne peut être établie.

Article 13. La mort civile est abolie; elle ne peût être rétablie.

Article 14. La liberté des cultes, celle de leur exercice public, ainsi que la liberté de manifester ses opinions en toute matière sont garanties, sauf la répression des délits commis à l'occasion de l'usage de ces libertés.

Article 15. Nul ne peut être contraint de concourir d'une manière quelconque aux actes et aux cérémonies d'un culte ni d'en observer les jours de repos.

Article 16. L'État n'a le droit d'intervenir ni dans la nomination ni dans l'installation des ministres d'un culte quelconque ni de défrendre à ceux-ci de correspondre avec leurs supérieurs et de publier leurs actes, sauf en ce dernier cas la responsabilité ordinaire en matière de presse et de publication.

Le mariage civil devra toujours précéder la bénédiction nuptiale, sauf les exceptions à établir par la loi, s'il y a lieu.

Article 17. L'enseignement est libre; toute mesure préventive est interdite; la répression des délits n'est réglée que par la loi.

L'instruction publique donnée aux frais de l'État est également réglée par la loi.

Article 18. La presse est libre; la censure ne pourra jamais être établie; il ne peut être exigé de cautionnement des écrivains, éditeurs ou imprimeurs.

Artikel 6. Es gibt im Staate keine Standesunterschiede.

Die Belgier sind vor dem Gesetz gleich; sie allein sind zu den bürgerlichen und militärischen Ämtern zugelassen, unbeschadet der Ausnahmen, die durch ein Gesetz für besondere Fälle bestimmt werden können.

Artikel 7. Die persönliche Freiheit ist gesichert.

Keiner kann, außer in den durch das Gesetz vorgesehenen Fällen und in den Formen, die es vorschreibt, verfolgt werden.

Außer auf offener Tat kann man nur auf Grund einer begründeten richterlichen Anordnung verhaftet werden, die im Augenblick der Verhaftung oder spätestens 24 Stunden darnach vorzuzeigen ist.

Artikel 8. Keiner kann gegen seinen Willen dem Richter, den das Gesetz ihm zuweist, entzogen werden.

Artikel 9. Jede Strafe kann nur kraft Gesetzes festgesetzt oder angewendet werden.

Artikel 10. Die Wohnung ist unverletzlich; eine Haussuchung kann nur in den durch das Gesetz vorgesehenen Fällen und in den Formen, die es vorschreibt, stattfinden.

Artikel 11. Keiner kann enteignet werden außer zugunsten des Gemeinwohls in den Fällen und auf die Art, die das Gesetz bestimmt, und mittels einer gerechten und vorgängigen Entschädigung.

Artikel 12. Die Strafe der Gütereinziehung darf nicht eingeführt werden.

Artikel 13. Der bürgerliche Tod ist abgeschafft; er kann nicht wieder eingeführt werden.

Artikel 14. Die Freiheit der Religion, ihre öffentliche Ausübung sowie die Freiheit, seine Meinung in jeder Art kundzutun, sind gesichert, unbeschadet der Bestrafung der Vergehen, die infolge des Gebrauchs dieser Freiheiten begangen werden.

Artikel 15. Niemand kann gezwungen werden, auf irgendwelche Weise an Akten und Feiern einer Religion teilzunehmen, noch deren Ruhetage zu beobachten.

Artikel 16. Der Staat hat nicht das Recht, in die Ernennung und Einführung der Diener irgendeiner Religion einzugreifen, noch darf er ihnen verbieten, mit ihren Oberhirten zu korrespondieren und ihre Erlasse zu veröffentlichen. Doch bleibt in diesem letzteren Fall die gewöhnliche Verantwortlichkeit in Sachen der Presse und Publikation vorbehalten.

Die bürgerliche Heirat muß immer der kirchlichen Einsegnung vorausgehen bis auf die durch Gesetz bestimmten Ausnahmen.

Artikel 17. Der Unterricht ist frei. Jede vorbeugende Strafmaßnahme ist untersagt. Die Verfolgung von Vergehen wird nur durch Gesetz geregelt.

Der öffentliche, auf Staatskosten erteilte Unterricht wird gleichfalls durch Gesetz geordnet.

Artikel 18. Die Presse ist frei; die Zensur kann niemals eingeführt werden. Von Schriftstellern, Herausgebern und Druckern kann keine Kaution gefordert werden.

Lorsque l'auteur est connu et domicilié en Belgique, l'éditeur, l'imprimeur ou le distributeur ne peut être poursuivi.

Article 19. Les Belges ont le droit de s'assembler paisiblement et sans armes, en se conformant aux lois, qui peuvent régler l'exercice de ce droit, sans néanmoins le soumettre à une autorisation préalable.

Cette disposition ne s'applique point aux rassemblements en plein air, qui restent entièrement soumis aux lois de police.

Article 20. Les Belges ont le droit de s'associer; ce droit ne peut être soumis à aucune mesure préventive.

Article 21. Chacun a le droit d'adresser aux autorités publiques des pétitions, signées par une ou plusieurs personnes.

Les autorités constituées ont seules le droit d'adresser des pétitions en nom collectif.

Article 22. Le secret des lettres est inviolable.

La loi détermine, quels sont les agents responsables de la violation du secret des lettres confiées à la poste.

Article 23. L'emploi des langues usitées en Belgique est facultatif; il ne peut être réglé que par la loi et seulement pour les actes de l'autorité publique et pour les affaires judiciaires.

Article 24. Nulle autorisation préalable n'est nécessaire, pour exercer des poursuites contre les fonctionnaires publics pour faits de leur administration, sauf ce, qui est statué à l'égard des ministres.

Titre III. Des pouvoirs

Article 25. Tous les pouvoirs émanent de la nation.

Ils sont exercés de la manière établie par la Constitution.

Article 26. Le pouvoir législatif s'exerce collectivement par le roi, la chambre des représentants et le sénat.

Article 27. L'initiative appartient à chacune des trois branches du pouvoir législatif.

Néanmoins toute loi, relative aux recettes ou aux dépenses de l'État ou au contingent de l'armée, doit d'abord être votée par la chambre des représentants.

Article 28. L'interprétation des lois par voie d'autorité n'appartient qu'au pouvoir législatif.

Article 29. Au roi appartient le pouvoir exécutif, tel qu'il est réglé par la Constitution.

Article 30. Le pouvoir judiciaire est exercé par les cours et tribunaux.

Les arrêts et jugements sont exécutés au nom du roi.

Wenn der Verfasser bekannt ist und in Belgien wohnt, können der Herausgeber, der Drucker und der Verteiler nicht verfolgt werden.

Artikel 19. Die Belgier haben das Recht, sich friedlich und ohne Waffen zu versammeln in Übereinstimmung mit den Gesetzen, welche die Ausübung dieses Rechtes ordnen können, ohne es indessen einer vorherigen Genehmigung zu unterwerfen.

Diese Bestimmung wird nicht auf Versammlungen unter freiem Himmel angewandt. Diese bleiben völlig den Polizeigesetzen unterworfen.

Artikel 20. Die Belgier haben das Recht, Vereinigungen zu bilden; dieses Recht kann nicht irgendwelcher Vorsichtsmaßregel unterworfen werden.

Artikel 21. Jeder hat das Recht, an die öffentlichen Behörden durch eine oder mehrere Personen unterzeichnete Bittschriften zu richten.

Die verfassungsmäßigen Gewalten allein haben das Recht, Bittschriften im Namen der Gesamtheit einzureichen.

Artikel 22. Das Briefgeheimnis ist unverletzlich.

Das Gesetz bestimmt, welche Angestellten für die Verletzung des Geheimnisses der Briefe, die der Post anvertraut werden, verantwortlich sind.

Artikel 23. Der Gebrauch der in Belgien üblichen Sprachen ist freigestellt. Er kann nur durch Gesetz und allein für die Handlungen der öffentlichen Gewalt und die Gerichtsangelegenheiten geordnet werden.

Artikel 24. Für Strafverfahren gegen öffentliche Beamte wegen Handlungen ihrer Verwaltung ist keine vorherige Ermächtigung notwendig mit Ausnahme der Bestimmungen über die Minister.

Titel III Von den Gewalten

Artikel 25. Alle Gewalt geht von der Nation aus.

Sie wird in der durch die Verfassung festgesetzten Form ausgeübt.

Artikel 26. Die gesetzgebende Gewalt wird durch den König, die Abgeordnetenkammer und den Senat gemeinsam ausgeübt.

Artikel 27. Die Gesetzesinitiative steht jedem der drei Zweige der gesetzgebenden Gewalt zu.

Indessen muß jedes Gesetz, das sich auf die Einnahmen und Ausgaben des Staates und die Stärke des Heeres bezieht, zuerst durch die Abgeordnetenkammer angenommen werden.

Artikel 28. Die bindende Auslegung der Gesetze steht nur der gesetzgebenden Gewalt zu.

Artikel 29. Dem König steht die ausübende Gewalt zu, wie sie durch die Verfassung geordnet wird.

Artikel 30. Die richterliche Gewalt wird durch die Gerichtshöfe und Gerichte ausgeübt.

Beschlüsse und Urteile werden im Namen des Königs vollstreckt

Article 31. Les intérêts exclusivement communaux ou provinciaux sont réglés par les conseils communaux ou provinciaux d'après les principes établis par la Constitution.

Chapitre I. Des chambres

Article 32. Les membres des deux chambres représentent la nation et non uniquement la province ou la subdivision de province, qui les a nommés.

Article 33. Les séances des chambres sont publiques.

Néanmoins chaque chambre se forme en comité secret sur la demande de son président ou de dix membres.

Elle décide ensuite à la majorité absolue, si la séance doit être reprise en public sur le même sujet.

Article 34. Chaque chambre vérifie les pouvoirs de ses membres et juge les contestations, qui s'élèvent à ce sujet.

Article 35. On ne peut être à la fois membre des deux chambres.

Article 36. Le membre de l'une ou de l'autre des deux chambres, nommé par le gouvernement à un emploi salarié[1], qui l'accepte, cesse immédiatement de siéger et ne reprend ses fonctions qu'en vertu d'une nouvelle élection.

Article 37. A chaque session chacune des chambres nomme son président, ses vice-présidents et compose son bureau.

Article 38. Toute résolution est prise à la majorité absolue des suffrages, sauf ce, qui sera établi par les règlements des chambres à l'égard des élections et présentations.

En cas de partage des voix la proposition mise en délibération est rejetée.

Aucune des deux chambres ne peut prendre de résolution, qu'autant que la majorité de ses membres se trouve réunie.

Article 39. Les votes sont émis à haute voix ou par assis et levé; sur l'ensemble des lois il est toujours voté par appel nominal et à haute voix. Les élections et présentations de candidats se font au scrutin secret.

Article 40. Chaque chambre a le droit d'enquête.

Article 41. Un projet de loi ne peut être adopté par l'une des chambres qu'après avoir été voté article par article.

Article 42. Les chambres ont le droit d'amender et de diviser les articles et les amendements proposés.

Article 43. Il est interdit de présenter en personne des pétitions aux chambres.

Chaque chambre a le droit de renvoyer aux ministres les pétitions, qui lui sont adressées. Les ministres sont tenus de donner des explications sur leur contenu, chaque fois que la chambre l'exige.

[1] *1893 geändert:* à toute autre fonction salariée que celle de ministre.

Artikel 31. Angelegenheiten, die ausschließlich die Gemeinden oder Provinzen angehen, werden durch die Gemeinde- oder Provinzialräte nach den durch die Verfassung festgesetzten Grundsätzen geordnet.

Kapitel I. Von den Kammern

Artikel 32. Die Mitglieder der beiden Kammern repräsentieren das Volk und nicht allein die Provinz oder den Teil der Provinz, die sie gewählt haben.

Artikel 33. Die Sitzungen der Kammern sind öffentlich.

Jede Kammer kann indessen zu einer Geheimsitzung auf Aufforderung des Präsidenten oder von zehn Mitgliedern zusammentreten.

Es entscheidet dann die absolute Mehrheit, ob die Sitzung über den gleichen Gegenstand wieder öffentlich aufgenommen werden soll.

Artikel 34. Jede Kammer prüft die Vollmachten ihrer Mitglieder und urteilt über die Streitfragen, die sich in dieser Hinsicht ergeben.

Artikel 35. Niemand kann gleichzeitig Mitglied beider Kammern sein.

Artikel 36. Das Mitglied der einen oder der anderen der beiden Kammern, das von der Regierung zu einem besoldeten Amt[1] ernannt wird und es annimmt, verliert sofort seinen Sitz und kann seine Funktionen nur auf Grund einer Neuwahl wieder aufnehmen.

Artikel 37. In jeder Sitzungsperiode wählt jede Kammer ihren Präsidenten, ihre Vizepräsidenten und setzt ihr Büro zusammen.

Artikel 38. Jeder Beschluß wird von der absoluten Mehrheit der Stimmen gefaßt, vorbehaltlich dessen, was durch die Geschäftsordnungen der Kammern hinsichtlich der Wahlen und Wahlvorschläge festgesetzt wird.

Im Falle der Stimmengleichheit ist die zur Beratung stehende Vorlage abgelehnt.

Keine der beiden Kammern kann einen Beschluß fassen, wenn nicht die Mehrheit ihrer Mitglieder versammelt ist.

Artikel 39. Die Abstimmungen werden mit lauter Stimme oder durch Sitzenbleiben und Erheben vorgenommen; die Schlußabstimmung über Gesetze ist immer in namentlicher Abstimmung mit lauter Stimme vorzunehmen. Wahlen und Vorschläge von Kandidaten geschehen in geheimer Abstimmung.

Artikel 40. Jede Kammer hat das Recht der Untersuchung.

Artikel 41. Eine Gesetzesvorlage kann durch eine Kammer nur angenommen werden, nachdem über jeden Artikel abgestimmt worden ist.

Artikel 42. Die Kammern haben das Recht, Artikel und Abänderungsvorschläge zu ändern und zu teilen.

Artikel 43. Verboten ist, den Kammern Bittschriften persönlich zu überreichen.

Jede Kammer hat das Recht, den Ministern Bittschriften, die an sie gerichtet wurden, weiterzureichen. Die Minister sind jedesmal, wenn die Kammer es fordert, verpflichtet, Erklärungen über ihren Inhalt abzugeben.

[1] *1893 geändert:* zu irgendeinem anderen Amt als dem des Ministers.

Article 44. Aucun membre de l'une ou de l'autre chambre ne peut être poursuivi ou recherché à l'occasion des opinions et votes émis par lui dans l'exercice de ses fonctions.

Article 45. Aucun membre de l'une ou de l'autre chambre ne peut pendant la durée de la session être poursuivi ni arrêté en matière de répression, qu'avec l'autorisation de la chambre, dont il fait partie, sauf le cas de flagrant délit.

Aucune contrainte par corps ne peut être exercée contre un membre de l'une ou de l'autre chambre durant la session qu'avec la même autorisation.

La détention ou la poursuite d'un membre de l'une ou de l'autre chambre est suspendue pendant la session et pour toute sa durée, si la chambre le requiert.

Article 46. Chaque chambre détermine par son règlement le mode suivant, lequel elle exerce ses attributions.

Section I. De la chambre des représentants

Article 47[1]. La chambre des représentants se compose des députés élus directement par les citoyens, payant le cens déterminé par la loi électorale, lequel ne peut excéder 100 florins d'impôt direct ni être au-dessous de 20 florins.

Article 48[2]. Les élections se font par telles divisions de provinces et dans tels lieux, que la loi détermine.

Article 49. La loi électorale fixe le nombre des députés d'après la population; ce nombre ne peut excéder la proportion d'un député sur 40 000 habitants. Elle détermine également les conditions requises pour être électeur et la marche des opérations électorales.

Article 50. Pour être éligible il faut:

1. être Belge de naissance ou avoir reçu la grande naturalisation;

[1] *Seit 1921:* 47. Les députés à la chambre des représentants sont élus directement par les citoyens âgés de vingt et un ans accomplis, domiciliés depuis six mois au moins dans la même commune et ne se trouvant pas dans l'un des cas d'exclusion prévus par la loi.

Chaque électeur n'a droit qu'à un vote.

Une loi pourra, dans les mêmes conditions, attribuer le droit de vote aux femmes. Cette loi devra réunir au moins les deux tiers des suffrages.

[2] *Seit 1921:* 48. La constitution des collèges électoraux est, pour chaque province, réglée par la loi. — Les élections se font par le système de représentation proportionelle que la loi détermine.

Le vote est obligatoire et secret. Il a lieu à la commune, sauf les exceptions à déterminer par la loi.

Artikel 44. Kein Mitglied der einen oder der anderen Kammer kann auf Grund der Meinungen oder Abstimmungen, die es in Ausübung seiner Funktionen geäußert hat, verfolgt oder zur Rechenschaft gezogen werden.

Artikel 45. Jedes Mitglied der einen oder der anderen Kammer kann während der Dauer der Sitzungsperiode nur mit Ermächtigung der Kammer, der es angehört, verfolgt oder verhaftet werden, es sei denn, es würde auf offener Tat ergriffen.

Schuldhaft kann gegen ein Mitglied der einen oder der anderen Kammer während der Dauer der Sitzungsperiode nur mit der gleichen Ermächtigung verhängt werden.

Die Haft oder Verfolgung eines Mitgliedes der einen oder der anderen Kammer ist während der Sitzungsperiode und für ihre ganze Dauer aufzuheben, wenn die Kammer es fordert.

Artikel 46. Jede Kammer bestimmt durch ihre Geschäftsordnung, in welcher Weise sie ihre Befugnisse ausübt.

Abschnitt I. Von der Abgeordnetenkammer

Artikel 47. Die Abgeordnetenkammer setzt sich aus Abgeordneten zusammen, die in direkter Wahl durch die Bürger gewählt werden, die einen durch das Wahlgesetz festgelegten Zensus bezahlen. Er kann 100 fl. direkter Steuer nicht überschreiten und darf nicht unter 20 fl. liegen.

Artikel 48[2]. Die Wahlen finden in den Unterteilen der Provinzen und an den Orten statt, die das Gesetz bestimmt.

Artikel 49. Das Wahlgesetz legt die Zahl der Abgeordneten nach der Bevölkerung fest; diese Zahl kann das Verhältnis von einem Abgeordneten auf 40 000 Einwohner nicht überschreiten. Es bestimmt in gleicher Weise die Bedingungen, die erforderlich sind, um Wähler zu sein, und den Verlauf der Wahlhandlungen.

Artikel 50. Um wählbar zu sein, ist nötig:

1. von Geburt Belgier zu sein oder die große Einbürgerung erlangt zu haben,

[1] *Der Artikel 47 wurde 1893 und 1921 geändert. 1893 wurde ein Pluralwahlrecht eingeführt mit Zusatzstimmen auf Grund der Steuerleistung, des Alters und des Familienstandes, eines Hochschuldiploms oder der Bekleidung eines Amtes oder höheren Berufes. Doch durfte niemand mehr als drei Stimmen auf sich vereinigen. 1921 wurde bestimmt:*

Die Mitglieder der Abgeordnetenkammer werden unmittelbar durch die Bürger gewählt, die ein Alter von 21 Jahren erlangt haben, seit mindestens sechs Monaten in der gleichen Gemeinde ansässig sind und sich nicht in einem der durch das Gesetz vorgesehenen Fälle des Ausschlusses *(von der Wahl)* befinden.

Jeder Wähler hat nur eine Stimme.

Ein Gesetz kann unter den gleichen Bedingungen das Stimmrecht den Frauen zuerkennen. Das Gesetz muß von mindestens zwei Dritteln der Abstimmenden angenommen werden.

[2] *Artikel 48 wurde 1921 geändert:*

Die Bildung der Wahlkollegien wird für jede Provinz durch Gesetz geregelt. Die Wahlen finden nach dem durch das Gesetz bestimmten System der Verhältniswahl statt.

Die Abstimmung ist Pflicht und geheim. Sie findet bis auf die durch das Gesetz festgelegten Ausnahmen in der Gemeinde statt.

2. jouir des droits civils et politiques;
3. être âgé de 25 ans accomplis;
4. être domicilié en Belgique[1].

Aucune autre condition d'éligibilité ne peut être requise.

Article 51. Les membres de la chambre des représentants sont élus pour quatre ans. Ils sont renouvelés par moitié tous les deux ans d'après l'ordre des séries déterminé par la loi électorale.

En cas de dissolution la chambre est renouvelée intégralement[2].

Article 52[3]. Chaque membre de la chambre des représentants jouit d'une indemnité mensuelle de 200 florins pendant toute la durée de la session. Ceux, qui habitent la ville, où se tient la session, ne jouissent d'aucune indemnité.

Section II. Du sénat

Article 53[4]. Les membres du sénat sont élus à raison de la population de chaque province par les citoyens, qui élisent les membres de la chambre des représentants.

Article 54[5]. Le sénat se compose d'un nombre de membres égal à la moitié des députés de l'autre chambre.

[1] *Seit 1920:* avoir son domicile en Belgique.

[2] *An Stelle von Satz 2 und 3 wurde 1920 als Absatz 2 gesetzt:* La chambre est renouvelée tout les quatre ans.

[3] *Seit 1921:* 52. Chaque membre de la Chambre des représentants jouit d'une indemnité annuelle de 12000 francs.

Il a le droit, en outre, au libre parcours, sur toutes les voies de communication exploitées ou concédées par l'Etat.

La loi détermine les moyens de transport que les représentants peuvent utiliser gratuitement en dehors des voies ci-dessus prévues.

Une indemnité annuelle à imputer sur la dotation destinée à couvrir les dépenses de la Chambre des représentants peut être attribuée au président de cette assemblée.

La Chambre détermine le montant des retenues qui peuvent être faites sur l'indemnité, à titre de contribution aux caisses de retraites ou de pensions qu'elle juge à propos d'instituer.

[4] *Seit 1921:* 53. Le Sénat se compose: 1. De membres élus à raison de la population de chaque province, conformément à l'article 47. Les dispositions de l'article 48 sont applicables à l'élection de ces sénateurs; 2. de membres élus par les conseils provinciaux, dans la proportion d'un sénateur sur 200000 habitants. Tout excédent de 125000 habitants au moins donne droit à un sénateur de plus. Toutefois chaque conseil provincial nomme au moins trois sénateurs; 3. de membres élus nommés par le Sénat à concurrence de la moitié du nombre des sénateurs élus par les conseils provinciaux. Si le nombre est impair, il est majoré d'une unité. Ces membres sont désignés par les sénateurs élus par application des nr. 1 et 2 du présent article.

L'élection des sénateurs élus par application des nr. 2 et 3 se fait d'après le système de la représentation proportionelle que la loi détermine.

[5] *Seit 1893:* 54. Le nombre des sénateurs élus directement par le corps électoral est égal à la moitié du nombre des membres de la Chambre des représentants.

2. die bürgerlichen und politischen Rechte zu genießen,
3. ein Alter von 25 Jahren erlangt zu haben;
4. in Belgien wohnhaft zu sein[1].

Für die Wählbarkeit sind keine anderen Bedingungen erforderlich.

Artikel 51. Die Mitglieder der Abgeordnetenkammer werden für vier Jahre gewählt. Sie werden zur Hälfte alle zwei Jahre in der durch das Wahlgesetz bestimmten Reihenfolge erneuert.

Im Fall der Auflösung der Kammer wird sie vollständig erneuert[2].

Artikel 52[3]. Jedes Mitglied der Abgeordnetenkammer genießt während der ganzen Dauer der Tagungsperiode eine monatliche Entschädigung von 200 fl. Diejenigen welche in der Stadt wohnen, wo die Sitzung stattfindet, genießen keine Entschädigung.

Abschnitt II. Vom Senat

Artikel 53[4]. Die Mitglieder des Senats werden auf Grund der Volkszahl jeder Provinz von den Bürgern, welche die Mitglieder der Abgeordnetenkammer wählen, gewählt.

Artikel 54[5]. Der Senat setzt sich aus einer Anzahl von Mitgliedern zusammen, die der Hälfte der Abgeordneten der anderen Kammer gleichkommen.

[1] *1920 geändert:* seinen Wohnsitz zu haben.

[2] *Satz 2 und 3 von Artikel 51 wurden 1920 gestrichen und dafür als Absatz 2 gesetzt:*
Die Kammer wird alle vier Jahre erneuert.

[3] *Artikel 52 wurde 1921 geändert:*
Jedes Mitglied der Abgeordnetenkammer genießt eine jährliche Entschädigung von 12 000 Fr. Es hat darüber hinaus das Recht zur freien Fahrt auf allen vom Staate unterhaltenen oder privilegierten Eisenbahnen.
Das Gesetz bestimmt die Transportmittel, welche die Abgeordneten außer den oben angeführten Linien umsonst benutzen dürfen.
Eine jährliche Entschädigung auf Kosten der zur Deckung der Ausgaben der Abgeordnetenkammer bestimmten Dotation kann dem Präsidenten dieser Versammlung bewilligt werden.
Die Kammer setzt den Betrag der Abzüge fest, die auf die Entschädigung gemacht werden können als Beitrag für Ruhegehalts- und Pensionskassen, die einzurichten sie für ratsam hält.

[4] *Artikel 53 wurde 1921 geändert:*
Der Senat setzt sich zusammen: 1. Aus auf Grund der Volkszahl von jeder Provinz in Übereinstimmung mit Artikel 47 gewählten Mitgliedern. Die Anordnungen des Artikels 48 sind auf die Wahl der Senatoren anwendbar. 2. Aus Mitgliedern, die von den Provinzialräten im Verhältnis von einem Senator auf 200 000 Einwohner gewählt werden. Jedes Übersteigen von mindestens 125 000 Einwohnern gibt das Recht auf einen Senator mehr. Auf jeden Fall wählt jeder Provinzialrat mindestens drei Senatoren. 3. Aus durch den Senat gewählten Mitgliedern, die der Hälfte der durch die Provinzialräte gewählten Zahl der Senatoren entsprechen. Wenn die Zahl ungerade ist, erhöht sie sich um eine Einheit. Diese Mitglieder werden durch die auf Grund der Nr. 1 und 2 dieses Artikels gewählten Senatoren bezeichnet.
Die Wahl der auf Grund der Nr. 2 und 3 gewählten Senatoren geschieht nach dem durch das Gesetz festgelegten System der Verhältniswahl.

[5] *Artikel 54 wurde 1893 geändert:*
Die Zahl der unmittelbar durch die Wahlkörper gewählten Senatoren entspricht der Hälfte der Mitgliederzahl der Abgeordnetenkammer.

Article 55[1]. Les sénateurs sont élus pour huit ans; ils sont renouvelés par moitié tous les quatre ans d'après l'ordre des séries déterminé par la loi électorale.

En cas de dissolution le sénat est renouvelé intégralement.

Article 56. Pour pouvoir être élu et rester sénateur, il faut:

1. être Belge de naissance ou avoir reçu la grande naturalisation;
2. jouir de ses droits politiques et civils;
3. être domicilié en Belgique;
4. être âgé au moins de quarante ans;
5. payer en Belgique au moins 1000 florins d'impositions directes, patentes comprises.

Dans les provinces, où la liste des citoyens payant 1000 florins d'impôt direct n'atteint pas la proportion de 1 sur 6000 âmes de population, elle est complétée par les plus imposés de la province jusqu'à concurrence de cette proportion de 1 sur 6000[2].

[1] *Seit 1921:* 55. Les sénateurs sont élus pour quatre ans. Le Sénat est renouvelé intégralement tout les quatre ans.

[2] *Nr. 5 wurde 1921 gestrichen. Statt dessen wurden die Art. 56 bis, ter, quater neu eingefügt.*
56 bis. Pour pouvoir être élu sénateur par application du nr. 1 de l'article 53, il faut, en outre, appartenir à l'une des catégories suivantes: 1. Les ministres, anciens ministres et ministres d'Etat; 2. Les membres et anciens membres de la Chambre des représentants et du Senat; 3. Les porteurs d'un diplôme de fin d'études délivré par un des établissements d'enseignement supérieur dont la loi détermine la liste; 4. Les anciens officiers supérieurs de l'armée et de la marine; 5. Les membres et anciens membres titularisés des tribunaux de commerce ayant été investis d'au moins deux mandats; 6. Ceux qui ont exercé, au moins pendant dix ans, les fonctions de ministre d'un des cultes dont les membres jouissent d'un traitement à la charge de l'État; 7. Les membres titulaires et les anciens membres titulaires d'une des Académies royales et les professeurs et anciens professeurs d'un des établissement d'enseignement supérieur dont la loi détermine la liste. 8. Les anciens gouverneurs de provinces: les membres et anciens membres des députations permanentes; les anciens commissaires d'arrondissement; 9. Les membres et anciens membres des conseils provinciaux ayant été investis d'au moins deux mandats; 10. Les bourgmestres et anciens bourgmestres, échevins et anciens échevins de communes chefs-lieux d'arrondissement et de celles ayant plus de 4000 habitants, 11. Les anciens gouverneurs généraux et vice-gouverneurs généraux du Congo belge, les membres et anciens membres du Conseil colonial; 12. Les anciens directeurs généraux, les anciens directeurs et les anciens inspecteurs généraux des divers ministères; 13. Les propriétaires et usufruitiers de biens immeubles situés en Belgique dont le revenu cadastral s'élève au moins à 12 000 francs; les contribuables payant annuellement au Trésor de l'État au moins 3000 francs d'impôts directs; 14. Ceux qui, en qualité d'administrateur délégué, directeur ou à un titre quelconque, ont été placés pendant cinq ans à la tête de la gestion journalière d'une société commerciale belge par actions, dont le capital est libéré à concurrence d'au moins un million de francs; 15. Les chefs d'entreprises industrielles occupant, d'une façon permanente, au moins 100 ouvriers, et des entreprises agricoles comprenant au moins 50 hectares; 16. Ceux qui, en qualité de directeur-gérant ou à un titre analogue, ont été placés, pendant trois ans, à la tête de la gestion journalière d'une société coopérative belge comptant, depuis cinq ans, au moins 500 membres; 17. Ceux qui, en qualité de membres effectifs, ont exercé, pendant cinq ans, les fonctions de président ou de secré-

Artikel 55[1]. Die Senatoren werden auf acht Jahre gewählt, sie werden zur Hälfte alle vier Jahre in der durch das Wahlgesetz bestimmten Reihenfolge erneuert.

Im Fall der Auflösung des Senats wird er vollständig erneuert.

Artikel 56. Um als Senator gewählt zu werden und es bleiben zu können, ist nötig:

1. von Geburt Belgier zu sein oder die große Einbürgerung erlangt zu haben,
2. die bürgerlichen und politischen Rechte zu genießen,
3. in Belgien wohnhaft zu sein,
4. wenigstens 40 Jahre alt zu sein,
5. in Belgien wenigstens 1000 fl. direkte Steuern, die Gewerbesteuer inbegriffen, zu bezahlen.

In den Provinzen, wo die Zahl der Bürger, die 1000 fl. direkte Steuern bezahlen, nicht das Verhältnis von 1 auf 6000 Seelen erreicht, wird sie durch die größten Steuerzahler der Provinz vervollständigt, bis dieses Verhältnis 1 zu 6000 erlangt ist[2].

[3] *Artikel 55 wurde 1921 geändert:*

Die Senatoren werden auf vier Jahre gewählt. Der Senat wird alle vier Jahre vollständig erneuert.

[4] *Nr. 5 wurde 1921 gestrichen, nachdem 1893 eine direkte Steuer von 1200 Fr. oder Grundeigentum von mindestens 12000 Fr. Rente gefordert worden war. Neueingefügt wurden 1921 Artikel 56 bis, ter und quater:*

Artikel 56 bis. Um als Senator auf Grund der Nr. 1 des Artikels 53 gewählt werden zu können, ist außerdem notwendig, zu einer der folgenden Kategorien zu gehören: 1. Minister, ehemalige Minister und Staatsminister; 2. Mitglieder und ehemalige Mitglieder der Abgeordnetenkammer und des Senats; 3. Inhaber eines Diploms über ein abgeschlossenes Studium an einer höheren Unterrichtsanstalt, deren Liste das Gesetz festlegt; 4. ehemalige höhere Offiziere der Armee und Marine; 5. ordentliche Mitglieder und ehemalige Mitglieder der Handelsgerichte, die mindestens zwei Mandate innehatten; 6. die mindestens während sechs Jahren das Amt eines Dieners einer der Religionen ausgeübt haben, deren Mitglieder auf Staatskosten besoldet werden; 7. ordentliche Mitglieder und ehemalige Mitglieder einer der königlichen Akademien und Professoren und ehemalige Professoren einer der höheren Unterrichtsanstalten, deren Liste das Gesetz festlegt; 8. ehemalige Gouverneure der Provinzen: Mitglieder und ehemalige Mitglieder der dauernden Deputationen; ehemalige Kreiskommissare; 9. Mitglieder und ehemalige Mitglieder der Provinzialräte, die wenigstens zwei Mandate innehatten; 10. Bürgermeister und ehemalige Bürgermeister, Schöffen und ehemalige Schöffen der Hauptorte der Kreise und der Gemeinden, die mehr als 4000 Einwohner haben; 11. ehemalige Generalgouverneure und Vizegeneralgouverneure von Belgisch-Kongo, Mitglieder und ehemalige Mitglieder des Kolonialrates: ehemalige Generaldirektoren, ehemalige Direktoren und ehemalige Generalinspekteure der verschiedenen Ministerien; 13. Eigentümer und Nutznießer von in Belgien gelegenem Grundbesitz, deren Grundeinkommen mindestens 12000 Fr. beträgt; Steuerpflichtige, die dem Staatsschatz jährlich mindestens 3000 Fr. direkte Steuern bezahlen; 14. die als beauftragte Administratoren, Direktoren oder unter irgendeinem Titel fünf Jahre lang an der Spitze des Betriebes einer belgischen Handelsgesellschaft gestanden haben, deren Kapital mindestens 1 Million Fr. beträgt; 15. Chefs industrieller Unternehmungen, die dauernd mindestens 100 Arbeiter beschäftigen, und die landwirtschaftlicher Unternehmungen, die mindestens 50 ha umfassen; 16. die als geschäftsführender Direktor oder unter einem entsprechenden Titel drei Jahre lang an der Spitze des Betriebes einer belgischen

Article 57[1]. Les sénateurs ne reçoivent ni traitement ni indemnité.

Article 58[2]. A l'âge de 18 ans l'héritier présomptif du roi est de droit sénateur. Il n'a voix délibérative qu'à l'âge de 25 ans.

Article 59. Toute assemblée du sénat, qui serait tenue hors du temps de la session de la chambre des représentants, est nulle de plein droit.

Chapitre II. Du roi et les ministres

Section I. Du roi

Article 60. Les pouvoirs constitutionnels du roi sont héréditaires dans la descendance directe, naturelle et légitime de S. M. Léopold-Georges-Chrétien-Frédéric de Saxe-Cobourg de mâle en mâle par ordre de primogéniture et à l'exclusion perpétuelle des femmes et de leur descendance[3].

taire d'une mutualité ou d'une fédération mutualiste comptant, depuis cinq ans, au moins 1000 membres; 18. Ceux qui, en qualité de membres effectifs, ont exercé, pendant cinq ans, les fonctions de président ou de secrétaire d'une association professionelle, industrielle ou agricole comprenant, depuis cinq ans au moins, 500 membres; 19. Ceux qui, pendant cinq ans, ont exercé les fonctions de président d'une chambre de commerce ou d'industrie comprenant, depuis cinq ans, au moins 300 membres; 20. Les membres des conseils de l'industrie et du travail, des commissions provinciales d'agriculture, des conseils de prud'hommes ayant été investis d'au moins deux mandats; 21. Les membres élus d'un des conseils consultatifs institués auprès des départements ministériels. Une loi pourra créer des catégories nouvelles d'éligibles; elle devra réunir au moins les deux tiers des suffrages.

56 ter. Les sénateurs élus par les conseils provinciaux ne peuvent appartenir à l'assemblée qui les élit, ni en avoir fait partie pendant l'année de l'élection ou pendant les deux années antérieures.

56 quater. En cas de dissolution du Sénat, le roi peut dissoudre les conseils provinciaux. L'acte de dissolution contient convocation des électeurs provinciaux dans les quarante jours et des conseils provinciaux dans les deux mois.

[1] *Seit 1921:* 57. Les sénateurs ne reçoivent pas de traitement. Ils ont droit, toutefois, à être indemnisés de leurs débours; cette indemnité est fixée à 4000 francs par an.

Ils ont droit, en outre, au libre parcours sur toutes les voies de communication exploitées ou concédées par l'État.

La loi détermine les moyens de transport qu'ils peuvent utiliser gratuitement en dehors des voies ci-dessus prévues.

[2] *Seit 1893:* 58. Les fils du roi ou, à leur défaut, les princes belges de la branche de la famille royale appelée à régner sont, de droit, sénateurs à l'âge de dix-huit ans. Ils n'ont voix délibérative qu'à l'âge de vingt-cinq ans.

[3] *1893 als Absatz 2 hinzugefügt:* Sera déchu des ses droits à la couronne le prince qui se serait marié sans le consentement du roi ou de ceux qui, à sont défaut, exercent ses pouvoirs dans les cas prévus par la Constitution. Toutefois il pourra être relevé de cette déchéance par le roi ou par ceux qui, à son défaut, exercent ses pouvoirs dans les cas prévus par la Constitution, et ce moyennant l'assentiment des deux Chambres.

Artikel 57[1]. Die Senatoren empfangen keine Besoldung oder Entschädigung.

Artikel 58[2]. Mit 18 Jahren ist der voraussichtliche Thronerbe von Rechts wegen Senator. Er hat beschließende Stimme erst im Alter von 25 Jahren.

Artikel 59. Jede Versammlung des Senats, die außer der Zeit der Sitzungsperioden der Abgeordnetenkammer abgehalten wird, ist gesetzwidrig.

Kapitel II. Vom König und den Ministern

Abschnitt 1. Vom König

Artikel 60. Die verfassungsmäßigen Gewalten des Königs sind erblich in der unmittelbaren, natürlichen und legitimen Abstammung von S. M. Leopold-Georg-Christian-Friedrich von Sachsen-Coburg von Mann zu Mann nach dem Rechte der Erstgeburt und unter dauernden Ausschluß der Frauen und ihrer Abstammung[3].

Genossenschaft standen, die seit fünf Jahren mindestens 500 Mitglieder zählt; 17. die als wirkliche Mitglieder fünf Jahre lang das Amt eines Präsidenten oder Sekretärs einer Versicherungsgesellschaft auf Gegenseitigkeit ausgeübt haben, die seit fünf Jahren wenigstens 1000 Mitglieder zählt; 18. die als wirkliche Mitglieder fünf Jahre lang das Amt eines Präsidenten oder Sekretärs einer industriellen oder landwirtschaftlichen Berufsgenossenschaft, die seit fünf Jahren mindestens 500 Mitglieder umfaßt, ausgeübt haben; 19. die fünf Jahre lang das Amt eines Präsidenten einer Handels- oder Industriekammer ausgeübt haben, die seit fünf Jahren mindestens 300 Mitglieder zählt; 20. Mitglieder der Industrie- und Arbeitsräte, der landwirtschaftlichen Provinzialkommissionen und der gewerblichen Schiedsgerichte, die mindestens zwei Mandate innehatten; 21. gewählte Mitglieder eines der beratenden Ausschüsse, die bei den Ministerialdepartements eingerichtet sind. Ein Gesetz kann neue Kategorien wählbarer Personen schaffen. Es muß mit mindestens zwei Dritteln der Stimmen angenommen werden.

56 ter. Die durch die Provinzialräte gewählten Senatoren dürfen der Versammlung, die sie gewählt hat, während des Jahres der Wahl und der zwei vorhergehenden Jahre nicht angehört haben.

56 quater. Im Fall der Auflösung des Senats kann der König die Provinzialräte auflösen. Die Auflösungsurkunde enthält die Berufung der Provinzialwähler binnen 40 Tagen und der Provinzialräte binnen zwei Monaten.

[1] *Artikel 57 wurde 1921 geändert:*

Die Senatoren empfangen keine Besoldung. Sie haben jedoch das Recht, für ihre Ausgaben entschädigt zu werden. Die Entschädigung wird auf jährlich 4000 Fr. festgesetzt.

Sie haben darüber hinaus das Recht der freien Fahrt auf allen vom Staat unterhaltenen oder privilegierten Eisenbahnen.

Das Gesetz bestimmt die Transportmittel, die sie außer den oben angeführten Linien umsonst benutzen können.

[2] *Artikel 58 wurde 1893 geändert:*

Die Söhne des Königs oder bei ihrem Fehlen die belgischen Prinzen der Linie des königlichen Hauses, die zur Herrschaft berufen ist, sind von Rechts wegen mit 18 Jahren Senatoren. Sie haben beschließende Stimme erst mit 25 Jahren.

[3] *Hinzugefügt wurde 1893 als zweiter Absatz:*

Seiner Rechte auf die Krone geht der Prinz verlustig, der sich ohne Zustimmung des Königs oder derer, die für ihn seine Vollmachten in den von der Verfassung vorgesehenen Fällen ausüben, verheiratet. Dieser Verlust kann jedoch wieder geheilt werden durch den König oder diejenigen, die für ihn seine Vollmachten in den von der Verfassung vorgesehenen Fällen ausüben, und zwar mit Zustimmung der beiden Kammern.

Article 61. A défaut de descendance masculine de S. M. Léopold-Georges-Chrétien-Frédéric de Saxe-Cobourg il pourra nommer son successeur avec l'assentiment des chambres, émis de la manière prescrite par l'article suivant.

S'il n'y a pas eu de nomination faite d'après le mode ci-dessus, le trône sera vacant.

Article 62. Le roi ne peut être en même temps Chef d'un autre État sans l'assentiment des deux chambres.

Aucune des deux chambres ne peut délibérer sur cet objet, si deux tiers au moins des membres, qui la composent, ne sont présents; et la résolution n'est adoptée qu'autant qu'elle réunit au moins les deux tiers des suffrages.

Article 63. La personne du roi est inviolable; ses ministres sont responsables.

Article 64. Aucun acte du roi ne peut avoir d'effet, s'il n'est contre-signé par un ministre, qui par cela seul s'en rend responsable.

Article 65. Le roi nomme et révoque ses ministres.

Article 66. Il confère les grades dans l'armée.

Il nomme aux emplois d'adminstration générale et de relation extérieure, sauf les exceptions établies par les lois.

Il ne nomme à d'autres emplois qu'en vertu de la disposition expresse d'une loi.

Article 67. Il fait les règlements et arrêtés nécessaires pour l'exécution des lois, sans pouvoir jamais ni suspendre les lois elles-mêmes ni dispense de leur exécution.

Article 68. Le roi commande les forces de terre et de mer, déclare la guerre, fait les traités de paix, d'alliance et de commerce. Il en donne connaissance aux chambres, aussitôt que l'intérêt et la sûreté de l'État le permettent, en y joignant les communications convenables.

Les traités de commerce et ceux, qui pourraient grever l'État ou lier individuellement des Belges, n'ont d'effet qu'après avoir reçu l'assentiment des chambres.

Nulle cession, nul échange, nulle adjonction de territoire ne peut avoir lieu qu'en vertu d'une loi. Dans aucun cas les articles secrets d'un traité ne peuvent être destructifs des articles patents.

Article 69. Le roi sanctionne et promulgue les lois.

Article 70. Les chambres se réunissent de plein droit chaque année le deuxième mardi de novembre, à moins qu'elles n'aient été réunies antérieurement par le roi.

Les chambres doivent rester réunies chaque année au moins 40 jours.

Le roi prononce la clôture de la session.

Le roi a le droit de convoquer extraordinairement les chambres.

Article 71. Le roi a le droit de dissoudre les chambres, soit simultanément, soit

Artikel 61. Im Fall des Fehlens von männlicher Abstammung S. M. Leopold-Georg-Friedrich-Christians von Sachsen-Coburg wird er seinen Nachfolger mit Zustimmung der Kammern in der durch den folgenden Artikel vorgeschriebenen Art und Weise ernennen können.

Ist keine Ernennung nach der nachstehenden Art erfolgt, so ist der Thron erledigt.

Artikel 62. Der König kann ohne Zustimmung beider Kammern nicht gleichzeitig Oberhaupt eines anderen Staates sein.

Keine der beiden Kammern kann über diese Frage verhandeln, wenn nicht wenigstens zwei Drittel der Mitglieder, die sie bilden, anwesend sind. Und der Beschluß ist nur angenommen, wenn sich auf ihn wenigstens zwei Drittel der Stimmen vereinigt haben.

Artikel 63. Die Person des Königs ist unverletzlich; seine Minister sind verantwortlich.

Artikel 64. Kein Akt des Königs kann wirksam werden, wenn er nicht durch einen Minister, der damit allein die Verantwortung übernimmt, gegengezeichnet ist.

Artikel 65. Der König ernennt die Minister und beruft sie ab.

Artikel 66. Er überträgt die Dienstgrade im Heer.

Er ernennt die Beamten der allgemeinen Verwaltung und des auswärtigen Dienstes bis auf die durch Gesetz festgelegten Ausnahmen. Er ernennt andere Beamte nur auf Grund einer ausdrücklichen gesetzlichen Verfügung.

Artikel 67. Er trifft die für die Ausführung der Gesetze notwendigen Verfügungen und Erlasse, ohne jemals die Gesetze selbst aufheben oder von ihrer Ausführung entbinden zu können.

Artikel 68. Der König befehligt die Land- und Seestreitkräfte, er erklärt Krieg, schließt Friedens-, Bündnis- und Handelsverträge.

Er gibt den Kammern davon Kenntnis, sobald es das Interesse und die Sicherheit des Staates erlauben, und fügt angemessene Mitteilungen hinzu.

Handelsverträge und Verträge, die den Staat belasten oder Belgier persönlich binden könnten, treten nur in Kraft, nachdem sie die Zustimmung der Kammern gefunden haben.

Eine Abtretung, ein Austausch oder ein Zuwachs des Staatsgebietes kann nur kraft Gesetzes stattfinden. In keinem Fall können die Geheimartikel eines Vertrages die öffentlichen Artikel aufheben.

Artikel 69. Der König sanktioniert und verkündet die Gesetze.

Artikel 70. Die Kammern treten rechtskräftig jährlich am zweiten Dienstag im November zusammen, wenn sie nicht zuvor durch den König einberufen worden sind.

Die Kammern müssen jedes Jahr mindestens 40 Tage vereinigt bleiben. Der König spricht die Schließung der Sitzungsperiode aus.

Der König hat das Recht, die Kammern außerordentlich einzuberufen.

Artikel 71. Der König hat das Recht, die Kammern aufzulösen, sei es gleichzeitig

séparément. L'acte de dissolution contient convocation des électeurs dans les 40 jours et des chambres dans les deux mois.

Article 72. Le roi peut ajourner les chambres. Toutefois l'ajournement ne peut excéder le terme d'un mois ni être renouvelé dans la même session sans l'assentiment des chambres.

Article 73. Il a le droit de remettre ou de réduire les peines prononcées par les juges, sauf ce, qui est statué relativement aux ministres.

Article 74. Il a le droit de battre monnaie en exécution de la loi.

Article 75. Il a le droit de conférer des titres de noblesse, sans pouvoir jamais y attacher aucun privilége.

Article 76. Il confère les ordres militaires, en observant à cet égard ce que la loi prescrit.

Article 77. La loi fixe la liste civile pour la durée de chaque règne.

Article 78. Le roi n'a d'autres pouvoirs que ceux, que lui attribuent formellement la Constitution et les lois particulières portées en vertu de la Constitution même.

Article 79. A la mort du roi les chambres s'assemblent sans convocation, au plus tard le dixième jour après celui du décès. Si les chambres ont été dissoutes antérieurement et que la convocation ait été faite dans l'acte de dissolution, pour une époque postérieure au dixième jour, les anciennes chambres reprennent leurs fonctions jusqu'à la réunion de celles, qui doivent les remplacer.

S'il n'y a qu'une chambre dissoute, on suit la même règle à l'égard de cette chambre.

A dater de la mort du roi et jusqu'à la prestation du serment de son successeur au trône ou du régent, les pouvoirs constitutionnels du roi sont exercés au nom du peuple belge par les ministres réunis en conseil et sous leur responsabilité.

Article 80. Le roi est majeur à l'âge de 18 ans accomplis.

Il ne prend possession du trône qu'après avoir solennellement prêté dans le sein des chambres réunies le serment suivant:

«Je jure d'observer la Constitution et les lois du peuple belge, de maintenir l'indépendance nationale et l'intégrité du territoire.»

Article 81. Si à la mort du roi son successeur est mineur, les deux chambres se réunissent en une seule assemblée à l'effet de pourvoir à la régence et à la tutelle.

Article 82. Si le roi se trouve dans l'impossibilité de régner, les ministres, après avoir fait constater cette impossibilité, convoquent immédiatement les chambres. Il est pourvu à la tutelle et à la régence par les chambres réunies.

Article 83. La régence ne peut être conférée qu'à une seule personne.

oder getrennt. Die Auflösungsurkunde enthält die Berufung der Wähler binnen 40 Tagen und der Kammern binnen zwei Monaten.

Artikel 72. Der König kann die Kammern vertagen. Eine jede Vertagung kann weder die Frist von einem Monat überschreiten noch ohne Zustimmung der Kammern in der gleichen Sitzungsperiode erneuert werden.

Artikel 73. Er hat das Recht, die durch die Richter verkündeten Strafen zu erlassen oder herabzusetzen, unbeschadet dessen, was bezüglich der Minister festgelegt ist.

Artikel 74. Er hat das Recht, in Ausführung des Gesetzes Münzen zu schlagen.

Artikel 75. Er hat das Recht, Adelstitel zu verleihen, ohne damit jemals ein Vorrecht verbinden zu können.

Artikel 76. Er verleiht militärische Orden und beachtet in dieser Hinsicht, was das Gesetz vorschreibt.

Artikel 77. Das Gesetz legt die Zivilliste für die Dauer jeder Regierung fest.

Artikel 78. Der König hat keine anderen Gewalten als die, welche ihm die Verfassung und die besonderen auf Grund der Verfassung erlassenen Gesetze ausdrücklich zuteilen.

Artikel 79. Beim Tode des Königs versammeln sich die Kammern ohne Einberufung spätestens am zehnten Tage nach dem Sterbetag. Wenn die Kammern zuvor aufgelöst worden sind und die Einberufung in dem Auflösungsakt für einen späteren Termin als den zehnten Tag erfolgt ist, nehmen die alten Kammern bis zum Zusammentritt derer, die sie ersetzen sollen, ihre Tätigkeit wieder auf.

Ist nur eine Kammer aufgelöst, so folgt man hinsichtlich dieser Kammer der gleichen Regel.

Vom Tode des Königs ab bis zur Eidesleistung durch seinen Nachfolger oder den Regenten werden die verfassungsmäßigen Gewalten des Königs im Namen des belgischen Volkes durch die im Ministerrat vereinten Minister und unter ihrer Verantwortlichkeit ausgeübt.

Artikel 80. Der König ist mit vollendetem 18. Lebensjahr mündig.

Er nimmt vom Throne nur Besitz, nachdem er feierlich inmitten der vereinten Kammern folgenden Eid geleistet hat:

„Ich schwöre, die Verfassung und die Gesetze des belgischen Volkes zu beachten und die nationale Unabhängigkeit und die Unversehrtheit des Gebietes zu erhalten."

Artikel 81. Wenn beim Tode des Königs sein Nachfolger minderjährig ist, vereinen sich die beiden Kammern zu einer einzigen Versammlung, um für die Regentschaft und die Vormundschaft Sorge tragen zu können.

Artikel 82. Wenn der König unfähig ist zu regieren, berufen die Minister, nachdem sie diese Unfähigkeit festgestellt haben, unmittelbar die Kammern ein. Es ist für die Vormundschaft und die Regentschaft durch die vereinten Kammern Vorsorge zu treffen.

Artikel 83. Die Regentschaft kann nur einer Person übertragen werden. Der

Le régent n'entre en fonctions qu'après avoir prêté le serment prescrit par l'article 80.

Article 84. Aucun changement à la Constitution ne peut être fait pendant une régence.

Article 85. En cas de vacance du trône, les chambres, délibérant en commun, pourvoient provisoirement à la régence jusqu'à la réunion des chambres intégralement renouvelées; cette réunion a lieu au plus tard dans les deux mois. Les chambres nouvelles, délibérant en commun, pourvoient définitivement à la vacance.

Section II. Des ministres

Article 86. Nul ne peut être ministre, s'il n'est Belge de naissance ou s'il n'a reçu la grande naturalisation.

Article 87. Aucun membre de la famille royale ne peut être ministre.

Article 88. Les ministres n'ont voix délibérative dans l'une ou l'autre chambre, que quand ils en sont membres.

Ils ont leur entrée dans chacune des chambres et doivent être entendus, quand ils le demandent.

Les chambres peuvent requérir la présence des ministres.

Article 89. En aucun cas l'ordre verbal ou écrit du roi ne peut soustraire un ministre à la responsabilité.

Article 90. La chambre des représentants a le droit d'accuser les ministres et de les traduire devant la cour de cassation, qui seule a le droit de les juger, chambres réunies, sauf ce qui sera statué par la loi, quant à l'exercice de l'action civile par la partie lésée et aux crimes et délits, que des ministres auraient commis hors l'exercice de leurs fonctions.

Une loi déterminera les cas de responsabilité, les peines à infliger aux ministres et le mode de procéder contre eux, soit sur l'accusation admise par la chambre des représentants, soit sur la poursuite des parties lésées.

Article 91. Le roi ne peut faire grâce au ministre condamné par la cour de cassation que sur la demande de l'une des deux chambres.

Chapitre III. Du pouvoir judiciaire

Article 92. Les contestations, qui ont pour objet des droits civils, sont exclusivement du ressort des tribunaux.

Article 93. Les contestations, qui ont pour objet des droits politiques, sont du ressort des tribunaux, sauf les exceptions établies par la loi.

Regent übernimmt sein Amt, nachdem er den in Artikel 80 vorgeschriebenen Eid geleistet hat.

Artikel 84. Während einer Regentschaft kann keine Abänderung der Verfassung erfolgen.

Artikel 85. Im Fall der Thronerledigung beraten die Kammern gemeinsam und sorgen vorläufig für die Regentschaft bis zum Zusammentritt der vollständig erneuerten Kammern. Dieser Zusammentritt erfolgt spätestens binnen zwei Monaten.

Die neuen Kammern, die gemeinsam beraten, sorgen endgültig für die Besetzung des Thrones.

Abschnitt 2. Von den Ministern

Artikel 86. Keiner kann Minister sein, der nicht von Geburt oder durch die große Einbürgerung Belgier ist.

Artikel 87. Kein Mitglied der königlichen Familie kann Minister sein.

Artikel 88. Die Minister haben in der einen oder der anderen Kammer nur beschließende Stimme, wenn sie deren Mitglied sind.

Sie haben zu jeder Kammer Zutritt und müssen gehört werden, wenn sie es fordern.

Die Kammern können die Anwesenheit der Minister verlangen.

Artikel 89. In keinem Fall kann eine mündliche oder schriftliche Anordnung des Königs einen Minister von seiner Verantwortlichkeit entbinden.

Artikel 90. Die Abgeordnetenkammer hat das Recht, die Minister anzuklagen und sie vor den Kassationshof zu stellen, dessen vereinigte Kammern allein das Recht haben, sie zu verurteilen, mit Ausnahme dessen, was durch Gesetz für die Erhebung der Privatklage durch die verletzte Partei und für Verbrechen und Vergehen, welche die Minister außerhalb der Ausübung ihres Amtes begangen haben sollten, festgesetzt wird.

Ein Gesetz wird die Fälle der Verantwortlichkeit, die Strafen, die den Ministern aufzuerlegen sind und die Art des Vorgehens gegen sie festlegen, sei es auf Grund einer durch die Abgeordnetenkammer zugelassenen Anklage, sei es auf Grund einer Verfolgung durch die verletzten Parteien.

Artikel 91. Der König kann einen durch den Kassationshof verurteilten Minister nur auf Ersuchen einer der beiden Kammern begnadigen.

Kapitel III. Von der richterlichen Gewalt

Artikel 92. Bürgerliche Rechtsstreitigkeiten gehören ausschließlich zur Zuständigkeit der Gerichte.

Artikel 93. Streitigkeiten, welche die politischen Rechte betreffen[1], gehören zur Zuständigkeit der Gerichte bis auf die durch das Gesetz festgestellten Ausnahmen.

[1] *Bürgerliche Rechte betreffen vor allem das Privatrecht (Vermögen und Familie), politische Rechte, Steuern, Militärdienst, kurzum alles, was sich auf die Ausübung der Obrigkeit bezieht.*

Article 94. Nul tribunal, nulle juridiction contentieuse ne peut être établie qu'en vertu d'une loi. Il ne peut être créé de commissions ni de tribunaux extraordinaires sous quelque dénomination que ce soit.

Article 95. Il y a pour toute la Belgique une cour de cassation.

Cette cour ne connaît pas du fond des affaires, sauf le jugement des ministres.

Article 96. Les audiences des tribunaux sont publiques, à moins que cette publicité ne soit dangereuse pour l'ordre ou les mœurs; et dans ce cas le tribunal le déclare par un jugement.

En matière de délits politiques et de presse le huis clos ne peut être prononcé qu'à l'unanimité.

Article 97. Tout jugement est motivé. Il est prononcé en audience publique.

Article 98. Le jury est établi en toutes matières criminelles et pour délits politiques et de la presse.

Article 99. Les juges de paix et les juges des tribunaux sont directement nommés par le roi.

Les conseillers des cours d'appel et les présidents et vice-présidents des tribunaux de première instance de leur ressort sont nommés par le roi sur deux listes doubles, présentées l'une par ces cours, l'autre par les conseils provinciaux.

Les conseillers de la cour de cassation sont nommés par le roi sur deux listes doubles, présentées l'une par le sénat, l'autre par la cour de cassation.

Dans ces deux cas les candidats portés sur une liste peuvent également être portés sur l'autre.

Toutes les présentations sont rendues publiques au moins quinze jours avant la nomination.

Les cours choisissent dans leur sein leurs présidents et vice-présidents.

Article 100. Les juges sont nommés à vie.

Aucun juge ne peut être privé de sa place ni suspendu que par un jugement.

Le déplacement d'un juge ne peut avoir lieu que par une nomination nouvelle et de son consentement.

Article 101. Le roi nomme et révoque les officiers du ministère public près des cours et des tribunaux.

Article 102. Les traitements des membres de l'ordre judiciaire sont fixés par la loi.

Article 103. Aucun juge ne peut accepter du gouvernement des fonctions salariées, à moins qu'il ne les exerce gratuitement et sauf les cas d'incompatibilité déterminés par la loi.

Article 104. Il y a trois cours d'appel en Belgique.

Artikel 94. Ein Gericht, eine streitige Gerichtsbarkeit kann nur durch Gesetz eingerichtet werden. Weder Sonder- noch Ausnahmegerichte können, unter welchem Namen auch immer, geschaffen werden.

Artikel 95. Für ganz Belgien gibt es einen Kassationshof.

Dieser Hof erkennt nicht über den Tatbestand der Sachen, ausgenommen das Urteil über Minister.

Artikel 96. Die Sitzungen der Gerichte sind öffentlich, wenn diese Öffentlichkeit nicht die Ordnung oder die Sitten gefährdet; in diesem Fall stellt dies das Gericht durch ein Urteil fest.

Bei politischen und Preßvergehen kann der Ausschluß der Öffentlichkeit nur einstimmig beschlossen werden.

Artikel 97. Jedes Urteil wird begründet. Es wird in öffentlicher Sitzung verkündet.

Artikel 98. In allen Strafsachen und für politische und Preßvergehen ist das Geschworenengericht eingesetzt.

Artikel 99. Die Friedensrichter und die Richter der Gerichtshöfe werden unmittelbar vom König ernannt.

Die Räte der Appellationsgerichte und die Präsidenten und Vizepräsidenten der Gerichte erster Instanz ihrer Art werden vom König auf Grund zweier doppelter Listen ernannt, von denen die eine durch diese Gerichtshöfe, die andere durch die Provinzialräte eingereicht werden.

Die Räte des Kassationshofs werden durch den König auf Grund zweier doppelter Listen ernannt, von denen die eine durch den Senat, die andere durch den Kassationshof eingereicht wird.

In diesen beiden Fällen können die Kandidaten, die auf einer Liste stehen, ebenso auf der anderen aufgestellt werden.

Alle Vorschläge werden mindestens 14 Tage vor der Ernennung veröffentlicht.

Die Gerichtshöfe wählen aus ihrer Mitte ihre Präsidenten und Vizepräsidenten.

Artikel 100. Die Richter werden auf Lebenszeit ernannt.

Ein Richter kann nur durch ein Urteil seines Amtes enthoben oder beurlaubt werden.

Die Versetzung eines Richters ist nur im Falle einer Neuernennung und mit seiner Zustimmung möglich.

Artikel 101. Der König ernennt und entläßt die Beamten der Staatsanwaltschaft bei den Gerichtshöfen und Gerichten.

Artikel 102. Die Besoldung der Mitglieder des Richterstandes wird durch Gesetz festgelegt.

Artikel 103. Ein Richter kann von der Regierung besoldete Ämter nur annehmen, wenn er sie umsonst ausübt, mit Ausnahme der durch Gesetz bestimmten Fälle der Unverträglichkeit.

Artikel 104. Es gibt drei Appellationshöfe in Belgien.

La loi détermine leur ressort et les lieux, où elles sont établies.

Article 105. Des lois particulières règlent l'organisation des tribunaux militaires, leurs attributions, les droits et obligations des membres de ces tribunaux et la durée de leurs fonctions.

Il y a des tribunaux de commerce dans les lieux déterminés par la loi. Elle règle leur organisation, leurs attributions, le mode de nomination de leurs membres et la durée des fonctions de ces derniers.

Article 106. La cour de cassation prononce sur les conflits d'attributions d'après le mode réglé par la loi.

Article 107. Les cours et tribunaux n'appliqueront les arrêtés et règlements généraux, provinciaux et locaux, qu'autant qu'ils seront conformes aux lois.

Chapitre IV. Des institutions provinciales et communales

Article 108. Les institutions provinciales et communales sont réglées par des lois.

Ces lois consacrent l'application des principes suivants:

1. l'élection directe, sauf les exceptions que la loi peut établir à l'égard des chefs des administrations communales et des commissaires du gouvernement près des conseils provinciaux;
2. l'attribution aux conseils provinciaux et communaux de tout ce, qui est d'intérêt provincial et communal, sans préjudice de l'approbation de leurs actes dans les cas et suivant le mode, que la loi détermine;
3. la publicité des séances des conseils provinciaux et communaux dans les limites établies par la loi;
4. la publicité des budgets et des comptes;
5. l'intervention du roi ou du pouvoir législatif, pour empêcher, que les conseils provinciaux et communaux ne sortent de leurs attributions et ne blessent l'intérêt général.

Article 109. La rédaction des actes de l'état civil et la tenue des registres sont exclusivement dans les attributions des autorités communales.

Titre IV. Des finances

Article 110. Aucun impôt au profit de l'État ne peut être établi que par une loi.

Aucune charge, aucune imposition provinciale ne peut être établie que du consentement du conseil provincial.

Aucune charge, aucune imposition communale ne peut être établie que du consentement du conseil communal.

Das Gesetz bestimmt ihre Zuständigkeit und die Orte, an denen sie errichtet werden.

Artikel 105. Besondere Gesetze ordnen die Organisation der Militärgerichte, ihre Befugnisse und die Rechte und Verpflichtungen der Mitglieder dieser Gerichte und die Dauer ihrer Aufgaben.

In den durch das Gesetz bestimmten Orten gibt es Handelsgerichte.

Das Gesetz ordnet ihre Organisation, ihre Befugnisse, die Art der Ernennung ihrer Mitglieder und die Dauer der Aufgaben der letzteren.

Artikel 106. Der Kassationshof entscheidet über Zuständigkeitskonflikte in der durch das Gesetz geregelten Weise.

Artikel 107. Die Höfe und Gerichte sollen die allgemeinen provinzialen oder örtlichen Verfügungen und Verordnungen nur insoweit anwenden, als sie den Gesetzen entsprechen.

Kapitel IV. Von den provinzialen und örtlichen Einrichtungen

Artikel 108. Die provinzialen und örtlichen Einrichtungen werden durch Gesetze geordnet.

Diese Gesetze sichern die Anwendung der folgenden Grundsätze:

1. die direkte Wahl, bis auf die Ausnahmen, die das Gesetz hinsichtlich der Vorstände der Gemeindeverwaltungen und der Regierungskommissare[1] bei den Provinzialräten festsetzen kann;
2. die Zuständigkeit der Provinzial- und Gemeinderäte für alles, was von provinzialem oder örtlichem Interesse ist, vorbehaltlich der Billigung ihrer Handlungen in den Fällen und gemäß der Art, die das Gesetz festlegt;
3. die Öffentlichkeit der Sitzungen der Provinzial- und Gemeinderäte in den durch das Gesetz festgelegten Grenzen;
4. die Öffentlichkeit des Haushalts und der Rechnungsberichte;
5. das Eingreifen des Königs oder der gesetzgebenden Gewalt, um zu verhindern, daß die Provinzial- oder Gemeinderäte ihre Zuständigkeit überschreiten und das allgemeine Interesse verletzen.

Artikel 109. Die Ausstellung der zivilen staatlichen Urkunden und die Führung der Register sind ausschließlich Befugnisse der Gemeindebehörden.

Titel IV. Von den Finanzen

Artikel 110. Jede Steuer zugunsten des Staates kann nur durch Gesetz auferlegt werden.

Jede provinziale Auflage oder Steuer kann nur mit Zustimmung des Provinzialrates auferlegt werden.

Jede örtliche Auflage oder Steuer kann nur mit Zustimmung des Gemeinderates auferlegt werden.

[1] *Seit 1836 wieder Gouverneure genannt.*

La loi détermine les exceptions, dont l'expérience démontrera la nécessité, relativement aux impositions provinciales et communales.

Article 111. Les impôts au profit de l'État sont votés annuellement.

Les lois, qui les établissent, n'ont ne force que pour un an, si elles ne sont renouvelées.

Article 112. Il ne peut être établi de privilège en matière d'impôts.

Nulle exemption ou modération d'impôt ne peut être établie que par une loi.

Article 113. Hors les cas formellement exceptés par la loi aucune rétribution ne peut être exigée des citoyens qu'à titre d'impôt au profit de l'État, de la province ou de la commune. Il n'est rien innové au régime actuellement existant des polders et des wateringen, lequel reste soumis à la charge du trésor vezév nou n Tre mlhm et des wateringen, lequel reste soumis à la législation ordinaire.

Article 114. Aucune pension, aucune gratification à la charge du trésor public ne peut être accordée qu'en vertu d'une loi.

Article 115. Chaque année les chambres arrêtent la loi des comptes et votent le budget.

Toutes les recettes et dépenses de l'État doivent être portées au budget et dans les comptes.

Article 116. Les membres de la cour des comptes sont nommés par la chambre des représentants et pour le terme fixé par la loi.

Cette cour est chargée de l'examen et de la liquidation des comptes de l'administration générale et de tous comptables envers le trésor public. Elle veille à ce qu'aucun article des dépenses du budget ne soit dépassé et qu'aucun transfert n'ait lieu. Elle arrête les comptes des différentes administrations de l'État et est chargée de recueillir à cet effet tout renseignement et toute pièce comptable nécessaire. Le compte général de l'État est soumis aux chambres avec les observations de la cour des comptes.

Cette cour est organisée par une loi.

Article 117. Les traitements et pensions des ministres des cultes sont à la charge de l'État; les sommes nécessaires pour y faire face sont annuellement portées au budget.

Titre V. De la force publique

Article 118. Le mode de recrutement de l'armée est déterminé par la loi. Elle règle également l'avancement, les droits et les obligations des militaires.

Article 119. Le contingent de l'armée est voté annuellement. La loi, qui le fixe, n'a de force que pour un an, si elle n'est renouvelée.

Article 120. L'organisation et les attributions de la gendarmerie font l'objet d'une loi.

Das Gesetz bestimmt die Ausnahmen, deren Notwendigkeit die Erfahrung zeigen wird, bezüglich der provinzialen und örtlichen Steuern.

Artikel 111. Über die Steuern zugunsten des Staates wird jährlich abgestimmt. Die Gesetze, die sie festlegen, haben nur für ein Jahr Kraft, wenn sie nicht erneuert werden.

Artikel 112. In Steuerangelegenheiten können keine Privilegien festgelegt werden.

Jede Ausnahme oder Ermäßigung der Steuer kann nur durch Gesetz festgelegt werden.

Artikel 113. Außer den ausdrücklich durch Gesetz vorbehaltenen Fällen kann mit Ausnahme der Staats-, Provinz- oder Gemeindesteuern keine Abgabe von den Bürgern gefordert werden. An der gegenwärtigen Verwaltung der Deiche und Kanäle wird nichts geändert. Sie bleibt der gewöhnlichen Gesetzgebung unterworfen.

Artikel 114. Eine Pension und eine Gratifikation zu Lasten des Staatsschatzes kann nur kraft Gesetzes bewilligt werden.

Artikel 115. Die Kammern beschließen jährlich das Gesetz der Rechnungslegung und stimmen über den Staatshaushalt ab.

Alle Einnahmen und Ausgaben des Staates müssen im Budget und in die Rechnungslegung eingetragen sein.

Artikel 116. Die Mitglieder des Rechnungshofes werden durch die Abgeordnetenkammer für die durch das Gesetz festgelegte Frist gewählt.

Dieser Hof ist mit der Prüfung und Abrechnung der Rechnungen der allgemeinen Verwaltung und aller Rechnungsführer gegenüber dem Staatsschatz beauftragt. Er sorgt dafür, daß in keinem Artikel Ausgaben des Staatshaushaltes überschritten sind und daß kein Übertrag **(von einem Ausgabenposten auf den anderen)** stattgefunden hat. Er beschließt über die Rechnungen der verschiedenen Staatsverwaltungen und ist berechtigt, in dieser Hinsicht jede Auskunft und jede nötige Rechnung einzuholen. Die allgemeine Staatsrechnung ist den Kammern mit den Bemerkungen des Rechnungshofes vorzulegen.

Dieser Hof wird durch ein Gesetz gebildet.

Artikel 117. Die Besoldungen und Pensionen der Geistlichen gehen zu Lasten des Staates. Die zu ihrer Bestreitung notwendigen Summen sind jährlich in das Budget einzustellen.

Titel V. Von der öffentlichen Gewalt

Artikel 118. Die Art der Rekrutierung der Armee wird durch Gesetz bestimmt. Es regelt ebenso die Beförderung wie die Rechte und Pflichten der Soldaten.

Artikel 119. Die Stärke der Armee wird jährlich beschlossen. Das Gesetz, welches sie festlegt, hat nur für ein Jahr Geltung, wenn es nicht erneuert wird.

Artikel 120. Die Organisation und die Befugnisse der Gendarmerie bilden den Gegenstand eines Gesetzes.

Article 121. Aucune troupe étrangère ne peut être admise au service de l'État, occuper ou traverser le territoire qu'en vertu d'une loi.

Article 122[1]. Il y a une garde civique; l'organisation en est réglée par la loi.

Les titulaires de tous les grades jusqu'à celui de capitaine au moins sont nommés par les gardes, sauf les exceptions jugées nécessaires pour les comptables.

Article 123[2]. La mobilisation de la garde civique ne peut avoir lieu qu'en vertu d'une loi.

Article 124. Les militaires ne peuvent être privés de leurs grades, honneurs et pensions que de la manière déterminée par la loi.

Titre VI. Dispositions générales

Article 125. La nation belge adopte les couleurs rouge, jaune et noire et pour les armes du royaume le lion belgique avec la légende: «l'union fait la force.»

Article 126. La ville de Bruxelles est la capitale de la Belgique et le siège du gouvernement.

Article 127. Aucun serment ne peut être imposé qu'en vertu de la loi. Elle en détermine la formule.

Article 128. Tout étranger, qui se trouve sur le territoire de la Belgique, jouit de la protection accordée aux personnes et aux biens, sauf les exceptions établies par la loi.

Article 129. Aucune loi, aucun arrêté ou règlement d'administration générale, provinciale ou communale n'est obligatoire qu'après avoir été publié dans la forme déterminée par la loi.

Article 130. La Constitution ne peut être suspendue en tout ni en partie.

Titre VII. De la révision de la Constitution

Article 131. Le pouvoir législatif a le droit de déclarer, qu'il y a lieu à la révision de telle disposition constitutionnelle, qu'il désigne.

Après cette déclaration les deux chambres sont dissoutes de plein droit.

Il en sera convoqué deux nouvelles conformément à l'article 71.

Ces chambres statuent de commun accord avec le roi sur les points soumis à la révision.

[1] *Seit 1921:* 122. L'organisation d'une garde civique est éventuellement réglée par la loi.

[2] *Article 123. 1921 gestrichen.*

Artikel 121. Einer fremden Truppe kann die Aufnahme in den Staatsdienst und die Besetzung oder Durchquerung des Staatsgebietes nur kraft eines Gesetzes gestattet werden.

Artikel 122[1]. Es besteht eine Bürgergarde; ihre Organisation wird durch ein Gesetz geregelt.

Die Inhaber der Dienstgrade, wenigstens bis zum Hauptmann, werden durch die Gardisten gewählt, unbeschadet der für die Rechnungsbeamten für notwendig erachteten Ausnahmen.

Artikel 123[2]. Die Mobilmachung der Bürgergarde kann nur auf Grund eines Gesetzes geschehen.

Artikel 124. Die Soldaten können ihrer Dienstgrade, Ehren und Pensionen nur auf die durch Gesetz bestimmte Weise beraubt werden.

Titel VI. Allgemeine Verfügungen

Artikel 125. Die belgische Nation nimmt die Farben Rot, Gelb und Schwarz und für die Truppen des Königreiches den belgischen Löwen mit der Inschrift: „Einigkeit macht stark" an.

Artikel 126. Die Stadt Brüssel ist die Hauptstadt Belgiens und der Sitz der Regierung.

Artikel 127. Ein Eid kann nur kraft Gesetzes auferlegt werden. Es bestimmt die Eidesformel.

Artikel 128. Jeder Ausländer, der sich auf belgischem Staatsgebiet befindet, genießt bis auf die durch das Gesetz festgestellten Ausnahmen den den Personen und den Gütern zugebilligten Schutz.

Artikel 129. Alle Gesetze, alle Befehle oder Anordnungen der allgemeinen Provinzial- oder Gemeindeverwaltung sind nur gültig, nachdem sie in der durch das Gesetz vorgeschriebenen Form veröffentlicht worden sind.

Artikel 130. Die Verfassung kann weder ganz noch teilweise aufgehoben werden.

Titel VII. Von der Revision der Verfassung

Artikel 131. Die gesetzgebende Gewalt hat das Recht zu erklären, daß die Revision der Verfassungsbestimmung, die sie bezeichnet, vorgenommen werde.

Nach dieser Erklärung sind die beiden Kammern rechtmäßig aufgelöst. Es sind deren zwei neue gemäß Artikel 71 einzuberufen.

Diese Kammern befinden gemeinsam mit dem König über die der Revision unterworfenen Punkte.

[1] *Der Artikel 122 wurde 1921 geändert:*
Die Bildung einer Bürgergarde wird gegebenenfalls durch Gesetz angeordnet.

[2] *Artikel 123 wurde 1921 gestrichen.*

Dans ce cas les chambres ne pourront délibérer, si deux tiers au moins des membres, qui composent chacune d'elles, ne sont présents; et nul changement ne sera adopté, s'il ne réunit au moins les deux tiers des suffrages.

Titre VIII. Dispositions transitoires

Article 132. Pour le premier choix du chef d'État il pourra être dérogé à la première disposition de l'article 80.

Article 133. Les étrangers, établis en Belgique avant le 1. janvier 1814 et qui ont continué d'y être domiciliés, sont considérés comme Belges de naissance à la condition de déclarer, que leur intention est de jouir du bénéfice de la présente disposition.

La déclaration devra être faite dans les six mois, à compter du jour, où la présente Constitution sera obligatoire, s'ils sont majeurs, et dans l'année, qui suivra leur majorité, s'ils sont mineurs.

Cette déclaration aura lieu devant l'autorité provinciale, de laquelle ressortit le lieu, où ils ont leur domicile.

Elle sera faite en personne ou par un mandataire porteur d'une procuration spéciale et authentique.

Article 134. Jusqu'à ce, qu'il y soit pourvu par une loi, la chambre des représentants aura un pouvoir discrétionnaire pour accuser un ministre et la cour de cassation pour le juger, en caractérisant le délit et en déterminant la peine.

Néanmoins la peine ne pourra excéder celle de la reclusion, sans préjudice des cas expressément prévus par les lois pénales.

Article 135. Le personnel des cours et des tribunaux est maintenu tel, qu'il existe actuellement, jusqu'à ce, qu'il y ait été pourvu par la loi.

Cette loi devra être portée pendant la première session législative.

Article 136. Une loi, portée dans la même session, déterminera le mode de la première nomination des membres de la cour de cassation.

Article 137. La loi fondamentale du 24 août 1815 est abolie, ainsi que les statuts provinciaux et locaux. Cependant les autorités provinciales et locales conservent leurs attributions jusqu'à ce, que la loi y ait autrement pourvu.

Article 138. A compter du jour, où la Constitution sera exécutoire, toutes les lois, décrets, arrêtés, règlements et autres actes, qui y sont contraires, sont abrogés.

Article 139. Le congrès national déclare, qu'il est nécessaire de pourvoir par des lois séparées et dans le plus court délai possible aux objets suivants:

Wenn nicht mindestens zwei Drittel der Mitglieder jeder einzelnen Kammer anwesend sind, sind die Kammern beratungsunfähig; und keine Änderung ist angenommen, wenn sie nicht mindestens zwei Drittel der Stimmen auf sich vereinigt.

Titel VIII. Übergangsbestimmungen

Artikel 132. Für die erste Wahl des Staatsoberhauptes kann der ersten Bestimmung des Art. 80 zuwidergehandelt werden.

Artikel 133. Die Ausländer, die sich in Belgien vor dem 1. Januar 1814 niedergelassen haben und seitdem dort ihren Wohnsitz haben, werden als Belgier von Geburt unter der Bedingung angesehen, daß sie erklären, die Absicht zu haben, die Wohltat dieser gegenwärtigen Verfügung zu genießen.

Diese Erklärung muß, wenn sie großjährig sind, binnen sechs Monaten von dem Tag an gerechnet, an dem die gegenwärtige Verfassung in Kraft getreten ist, abgegeben werden, und wenn sie minderjährig sind, in dem Jahr, das auf ihre Großjährigkeit folgt.

Diese Erklärung wird vor der Provinzialgewalt abgegeben, zu welcher der Ort, wo sie ihren Wohnsitz haben, gehört.

Sie wird persönlich oder durch einen beauftragten Inhaber einer besonderen und authentischen Vollmacht geleistet.

Artikel 134. Bis zum Erlaß eines Gesetzes wird die Abgeordnetenkammer die dem Ermessen überlassene Gewalt haben, einen Minister anzuklagen und der Kassationshof, ihn zu verurteilen, indem er das Vergehen kennzeichnet und die Strafe dafür bestimmt.

Nichtsdestoweniger kann die Strafe nicht über Zuchthaus hinausgehen, ohne den ausdrücklich durch das Strafgesetz vorgesehenen Fällen vorzugreifen.

Artikel 135. Das Personal der Höfe und Gerichte ist so, wie es gegenwärtig besteht, aufrechtzuerhalten bis zum Erlaß eines Gesetzes. Dieses Gesetz muß während der ersten gesetzgebenden Sitzungsperiode erlassen werden.

Artikel 136. Ein in derselben Sitzungsperiode erlassenes Gesetz wird die Art der Ernennung der Mitglieder des Kassationshofes bestimmen.

Artikel 137. Das Grundgesetz vom 24. August 1815 sowie die provinzialen und örtlichen Statuten sind aufgehoben. Indessen behalten die provinzialen und örtlichen Gewalten ihre Befugnisse, bis das Gesetz darüber etwas anderes bestimmt.

Artikel 138. Von dem Tag ab, an dem die Verfassung ausführbar wird, sind alle Gesetze, Dekrete, Befehle, Anordnungen und andere Akte, die ihr widersprechen, aufgehoben.

Artikel 139. Der Nationalkongreß erklärt, daß es notwendig ist, durch besondere Gesetze und in der kürzest möglichen Frist über folgende Gegenstände Gesetze zu erlassen:

1. la presse;
2. l'organisation du jury;
3. les finances;
4. l'organisation provinciale et communale;
5. la responsabilité des ministres et autres agents du pouvoir;
6. l'organisation judiciaire;
7. la révision de la liste des pensions;
8. les mesures propres à prévenir les abus du cumul;
9. la révision de la législation des faillites et des sursis;
10. l'organisation de l'armée, les droits d'avancement et de retraite et le code pénal militaire;
11. la révision des codes.

1. die Presse;
2. die Organisation der Schwurgerichte;
3. die Finanzen;
4. die Organisation der Provinzen und der Gemeinden;
5. die Verantwortlichkeit der Minister und anderer Beamter;
6. die Gerichtsorganisation;
7. die Revision der Pensionsliste;
8. besondere Maßnahmen, um dem Mißbrauch der Ämterhäufung vorzubeugen;
9. die Revision der Gesetzgebung über Bankrotte und Zahlungsaufschub;
10. die Organisation der Armee, die Rechte der Beförderung und des Rücktritts und das Militärstrafgesetzbuch;
11. die Revision der Gesetzbücher.

CHINA

So jung die Verfassungsentwicklung Chinas ist, so vielfache Wandlungen hat sie doch bereits in den vier Jahrzehnten seit der Veröffentlichung der ersten „Richtlinien zur Verfassung" unter der Mandschu-Dynastie im Jahre 1908 durchgemacht.

Lehnten sich diese Richtlinien noch an das japanische Vorbild an und suchten unter weitgehender Wahrung der kaiserlichen Vorrechte die konstitutionelle Monarchie einzuführen, so zwang der Ausbruch der Revolution die Dynastie im Jahre 1911 zur Veröffentlichung einer ersten Verfassung, die nunmehr nach englischem Vorbild die parlamentarische Monarchie einführte und die Staatsgewalt allein vom Volke ausgehen ließ. Doch sie konnte damit den Übergang zur Republik nicht verhindern. Bereits am 11. März 1912 wurde die erste vorläufige Verfassung der Republik China verkündet, auf Grund deren 1923 die Verfassung selbst aufgebaut wurde. Sie bemühte sich, China als parlamentarisch-demokratische Republik zu organisieren. Zwischen diesen beiden Verfassungen aber stand die Vorverfassung des Jahres 1914, in der Yüan-Schi-Kai China als Präsidialrepublik mit diktatorischem Einschlag zu formen versuchte. Auch die Verfassung von 1923 hatte nur kurze Zeit Gültigkeit. Die Führung Chinas übernahm die Kuomintang. Diese nationaldemokratische Partei wollte im Verfassungsleben Chinas die Ideale ihres 1925 gestorbenen Führers Dr. Sun-Yat-Sen durchführen. Er hatte seiner Partei und seinem Volke gleichsam als verpflichtendes Testament „Die drei Prinzipien des Volkes" und „Die Verfassungslehre von den fünf Gewalten" hinterlassen. Die drei Prinzipien des Volkes sind das nationale Prinzip, das Prinzip der nationalen Hoheit und das Prinzip der nationalen Wirtschaft, die etwa dem Grundsatz „Regierung des Volkes, durch das Volk für das Volk" entsprechen. In Abweichung von Montesquieus Lehren von den drei Gewalten stellt Sun-Yat-Sen neben die vollziehende, gesetzgebende und richterliche Gewalt die Prüfungs- und die Aufsichtsgewalt. Sie sind in der einheitlichen Regierungsgewalt zusammengefaßt, die allein der Regierung zusteht, während das politische Recht des Volkes, deutlich davon unterschieden, im Wahlrecht, Volksbegehren, Volksentscheid und Absetzungsrecht der Staatsbeamten besteht. Die fünf Gewalten sollen sich auch nicht im Sinne Montesquieus gegenseitig kontrollieren, sondern vor allem einer zweckmäßigen Arbeitsteilung dienen. Sie sind in fünf Reichsämtern verkörpert: Dem Reichsvollzugsamt, Reichsgesetzgebungsamt, Reichsrechtsamt, Reichsprüfungsamt und Reichsaufsichtsamt. Die Sonderstellung des Prüfungswesens entspricht chinesischer Eigenart. Das Prüfungsamt soll nicht nur sämtliche Beamten, sondern auch die Mitglieder des Parlamentes auf ihre Eignung überprüfen. Außerdem hatten Sun-Yat-Sen die innerpolitischen Wirren in dem Jahrzehnt seit dem Ausbruch der Revolution gezeigt, daß das chinesische Volk für die Einführung der vollständigen Demokratie im abendländischen Sinne nicht reif ist, vielmehr erst zur Selbstverwaltung erzogen werden muß. Es sollte daher auf eine Zeit der militäri-

schen Herrschaft eine Zeit der politischen Vormundschaft folgen, in der die Kuomintang die Regierungsgewalt an Stelle des Volkes ausübte. Während dieser Zeit soll zunächst in den kleineren Verbänden, den Gemeinden, Bezirken und Provinzen die Selbstverwaltung durchgeführt werden, bis dann schließlich in ganz China mit der Verkündung der endgültigen Verfassung die Diktatur der Partei durch die Herrschaft des Volkes abgelöst werden sollte.

In „Richtlinien zum Staatsaufbau" wurden 1924 diese Grundsätze festgelegt und veröffentlicht. Für die Zeit der politischen Vormundschaft nahm 1931 eine von Tschiang-Kai-Chek berufene Nationalversammlung den von ihm entworfenen Verfassungstext an. Lag in dieser Verfassung die Staatsgewalt noch ganz bei der Kuomintang, so sollte die 1946 angenommene Verfassung die Überleitung zur Volksherrschaft bringen. In ihrer stufenweisen Entwicklung des Verfassungsrechtes sind diese chinesischen Texte ebenso aufschlußreich, wie in ihrem Versuch, für ein Reich von der Größenordnung Chinas die Machtverteilung zwischen zentralen und lokalen Gewalten einheitlich zu regeln.

Text: Hai-Chao-Chiang, „Die Wandlungen im chinesischen Verfassungsrecht seit dem Zusammenbruch der Mandschu-Dynastie" (Beiträge zum ausländischen öffentlichen Recht und Völkerrecht, 23) 1937. Darstellung mit Abdruck aller wichtigeren Texte. Wir folgen der Übersetzung Chiangs für die „Richtlinien zum Staatsaufbau" und die „Vorverfassung" von 1931 (S. 223 ff., 233 ff.), die wir nicht nachprüfen können, haben aber nicht nur offensichtliche sprachliche Versehen stillschweigend verbessert, sondern gelegentlich auch den Text geglättet. Chiang behält den Ausdruck „Yüan" bei, für den wir „Reichsamt" setzen. Dem Text der Verfassung von 1946 liegt die von der Chinesischen Militärmission in Berlin veröffentlichte englische Übersetzung zugrunde, doch haben wir auch die deutsche Übersetzung des Verfassungsentwurfes von 1936 bei Chiang mit herangezogen.

Pan-Wei-Tung, "The Chinese Constitution. A Study of forty years of constitution-making in China", 2. Edition, Washington 1946, gibt ähnlich dem Buch von Chiang nach einer knappen Darstellung einen Abdruck der wichtigsten Texte in englischer Übersetzung. — H. Herrfahrdt, „Sun Yatsen, der Vater des neuen China". 1948.

1. RICHTLINIEN ZUM STAATSAUFBAU

12. April 1924

Artikel 1. Die Nationalregierung wird auf dem Grundsatz der „Drei Prinzipien des Volkes" und der „Verfassungslehre von den fünf Gewalten" aufgebaut.

Artikel 2. Hauptaufgabe bei der Aufbauarbeit ist die Gestaltung des Lebens des Volkes. Deshalb soll die Regierung für Ernährung, Kleidung, Wohnung und für den Verkehr sorgen. Die Landwirtschaft soll immer mehr erweitert werden, um die Ernährung sicherzustellen. Die Weberei soll weiter ausgebaut werden, um die Kleidung zu beschaffen. Zur Bereitstellung von Volkswohnungen sollen Häuser gebaut und durch Flußregulierungen und Straßenbauten der Verkehr erleichtert werden.

Artikel 3. Die Kenntnisse und Fähigkeiten des Volkes sollen entwickelt werden, damit das Volk sein Recht in bezug auf Wahl, Widerruf der Staatsbeamten, Volksbegehren und Volksentscheid ausüben kann.

Artikel 4. Die Regierung soll die kleinen und schwachen Völker im Innern Chinas unterstützen, damit diese das Selbstbestimmungsrecht ausüben können. Die Regierung soll den Widerstand gegen Angriffe der ausländischen Mächte organisieren und gleichzeitig soll die Regierung die ungerechten Verträge mit den Ausländern revidieren, um die Gleichberechtigung und Unabhängigkeit Chinas durchzuführen.

Artikel 5. Für die Aufbauarbeit gibt es drei Perioden, und zwar

a) die Periode der militärischen Herrschaft,
b) die Periode der politischen Herrschaft,
c) die Periode der verfassungsmäßigen Regierung.

Artikel 6. Während der Periode der militärischen Herrschaft sollen alle politischen Einrichtungen dem Militärbefehlshaber unterstellt sein. Mit Hilfe der militärischen Herrschaft sollen alle Schwierigkeiten beseitigt werden. Die Lehren der „Drei Prinzipien des Volkes" und der „Verfassungslehre von den fünf Gewalten" sollen im Volke vorbereitet werden, um es zu bekehren und dadurch die Einigkeit des Volkes zu erzielen.

Artikel 7. Wenn in einer Provinz Ruhe herrscht, soll die militärische Herrschaft eingestellt und zum Beginn der Vormundschaft übergegangen werden.

Artikel 8. Während der Periode der Vormundschaft soll die Regierung ausgebildete Beamte, die das Staatsexamen bestanden haben, nach den einzelnen Bezirken schicken, um durch sie das Volk in den Bezirken auf die Selbstverwaltung vorzubereiten. Wenn die Volkszählung und eine Landvermessung durchgeführt und die Polizeiverwaltung eingerichtet ist, die Hauptverkehrsstraßen nach allen Seiten hin ausgebaut sind und das Volk seine vier Rechte, die Wahl, Volksbegehren, Volksentscheid und Widerruf der Staatsbeamten ausüben und die Volkspflichten erfüllen kann sowie von der revolutionären Lehre überzeugt ist, dann sollen der Vorsteher und die Vertretung im Bezirk gewählt werden. Damit ist die Selbstverwaltung im jeweiligen Bezirk vollständig durchgeführt.

Artikel 9. Das in einem unter vollständiger Selbstverwaltung stehenden Bezirk wohnende Volk hat selbst das Recht, den Vorsteher und die Beamten direkt zu wählen und auch das Recht, den Widerruf, das Volksbegehren und den Volksentscheid direkt auszuüben.

Artikel 10. Vor der Einführung der Selbstverwaltung in einem Bezirk soll erst der Bodenwert des Grundbesitzes abgeschätzt werden. Der Bodenwert des Grundbesitzes kann von dem Besitzer selbst bei der Bezirksregierung angemeldet werden. Der Grundbesitz soll nach seinem Wert besteuert werden. Die Bezirksregierung kann das Grundstück gelegentlich auch in Höhe des Wertes ankaufen. Die Wertsteigerung des Grundbesitzes kommt, infolge der Verhältnisse des politischen Fortschrittes oder der sozialen Verbesserung, der Bezirksregierung und nicht dem Besitzer zugute.

Artikel 11. Die Bodenschätze, die Wertsteigerung des Grundbesitzes, die Produkte der Gemeindegrundstücke, der Ertrag aus Wäldern und Flüssen und die Ausnützung der Wasserkraft fallen der Bezirksregierung zu. Diese Gelder sollen zu gemeinnützigen Zwecken, wie zum Bau von Waisen-, Altersversorgungs- und Krankenhäusern, zur Unterstützung der armen Leute und für sonstige Aufgaben für die Gemeinschaft verwendet werden.

Artikel 12. Wenn ein Bezirk nicht genügend Kapital hat, um die Naturschätze auszunützen oder die nötigen großen wirtschaftlichen Unternehmungen von Handel und Industrie zu erweitern, so soll fremdes Kapital dazu herangezogen werden. In diesem Fall soll die Zentralregierung an dieser Unternehmung teilhaben. Der Gewinn soll zwischen der Zentralregierung und der Bezirksregierung gleichmäßig geteilt werden.

Artikel 13. Jeder Bezirk soll der Zentralregierung im Verhältnis zu seinem Einkommen seine „Matrikularbeiträge" bezahlen. Das Einkommen jedes Bezirks soll in Höhe von nicht weniger als 10 v. H. und auch nicht mehr als 50 v. H. an die Zentralregierung jährlich abgeführt werden. Die Matrikularbeiträge werden durch die Nationalversammlung festgesetzt.

Artikel 14. Wenn ein Bezirk Selbstverwaltungsrecht hat, so hat er auch das Recht, einen Vertreter zu wählen und in das Parlament zu entsenden, um an den staatlichen Aufgaben teilzunehmen.

Artikel 15. Alle Amtskandidaten sollen ihr Examen vor dem Reichsprüfungsamt ablegen, gleichgültig, ob sie sich bei der Zentralregierung oder bei der Bezirksregierung im Vorbereitungsdienst oder in fester Stellung befinden. Ihre Ernennung zu Beamten bedarf der Bestätigung durch das Reichsprüfungsamt; dann kann die Anstellung durch die Behörde erfolgen.

Artikel 16. Wenn alle Bezirke in einer Provinz zur Einführung der vollständigen Selbstverwaltung übergegangen sind, soll die verfassungsmäßige Regierung beginnen, und dann kann eine Versammlung der Volksvertreter den Präsidenten der Provinzregierung wählen. Die Provinzregierung verwaltet unter der Leitung der Zentralregierung sämtliche Angelegenheiten der Provinz.

Artikel 17. Während der Periode der verfassungsmäßigen Regierung soll die Teilung der Machtbefugnisse zwischen Zentralregierung und Provinzregierung nach dem Prinzip der zweckmäßigen Teilung geschehen. Was das Interesse des gesamten Reiches angeht, soll dem Reich zufallen; was das Interesse der örtlichen Distrikte betrifft, fällt der Provinzregierung zu. Übertriebene Zentralisation oder Dezentralisation sollen vermieden werden.

Artikel 18. Der Bezirk ist eine Einheit der Selbstverwaltung. Die Provinz steht als Vermittler zwischen Zentralregierung und Bezirksregierung.

Artikel 19. Zu Beginn der Periode der verfassungsmäßigen Regierung soll die Zentralregierung fünf Reichsämter einrichten, und zwar: 1. Reichsvollzugsamt 2. Reichsgesetzgebungsamt, 3. Reichsrechtsamt, 4. Reichsprüfungsamt, 5. Reichsaufsichtsamt.

Artikel 20. Das Reichsvollzugsamt hat folgende Ministerien: 1. Ministerium des Innern; 2. Ministerium des Äußern; 3. Kriegsministerium; 4. Ministerium der Finanzen; 5. Ministerium für Landwirtschaft und Bergbau; 6. Ministerium für Handel und Industrie; 7. Ministerium für Volksbildung; 8. Ministerium für Verkehr.

Artikel 21. Vor der Verkündung der Verfassung unterstehen die Minister dem Präsidenten der Republik und werden von ihm ernannt und beaufsichtigt.

Artikel 22. Der Verfassungsentwurf soll auf Grund der Richtlinien zum Staatsaufbau und entsprechend dem Stand der Vormundschaftsperiode und der Verfassungsperiode vom Reichsgesetzgebungsamt aufgestellt werden, und die Regierung soll gelegentlich in allgemeiner und öffentlicher Bekanntgabe den Entwurf der Verfassung beim Volke vorbereiten, um die Aufnahme zu ermöglichen.

Artikel 23. Wenn die Mehrheit der Provinzen reif ist für die Einführung der verfassungsmäßigen Regierung, dann ist die Zeit für die vollständige Selbstverwaltung des ganzen Reiches gekommen und die Nationalversammlung kann einberufen werden, um die Verfassung zu beschließen und zu veröffentlichen.

Artikel 24. Nach der Verkündung der Verfassung hat die Nationalversammlung die Herrschaftsgewalt der Zentralregierung. Sie kann die Minister und Beamten der Regierung wählen und entlassen. Sie besitzt auch das Recht des Widerrufs der Reichsbeamten, das Recht des Volksbegehrens und das Recht des Volksentscheids, wenn ein Reichsgesetz in Frage steht.

Artikel 25. Die Verkündung der Verfassung ist der Beginn der verfassungsmäßigen Regierung. Eine allgemeine Wahl soll der Verfassung entsprechend im ganzen Reiche stattfinden. Die Zentralregierung legt ihre Amtsgeschäfte innerhalb dreier Monate nach der Wahl nieder und überträgt sie auf die vom Volke neu gewählte Regierung. Damit ist die Vollendung des Staatsaufbaus erreicht.

2. DIE VORVERFASSUNG DER REPUBLIK CHINA FÜR DIE PERIODE DER POLITISCHEN VORMUNDSCHAFT

1. Juni 1931

Kapitel I. Grundsätze. — Kapitel II. Rechte und Pflichten der Staatsbürger. — Kapitel III. Grundsätze der politischen Vormundschaft. — Kapitel IV. Das Wirtschaftsleben der Staatsbürger. — Kapitel V. Die Erziehung der Staatsbürger. — Kapitel VI. Kompetenzbegrenzung zwischen Zentral- und Lokalregierungen. — Kapitel VII. Organisation der Regierung. 1. Teil. Aufbau der Zentralregierung. 2. Teil. Aufbau der Lokalregierung. — Kapitel VIII. Zusatzbestimmungen.

Kapitel I. Grundsätze

Artikel 1. Das Staatsgebiet der Republik China besteht aus den verschiedenen Provinzen, der Mongolei und Tibet.

Artikel 2. Die Staatsgewalt der Republik China geht von der Gesamtheit der Staatsbürger aus.

Staatsbürger der Republik China sind diejenigen, die auf Grund des Gesetzes die Staatsangehörigkeit der Republik China besitzen.

Artikel 3. Die Republik China ist für alle Zukunft ein republikanischer Einheitsstaat.

Artikel 4. Die Nationalflagge der Republik China hat einen roten Grund mit einem blauen Himmel und einer weißen Sonne in der oberen linken Ecke.

Artikel 5. Die Hauptstadt der Republik China ist Nanking.

Kapitel II. Rechte und Pflichten der Staatsbürger

Artikel 6. Alle Staatsbürger der Republik China sind vor dem Gesetz gleich, ohne Unterschied des Geschlechtes, der Rasse, der Religion und der Klasse.

Artikel 7. Die Staatsbürger der Republik China haben gemäß der Bestimmung des Artikels 8 der „Richtlinien zum Staatsaufbau" in den Kreisen mit vollkommener Selbstverwaltung die im Artikel 9 der „Richtlinien zum Staatsaufbau" bestimmten Rechte des Volksbegehrens, Volksentscheids, Widerrufs und der Wahlen.

Artikel 8. Die Staatsbürger dürfen nur auf Grund eines Gesetzes verfolgt, verhaftet, vernommen oder bestraft werden.

Werden Staatsbürger wegen einer kriminellen Beschuldigung verhaftet, so muß das Organ, welches die Verhaftung oder die Inhafthaltung verfügt hat, die verhafteten Personen spätestens innerhalb von 24 Stunden dem Gerichtshof zum Verhör vorführen. Die Betroffenen dürfen auf Grund des Gesetzes um Vorführung zum Verhör innerhalb von 24 Stunden ersuchen.

Artikel 9. Die Staatsbürger, die sich nicht im aktiven Militärdienst befinden, dürfen nur auf Grund von Gesetzen einer Militärgerichtsbarkeit unterworfen werden.

Artikel 10. Die Wohnungen der Staatsbürger dürfen nur auf Grund von Gesetzen betreten, durchsucht oder behördlich geschlossen werden.

Artikel 11. Die Staatsbürger genießen Glaubens- und Gewissensfreiheit.

Artikel 12. Die Staatsbürger genießen die Freiheit des Wohnsitzwechsels; Aufhebungen und Einschränkungen sind nur auf Grund von Gesetzen zulässig.

Artikel 13. Die Staatsbürger genießen die Freiheit des Brief- und Telegraphengeheimnisses. Sie darf nur auf Grund von Gesetzen aufgehoben oder eingeschränkt werden.

Artikel 14. Die Staatsbürger genießen die Freiheit der Vereinsbildung und des Versammlungsrechts. Aufhebungen und Einschränkungen sind nur auf Grund von Gesetzen zulässig.

Artikel 15. Die Staatsbürger haben das Recht der freien Meinungsäußerung und der Veröffentlichung durch Wort und Schrift. Dieses darf nur auf Grund von Gesetzen aufgehoben oder eingeschränkt werden.

Artikel 16. Das Vermögen der Staatsbürger darf nur auf Grund von Gesetzen behördlich beschlagnahmt und eingezogen werden.

Artikel 17. Eigentum und Vermögen der Staatsbürger genießen gesetzlichen Schutz, wenn das Wohl der Allgemeinheit dadurch nicht verletzt wird.

Artikel 18. Das Vermögen der Staatsbürger kann wegen eines dringenden Bedürfnisses des allgemeinen Wohles auf Grund gesetzlicher Bestimmungen mit einer Zwangsnutzung belastet oder enteignet werden.

Artikel 19. Die Staatsbürger haben nach Maßgabe der Gesetze das Erbrecht.

Artikel 20. Die Staatsbürger haben das Recht, sich mit Bitten an die Behörden zu wenden.

Artikel 21. Die Staatsbürger haben nach Maßgabe der Gesetze das Recht, bei einem ordentlichen Gerichtshof Klagen zu erheben.

Artikel 22. Die Staatsbürger haben nach Maßgabe der Gesetze das Recht, Beschwerden zu führen oder Klage gegen die Verwaltungsbehörden zu erheben.

Artikel 23. Die Staatsbürger haben nach Maßgabe der Gesetze das Recht, zu Staatsprüfungen zugelassen zu werden.

Artikel 24. Die Staatsbürger haben nach Maßgabe der Gesetze das Recht, für den Dienst in öffentlichen Ämtern zugelassen zu werden.

Artikel 25. Die Staatsbürger haben die Pflicht, nach Maßgabe der Gesetze Steuern zu entrichten.

Artikel 26. Die Staatsbürger haben nach Maßgabe der Gesetze der Militärpflicht zu genügen und den Arbeitsdienst abzuleisten.

Artikel 27. Die Staatsbürger haben gegenüber den Anweisungen der ihre Amtsgewalt rechtmäßig ausübenden Behörden die Gehorsamspflicht.

Kapitel III. Grundsätze der politischen Vormundschaft

Artikel 28. Die politischen Grundsätze während der Periode der politischen Vormundschaft und ihre Ausführung sollen mit den „Richtlinien zum Staatsaufbau" übereinstimmen.

Artikel 29. Die lokale Selbstverwaltung soll nach den „Richtlinien zum Staatsaufbau" und der „Einführung der Selbstverwaltung" durchgeführt werden.

Artikel 30. Während der Periode der politischen Vormundschaft wird die zentrale Regierungsgewalt durch den Nationalkongreß der Kuomintang ausgeübt. Seine Befugnisse übernimmt das Zentralexekutivkomitee während der Vertagung des Nationalkongresses der Kuomintang.

Artikel 31. Die Nationalregierung hat für die Ausübung des Wahlrechts, für Absetzungen, für Volksbegehren und Volksentscheid die Anweisung zu geben.

Artikel 32. Die Nationalregierung übt folgende fünf Gewalten aus: Die der Regierung, der Gesetzgebung, der Rechtsprechung, der Prüfung und der Kontrolle.

Kapitel IV. Das Wirtschaftsleben der Staatsbürger

Artikel 33. Um das Wirtschaftsleben der Staatsbürger zu fördern, soll der Staat den wirtschaftlichen Unternehmungen der Staatsbürger Förderung und Schutz gewähren.

Artikel 34. Um die Agrarwirtschaft zu entwickeln, die Lebensverhältnisse der Bauern zu verbessern und die Wohlfahrt der bäuerlichen Pächter zu steigern, soll der Staat folgende Aufgaben durchführen: 1. Urbarmachung von Brachland im ganzen Land, Ausdehnung der guten Bewässerung im Ackerland; 2. Gründung von landwirtschaftlichen Bankbetrieben; Förderung gemeinwirtschaftlicher Unternehmungen unter den Bauern; 3. Ausbau von Kornspeichern als Schutzmaßnahme gegen Hungersnot und zur Hebung der Volksernährung; 4. Hebung der landwirtschaftlichen Bildung; Pflege der wissenschaftlichen Versuche; Erweiterung der Landwirtschaft; Steigerung der landwirtschaftlichen Produktion; 5. Förderung des Straßenbaus auf dem Lande, um die Erleichterung des Gütertransportes zu ermöglichen.

Artikel 35. Der Staat soll die bergbaulichen Unternehmungen zur Förderung von Öl, Kohle, Gold und Eisen in Angriff nehmen. Gleichzeitig soll er auch den privaten bergbaulichen Unternehmungen Förderung und Schutz gewähren.

Artikel 36. Der Staat soll staatliche Schiffahrtsunternehmungen ins Leben rufen und gleichzeitig den privaten Schiffahrtsunternehmungen Förderung und Schutz gewähren.

Artikel 37. Den Staatsbürgern steht das Recht zu, ihren Beruf und ihre Beschäftigung selbst auszuwählen, soweit dadurch das Wohl der Allgemeinheit nicht beeinträchtigt wird; andernfalls kann der Staat nach Maßgabe des Gesetzes eine Einschränkung oder Untersagung aussprechen.

Artikel 38. Die Staatsbürger haben das Recht, Verträge abzuschließen, jedoch nur insoweit, als dadurch das öffentliche Interesse nicht beeinträchtigt und nicht gegen die guten Sitten verstoßen wird.

Artikel 39. Die Staatsbürger dürfen, um ihre Wirtschaftsbedingungen zu verbessern und die Zusammenarbeit von Arbeitskraft und Kapital zu fördern, nach Maßgabe der Gesetze Berufsgenossenschaften bilden.

Artikel 40. Die Arbeitnehmer und Arbeitgeber sollen beiderseits auf dem Grundsatz der Zusammenarbeit und der gegenseitigen Förderung ihr Verhältnis aufbauen.

Artikel 41. Um die Lebensbedingungen der Arbeiter zu verbessern, soll der Staat ein Arbeitsschutzgesetz durchführen.

Weiblichen und jugendlichen Arbeitern, die im Arbeitsverhältnis stehen, soll ihrem Alter und ihrem Gesundheitszustand entsprechend besonderer Schutz gewährt werden.

Artikel 42. Um diejenigen Bauern und Arbeiter, die wegen Verletzungen, Krankheiten, Verkrüppelung und Alter arbeitsunfähig geworden sind, zu unterstützen und zu versorgen, soll der Staat ein Arbeiterversicherungswesen einführen.

Artikel 43. Um die Wirtschaft des Volkes zu entwickeln, soll der Staat gemeinschaftliche Wirtschaftsunternehmungen fördern.

Artikel 44. Die Produktion und der Preis von notwendigen Lebensgütern können vom Staat geregelt und eingeschränkt werden.

Artikel 45. Wucherzinsen bei Darlehen und zu hohes Pachtgeld bei Grundstücken sind streng auf dem Wege der Gesetzgebung zu verbieten.

Artikel 46. Die Militärangehörigen, die im Dienst arbeitsunfähig oder verstümmelt worden sind, sollen vom Staat unterstützt werden.

Kapitel V. Die Erziehung der Staatsbürger

Artikel 47. Die „Drei Prinzipien des Volkes" sind die Grundlage des Erziehungswesens der Republik China.

Artikel 48. Die Erziehungsmöglichkeiten für Männer und Frauen sollen gleich sein.

Artikel 49. Alle öffentlichen und privaten Erziehungsanstalten stehen im ganzen Reich unter der Aufsicht des Staates; sie haben die Pflicht, die vom Staat bestimmte Erziehungspolitik durchzuführen.

Artikel 50. Alle Kinder, die das schulpflichtige Alter erreicht haben, sollen einer unentgeltlichen Erziehung unterzogen werden. Das Nähere wird durch Gesetz bestimmt.

Artikel 51. Alle Personen, welche die unentgeltliche Erziehung nicht genossen haben, sollen einer Ergänzungserziehung für Erwachsene unterzogen werden. Das Nähere wird durch Gesetz bestimmt.

Artikel 52. Die Zentralregierung und die Lokalregierungen haben die für die Erziehung notwendigen Mittel in hinreichendem Maße aufzubringen und die für Erziehungszwecke gesetzlich bestimmten Mittel zu verwalten.

Artikel 53. Private Schulen, die ausgezeichnete Erfolge aufzuweisen haben, sollen vom Staat bei der Beförderung oder Unterstützung berücksichtigt werden.

Artikel 54. Die Erziehung und Ausbildung der Auslandschinesen soll vom Staat gefördert und unterstützt werden.

Artikel 55. Lehrern und Beamten des Schulwesens, die ausgezeichnete Erfolge und langjährigen Dienst aufzuweisen haben, soll vom Staat Förderung und Schutz gewährt werden.

Artikel 56. In den öffentlichen und privaten Schulen im ganzen Lande sollen Freistellen und Stipendien geschaffen werden, um würdige und begabte Schüler, die nicht bemittelt sind, zu fördern und ihr Studium zu ermöglichen.

Artikel 57. Der Staat soll wissenschaftlichen und technischen Forschungen und Erfindungen Förderung und Schutz gewähren.

Artikel 58. Bauten und Altertümer, die geschichtlich, kulturell oder künstlerisch von Bedeutung sind, sollen vom Staat geschützt und erhalten werden.

Kapitel VI. Kompetenzbegrenzung zwischen Zentral- und Lokalregierungen

Artikel 59. Die Teilung und Begrenzung der Machtbefugnisse zwischen Zentral- und Lokalregierungen in Übereinstimmung mit dem Artikel 17 der „Richtlinien zum Staatsaufbau" wird nach dem Grundsatz des Gleichgewichts bestimmt.

Artikel 60. Die Lokalregierungen haben innerhalb der Schranken ihres Kompetenzbereichs das Recht, lokale Rechtsvorschriften durchzuführen; jedoch sind Rechtsvorschriften, die mit den Rechtsvorschriften der Regierung in Widerspruch stehen, ungültig.

Artikel 61. Die Verteilung der Steuererhebung zwischen Zentral- und Lokalregierungen wird durch Gesetz bestimmt.

Artikel 62. Die Zentralregierung kann die Erhebung von Steuern durch Gesetz einschränken, um folgende Nachteile zu vermeiden: 1. Verletzung des Gemeinwohls; 2. Schädigung der Einnahmequellen der Zentralregierung; 3. Doppelbesteuerung; 4. Schädigung des Verkehrs; 5. Erhebung von höheren Einfuhrzöllen für Waren aus Nachbarbezirken; 6. Lokale Warendurchfuhrbesteuerung.

Artikel 63. Das Recht der Verleihung von Patenten und Monopolen bei Industrie und Handel steht der Zentralregierung zu.

Artikel 64. Sobald die verfassungsmäßige Regierung eingesetzt hat, soll bei den Provinzen die Begrenzung der Machtbefugnisse zwischen Zentral- und Lokalregierungen in Übereinstimmung mit den „Richtlinien zum Staatsaufbau" durch Gesetz ausführlich geregelt werden.

Kapitel VII. Organisation der Regierung

1. Teil. Aufbau der Zentralregierung

Artikel 65. Die Nationalregierung übt die gesamte Regierungsgewalt der Republik China aus.

Artikel 66. Die Nationalregierung hat den Oberbefehl über die See-, Land- und Luftstreitkräfte.

Artikel 67. Die Nationalregierung hat das Recht, fremden Staaten Krieg zu erklären, Frieden zu schließen und Verträge abzuschließen.

Artikel 68. Die Nationalregierung übt das Recht der Amnestie, der Begnadigung, der Strafmilderung und der Wiederverleihung des Staatsbürgerrechtes aus.

Artikel 69. Die Nationalregierung hat das Recht Orden und Ehrenzeichen zu verleihen.

Artikel 70. Die Einnahmen und Ausgaben des Staates werden für jedes Jahr von der Nationalregierung in der Form des Etats und in der Form des Rechnungsvoranschlages aufgestellt, beschlossen und verkündet.

Artikel 71. Die Nationalregierung setzt sich aus dem Reichsvollzugsamt, dem Reichsgesetzgebungsamt, dem Reichsrechtsamt, dem Reichsprüfungsamt und dem Reichsaufsichtsamt, den Ministerien und Ausschüssen zusammen.

Artikel 72. Die Nationalregierung besteht aus einem Präsidenten und mehreren Mitgliedern, die aus dem Zentralexekutivkomitee der Kuomintang zu wählen und zu ernennen sind. Die Mitgliederzahl der Regierung wird durch Gesetz bestimmt.

Artikel 73. Der Präsident der Nationalregierung vertritt die Nationalregierung nach außen und nach innen.

Artikel 74. Die Präsidenten der Reichsämter, die Minister und die Vorsitzenden der Ausschüsse werden auf Antrag des Präsidenten der Nationalregierung nach Maßgabe der Gesetze von der Nationalregierung ernannt und entlassen.

Artikel 75. Die Verkündung von Gesetzen und die Veröffentlichung von Anordnungen und Verfügungen erfolgt nach der Unterzeichnung durch den Präsidenten der Nationalregierung in Übereinstimmung mit dem Gesetz.

Artikel 76. Die Anordnungen und Verfügungen der Reichsämter, der Ministerien und der Ausschüsse können nach Maßgabe der Gesetze erlassen werden.

Artikel 77. Die Organisation der Nationalregierung, der Reichsämter und der Ministerien wird im Wege der Gesetzgebung festgelegt.

2. Teil. Aufbau der Lokalregierung

Artikel 78. Jede Provinz richtet eine Provinzialregierung ein, die unter Anweisung der Zentralregierung sämtliche Angelegenheiten der Provinz verwaltet. Die Organisation der Provinzialregierung wird durch Gesetz bestimmt.

Artikel 79. Ist eine Provinz nach der Bestimmung des Artikels 16 der „Richtlinien zum Staatsaufbau" reif für die Einführung der Verfassungsregierung, so kann eine Versammlung der Volksvertreter den Präsidenten der Provinzialregierung wählen.

Artikel 80. Die Lokalregierung in der Mongolei und in Tibet kann entsprechend den örtlichen Verhältnissen auf dem Wege der Gesetzgebung besonders gestaltet werden.

Artikel 81. Jeder Bezirk hat eine Bezirksregierung; diese untersteht der Provinzialregierung. Die Bezirksregierung erledigt sämtliche Angelegenheiten des Bezirks. Der Aufbau der Bezirksregierung wird durch das Gesetz bestimmt.

Artikel 82. In jedem Bezirk wird ein Bezirksausschuß zur Vorbereitung der Selbstverwaltung organisiert, um die Aufgabe der Vorbereitungsmaßnahmen durchzuführen, die im Artikel 8 der „Richtlinien zum Staatsaufbau" vorgesehen sind. Die Organisation des Bezirksausschusses zur Vorbereitung der Selbstverwaltung wird durch Gesetz bestimmt.

Artikel 83. An Orten mit regem Handel und reicher Industrie, welche eine starke Bevölkerungsdichte aufweisen oder von sonstiger besonderer Struktur sind, können besondere Verwaltungsbezirke gebildet werden. Die Organisation wird durch Gesetz bestimmt.

Kapitel VIII. Zusatzbestimmungen

Artikel 84. Alle Gesetze, die mit der vorstehenden Vorverfassung in Widerspruch stehen, sind ungültig.

Artikel 85. Das Recht der Interpretation der vorstehenden Vorverfassung steht dem Zentralexekutivkomitee der Kuomintang zu.

Artikel 86. Ein Entwurf zur endgültigen Verfassung wird nach den „Richtlinien zum Staatsaufbau" und nach dem Ergebnis der Perioden der politischen Vormundschaft und der Einführung der Verfassungsregierung vom Reichsgesetzgebungsamt beschlossen und aufgestellt und gleichzeitig im Volke verarbeitet werden, um in der geeigneten Stunde beraten und in Kraft gesetzt zu werden.

Artikel 87. Sind im ganzen Land mehr als die Hälfte der Provinzen reif für die Einführung der Verfassungsregierung, d. h. ist die Zeit gekommen, in der die lokale Selbstverwaltung erreicht ist, so soll die Nationalregierung eine Nationalversammlung einberufen und eine endgültige Verfassung beschließen und verkünden.

Artikel 88. Die vorliegende Vorverfassung wird von der Nationalversammlung beschlossen und der Nationalregierung zur Verkündung übergeben.

Artikel 89. Die vorliegende Vorverfassung tritt mit dem Tage ihrer Verkündung, in Kraft.

3. DIE VERFASSUNG DER REPUBLIK CHINA

25. Dezember 1946

Präambel. — Kapitel I. Allgemeine Grundsätze. — Kapitel II. Die Grundrechte und Grundpflichten des Volkes. — Kapitel III. Die Nationalversammlung. — Kapitel IV. Der Staatspräsident. — Kapitel V. Verwaltung. — Kapitel VI. Gesetzgebung. — Kapitel VII. Rechtspflege. — Kapitel VIII. Prüfung. — Kapitel IX. Aufsicht. — Kapitel X. Machtbefugnisse der Zentral- und Lokalregierungen. — Kapitel XI. Lokalverwaltung, Abschnitt I. Die Provinzen, Abschnitt II. Die Bezirke. — Kapitel XII. Wahlen, Abberufung, Volksbegehren, Volksentscheid. — Kapitel XIII. Grundlagen der nationalen Politik, Abschnitt I. Nationalverteidigung, Abschnitt II. Auswärtige Politik, Abschnitt III. Volkswirtschaft, Abschnitt IV. Soziale Sicherheit, Abschnitt V. Erziehung und Kultur, Abschnitt VI. Grenzbezirke. — Kapitel XIV. Durchführungsbestimmungen.

Die Nationalversammlung der Republik China hat kraft des vom Volke des ganzen Landes empfangenen Auftrages und in Übereinstimmung mit den Lehren Dr. Sun-Yat-Sens bei der Gründung der Republik China diese Verfassung angenommen, um die souveräne Macht des Staates zu festigen, die Rechte des Volkes zu sichern, sozialen Schutz zu verbürgen und die Wohlfahrt des Volkes zu fördern. Sie ist für das ganze Reich verkündet worden, um von allen gewissenhaft und dauernd befolgt zu werden.

Kapitel I. Allgemeine Grundsätze

Artikel 1. Die Republik China, gegründet auf den „Drei Prinzipien des Volkes", ist eine demokratische Republik des Volkes, für das Volk und regiert durch das Volk.

Artikel 2. Die Souveränität der Republik China geht vom gesamten Volke aus.

Artikel 3. Alle Personen, welche die chinesische Staatsangehörigkeit besitzen, sind Bürger der Republik China.

Artikel 4. Das Staatsgebiet der Republik China besteht aus ursprünglichem Raum und Grenzen. Es soll nicht ohne Beschluß der Nationalversammlung geändert werden.

Artikel 5. Alle Stämme der Republik China sollen (vor dem Gesetz) gleich sein.

Artikel 6. Die Nationalflagge der Republik China zeigt auf rotem Grund mit einem blauen Himmel eine weiße Sonne in der oberen linken Ecke.

Kapitel II. Die Grundrechte und Grundpflichten des Volkes

Artikel 7. Die Staatsbürger der Republik China sind gleich vor dem Gesetz, ohne Rücksicht auf Geschlecht, Religion, Rasse, Klassen und Parteien.

Artikel 8. Den Staatsbürgern wird die persönliche Freiheit garantiert. Mit Ausnahme des Falles einer Verhaftung auf offener Tat, die gesetzlich vorgesehen ist, soll eine Verhaftung oder Inhafthaltung nur durch ein Justiz- oder Polizeiorgan gemäß den gesetzlichen Vorschriften erfolgen. Ein Strafverfahren oder eine Verurteilung soll nur durch einen Gerichtshof gemäß den gesetzlichen Vorschriften erfolgen. Einer Verhaftung, Inhafthaltung, Strafverfahren und Verurteilung, die nicht gemäß den gesetzlichen Vorschriften erfolgen, kann man sich widersetzen.

Wenn jemand verhaftet oder in Haft gehalten wird, weil er im Verdacht steht, ein Verbrechen begangen zu haben, soll die Behörde, welche die Verhaftung oder Inhafthaltung bewirkt hat, dem Betroffenen selbst oder den von ihm bezeichneten Verwandten und Freunden schriftlich über die Ursachen seiner Verhaftung und Inhafthaltung Auskunft geben und ihn spätestens 24 Stunden vor den zuständigen Gerichtshof zur Untersuchung stellen.

Er selbst oder irgendwelche andere Personen können bei dem zuständigen Gerichtshof den Antrag stellen, daß die für die Verhaftung verantwortliche Behörde aufgefordert wird, seine Person binnen 24 Stunden an den Gerichtshof zur Untersuchung zu übergeben.

Der Gerichtshof muß einen Antrag auf Grund des vorhergehenden Absatzes annehmen, und er darf nicht der für die Verhaftung und Inhafthaltung verantwortlichen Behörde befehlen, eine Untersuchung und einen ersten Bericht zu machen. Die für die Verhaftung und Inhafthaltung verantwortliche Behörde soll die Ausführung der Anordnung des Gerichtshofes auf Übergabe des Betroffenen an den Untersuchungsrichter nicht verweigern oder verzögern.

Wenn jemand durch irgendeine Behörde ungesetzlich verhaftet oder in Haft gehalten wird, soll er selbst oder eine andere Person das Recht haben, von dem Gerichtshof eine Untersuchung zu fordern und der Gerichtshof darf den Antrag nicht ablehnen und muß binnen 24 Stunden bei der für die Verhaftung und Inhafthaltung verantwortlichen Behörde eine Untersuchung durchführen und den Fall dem Gesetz gemäß entscheiden.

Artikel 9. Mit Ausnahme aktiver Militärpersonen soll niemand vor ein Militärgericht gestellt werden.

Artikel 10. Die Staatsbürger haben die Freiheit, ihren Wohnort nach Belieben zu wählen und zu wechseln.

Artikel 11. Die Staatsbürger besitzen die Freiheit der Rede und Lehre, der Schrift und des Druckes.

Artikel 12. Die Staatsbürger haben die Freiheit des Briefgeheimnisses.

Artikel 13. Die Staatsbürger haben die Freiheit des Glaubens.

Artikel 14. Die Staatsbürger besitzen die Versammlungs- und Vereinsfreiheit.

Artikel 15. Das Recht zu leben, das Recht zu arbeiten und das Recht auf Eigentum sollen geschützt sein.

Artikel 16. Die Staatsbürger haben das Recht, Petitionen vorzulegen, Beschwerden anzubringen und vor Gericht gemäß dem Gesetz Prozesse zu führen.

Artikel 17. Die Staatsbürger besitzen das Recht der Wahl, der Abberufung des Volksbegehrens und des Volksentscheids.

Artikel 18. Die Staatsbürger haben das Recht, an den Staatsprüfungen teilzunehmen und in den Staatsdienst einzutreten.

Artikel 19. Die Staatsbürger haben die Pflicht, die Steuern nach Maßgabe des Gesetzes zu bezahlen.

Artikel 20. Die Staatsbürger haben die Pflicht, nach Maßgabe des Gesetzes der Militärpflicht zu genügen.

Artikel 21. Die Staatsbürger haben das Recht und die Pflicht, staatsbürgerliche Erziehung zu empfangen.

Artikel 22. Alle anderen Freiheiten und Rechte der Staatsbürger, die nicht der Gesellschaftsordnung und dem öffentlichen Interesse entgegenstehen, werden durch die Verfassung geschützt.

Artikel 23. Gesetze, welche die in den vorstehenden Artikeln angeführten Freiheiten und Rechte einschränken, können nur erlassen werden, um der Verletzung der Freiheit anderer Personen vorzubeugen, eine heftige Gefahr abzuwenden, die soziale Ordnung aufrechtzuerhalten oder die öffentlichen Interessen zu wahren.

Artikel 24. Die Staatsbeamten, die in Verletzung des Gesetzes die Freiheiten und Rechte der Staatsbürger brechen, sollen, abgesehen davon, daß sie gemäß dem Gesetz disziplinarer Bestrafung unterliegen, zivil- wie strafrechtlich zur Verantwortung gezogen werden. Der Betroffene kann nach Maßgabe des Gesetzes vom Staat Ersatz des erlittenen Schadens fordern.

Kapitel III. Die Nationalversammlung

Artikel 25. Die Nationalversammlung soll gemäß den Vorschriften der Verfassung die politische Macht zum Nutzen des Volkes ausüben.

Artikel 26. Die Nationalversammlung wird aus gewählten Vertretern wie folgt gebildet:

1. Ein Vertreter wird aus jedem Distrikt, jeder Gemeinde oder jedem entsprechenden Bezirk gewählt. Bei mehr als 500000 Staatsbürgern wird jeweils noch ein Ver-

treter für jede weiteren 500 000 gewählt. Was ein Bezirk ist, der einem Distrikt oder einer Gemeinde entspricht, wird durch Gesetz bestimmt. 2. In der Mongolei sollen von jedem Bund vier oder jedem besonderen Banner ein Abgeordneter gewählt werden[1]. 3. Die Zahl der von Tibet zu wählenden Volksvertreter wird durch Gesetz bestimmt. 4. Die Zahl der von der Bevölkerung in den verschiedenen Grenzbezirken zu wählenden Abgeordneten wird durch Gesetz bestimmt. 5. Die Zahl der Abgeordneten, die aus den im Ausland lebenden Chinesen gewählt werden, wird durch Gesetz bestimmt. 6. Die Zahl der Abgeordneten, die von den Besatzungstruppen gewählt werden, wird durch Gesetz bestimmt.

Artikel 27. Die Befugnisse und Vollmachten der Nationalversammlung sind die folgenden: 1. Die Wahl des Staatspräsidenten und Vizepräsidenten. 2. Die Abberufung des Staatspräsidenten und Vizepräsidenten. 3. Die Abänderung der Verfassung. 4. Die Durchführung von Volksentscheiden über vom Reichsgesetzgebungsamt vorgeschlagene Anträge.

Bezüglich der Rechte des Volksbegehrens und des Volksentscheids, soweit sie nicht in den Punkten 3 und 4 des vorstehenden Abschnitts vorgesehen sind, soll die Nationalversammlung die Anordnungen treffen und sie in Kraft setzen, nachdem diese beiden Rechte durch die Hälfte der Bezirke und Gemeinden des Landes ausgeübt worden sind.

Artikel 28. Die Abgeordneten der Nationalversammlung werden jeweils auf sechs Jahre gewählt.

Die Amtszeit der Abgeordneten jeder Nationalversammlung endet am Eröffnungstag der nächsten Nationalversammlung.

Artikel 29. Die Nationalversammlung soll 90 Tage vor Ablauf der Amtszeit des Staatspräsidenten auf Ladung des Staatspräsidenten zusammentreten.

Artikel 30. Eine außerordentliche Tagung der Nationalversammlung soll unter folgenden Umständen stattfinden: 1. Wenn es in Übereinstimmung mit den Vorschriften des Art. 49 der Verfassung notwendig ist, eine Ersatzwahl für den Staatspräsidenten und Vizepräsidenten vorzunehmen. 2. Wenn auf Grund eines Beschlusses des Reichsaufsichtsamtes ein Verfahren gegen den Staatspräsidenten und Vizepräsidenten eingeleitet wird. 3. Wenn auf Grund eines Beschlusses des Reichsgesetzgebungsamtes Verfassungsänderungen vorgeschlagen werden. 4. Wenn es von mehr als zwei Fünfteln der Abgeordneten der Nationalversammlung gefordert wird.

Wenn eine außerordentliche Sitzung der Nationalversammlung auf Grund des 1. oder 2. Punktes des vorstehenden Abschnittes zusammentritt, soll die Einberufung durch den Präsidenten des Reichsgesetzgebungsamtes erfolgen. Wenn sie auf Grund des 3. oder 4. Punktes einberufen wird, soll sie durch den Staatspräsidenten erfolgen.

Artikel 31. Die Nationalversammlung tagt am Sitz der Zentralregierung.

Artikel 32. Die Abgeordneten der Nationalversammlung sind außerhalb der Ver-

[1] *Four from every league and one from every special Banner.*

sammlung für ihre Meinungsäußerung und Stimmenabgabe bei den Sitzungen der Versammlung nicht verantwortlich.

Artikel 33. Ohne Erlaubnis der Nationalversammlung dürfen die Abgeordneten während der Dauer der Tagung nicht verhaftet oder in Haft gehalten werden, es sei denn, daß sie auf frischer Tat ertappt werden.

Artikel 34. Die Bildung der Nationalversammlung, die Wahl und Abberufung der Abgeordneten der Nationalversammlung und die Bestimmungen für die Ausübung der Befugnisse der Nationalversammlung werden durch Gesetz bestimmt.

Kapitel IV. Der Staatspräsident

Artikel 35. Der Staatspräsident ist das Staatsoberhaupt und vertritt die Chinesische Republik nach außen.

Artikel 36. Der Staatspräsident führt den Oberbefehl über die Land-, See- und Luftstreitkräfte des ganzen Landes.

Artikel 37. Der Staatspräsident verkündet gemäß dem Gesetz die Gesetze und erläßt Verordnungen. Sie müssen aber durch den Präsidenten des Reichsvollzugsamtes oder den Präsidenten des Reichsvollzugsamtes und den Leiter des zuständigen Ministeriums oder Ausschusses gegengezeichnet sein.

Artikel 38. Der Staatspräsident hat gemäß den Vorschriften der Verfassung das Recht, Verträge abzuschließen, Krieg zu erklären und Frieden zu schließen.

Artikel 39. Der Staatspräsident kann nach Maßgabe des Gesetzes den Belagerungszustand verhängen, doch muß dieser Akt durch das Reichsgesetzgebungsamt gebilligt und ratifiziert werden. Wenn das Reichsgesetzgebungsamt es für notwendig hält, kann es beschließen, den Staatspräsidenten aufzufordern, den Belagerungszustand aufzuheben.

Artikel 40. Der Staatspräsident hat nach Maßgabe des Gesetzes das Recht der Amnestie, der Bewilligung besonderer Straferlasse, der Strafmilderung und der Wiedereinsetzung in den Genuß der bürgerlichen Ehrenrechte.

Artikel 41. Der Staatspräsident hat das Recht, nach Maßgabe des Gesetzes die Zivil- und Militärbeamten zu ernennen und abzuberufen.

Artikel 42. Der Staatspräsident hat das Recht, nach Maßgabe des Gesetzes Orden und Ehrenzeichen zu verleihen.

Artikel 43. Im Fall von Naturkatastrophen, Epidemien oder ernstlichen nationalen Finanz- und Wirtschaftskrisen, die sofortige Maßnahmen erfordern, kann der Staatspräsident während der Vertagung des Reichsgesetzgebungsamtes auf Beschluß des Reichsvollzugsamtes und gemäß den Notverordnungsgesetzen die Notverordnungen erlassen, die zur Bekämpfung der Lage notwendig sind.

Diese Notverordnungen müssen jedoch binnen Monatsfrist dem Reichsgesetzgebungsamt zur Ratifizierung vorgelegt werden. Wenn das Reichsgesetzgebungsamt die Zustimmung verweigert, müssen diese Notverordnungen sofort aufgehoben werden.

Artikel 44. Im Falle eines Streites zwischen oder unter den verschiedenen Reichsämtern, soweit nicht in der Verfassung berücksichtigt, beruft der Staatspräsident eine Sitzung der Präsidenten der betreffenden Reichsämter zum Zwecke der Beratung und Entscheidung ein.

Artikel 45. Jeder chinesische Staatsbürger, der das 40. Lebensjahr vollendet hat, kann zum Staatspräsidenten oder Vizepräsidenten gewählt werden.

Artikel 46. Die Wahl des Staatspräsidenten und des Vizepräsidenten wird durch Gesetz geregelt.

Artikel 47. Die Amtsdauer des Staatspräsidenten beträgt sechs Jahre. Die Wiederwahl für eine weitere Amtsperiode ist zulässig.

Artikel 48. Der Staatspräsident muß bei seiner Amtseinführung folgenden Eid leisten:

„Ich leiste einen feierlichen und aufrichtigen Eid vor der Bürgerschaft des ganzen Landes, daß ich mich redlich auf die Verfassung stützen, ehrlich meine Pflichten erfüllen, die Wohlfahrt des Volkes fördern, die Sicherheit des Staates wahren und das Vertrauen des Volkes nicht mißbrauchen will. Breche ich diesen Eid, so unterwerfe ich mich willig jeder strengen Bestrafung durch den Staat."

Artikel 49. Im Fall der Erledigung des Staatspräsidentenamtes soll der Vizepräsident in der Staatspräsidentenschaft bis zum Ende der Amtszeit nachfolgen. Im Falle der Erledigung des Staatspräsidenten- wie des Vizepräsidentenamtes soll der Präsident des Reichsvollzugsamtes deren Pflichten wahrnehmen und gemäß den Vorschriften des Artikels 30 eine außerordentliche Sitzung der Nationalversammlung zur Vornahme einer Ersatzwahl für den Staatspräsidenten und Vizepräsidenten einberufen. Deren Amtszeit soll bis zum Ende der unbeendeten Amtszeit dauern.

Wenn der Staatspräsident aus irgendwelchen Gründen verhindert ist, soll der Vizepräsident seine Pflichten wahrnehmen. Sind Staatspräsident und Vizepräsident verhindert, nimmt der Präsident des Reichsvollzugsamtes ihre Pflichten wahr.

Artikel 50. Der Staatspräsident tritt am Tage des Ablaufs seiner Amtszeit zurück. Wenn zu dieser Zeit ein neuer Staatspräsident noch nicht gewählt ist oder wenn Staatspräsident und Vizepräsident bereits gewählt, aber noch nicht eingeführt sind, nimmt der Präsident des Reichsvollzugsamtes die Pflichten des Staatspräsidenten wahr.

Artikel 51. Die Zeit, in der der Präsident des Reichsvollzugsamtes die Pflichten des Staatspräsidenten wahrnimmt, soll drei Monate nicht überschreiten.

Artikel 52. Außer im Falle eines Verstoßes gegen die innere oder äußere Sicherheit des Staates soll der Präsident der Republik vor seiner Abberufung oder seiner Entlassung aus dem Amte einer strafrechtlichen Verfolgung nicht ausgesetzt werden.

Kapitel V. Verwaltung

Artikel 53. Das Reichsvollzugsamt ist die höchste Verwaltungsbehörde des Staates.

Artikel 54. Das Reichsvollzugsamt setzt sich zusammen aus dem Präsidenten, dem

Vizepräsidenten, den Leitern der verschiedenen Ministerien und Ausschüssen und einer Anzahl von Mitgliedern ohne Geschäftsbereich.

Artikel 55. Der Präsident des Reichsvollzugsamtes wird durch den Staatspräsidenten vorgeschlagen und mit Zustimmung des Reichsgesetzgebungsamtes ernannt.

Wenn der Präsident des Reichsvollzugsamtes während der Vertagung des Reichsgesetzgebungsamtes zurücktritt oder sein Amt frei wird, soll der Vizepräsident des Reichsvollzugsamtes seine Pflichten wahrnehmen. Der Staatspräsident soll jedoch binnen 40 Tagen das Reichsgesetzgebungsamt ersuchen, eine Sitzung des Amtes einzuberufen, einen Kandidaten für die Präsidentschaft des Reichsvollzugsamtes benennen und die Zustimmung des Reichsgesetzgebungsamtes einholen.

Solange die Zustimmung des Reichsgesetzgebungsamtes zur Kandidatur des vom Staatspräsidenten benannten Präsidenten des Reichsvollzugsamtes aussteht, soll der Vizepräsident des Reichsvollzugsamtes die Pflichten des Präsidenten des Reichsvollzugsamtes wahrnehmen.

Artikel 56. Der Vizepräsident des Reichsvollzugsamtes, die Leiter der verschiedenen Ministerien und Ausschüsse und die Mitglieder ohne Geschäftsbereich werden durch den Staatspräsidenten auf Vorschlag des Präsidenten des Reichsvollzugsamtes ernannt.

Artikel 57. Der Präsident des Reichsvollzugsamtes ist dem Reichsgesetzgebungsamt gemäß den folgenden Vorschriften verantwortlich:

1. Das Reichsvollzugsamt hat die Pflicht, dem Reichsgesetzgebungsamt seine Verwaltungspolitik und Verwaltungsberichte vorzulegen. Mitglieder des Reichsgesetzgebungsamtes haben das Recht, in den Sitzungen des Reichsamtes den Präsidenten des Reichsvollzugsamtes und die Leiter der verschiedenen Ministerien und Ausschüsse des Reichsvollzugsamtes zu interpellieren.

2. Wenn das Reichsgesetzgebungsamt eine wichtige Maßnahme des Reichsvollzugsamtes mißbilligt, muß es beschließen, das Reichsvollzugsamt um Änderung dieser Maßnahme zu ersuchen. Das Reichsvollzugsamt kann mit Zustimmung des Staatspräsidenten hinsichtlich eines solchen Beschlusses des Reichsgesetzgebungsamtes die erneute Beratung durch das Reichsgesetzgebungsamt fordern. Wenn bei der erneuten Beratung zwei Drittel der in der Sitzung anwesenden Mitglieder des Reichsgesetzgebungsamtes an dem ursprünglichen Beschluß festhalten, muß der Präsident des Reichsvollzugsamtes diesen Beschluß annehmen oder zurücktreten.

3. Wenn das Reichsvollzugsamt der Ansicht ist, daß ein Beschluß, den das Reichsgesetzgebungsamt über eine Gesetzesvorlage[1], den Staatshaushaltsplan oder einen Vertrag gefaßt hat, schwierig auszuführen sei, kann es mit Billigung des Staatspräsidenten binnen 10 Tagen nach Übersendung des Gesetzes an das Reichsvollzugsamt das Reichsgesetzgebungsamt um erneute Beratung ersuchen. Wenn bei der erneuten Beratung zwei Drittel der in der Sitzung anwesenden Mitglieder des Reichs-

[1] *A law bill.*

gesetzgebungsamtes an dem ursprünglichen Beschluß festhalten, muß der Präsident des Reichsvollzugsamtes diesen Beschluß annehmen oder zurücktreten.

Artikel 58. An den Sitzungen des Reichsvollzugsamtes sollen der Präsident und der Vizepräsident des Reichsvollzugsamtes, die Leiter der verschiedenen Ministerien und Ausschüsse und die Mitglieder ohne Geschäftsbereich teilnehmen. Der Präsident des Reichsvollzugsamtes führt den Vorsitz.

Der Präsident des Reichsvollzugsamtes und die Leiter der verschiedenen Ministerien und Ausschüsse sollen in den Sitzungen des Reichsvollzugsamtes Gesetze, die dem Reichsgesetzgebungsamt über Gesetze, den Staatshaushalt, den Belagerungszustand, Amnestien, Kriegserklärung, Friedensschlüsse, Verträge und andere wichtige Angelegenheiten vorzulegen sind, und Angelegenheiten, die verschiedene Ministerien und Ausschüsse gemeinsam betreffen, vorbringen.

Artikel 59. Das Reichsvollzugsamt soll drei Monate vor Beginn eines neuen Rechnungsjahres dem Reichsgesetzgebungsamt den Staatshaushalt für das folgende Jahr vorlegen.

Artikel 60. Das Reichsvollzugsamt soll vier Monate nach Ende des Rechnungsjahres den Staatshaushalt dem Reichsaufsichtsamt vorlegen.

Artikel 61. Die Organisation des Reichsvollzugsamtes wird durch Gesetz geregelt.

Kapitel VI. Gesetzgebung

Artikel 62. Das Reichsgesetzgebungsamt ist die höchste gesetzgebende Behörde des Staates. Es besteht aus vom Volke gewählten Mitgliedern, welche die gesetzgebende Gewalt für das Volk ausüben.

Artikel 63. Das Reichsgesetzgebungsamt hat das Recht, über Vorlagen zu entscheiden, welche die Gesetzgebung, den Staatshaushalt, den Belagerungszustand, Amnestien, Kriegserklärung, Friedensschlüsse, Verträge und andere wichtige Angelegenheiten des Staates betreffen.

Artikel 64. Die Mitglieder des Reichsgesetzgebungsamtes setzen sich auf Grund folgender Bestimmungen zusammen: 1. Aus den von den einzelnen Provinzen und Gemeinden, die unter der unmittelbaren Herrschaft der Nationalregierung stehen, Gewählten; jede Provinz und Gemeinde wählt, wenn ihre Einwohnerschaft weniger als 3 Millionen beträgt, 5 Mitglieder. Wenn die Einwohnerzahl 3 Millionen übersteigt, soll für jede weitere Million Einwohner ein zusätzliches Mitglied gewählt werden. 2. Aus den von den einzelnen mongolischen Bünden und Bannern Gewählten. 3. Aus den von Tibet Gewählten. 4. Aus den von den einzelnen Stämmen der Grenzregionen Gewählten. 5. Aus den von den Chinesen im Ausland Gewählten. 6. Aus den von den Besatzungstruppen Gewählten.

Die Wahl der Mitglieder des Reichsgesetzgebungsamtes und die Verteilung der Zahl der Sitze im Reichsgesetzgebungsamt der Gruppen 2 bis 6 des vorstehenden Absatzes wird durch Gesetz bestimmt.

Die Zahl der weiblichen Mitglieder in den verschiedenen Gruppen des vorhergehenden Absatzes wird durch Gesetz bestimmt.

Artikel 65. Die Amtsdauer der Mitglieder des Reichsgesetzgebungsamtes beträgt drei Jahre. Wiederwahl ist zulässig. Die Wahl soll drei Monate vor Ende der Amtszeit jedes Mitgliedes vollzogen sein.

Artikel 66. Das Reichsgesetzgebungsamt hat einen Präsidenten und einen Vizepräsidenten, die durch und aus den Mitgliedern des Amtes gewählt werden.

Artikel 67. Im Reichsgesetzgebungsamt werden verschiedene Ausschüsse gebildet. Die einzelnen Ausschüsse können Beamte der Regierung und der sozialen Stellen zur Beantwortung von Fragen vorladen.

Artikel 68. Das Reichsgesetzgebungsamt soll jährlich zwei Tagungen abhalten und zu den Sitzungen auf eigenen Beschluß zusammenkommen. Die erste Tagung soll von Februar bis Ende Mai, die andere Tagung von September bis Ende Dezember dauern. Wenn es nötig ist, können die Tagungen verlängert werden.

Artikel 69. Unter den folgenden Umständen kann das Reichsgesetzgebungsamt eine außerordentliche Tagung abhalten: 1. Auf Aufforderung des Präsidenten; 2. auf Bitte eines Viertels der Mitglieder des Reichsgesetzgebungsamtes.

Artikel 70. Das Reichsgesetzgebungsamt kann keine Vermehrung der Ausgaben in dem durch das Reichsvollzugsamt vorgelegten Staatshaushalt vorschlagen.

Artikel 71. Bei den Sitzungen des Reichsgesetzgebungsamtes sollen die Präsidenten der einzelnen Reichsämter und die Leiter der einzelnen Ministerien und Ausschüsse zugegen sein, um ihre Ansicht zu äußern.

Artikel 72. Gesetzesvorlagen, die das Reichsgesetzgebungsamt angenommen hat, sollen dem Staatspräsidenten vorgelegt werden, und das Reichsvollzugsamt soll sie binnen 10 Tagen nach Empfang verkünden, wenn der Präsident nicht mit ihnen gemäß den Bestimmungen des Artikels 57 dieser Verfassung verfährt.

Artikel 73. Die Mitglieder des Reichsgesetzgebungsamtes sind außerhalb des Reichsamtes für ihre Meinungsäußerungen und Stimmenabgabe bei den Sitzungen des Reichsamtes nicht verantwortlich.

Artikel 74. Ohne Erlaubnis des Reichsgesetzgebungsamtes dürfen die Abgeordneten während der Dauer der Tagung nicht verhaftet oder in Haft gehalten werden, es sei denn, daß sie auf frischer Tat ertappt werden.

Artikel 75. Die Mitglieder des Reichsgesetzgebungsamtes sollen zu gleicher Zeit keine anderen Staatsämter innehaben.

Artikel 76. Die Organisation des Reichsgesetzgebungsamtes wird durch Gesetz geregelt.

Kapitel VII. Rechtspflege

Artikel 77. Das Reichsrechtsamt ist die höchste Gerichtsbehörde des Staates. Es ist mit der Leitung der Zivil-, Straf- und Verwaltungsgerichtsbarkeit und der Disziplinargerichtsbarkeit über Beamte beauftragt.

Artikel 78. Das Reichsrechtsamt legt die Verfassung aus und hat ebenso das Recht, die Auslegung der Gesetze und Anordnungen zu vereinheitlichen.

Artikel 79. Das Reichsrechtsamt hat einen Präsidenten und einen Vizepräsidenten, die vom Staatspräsidenten vorgeschlagen und mit Zustimmung des Reichsaufsichtsamtes ernannt werden.

Das Reichsrechtsamt besteht aus einer Anzahl von Großrichtern zur Durchführung der in Artikel 78 dieser Verfassung festgelegten Angelegenheiten. Sie werden vom Staatspräsidenten vorgeschlagen und mit Zustimmung des Reichsaufsichtsamtes ernannt.

Artikel 80. Die Richter sollen außerhalb und über den politischen Parteien und Parteiungen stehen und die Verhandlungen unabhängig auf Grund der Gesetze leiten, ohne irgendeiner Einmischung unterworfen zu sein.

Artikel 81. Richter werden auf Lebenszeit ernannt und können nur abgesetzt werden, wenn sie strafrechtlich oder disziplinarisch bestraft wurden oder wenn sie unter Verbot gestellt worden sind. Sie können nur auf Grund des Gesetzes beurlaubt, versetzt oder in ihren Bezügen gekürzt werden.

Artikel 82. Die Organisation des Reichsrechtsamtes und der einzelnen Stufen der Gerichtshöfe wird durch Gesetz geregelt.

Kapitel VIII. Prüfung

Artikel 83. Das Reichsprüfungsamt ist die höchste Prüfungsbehörde des Staates. Es hat den Auftrag, Prüfungen, Anstellungen, Registrierungen und die amtliche Einstufung durchzuführen, und die Verzeichnisse, Gehaltseinstufungen, Beförderungen und das Pensionsalter zu überprüfen.

Artikel 84. Das Reichsprüfungsamt hat einen Präsidenten und einen Vizepräsidenten und eine Anzahl von Mitgliedern, die durch den Staatspräsidenten vorgeschlagen und mit Zustimmung des Reichsaufsichtsamtes ernannt werden.

Artikel 85. Bei der Auswahl der Staatsbeamten soll das System der offenen Prüfung angewendet werden. Die Prüfungen sollen im Wettbewerb in den einzelnen Gebieten mit einer vorgeschriebenen Zahl von Personen abgehalten werden, die in Übereinstimmung mit den einzelnen Provinzen und Gebieten ausgewählt werden. Niemand soll zu einem Staatsamt ernannt werden, wenn er nicht eine Prüfung abgelegt hat.

Artikel 86. Die folgenden Eignungen sollen nach Maßgabe des Gesetzes durch Prüfungen des Reichsprüfungsamtes bestimmt und registriert werden: 1. Eignungen für die Anstellung als Staatsbeamter. 2. Eignungen als Fach- und technischer Sachverständiger.

Artikel 87. Das Reichsprüfungsamt kann für Angelegenheiten seines Amtsbereichs dem Reichsgesetzgebungsamt Gesetzesvorlagen einreichen.

Artikel 88. Die Mitglieder des Reichsprüfungsamtes sollen außerhalb und über

den politischen Parteien und Parteiungen stehen und ihre Vollmachten unabhängig gemäß den Gesetzen ausüben.

Artikel 89. Die Organisation des Reichsprüfungsamtes wird durch Gesetz geregelt.

Kapitel IX. Aufsicht

Artikel 90. Das Reichsaufsichtsamt ist die höchste Aufsichtsbehörde des Staates Sie übt das Recht der Zustimmung, der In-Anklage-Versetzung, der Verbesserungsvorschläge und der Rechnungsprüfung aus.

Artikel 91. Die Mitglieder des Reichsaufsichtsamtes sollen durch die einzelnen Provinzial- und Munizipalräte, die Bezirksräte der Mongolei und Tibets und die Chinesen im Ausland gewählt werden. Die Verteilung der Sitze soll gemäß den folgenden Bestimmungen erfolgen: 1. Fünf Personen von jeder Provinz; 2. zwei Personen von jeder Gemeinde unter der unmittelbaren Herrschaft der Nationalregierung; 3. acht Personen von den mongolischen Bünden und Bannern; 4. acht Personen von Tibet; 5. acht Personen von den Auslandschinesen.

Artikel 92. Das Reichsaufsichtsamt hat einen Präsidenten und Vizepräsidenten. Sie werden durch und aus den Mitgliedern des Reichsamtes gewählt.

Artikel 93. Die Amtsdauer der Mitglieder des Reichsaufsichtsamtes beträgt sechs Jahre. Wiederwahl ist zulässig.

Artikel 94. Wenn das Reichsaufsichtsamt das Recht der Zustimmung in Übereinstimmung mit der Verfassung ausübt, sollen Beschlüsse durch die Mehrheit der in der Sitzung anwesenden Mitglieder gefaßt werden.

Artikel 95. Das Reichsaufsichtsamt kann in Ausübung seines Bürgerrechtes fordern, daß das Reichsvollzugsamt und die einzelnen Ministerien und Ausschüsse ihm die von ihnen erlassenen Anordnungen und die darauf bezüglichen Dokumente zur Durchsicht überlassen.

Artikel 96. Das Reichsaufsichtsamt kann gemäß der Natur der Tätigkeit des Reichsvollzugsamtes und seiner verschiedenen Ministerien und Ausschüsse eine Anzahl Ausschüsse bilden, um deren Tätigkeit unter dem Gesichtspunkt zu überprüfen, ob sie sich einer Gesetzesverletzung oder Pflichtverletzung schuldig gemacht haben.

Artikel 97. Das Reichsaufsichtsamt kann auf Grund der Prüfungen und Entschließungen der genannten Ausschüsse Verbesserungsvorschläge machen und sie dem Reichsvollzugsamt und seinen Ministerien und Ausschüssen zusenden und ihre Aufmerksamkeit darauf lenken, um eine Verbesserung zu erreichen.

Wenn das Reichsaufsichtsamt der Ansicht ist, daß Beamte der Zentral- oder Lokalregierung der Vernachlässigung ihrer Pflichten oder Gesetzesverletzung sich schuldig machen, kann es Maßnahmen zur Abhilfe vorschlagen oder sie in Anklage versetzen. Im Falle eines Verbrechens sollen sie einem Gerichtshof übergeben werden, um verurteilt zu werden.

Artikel 98. Die Erhebung der Anklage durch das Reichsaufsichtsamt gegen Beamte

der Zentral- oder Lokalregierung soll auf Vorschlag von mehr als einem Mitglied des Reichsaufsichtsamtes erfolgen und nach erfolgter Beratung durch mehr als neun Mitglieder bestätigt werden.

Artikel 99. Bei der Erhebung der Anklage gegen Mitglieder des Reichsrechtsamtes oder des Reichsprüfungsamtes wegen Vernachlässigung der Amtspflichten oder Verletzung der Gesetze sollen die Bestimmungen der Art. 95, 97 und 98 angewendet werden.

Artikel 100. Die Erhebung der Anklage gegen den Staatspräsidenten und den Vizepräsidenten durch das Reichsaufsichtsamt soll auf Vorschlag von mehr als einem Viertel der gesamten Mitglieder des Reichsamtes erfolgen und nach erfolgter Beratung durch die Mehrheit der gesamten Mitglieder des Reichsamtes bestätigt werden. Sie soll vor die Nationalversammlung gebracht werden.

Artikel 101. Die Mitglieder des Reichsaufsichtsamtes sind außerhalb des Reichsamtes für ihre Meinungsäußerungen und Stimmenabgabe bei den Sitzungen des Reichsamtes nicht verantwortlich.

Artikel 102. Ohne Erlaubnis des Reichsaufsichtsamtes dürfen Mitglieder des Reichsamtes weder verhaftet noch in Haft gehalten werden, es sei denn, daß sie auf frischer Tat ertappt werden.

Artikel 103. Die Mitglieder des Reichsaufsichtsamtes dürfen weder ein anderes Amt bekleiden noch einen anderen Beruf ausüben.

Artikel 104. Das Reichsaufsichtsamt hat einen Generalrechnungsprüfer. Er wird durch den Staatspräsidenten vorgeschlagen und mit Zustimmung des Reichsgesetzgebungsamtes ernannt.

Artikel 105. Der Generalrechnungsprüfer soll binnen drei Monaten nach Vorlage des Staatshaushaltes durch das Reichsvollzugsamt die Prüfung nach Maßgabe des Gesetzes abschließen und einen Bericht über die Prüfung dem Reichsgesetzgebungsamt vorlegen.

Artikel 106. Die Organisation des Reichsaufsichtsamtes wird durch Gesetz geregelt.

Kapitel X. Machtbefugnisse der Zentral- und Lokalregierungen

Artikel 107. Folgende Angelegenheiten sollen durch die Zentralregierung gesetzlich geregelt und durchgeführt werden: 1. Auswärtige Angelegenheiten; 2. nationale Verteidigung und militärische Angelegenheiten der Nationalverteidigung; 3. Staatsangehörigkeitsrecht und Straf-, Zivil- und Handelsgesetze; 4. Rechtsprechung; 5. Luftfahrt; Nationalstraßen, Nationalbahnen, Seefahrt, Post- und Telegraphenverwaltung; 6. zentrale Finanzverwaltung und nationale Einkünfte; 7. Verteilung der nationalen und provinzialen Einkünfte; 8. staatlich durchgeführte Wirtschaftsunternehmungen; 9. Währung und Staatsbanken; 10. Gewichte und Maße; 11. internationale Handelspolitik; 12. Angelegenheiten, die auswärtige Finanz- und Wirt-

schaftspolitik betreffen; 13. andere Angelegenheiten, welche die Zentralregierung auf Grund der Verfassung betreffen.

Artikel 108. Folgende Angelegenheiten sollen durch die Zentralregierung gesetzlich geregelt und durchgeführt werden oder den Provinzial- und Bezirksregierungen zur Durchführung übertragen werden: 1. Allgemeine Vorschriften der Provinzial- und Distriktselbstverwaltung; 2. Einteilung der Verwaltungsbezirke; 3. Forsten, Bergwerke, Handel; 4. Erziehung; 5. Banken und Börsen; 6. Schiffahrt und Seefischfang; 7. öffentliche Nutzungen; 8. genossenschaftliche Unternehmungen; 9. Verkehr und Transport zu Wasser und zu Lande, wenn er mehr als zwei Provinzen betrifft; 10. Wasserwirtschaft, Wasserstraßen, Landbau und Weiden, wenn sie mehr als zwei Provinzen betreffen; 11. Registration, Anstellung, Aufsicht und Schutz, der Beamten der Zentral- und Lokalregierungen; 12. Landrecht; 13. Arbeitsrecht und übrige Sozialgesetzgebung; 14. wichtige Domänen; 15. Volkszählung und Statistik der Nationalbevölkerung; 16. Einwanderung und Rücksiedlung; 17. Polizei; 18. öffentliche Gesundheitspflege; 19. allgemeine Armen- und Arbeitslosenfürsorge; 20. Schutz und Aufbewahrung von alten Büchern, Überresten und historischen Grenzsteinen von kulturellem Wert. Hinsichtlich der verschiedenen Punkte des vorstehenden Absatzes können die Provinzen besondere Gesetze und Anordnungen erlassen, sofern sie nicht den Staatsgesetzen widersprechen.

Artikel 109. Folgende Angelegenheiten sollen durch die Provinzen gesetzlich geregelt und ausgeführt oder den Bezirksregierungen zur Ausführung übertragen werden: 1. Erziehung, öffentliche Gesundheitspflege, Industrie und Verkehr in der Provinz; 2. die Verwaltung und Verfügung über das Eigentum der Provinz; 3. Provinziale Gemeindeverwaltung; 4. provinzial durchgeführte Wirtschaftsunternehmen; 5. provinziale genossenschaftliche Unternehmungen; 6. Ackerbau, Forsten, Wasserwirtschaft, Fischfang und Tierzucht; 8. provinziale Schulden; 9. Provinzbanken; 10. provinziale Polizeiverwaltung; 11. provinziale Wohlfahrts- und Fürsorgeangelegenheiten; 12. andere Angelegenheiten, die nach Maßgabe der Staatsgesetze übertragen wurden.

Wenn einer der verschiedenen Punkte des vorstehenden Absatzes mehr als zwei Provinzen betrifft, kann er durch die Provinzen, die er betrifft, gemeinsam durchgeführt werden, insoweit durch Gesetz nichts anderes vorgesehen ist.

Wenn die Provinzen bei Durchführung der verschiedenen Punkte des ersten Absatzes ihre Hilfsmittel ungenügend finden, kann ihnen auf Beschluß des Reichsgesetzgebungsamtes durch den Nationalschatz geholfen werden.

Artikel 110. Die folgenden Angelegenheiten sollen durch die Bezirke gesetzlich geregelt und durchgeführt werden: 1. Erziehung, öffentliche Gesundheitspflege, Industrie und Verkehr des Bezirks; 2. die Verwaltung und Verfügung über das Bezirkseigentum; 3. bezirklich durchgeführte Wirtschaftsunternehmen; 4. bezirkliche genossenschaftliche Unternehmungen; 5. Ackerbau, Forsten, Wasserwirtschaft, Fischfang, Tierzucht und Energiewirtschaft des Bezirks; 6. Bezirksfinanzen und Einkünfte;

7. Bezirksschulden; 8. Bezirksbanken; 9. Bezirkspolizei und Verteidigungsmaßnahmen; 10. Bezirkswohlfahrts- und Fürsorgeangelegenheiten; 11. andere Angelegenheiten, die nach Maßgabe der Staatsgesetze und der Gesetze der provinzialen Selbstverwaltung übertragen wurden.

Wenn einer der verschiedenen Punkte des vorstehenden Absatzes mehr als zwei Bezirke betrifft, kann er durch die Bezirke, die er betrifft, gemeinsam durchgeführt werden, insoweit durch Gesetz nichts anderes vorgesehen ist.

Artikel 111. Wenn außer den in den Art. 107, 108, 109 und 110 angeführten Angelegenheiten eine Sache, die nicht angeführt wurde, anfällt, soll sie in den Aufgabenbereich der Zentralregierung, wenn sie nationaler Art ist, der Provinz, wenn sie provinzieller, des Bezirks, wenn sie bezirklicher Natur ist, fallen. Im Falle eines Streites soll das Reichsgesetzgebungsamt entscheiden.

Kapitel XI. Lokalverwaltung

Abschnitt I. Die Provinz

Artikel 112. Die Provinzialversammlung erläßt nach Maßgabe der allgemeinen Anordnungen über die Selbstverwaltung der Provinzen und Bezirke ein Provinzial-Selbstverwaltungsgesetz. Es darf nicht in Widerspruch mit der Verfassung stehen.

Die Bildung der Provinzialversammlung und die Wahl der Abgeordneten wird durch dieses Gesetz geregelt.

Artikel 113. Das Provinzial-Selbstverwaltungsgesetz soll folgende Punkte enthalten: 1. Die Provinz hat einen Provinzialrat. Die Mitglieder des Provinzialrats werden durch die Bürger der Provinz gewählt; 2. die Provinz hat ein Provinzialregierung und einen Provinzialgouverneur. Sie werden durch die Bürger der Provinz gewählt; 3. Beziehungen zwischen der Provinz und den Bezirken.

Das Recht der Gesetzgebung in der Provinz wird durch den Provinzialrat ausgeübt.

Artikel 114. Das Provinzial-Selbstverwaltungsgesetz soll nach Erlaß sofort dem Reichsrechtsamt vorgelegt werden. Wenn das Reichsrechtsamt einen Teil für verfassungswidrig hält, sollen die Artikel, welche die Verfassung verletzen, für null und nichtig erklärt werden.

Artikel 115. Wenn nach Erlangung der Gesetzeskraft des Provinzial-Selbstverwaltungsgesetzes ein ernsthaftes Hindernis in bezug auf einen dieser Artikel auftritt, soll das Reichsrechtsamt zuerst die verschiedenen Stellen, die es betrifft, um ihre Meinung ersuchen. Sodann sollen die Präsidenten des Reichsvollzugsamtes, des Reichsgesetzgebungsamtes, des Reichsrechtsamtes, des Reichsprüfungsamtes und des Reichsaufsichtsamtes unter Vorsitz des Präsidenten des Reichsrechtsamtes einen Ausschuß bilden und Maßnahmen zur Abstellung vorschlagen.

Artikel 116. Provinzialgesetze und -anordnungen, die in Widerspruch zu den Staatsgesetzen stehen, sind null und nichtig.

Artikel 117. Wenn es zweifelhaft ist, ob ein Widerspruch zwischen den Provinzial-

gesetzen und -anordnungen und den Staatsgesetzen besteht oder nicht, soll das Reichsrechtsamt entscheiden.

Artikel 118. Die Selbstverwaltung der Gemeinden, die unter der unmittelbaren Herrschaft der Nationalregierung stehen, soll durch Gesetz festgelegt werden.

Artikel 119. Das örtliche Selbstverwaltungssystem der verschiedenen mongolischen Bünde und Banner soll durch Gesetz geregelt werden.

Artikel 120. Die Selbstverwaltung von Tibet wird garantiert.

Abschnitt II. Die Bezirke

Artikel 121. Die Bezirke üben die Bezirksselbstverwaltung aus.

Artikel 122. Die Bezirke haben eine Bezirksversammlung; diese erläßt nach Maßgabe der allgemeinen Anordnungen über die Selbstverwaltung der Provinzen und Bezirke ein Bezirks-Selbstverwaltungsgesetz. Dieses darf nicht in Widerspruch mit der Verfassung und dem Provinzial-Selbstverwaltungsgesetz stehen.

Artikel 123. Die Bürger des Bezirkes üben hinsichtlich der Angelegenheiten, welche die Bezirksselbstverwaltung betreffen, nach Maßgabe des Gesetzes das Recht des Volksbegehrens und des Volksentscheids aus. Bezüglich des Magistrats und des anderen Personals der Bezirksverwaltung üben sie nach Maßgabe des Gesetzes das Recht der Wahl und der Abberufung aus.

Artikel 124. Der Bezirk hat einen Bezirksrat. Die Mitglieder des Bezirksrates werden durch die Bürger des Bezirks gewählt.

Das Recht der Gesetzgebung im Bezirk wird durch den Bezirksrat ausgeübt.

Artikel 125. Besondere Bezirksgesetze und -anordnungen, die in Widerspruch zu den Staatsgesetzen und den Provinzialgesetzen und -anordnungen stehen, sind null und nichtig.

Artikel 126. Der Bezirk hat eine Bezirksregierung und einen Bezirksmagistrat, der durch die Bürger des Bezirks gewählt wird.

Artikel 127. Der Magistrat soll die Angelegenheiten der Bezirksverwaltung und alle anderen durch die Zentral- und Provinzialregierungen übertragenen Aufgaben ausführen.

Artikel 128. Die Bestimmungen über den Besitz sollen entsprechend auf die Gemeinden angewendet werden.

Kapitel XII. Wahlen, Abberufung, Volksbegehren und Volksentscheid

Artikel 129. Die verschiedenen, in der Verfassung festgelegten Wahlen sollen, wenn durch die Verfassung nichts anderes bestimmt ist, nach dem allgemeinen, gleichen und direkten Wahlrecht in geheimer Abstimmung durchgeführt werden.

Artikel 130. Die chinesischen Staatsbürger haben, wenn sie das 20. Lebensjahr erreicht haben, gemäß den Gesetzen das Wahlrecht. Wenn durch die Verfassung und die Gesetze nichts anderes vorgesehen ist, hat jeder Bürger, der das 23. Lebensjahr erreicht hat, gemäß den Gesetzen das Recht, gewählt zu werden.

Artikel 131. Die Kandidaten der verschiedenen in dieser Verfassung festgelegten Wahlen sollen sich völlig öffentlich um die Wahl bewerben.

Artikel 132. Zwang und Beeinflussung ist bei den Wahlen streng verboten. Das Wahlergebnis wird gerichtlich überprüft.

Artikel 133. Eine gewählte Person kann nach Maßgabe des Gesetzes durch die Wähler, die sie gewählt haben, abberufen werden.

Artikel 134. Bei den verschiedenen Arten von Wahlen soll die Zahl der zu wählenden Frauen festgelegt und die Durchführungsbestimmungen hierfür durch Gesetz geregelt werden.

Artikel 135. Maßnahmen hinsichtlich der Zahl und der Wahl von Abgeordneten zur Nationalversammlung durch die innerchinesischen Bezirke, deren Lebensbedingungen und Gewohnheiten besondere sind, sollen durch Gesetz geregelt werden.

Artikel 136. Die Ausübung des Rechtes auf Volksbegehren und Volksentscheid wird durch Gesetz festgelegt.

Kapitel XIII. Grundlagen der nationalen Politik

Abschnitt I. Nationalverteidigung

Artikel 137. Die nationale Verteidigung der Republik China soll bestrebt sein, die Sicherheit des Staates zu hüten und den Weltfrieden zu wahren.

Artikel 138. Die Land-, See- und Luftstreitkräfte des ganzen Landes stehen über und außerhalb der persönlichen, landschaftlichen und parteilichen Vereinigungen. Sie sollen dem Staat loyal dienen und das Volk stützen und schützen.

Artikel 139. Keine Partei und kein Individuum soll die bewaffneten Kräfte als Mittel im Kampf um die politische Macht gebrauchen.

Artikel 140. Niemand, der im aktiven Militärdienst steht, darf gleichzeitig ein Zivilamt bekleiden.

Abschnitt II. Auswärtige Politik

Artikel 141. Die auswärtige Politik der chinesischen Republik soll im Geiste der Unabhängigkeit und Autonomie und auf der Grundlage der Prinzipien der Gleichheit und Gegenseitigkeit freundliche Beziehungen zum Ausland pflegen, die Verträge und die Charta der Vereinten Nationen achten, die Rechte und Interessen der Auslandschinesen schützen, die internationale Zusammenarbeit und die internationale Gerichtsbarkeit fördern und den Weltfrieden sichern.

Abschnitt III. Nationale Wirtschaft

Artikel 142. Die Nationalwirtschaft ruht auf den Grundsätzen der Volkswohlfahrt. Sie soll die Gleichstellung der Landbesitzer fördern und das Kapital einschränken, um ein gleiches Auskommen im nationalen Leben und des Volkes Wohlfahrt zu fördern.

Artikel 143. Alles Land innerhalb der Grenzen der Republik China gehört der Einwohnerschaft des Landes als Ganzem. Der Besitz an Land, der durch das Volk erworben wurde, soll nach Maßgabe der Gesetze geschützt und durch Gesetz beschränkt sein. Die Regierung kann es seinem Wert entsprechend aufkaufen.

Bergwerke und alle Naturkräfte, die für das allgemeine Wohl wirtschaftlich genutzt werden können, gehören dem Staat. Sie sollen nicht anders genutzt werden, weil das Volk das Recht auf Landbesitz erlangt hat.

Wenn der Bodenwert nicht durch Arbeitsleistung und Kapitalaufwand gestiegen ist, soll der Staat eine Landwertzuwachssteuer erheben, deren Ertrag dem Volk insgesamt zugute kommen soll.

Der Staat soll bei der Verteilung und Einrichtung von Land nach dem Grundsatz handeln, daß er den bäuerlichen Landbesitzern und denen, die das Land selbst nutzen, helfen will. Er soll dementsprechend die für die Bebauung angemessene Größe festsetzen.

Artikel 144. Öffentliche Betriebe und andere Unternehmungen monopolistischer Art sollen grundsätzlich öffentlich betrieben werden. Wenn es das Gesetz erlaubt, können sie jedoch privat durch die Bürger betrieben werden.

Artikel 145. Der Staat beschränkt das Privateinkommen und die privat betriebenen Unternehmungen durch Gesetz, wenn sie seines Erachtens der ausgeglichenen Entwicklung des volkswirtschaftlichen Lebens und des Volkes Unterhalt nachteilig sind.

Genossenschaftliche Unternehmungen sollen durch den Staat ermutigt und gefördert werden.

Die Güterproduktion des Volkes und der Außenhandel sollen durch den Staat gefördert, geleitet und geschützt werden.

Artikel 146. Der Staat soll durch Anwendung wissenschaftlich-technischer Methoden die Flußregulierung entwickeln, die Ertragsfähigkeit des Landes steigern, die landwirtschaftliche Umwelt bessern, die Landnutzung planen und die landwirtschaftlichen Hilfsquellen entwickeln, um die Industrialisierung der Landwirtschaft durchzuführen.

Artikel 147. Die Zentralregierung kann, um eine ausgeglichene wirtschaftliche Entwicklung unter den Provinzen zu fördern, armen und unwirtschaftlichen Provinzen angemessene Förderung gewähren. Provinzen können, um eine ausgeglichene wirtschaftliche Entwicklung unter den Bezirken zu fördern, armen und unwirtschaftlichen Bezirken angemessene Förderung gewähren.

Artikel 148. Innerhalb der Grenzen der Republik China soll es erlaubt sein, alle Waren frei zu befördern.

Artikel 149. Das Bankwesen soll gemäß den Gesetzen der Staatskontrolle unterliegen.

Artikel 150. Der Staat soll eine umfassende finanzielle Organisation zur Bekämpfung der Arbeitslosigkeit errichten.

Artikel 151. Der Staat soll die wirtschaftlichen Unternehmungen der Chinesen im Ausland fördern und schützen.

Abschnitt IV. Soziale Sicherheit

Artikel 152. Der Staat soll Fürsorge treffen, um jedem Arbeitsfähigen angemessene Arbeit zu sichern.

Artikel 153. Der Staat soll, um die Wohlfahrt der Arbeiter und Bauern zu fördern und ihren Arbeitsertrag zu steigern, in Übereinstimmung mit dem Schutz der Arbeiter und Bauern Gesetze erlassen und eine Politik betreiben, die diesen Schutz gewährleistet.

Frauen und Kinder, die in Arbeit stehen, sollen den ihrem Alter und ihrer Natur entsprechenden Schutz erhalten.

Artikel 154. Kapital und Arbeit sollen gemäß den Grundsätzen der Harmonie und der Zusammenarbeit produktive Unternehmen entwickeln. Ausgleich und Entscheidung von Streitigkeiten zwischen Kapital und Arbeit sollen durch Gesetz geregelt werden.

Artikel 155. Der Staat soll, um die soziale Wohlfahrt zu fördern, die Sozialversicherung ausbauen. Alten, Kranken und invaliden Staatsbürgern, die ihren Lebensunterhalt nicht erwerben können, und den Opfern von Katastrophen soll der Staat angemessene Hilfe und Unterstützung gewähren.

Artikel 156. Der Staat soll, um die Grundlage des völkischen Daseins und der nationalen Entwicklung zu stärken, die Mutterschaft schützen und eine Politik der Förderung der Wohlfahrt von Frauen und Kindern durchführen.

Artikel 157. Der Staat soll, um die Volksgesundheit zu heben, ein ausgedehntes Sanitäts- und Gesundheitsschutzwesen und ein System des staatlichen Sanitätsdienstes einrichten.

Abschnitt V. Erziehung und Kultur

Artikel 158. Erziehung und Kultur sollen nach der Entwicklung des Nationalgefühls und des demokratischen Geistes, der nationalen Moral, von starken und gesunden Naturwissenschaften, Kenntnissen und Fähigkeiten zur Gewinnung des Lebensunterhaltes streben.

Artikel 159. Alle Staatsbürger sollen gleiche Bildungsmöglichkeiten haben.

Artikel 160. Kinder im schulpflichtigen Alter von sechs bis zu zwölf Jahren sollen als Grundlage ihrer Erziehung kostenlosen Unterricht erhalten. Bedürftige sollen mit Büchern durch die Regierung unterstützt werden. Bürger, die das schulpflichtige Alter überschritten und die Grundlagen der Erziehung nicht erhalten haben, sollen freien Ergänzungsunterricht erhalten und mit Büchern durch die Regierung unterstützt werden.

Artikel 161. Die verschiedenen Stufen der Verwaltung sollen ausgedehnte Stiftungen errichten, um bedürftigen Studenten, die gute Schulzeugnisse und Führung

aufweisen, aber aus finanziellen Gründen kein weiteres Studium sich leisten können, zu unterstützen.

Artikel 162. Alle öffentlichen und privaten Erziehungs- und Bildungsanstalten im ganzen Reich stehen unter der Aufsicht des Staates nach Maßgabe des Gesetzes.

Artikel 163. Der Staat soll einer ausgeglichenen Entwicklung des Erziehungswesens in den einzelnen Gebieten seine Aufmerksamkeit schenken und die Sozialerziehung fördern, um den Bildungsstand der Bürger allgemein zu heben. Zu den Ausgaben für Erziehung und Kultur in den Grenzgebieten und armen und unwirtschaftlichen Gebieten soll der Staatsschatz beitragen und die wichtigeren Erziehungs- und Bildungsanstalten sollen durch die Zentralregierung unterhalten oder gefördert werden.

Artikel 164. Die Ausgaben für Erziehung, Wissenschaft und Kultur sollen mindestens 15 v. H. des gesamten Haushalts der Zentralregierung, mindestens 25 v. H. des gesamten Haushalts der Provinz und mindestens 35 v. H. des gesamten Haushalts des Bezirks betragen. Erziehungs- und Bildungsanstalten, die gesetzmäßig errichtet werden, und ihre Eigentümer sollen geschützt werden.

Artikel 165. Der Staat soll den Lebensstand und die Arbeitsbedingungen der Personen, die im Erziehungswesen, in der Wissenschaft und in den Künsten tätig sind, gemäß der Entwicklung des Volkseinkommens sichern und ihre Besoldung von Zeit zu Zeit aufbessern.

Artikel 166. Der Staat soll wissenschaftliche Schöpfungen und Erfindungen fördern und alte Grenzsteine, historische Denkmale von kulturellem und künstlerischem Wert schützen.

Artikel 167. Der Staat soll folgende Unternehmungen und Personen fördern und unterstützen: 1. Inländische private Erziehungsanstalten mit gutem Erfolg; 2. Erziehungsanstalten der Chinesen im Ausland mit gutem Erfolg; 3. Personen, die Erfindungen im Schulwesen oder in den Fertigkeiten gemacht haben; 4. Personen, die im Erziehungswesen mit gutem Erfolg und langer Dienstzeit tätig sind.

Abschnitt VI. Grenzbezirke

Artikel 168. Der Staat soll der Verfassung der einzelnen Stämme in den Grenzbezirken gesetzlichen Schutz und ihrer örtlichen Selbstverwaltung besonderen Beistand gewähren.

Artikel 169. Der Staat soll tatkräftig die Entwicklung des Erziehungswesens und der kulturellen Verbindungen, der Wasserwirtschaft, des Gesundheitswesens und anderer wirtschaftlicher und sozialer Unternehmungen der einzelnen Stämme in den Grenzprovinzen übernehmen und fördern. Hinsichtlich der Landnutzung soll der Staat entsprechend dem Klima und der Natur des Bodens und dem, was er für das Leben und die Sitten der Bewohner für angemessen hält, das Land schützen und zu seiner Entwicklung beitragen.

Kapitel XIV. Durchführungsbestimmungen

Artikel 170. Mit dem Ausdruck „Gesetz“ ist in dieser Verfassung ein Gesetz gemeint, das durch das Reichsgesetzgebungsamt angenommen und durch den Staatspräsidenten verkündet worden ist.

Artikel 172. Gesetze, die der Verfassung widersprechen, sind null und nichtig.

Wenn es zweifelhaft ist, ob ein Gesetz der Verfassung widerspricht oder nicht, entscheidet das Reichsrechtsamt.

Artikel 172. Verordnungen, die der Verfassung oder gültigen Gesetzen widersprechen, sind null und nichtig.

Artikel 173. Die Verfassung wird durch das Reichsrechtsamt ausgelegt.

Artikel 174. Verfassungsänderungen erfolgen gemäß folgender Bestimmungen:

1. Auf den Vorschlag eines Fünftels der Gesamtzahl der Abgeordneten der Nationalversammlung und auf Beschluß von drei Vierteln der Abgeordneten, die in einer Sitzung anwesend sind und die zwei Drittel der ganzen Versammlung bilden, kann eine Änderung erfolgen.

2. Auf Vorschlag eines Viertels der Mitglieder des Reichsgesetzgebungsamtes und auf Beschluß von drei Vierteln der in der Sitzung anwesenden Mitglieder, die drei Viertel der Mitglieder des Reichsrechtsamtes bilden, kann eine Änderung in Angriff genommen und der Nationalversammlung zum Volksentscheid unterbreitet werden. Ein Änderungsvorschlag zur Verfassung soll sechs Monate vor Eröffnung der Nationalversammlung veröffentlicht werden.

3. Falls Angelegenheiten, die in der Verfassung bestimmt sind, ein besonderes Durchführungsverfahren erfordern, wird dies durch Gesetz geregelt.

Das vorbereitende Verfahren für die Einführung der Verfassung wird von der verfassunggebenden Nationalversammlung bestimmt.

DEUTSCHLAND

Das alte „Heilige Römische Reich Deutscher Nation" hatte keine Verfassung. Nur wenige Grundgesetze, wie die Goldene Bulle Karls IV., die Reformgesetze Maximilians, der Augsburger Religionsfriede oder der Westfälische Friede regelten Einzelfragen des staatlichen Lebens. Herkommen und Gewohnheit waren ähnlich wie im englischen Verfassungsrecht von entscheidender Bedeutung. Nach dem Zusammenbruch des alten Reiches in den Stürmen der Französischen Revolution gab der Wiener Kongreß nicht nur Europa, sondern auch Deutschland selbst eine neue Ordnung.

Der Wunsch der deutschen Patrioten, daß ein neues deutsches Kaisertum erstehen möge, ging zunächst nicht in Erfüllung. Die Deutsche Bundesakte, die nicht vom Volk geschaffen, sondern von den Regierungen vereinbart wurde, ist das Grundgesetz eines Staatenbundes. In der Wiener Schlußakte wurden in den Bau dieses Bundes gerade aus der Abwehr demokratischer Bestrebungen heraus neue Pfeiler und Streben eingezogen. Beide Gesetze bestimmten das gesamtdeutsche Leben bis zum Auseinanderfall des Deutschen Bundes im Jahre 1866. Schon vorher aber hatte die Frankfurter Nationalversammlung in der Paulskirche im Jahre der deutschen Revolution 1848 in sorgsamen Beratungen der besten Männer des deutschen Volkes eine Verfassung des Deutschen Reiches ausgearbeitet, die nach der Ablehnung der Kaiserkrone durch Friedrich Wilhelm IV. von Preußen nicht in Kraft getreten ist, trotzdem aber die deutsche Verfassungsentwicklung auf das stärkste beeinflußt hat.

Sowohl die Reichsverfassung von 1871 wie die Weimarer Verfassung von 1919 beruhen zum guten Teil auf den Vorarbeiten der Paulskirche. Die Verfassung, die Bismarck dem von ihm geschaffenen Deutschen Reiche 1871 gab, wiederholt fast wörtlich die Verfassung des Norddeutschen Bundes aus dem Jahre 1867. Beide Verfassungen, Bismarcks eigenstes Werk, geben sich als Verträge der deutschen Fürsten und Regierungen, wurden aber auch im Reichstag durchberaten und mit ihm vereinbart. Sie gaben dem Reich in der Form des Bundesstaates die Verfassung einer konstitutionellen Monarchie. Erst durch die Verfassungsreform im Herbst 1918 wurde die konstitutionelle in eine parlamentarische Monarchie umgewandelt, ohne daß jedoch diese Abänderung noch wirksam geworden wäre. Die Weimarer Verfassung wurde im Jahre 1919 von der in Weimar tagenden Deutschen Nationalversammlung als Verfassung der neuentstandenen deutschen Republik geschaffen. Sie ist praktisch nur 14 Jahre in Kraft geblieben, obgleich der Nationalsozialismus die Verfassung insgesamt nie ausdrücklich außer Kraft gesetzt hat. Auch die Weimarer Verfassung hält an der bundesstaatlichen Form des Reiches fest, wenngleich sie den unitarischen Tendenzen über die Bismarckische Verfassung hinaus wesentlich entgegenkommt.

Fast alle deutschen Einzelstaaten verfügten über eigene Verfassungen, deren erste unmittelbar nach 1815 in Erfüllung des in der Wiener Bundesakte gegebenen Ver-

sprechens geschaffen wurden. Sie haben vielfache Wandlungen erfahren, vertreten aber im 19. Jahrhundert ausnahmslos den Typ der konstitutionellen Monarchie. Auch noch 1918 haben sich die Staaten, jeder für sich, eine Verfassung gegeben.

Nach dem Zusammenbruch 1945 standen sie zum dritten Male vor der Aufgabe, ihr politisches Leben in eigenen Verfassungen zu regeln. Da eine einheitliche Reichsgewalt zunächst fehlte, lag die verfassungspolitische Entwicklung mehr als je zunächst in der Hand der Länder. Als erste haben sich die drei Länder der amerikanischen Zone (Beyarn, Hessen und Württemberg-Baden) Verfassungen gegeben, die im Herbst 1946 in Volksabstimungen angenomen wurden. Ihnen folgten die Länder der russischen Zone (Sachsen, Thüringen, Sachsen-Anhalt, Brandenburg und Mecklenburg) und 1947 die der französischen Zone (Rheinland-Pfalz, Südbaden und Südwürttemberg), während die Länder der englischen Zone sich keine eigenen Verfassungen gegeben haben. Während des Winters 1948—49 schuf der Parlamentarische Rat in Bonn, der aus Abgeordneten bestand, die von den Einzellandtagen gewählt worden waren, unter Vorsitz Konrad Adenauers das „Grundgesetz für die Bundesrepublik Deutschland". Es wurde am 8. Mai 1949 angenommen und in den Tagen darauf von den Landtagen der Länder der britischen, amerikanischen und französischen Zone ratifiziert. Einzig das Land Bayern lehnte das Grundgesetz ab, erkannte seine rechtsverbindliche Gültigkeit aber auch für Bayern nach der Annahme durch die anderen Länder an. Am 23. Mai 1949 trat das Grundgesetz als Verfassung für die drei westdeutschen Zonen in Kraft. Es wird als Verfassung ergänzt und beschränkt durch das von den drei Westmächten vereinbarte „Besatzungsstatut". In der Ostzone hat der im Frühjahr 1948 gebildete Deutsche Volksrat einen Verfassungsausschuß unter Leitung von Otto Grotewohl eingesetzt, dessen Entwurf für eine Verfassung der Deutschen Demokratischen Republik am 19. März 1949 vom Deutschen Volksrat und am 30. Mai 1949 von dem neugewählten Deutschen Volkskongreß bestätigt wurde, doch ist er bisher noch nicht in Kraft gesetzt worden.

Texte: „Deutsche Staatsgrundgesetze", hg. v. K. Binding, H. 1—3 (1892/93) (1 1867, 2 1870, 3 1815, 1820). — W. Altmann, „Ausgewählte Urkunden zur deutschen Verfassungsgeschichte seit 1806", 2 Bde. (1898.) — K. Zeumer, „Quellensammlung zur deutschen Reichsverfassung", 2. Aufl. (1913), Nr. 218 und 219 (Wiener Bundesakte und Schlußakte). — H. Triepel, „Quellensammlung zum deutschen Reichsstaatsrecht", 5. Aufl. (1931, Verfassungen von 1867, 1871 und 1919). — L. Bergsträßer, „Die Verfassungen des Deutschen Reiches v. J. 1849 mit Vorentwürfen, Gegenvorschlägen und Modifikationen bis zum Erfurter Parlament" (Kleine Texte für Vorlesungen und Übungen 114, 1913).

Schrifttum: H. E. Feine, „Das Werden des deutschen Staates seit dem Ausgang des Heil. Röm. Reiches 1800—1933". Eine Verfassungsgesch. Darstellung (1936, mit Schrifttum). — L. Bergsträßer, „Geschichte der deutschen Reichsverfassung" (1914). — W. Apelt, „Geschichte der Weimarer Verfassung" (1946). — „Handbuch des deutschen Staatsrechts", hg. v. G. Anschütz und R. Thoma (2 Bde., 1931/32). — O. Ruthenburg, „Verfassungsgesetze des Deutschen Reiches und der deutschen Länder" (1926).

1. DIE VERFASSUNG DES DEUTSCHEN BUNDES

A. Die deutsche Bundesakte 1815

8. Juni 1815

Im Namen der allerheiligsten und unteilbaren Dreieinigkeit. Die souveränen Fürsten und freien Städte Deutschlands, den gemeinsamen Wunsch hegend, den 6. Art. des Pariser Friedens vom 30. Mai 1814[1] in Erfüllung zu setzen und von den Vorteilen überzeugt, welche aus ihrer festen und dauerhaften Verbindung für die Sicherheit und Unabhängigkeit Deutschlands und die Ruhe und das Gleichgewicht Europas hervorgehen würden, sind übereingekommen, sich zu einem beständigen Bunde zu vereinigen und haben zu diesem Behuf ihre Gesandten und Abgeordneten am Kongresse in Wien mit Vollmachten versehen: *(folgen die Namen)*. In Gemäßheit dieses Beschlusses haben die vorstehenden Bevollmächtigten nach geschehener Auswechslung ihrer richtig befundenen Vollmachten folgende Artikel verabredet.

I. Allgemeine Bestimmungen

Artikel 1. Die souveränen Fürsten und freien Städte Deutschlands, mit Einschluß I. I. M. M. des Kaisers von Österreich und der Könige von Preußen, von Dänemark und der Niederlande; und zwar der Kaiser von Österreich, der König von Preußen, beide für ihre gesamten vormals zum Deutschen Reiche gehörigen Besitzungen; der König von Dänemark für Holstein, der König der Niederlande für das Großherzogtum Luxemburg, vereinigen sich zu einem beständigen Bunde, welcher der Deutsche Bund heißen soll.

Artikel 2. Der Zweck desselben ist: Erhaltung der äußeren und inneren Sicherheit Deutschlands und der Unabhängigkeit und Unverletzbarkeit der einzelnen deutschen Staaten.

Artikel 3. Alle Bundesglieder haben als solche gleiche Rechte; sie verpflichten sich alle gleichmäßig, die Bundesakte unverbrüchlich zu halten.

Artikel 4. Die Angelegenheiten des Bundes werden durch eine Bundesversammlung besorgt, in welcher alle Glieder desselben durch ihre Bevollmächtigten teils einzelne, teils Gesamtstimmen folgendermaßen, jedoch unbeschadet ihres Ranges, führen:

1.	Österreich	1 Stimme
2.	Preußen	1 Stimme
3.	Bayern	1 Stimme
4.	Sachsen	1 Stimme
5.	Hannover	1 Stimme
6.	Württemberg	1 Stimme
7.	Baden	1 Stimme
8.	Kurhessen	1 Stimme

[1] *Les états de l'Allemagne seront indépendants et unis par un lieu fédératif.*

9.	Großherzogtum Hessen	1 Stimme
10.	Dänemark wegen Holstein	1 Stimme
11.	Niederlande wegen des Großherzogtums Luxemburg	1 Stimme
12.	Die Großherzoglich und Herzoglich Sächsischen Häuser	1 Stimme
13.	Braunschweig und Nassau	1 Stimme
14.	Mecklenburg-Schwerin und Mecklenburg-Strelitz	1 Stimme
15.	Holstein-Oldenburg[1], Anhalt und Schwarzburg	1 Stimme
16.	Hohenzollern, Lichtenstein, Reuß, Schaumburg-Lippe, Lippe und Waldeck[2]	1 Stimme
17.	Die freien Städte: Lübeck, Frankfurt, Bremen und Hamburg	1 Stimme
	Totale	17 Stimmen

Artikel 5. Österreich hat bei der Bundesversammlung den Vorsitz. Jedes Bundesglied ist befugt, Vorschläge zu machen und in Vortrag zu bringen, und der Vorsitzende ist verpflichtet, solche in einer zu bestimmenden Zeitfrist der Beratung zu übergeben.

Artikel 6. Wo es auf Abfassung und Abänderung von Grundgesetzen des Bundes, auf Beschlüsse, welche die Bundesakte selbst betreffen, auf organische Bundeseinrichtungen und auf gemeinnützige Anordnungen sonstiger Art ankommt, bildet sich die Versammlung zu einem Plenum, wobei jedoch mit Rücksicht auf die Verschiedenheit der Größe der einzelnen Bundesstaaten folgende Berechnung und Verteilung der Stimmen verabredet ist:

1.	Österreich	erhält 4 St.
2.	Preußen	erhält 4 St.
3.	Sachsen	erhält 4 St.
4.	Bayern	erhält 4 St.
5.	Hannover	erhält 4 St.
6.	Württemberg	erhält 4 St.
7.	Baden	erhält 3 St.
8.	Kurhessen	erhält 3 St.
9.	Großherzogt. Hessen	erhält 3 St.
10.	Holstein	erhält 3 St.
11.	Luxemburg	erhält 3 St.
12.	Braunschweig	erhält 2 St.
13.	Mecklenburg-Schwerin	erhält 2 St.
14.	Nassau	erhält 2 St.
15.	Sachsen-Weimar	erhält 1 St.
16.	Sachsen-Gotha[3]	erhält 1 St.
17.	Sachsen-Coburg	erhält 1 St.
18.	Sachsen-Meiningen	erhält 1 St.
19.	Sachsen-Hildburghausen	erhält 1 St.
20.	Mecklenburg-Strelitz	erhält 1 St.

[1] *Vom Jahre 1824 ab nur „Oldenburg" genannt.*

[2] *Durch Bundesbeschluß wurde 1817 noch „Hessen-Homburg" dazu aufgenommen.*

[3] *Durch Aussterben 1826 eingegangen. Die Einteilung ist seitdem folgende:*

16.	*Sachsen-Coburg-Gotha*	*1 Stimme*
17.	*„ Meiningen-Hildburghausen*	*1 „*
18.	*„ Altenburg*	*1 „*

21. Holstein-Oldenburg	erhält 1 St.	30. Waldeck	erhält 1 St.
22. Anhalt-Dessau	erhält 1 St.	31. Reuß ältere Linie	erhält 1 St.
23. Anhalt-Bernburg[1]	erhält 1 St.	32. Reuß jüngere Linie	erhält 1 St.
24. Anhalt-Cöthen[1]	erhält 1 St.	33. Schaumburg-Lippe	erhält 1 St.
25. Schwarzburg-Sondershausen	erhält 1 St.	34. Lippe[3]	erhält 1 St.
26. Schwarzburg-Rudolstadt	erhält 1 St.	35. Die freie Stadt Lübeck	erhält 1 St.
27. Hohenzollern-Hechingen[2]	erhält 1 St.	36. Die freie Stadt Frankfurt	erhält 1 St.
28. Lichtenstein	erhält 1 St.	37. Die freie Stadt Bremen	erhält 1 St.
29. Hohenzollern-Sigmaringen[2]	erhält 1 St.	38. Die freie Stadt Hamburg	erhält 1 St.
		Totale	69 St.

Ob den mediatisierten vormaligen Reichsständen auch einige Kuriatstimmen in Pleno zugestanden werden sollen, wird die Bundesversammlung bei der Beratung der organischen Bundesgesetze in Erwägung nehmen[4].

Artikel 7. Inwiefern ein Gegenstand nach obiger Bestimmung für das Plenum geeignet sei, wird in der engern Versammlung durch Stimmenmehrheit entschieden.

Die der Entscheidung des Pleni zu unterziehenden Beschlußentwürfe werden in der engern Versammlung vorbereitet und bis zur Annahme oder Verwerfung zur Reife gebracht. Sowohl in der engern Versammlung als in Pleno werden die Beschlüsse nach der Mehrheit der Stimmen gefaßt, jedoch in der Art, daß in der erstern die absolute, in letzterer aber nur eine auf zwei Drittel der Abstimmung beruhende Mehrheit entscheidet.

Bei Stimmengleichheit in der engeren Versammlung steht dem Vorsitzenden die Entscheidung zu.

Wo es aber auf Annahme oder Abänderung der Grundgesetze, auf organische Bundeseinrichtungen, auf jura singulorum oder Religionsangelegenheiten ankommt, kann weder in der engern Versammlung noch in Pleno ein Beschluß durch Stimmenmehrheit gefaßt werden.

Die Bundesversammlung ist beständig, hat aber die Befugnis, wenn die ihrer Beratung unterzogenen Gegenstände erledigt sind, auf eine bestimmte Zeit, jedoch nicht auf länger als vier Monate, sich zu vertagen.

[1] *Durch Aussterben 1847 und 1863 eingegangen.*
[2] *Durch Abtretung an Preußen im Jahre 1848 eingegangen.*
[3] *Im Jahre 1842 trat auch Hessen-Homburg mit 1 Stimme in Beratung mit ein.*
[4] *Dieses Zugeständnis erfolgte nicht.*

Alle näheren, die Vertagung und die Besorgung der etwa während derselben vorkommenden dringenden Geschäfte betreffenden Bestimmungen werden der Bundesversammlung bei Abfassung der organischen Gesetze vorbehalten.

Artikel 8. Die Abstimmungsordnung der Bundesglieder betreffend wird festgesetzt, daß, solange die Bundesversammlung mit Abfassung der organischen Gesetze beschäftigt ist, hierüber keinerlei Bestimmung gelte, und die zufällig sich fügende Ordnung keinem der Mitglieder zum Nachteil gereichen noch eine Regel begründen soll.

Nach Abfassung der organischen Gesetze wird die Bundesversammlung die künftige als beständige Folge einzuführende Stimmenordnung in Beratung nehmen und sich darin so wenig als möglich von der ehemals auf dem Reichstage und namentlich in Gemäßheit des Reichsdeputationshauptschlusses von 1803 beobachteten entfernen. Auch diese Ordnung kann aber auf den Rang der Bundesglieder überhaupt und ihren Vortritt außer den Verhältnissen der Bundesversammlung keinen Einfluß ausüben.

Artikel 9. Die Bundesversammlung hat ihren Sitz zu Frankfurt am Main. Die Eröffnung derselben ist auf den 1. September 1815 festgesetzt[1].

Artikel 10. Das erste Geschäft der Bundesversammlung nach ihrer Eröffnung wird die Abfassung der Grundgesetze des Bundes und dessen organische Einrichtung in Rücksicht auf seine auswärtigen, militärischen und inneren Verhältnisse sein.

Artikel 11. Alle Mitglieder des Bundes versprechen, sowohl ganz Deutschland als jeden einzelnen Bundesstaat gegen jeden Angriff in Schutz zu nehmen, und garantieren sich gegenseitig ihre sämtlichen unter dem Bunde begriffenen Besitzungen.

Bei einmal erklärtem Bundeskrieg darf kein Mitglied einseitige Unterhandlungen mit dem Feinde eingehen, noch einseitig Waffenstillstand oder Frieden schließen.

Die Bundesglieder behalten zwar das Recht der Bündnisse aller Art, verpflichten sich jedoch, in keine Verbindungen einzugehen, welche gegen die Sicherheit des Bundes oder einzelner Bundesstaaten gerichtet wären.

Die Bundesglieder machen sich ebenfalls verbindlich, einander unter keinerlei Vorwand zu bekriegen, noch ihre Streitigkeiten mit Gewalt zu verfolgen, sondern sie bei der Bundesversammlung anzubringen.

Dieser liegt alsdann ob, die Vermittlung durch einen Ausschuß zu versuchen, falls dieser Versuch fehlschlagen sollte und demnach eine richterliche Entscheidung notwendig würde, solche durch eine wohlgeordnete Austrägalinstanz[1] zu bewirken, deren Ausspruch die streitenden Teile sich sofort zu unterwerfen haben.

II. Besondere Bestimmungen

Außer den in den vorhergehenden Artikeln bestimmten, auf die Feststellung des Bundes gerichteten Punkten sind die verbündeten Mitglieder übereingekommen,

[1] *Die Eröffnung fand jedoch erst am 5. November 1816 statt.*

[1] *Schiedsinstanz.*

hiermit über folgende Gegenstände die in den nachstehenden Artikeln enthaltenen Bestimmungen zu treffen, welche mit jenen Artikeln gleiche Kraft haben sollen.

Artikel 12. Diejenigen Bundesglieder, deren Besitzungen nicht eine Volkszahl von 300000 Seelen erreichen, werden sich mit den ihnen verwandten Häusern oder andern Bundesgliedern, mit welchen sie wenigstens eine solche Volkszahl ausmachen, zur Bildung eines gemeinschaftlichen obersten Gerichts vereinigen.

In den Staaten von solcher Volksmenge, wo schon jetzt dergleichen Gerichte dritter Instanz vorhanden sind, werden jedoch diese in ihrer bisherigen Eigenschaft erhalten, wofern nur die Volkszahl, über welche sie sich erstrecken, nicht unter 150000 Seelen ist.

Den vier freien Städten steht das Recht zu, sich untereinander über die Errichtung eines gemeinsamen obersten Gerichts zu vereinigen.

Bei den solchergestalt errichteten gemeinschaftlichen obersten Gerichten soll jeder der Parteien gestattet sein, auf die Verschickung der Akten auf eine deutsche Fakultät oder an einen Schöppenstuhl zur Abfassung des Endurteils anzutragen.

Artikel 13. In allen Bundesstaaten wird eine landständische Verfassung stattfinden.

Artikel 14. *(Rechtsstand der mediatisierten Reichsstände.)*

Artikel 15. *(Fortdauer der nach dem Reichsdeputationshauptschluß 1803 festgesetzten Renten.)*

Artikel 16. Die Verschiedenheit der christlichen Religionsparteien kann in den Ländern und Gebieten des Deutschen Bundes keinen Unterschied in dem Genuß der bürgerlichen und politischen Rechte begründen.

Die Bundesversammlung wird in Beratung ziehen, wie auf eine möglichst übereinstimmende Weise die bürgerliche Verbesserung der Bekenner des jüdischen Glaubens in Deutschland zu bewirken sei, und wie insonderheit denselben der Genuß der bürgerlichen Rechte gegen die Übernahme aller Bürgerpflichten in den Bundesstaaten verschafft und gesichert werden können; jedoch werden den Bekennern dieses Glaubens bis dahin die denselben von den einzelnen Bundesstaaten bereits eingeräumten Rechte erhalten.

Artikel 17. *(Zusicherung der postalischen Rechte des Hauses Thurn und Taxis.)*

Artikel 18. Die verbündeten Fürsten und freien Städte kommen überein, den Untertanen der deutschen Bundesstaaten folgende Rechte zuzusichern:

a) Grundeigentum außerhalb des Staates, den sie bewohnen, zu erwerben und zu besitzen, ohne deshalb in dem fremden Staate mehreren Abgaben und Lasten unterworfen zu sein als dessen eigene Untertanen;

b) die Befugnis 1. des freien Wegziehens aus einem deutschen Bundesstaate in den andern, der erweislich sie zu Untertanen annehmen will, auch 2. in Zivil- und Militärdienste desselben zu treten, beides jedoch nur, insofern keine Verbindlichkeit zu Militärdiensten gegen das bisherige Vaterland im Wege stehe; und damit wegen der dermalen vorwaltenden Verschiedenheit der gesetzlichen Vorschriften über

Militärpflichtigkeit hierunter nicht ein ungleichartiges, für einzelne Bundesstaaten nachteiliges Verhältnis entstehen möge, so wird bei der Bundesversammlung die Einführung möglichst gleichförmiger Grundsätze über diesen Gegenstand in Beratung genommen werden;

c) die Freiheit von aller Nachsteuer (ius detractus, gabella emigrationis[2]), insofern das Vermögen in einen andern deutschen Bundesstaat übergeht und mit diesem nicht besondere Verhältnisse durch Freizügigkeitsverträge bestehen;

d) die Bundesversammlung wird sich bei ihrer ersten Zusammenkunft mit Abfassung gleichförmiger Verfügungen über die Preßfreiheit und die Sicherstellung der Rechte der Schriftsteller und Verleger gegen den Nachdruck beschäftigen.

Artikel 19. Die Bundesglieder behalten sich vor, bei der ersten Zusammenkunft der Bundesversammlung in Frankfurt wegen des Handels und Verkehrs zwischen den verschiedenen Bundesstaaten sowie wegen der Schiffahrt nach Anleitung der auf dem Kongreß zu Wien angenommenen Grundsätze in Beratung zu treten.

Artikel 20. Der gegenwärtige Vertrag wird von allen kontrahierenden Teilen ratifiziert werden. (...)

Zur Urkunde dessen haben sämtliche Bevollmächtigten den gegenwärtigen Vertrag unterzeichnet und mit ihren Wappen besiegelt. So geschehen Wien, den 8. Juni im Jahre 1815.

B. Schlußakte der über Ausbildung und Befestigung des Deutschen Bundes zu Wien gehaltenen Ministerialkonferenzen

15. Mai 1820

Die souveränen Fürsten und freien Städte Deutschlands, eingedenk ihrer bei Stiftung des Deutschen Bundes übernommenen Verpflichtung, den Bestimmungen der Bundesakte durch ergänzende und erläuternde Grundgesetze eine zweckmäßige Entwicklung und hiemit dem Bundesverein selbst die erforderliche Vollendung zu sichern, überzeugt daß sie, um das Band, welches das gesamte Deutschland in Frieden und Eintracht verbindet, unauflöslich zu befestigen, nicht länger anstehen durften, jener Verpflichtung und einem allgemein gefühlten Bedürfnisse durch gemeinschaftliche Beratung Genüge zu leisten, haben zu diesem Ende nachstehende Bevollmächtigte ernannt *(folgen die Namen)*, welche zu Wien nach geschehener Auswechslung ihrer richtig befundenen Vollmachten in Kabinettskonferenzen zusammengetreten und nach sorgfältiger Erwägung und Ausgleichung der wechselseitigen Ansichten, Wünsche und Vorschläge ihrer Regierung zu einer definitiven Vereinbarung über folgende Artikel gelangt sind.

Artikel 1. Der Deutsche Bund ist ein völkerrechtlicher Verein der deutschen souveränen Fürsten und freien Städte zur Bewahrung der Unabhängigkeit und Un-

[2] *Abzugsrecht. Auswanderungssteuer.*

verletzbarkeit ihrer im Bunde begriffenen Staaten und zur Erhaltung der innern und äußern Sicherheit Deutschlands.

Artikel 2. Dieser Verein besteht in seinem Innern als eine Gemeinschaft selbständiger, unter sich unabhängiger Staaten mit wechselseitigen gleichen Vertragsrechten und Vertragsobliegenheiten, in seinen äußern Verhältnissen aber als eine in politischer Einheit verbundene Gesamtmacht.

Artikel 3. Der Umfang und die Schranken, welche der Bund seiner Wirksamkeit vorgezeichnet hat, sind in der Bundesakte bestimmt, die der Grundvertrag und das erste Grundgesetz dieses Vereins ist. Indem dieselbe die Zwecke des Bundes ausspricht, bedingt und begrenzt sie zugleich dessen Befugnisse und Verpflichtungen.

Artikel 4. Der Gesamtheit der Bundesglieder steht die Befugnis der Entwicklung und Ausbildung der Bundesakte zu, insofern die Erfüllung der darin aufgestellten Zwecke solche notwendig macht. Die deshalb zu fassenden Beschlüsse dürfen aber mit dem Geiste der Bundesakte nicht im Widerspruch stehen noch von dem Grundcharakter des Bundes abweichen.

Artikel 5. Der Bund ist als ein unauflöslicher Verein gegründet, und es kann daher der Austritt aus diesem Verein keinem Mitgliede desselben freistehen.

Artikel 6. Der Bund ist nach seiner ursprünglichen Bestimmung auf die gegenwärtig daran teilnehmenden Staaten beschränkt. Die Aufnahme eines neuen Mitgliedes kann nur statthaben, wenn die Gesamtheit der Bundesglieder solche mit den bestehenden Verhältnissen vereinbar und dem Vorteil des Ganzen angemessen findet. Veränderungen in dem gegenwärtigen Besitzstande der Bundesglieder können keine Veränderungen in den Rechten und Verpflichtungen derselben in bezug auf den Bund, ohne ausdrückliche Zustimmung der Gesamtheit, bewirken. Eine freiwillige Abtretung auf einem Bundesgebiete haftender Souveränitätsrechte kann ohne solche Zustimmung nur zugunsten eines Mitverbündeten geschehen.

Artikel 7. Die Bundesversammlung, aus den Bevollmächtigten sämtlicher Bundesglieder gebildet, stellt den Bund in seiner Gesamtheit vor und ist das beständige verfassungsmäßige Organ seines Willens und Handelns.

Artikel 8. Die einzelnen Bevollmächtigten am Bundestage sind von ihren Kommittenten[1] unbedingt abhängig und diesen allein wegen getreuer Befolgung der ihnen erteilten Instruktionen sowie wegen ihrer Geschäftsführung überhaupt verantwortlich.

Artikel 9. Die Bundesversammlung übt ihre Rechte und Obliegenheiten nur innerhalb der ihr vorgezeichneten Schranken aus. Ihre Wirksamkeit ist zunächst durch die Vorschriften der Bundesakte und durch die in Gemäßheit derselben beschlossenen oder ferner zu beschließenden Grundgesetze, wo aber diese nicht zureichen, durch die im Grundvertrage bezeichneten Bundeszwecke bestimmt.

Artikel 10. Der Gesamtwille des Bundes wird durch verfassungsmäßige Beschlüsse der Bundesversammlung ausgesprochen; verfassungsmäßig aber sind diejenigen Be-

[1] *Auftraggebern.*

schlüsse, die innerhalb der Grenzen der Kompetenz der Bundesversammlung, nach vorgängiger Beratung, durch freie Abstimmung entweder im engeren Rate oder im Plenum, gefaßt werden, je nachdem das eine oder das andere durch die grundgesetzlichen Bestimmungen vorgeschrieben ist.

Artikel 11. In der Regel faßt die Bundesversammlung die zur Besorgung der gemeinsamen Angelegenheiten des Bundes erforderlichen Beschlüsse im engeren Rate nach absoluter Stimmenmehrheit. Diese Form der Schlußfassung findet in allen Fällen statt, wo bereits feststehende allgemeine Grundsätze in Anwendung oder beschlossene Gesetze und Einrichtungen zur Ausführung zu bringen sind, überhaupt aber bei allen Beratungsgegenständen, welche die Bundesakte oder spätere Beschlüsse nicht bestimmt davon ausgenommen haben.

Artikel 12. Nur in den in der Bundesakte ausdrücklich bezeichneten Fällen, und, wo es auf eine Kriegserklärung oder Friedensschlußbestätigung von seiten des Bundes ankommt, wie auch, wenn über die Aufnahme eines neuen Mitgliedes in den Bund entschieden werden soll, bildet sich die Versammlung zu einem Plenum. Ist in einzelnen Fällen die Frage, ob ein Gegenstand vor das Plenum gehört, zweifelhaft, so steht die Entscheidung derselben dem engeren Rate zu. Im Plenum findet keine Erörterung noch Beratung statt, sondern es wird nur darüber abgestimmt, ob ein im engeren Rate vorbereiteter Beschluß angenommen oder verworfen werden soll. Ein gültiger Beschluß im Plenum setzt eine Mehrheit von zwei Dritteilen der Stimmen voraus.

Artikel 13. Über folgende Gegenstände:

1. Annahme neuer Grundgesetze oder Abänderung der bestehenden;
2. organische Einrichtungen, das heißt bleibende Anstalten, als Mittel zur Erfüllung der ausgesprochenen Bundeszwecke;
3. Aufnahme neuer Mitglieder in den Bund;
4. Religionsangelegenheiten;

findet kein Beschluß durch Stimmenmehrheit statt; jedoch kann eine definitive Abstimmung über Gegenstände dieser Art nur nach genauer Prüfung und Erörterung der den Widerspruch einzelner Bundesglieder bestimmenden Gründe, deren Darlegung in keinem Falle verweigert werden darf, erfolgen.

Artikel 14. Was insbesondere die organischen Einrichtungen betrifft, so muß nicht nur über die Vorfrage, ob solche unter den obwaltenden Umständen notwendig sind, sondern auch über Entwurf und Anlage derselben in ihren allgemeinen Umrissen und wesentlichen Bestimmungen im Plenum und durch Stimmeneinhelligkeit entschieden werden. Wenn die Entscheidung zugunsten der vorgeschlagenen Einrichtung ausgefallen ist, so bleiben die sämtlichen weiteren Verhandlungen über die Ausführung im einzelnen der engeren Versammlung überlassen, welche alle dabei noch vorkommenden Fragen durch Stimmenmehrheit entscheidet, auch nach Befinden der Umstände einer Kommission aus ihrer Mitte anordnet, um die verschiedenen Meinungen und

Anträge mit möglichster Schonung und Berücksichtigung der Verhältnisse und Wünsche der einzelnen auszugleichen.

Artikel 15. In Fällen, wo die Bundesglieder nicht in ihrer vertragsmäßigen Einheit, sondern als einzelne, selbständige und unabhängige Staaten erscheinen, folglich jura singulorum obwalten, oder wo einzelnen Bundesgliedern eine besondere, nicht in den gemeinsamen Verpflichtungen aller begriffene Leistung oder Verwilligung für den Bund zugemutet werden sollte, kann ohne freie Zustimmung sämtlicher Beteiligten kein dieselben verbindender Beschluß gefaßt werden.

Artikel 16. Wenn die Besitzungen eines souveränen deutschen Hauses durch Erbfolge auf ein anderes übergehen, so hängt es von der Gesamtheit des Bundes ab, ob und inwiefern die auf jenen Besitzungen haftenden Stimmen im Plenum, da im engeren Rate kein Bundesmitglied mehr als eine Stimme führen kann, dem neuen Besitzer beigelegt werden sollen.

Artikel 17. Die Bundesversammlung ist berufen, zur Aufrechterhaltung des wahren Sinnes der Bundesakte die darin enthaltenen Bestimmungen, wenn über deren Auslegung Zweifel entstehen sollten, dem Bundeszweck gemäß zu erklären und in allen vorkommenden Fällen den Vorschriften dieser Urkunde ihre richtige Anwendung zu sichern.

Artikel 18. Da Eintracht und Friede unter den Bundesgliedern ungestört aufrechterhalten werden sollen, so hat die Bundesversammlung, wenn die innere Ruhe und Sicherheit des Bundes auf irgendeine Weise bedroht oder gestört ist, über Erhaltung oder Wiederherstellung derselben Rat zu pflegen und die dazu geeigneten Beschlüsse nach Anleitung der in den folgenden Artikeln enthaltenen Bestimmungen zu fassen.

Artikel 19. Wenn zwischen Bundesgliedern Tätlichkeiten zu besorgen oder wirklich ausgeübt worden sind, so ist die Bundesversammlung berufen, vorläufige Maßregeln zu ergreifen, wodurch jeder Selbsthilfe vorgebeugt und der bereits unternommenen Einhalt getan werde. Zu dem Ende hat sie vor allem für Aufrechterhaltung des Besitzstandes Sorge zu tragen.

Artikel 20. Wenn die Bundesversammlung von einem Bundesgliede zum Schutze des Besitzstandes angerufen wird und der jüngste Besitzstand streitig ist, so soll sie für diesen besonderen Fall befugt sein, ein bei der Sache nicht beteiligtes Bundesglied in der Nähe des zu schützenden Gebietes aufzufordern, die Tatsache des jüngsten Besitzes und die angezeigte Störung desselben ohne Zeitverlust durch seinen obersten Gerichtshof summarisch untersuchen und darüber einen rechtlichen Bescheid abfassen zu lassen, dessen Vollziehung die Bundesversammlung, wenn der Bundesstaat, gegen welchen er gerichtet ist, sich nicht auf vorgängige Aufforderung freiwillig dazu versteht, durch die ihr zu diesem Ende angewiesenen Mittel zu bewirken hat.

Artikel 21. Die Bundesversammlung hat in allen, nach Vorschrift der Bundesakte bei ihr anzubringenden Streitigkeiten der Bundesglieder die Vermittlung durch einen Ausschuß zu versuchen. Können die entstandenen Streitigkeiten auf diesem Wege nicht beigelegt werden, so hat sie die Entscheidung derselben durch eine Austrägal-

instanz[1] zu veranlassen und dabei, solange nicht wegen der Austrägalgerichte überhaupt eine anderweitige Übereinkunft zwischen den Bundesgliedern stattgefunden hat, die in dem Bundestagsbeschlusse vom 16. Juni 1817 enthaltenen Vorschriften sowie den, infolge der gleichzeitig an die Bundestagsgesandten ergehenden Instruktionen, zu fassenden besonderen Beschluß zu beobachten.

Artikel 22. Wenn nach Anleitung des obgedachten Bundestagsbeschlusses der oberste Gerichtshof eines Bundesstaates zur Austrägalinstanz gewählt ist, so steht demselben die Leitung des Prozesses und die Entscheidung des Streites in allen seinen Haupt- und Nebenpunkten uneingeschränkt und ohne alle weitere Einwirkung der Bundesversammlung oder der Landesregierung zu. Letztere wird jedoch auf Antrag der Bundesversammlung oder der streitenden Teile, im Fall einer Zögerung von seiten des Gerichtes, die zur Beförderung der Entscheidung nötigen Verfügungen erlassen.

Artikel 23. Wo keine besonderen Entscheidungsnormen vorhanden sind, hat das Austrägalgericht nach den in Rechtsstreitigkeiten derselben Art vormals von den Reichsgerichten subsidiarisch[2] befolgten Rechtsquellen, insofern solche auf die jetzigen Verhältnisse der Bundesglieder noch anwendbar sind, zu erkennen.

Artikel 24. Es steht übrigens den Bundesgliedern frei, sowohl bei einzelnen vorkommenden Streitigkeiten als für alle künftigen Fälle, wegen besonderer Austräge oder Kompromisse übereinzukommen, wie denn auch frühere Familien- oder Vertragsausträge durch Errichtung der Bundes-Austrägalinstanz nicht aufgehoben noch abgeändert werden.

Artikel 25. Die Aufrechterhaltung der inneren Ruhe und Ordnung in den Bundesstaaten steht den Regierungen allein zu. Als Ausnahme kann jedoch, in Rücksicht auf die innere Sicherheit des gesamten Bundes und infolge der Verpflichtung der Bundesglieder zu gegenseitiger Hilfeleistung, die Mitwirkung der Gesamtheit zur Erhaltung oder Wiederherstellung der Ruhe, im Fall einer Widersetzlichkeit der Untertanen gegen die Regierung, eines offenen Aufruhrs oder gefährlicher Bewegungen in mehreren Bundesstaaten stattfinden.

Artikel 26. Wenn in einem Bundesstaate durch Widersetzlichkeit der Untertanen gegen die Obrigkeit die innere Ruhe unmittelbar gefährdet und eine Verbreitung aufrührerischer Bewegungen zu fürchten oder ein wirklicher Aufruhr zum Ausbruch gekommen ist und die Regierung selbst, nach Erschöpfung der verfassungsmäßigen und gesetzlichen Mittel, den Beistand des Bundes anruft, so liegt der Bundesversammlung ob, die schleunigste Hilfe zur Wiederherstellung der Ordnung zu veranlassen. Sollte im letztgedachten Falle die Regierung notorisch außerstande sein, den Aufruhr durch eigene Kräfte zu unterdrücken, zugleich aber durch die Umstände gehindert werden, die Hilfe des Bundes zu begehren, so ist die Bundesversammlung nichtsdestoweniger verpflichtet, auch unaufgerufen zur Wiederherstellung der Ordnung und Sicherheit einzuschreiten. In jedem Falle aber dürfen die verfügten Maßregeln von

[1] *Schiedsinstanz.*
[2] *Ersatzweise.*

keiner längeren Dauer sein, als die Regierung, welcher die bundesmäßige Hilfe geleistet wird, es notwendig erachtet.

Artikel 27. Die Regierung, welcher eine solche Hilfe zuteil geworden, ist gehalten, die Bundesversammlung von der Veranlassung der eingetretenen Unruhen in Kenntnis zu setzen und von den zur Befestigung der wiederhergestellten gesetzlichen Ordnung getroffenen Maßregeln eine beruhigende Anzeige an dieselbe gelangen zu lassen.

Artikel 28. Wenn die öffentliche Ruhe und gesetzliche Ordnung in mehreren Bundesstaaten durch gefährliche Verbindungen und Anschläge bedroht sind und dagegen nur durch Zusammenwirken der Gesamtheit zureichende Maßregeln ergriffen werden können, so ist die Bundesversammlung befugt und berufen, nach vorgängiger Rücksprache mit den zunächst bedrohten Regierungen solche Maßregeln zu beraten und zu beschließen.

Artikel 29. Wenn in einem Bundesstaate der Fall einer Justizverweigerung eintritt und auf gesetzlichen Wegen ausreichende Hilfe nicht erlangt werden kann, so liegt der Bundesversammlung ob, erwiesene, nach der Verfassung und den bestehenden Gesetzen jedes Landes zu beurteilende Beschwerden über verweigerte oder gehemmte Rechtspflege anzunehmen und darauf die gerichtliche Hilfe bei der Bundesregierung die zu der Beschwerde Anlaß gegeben hat, zu bewirken.

Artikel 30. Wenn Forderungen von Privatpersonen deshalb nicht befriedigt werden können, weil die Verpflichtung, denselben Genüge zu leisten, zwischen mehreren Bundesgliedern zweifelhaft oder bestritten ist, so hat die Bundesversammlung, auf Anrufen der Beteiligten, zuvörderst eine Ausgleichung auf gütlichem Wege zu versuchen, im Falle aber, daß dieser Versuch ohne Erfolg bliebe und die in Anspruch genommenen Bundesglieder sich nicht in einer zu bestimmenden Frist über ein Kompromiß vereinigten, die rechtliche Entscheidung der streitigen Vorfrage durch eine Austrägalinstanz zu veranlassen.

Artikel 31. Die Bundesversammlung hat das Recht und die Verbindlichkeit, für die Vollziehung der Bundesakte und übrigen Grundgesetze des Bundes, der in Gemäßheit ihrer Kompetenz von ihr gefaßten Beschlüsse, der durch Austräge gefällten schiedsrichterlichen Erkenntnisse, der unter die Gewährleistung des Bundes gestellten kompromissarischen Entscheidungen und der am Bundestage vermittelten Vergleiche sowie für die Aufrechthaltung der von dem Bunde übernommenen besonderen Garantien zu sorgen, auch zu diesem Ende, nach Erschöpfung aller andern bundesverfassungsmäßigen Mittel, die erforderlichen Exekutionsmaßregeln, mit genauer Beobachtung der in einer besondern Exekutionsordnung dieserhalb festgesetzten Bestimmungen und Normen, in Anwendung zu bringen.

Artikel 32. Da jede Bundesregierung die Obliegenheit hat, auf Vollziehung der Bundesbeschlüsse zu halten, der Bundesversammlung aber eine unmittelbare Einwirkung auf die innere Verwaltung der Bundesstaaten nicht zusteht, so kann in der Regel nur gegen die Regierung selbst ein Exekutionsverfahren stattfinden. Ausnahmen

von dieser Regel treten jedoch ein, wenn eine Bundesregierung, in Ermangelung eigener zureichender Mittel, selbst die Hilfe des Bundes in Anspruch nimmt, oder wenn die Bundesversammlung, unter den im 26. Artikel bezeichneten Umständen, zur Wiederherstellung der allgemeinen Ordnung und Sicherheit unaufgerufen einzuschreiten verpflichtet ist. — Im ersten Fall muß jedoch immer in Übereinstimmung mit den Anträgen der Regierung, welcher die bundesmäßige Hilfe geleistet wird, verfahren und im zweiten Fall ein Gleiches, sobald die Regierung wieder in Tätigkeit gesetzt ist, beobachtet werden.

Artikel 33. Die Exekutionsmaßregeln werden im Namen der Gesamtheit des Bundes beschlossen und ausgeführt. Die Bundesversammlung erteilt zu dem Ende, mit Berücksichtigung aller Lokalumstände und sonstigen Verhältnisse, einer oder mehreren bei der Sache nicht beteiligten Regierungen den Auftrag zur Vollziehung der beschlossenen Maßregeln und bestimmt zugleich sowohl die Stärke der dabei zu verwendenden Mannschaft als die nach dem jedesmaligen Zweck des Exekutionsverfahrens zu bemessende Dauer desselben.

Artikel 34. Die Regierung, an welche der Auftrag gerichtet ist und welche solchen als eine Bundespflicht zu übernehmen hat, ernennt zu diesem Behuf einen Zivilkommissar, der, in Gemäßheit einer nach den Bestimmungen der Bundesversammlung von der beauftragten Regierung zu erteilenden besonderen Instruktion, das Exekutionsverfahren unmittelbar leitet. Wenn der Auftrag an mehrere Regierungen ergangen ist, so bestimmt die Bundesversammlung, welche derselben den Zivilkommissar zu ernennen hat. — Die beauftragte Regierung wird, während der Dauer des Exekutionsverfahrens, die Bundesversammlung von dem Erfolge desselben in Kenntnis erhalten und sie, sobald der Zweck vollständig erfüllt ist, von der Beendigung des Geschäfts unterrichten.

Artikel 35. Der Bund hat als Gesamtmacht das Recht, Krieg, Frieden, Bündnisse und andere Verträge zu beschließen. Nach dem im 2. Artikel der Bundesakte ausgesprochenen Zwecke des Bundes übt derselbe aber diese Rechte nur zu seiner Selbstverteidigung, zur Erhaltung der Selbständigkeit und äußeren Sicherheit Deutschlands und der Unabhängigkeit und Unverletzbarkeit der einzelnen Bundesstaaten aus.

Artikel 36. Da in dem 11. Artikel der Bundesakte alle Mitglieder des Bundes sich verbindlich gemacht haben, sowohl ganz Deutschland als jeden einzelnen Bundesstaat gegen jeden Angriff in Schutz zu nehmen und sich gegenseitig ihre sämtlichen, unter dem Bunde begriffenen Besitzungen zu garantieren, so kann kein einzelner Bundesstaat von Auswärtigen verletzt werden, ohne daß die Verletzung zugleich und in demselben Maße die Gesamtheit des Bundes treffe.

Dagegen sind die einzelnen Bundesstaaten verpflichtet, von ihrer Seite weder Anlaß zu dergleichen Verletzungen zu geben, noch auswärtigen Staaten solche zuzufügen. Sollte von seiten eines fremden Staates über eine von einem Mitgliede des Bundes ihm widerfahrene Verletzung bei der Bundesversammlung Beschwerde geführt und

diese gegründet befunden werden, so liegt der Bundesversammlung ob, das Bundesglied, welches die Beschwerde veranlaßt hat, zur schleunigen und genügenden Abhilfe aufzufordern und mit dieser Aufforderung nach Befinden der Umstände Maßregeln, wodurch weitern friedestörenden Folgen zur rechten Zeit vorgebeugt werde, zu verbinden.

Artikel 37. Wenn ein Bundesstaat, bei einer zwischen ihm und einer auswärtigen Macht entstandenen Irrung, die Dazwischenkunft des Bundes anruft, so hat die Bundesversammlung den Ursprung solcher Irrung und das wahre Sachverhältnis sorgfältig zu prüfen. — Ergibt sich aus dieser Prüfung, daß dem Bundesstaate das Recht nicht zur Seite steht, so hat die Bundesversammlung denselben von Fortsetzung des Streites ernstlich abzumahnen und die begehrte Dazwischenkunft zu verweigern, auch erforderlichenfalls zur Erhaltung des Friedensstandes geeignete Mittel anzuwenden. Ergibt sich das Gegenteil, so ist die Bundesversammlung verpflichtet, dem verletzten Bundesstaate ihre wirksamste Verwendung und Vertretung angedeihen zu lassen und solche so weit auszudehnen, als nötig ist, damit demselben volle Sicherheit und angemessene Genugtuung zuteil werde.

Artikel 38. Wenn aus der Anzeige eines Bundesstaates oder aus andern zuverlässigen Angaben Grund zur Besorgnis geschöpft wird, daß ein einzelner Bundesstaat oder die Gesamtheit des Bundes von einem feindlichen Angriffe bedroht sei, so muß die Bundesversammlung sofort die Frage, ob die Gefahr eines solchen Angriffes wirklich vorhanden ist, in Beratung nehmen und darüber in der kürzestmöglichen Zeit einen Ausspruch tun. Wird die Gefahr anerkannt, so muß gleichzeitig mit diesem Ausspruche wegen der in solchem Falle unverzüglich in Wirksamkeit zu setzenden Verteidigungsmaßregeln ein Beschluß gefaßt werden. Beides, jener Ausspruch und dieser Beschluß, ergeht von der engeren Versammlung, die dabei nach der in ihr geltenden absoluten Stimmenmehrheit verfährt.

Artikel 39. Wenn das Bundesgebiet von einer auswärtigen Macht feindlich überfallen wird, tritt sofort der Stand des Krieges ein und es muß in diesem Falle, was auch ferner von der Bundesversammlung beschlossen werden mag, ohne weitern Verzug zu den erforderlichen Verteidigungsmaßregeln geschritten werden.

Artikel 40. Sieht sich der Bund zu einer förmlichen Kriegserklärung genötigt, so kann solche nur in der vollen Versammlung nach der für dieselbe vorgeschriebenen Stimmenmehrheit von zwei Dritteilen beschlossen werden.

Artikel 41. Der in der engeren Versammlung gefaßte Beschluß über die Wirklichkeit der Gefahr eines feindlichen Angriffes verbindet sämtliche Bundesstaaten zur Teilnahme an den vom Bundestage notwendig erachteten Verteidigungsmaßregeln. Gleicherweise verbindet die in der vollen Versammlung ausgesprochene Kriegserklärung sämtliche Bundesstaaten zur unmittelbaren Teilnahme an dem gemeinschaftlichen Kriege.

Artikel 42. Wenn die Vorfrage, ob Gefahr vorhanden ist, durch die Stimmenmehrheit verneinend entschieden wird, so bleibt nichtsdestoweniger denjenigen Bun-

desstaaten, welche von der Wirklichkeit der Gefahr überzeugt sind, unbenommen, gemeinschaftliche Verteidigungsmaßregeln untereinander zu verabreden.

Artikel 43. Wenn in einem Falle, wo es die Gefahr und Beschützung einzelner Bundesstaaten gilt, einer der streitenden Teile auf die förmliche Vermittlung des Bundes anträgt, so wird derselbe, insofern er es der Lage der Sachen und seiner Stellung angemessen findet, unter vorausgesetzter Einwilligung des andern Teils, diese Vermittlung übernehmen; jedoch darf dadurch der Beschluß wegen der zur Sicherheit des Bundesgebiets zu ergreifenden Verteidigungsmaßregeln nicht aufgehalten werden noch in der Ausführung der bereits beschlossenen ein Stillstand oder eine Verzögerung eintreten.

Artikel 44. Bei ausgebrochnem Kriege steht jedem Bundesstaate frei, zur gemeinsamen Verteidigung eine größere Macht zu stellen, als sein Bundeskontingent beträgt; es kann jedoch in dieser Hinsicht keine Forderung an den Bund stattfinden.

Artikel 45. Wenn in einem Kriege zwischen auswärtigen Mächten oder in andern Fällen Verhältnisse eintreten, welche die Besorgnis einer Verletzung der Neutralität des Bundesgebiets veranlassen, so hat die Bundesversammlung ohne Verzug im engeren Rate die zur Behauptung dieser Neutralität erforderlichen Maßregeln zu beschließen.

Artikel 46. Beginnt ein Bundesstaat, der zugleich außerhalb des Bundesgebiets Besitzungen hat, in seiner Eigenschaft als europäische Macht einen Krieg, so bleibt ein solcher, die Verhältnisse und Verpflichtungen des Bundes nicht berührender Krieg dem Bunde ganz fremd.

Artikel 47. In den Fällen, wo ein solcher Bundesstaat in seinen außer dem Bunde gelegenen Besitzungen bedroht oder angegriffen wird, tritt für den Bund die Verpflichtung zu gemeinschaftlichen Verteidigungsmaßregeln oder zur Teilnahme und Hilfsleistung nur insofern ein, als derselbe, nach vorgängiger Beratung durch Stimmenmehrheit an der engern Versammlung, Gefahr für das Bundesgebiet erkennt. — Im letzteren Falle finden die Vorschriften der vorhergehenden Artikel ihre gleichmäßige Anwendung.

Artikel 48. Die Bestimmung der Bundesakte, vermöge welcher nach einmal erklärtem Bundeskriege kein Mitglied des Bundes einseitige Unterhandlungen mit dem Feinde eingehen noch einseitig Waffenstillstand oder Frieden schließen darf, ist für sämtliche Bundesstaaten, sie mögen außerhalb des Bundes Besitzungen haben oder nicht, gleich verbindlich.

Artikel 49. Wenn von seiten des Bundes Unterhandlungen über Abschluß des Friedens oder eines Waffenstillstandes stattfinden, so hat die Bundesversammlung zu spezieller Leitung derselben einen Ausschuß zu bestellen, zu dem Unterhandlungsgeschäft selbst aber eigne Bevollmächtigte zu ernennen, und mit gehörigen Instruktionen zu versehen. Die Annahme und Bestätigung eines Friedensvertrags kann nur in der vollen Versammlung geschehen.

Artikel 50. In Bezug auf die auswärtigen Verhältnisse überhaupt liegt der Bundesversammlung ob:

1. Als Organ der Gesamtheit des Bundes für die Aufrechthaltung friedlicher und freundschaftlicher Verhältnisse mit den auswärtigen Staaten Sorge zu tragen;
2. die von fremden Mächten bei dem Bunde beglaubigten Gesandten anzunehmen, und, wenn es nötig befunden werden sollte, im Namen des Bundes Gesandte an fremde Mächte abzuordnen;
3. in eintretenden Fällen Unterhandlungen für die Gesamtheit des Bundes zu führen und Verträge für denselben abzuschließen;
4. auf Verlangen einzelner Bundesregierungen, für dieselben die Verwendung des Bundes bei fremden Regierungen und in gleicher Art auf Verlangen fremder Staaten die Dazwischenkunft des Bundes bei einzelnen Bundesgliedern eintreten zu lassen.

Artikel 51. Die Bundesversammlung ist ferner verpflichtet, die auf das Militärwesen des Bundes Bezug habenden organischen Einrichtungen und die zur Sicherstellung seines Gebietes erforderlichen Verteidigungsanstalten zu beschließen.

Artikel 52. Da zur Erreichung der Zwecke und Besorgung der Angelegenheiten des Bundes von der Gesamtheit der Mitglieder Geldbeiträge zu leisten sind, so hat die Bundesversammlung

1. den Betrag der gewöhnlichen verfassungsmäßigen Ausgaben, soweit solches im allgemeinen geschehen kann, festzusetzen;
2. in vorkommenden Fällen die zur Ausführung besonderer, in Hinsicht auf anerkannte Bundeszwecke gefaßten Beschlüsse erforderlichen außerordentlichen Ausgaben und die zur Bestreitung derselben zu leistenden Beiträge zu bestimmen;
3. das matrikelmäßige Verhältnis, nach welchem von den Mitgliedern des Bundes beizutragen ist, festzusetzen;
4. die Erhebung, Verwendung und Verrechnung der Beiträge anzuordnen und darüber die Aufsicht zu führen.

Artikel 53. Die durch die Bundesakte den einzelnen Bundesstaaten garantierte Unabhängigkeit schließt zwar im allgemeinen jede Einwirkung des Bundes in die innere Staatseinrichtung und Staatsverwaltung aus. Da aber die Bundesglieder sich in dem 2. Abschnitt der Bundesakte über einige besondere Bestimmungen vereinigt haben, welche sich teils auf Gewährleistung zugesicherter Rechte, teils auf bestimmte Verhältnisse der Untertanen beziehen, so liegt der Bundesversammlung ob, die Erfüllung der durch diese Bestimmungen übernommenen Verbindlichkeiten, wenn sich aus hinreichend begründeten Anzeigen der Beteiligten ergibt, daß solche nicht stattgefunden habe, zu bewirken. Die Anwendung der in Gemäßheit dieser Verbindlichkeiten getroffenen allgemeinen Anordnungen auf die einzelnen Fälle bleibt jedoch den Regierungen allein überlassen.

Artikel 54. Da nach dem Sinne des 13. Artikels der Bundesakte und den darüber erfolgten spätern Erklärungen in allen Bundesstaaten landständische Verfassungen

stattfinden sollen, so hat die Bundesversammlung darüber zu wachen, daß diese Bestimmung in keinem Bundesstaate unerfüllt bleibe.

Artikel 55. Den souveränen Fürsten der Bundesstaaten bleibt überlassen, diese innere Landesangelegenheit mit Berücksichtigung sowohl der früherhin gesetzlich bestandenen ständischen Rechte als der gegenwärtig obwaltenden Verhältnisse zu ordnen.

Artikel 56. Die in anerkannter Wirksamkeit bestehenden landständischen Verfassungen können nur auf verfassungsmäßigem Wege wieder abgeändert werden.

Artikel 57. Da der Deutsche Bund, mit Ausnahme der freien Städte, aus souveränen Fürsten besteht, so muß, dem hierdurch gegebenen Grundbegriffe zufolge, die gesamte Staatsgewalt in dem Oberhaupte des Staates vereinigt bleiben, und der Souverän kann durch eine landständische Verfassung nur in der Ausübung bestimmter Rechte an die Mitwirkung der Stände gebunden werden.

Artikel 58. Die im Bunde vereinten souveränen Fürsten dürfen durch keine landständische Verfassung in der Erfüllung ihrer bundesmäßigen Verpflichtungen gehindert oder beschränkt werden.

Artikel 59. Wo die Öffentlichkeit landständischer Verhandlungen durch die Verfassung gestattet ist, muß durch die Geschäftsordnung dafür gesorgt werden, daß die gesetzlichen Grenzen der freien Äußerung weder bei den Verhandlungen selbst noch bei deren Bekanntmachung durch den Druck auf eine die Ruhe des einzelnen Bundesstaates oder des gesamten Deutschlands gefährdende Weise überschritten werden.

Artikel 60. Wenn von einem Bundesgliede die Garantie des Bundes für die in seinem Lande eingeführte landständische Verfassung nachgesucht wird, so ist die Bundesversammlung berechtigt, solche zu übernehmen. Sie erhält dadurch die Befugnis, auf Anrufung der Beteiligten die Verfassung aufrechtzuerhalten und die über Auslegung oder Anwendung derselben entstandenen Irrungen, sofern dafür nicht anderweitig Mittel und Wege gesetzlich vorgeschrieben sind, durch gütliche Vermittlung oder kompromissarische Entscheidung beizulegen.

Artikel 61. Außer dem Fall der übernommenen besondern Garantie einer landständischen Verfassung und der Aufrechterhaltung der über den 13. Artikel der Bundesakte hier festgesetzten Bestimmungen ist die Bundesversammlung nicht berechtigt, in landständische Angelegenheiten oder in Streitigkeiten zwischen den Landesherren und ihren Ständen einzuwirken, solange solche nicht den im 26. Artikel bezeichneten Charakter annehmen, in welchem Falle die Bestimmungen dieses sowie des 27. Artikels auch hiebei ihre Anwendung finden.

Artikel 62, 63. *Die Rechte der mittelbaren Reichsstände.*

Artikel 64. Wenn Vorschläge zu gemeinnützigen Anordnungen, deren Zweck nur durch die zusammenwirkende Teilnahme aller Bundesstaaten vollständig erreicht werden kann, von einzelnen Bundesgliedern an die Bundesversammlung gebracht

werden und diese sich von der Zweckmäßigkeit und Ausführbarkeit solcher Vorschläge im allgemeinen überzeugt, so liegt ihr ob, die Mittel zur Vollführung derselben in sorgfältige Erwägung zu ziehen und ihr anhaltendes Bestreben dahin zu richten, die zu dem Ende erforderliche freiwillige Vereinbarung unter den sämtlichen Bundesgliedern zu bewirken.

Artikel 65. Die in den besondern Bestimmungen der Bundesakte, Art. 16, 18, 19, zur Beratung der Bundesversammlung gestellten Gegenstände bleiben derselben, um durch gemeinschaftliche Übereinkunft zu möglichst gleichförmigen Verfügungen darüber zu gelangen, zur ferneren Bearbeitung vorbehalten.

Die vorstehende Akte wird als das Resultat einer unabänderlichen Vereinbarung zwischen den Bundesgliedern mittels Präsidialvertrags an den Bundestag gebracht und dort, infolge gleichlautender Erklärungen der Bundesregierungen, durch förmlichen Bundesbeschluß zu einem Grundgesetze erhoben werden, welches die nämliche Kraft und Gültigkeit wie die Bundesakte selbst haben und der Bundesversammlung zur unabweichlichen Richtschnur dienen soll[1].

Zur Urkunde dessen haben sämtliche hier versammelten Bevollmächtigten die gegenwärtige Akte unterzeichnet und mit ihren Wappen untersiegelt.

So geschehen zu Wien den 15. des Monats Mai im Jahre 1820.

2. DIE VERFASSUNG DES DEUTSCHEN REICHES

28. März 1849

Die deutsche verfassunggebende Nationalversammlung hat beschlossen und verkündigt als Reichsverfassung:

[1] *Der Beschluß erfolgte am 8. Juni 1820.*

VERFASSUNG DES DEUTSCHEN REICHES

Abschnitt I. Das Reich

Artikel I

§ 1. Das Deutsche Reich besteht aus dem Gebiete des bisherigen Deutschen Bundes. Die Festsetzung der Verhältnisse des Herzogtums Schleswig bleibt vorbehalten[1].

§ 2. Hat ein deutsches Land mit einem nichtdeutschen Lande dasselbe Staatsoberhaupt, so soll das deutsche Land eine von dem nichtdeutschen Lande getrennte eigene Verfassung, Regierung und Verwaltung haben. In die Regierung und Verwaltung des deutschen Landes dürfen nur deutsche Staatsbürger berufen werden[2].

Die Reichsverfassung und Reichsgesetzgebung hat in einem solchen deutschen Lande dieselbe verbindliche Kraft wie in den übrigen deutschen Ländern.

§ 3. Hat ein deutsches Land mit einem nichtdeutschen Lande dasselbe Staatsoberhaupt, so muß dieses entweder in seinem deutschen Lande residieren, oder es muß auf verfassungsmäßigem Wege in demselben eine Regentschaft niedergesetzt werden, zu welcher nur Deutsche berufen werden dürfen.

§ 4. Abgesehen von den bereits bestehenden Verbindungen deutscher und nichtdeutscher Länder soll kein Staatsoberhaupt eines nichtdeutschen Landes zugleich zur Regierung eines deutschen Landes gelangen, noch darf ein in Deutschland regierender Fürst, ohne seine deutsche Regierung abzutreten, eine fremde Krone annehmen.

§ 5. Die einzelnen deutschen Staaten behalten ihre Selbständigkeit, soweit dieselbe nicht durch die Reichsverfassung beschränkt ist; sie haben alle staatlichen Hoheiten und Rechte, soweit diese nicht der Reichsgewalt ausdrücklich übertragen sind.

Abschnitt II. Die Reichsgewalt

§ 6. Die Reichsgewalt ausschließlich übt dem Auslande gegenüber die völkerrechtliche Vertretung Deutschlands und der einzelnen deutschen Staaten aus.

Die Reichsgewalt stellt die Reichsgesandten und Konsuln an. Sie führt den diplomatischen Verkehr, schließt die Bündnisse und Verträge mit dem Auslande, namentlich auch die Handels- und Schiffahrtsverträge sowie die Auslieferungsverträge ab. Sie ordnet alle völkerrechtlichen Maßregeln an.

§ 7. Die einzelnen deutschen Regierungen haben nicht das Recht, ständige Gesandte zu empfangen oder solche zu halten.

Auch dürfen dieselben keine besonderen Konsuln halten. Die Konsuln fremder Staaten erhalten ihr Exequatur[3] von der Reichsgewalt.

Die Absendung von Bevollmächtigten an das Reichsoberhaupt ist den einzelnen Regierungen unbenommen.

[1] *Schleswig gehörte dem Deutschen Bunde nicht an.*

[2] *Das galt von Hannover (Großbritannien), Holstein mit Lauenburg (Dänemark), Luxemburg (Niederlande) und vor allem Österreich-Ungarn. Die preußischen Ostprovinzen (Ost- und Westpreußen, Posen) waren 1848 noch in den Deutschen Bund aufgenommen worden.*

[3] *Erlaubnis zur Ausübung ihres Amtes.*

§ 8. Die einzelnen deutschen Regierungen sind befugt, Verträge mit anderen deutschen Regierungen abzuschließen.

Ihre Befugnis zu Verträgen mit nichtdeutschen Regierungen beschränkt sich auf Gegenstände des Privatrechts, des nachbarlichen Verkehrs und der Polizei.

§ 9. Alle Verträge nicht rein privatrechtlichen Inhalts, welche eine deutsche Regierung mit einer anderen deutschen oder nichtdeutschen abschließt, sind der Reichsgewalt zur Kenntnisnahme und, insofern das Reichsinteresse dabei beteiligt ist, zur Bestätigung vorzulegen.

Artikel II

§ 10. Der Reichsgewalt ausschließlich steht das Recht des Krieges und Friedens zu.

Artikel III

§ 11. Der Reichsgewalt steht die gesamte bewaffnete Macht Deutschlands zur Verfügung.

§ 12. Das Reichsheer besteht aus der gesamten, zum Zweck des Kriegs bestimmten Landmacht der einzelnen deutschen Staaten. Die Stärke und Beschaffenheit des Reichsheeres wird durch das Gesetz über die Wehrverfassung bestimmt.

Diejenigen Staaten, welche weniger als 500 000 Einwohner haben, sind durch die Reichsgewalt zu größeren militärischen Ganzen, welche dann unter der unmittelbaren Leitung der Reichsgewalt stehen, zu vereinigen oder einem anderen größeren Staate anzuschließen.

Die näheren Bedingungen einer solchen Vereinigung sind in beiden Fällen durch Vereinbarung der beteiligten Staaten unter Vermittlung und Genehmigung der Reichsgewalt festzustellen.

§ 13. Die Reichsgewalt ausschließlich hat in betreff des Heerwesens die Gesetzgebung und die Organisation; sie überwacht deren Durchführung in den einzelnen Staaten durch fortdauernde Kontrolle.

Den einzelnen Staaten steht die Ausbildung ihres Kriegswesens auf Grund der Reichsgesetze und der Anordnungen der Reichsgewalt und beziehungsweise in den Grenzen der nach § 12 getroffenen Vereinbarungen zu. Sie haben die Verfügung über ihre bewaffnete Macht, soweit dieselbe nicht für den Dienst des Reiches in Anspruch genommen wird.

§ 14. In den Fahneneid ist die Verpflichtung zur Treue gegen das Reichsoberhaupt und die Reichsverfassung an erster Stelle aufzunehmen.

§ 15. Alle durch Verwendung von Truppen zu Reichszwecken entstehenden Kosten, welche den durch das Reich festgesetzten Friedensstand übersteigen, fallen dem Reiche zur Last.

§ 16. Über eine allgemeine, für ganz Deutschland gleiche Wehrverfassung ergeht ein besonderes Reichsgesetz.

§ 17. Den Regierungen der einzelnen Staaten bleibt die Ernennung der Befehlshaber und Offiziere ihrer Truppen, soweit deren Stärke sie erheischt, überlassen.

Für die größeren militärischen Ganzen, zu denen Truppen mehrerer Staaten vereinigt sind, ernennt die Reichsgewalt die gemeinschaftlichen Befehlshaber.

Für den Krieg ernennt die Reichsgewalt die kommandierenden Generale der selbständigen Korps sowie das Personal der Hauptquartiere.

§ 18. Der Reichsgewalt steht die Befugnis zu, Reichsfestungen und Küstenverteidigungswerke anzulegen und, insoweit die Sicherheit des Reiches es erfordert, vorhandene Festungen gegen billige Ausgleichung, namentlich für das überlieferte Kriegsmaterial, zu Reichsfestungen zu erklären.

Die Reichsfestungen und Küstenverteidigungswerke des Reiches werden auf Reichskosten unterhalten.

§ 19. Die Seemacht ist ausschließlich Sache des Reiches. Es ist keinem Einzelstaate gestattet, Kriegsschiffe für sich zu halten oder Kaperbriefe auszugeben.

Die Bemannung der Kriegsflotte bildet einen Teil der deutschen Wehrmacht. Sie ist unabhängig von der Landmacht.

Die Mannschaft, welche aus einem einzelnen Staate für die Kriegsflotte gestellt wird, ist von der Zahl der von demselben zu unterhaltenden Landtruppen abzurechnen. Das Nähere hierüber sowie über die Kostenausgleichung zwischen dem Reiche und den Einzelstaaten bestimmt ein Reichsgesetz.

Die Ernennung der Offiziere und Beamten der Seemacht geht allein vom Reiche aus.

Der Reichsgewalt liegt die Sorge für die Ausrüstung, Ausbildung und Unterhaltung der Kriegsflotte und die Anlegung, Ausrüstung und Unterhaltung von Kriegshäfen und Seearsenalen ob.

Über die zur Errichtung von Kriegshäfen und Marineetablissements nötigen Enteignungen sowie über die Befugnisse der dabei anzustellenden Reichsbehörden bestimmen die zu erlassenden Reichsgesetze.

Artikel IV

§ 20. Die Schiffahrtsanstalten am Meere und in den Mündungen der deutschen Flüsse (Häfen, Seetonnen, Leuchtschiffe, das Lotsenwesen, das Fahrwasser usw.) bleiben der Fürsorge der einzelnen Uferstaaten überlassen. Die Uferstaaten unterhalten dieselben aus eigenen Mitteln. Ein Reichsgesetz wird bestimmen, wie weit die Mündungen der einzelnen Flüsse zu rechnen sind.

§ 21. Die Reichsgewalt hat die Oberaufsicht über diese Anstalten und Einrichtungen.

Es steht ihr zu, die betreffenden Staaten zu gehöriger Unterhaltung derselben anzuhalten, auch dieselben aus den Mitteln des Reiches zu vermehren und zu erweitern.

§ 22. Die Abgaben, welche in den Seeuferstaaten von den Schiffen und deren Ladungen für die Benutzung der Schiffahrtsanstalten erhoben werden, dürfen die zur

Unterhaltung dieser Anstalten notwendigen Kosten nicht übersteigen. Sie unterliegen der Genehmigung der Reichsgewalt.

§ 23. In betreff dieser Abgaben sind alle deutschen Schiffe und deren Ladungen gleichzustellen.

Eine höhere Belegung fremder Schiffahrt kann nur von der Reichsgewalt ausgehen. Die Mehrabgabe von fremder Schiffahrt fließt in die Reichskasse.

Artikel V

§ 24. Die Reichsgewalt hat das Recht der Gesetzgebung und die Oberaufsicht über die in ihrem schiffbaren Lauf mehrere Staaten durchströmenden oder begrenzenden Flüsse und Seen und über die Mündungen der in dieselben fallenden Nebenflüsse sowie über den Schiffahrtsbetrieb und die Flößerei auf denselben.

Auf welche Weise die Schiffbarkeit dieser Flüsse erhalten oder verbessert werden soll, bestimmt ein Reichsgesetz.

Die übrigen Wasserstraßen bleiben der Fürsorge der Einzelstaaten überlassen. Doch steht es der Reichsgewalt zu, wenn sie im Interesse des allgemeinen Verkehrs es für notwendig erachtet, allgemeine Bestimmungen über den Schiffahrtsbetrieb und die Flößerei auf denselben zu erlassen sowie einzelne Flüsse unter derselben Voraussetzung den oben erwähnten gemeinsamen Flüssen gleichzustellen.

Die Reichsgewalt ist befugt, die Einzelstaaten zu gehöriger Erhaltung der Schiffbarkeit dieser Wasserstraßen anzuhalten.

§ 25. Alle deutschen Flüsse sollen für deutsche Schiffahrt von Flußzöllen frei sein. Auch die Flößerei soll auf schiffbaren Flußstrecken solchen Abgaben nicht unterliegen. Das Nähere bestimmt ein Reichsgesetz.

Bei den mehrere Staaten durchströmenden oder begrenzenden Flüssen tritt für die Aufhebung dieser Flußzölle eine billige Ausgleichung ein.

§ 26. Die Hafen-, Krahn-, Waag-, Lager-, Schleusen- und dergleichen Gebühren, welche an den gemeinsamen Flüssen und den Mündungen der in denselben sich ergießenden Nebenflüssen erhoben werden, dürfen die zur Unterhaltung derartiger Anstalten nötigen Kosten nicht übersteigen. Sie unterliegen der Genehmigung der Reichsgewalt.

Es darf in betreff dieser Gebühren keinerlei Begünstigung der Angehörigen eines deutschen Staates vor denen anderer deutscher Staaten stattfinden.

§ 27. Flußzölle und Flußschiffahrtsabgaben dürfen auf fremde Schiffe und deren Ladungen nur durch die Reichsgewalt gelegt werden.

Artikel VI

§ 28. Die Reichsgewalt hat über die Eisenbahnen und deren Betrieb, soweit es der Schutz des Reiches oder das Interesse des allgemeinen Verkehrs erheischt, die Oberaufsicht und das Recht der Gesetzgebung. Ein Reichsgesetz wird bestimmt, welche Gegenstände dahin zu rechnen sind.

§ 29. Die Reichsgewalt hat das Recht, soweit sie es zum Schutze des Reiches oder im Interesse des allgemeinen Verkehrs für notwendig erachtet, die Anlage von Eisenbahnen zu bewilligen sowie selbst Eisenbahnen anzulegen, wenn der Einzelstaat, in dessen Gebiet die Anlage erfolgen soll, deren Ausführung ablehnt. Die Benutzung der Eisenbahnen für Reichszwecke steht der Reichsgewalt jederzeit gegen Entschädigung frei.

§ 30. Bei der Anlage oder Bewilligung von Eisenbahnen durch die einzelnen Staaten ist die Reichsgewalt befugt, den Schutz des Reiches und das Interesse des allgemeinen Verkehrs wahrzunehmen.

§ 31. Die Reichsgewalt hat über die Landstraßen die Oberaufsicht und das Recht der Gesetzgebung, soweit es der Schutz des Reiches oder das Interesse des allgemeinen Verkehrs erheischt. Ein Reichsgesetz wird bestimmen, welche Gegenstände dahin zu rechnen sind.

§ 32. Die Reichsgewalt hat das Recht, soweit sie es zum Schutze des Reiches oder im Interesse des allgemeinen Verkehrs für notwendig erachtet, zu verfügen, daß Landstraßen und Kanäle angelegt, Flüsse schiffbar gemacht oder deren Schiffbarkeit erweitert werde.

Die Anordnung der dazu erforderlichen baulichen Werke erfolgt nach vorgängigem Benehmen mit den beteiligten Einzelstaaten durch die Reichsgewalt.

Die Ausführung und Unterhaltung der neuen Anlagen geschieht von Reichs wegen und auf Reichskosten, wenn eine Verständigung mit den Einzelstaaten nicht erzielt wird.

Artikel VII

§ 33. Das Deutsche Reich soll ein Zoll- und Handelsgebiet bilden, umgeben von gemeinschaftlicher Zollgrenze, mit Wegfall aller Binnengrenzzölle.

Die Aussonderung einzelner Orte und Gebietsteile aus der Zollinie bleibt der Reichsgewalt vorbehalten.

Der Reichsgewalt bleibt es ferner vorbehalten, auch nicht zum Reiche gehörige Länder und Landesteile mittels besonderer Verträge dem deutschen Zollgebiete anzuschließen.

§ 34. Die Reichsgewalt ausschließlich hat die Gesetzgebung über das gesamte Zollwesen sowie über gemeinschaftliche Produktions- und Verbrauchssteuern. Welche Produktions- und Verbrauchssteuern gemeinschaftlich sein sollen, bestimmt die Reichsgesetzgebung.

§ 35. Die Erhebung und Verwaltung der Zölle sowie der gemeinschaftlichen Produktions- und Verbrauchssteuern geschieht nach Anordnung und unter Oberaufsicht der Reichsgewalt.

Aus dem Ertrage wird ein bestimmter Teil nach Maßgabe des ordentlichen Budgets für die Ausgaben des Reiches vorweggenommen, das übrige wird an die einzelnen Staaten verteilt.

Ein besonderes Reichsgesetz wird hierüber das Nähere feststellen.

§ 36. Auf welche Gegenstände die einzelnen Staaten Produktions- oder Verbrauchssteuern für Rechnung des Staates oder einzelner Gemeinden legen dürfen und welche Bedingungen und Beschränkungen dabei eintreten sollen, wird durch die Reichsgesetzgebung bestimmt.

§ 37. Die einzelnen deutschen Staaten sind nicht befugt, auf Güter, welche über die Reichsgrenze ein- oder ausgehen, Zölle zu legen.

§ 38. Die Reichsgewalt hat das Recht der Gesetzgebung über den Handel und die Schiffahrt und überwacht die Ausführung der darüber erlassenen Reichsgesetze.

§ 39. Der Reichsgewalt steht es zu, über das Gewerbewesen Reichsgesetze zu erlassen und die Ausführung derselben zu überwachen.

§ 40. Erfindungspatente werden ausschließlich von Reichs wegen auf Grundlage eines Reichsgesetzes erteilt; auch steht der Reichsgewalt ausschließlich die Gesetzgebung gegen den Nachdruck von Büchern, jedes unbefugte Nachahmen von Kunstwerken, Fabrikzeichen, Mustern und Formen und gegen andere Beeinträchtigungen des geistigen Eigentums zu.

Artikel VIII

§ 41. Die Reichsgewalt hat das Recht der Gesetzgebung und die Oberaufsicht über das Postwesen, namentlich über Organisation, Tarife, Transit, Portoteilung und die Verhältnisse zwischen den einzelnen Postverwaltungen.

Dieselbe sorgt für die gleichmäßige Anwendung der Gesetze durch Vollzugsverordnungen und überwacht deren Durchführung in den einzelnen Staaten durch fortdauernde Kontrolle.

Der Reichsgewalt steht es zu, die innerhalb mehrerer Postgebiete sich bewegenden Kurse im Interesse des allgemeinen Verkehrs zu ordnen.

§ 42. Postverträge mit ausländischen Postverwaltungen dürfen nur von der Reichsgewalt oder mit deren Genehmigung geschlossen werden.

§ 43. Die Reichsgewalt hat die Befugnis, insofern es ihr nötig erscheint, das deutsche Postwesen für Rechnung des Reiches in Gemäßheit eines Reichsgesetzes zu übernehmen, vorbehaltlich billiger Entschädigung der Berechtigten.

§ 44. Die Reichsgewalt ist befugt, Telegraphenlinien anzulegen und die vorhandenen gegen Entschädigung zu benutzen oder auf dem Wege der Enteignung zu erwerben.

Weitere Bestimmungen hierüber sowie über Benutzung von Telegraphen für den Privatverkehr sind einem Reichsgesetz vorbehalten.

Artikel IX

§ 45. Die Reichsgewalt ausschließlich hat die Gesetzgebung und die Oberaufsicht über das Münzwesen. Es liegt ihr ob, für ganz Deutschland dasselbe Münzsystem einzuführen.

Sie hat das Recht, Reichsmünzen zu prägen.

§ 46. Der Reichsgewalt liegt es ob, in ganz Deutschland dasselbe System für Maß und Gewicht sowie für den Feingehalt der Gold- und Silberwaren zu begründen.

§ 47. Die Reichsgewalt hat das Recht, das Bankwesen und das Ausgeben von Papiergeld durch die Reichsgesetzgebung zu regeln. Sie überwacht die Ausführung der darüber erlassenen Reichsgesetze.

Artikel X

§ 48. Die Ausgaben für alle Maßregeln und Einrichtungen, welche von Reichs wegen ausgeführt werden, sind von der Reichsgewalt aus den Mitteln des Reiches zu bestreiten.

§ 49. Zur Bestreitung seiner Ausgaben ist das Reich zunächst auf seinen Anteil an den Einkünften aus den Zöllen und den gemeinsamen Produktions- und Verbrauchssteuern angewiesen.

§ 50. Die Reichsgewalt hat das Recht, insoweit die sonstigen Einkünfte nicht ausreichen, Matrikularbeiträge aufzunehmen.

§ 51. Die Reichsgewalt ist befugt, in außerordentlichen Fällen Reichssteuern aufzulegen und zu erheben oder erheben zu lassen sowie Anleihen zu machen oder sonstige Schulden zu kontrahieren.

Artikel XI

§ 52. Den Umfang der Gerichtsbarkeit des Reiches bestimmt der Abschnitt vom Reichsgericht.

Artikel XII

§ 53. Der Reichsgewalt liegt es ob, die kraft der Reichsverfassung allen Deutschen verbürgten Rechte oberaufsehend zu wahren.

§ 54. Der Reichsgewalt liegt die Wahrung des Reichsfriedens ob. Sie hat die für die Aufrechterhaltung der inneren Sicherheit und Ordnung erforderlichen Maßregeln zu treffen:

1. wenn ein deutscher Staat von einem anderen deutschen Staate in seinem Frieden gestört oder gefährdet wird;
2. wenn in einem deutschen Staate die Sicherheit und Ordnung durch Einheimische oder Fremde gestört oder gefährdet wird. Doch soll in diesem Falle von der Reichsgewalt nur dann eingeschritten werden, wenn die betreffende Regierung sie selbst dazu auffordert, es sei denn, daß dieselbe dazu notorisch außerstande ist oder der gemeine Reichsfrieden bedroht erscheint;
3. wenn die Verfassung eines deutschen Staates gewaltsam oder einseitig aufgehoben oder verändert wird und durch das Anrufen des Reichsgerichtes unverzügliche Hilfe nicht zu erwirken ist.

§ 55. Die Maßregeln, welche von der Reichsgewalt zur Wahrung des Reichsfriedens ergriffen werden können, sind: 1. Erlasse, 2. Absendung von Kommissarien, 3. Anwendung von bewaffneter Macht.

Ein Reichsgesetz wird die Grundsätze bestimmen, nach welchen die durch solche Maßregeln veranlaßten Kosten zu tragen sind.

§ 56. Der Reichsgewalt liegt es ob, die Fälle und Formen, in welchen die bewaffnete Macht gegen Störungen der öffentlichen Ordnung angewendet werden soll, durch ein Reichsgesetz zu bestimmen.

§ 57. Der Reichsgewalt liegt es ob, die gesetzlichen Normen über Erwerb und Verlust des Reichs- und Staatsbürgerrechts festzusetzen.

§ 58. Der Reichsgewalt steht es zu, über das Heimatrecht Reichsgesetze zu erlassen und die Ausführung derselben zu überwachen.

§ 59. Der Reichsgewalt steht es zu, unbeschadet des durch die Grundrechte gewährleisteten Rechts der freien Vereinigung und Versammlung, Reichsgesetze über das Assoziationswesen zu erlassen.

§ 60. Die Reichsgesetzgebung hat für die Aufnahme öffentlicher Urkunden diejenigen Erfordernisse festzustellen, welche die Anerkennung ihrer Echtheit in ganz Deutschland bedingen.

§ 61. Die Reichsgewalt ist befugt, im Interesse des Gesamtwohls allgemeine Maßregeln für die Gesundheitspflege zu treffen.

Artikel XIII

§ 62. Die Reichsgewalt hat die Gesetzgebung, soweit es zur Ausführung der ihr verfassungsmäßig übertragenen Befugnisse und zum Schutze der ihr überlassenen Anstalten erforderlich ist.

§ 63. Die Reichsgewalt ist befugt, wenn sie im Gesamtinteresse Deutschlands gemeinsame Einrichtungen und Maßregeln notwendig findet, die zur Begründung derselben erforderlichen Gesetze in den für die Veränderung der Verfassung vorgeschriebenen Formen zu erlassen.

§ 64. Der Reichsgewalt liegt es ob, durch die Erlassung allgemeiner Gesetzbücher über bürgerliches Recht, Handels- und Wechselrecht, Strafrecht und gerichtliches Verfahren die Rechtseinheit im deutschen Volke zu begründen.

§ 65. Alle Gesetze und Verordnungen der Reichsgewalt erhalten verbindliche Kraft durch ihre Verkündigung von Reichs wegen.

§ 66. Reichsgesetze gehen den Gesetzen der Einzelstaaten vor, insofern ihnen nicht ausdrücklich eine nur subsidiäre Geltung[1] beigelegt ist.

Artikel XIV

§ 67. Die Anstellung der Reichsbeamten geht vom Reiche aus.

Die Dienstpragmatik[2] des Reiches wird ein Reichsgesetz feststellen.

[1] *Ersatzweise Geltung.*

[2] *Dienstordnung.*

Abschnitt III. Das Reichsoberhaupt

Artikel I

§ 68. Die Würde des Reichsoberhauptes wird einem der regierenden deutschen Fürsten übertragen.

§ 69. Diese Würde ist erblich im Hause des Fürsten, dem sie übertragen worden. Sie vererbt im Mannesstamm nach dem Rechte der Erstgeburt.

§ 70. Das Reichsoberhaupt führt den Titel: Kaiser der Deutschen.

§ 71. Die Residenz des Kaisers ist am Sitze der Reichsregierung. Wenigstens während der Dauer des Reichstages wird der Kaiser dort bleibend residieren.

Sooft sich der Kaiser nicht am Sitze der Reichsregierung befindet, muß einer der Reichsminister in seiner unmittelbaren Umgebung sein.

Die Bestimmungen über den Sitz der Reichsregierung bleiben einem Reichsgesetz vorbehalten.

§ 72. Der Kaiser bezieht eine Zivilliste, welche der Reichstag festsetzt.

Artikel II

§ 73. Die Person des Kaisers ist unverletzlich.

Der Kaiser übt die ihm übertragene Gewalt durch verantwortliche, von ihm ernannte Minister aus.

§ 74. Alle Regierungshandlungen des Kaisers bedürfen zu ihrer Gültigkeit der Gegenzeichnung von wenigstens einem der Reichsminister, welcher dadurch die Verantwortung übernimmt.

Artikel III

§ 75. Der Kaiser übt die völkerrechtliche Vertretung des Deutschen Reiches und der einzelnen deutschen Staaten aus. Er stellt die Reichsgesandten und die Konsuln an und führt den diplomatischen Verkehr.

§ 76. Der Kaiser erklärt Krieg und schließt Frieden.

§ 77. Der Kaiser schließt die Bündnisse und Verträge mit den auswärtigen Mächten ab, und zwar unter Mitwirkung des Reichstages, insoweit diese in der Verfassung vorbehalten ist.

§ 78. Alle Verträge nicht rein privatrechtlichen Inhalts, welche deutsche Regierungen unter sich oder mit auswärtigen Regierungen abschließen, sind dem Kaiser zur Kenntnisnahme und, insofern das Reichsinteresse dabei beteiligt ist, zur Bestätigung vorzulegen.

§ 78. Der Kaiser beruft und schließt den Reichstag; er hat das Recht, das Volkshaus aufzulösen.

§ 80. Der Kaiser hat das Recht des Gesetzesvorschlages. Er übt die gesetzgebende Gewalt in Gemeinschaft mit dem Reichstage unter den verfassungsmäßigen Be-

schränkungen aus. Er verkündigt die Reichsgesetze und erläßt die zur Vollziehung derselben nötigen Verordnungen.

§ 81. In Strafsachen, welche zur Zuständigkeit des Reichsgerichts gehören, hat der Kaiser das Recht der Begnadigung und Strafmilderung. Das Verbot der Einleitung oder Fortsetzung von Untersuchungen kann der Kaiser nur mit Zustimmung des Reichstages erlassen.

Zugunsten eines wegen seiner Amtshandlungen verurteilten Reichsministers kann der Kaiser das Recht der Begnadigung und Strafmilderung nur dann ausüben, wenn dasjenige Haus, von welchem die Anklage ausgegangen ist, darauf anträgt. Zugunsten von Landesministern steht ihm ein solches Recht nicht zu.

§ 82. Dem Kaiser liegt die Wahrung des Reichsfriedens ob.

§ 83. Der Kaiser hat die Verfügung über die bewaffnete Macht.

§ 84. Überhaupt hat der Kaiser die Regierungsgewalt in allen Angelegenheiten des Reiches nach Maßgabe der Reichsverfassung. Ihm als Träger dieser Gewalt stehen diejenigen Rechte und Befugnisse zu, welche in der Reichsverfassung der Reichsgewalt beigelegt und dem Reichstage nicht zugewiesen sind.

Abschnitt IV. Der Reichstag

Artikel I

§ 85. Der Reichstag besteht aus zwei Häusern, dem Staatenhaus und dem Volkshaus.

Artikel II

§ 86. Das Staatenhaus wird gebildet aus den Vertretern der deutschen Staaten.

§ 87. Die Zahl der Mitglieder verteilt sich nach folgendem Verhältnis:

	Mitglieder		Mitglieder
Preußen	40	Braunschweig	2
Österreich	38	Oldenburg	2
Bayern	18	Sachsen-Weimar	2
Sachsen	10	Sachsen Coburg-Gotha	1
Hannover	10	Sachsen-Meiningen-Hildburghausen	1
Württemberg	10	Sachsen-Altenburg	1
Baden	9	Mecklenburg-Strelitz	1
Kurhessen	6	Anhalt-Dessau	1
Großherzogtum Hessen	6	Anhalt-Bernburg	1
Holstein (-Schleswig, s. Reich, § 1)	6	Anhalt-Köthen	1
Mecklenburg-Schwerin	4	Schwarzburg-Sondershausen	1
Luxemburg-Limburg	3	Schwarzburg-Rudolstadt	1
Nassau	3	Hohenzollern-Hechingen	1

	Mitglieder		Mitglieder
Liechtenstein	1	Hessen-Homburg	1
Hohenzollern-Sigmaringen	1	Lauenburg	1
Waldeck	1	Lübeck	1
Reuß ältere Linie	1	Frankfurt	1
Reuß jüngere Linie	1	Bremen	1
Schaumburg-Lippe	1	Hamburg	1
Lippe-Detmold	1		192

Solange die deutsch-österreichischen Lande an dem Bundesstaate nicht teilnehmen, erhalten nachfolgende Staaten eine größere Zahl von Stimmen im Staatenhause, nämlich:

Bayern	20	Großherzogtum Hessen	8
Sachsen	12	Kurhessen	7
Hannover	12	Nassau	4
Württemberg	12	Hamburg	2
Baden	10		

§ 88. Die Mitglieder des Staatenhauses werden zur Hälfte durch die Regierung und zur Hälfte durch die Volksvertretung der betreffenden Staaten ernannt.

In denjenigen deutschen Staaten, welche aus mehreren Provinzen oder Ländern mit abgesonderter Verfassung oder Verwaltung bestehen, sind die durch die Volksvertretung dieses Staates zu ernennenden Mitglieder des Staatenhauses nicht von der allgemeinen Landesvertretung, sondern von den Vertretungen der einzelnen Länder oder Provinzen (Provinzialständen) zu ernennen.

Das Verhältnis, nach welchem die Zahl der diesen Staaten zukommenden Mitglieder unter die einzelnen Länder oder Provinzen zu verteilen ist, bleibt der Landesgesetzgebung vorbehalten.

Wo zwei Kammern bestehen und eine Vertretung nach Provinzen nicht stattfindet, wählen beide Kammern in gemeinsamer Sitzung nach absoluter Stimmenmehrheit.

§ 89. In denjenigen Staaten, welche nur ein Mitglied in das Staatenhaus senden, schlägt die Regierung drei Kandidaten vor, aus denen die Volksvertretung mit absoluter Stimmenmehrheit wählt.

Auf dieselbe Weise ist in denjenigen Staaten, welche eine ungerade Zahl von Mitgliedern senden, in betreff des letzten derselben zu verfahren.

§ 90. Wenn mehrere deutsche Staaten zu einem Ganzen verbunden werden, so entscheidet ein Reichsgesetz über die dadurch etwa notwendig werdende Abänderung in der Zusammensetzung des Staatenhauses.

§ 91. Mitglied des Staatenhauses kann nur sein, wer 1. Staatsbürger des Staates ist, welcher ihn sendet, 2. das dreißigste Lebensjahr zurückgelegt hat, 3. sich im vollen Genuß der bürgerlichen und staatsbürgerlichen Rechte befindet.

§ 92. Die Mitglieder des Staatenhauses werden auf sechs Jahre gewählt. Sie werden alle drei Jahre zur Hälfte erneuert.

Auf welche Weise nach den ersten drei Jahren das Ausscheiden der einen Hälfte stattfinden soll, wird durch ein Reichsgesetz bestimmt. Die Ausscheidenden sind stets wieder wählbar.

Wird nach Ablauf dieser drei Jahre und vor Vollendung der neuen Wahlen für das Staatenhaus ein außerordentlicher Reichstag berufen, so treten, soweit die neuen Wahlen noch nicht stattgefunden haben, die früheren Mitglieder ein.

Artikel III

§ 93. Das Volkshaus besteht aus den Abgeordneten des deutschen Volkes.

§ 94. Die Mitglieder des Volkshauses werden für das erstemal auf vier Jahre, demnächst immer auf drei Jahre gewählt.

Die Wahl geschieht nach den in dem Reichswahlgesetze enthaltenen Vorschriften[1].

Artikel IV

§ 95. Die Mitglieder des Reichstages beziehen aus der Reichskasse ein gleichmäßiges Tagegeld und Entschädigung für ihre Reisekosten. Das Nähere bestimmt ein Reichsgesetz.

§ 96. Die Mitglieder beider Häuser können durch Instruktionen nicht gebunden werden.

§ 97. Niemand kann gleichzeitig Mitglied von beiden Häusern sein.

Artikel V

§ 98. Zu einem Beschluß eines jeden Hauses des Reichstages ist die Teilnahme von wenigstens der Hälfte der gesetzlichen Anzahl seiner Mitglieder und die einfache Stimmenmehrheit erforderlich.

Im Falle der Stimmengleichheit wird ein Antrag als abgelehnt betrachtet.

§ 99. Das Recht des Gesetzvorschlages, der Beschwerde, der Adresse und der Erhebung von Tatsachen sowie der Anklage der Minister steht jedem Hause zu.

§ 100. Ein Reichstagsbeschluß kann nur durch die Übereinstimmung beider Häuser gültig zustande kommen.

§ 101. Ein Reichstagsbeschluß, welcher die Zustimmung der Reichsregierung nicht erlangt hat, darf in derselben Sitzungsperiode nicht wiederholt werden.

Ist von dem Reichstage in drei sich unmittelbar folgenden ordentlichen Sitzungsperioden derselbe Beschluß unverändert gefaßt worden, so wird derselbe, auch wenn die Zustimmung der Reichsregierung nicht erfolgt, mit dem Schlusse des dritten Reichstages zum Gesetz. Eine ordentliche Sitzungsperiode, welche nicht wenigstens vier Wochen dauert, wird in dieser Reihenfolge nicht mitgezählt.

§ 102. Ein Reichstagsbeschluß ist in folgenden Fällen erforderlich:

[1] *Das Gesetz über die Wahlen der Abgeordneten zum Volkshause vom 12. April 1849 legte das allgemeine, gleiche, direkte und öffentliche Wahlrecht fest.*

1. Wenn es sich um die Erlassung, Aufhebung, Abänderung oder Auslegung von Reichsgesetzen handelt.
2. Wenn der Reichshaushalt festgestellt wird, wenn Anleihen kontrahiert[2] werden, wenn das Reich eine im Budget nicht vorgesehene Ausgabe übernimmt oder Matrikularbeiträge oder Steuern erhebt.
3. Wenn fremde See- und Flußschiffahrt mit höheren Abgaben belegt werden soll.
4. Wenn Landesfestungen zu Reichsfestungen erklärt werden sollen.
5. Wenn Handels-, Schiffahrts- und Auslieferungsverträge mit dem Auslande geschlossen werden sowie überhaupt völkerrechtliche Verträge, insofern sie das Reich belasten.
6. Wenn nicht zum Reich gehörige Länder oder Landesteile dem deutschen Zollgebiete angeschlossen oder einzelne Orte oder Gebietsteile von der Zollinie ausgeschlossen werden sollen.
7. Wenn deutsche Landesteile abgetreten, oder wenn nichtdeutsche Gebiete dem Reiche einverleibt oder auf andere Weise mit demselben verbunden werden sollen.

§ 103. Bei Feststellung des Reichshaushaltes treten folgende Bestimmungen ein:

1. Alle die Finanzen betreffenden Vorlagen der Reichsregierung gelangen zunächst an das Volkshaus.
2. Bewilligungen von Ausgaben dürfen nur auf Antrag der Reichsregierung und bis zum Belauf dieses Antrages erfolgen. Jede Bewilligung gilt nur für den besonderen Zweck, für welchen sie bestimmt worden. Die Verwendung darf nur innerhalb der Grenze der Bewilligung erfolgen.
3. Die Dauer der Finanzperiode und Budgetbewilligung ist ein Jahr.
4. Das Budget über die regelmäßigen Ausgaben des Reiches und über den Reservefonds sowie über die für beides erforderlichen Deckungsmittel wird auf dem ersten Reichstag durch Reichstagsbeschlüsse festgestellt. Eine Erhöhung dieses Budgets auf späteren Reichstagen erfordert gleichfalls einen Reichstagsbeschluß.
5. Dieses ordentliche Budget wird auf dem Reichstage zuerst dem Volkshause vorgelegt, von diesem in seinen einzelnen Ansätzen nach den Erläuterungen und Belegen, welche die Reichsregierung vorzulegen hat, geprüft und ganz oder teilweise bewilligt oder verworfen.
6. Nach erfolgter Prüfung und Bewilligung durch das Volkshaus wird das Budget an das Staatenhaus abgegeben. Diesem steht, innerhalb des Gesamtbetrages des ordentlichen Budgets, sowie derselbe auf dem ersten Reichstage oder durch spätere Reichstagsbeschlüsse festgestellt ist, nur das Recht zu, Erinnerungen und Ausstellungen zu machen, über welche das Volkshaus endgültig beschließt.
7. Alle außerordentlichen Ausgaben und deren Deckungsmittel bedürfen, gleich der Erhöhung des ordentlichen Budgets, eines Reichstagsbeschlusses.

[2] *Aufgenommen.*

8. Die Nachweisung über die Verwendung der Reichsgelder wird dem Reichstage, und zwar zuerst dem Volkshause, zur Prüfung und zum Abschluß vorgelegt.

Artikel VI

§ 104. Der Reichstag versammelt sich jedes Jahr am Sitze der Reichsregierung. Die Zeit der Zusammenkunft wird vom Reichsoberhaupt bei der Einberufung angegeben, insofern nicht ein Reichsgesetz dieselbe festsetzt.

Außerdem kann der Reichstag zu außerordentlichen Sitzungen jederzeit vom Reichsoberhaupt einberufen werden.

§ 105. Die ordentlichen Sitzungsperioden der Landtage in den Einzelstaaten sollen mit denen des Reichstages in der Regel nicht zusammenfallen. Das Nähere bleibt einem Reichsgesetz vorbehalten.

§ 106. Das Volkshaus kann durch das Reichsoberhaupt aufgelöst werden. In dem Falle der Auflösung ist der Reichstag binnen drei Monaten wieder zu versammeln.

§ 107. Die Auflösung des Volkshauses hat die gleichzeitige Vertagung des Staatenhauses bis zur Wiederberufung des Reichstages zur Folge.

Die Sitzungsperioden beider Häuser sind dieselben.

§ 108. Das Ende der Sitzungsperiode des Reichstages wird vom Reichsoberhaupt bestimmt.

§ 109. Eine Vertagung des Reichstages oder eines der beiden Häuser durch das Reichsoberhaupt bedarf, wenn sie nach Eröffnung der Sitzung auf länger als vierzehn Tage ausgesprochen werden soll, der Zustimmung des Reichstages oder des betreffenden Hauses.

Auch der Reichstag selbst sowie jedes der beiden Häuser kann sich auf vierzehn Tage vertagen.

Artikel VII

§ 110. Jedes der beiden Häuser wählt seinen Präsidenten, seine Vizepräsidenten und seine Schriftführer.

§ 111. Die Sitzungen beider Häuser sind öffentlich. Die Geschäftsordnung eines jeden Hauses bestimmt, unter welchen Bedingungen vertrauliche Sitzungen stattfinden können.

§ 112. Jedes Haus prüft die Vollmachten seiner Mitglieder und entscheidet über die Zulassung derselben.

§ 113. Jedes Mitglied leistet bei seinem Eintritt den Eid: „Ich schwöre, die deutsche Reichsverfassung getreulich zu beobachten und aufrechtzuerhalten, so wahr mir Gott helfe."

§ 114. Jedes Haus hat das Recht, seine Mitglieder wegen unwürdigen Verhaltens im Hause zu bestrafen und äußersten Falls auszuschließen. Das Nähere bestimmt die Geschäftsordnung des Hauses.

Eine Ausschließung kann nur dann ausgesprochen werden, wenn eine Mehrheit von zwei Dritteln der Stimmen sich dafür entscheidet.

§ 115. Weder Überbringer von Bittschriften noch überhaupt Deputationen sollen in den Häusern zugelassen werden.

§ 116. Jedes Haus hat das Recht, sich seine Geschäftsordnung selbst zu geben. Die geschäftlichen Beziehungen zwischen beiden Häusern werden durch Übereinkunft beider Häuser geordnet.

Artikel VIII

§ 117. Ein Mitglied des Reichstages darf während der Dauer der Sitzungsperiode ohne Zustimmung des Hauses, zu welchem es gehört, wegen strafrechtlicher Anschuldigungen weder verhaftet noch in Untersuchung gezogen werden, mit alleiniger Ausnahme der Ergreifung auf frischer Tat.

§ 118. In diesem letzteren Falle ist dem betreffenden Hause von der angeordneten Maßregel sofort Kenntnis zu geben. Es steht demselben zu, die Aufhebung der Haft oder Untersuchung bis zum Schlusse der Sitzungsperiode zu verfügen.

§ 119. Dieselbe Befugnis steht jedem Hause in betreff einer Verhaftung oder Untersuchung zu, welche über ein Mitglied desselben zur Zeit seiner Wahl verhängt gewesen oder nach dieser bis zur Eröffnung der Sitzungen verhängt worden ist.

§ 120. Kein Mitglied des Reichstages darf zu irgendeiner Zeit wegen seiner Abstimmung oder wegen der in Ausübung seines Berufes getanen Äußerungen gerichtlich oder disziplinarisch verfolgt und sonst außerhalb der Versammlung zur Verantwortung gezogen werden.

Artikel IX

§ 121. Die Reichsminister haben das Recht, den Verhandlungen beider Häuser des Reichstages beizuwohnen und jederzeit von denselben gehört zu werden.

§ 122. Die Reichsminister haben die Verpflichtung, auf Verlangen jedes der Häuser des Reichstages in demselben zu erscheinen und Auskunft zu erteilen oder den Grund anzugeben, weshalb dieselbe nicht erteilt werden könne.

§ 123. Die Reichsminister können nicht Mitglieder des Staatenhauses sein.

§ 124. Wenn ein Mitglied des Volkshauses im Reichsdienst ein Amt oder eine Beförderung annimmt, so muß es sich einer neuen Wahl unterwerfen; es behält seinen Sitz im Hause, bis die neue Wahl stattgefunden hat.

Abschnitt V. Das Reichsgericht

Artikel I

§ 125. Die dem Reiche zustehende Gerichtsbarkeit wird durch ein Reichsgericht ausgeübt.

§ 126. Zur Zuständigkeit des Reichsgerichts gehören:

a) Klagen eines Einzelstaates gegen die Reichsgewalt wegen Verletzung der Reichsverfassung durch Erlassung von Reichsgesetzen und durch Maßregeln der Reichsregierung sowie Klagen der Reichsgewalt gegen einen Einzelstaat wegen Verletzung der Reichsverfassung.

b) Streitigkeiten zwischen dem Staatenhause und dem Volkshause unter sich und zwischen jedem von ihnen und der Reichsregierung, welche die Auslegung der Reichsverfassung betreffen, wenn die streitenden Teile sich vereinigen, die Entscheidung des Reichsgerichts einzuholen.

c) Politische und privatrechtliche Streitigkeiten aller Art zwischen den einzelnen deutschen Staaten.

d) Streitigkeiten über Thronfolge, Regierungsfähigkeit und Regentschaft in den Einzelstaaten.

e) Streitigkeiten zwischen der Regierung eines Einzelstaates und dessen Volksvertretung über die Gültigkeit oder Auslegung der Landesverfassung.

f) Klagen der Angehörigen eines Einzelstaates gegen die Regierung desselben wegen Aufhebung oder verfassungswidriger Veränderung der Landesverfassung.
Klagen der Angehörigen eines Einzelstaates gegen die Regierung wegen Verletzung der Landesverfassung können bei dem Reichsgericht nur angebracht werden, wenn die in der Landesverfassung gegebenen Mittel der Abhilfe nicht zur Anwendung gebracht werden können.

g) Klagen deutscher Staatsbürger wegen Verletzung der durch die Reichsverfassung ihnen gewährten Rechte. Die näheren Bestimmungen über den Umfang dieses Klagerechts und die Art und Weise, dasselbe geltend zu machen, bleiben der Reichsgesetzgebung vorbehalten.

h) Beschwerden wegen verweigerter oder gehemmter Rechtspflege, wenn die landesgesetzlichen Mittel der Abhilfe erschöpft sind.

i) Strafgerichtsbarkeit über die Anklagen gegen die Reichsminister, insofern sie deren ministerielle Verantwortlichkeit betreffen.

k) Strafgerichtsbarkeit über die Anklagen gegen die Minister der Einzelstaaten, insofern sie deren ministerielle Verantwortlichkeit betreffen.

l) Strafgerichtsbarkeit in den Fällen des Hoch- und Landesverrats gegen das Reich.
Ob noch andere Verbrechen gegen das Reich der Strafgerichtsbarkeit des Reichsgerichts zu überweisen sind, wird späteren Reichsgesetzen vorbehalten.

m) Klagen gegen den Reichsfiskus.

n) Klagen gegen deutsche Staaten, wenn die Verpflichtung, dem Anspruche Genüge zu leisten, zwischen mehreren Staaten zweifelhaft oder bestritten ist, sowie wenn die gemeinschaftliche Verpflichtung gegen mehrere Staaten in einer Klage geltend gemacht wird.

§ 127. Über die Frage, ob ein Fall zur Entscheidung des Reichsgerichts geeignet sei, erkennt einzig und allein das Reichsgericht selbst.

§ 128. Über die Einsetzung und Organisation des Reichsgerichts, über das Ver-

fahren und die Vollziehung der reichsgerichtlichen Entscheidungen und Verfügungen wird ein besonderes Gesetz ergehen.

Diesem Gesetze wird auch die Bestimmung, ob und in welchen Fällen bei dem Reichsgericht die Urteilsfällung durch Geschworene erfolgen soll, vorbehalten.

Ebenso bleibt vorbehalten: ob und wie weit dieses Gesetz als organisches Verfassungsgesetz zu betrachten ist.

§ 129. Der Reichsgesetzgebung bleibt es vorbehalten, Admiralitäts- und Seegerichte zu errichten sowie Bestimmungen über die Gerichtsbarkeit der Gesandten und Konsuln des Reiches zu treffen.

Abschnitt VI. Die Grundrechte des deutschen Volkes

§ 130. Dem deutschen Volke sollen die nachstehenden Grundrechte gewährleistet sein. Sie sollen den Verfassungen der deutschen Einzelstaaten zur Norm dienen, und keine Verfassung oder Gesetzgebung eines deutschen Einzelstaates soll dieselben je aufheben oder beschränken können.

Artikel I

§ 131. Das deutsche Volk besteht aus den Angehörigen der Staaten, welche das Deutsche Reich bilden.

§ 132. Jeder Deutsche hat das deutsche Reichsbürgerrecht. Die ihm kraft dessen zustehenden Rechte kann er in jedem deutschen Lande ausüben. Über das Recht, zur deutschen Reichsversammlung zu wählen, verfügt das Reichswahlgesetz.

§ 133. Jeder Deutsche hat das Recht, an jedem Orte des Reichsgebietes seinen Aufenthalt und Wohnsitz zu nehmen, Liegenschaften jeder Art zu erwerben und darüber zu verfügen, jeden Nahrungszweig zu betreiben, das Gemeindebürgerrecht zu gewinnen.

Die Bedingungen für den Aufenthalt und Wohnsitz werden durch ein Heimatsgesetz, jene für den Gewerbebetrieb durch eine Gewerbeordnung für ganz Deutschland von der Reichsgewalt festgesetzt.

§ 134. Kein deutscher Staat darf zwischen seinen Angehörigen und anderen Deutschen einen Unterschied im bürgerlichen, peinlichen und Prozeßrecht machen, welcher die letzteren als Ausländer zurücksetzt.

§ 135. Die Strafe des bürgerlichen Todes soll nicht stattfinden, und da, wo sie bereits ausgesprochen ist, in ihren Wirkungen aufhören, soweit nicht hierdurch erworbene Privatrechte verletzt werden.

§ 136. Die Auswanderungsfreiheit ist von Staats wegen nicht beschränkt; Abzugsgelder dürfen nicht erhoben werden.

Die Auswanderungsangelegenheit steht unter dem Schutze und der Fürsorge des Reiches.

Artikel II

§ 137. Vor dem Gesetze gilt kein Unterschied der Stände. Der Adel als Stand ist aufgehoben.

Alle Standesvorrechte sind abgeschafft.

Die Deutschen sind vor dem Gesetze gleich.

Alle Titel, insoweit sie nicht mit einem Amte verbunden sind, sind aufgehoben und dürfen nie wieder eingeführt werden.

Kein Staatsangehöriger darf von einem auswärtigen Staate einen Orden annehmen.

Die öffentlichen Ämter sind für alle Befähigten gleich zugänglich.

Die Wehrpflicht ist für alle gleich; Stellvertretung bei derselben findet nicht statt.

Artikel III

§ 138. Die Freiheit der Person ist unverletzlich.

Die Verhaftung einer Person soll, außer im Falle der Ergreifung auf frischer Tat, nur geschehen in kraft eines richterlichen, mit Gründen versehenen Befehls. Dieser Befehl muß im Augenblicke der Verhaftung oder innerhalb der nächsten 24 Stunden dem Verhafteten zugestellt werden.

Die Polizeibehörde muß jeden, den sie in Verwahrung genommen hat, im Laufe des folgenden Tages entweder freilassen oder der richterlichen Behörde übergeben.

Jeder Angeschuldigte soll gegen Stellung einer vom Gerichte zu bestimmenden Kaution oder Bürgschaft der Haft entlassen werden, sofern nicht dringende Anzeigen eines schweren peinlichen Verbrechens gegen denselben vorliegen.

Im Falle einer widerrechtlich verfügten oder verlängerten Gefangenschaft ist der Schuldige und nötigenfalls der Staat dem Verletzten zur Genugtuung und Entschädigung verpflichtet.

Die für das Heer- und Seewesen erforderlichen Modifikationen dieser Bestimmungen werden besonderen Gesetzen vorbehalten.

§ 139. Die Todesstrafe, ausgenommen wo das Kriegsrecht sie vorschreibt oder das Seerecht im Falle von Meutereien sie zuläßt, sowie die Strafen des Prangers, der Brandmarkung und der körperlichen Züchtigung sind abgeschafft.

§ 140. Die Wohnung ist unverletzlich.

Eine Haussuchung ist nur zulässig:

1. in kraft eines richterlichen, mit Gründen versehenen Befehls, welcher sofort oder innerhalb der nächsten 24 Stunden dem Beteiligten zugestellt werden soll,
2. im Falle der Verfolgung auf frischer Tat, durch den gesetzlich berechtigten Beamten,
3. in den Fällen und Formen, in welchen das Gesetz ausnahmsweise bestimmten Beamten auch ohne richterlichen Befehl dieselbe gestattet. Die Haussuchung muß, wenn tunlich, mit Zuziehung von Hausgenossen erfolgen.

Die Unverletzlichkeit der Wohnung ist kein Hindernis der Verhaftung eines gerichtlich Verfolgten.

§ 141. Die Beschlagnahme von Briefen und Papieren darf, außer bei einer Verhaftung oder Haussuchung, nur in kraft eines richterlichen, mit Gründen versehenen Befehls vorgenommen werden, welcher sofort oder innerhalb der nächsten 24 Stunden dem Beteiligten zugestellt werden soll.

§ 142. Das Briefgeheimnis ist gewährleistet.

Die bei strafgerichtlichen Untersuchungen und in Kriegsfällen notwendigen Beschränkungen sind durch die Gesetzgebung festzustellen.

Artikel IV

§ 143. Jeder Deutsche hat das Recht, durch Wort, Schrift, Druck und bildliche Darstellung seine Meinung frei zu äußern.

Die Preßfreiheit darf unter keinen Umständen und in keiner Weise durch vorbeugende Maßregeln, namentlich Zensur, Konzessionen, Sicherheitsbestellungen, Staatsauflagen, Beschränkungen der Druckereien oder des Buchhandels, Postverbote oder andere Hemmungen des freien Verkehrs beschränkt, suspendiert oder aufgehoben werden.

Über Preßvergehen, welche von Amts wegen verfolgt werden, wird durch Schwurgerichte geurteilt.

Ein Preßgesetz wird vom Reiche erlassen werden.

Artikel V

§ 144. Jeder Deutsche hat volle Glaubens- und Gewissensfreiheit. Niemand ist verpflichtet, seine religiöse Überzeugung zu offenbaren.

§ 145. Jeder Deutsche ist unbeschränkt in der gemeinsamen häuslichen und öffentlichen Übung seiner Religion.

Verbrechen und Vergehen, welche bei Ausübung dieser Freiheit begangen werden, sind nach dem Gesetze zu bestrafen.

§ 146. Durch das religiöse Bekenntnis wird der Genuß der bürgerlichen und staatsbürgerlichen Rechte weder bedingt noch beschränkt. Den staatsbürgerlichen Pflichten darf dasselbe keinen Abbruch tun.

§ 147. Jede Religionsgesellschaft ordnet und verwaltet ihre Angelegenheiten selbständig, bleibt aber den allgemeinen Staatsgesetzen unterworfen.

Keine Religionsgesellschaft genießt vor andern Vorrechte durch den Staat; es besteht fernerhin keine Staatskirche.

Neue Religionsgesellschaften dürfen sich bilden; einer Anerkennung ihres Bekenntnisses durch den Staat bedarf es nicht.

§ 148. Niemand soll zu einer kirchlichen Handlung oder Feierlichkeit gezwungen werden.

§ 149. Die Formel des Eides soll künftig lauten: „So wahr mir Gott helfe."

§ 150. Die bürgerliche Gültigkeit der Ehe ist nur von der Vollziehung des Zivil-

aktes abhängig; die kirchliche Trauung kann nur nach der Vollziehung des Zivilaktes stattfinden.

Die Religionsverschiedenheit ist kein bürgerliches Ehehindernis.

§ 151. Die Standesbücher werden von den bürgerlichen Behörden geführt.

Artikel VI

§ 152. Die Wissenschaft und ihre Lehre ist frei.

§ 153. Das Unterrichts- und Erziehungswesen steht unter der Oberaufsicht des Staats und ist, abgesehen vom Religionsunterricht, der Beaufsichtigung der Geistlichkeit als solcher enthoben.

§ 154. Unterrichts- und Erziehungsanstalten zu gründen, zu leiten und an solchen Unterricht zu erteilen, steht jedem Deutschen frei, wenn er seine Befähigung der betreffenden Staatsbehörde nachgewiesen hat.

Der häusliche Unterricht unterliegt keiner Beschränkung.

§ 155. Für die Bildung der deutschen Jugend soll durch öffentliche Schulen überall genügend gesorgt werden.

§ 156. Eltern oder deren Stellvertreter dürfen ihre Kinder oder Pflegebefohlenen nicht ohne den Unterricht lassen, welcher für die unteren Volksschulen vorgeschrieben ist.

§ 156. Die öffentlichen Lehrer haben das Recht der Staatsdiener.

Der Staat stellt unter gesetzlich geordneter Beteiligung der Gemeinden aus der Zahl der Geprüften die Lehrer der Volksschulen an.

§ 157. Für den Unterricht in Volksschulen und niederen Gewerbeschulen wird kein Schulgeld bezahlt.

Unbemittelten soll auf allen öffentlichen Unterrichtsanstalten freier Unterricht gewährt werden.

§ 158. Es steht einem jeden frei, seinen Beruf zu wählen und sich für denselben auszubilden, wie und wo er will.

Artikel VII

§ 159. Jeder Deutsche hat das Recht, sich mit Bitten und Beschwerden schriftlich an die Behörden, an die Volksvertretungen und an den Reichstag zu wenden.

Dieses Recht kann sowohl von einzelnen als von Korporationen und von mehreren im Vereine ausgeübt werden; beim Heer und der Kriegsflotte jedoch nur in der Weise, wie es die Disziplinarvorschriften bestimmen.

§ 160. Eine vorgängige Genehmigung der Behörden ist nicht notwendig, um öffentliche Beamte wegen ihrer amtlichen Handlungen gerichtlich zu verfolgen.

Artikel VIII

§ 161. Die Deutschen haben das Recht, sich friedlich und ohne Waffen zu versammeln; einer besonderen Erlaubnis dazu bedarf es nicht.

Volksversammlungen unter freiem Himmel können bei dringender Gefahr für die öffentliche Ordnung und Sicherheit verboten werden.

§ 162. Die Deutschen haben das Recht, Vereine zu bilden. Dieses Recht soll durch keine vorbeugende Maßregel beschränkt werden.

§ 163. Die in den §§ 161 und 162 enthaltenen Bestimmungen finden auf das Heer und die Kriegsflotte Anwendung, insoweit die militärischen Disziplinarvorschriften nicht entgegenstehen.

Artikel IX

§ 164. Das Eigentum ist unverletzlich.

Eine Enteignung kann nur aus Rücksichten des gemeinen Bestens, nur auf Grund eines Gesetzes und gegen gerechte Entschädigung vorgenommen werden.

Das geistige Eigentum soll durch die Reichsgesetzgebung geschützt werden.

§ 165. Jeder Grundeigentümer kann seinen Grundbesitz unter Lebenden und von Todes wegen ganz oder teilweise veräußern. Den Einzelstaaten bleibt überlassen, die Durchführung des Grundsatzes der Teilbarkeit allen Grundeigentums durch Übergangsgesetze zu vermitteln.

Für die tote Hand sind Beschränkungen des Rechts, Liegenschaften zu erwerben und über sie zu verfügen, im Wege der Gesetzgebung aus Gründen des öffentlichen Wohls zulässig.

§ 166. Jeder Untertänigkeits- und Hörigkeitsverband hört für immer auf.

§ 167. Ohne Entschädigung sind aufgehoben:

1. Die Patrimonialgerichtsbarkeit[1] und die grundherrliche Polizei, samt den aus diesen Rechten fließenden Befugnissen, Exemtionen[2] und Abgaben.
2. Die aus dem guts- und schutzherrlichen Verbande fließenden persönlichen Abgaben und Leistungen.

Mit diesen Rechten fallen auch die Gegenleistungen und Lasten weg, welche dem bisher Berechtigten dafür oblagen.

§ 168. Alle auf Grund und Boden haftenden Abgaben und Leistungen, insbesondere die Zehnten, sind ablösbar: ob nur auf Antrag des Belasteten oder auch des Berechtigten und in welcher Weise bleibt der Gesetzgebung der einzelnen Staaten überlassen.

Es soll fortan kein Grundstück mit einer unablösbaren Rente oder Leistung belastet werden.

§ 169. Im Grundeigentum liegt die Berechtigung zur Jagd auf eignem Grund und Boden.

Die Jagdgerechtigkeit auf fremdem Grund und Boden, Jagddienste, Jagdfronden und andere Leistungen für Jagdzwecke sind ohne Entschädigung aufgehoben.

Nur ablösbar jedoch ist die Jagdgerechtigkeit, welche erweislich durch einen lästigen, mit dem Eigentümer des belasteten Grundstückes abgeschlossenen Vertrag erworben

[1] *Grundherrliche Gerichtbarkeit.*

[2] *Ausnahmen, Befreiungen.*

ist; über die Art und Weise der Ablösung haben die Landesgesetzgebungen das Weitere zu bestimmen.

Die Ausübung des Jagdrechts aus Gründen der öffentlichen Sicherheit und des gemeinen Wohls zu ordnen, bleibt der Landesgesetzgebung vorbehalten.

Die Jagdgerechtigkeit auf fremdem Grund und Boden darf in Zukunft nicht wieder als Grundgerechtigkeit bestellt werden.

§ 170. Die Familienfideikommisse[1] sind aufzuheben. Die Art und Bedingungen der Aufhebung bestimmt die Gesetzgebung der einzelnen Staaten.

Über die Familienfideikommisse der regierenden fürstlichen Häuser bleiben die Bestimmungen der Landesgesetzgebung vorbehalten.

§ 171. Aller Lehensverband ist aufzuheben. Das Nähere über die Art und Weise der Ausführung haben die Gesetzgebungen der Einzelstaaten anzuordnen.

§ 172. Die Strafe der Vermögenseinziehung soll nicht stattfinden.

§ 173. Die Besteuerung soll so geordnet werden, daß die Bevorzugung einzelner Stände und Güter in Staat und Gemeinde aufhört.

Artikel X

§ 174. Alle Gerichtsbarkeit geht vom Staate aus. Es sollen keine Patrimonialgerichte bestehen.

§ 175. Die richterliche Gewalt wird selbständig von den Gerichten geübt. Kabinetts- und Ministerialjustiz ist unstatthaft.

Niemand darf seinem gesetzlichen Richter entzogen werden. Ausnahmegerichte sollen nie stattfinden.

§ 176. Es soll keinen privilegierten Gerichtsstand der Personen oder Güter geben.

Die Militärgerichtsbarkeit ist auf die Aburteilung militärischer Verbrechen und Vergehen sowie der Militärdisziplinarvergehen beschränkt, vorbehaltlich der Bestimmungen für den Kriegsstand.

§ 177. Kein Richter darf, außer durch Urteil und Recht, von seinem Amt entfernt oder an Rang und Gehalt beeinträchtigt werden.

Suspension darf nicht ohne gerichtlichen Beschluß erfolgen.

Kein Richter darf wider seinen Willen, außer durch gerichtlichen Beschluß in den durch das Gesetz bestimmten Fällen und Formen, zu einer anderen Stelle versetzt oder in Ruhestand gesetzt werden.

§ 178. Das Gerichtsverfahren soll öffentlich und mündlich sein.

Ausnahmen von der Öffentlichkeit bestimmt im Interesse der Sittlichkeit das Gesetz.

§ 179. In Strafsachen gilt der Anklageprozeß.

Schwurgerichte sollen jedenfalls in schwereren Strafsachen und bei allen politischen Vergehen urteilen.

§ 180. Die bürgerliche Rechtspflege soll in Sachen besonderer Berufserfahrung durch

[1] *Familiengüter mit geschlossener Vererbung.*

sachkundige, von den Berufsgenossen frei gewählte Richter geübt oder mitgeübt werden.

§ 181. Rechtspflege und Verwaltung sollen getrennt und von einander unabhängig sein.

Über Kompetenzkonflikte zwischen den Verwaltungs- und Gerichtsbehörden in den Einzelstaaten entscheidet ein durch das Gesetz zu bestimmender Gerichtshof.

§ 182. Die Verwaltungsrechtspflege hört auf; über alle Rechtsverletzungen entscheiden die Gerichte.

Der Polizei steht keine Strafgerichtsbarkeit zu.

§ 183. Rechtskräftige Urteile deutscher Gerichte sind in allen deutschen Landen gleich wirksam und vollziehbar.

Ein Reichsgesetz wird das Nähere bestimmen.

Artikel XI

§ 184. Jede Gemeinde hat als Grundrechte ihrer Verfassung:

a) die Wahl ihrer Vorsteher und Vertreter;

b) die selbständige Verwaltung ihrer Gemeindeangelegenheiten mit Einschluß der Ortspolizei, unter gesetzlich geordneter Oberaufsicht des Staates;

c) die Veröffentlichung ihres Gemeindehaushaltes;

d) Öffentlichkeit der Verhandlungen als Regel.

§ 185. Jedes Grundstück soll einem Gemeindeverbande angehören.

Beschränkungen wegen Waldungen und Wüsteneien bleiben der Landesgesetzgebung vorbehalten.

Artikel XII

§ 186. Jeder deutsche Staat soll eine Verfassung mit Volksvertretung haben. Die Minister sind der Volksvertretung verantwortlich.

§ 187. Die Volksvertretung hat eine entscheidende Stimme bei der Gesetzgebung, bei der Besteuerung, bei der Ordnung des Staatshaushaltes; auch hat sie — wo zwei Kammern vorhanden sind, jede Kammer für sich — das Recht des Gesetzesvorschlages, der Beschwerde, der Adresse, sowie der Anklage der Minister.

Die Sitzungen der Landtage sind in der Regel öffentlich.

Artikel XIII

§ 188. Den nicht deutsch redenden Volksstämmen Deutschlands ist ihre volkstümliche Entwicklung gewährleistet, namentlich die Gleichberechtigung ihrer Sprachen, soweit deren Gebiete reichen, in dem Kirchenwesen, dem Unterrichte, der inneren Verwaltung und der Rechtspflege.

Artikel XIV

§ 189. Jeder deutsche Staatsbürger in der Fremde steht unter dem Schutze des Reiches.

Abschnitt VII. Die Gewähr der Verfassung

Artikel I

§ 190. Bei jedem Regierungswechsel tritt der Reichstag, falls er nicht schon versammelt ist, ohne Berufung zusammen, in der Art, wie er das letztemal zusammengesetzt war. Der Kaiser, welcher die Regierung antritt, leistet vor den zu seiner Sitzung vereinigten beiden Häusern des Reichstages einen Eid auf die Reichsverfassung.

Der Eid lautet: „Ich schwöre, das Reich und die Rechte des deutschen Volkes zu schirmen, die Reichsverfassung aufrechtzuerhalten und sie gewissenhaft zu vollziehen. So wahr mir Gott helfe."

Erst nach geleistetem Eid ist der Kaiser berechtigt, Regierungshandlungen vorzunehmen.

§ 191. Die Reichsbeamten haben beim Antritt ihres Amtes einen Eid auf die Reichsverfassung zu leisten. Das Nähere bestimmt die Dienstpragmatik[1] des Reiches.

§ 192. Über die Verantwortlichkeit der Reichsminister soll ein Reichsgesetz erlassen werden.

§ 193. Die Verpflichtung auf die Reichsverfassung wird in den Einzelstaaten mit der Verpflichtung auf die Landesverfassung verbunden und dieser vorangesetzt.

Artikel II

§ 194. Keine Bestimmung in der Verfassung oder in den Gesetzen eines Einzelstaates darf mit der Reichsverfassung in Widerspruch stehen.

§ 195. Eine Änderung der Regierungsform in einem Einzelstaate kann nur mit Zustimmung der Reichsgewalt erfolgen. Diese Zustimmung muß in den für Änderungen der Reichsverfassung vorgeschriebenen Formen gegeben werden.

Artikel III

§ 196. Abänderungen in der Reichsverfassung können nur durch einen Beschluß beider Häuser und mit Zustimmung des Reichsoberhauptes erfolgen. Zu einem solchen Beschluß bedarf es in jedem der beiden Häuser:

1. der Anwesenheit von wenigstens zwei Drittel der Mitglieder;

2. zweier Abstimmungen, zwischen welchen ein Zeitraum von wenigstens acht Tagen liegen muß;

3. einer Stimmenmehrheit von wenigstens zwei Drittel der anwesenden Mitglieder bei jeder der beiden Abstimmungen.

Der Zustimmung des Reichsoberhauptes bedarf es nicht, wenn in drei sich unmittelbar folgenden ordentlichen Sitzungsperioden derselbe Reichstagsbeschluß unverändert gefaßt worden. Eine ordentliche Sitzungsperiode, welche nicht wenigstens vier Wochen dauert, wird in dieser Reihenfolge nicht mitgezählt.

[1] *Geschäftsordnung.*

Artikel IV

§ 197. Im Falle des Krieges oder Aufruhrs können die Bestimmungen der Grundrechte über Verhaftung, Haussuchung und Versammlungsrecht von der Reichsregierung oder der Regierung eines Einzelstaates für einzelne Bezirke zeitweise außer Kraft gesetzt werden; jedoch nur unter folgenden Bedingungen:

1. die Verfügung muß in jedem einzelnen Falle von dem Gesamtministerium des Reiches oder Einzelstaates ausgehen;

2. das Ministerium des Reiches hat die Zustimmung des Reichstages, das Ministerium des Einzelstaates die des Landtages, wenn dieselben zur Zeit versammelt sind, sofort einzuholen. Wenn dieselben nicht versammelt sind, so darf die Verfügung nicht länger als 14 Tage dauern, ohne daß dieselben zusammenberufen und die getroffenen Maßregeln zu ihrer Genehmigung vorgelegt werden.

Weitere Bestimmungen bleiben einem Reichsgesetz vorbehalten.

Für die Verkündigung des Belagerungszustandes in Festungen bleiben die bestehenden gesetzlichen Vorschriften in Kraft[1].

3. VERFASSUNG DES DEUTSCHEN REICHES

16. April 1871

I. Bundesgebiet. II. Reichsgesetzgebung. III. Bundesrat. IV. Präsidium. V. Reichstag. VI. Zoll- und Handelswesen. VII. Eisenbahnwesen. VIII. Post- und Telegraphenwesen. IX. Marine und Schiffahrt. X. Konsulatswesen. XI. Reichskriegswesen. XII. Reichsfinanzen. XIII. Schlichtung von Streitigkeiten und Strafbestimmungen. XIV. Allgemeine Bestimmungen.

Seine Majestät der König von Preußen im Namen des Norddeutschen Bundes, Seine Majestät der König von Bayern, Seine Majestät der König von Württemberg, Seine Königliche Hoheit der Großherzog von Baden und Seine Königliche Hoheit der Großherzog von Hessen und bei Rhein für die südlich vom Main gelegenen Teile des Großherzogtums Hessen, schließen einen ewigen Bund zum Schutze des Bundesgebietes und des innerhalb desselben gültigen Rechtes sowie zur Pflege der Wohlfahrt des deutschen Volkes. Dieser Bund wird den Namen Deutsches Reich führen und wird nachstehende Verfassung haben.

I. Bundesgebiet

Artikel 1. Das Bundesgebiet besteht aus den Staaten Preußen mit Lauenburg[2], Bayern, Sachsen, Württemberg, Baden, Hessen, Mecklenburg-Schwerin, Sachsen-Weimar, Mecklenburg-Strelitz, Oldenburg, Braunschweig, Sachsen-Meiningen, Sachsen-

[1] *Die Verfassung ist von Martin Eduard Simson als Präsident der verfassungsgebenden Reichsversammlung und 399 weiteren Mitgliedern in Frankfurt am 28. 9. 1849 unterschrieben.*

[2] *Das Herzogtum Lauenburg war bis 1876 nur in Personalunion mit Preußen verbunden.*

Altenburg, Sachsen-Coburg-Gotha, Anhalt, Schwarzburg-Rudolstadt, Schwarzburg-Sondershausen, Waldeck, Reuß älterer Linie, Reuß jüngerer Linie, Schaumburg-Lippe, Lippe, Lübeck, Bremen und Hamburg[1].

II. Reichsgesetzgebung

Artikel 2. Innerhalb dieses Bundesgebietes übt das Reich das Recht der Gesetzgebung nach Maßgabe des Inhalts dieser Verfassung und mit der Wirkung aus, daß die Reichsgesetze den Landesgesetzen vorangehen. Die Reichsgesetze erhalten ihre verbindliche Kraft durch ihre Verkündigung von Reichs wegen, welche vermittels eines Reichsgesetzblattes geschieht. Sofern nicht in dem publizierten Gesetze ein anderer Anfangstermin seiner verbindlichen Kraft bestimmt ist, beginnt die letztere mit dem 14. Tage nach dem Ablaufe desjenigen Tages, an welchem das betreffende Stück des Reichsgesetzblattes in Berlin ausgegeben worden ist.

Artikel 3. Für ganz Deutschland besteht ein gemeinsames Indigenat[2] mit der Wirkung, daß Angehörige (Untertan, Staatsbürger) eines jeden Bundesstaates in jedem anderen Bundesstaate als Inländer zu behandeln und demgemäß zum festen Wohnsitz, zum Gewerbebetriebe, zu öffentlichen Ämtern, zur Erwerbung von Grundstücken, zur Erlangung des Staatsbürgerrechts und zum Genusse aller sonstigen bürgerlichen Rechte unter denselben Voraussetzungen wie der Einheimische zuzulassen, auch in betreff der Rechtsverfolgung und des Rechtsschutzes demselben gleich zu behandeln ist.

Kein Deutscher darf in der Ausübung dieser Befugnis durch die Obrigkeit seiner Heimat oder durch die Obrigkeit eines anderen Bundesstaates beschränkt werden.

Diejenigen Bestimmungen, welche die Armenversorgung und die Aufnahme in den lokalen Gemeindeverband betreffen, werden durch den im ersten Absatz ausgesprochenen Grundsatz nicht berührt.

Ebenso bleiben bis auf weiteres die Verträge in Kraft, welche zwischen den einzelnen Bundesstaaten in Beziehung auf die Übernahme von Auszuweisenden, die Verpflegung erkrankter und die Beerdigung verstorbener Staatsangehörigen bestehen.

Hinsichtlich der Erfüllung der Militärpflicht im Verhältnis zu dem Heimatslande wird im Wege der Reichsgesetzgebung das Nötige geordnet werden.

Dem Auslande gegenüber haben alle Deutschen gleichmäßig Anspruch auf den Schutz des Reiches.

Artikel 4. Der Beaufsichtigung seitens des Reiches und der Gesetzgebung desselben unterliegen die nachstehenden Angelegenheiten:

1. Die Bestimmungen über Freizügigkeit, Heimats- und Niederlassungsverhältnisse, Staatsbürgerrecht, Paßwesen und Fremdenpolizei und über den Gewerbebetrieb, einschließlich des Versicherungswesens, soweit diese Gegenstände nicht schon durch den Art. 3 dieser Verfassung erledigt sind, in Bayern jedoch mit Ausschluß der

[1] *Hinzu kam Elaß-Lothringen durch Reichsgesetz vom 9. 6. 1871 und Helgoland durch Reichsgesetz vom 15. 12. 1890.*

[2] *Staatsangehörigkeit, Heimatrecht.*

Heimats- und Niederlassungsverhältnisse, desgleichen über die Kolonisation und die Auswanderung nach außerdeutschen Ländern;

2. die Zoll- und Handelsgesetzgebung und die für die Zwecke des Reiches zu verwendenden Steuern;
3. die Ordnung des Maß-, Münz- und Gewichtssystems nebst Feststellung der Grundsätze über die Emission[1] von fundiertem und unfundiertem Papiergelde;
4. die allgemeinen Bestimmungen über das Bankwesen;
5. die Erfindungspatente;
6. der Schutz des geistigen Eigentums;
7. Organisation eines gemeinsamen Schutzes des deutschen Handels im Auslande, der deutschen Schiffahrt und ihrer Flagge zur See und Anordnung gemeinsamer konsularischer Vertretung, welche vom Reiche ausgestattet wird;
8. das Eisenbahnwesen, in Bayern vorbehaltlich der Bestimmung im Art. 46, und die Herstellung von Land- und Wasserstraßen im Interesse der Landesverteidigung und des allgemeinen Verkehrs;
9. der Flößerei- und Schiffahrtsbetrieb auf den mehreren Staaten gemeinsamen Wasserstraßen und der Zustand der letzteren, sowie die Fluß- und sonstigen Wasserzölle[2];
10. das Post- und Telegraphenwesen, jedoch in Bayern und Württemberg nur nach Maßgabe der Bestimmung im Art. 52;
11. Bestimmungen über die wechselseitige Vollstreckung von Erkenntnissen in Zivilsachen und Erledigungen von Requisiten überhaupt;
12. sowie über die Beglaubigung von öffentlichen Urkunden;
13. die gemeinsame Gesetzgebung über das Obligationenrecht, Strafrecht, Handels- und Wechselrecht und das gerichtliche Verfahren[3];
14. das Militärwesen des Reiches und die Kriegsmarine;
15. Maßregeln der Medizinal- und Veterinärpolizei;
16. die Bestimmungen über die Presse und das Vereinswesen.

Artikel 5. Die Reichsgesetzgebung wird ausgeübt durch den Bundesrat und den Reichstag. Die Übereinstimmung der Mehrheitsbeschlüsse beider Versammlungen ist zu einem Reichsgesetze erforderlich und ausreichend.

Bei Gesetzesvorschlägen über das Militärwesen, die Kriegsmarine und die im Art. 35 bezeichneten Abgaben gibt, wenn im Bundesrate eine Meinungsverschiedenheit stattfindet, die Stimme des Präsidiums den Ausschlag, wenn sie sich für die Aufrechterhaltung der bestehenden Einrichtungen ausspricht.

[1] *Inverkehrbringen.*

[2] *Durch Reichsgesetz vom 23. 3. 1873 zugefügt:* desgleichen die Seeschiffahrtszeichen (Leuchtfeuer, Tonnen, Baken und sonstige Tagesmarken).

[3] *Fassung des Reichsgesetzes vom 20. 12. 1873:* Die gemeinsame Gesetzgebung über das gesamte bürgerliche Recht, das Strafrecht und das gerichtliche Verfahren.

III. Bundesrat

Artikel 6. Der Bundesrat besteht aus den Vertretern der Mitglieder des Bundes, unter welchen die Stimmführung sich in der Weise verteilt, daß Preußen mit den ehemaligen Stimmen von Hannover, Kurhessen, Holstein, Nassau und Frankfurt 17 Stimmen führt,

Bayern	6	Sachsen-Koburg-Gotha	1
Sachsen	4	Anhalt	1
Württemberg	4	Schwarzburg-Rudolstadt	1
Baden	3	Schwarzburg-Sonderhaus.	1
Hessen	3	Waldeck	1
Mecklenburg-Schwerin	2	Reuß ältere Linie	1
Sachsen-Weimar	1	Reuß jüngere Linie	1
Mecklenburg-Strelitz	1	Schaumburg-Lippe	1
Oldenburg	1	Lippe	1
Braunschweig	2	Lübeck	1
Sachsen-Meiningen	1	Bremen	1
Sachsen-Altenburg	1	Hamburg	1
		zusammen	58 Stimmen

Jedes Mitglied des Bundes kann so viel Bevollmächtigte zum Bundesrate ernennen, wie es Stimmen hat, doch kann die Gesamtheit der zuständigen Stimmen nur einheitlich abgegeben werden[1].

Artikel 7. Der Bundesrat beschließt:

1. Über die dem Reichstag zu machenden Vorlagen und die von demselben gefaßten Beschlüsse;
2. über die zur Ausführung der Reichsgesetze erforderlichen allgemeinen Verwaltungsvorschriften und Einrichtungen, sofern nicht durch Reichsgesetz etwas anderes bestimmt ist;
3. über Mängel, welche bei der Ausführung der Reichsgesetze oder der vorstehend erwähnten Vorschriften oder Einrichtungen hervortreten.

Jedes Bundesglied ist befugt, Vorschläge zu machen und in Vortrag zu bringen, und das Präsidium ist verpflichtet, dieselben der Beratung zu übergeben.

[1] *Durch Reichsgesetz über die Verfassung Elsaß-Lothringens vom 31. 5. 1911 eingefügt:* Art. 6a. Elsaß-Lothringen führt im Bundesrate drei Stimmen, solange die Vorschriften im Art. II, § 1, § 2, Abs. 1 und 3, des Gesetzes über die Verfassung Elsaß-Lothringens vom 31. Mai 1911 in Kraft sind.

Die elsaß-lothringischen Stimmen werden nicht gezählt, wenn die Präsidialstimme nur durch den Hinzutritt dieser Stimmen die Mehrheit für sich erlangen oder im Sinne des Art. 7, Abs. 3, Satz 3, den Ausschlag geben würde. Das gleiche gilt bei der Beschlußfassung über Änderungen der Verfassung.

Elsaß-Lothringen gilt im Sinne des Art. 6, Abs. 2, und der Art. 7 und 8 als Bundesstaat.

Die Beschlußfassung erfolgt, vorbehaltlich der Bestimmungen in den Art. 5, 37 und 78 mit einfacher Mehrheit. Nicht vertretene oder nicht instruierte Stimmen werden nicht gezählt. Bei Stimmengleichheit gibt die Präsidialstimme den Ausschlag.

Bei der Beschlußfassung über eine Angelegenheit, welche nach den Bestimmungen dieser Verfassung nicht dem ganzen Reiche gemeinschaftlich ist, werden die Stimmen nur derjenigen Bundesstaaten gezählt, welchen die Angelegenheit gemeinschaftlich ist.

Artikel 8. Der Bundesrat bildet aus seiner Mitte dauernde Ausschüsse

1. für das Landheer und die Festungen;
2. für das Seewesen;
3. für Zoll- und Steuerwesen;
4. für Handel und Verkehr;
5. für Eisenbahnen, Post und Telegraphen;
6. für Justizwesen;
7. für Rechnungswesen.

In jedem dieser Ausschüsse werden außer dem Präsidium mindestens vier Bundesstaaten vertreten sein, und führt innerhalb derselben jeder Staat nur eine Stimme. In dem Ausschuß für das Landheer und die Festungen hat Bayern einen ständigen Sitz, die übrigen Mitglieder desselben sowie die Mitglieder des Ausschusses für das Seewesen werden vom Kaiser ernannt; die Mitglieder der anderen Ausschüsse werden von dem Bundesrate gewählt. Die Zusammensetzung dieser Ausschüsse ist für jede Session des Bundesrates resp. mit jedem Jahre zu erneuern, wobei die ausscheidenden Mitglieder wieder wählbar sind.

Außerdem wird im Bundesrate aus den Bevollmächtigten der Königreiche Bayern, Sachsen und Württemberg und zwei, vom Bundesrate alljährlich zu wählenden Bevollmächtigten anderer Bundesstaaten ein Ausschuß für die auswärtigen Angelegenheiten gebildet, in welchem Bayern den Vorsitz führt.

Den Ausschüssen werden die zu ihren Arbeiten nötigen Beamten zur Verfügung gestellt.

Artikel 9. Jedes Mitglied des Bundesrates hat das Recht, im Reichstage zu erscheinen und muß daselbst auf Verlangen jederzeit gehört werden, um die Ansichten seiner Regierung zu vertreten, auch dann, wenn dieselben von der Majorität des Bundesrates nicht adoptiert worden sind. Niemand kann gleichzeitig Mitglied des Bundesrates und des Reichstages sein.

Artikel 10. Dem Kaiser liegt es ob, den Mitgliedern des Bundesrates den üblichen diplomatischen Schutz zu gewähren.

IV. Präsidium

Artikel 11. Das Präsidium des Bundes steht dem Könige von Preußen zu, welcher den Namen Deutscher Kaiser führt. Der Kaiser hat das Reich völkerrechtlich zu vertreten, im Namen des Reiches Krieg zu erklären und Frieden zu schließen, Bündnisse

und andere Verträge mit fremden Staaten einzugehen, Gesandte zu beglaubigen und zu empfangen.

Zur Erklärung des Krieges im Namen des Reiches ist die Zustimmung des Bundesrates erforderlich, es sei denn, daß ein Angriff auf das Reichsgebiet oder dessen Küsten erfolgt.

Insoweit die Verträge mit fremden Staaten sich auf solche Gegenstände beziehen, welche nach Artikel 4 in den Bereich der Reichsgesetzgebung gehören, ist zu ihrem Abschluß die Zustimmung des Bundesrates und zu ihrer Gültigkeit die Genehmigung des Reichtages erforderlich[1].

Artikel 12. Dem Kaiser steht es zu, den Bundesrat und den Reichstag zu berufen, zu eröffnen, zu vertagen und zu schließen.

Artikel 13. Die Berufung des Bundesrates und des Reichstages findet alljährlich statt, und kann der Bundesrat zur Vorbereitung der Arbeiten ohne den Reichstag, letzterer aber nicht ohne den Bundesrat berufen werden.

Artikel 14. Die Berufung des Bundesrates muß erfolgen, sobald sie von einem Drittel der Stimmenzahl verlangt wird.

Artikel 15. Der Vorsitz im Bundesrate und die Leitung der Geschäfte steht dem Reichskanzler zu, welcher vom Kaiser zu ernennen ist. Der Reichskanzler kann sich durch jedes andere Mitglied des Bundesrates vermöge schriftlicher Substitution[2] vertreten lassen[3].

Artikel 16. Die erforderlichen Vorlagen werden nach Maßgabe der Beschlüsse des Bundesrates im Namen des Kaisers an den Reichstag gebracht, wo sie durch Mitglieder des Bundesrates oder durch besondere, von letzteren zu ernennende Kommissarien vertreten werden.

Artikel 17. Dem Kaiser steht die Ausfertigung und Verkündigung der Reichsgesetze und die Überwachung der Ausführung derselben zu. Die Anordnungen und Verfügungen des Kaisers werden im Namen des Reiches erlassen und bedürfen zu

[1] *Die Absätze 2 und 3 von Art. 11 wurden durch Reichsgesetz vom 28.10.1918 durch folgende Bestimmungen ersetzt:* Zur Erklärung des Krieges im Namen des Reiches ist die Zustimmung des Bundesrates und des Reichstages erforderlich.

Friedensverträge sowie diejenigen Verträge mit fremden Staaten, welche sich auf Gegenstände der Reichsgesetzgebung beziehen, bedürfen der Zustimmung des Bundesrates und des Reichstages.

[2] *Stellvertretung.*

[3] *Durch Reichsgesetz vom 28. 10. 1918 wurden folgende Absätze hinzugefügt:*

Der Reichskanzler bedarf zu seiner Amtsführung des Vertrauens des Reichstages.

Der Reichskanzler trägt die Verantwortung für alle Handlungen von politischer Bedeutung, die der Kaiser in Ausübung der ihm nach der Reichsverfassung zustehenden Befugnisse vornimmt.

Der Reichskanzler und seine Stellvertreter sind für ihre Amtsführung dem Bundesrat und dem Reichstag verantwortlich.

ihrer Gültigkeit der Gegenzeichnung des Reichskanzlers, welcher dadurch die Verantwortlichkeit übernimmt[1].

Artikel 18. Der Kaiser ernennt die Reichsbeamten, läßt dieselben für das Reich vereidigen und verfügt erforderlichen Falles deren Entlassung.

Den zu einem Reichsamte berufenen Beamten eines Bundesstaates stehen, sofern nicht vor ihrem Eintritt in den Reichsdienst im Wege der Reichsgesetzgebung etwas anderes bestimmt ist, dem Reiche gegenüber diejenigen Rechte zu, welche ihnen in ihrem Heimatlande aus ihrer dienstlichen Stellung zugestanden hatten.

Artikel 19. Wenn Bundesglieder ihre verfassungsmäßigen Bundespflichten nicht erfüllen, können sie dazu im Wege der Exekution angehalten werden. Diese Exekution ist vom Bundesrate zu beschließen und vom Kaiser zu vollstrecken.

V. Reichstag

Artikel 20. Der Reichstag geht aus allgemeinen und direkten Wahlen mit geheimer Abstimmung hervor[2].

Bis zu der gesetzlichen Regelung, welche im § 5 des Wahlgesetzes vom 31. Mai 1869 vorbehalten ist, werden in Bayern 48, in Württemberg 17, in Baden 14, in Hessen südlich des Mains 6 Abgeordnete gewählt, und beträgt demnach die Gesamtzahl der Abgeordneten 382[3].

Artikel 21. Beamte bedürfen keines Urlaubs zum Eintritt in den Reichstag. Wenn ein Mitglied des Reichstages ein besoldetes Reichsamt oder in einem Bundesstaat ein besoldetes Staatsamt annimmt oder im Reichs- oder Staatsdienste in ein Amt eintritt, mit welchem ein höherer Rang oder ein höheres Gehalt verbunden ist, so verliert es Sitz und Stimme in dem Reichstag und kann seine Stelle in demselben nur durch neue Wahl wieder erlangen[4].

Artikel 22. Die Verhandlungen des Reichstages sind öffentlich.

Wahrheitsgetreue Berichte über Verhandlungen in den öffentlichen Sitzungen des Reichstages bleiben von jeder Verantwortlichkeit frei.

Artikel 23. Der Reichstag hat das Recht, innerhalb der Kompetenz des Reiches Gesetze vorzuschlagen und an ihn gerichtete Petitionen dem Bundesrate resp. Reichskanzler zu überweisen.

Artikel 24. Die Legislaturperiode des Reichstages dauert drei[5] Jahre. Zur Auf-

[1] *Durch Reichsgesetz vom 28. 10. 1918 wurden die Worte* „Welcher dadurch die Verantwortlichkeit übernimmt" *gestrichen.*

[2] *Vgl. ergänzend das Reichsgesetz über die Zusammensetzung des Reichstags und die Verhältniswahl in großen Reichstagswahlkreisen vom 24. 8. 1918, durch das die Zahl der Abgeordneten auf 441 erhöht werden sollte (Triepel, Nr. 164).*

[3] *Hinzutraten für Elsaß-Lothringen 15 Abgeordnete durch Reichsgesetz vom 25. 6. 1873. Ein Reichswahlgesetz ist nicht ergangen. Das Wahlgesetz von 1869 bei Triepel Nr. 129.*

[4] *Art. 21, Satz 2, wurde durch Reichsgesetz vom 28. 10. 1918 aufgehoben.*

[5] *Durch Reichsgesetz vom 19. 3. 1888 wurde die Legislaturperiode auf 5 Jahre verlängert.*

losung des Reichstages während derselben ist ein Beschluß des Bundesrates unter Zustimmung des Kaisers erforderlich.

Artikel 25. Im Falle der Auflösung des Reichstages müssen innerhalb eines Zeitraumes von 60 Tagen nach derselben die Wähler und innerhalb eines Zeitraumes von 90 Tagen nach der Auflösung der Reichstag versammelt werden.

Artikel 26. Ohne Zustimmung des Reichstages darf die Vertagung desselben die Frist von 30 Tagen nicht übersteigen und während derselben Session nicht wiederholt werden.

Artikel 27. Der Reichstag prüft die Legitimation seiner Mitglieder und entscheidet darüber. Er regelt seinen Geschäftsgang und seine Disziplin durch eine Geschäftsordnung[1] und erwählt seinen Präsidenten, seine Vizepräsidenten und seine Schriftführer.

Artikel 28. Der Reichstag beschließt nach absoluter Stimmenmehrheit. Zur Gültigkeit der Beschlußfassung ist die Anwesenheit der Mehrheit der gesetzlichen Anzahl der Mitglieder erforderlich.

Bei der Beschlußfassung über eine Angelegenheit, welche nach den Bestimmungen dieser Verfassung nicht dem ganzen Reiche gemeinschaftlich ist, werden die Stimmen nur derjenigen Mitglieder gezählt, die in Bundesstaaten gewählt sind, welchen die Angelegenheit gemeinschaftlich ist[2].

Artikel 29. Die Mitglieder des Reichstages sind Vertreter des gesamten Volkes und an Aufträge und Instruktionen nicht gebunden.

Artikel 30. Kein Mitglied des Reichstages darf zu irgendeiner Zeit wegen seiner Abstimmung oder wegen der in Ausübung seines Berufes getanen Äußerungen gerichtlich oder disziplinarisch verfolgt oder sonst außerhalb der Versammlung zur Verantwortung gezogen werden.

Artikel 31. Ohne Genehmigung des Reichstages kann kein Mitglied desselben während der Sitzungsperiode wegen einer mit Strafe bedrohten Handlung zur Untersuchung gezogen oder verhaftet werden, außer wenn es bei Ausübung der Tat oder im Laufe des nächstfolgenden Tages ergriffen wird.

Gleiche Genehmigung ist bei einer Verhaftung wegen Schulden erforderlich.

Auf Verlangen des Reichstages wird jedes Strafverfahren gegen ein Mitglied desselben und jede Untersuchungs- oder Zivilhaft für die Dauer der Sitzungsperiode aufgehoben.

Artikel 32. Die Mitglieder des Reichstages dürfen als solche keine Besoldung oder Entschädigung beziehen[3].

[1] *Vom 10. 2. 1876 (Druck bei Triepel, 2. Aufl.).*

[2] *Der 2. Absatz wurde durch Reichsgesetz vom 24. 2. 1873 aufgehoben.*

[3] *Durch Reichsgesetz vom 21. 5. 1906 die Worte „oder Entschädigung" gestrichen und als 2. Satz* „Sie erhalten eine Entschädigung nach Maßgabe des Gesetzes" *hinzugefügt.*

VI. Zoll- und Handelswesen

Artikel 33. Deutschland bildet ein Zoll- und Handelsgebiet, umgeben von gemeinschaftlicher Zollgrenze. Ausgeschlossen bleiben die wegen ihrer Lage zur Einschließung in die Zollgrenze nicht geeigneten einzelnen Gebietsteile.

Alle Gegenstände, welche im freien Verkehr eines Bundesstaates befindlich sind, können in jeden andern Bundesstaat eingeführt und dürfen in letzterem einer Abgabe nur insoweit unterworfen werden, als daselbst gleichartige inländische Erzeugnisse einer inneren Steuer unterliegen.

Artikel 34. Die Hansestädte Bremen und Hamburg mit einem dem Zweck entsprechenden Bezirke ihres oder des umliegenden Gebietes bleiben als Freihäfen außerhalb der gemeinschaftlichen Zollgrenze, bis sie ihren Einschluß in dieselbe beantragen[1].

Artikel 35. Das Reich ausschließlich hat die Gesetzgebung über das gesamte Zollwesen, über die Besteuerung des im Bundesgebiete gewonnenen Salzes und Tabaks, bereiteten Branntweins und Bieres und aus Rüben oder anderen inländischen Erzeugnissen hergestellten Zuckers und Sirups, über den gegenseitigen Schutz der in den einzelnen Bundesstaaten erhobenen Verbrauchsabgaben gegen Hinterziehungen, sowie über die Maßregeln, welche in den Zollausschüssen zur Sicherung der gemeinsamen Zollgrenze erforderlich sind.

In Bayern, Württemberg und Baden bleibt die Besteuerung des inländischen Branntweins und Bieres der Landesgesetzgebung vorbehalten.

Die Bundesstaaten werden jedoch ihr Bestreben darauf richten, eine Übereinstimmung der Gesetzgebung über die Besteuerung auch dieser Gegenstände herbeizuführen.

Artikel 36. Die Erhebung und Verwaltung der Zölle und Verbrauchssteuern (Art. 35) bleibt jedem Bundesstaate, soweit derselbe sie bisher ausgeübt hat, innerhalb seines Gebietes überlassen.

Der Kaiser überwacht die Einhaltung des gesetzlichen Verfahrens durch Reichsbeamte, welche er den Zoll- und Steuerämtern und den Direktivbehörden der einzelnen Staaten, nach Vernehmung des Ausschusses des Bundesrates für Zoll- und Steuerwesen, beiordnet.

Die von diesen Beamten über Mängel bei der Ausführung der gemeinschaftlichen Gesetzgebung (Art. 35) gemachten Anzeigen werden dem Bundesrate zur Beschlußnahme vorgelegt.

Artikel 37. Bei der Beschlußnahme über die zur Ausführung der gemeinschaftlichen Gesetzgebung (Art. 35) dienenden Verwaltungsvorschriften und Einrichtungen gibt die Stimme des Präsidiums alsdann den Ausschlag, wenn sie sich für Aufrechterhaltung der bestehenden Vorschrift oder Einrichtung ausspricht.

Artikel 38. Der Ertrag der Zölle und der anderen in Artikel 35 bezeichneten Abgaben letzterer, soweit sie der Reichsgesetzgebung unterliegen, fließt in die Reichskasse.

[1] *Der Anschluß erfolgte am 15. 10. 1888.*

Dieser Ertrag besteht aus der gesamten von den Zöllen und den übrigen Abgaben aufgekommenen Einnahme nach Abzug:

1. der auf Gesetzen oder allgemeinen Verwaltungsvorschriften beruhenden Steuervergütungen und Ermäßigungen,
2. der Rückerstattungen für unrichtige Erhebungen,
3. der Erhebungs- und Verwaltungskosten, und zwar:
   a) bei den Zöllen der Kosten, welche an den gegen das Ausland gelegenen Grenzen und in dem Grenzbezirke für den Schutz und die Erhebung der Zölle erforderlich sind,
   b) bei der Salzsteuer der Kosten, welche zur Besoldung der mit Erhebung und Kontrollierung dieser Steuer auf den Salzwerken beauftragten Beamten aufgewendet werden,
   c) bei der Rübenzuckersteuer und Tabaksteuer der Vergütung, welche nach den jeweiligen Beschlüssen des Bundesrates den einzelnen Bundesregierungen für die Kosten der Verwaltung dieser Steuern zu gewähren ist,
   d) bei den übrigen Steuern mit 15% der Gesamteinnahme[1].

Die außerhalb der gemeinschaftlichen Zollgrenze liegenden Gebiete tragen zu den Ausgaben des Reiches durch Zahlung eines Aversums[2] bei. Bayern, Württemberg und Baden haben an dem in die Reichskasse fließenden Ertrage der Steuern von Branntwein und Bier und an dem diesem Ertrage entsprechenden Teile des vorstehend erwähnten Aversums keinen Teil.

Artikel 39. Die von den Erhebungsbehörden der Bundesstaaten nach Ablauf eines jeden Vierteljahres aufzustellenden Quartalextrakte[3] und die nach dem Jahres- und Bücherschlusse aufzustellenden Finalabschlüsse über die im Laufe des Vierteljahres, beziehungsweise während des Rechnungsjahres fällig gewordenen Einnahmen an Zöllen und nach Artikel 38 zur Reichskasse fließenden Verbrauchsabgaben werden von den Direktivbehörden der Bundesstaaten, nach vorangegangener Prüfung, in Hauptübersichten zusammengestellt, in welcher jede Abgabe gesondert nachzuweisen ist, und es werden diese Übersichten an den Ausschuß des Bundesrates für das Rechnungswesen eingesandt.

Der letztere stellt auf Grund dieser Übersichten von drei zu drei Monaten den von der Kasse jedes Bundesstaates der Reichskasse schuldigen Betrag vorläufig fest und setzt von dieser Feststellung den Bundesrat und die Bundesstaaten in Kenntnis, legt auch alljährlich die schließliche Feststellung jener Beträge mit seinen Bemerkungen dem Bundesrate vor. Der Bundesrat beschließt über diese Feststellung.

[1] *Ziffer d) ist hinsichtlich der Brausteuer durch Gesetz vom 3. 6. 1906 aufgehoben und durch die Bestimmung „Festsetzung der Vergütung durch den Bundesrat" ersetzt.*

[2] *Abfindungssumme, Pauschalbetrag.*

[3] *Vierteljahresauszüge.*

Artikel 40. Die Bestimmungen in dem Zollvereinigungsvertrage vom 8. Juli 1867[1] bleiben in Kraft, soweit sie nicht durch die Vorschriften dieser Verfassung abgeändert sind, und so lange sie nicht auf dem im Artikel 7 beziehungsweise 78 bezeichneten Wege abgeändert werden.

VII. Eisenbahnen

Artikel 41. Eisenbahnen, welche im Interesse der Verteidigung Deutschlands oder im Interesse des gemeinsamen Verkehrs für notwendig erachtet werden, können kraft eines Reichsgesetzes auch gegen den Widerspruch der Bundesglieder, deren Gebiet die Eisenbahnen durchschneiden, unbeschadet der Landeshoheitsrechte, für Rechnung des Reiches angelegt oder an Privatunternehmer zur Ausführung konzessioniert und mit dem Expropriationsrechte[2] ausgestattet werden.

Jede bestehende Eisenbahnverwaltung ist verpflichtet, sich dem Anschluß neuangelegter Eisenbahnen auf Kosten der letzteren gefallen zu lassen.

Die gesetzlichen Bestimmungen, welche bestehenden Eisenbahnunternehmungen ein Widerspruchsrecht gegen die Anlegung von Parallel- oder Konkurrenzbahnen einräumen, werden, unbeschadet bereits erworbener Rechte für das ganze Reich hierdurch aufgehoben. Ein solches Widerspruchsrecht kann auch in den künftig zu erteilenden Konzessionen nicht weiter verliehen werden.

Artikel 42. Die Bundesregierungen verpflichten sich, die deutschen Eisenbahnen im Interesse des allgemeinen Verkehrs wie ein einheitliches Netz verwalten und zu diesem Behufe auch die neu herzustellenden Bahnen nach einheitlichen Normen anlegen und ausrüsten zu lassen.

Artikel 43. Es sollen demgemäß in tunlichster Beschleunigung übereinstimmende Betriebseinrichtungen getroffen, insbesondere gleiche Bahnpolizei-Reglements eingeführt werden. Das Reich hat dafür Sorge zu tragen, daß die Eisenbahnverwaltungen die Bahnen jederzeit in einem die nötige Sicherheit gewährenden baulichen Zustande erhalten und dieselben mit Betriebsmaterial so ausrüsten, wie das Verkehrsbedürfnis es erheischt.

Artikel 44. Die Eisenbahnverwaltungen sind verpflichtet, die für den durchgehenden Verkehr und zur Herstellung ineinander greifender Fahrpläne nötigen Personenzüge mit entsprechender Fahrgeschwindigkeit, desgleichen die zur Bewältigung des Güterverkehrs nötigen Güterzüge einzuführen, auch direkte Expeditionen im Personen- und Güterverkehr, unter Gestattung des Überganges der Transportmittel von einer Bahn auf die andere, gegen die übliche Vergütung einzurichten.

Artikel 45. Dem Reiche steht die Kontrolle über das Tarifwesen zu. Dasselbe wird namentlich dahin wirken:

[1] *Vertrag zwischen dem Norddeutschen Bunde, Bayern, Württemberg, Baden und Hessen über die Fortdauer des Zoll- und Handelsvereins (Triepel, Nr. 103).*

[2] *Recht zur Enteignung.*

1. daß baldigst auf allen deutschen Eisenbahnen übereinstimmende Betriebsreglements eingeführt werden[1],

2. daß die möglichste Gleichmäßigkeit und Herabsetzung der Tarife erzielt, insbesondere daß bei größeren Entfernungen für den Transport von Kohlen, Koks, Holz, Erzen, Steinen, Salz, Roheisen, Düngungsmitteln und ähnlichen Gegenständen ein dem Bedürfnis der Landwirtschaft und Industrie entsprechender ermäßigter Tarif, und zwar zunächst tunlichst der Einpfennigtarif, eingeführt werde.

Artikel 46. Bei eintretenden Notständen, insbesondere bei ungewöhnlicher Teuerung der Lebensmittel, sind die Eisenbahnverwaltungen verpflichtet, für den Transport, namentlich von Getreide, Mehl, Hülsenfrüchten und Kartoffeln, zeitweise einen dem Bedürfnis entsprechenden, von dem Kaiser auf Vorschlag des betreffenden Bundesratsausschusses festzustellenden, niedrigen Spezialtarif einzuführen, welcher jedoch nicht unter den niedrigsten auf der betreffenden Bahn für Rohprodukte geltenden Satz herabgehen darf.

Die vorstehend sowie die in den Artikeln 42 bis 45 getroffenen Bestimmungen sind auf Bayern nicht anwendbar.

Dem Reiche steht jedoch auch Bayern gegenüber das Recht zu, im Wege der Gesetzgebung einheitliche Normen für die Konstruktion und Ausrüstung der für die Landesverteidigung wichtigen Eisenbahnen aufzustellen.

Artikel 47. Den Anforderungen der Behörden des Reichs in betreff der Benutzung der Eisenbahnen zum Zweck der Verteidigung Deutschlands haben sämtliche Eisenbahnverwaltungen unweigerlich Folge zu leisten. Insbesondere ist das Militär und alles Kriegsmaterial zu gleichen ermäßigten Sätzen zu befördern.

VIII. Post- und Telegraphenwesen

Artikel 48. Das Postwesen und das Telegraphenwesen werden für das gesamte Gebiet des Deutschen Reiches als einheitliche Staatsverkehrsanstalten eingerichtet und verwaltet.

Die im Artikel 4 vorgesehene Gesetzgebung des Reiches in Post- und Telegraphenangelegenheiten erstreckt sich nicht auf diejenigen Gegenstände, deren Regelung nach den in der Norddeutschen Post- und Telegraphenverwaltung maßgebend gewesenen Grundsätzen der reglementarischen Festsetzung oder administrativen Anordnung überlassen ist.

Artikel 49. Die Einnahmen des Post- und Telegraphenwesens sind für das ganze Reich gemeinschaftlich. Die Ausgaben werden aus den gemeinschaftlichen Einnahmen bestritten. Die Überschüsse fließen in die Reichskasse (Abschnitt XII).

Artikel 50. Dem Kaiser gehört die obere Leitung der Post- und Telegraphenverwaltung an. Die von ihm bestellten Behörden haben die Pflicht und das Recht, dafür

[1] *Eisenbahnbau- und -betriebsverordnung vom 4. 11. 1904, Eisenbahnverkehrsordnung vom 17./23. 12. 1908, beide mit zahlreichen Ergänzungen und Änderungen.*

zu sorgen, daß Einheit in der Organisation der Verwaltung und im Betriebe des Dienstes sowie in der Qualifikation der Beamten hergestellt und erhalten wird.

Dem Kaiser steht der Erlaß der reglementarischen Festsetzungen und allgemeinen administrativen Anordnungen sowie die ausschließliche Wahrnehmung der Beziehungen zu anderen Post- und Telegraphenverwaltungen zu. Sämtliche Beamten der Post- und Telegraphenverwaltung sind verpflichtet, den kaiserlichen Anordnungen Folge zu leisten. Diese Verpflichtung ist in den Diensteid aufzunehmen.

Die Anstellung der bei den Verwaltungsbehörden der Post und Telegraphie in den verschiedenen Bezirken erforderlichen oberen Beamten (z. B. der Direktoren, Räte, Oberinspektoren), ferner die Anstellung der zur Wahrnehmung des Aufsichts- usw. Dienstes in den einzelnen Bezirken als Organe der erwähnten Behörden fungierenden Post- und Telegraphenbeamten (z. B. Inspektoren, Kontrolleure) geht für das ganze Gebiet des Deutschen Reiches vom Kaiser aus, welchem diese Beamten den Diensteid leisten. Den einzelnen Landesregierungen wird von den in Rede stehenden Ernennungen, soweit dieselben ihre Gebiete betreffen, behufs der landesherrlichen Bestätigung und Publikation rechtzeitig Mitteilung gemacht werden.

Die anderen bei den Verwaltungsbehörden der Post und Telegraphie erforderlichen Beamten, sowie alle für den lokalen und technischen Betrieb bestimmten, mithin bei den eigentlichen Dienststellen fungierenden Beamten usw. werden von den betreffenden Landesregierungen angestellt.

Wo eine selbständige Landespost-, resp. Telegraphenverwaltung nicht besteht, entscheiden die Bestimmungen der besonderen Verträge.

Artikel 51. Bei Überweisung des Überschusses der Postverwaltung für allgemeine Reichszwecke (Artikel 49) soll, in Betracht der bisherigen Verschiedenheit der von den Landespostverwaltungen der einzelnen Gebiete erzielten Reineinnahmen, zum Zwecke einer entsprechenden Ausgleichung während der unten festgesetzten Übergangszeit folgendes Verfahren beobachtet werden:

Aus den Postüberschüssen, welche in den einzelnen Postbezirken während der fünf Jahre von 1861 bis 1865 aufgekommen sind, wird ein durchschnittlicher Jahresüberschuß berechnet, und der Anteil, welchen jeder einzelne Postbezirk an dem für das gesamte Gebiet des Reiches sich darnach herausstellenden Postüberschüsse gehabt hat, nach Prozenten festgestellt.

Nach Maßgabe des auf diese Weise festgestellten Verhältnisses werden den einzelnen Staaten während der auf ihren Eintritt in die Reichspostverwaltung folgenden acht Jahre die sich für sie aus den im Reiche aufkommenden Postüberschüssen ergebenden Quoten auf ihre sonstigen Beiträge zu Reichszwecken zugute gerechnet.

Nach Ablauf der acht Jahre hört jede Unterscheidung auf und fließen die Postüberschüsse in ungeteilter Aufrechnung nach dem im Artikel 49 enthaltenen Grundsatz der Reichskasse zu.

Von der während der vorgedachten acht Jahre für die Hansestädte sich herausstellenden Quote des Postüberschusses wird alljährlich vorweg die Hälfte dem Kaiser

zur Disposition gestellt zu dem Zwecke, daraus zunächst die Kosten für die Herstellung normaler Posteinrichtungen in den Hansestädten zu bestreiten.

Artikel 52. Die Bestimmungen in den vorstehenden Artikeln 48 bis 51 finden auf Bayern und Württemberg keine Anwendung. An ihrer Stelle gelten für beide Bundesstaaten folgende Bestimmungen:

Dem Reiche ausschließlich steht die Gesetzgebung über die Vorrechte der Post und Telegraphie, über die rechtlichen Verhältnisse beider Anstalten zum Publikum, über die Portofreiheiten und das Posttaxwesen, jedoch ausschließlich der reglementarischen und Tarifbestimmungen für den internen Verkehr innerhalb Bayerns beziehungsweise Württembergs, sowie, unter gleicher Beschränkung, die Feststellung der Gebühren für die telegraphische Korrespondenz zu.

Ebenso steht dem Reiche die Regelung des Post- und Telegraphenverkehrs mit dem Auslande zu, ausgenommen den eigenen unmittelbaren Verkehr Bayerns, beziehungsweise Württembergs mit seinen dem Reiche nicht angehörenden Nachbarstaaten, wegen dessen Regelung es bei der Bestimmung im Artikel 49 des Postvertrages vom 23. November 1867 bewendet.

An den zur Reichskasse fließenden Einnahmen des Post- und Telegraphenwesens haben Bayern und Württemberg keinen Teil.

IX. Marine und Schiffahrt

Artikel 53. Die Kriegsmarine des Reiches ist eine einheitliche unter dem Oberbefehl des Kaisers. Die Organisation und Zusammensetzung derselben liegt dem Kaiser ob, welcher die Offiziere und Beamten der Marine ernennt und für welchen dieselben nebst den Mannschaften eidlich in Pflicht zu nehmen sind[1].

Der Kieler Hafen und der Jadehafen[2] sind Reichskriegshäfen.

Der zur Gründung und Erhaltung der Kriegsflotte und der damit zusammenhängenden Anstalten erforderliche Aufwand wird aus der Reichskasse bestritten.

Die gesamte seemännische Bevölkerung des Reiches, einschließlich des Maschinenpersonals und der Schiffshandwerker, ist vom Dienste im Landheere befreit, dagegen zum Dienste in der kaiserlichen Marine verpflichtet.

Die Verteilung des Ersatzbedarfes findet nach Maßgabe der vorhandenen seemännischen Bevölkerung statt, und die hiernach von jedem Staate gestellte Quote kommt auf die Gestellung zum Landheere in Abrechnung[3].

Artikel 54. Die Kauffahrteischiffe aller Bundesstaaten bilden eine einheitliche Handelsmarine.

[1] *Durch Reichsgesetz vom 28. 10. 1918 wurde hinzugefügt:* Die Ernennung, Versetzung, Beförderung und Verabschiedung der Offiziere und Beamten der Marine erfolgt unter Gegenzeichnung des Reichskanzlers.

[2] *Wilhelmshaven.*

[3] *Durch das Reichsgesetz betr. die Ersatzverteilung vom 26. 5. 1893 wurde Absatz 5 gestrichen und durch Art. II, § 1, des Gesetzes ersetzt.*

Das Reich hat das Verfahren zur Ermittlung der Ladungsfähigkeit der Seeschiffe zu bestimmen, die Ausstellung der Meßbriefe sowie der Schiffszertifikate[1] zu regeln und die Bedingungen festzustellen, von welchen die Erlaubnis zur Führung eines Seeschiffes abhängig ist.

In den Seehäfen und auf allen natürlichen und künstlichen Wasserstraßen der einzelnen Bundesstaaten werden die Kauffahrteischiffe sämtlicher Bundesstaaten gleichmäßig zugelassen und behandelt. Die Abgaben, welche in den Seehäfen von den Seeschiffen oder deren Ladungen für die Benutzung der Schiffahrtsanstalten erhoben werden, dürfen die zur Unterhaltung und gewöhnlichen Herstellung dieser Anstalten erforderlichen Kosten nicht übersteigen.

Auf allen natürlichen Wasserstraßen dürfen Abgaben nur für die Benutzung besonderer Anstalten, die zur Erleichterung des Verkehrs bestimmt sind, erhoben werden. Diese Abgaben sowie die Abgaben für die Befahrung solcher künstlichen Wasserstraßen, welche Staatseigentum sind, dürfen die zur Unterhaltung und gewöhnlichen Herstellung der Anstalten und Anlagen erforderlichen Kosten nicht übersteigen. Auf die Flößerei finden diese Bestimmungen insoweit Anwendung, als dieselbe auf schiffbaren Wasserstraßen betrieben wird[2].

Auf fremde Schiffe oder deren Ladungen andere oder höhere Abgaben zu legen, als von den Schiffen der Bundesstaaten oder deren Ladungen zu entrichten sind, steht keinem Einzelstaate, sondern nur dem Reiche zu.

Artikel 55. Die Flagge der Kriegs- und Handelsmarine ist schwarz-weiß-rot.

X. Konsulatswesen

Artikel 56. Das gesamte Konsulatswesen des Deutschen Reiches steht unter der Aufsicht des Kaisers, welcher die Konsuln, nach Vernehmung des Ausschusses des Bundesrates für Handel und Verkehr, anstellt.

1 *Meß- oder Aufbriefe, amtl. Bestätigung der Schiffsmaße. Schiffszertifikate oder Registrierbriefe, die amtl. Eintragung in das Schiffsregister als Voraussetzung für die Flaggenführung.*

2 *Durch das Reichsgesetz betr. den Ausbau der deutschen Wasserstraßen vom 24. 12. 1911 wurde Satz 2 des Absatzes 3 gestrichen und Absatz 4 durch folgende Absätze ersetzt:*

Auf natürlichen Wasserstraßen dürfen Abgaben nur für solche Anstalten (Werke und Einrichtungen) erhoben werden, die zur Erleichterung des Verkehrs bestimmt sind. Sie dürfen bei staatlichen und kommunalen Anstalten die zur Herstellung und Unterhaltung erforderlichen Kosten nicht übersteigen. Die Herstellungs- und Unterhaltungskosten für Anstalten, die nicht zur Erleichterung des Verkehrs, sondern auch zur Förderung anderer Zwecke und Interessen bestimmt sind, dürfen nur zu einem verhältnismäßigen Anteil durch Schiffahrtsabgaben aufgebracht werden. Als Kosten der Herstellung gelten die Zinsen und Tilgungsbeträge für die aufgewendeten Kapitalien.

Die Vorschriften des Absatzes 4 finden nur Anwendung auf die Abgaben, die für künstliche Wasserstraßen und für Anstalten an solchen sowie in Häfen erhoben werden.

Der Bemessung von Befahrungsabgaben können im Bereiche der Binnenschiffahrt die Gesamtkosten für eine Wasserstraße, ein Stromgebiet oder ein Wasserstraßennetz zugrunde gelegt werden.

Auf die Flößerei finden diese Bestimmungen insoweit Anwendung, als sie auf schiffbaren Wasserstraßen betrieben wird.

In dem Amtsbezirk der deutschen Konsuln dürfen neue Landeskonsulate nicht errichtet werden. Die deutschen Konsuln üben für die in ihrem Bezirk nicht vertretenen Bundesstaaten die Funktionen eines Landeskonsuls aus. Die sämtlichen bestehenden Landeskonsulate werden aufgehoben, sobald die Organisation der deutschen Konsulate dergestalt vollendet ist, daß die Vertretung der Einzelinteressen aller Bundesstaaten als durch die deutschen Konsulate gesichert von dem Bundesrate anerkannt wird.

XI. Reichskriegswesen

Artikel 57. Jeder Deutsche ist wehrpflichtig und kann sich in Ausübung dieser Pflicht nicht vertreten lassen.

Artikel 58. Die Kosten und Lasten des gesamten Kriegswesens des Reiches sind von allen Bundesstaaten und ihren Angehörigen gleichmäßig zu tragen, so daß weder Bevorzugungen noch Prägravationen[1] einzelner Staaten oder Klassen grundsätzlich zulässig sind. Wo die gleiche Verteilung der Lasten sich in natura nicht herstellen läßt, ohne die öffentliche Wohlfahrt zu schädigen, ist die Ausgleichung nach den Grundsätzen der Gerechtigkeit im Wege der Gesetzgebung festzustellen.

Artikel 59. Jeder wehrfähige Deutsche gehört sieben Jahre lang, in der Regel vom vollendeten 20. bis zum beginnenden 28. Lebensjahre, dem stehenden Heere — und zwar die ersten drei Jahre bei den Fahnen, die letzten vier Jahre in der Reserve — und die folgenden fünf Lebensjahre der Landwehr an. In denjenigen Bundesstaaten, in denen bisher eine längere als zwölfjährige Gesamtdienstzeit gesetzlich war, findet die allmähliche Herabsetzung der Verpflichtung nur in dem Maße statt, als dies die Rücksicht auf die Kriegsbereitschaft des Reichsheeres zuläßt[2].

In bezug auf die Auswanderung der Reservisten sollen lediglich diejenigen Bestimmungen maßgebend sein, welche für die Auswanderung der Landwehrmänner gelten.

1 *Überleistungen.*

2 *Das Reichsgesetz vom 11. 2. 1888 gab dem 1. Satz dieses Absatzes folgende Fassung:* Jeder wehrfähige Deutsche gehört sieben Jahre lang, in der Regel vom vollendeten 20. bis zum beginnenden 28. Lebensjahre, dem stehenden Heere — und zwar die ersten drei Jahre bei den Fahnen, die letzten vier Jahre in der Reserve —, die folgenden fünf Lebensjahre der Landwehr ersten Aufgebots und sodann bis zum 31. März desjenigen Kalenderjahres, in welchem das 39. Lebensjahr vollendet wird, der Landwehr zweiten Aufgebots an.

Das Reichsgesetz vom 15. 4. 1905 gab dem ersten Abschnitt folgende Fassung: Jeder wehrfähige Deutsche gehört sieben Jahre lang, in der Regel vom vollendeten 20. bis zum beginnenden 28. Lebensjahre, dem stehenden Heere, die folgenden fünf Lebensjahre der Landwehr ersten Aufgebots und sodann bis zum 31. März des Kalenderjahres, in welchem das 39. Lebensjahr vollendet wird, der Landwehr zweiten Aufgebots an.

Während der Dauer der Dienstpflicht im stehenden Heere sind die Mannschaften der Kavallerie und reitenden Feldartillerie die ersten drei, alle übrigen Mannschaften die ersten zwei Jahre zum ununterbrochenen Dienste bei den Fahnen verpflichtet.

Artikel 60. Die Friedenspräsenzstärke des deutschen Heeres wird bis zum 31. Dezember 1871 auf ein Prozent der Bevölkerung von 1867 normiert und wird pro rata derselben von den einzelnen Bundesstaaten gestellt. Für die spätere Zeit wird die Friedenspräsenzstärke des Heeres im Wege der Reichsgesetzgebung festgestellt.

Artikel 61. Nach Publikation dieser Verfassung ist in dem ganzen Reiche die gesamte preußische Militärgesetzgebung ungesäumt einzuführen, sowohl die Gesetze selbst als die zu ihrer Ausführung, Erläuterung oder Ergänzung erlassenen Reglements, Instruktionen und Reskripte, namentlich also das Militärstrafgesetzbuch vom 3. April 1845, die Militärstrafgerichtsordnung vom 3. April 1845, die Verordnung über die Ehrengerichte vom 20. Juli 1843, die Bestimmungen über Aushebung, Dienstzeit, Servis-[1] und Verpflegungswesen, Einquartierung, Ersatz von Flurbeschädigungen, Mobilmachung usw. für Krieg und Frieden. Die Militärkirchenordnung ist jedoch ausgeschlossen.

Nach gleichmäßiger Durchführung der Kriegsorganisation des deutschen Heeres wird ein umfassendes Reichsmilitärgesetz dem Reichstage und dem Bundesrate zur verfassungsmäßigen Beschlußfassung vorgelegt werden[2].

Artikel 62. Zur Bestreitung des Aufwandes für das gesamte deutsche Heer und die zu demselben gehörigen Einrichtungen sind bis zum 31. Dezember 1871 dem Kaiser jährlich sovielmal 225 Taler, in Worten zweihundertfünfundzwanzig Taler, als die Kopfzahl der Friedensstärke des Heeres nach Artikel 60 beträgt, zur Verfügung zu stellen. Vgl. Abschnitt XII. Nach dem 31. Dezember 1871 müssen diese Beiträge von den einzelnen Staaten des Bundes zur Reichskasse fortgezahlt werden. Zur Berechnung derselben wird die im Artikel 60 interimistisch festgestellte Friedenspräsenzstärke so lange festgehalten, bis sie durch ein Reichsgesetz abgeändert ist.

Die Verausgabung dieser Summe für das gesamte Reichsheer und dessen Einrichtung wird durch das Etatsgesetz festgestellt.

Bei der Feststellung des Militärausgabeetats wird die auf Grundlage dieser Verfassung gesetzlich feststehende Organisation des Reichsheeres zugrunde gelegt.

Artikel 63. Die gesamte Landmacht des Reichs wird ein einheitliches Heer bilden, welches im Krieg und Frieden unter dem Befehle des Kaisers steht.

Die Regimenter usw. führen fortlaufende Nummern durch das ganze deutsche Heer. Für die Bekleidung sind die Grundfarben und der Schnitt der Königlich Preußischen Armee maßgebend. Dem betreffenden Kontingentsherrn bleibt es überlassen, die äußeren Abzeichen (Kokarden usw.) zu bestimmen.

Der Kaiser hat die Pflicht und das Recht, dafür Sorge zu tragen, daß innerhalb des deutschen Heeres alle Truppenteile vollzählig und kriegstüchtig vorhanden sind

[1] *Servis, Vergütung für besondere Dienste, z. B. Unterbringung von Pferden (Stall-Servis) oder Personal.*

[2] *Reichsmilitärgesetz vom 2. 5. 1874 mit vielfachen späteren Änderungen, zuletzt durch Reichsgesetz vom 22. 7. 1913.*

und daß Einheit in der Organisation und Formation, in Bewaffnung und Kommando, in der Ausbildung der Mannschaften sowie in der Qualifikation der Offiziere hergestellt und erhalten wird. Zu diesem Behufe ist der Kaiser berechtigt, sich jederzeit durch Inspektionen von der Verfassung der einzelnen Kontingente zu überzeugen und die Abstellung der dabei vorgefundenen Mängel anzuordnen.

Der Kaiser bestimmt den Präsenzstand, die Gliederung und Einteilung der Kontingente des Reichsheeres sowie die Organisation der Landwehr und hat das Recht, innerhalb des Bundesgebietes die Garnisonen zu bestimmen sowie die kriegsbereite Aufstellung eines jeden Teils des Reichsheeres anzuordnen.

Behufs Erhaltung der unentbehrlichen Einheit in der Administration, Verpflegung, Bewaffnung und Ausrüstung aller Truppenteile des deutschen Heeres sind die bezüglichen künftig ergehenden Anordnungen für die preußische Armee den Kommandeuren der übrigen Kontingente, durch den Art. 8 Nr. 1 bezeichneten Ausschuß für das Landheer und die Festungen, zur Nachachtung in geeigneter Weise mitzuteilen.

Artikel 64. Alle deutschen Truppen sind verpflichtet, den Befehlen des Kaisers unbedingt Folge zu leisten. Diese Verpflichtung ist in den Fahneneid aufzunehmen.

Der Höchstkommandierende eines Kontingents sowie alle Offiziere, welche Truppen mehr als eines Kontingents befehligen, und alle Festungskommandanten werden von dem Kaiser ernannt[1]. Die von demselben ernannten Offiziere leisten ihm den Fahneneid. Bei Generalen und den Generalsstellungen versehenden Offizieren innerhalb des Kontingents ist die Ernennung von der jedesmaligen Zustimmung des Kaisers abhängig zu machen.

Der Kaiser ist berechtigt, behufs Versetzung mit oder ohne Beförderung für die von ihm im Reichsdienste, sei es im preußischen Heere oder in anderen Kontingenten zu besetzenden Stellen aus den Offizieren aller Kontingente des Reichsheeres zu wählen.

Artikel 65. Das Recht, Festungen innerhalb des Bundesgebietes anzulegen, steht dem Kaiser zu, welcher die Bewilligung der dazu erforderlichen Mittel, soweit das Ordinarium sie nicht gewährt, nach Abschnitt XII beantragt.

Artikel 66. Wo nicht besondere Konventionen ein anderes bestimmen, ernennen die Bundesfürsten, beziehentlich die Senate die Offiziere ihrer Kontingente, mit der Einschränkung des Artikels 64. Sie sind Chefs aller ihren Gebieten angehörenden Truppenteile und genießen die damit verbundenen Ehren. Sie haben namentlich das Recht der Inspizierung zu jeder Zeit und erhalten, außer den regelmäßigen Rapporten und Meldung über vorkommende Veränderungen, behufs der nötigen landesherrlichen Publikation rechtzeitige Mitteilung von den die betreffenden Truppenteile berührenden Avancements und Ernennungen.

Auch steht ihnen das Recht zu, zu polizeilichen Zwecken nicht bloß ihre eigenen

[1] *Durch Reichsgesetz vom 28. 10. 1918 wurden hier die Worte* „unter Gegenzeichnung des Reichskanzlers" *eingefügt.*

Truppen zu verwenden, sondern auch alle anderen Truppenteile des Reichsheeres, welche in ihren Ländergebieten dislociert[1] sind, zu requirieren[2].

Artikel 67. Ersparnisse an dem Militäretat fallen unter keinen Umständen einer einzelnen Regierung, sondern jederzeit der Reichskasse zu.

Artikel 68. Der Kaiser kann, wenn die öffentliche Sicherheit in dem Bundesgebiete bedroht ist, einen jeden Teil desselben in Kriegszustand erklären. Bis zum Erlasse eines die Voraussetzungen, die Form der Verkündigung und die Wirkungen einer solchen Erklärung regelnden Reichsgesetzes gelten dafür die Vorschriften des preußischen Gesetzes vom 4. Juni 1851[3].

Schlußbestimmung zum XI. Abschnitt: Die in diesem Abschnitt enthaltenen Vorschriften kommen in Bayern nach näherer Bestimmung des Bündnisvertrages vom 23. November 1870 unter III § 5[4], in Württemberg nach näherer Bestimmung der Militärkonvention vom 21./25. November 1870 zur Anwendung[5].

Artikel 69. Alle Einnahmen und Ausgaben des Reiches müssen für jedes Jahr veranschlagt und auf den Reichshaushaltsetat gebracht werden. Letzterer wird vor Beginn des Etatsjahres nach folgenden Grundsätzen durch ein Gesetz festgestellt.

Artikel 70. Zur Bestreitung aller gemeinschaftlichen Ausgaben dienen zunächst die etwaigen Überschüsse der Vorjahre sowie die aus den Zöllen, den gemeinschaftlichen Verbrauchssteuern und aus dem Post- und Telegraphenwesen fließenden gemeinschaftlichen Einnahmen. Insoweit dieselben durch diese Einnahmen nicht gedeckt werden, sind sie, solange Reichssteuern nicht eingeführt sind, durch Beiträge der einzelnen Bundesstaaten nach Maßgabe ihrer Bevölkerung aufzubringen, welche bis zur Höhe des budgetmäßigen Betrages durch den Reichskanzler ausgeschrieben werden[6].

[1] *verteilt.*

[2] *Durch Reichsgesetz vom 28. 10. 1918 wurden Absatz 3 und 4 hinzugefügt:* Die Ernennung Versetzung und Verabschiedung der Offiziere und Militärbeamten eines Kontingents erfolgt unter Gegenzeichnung des Kriegsministers des Kontingents.

Die Kriegsminister sind dem Bundesrat und dem Reichstag für die Verwaltung ihres Kontingents verantwortlich.

[3] *Abgeändert und ergänzt erst durch die Reichsgesetze vom 11. 12. 1915, 4. 12. 1916 und 30. 11. 1919.*

[4] *Triepel, Nr. 133 a.*

[5] *Triepel, Nr. 135.*

[6] *Durch Reichsgesetz vom 14. 5. 1904 abgeändert:*

Zur Bestreitung aller gemeinschaftlichen Ausgaben dienen zunächst die aus den Zöllen und gemeinsamen Steuern, aus dem Eisenbahn-, Post- und Telegraphenwesen sowie aus den übrigen Verwaltungszweigen fließenden gemeinschaftlichen Einnahmen. Insoweit die Ausgaben durch diese Einnahmen nicht gedeckt werden, sind sie durch Beiträge der einzelnen Bundesstaaten nach Maßgabe ihrer Bevölkerung aufzubringen, welche in Höhe des budgetmäßigen Betrags durch den Reichskanzler ausgeschrieben werden. Insoweit diese Beiträge in den Überweisungen keine Deckung finden, sind sie den Bundesstaaten am Jahresschluß in dem Maße zu erstatten, als die übrigen ordentlichen Einnahmen des Reiches dessen Bedarf übersteigen.

Etwaige Überschüsse aus den Vorjahren dienen, insoweit durch das Gesetz über den Reichshaushaltsetat nicht ein anderes bestimmt wird, zur Deckung gemeinschaftlicher außerordentlicher Ausgaben.

Artikel 71. Die gemeinschaftlichen Ausgaben werden in der Regel für ein Jahr bewilligt, können jedoch in besonderen Fällen auch für eine längere Dauer bewilligt werden.

Während der im Artikel 60 normierten Übergangszeit ist der nach Titeln geordnete Etat über die Ausgaben für das Heer dem Bundesrate und dem Reichstage nur zur Kenntnisnahme und zur Erinnerung vorzulegen.

Artikel 72. Über die Verwendung aller Einnahmen des Reiches ist durch den Reichskanzler dem Bundesrate und dem Reichstage zur Entlastung jährlich Rechnung zu legen.

Artikel 73. In Fällen eines außerordentlichen Bedürfnisses kann im Wege der Reichsgesetzgebung die Aufnahme einer Anleihe sowie die Übernahme einer Garantie zu Lasten des Reiches erfolgen.

Schlußbestimmungen zum XII. Abschnitt: Auf die Ausgaben für das bayerische Heer finden die Artikel 69 und 71 nur nach Maßgabe der in der Schlußbestimmung zum XI. Abschnitt erwähnten Bestimmungen des Vertrages vom 23. November 1870 und der Artikel 72 nur insoweit Anwendung, als dem Bundesrate und dem Reichstage die Überweisung der für das bayerische Heer erforderlichen Summe an Bayern nachzuweisen ist.

XIII. Schlichtung von Streitigkeiten und Strafbestimmungen

Artikel 74. Jedes Unternehmen gegen die Existenz, die Integrität, die Sicherheit oder die Verfassung des Deutschen Reiches, endlich die Beleidigung des Bundesrates, des Reichstages, eines Mitgliedes des Bundesrates oder des Reichstages, einer Behörde oder eines öffentlichen Beamten des Reiches, während dieselben in der Ausübung ihres Berufes begriffen sind oder in Beziehung auf ihren Beruf, durch Wort, Schrift, Druck, Zeichen, bildliche oder andere Darstellung, werden in den einzelnen Bundesstaaten beurteilt und bestraft nach Maßgabe der in den letzteren bestehenden oder künftig in Wirksamkeit tretenden Gesetze, nach welchen eine gleiche gegen den einzelnen Bundesstaat, seine Verfassung, seine Kammern oder Stände, seine Kammer- oder Ständemitglieder, seine Behörden und Beamten begangene Handlung zu richten wäre.

Artikel 75. Für diejenigen im Artikel 74 bezeichneten Unternehmungen gegen das Deutsche Reich, welche, wenn gegen einen der einzelnen Bundesstaaten gerichtet, als Hochverrat oder Landesverrat zu qualifizieren wären, ist das gemeinschaftliche Oberappellationsgericht der drei freien und Hansestädte in Lübeck die zuständige Spruchbehörde in erster und letzter Instanz[1].

Die näheren Bestimmungen über die Zuständigkeit und das Verfahren des Oberappellationsgerichts erfolgen im Wege der Reichsgesetzgebung. Bis zum Erlasse eines Reichsgesetzes bewendet es bei der seitherigen Zuständigkeit der Gerichte in den ein-

[1] *Ersetzt seit 1877 durch das Reichsgericht in Leipzig (Triepel, Nr. 146).*

zelnen Bundesstaaten und den auf das Verfahren dieser Gerichte sich beziehenden Bestimmungen.

Artikel 76. Streitigkeiten zwischen verschiedenen Bundesstaaten, sofern dieselben nicht privatrechtlicher Natur und daher von den kompetenten Gerichtsbehörden zu entscheiden sind, werden auf Anrufen des einen Teiles von dem Bundesrate erledigt.

Verfassungsstreitigkeiten in solchen Bundesstaaten, in deren Verfassung nicht eine Behörde zur Entscheidung solcher Streitigkeiten bestimmt ist, hat auf Anrufen eines Teiles der Bundesrat, glücklich auszugleichen oder, wenn das nicht gelingt, im Wege der Reichsgesetzgebung zur Erledigung zu bringen.

Artikel 77. Wenn in einem Bundesstaate der Fall einer Justizverweigerung eintritt und auf gesetzlichen Wegen ausreichende Hilfe nicht erlangt werden kann, so liegt dem Bundesrate ob, erwiesene, nach der Verfassung und den bestehenden Gesetzen des betreffenden Bundesstaates zu beurteilende Beschwerden über verweigerte oder gehemmte Rechtspflege anzunehmen und darauf die gerichtliche Hilfe bei der Bundesregierung, die zu der Beschwerde Anlaß gegeben hat, zu bewirken.

XIV. Allgemeine Bestimmungen

Artikel 78. Veränderungen der Verfassung erfolgen im Wege der Gesetzgebung. Sie gelten als abgelehnt, wenn sie im Bundesrate 14 Stimmen gegen sich haben.

Diejenigen Vorschriften der Reichsverfassung, durch welche bestimmte Rechte einzelner Bundesstaaten in deren Verhältnis zur Gesamtheit festgestellt sind, können nur mit Zustimmung des berechtigten Bundesstaates abgeändert werden.

4. DIE WEIMARER VERFASSUNG

11. August 1919

I. Hauptteil. Aufbau und Aufgaben des Reichs. I. Abschnitt. Reich und Länder. II. Der Reichstag. III. Der Reichspräsident und die Reichsregierung. IV. Der Reichstag. V. Die Reichsgesetzgebung. VI. Die Reichsverwaltung. VII. Die Rechtspflege.

II. Hauptteil. Grundrechte und Grundpflichten der Deutschen. I. Abschnitt. Die Einzelperson. II. Das Gemeinschaftsleben. III. Religion und Religionsgesellschaften. IV. Bildung der Schule. V. Das Wirtschaftsleben.
Übergangs- und Schlußbestimmungen.

Das deutsche Volk, einig in seinen Stämmen und von dem Willen beseelt, sein Reich in Freiheit und Gerechtigkeit zu erneuen und zu festigen, dem inneren und dem äußeren Frieden zu dienen und den gesellschaftlichen Fortschritt zu fördern, hat sich diese Verfassung gegeben

Artikel 1. Das Deutsche Reich ist eine Republik. Die Staatsgewalt geht vom Volke aus.

Artikel 2. Das Reichsgebiet besteht aus den Gebieten der deutschen Länder. Andere Gebiete können durch Reichsgesetz in das Reich aufgenommen werden, wenn es ihre Bevölkerung kraft des Selbstbestimmungsrechtes begehrt.

Artikel 3. Die Reichsfarben sind schwarz-rot-gold. Die Handelsflagge ist schwarz-weiß-rot mit den Reichsfarben in der oberen inneren Ecke.

Artikel 4. Die allgemein anerkannten Regeln des Völkerrechts gelten als bindende Bestandteile des deutschen Reichsrechts.

Artikel 5. Die Staatsgewalt wird in Reichsangelegenheiten durch die Organe des Reichs auf Grund der Reichsverfassung, in Landesangelegenheiten durch die Organe der Länder auf Grund der Landesverfassungen ausgeübt.

Artikel 6. Das Reich hat die ausschließliche Gesetzgebung über:

1. die Beziehungen zum Ausland;
2. das Kolonialwesen;
3. die Staatsangehörigkeit, die Freizügigkeit, die Ein- und Auswanderung und die Auslieferung;
4. die Wehrverfassung;
5. das Münzwesen;
6. das Zollwesen sowie die Einheit des Zoll- und Handelsgebiets und die Freizügigkeit des Warenverkehrs;
7. das Post- und Telegraphenwesen einschließlich des Fernsprechwesens.

Artikel 7. Das Reich hat die Gesetzgebung über:

1. das bürgerliche Recht;
2. das Strafrecht;
3. das gerichtliche Verfahren einschließlich des Strafvollzugs sowie die Amtshilfe zwischen Behörden;
4. das Paßwesen und die Fremdenpolizei;
5. das Armenwesen und die Wandererfürsorge;
6. das Presse-, Vereins- und Versammlungswesen;
7. die Bevölkerungspolitik, die Mutterschafts-, Säuglings-, Kinder- und Jugendfürsoge;
8. das Gesundheitswesen, das Veterinärwesen und den Schutz der Pflanzen gegen Krankheiten und Schädlinge;
9. das Arbeitsrecht, die Versicherung und den Schutz der Arbeiter und Angestellten sowie den Arbeitsnachweis;
10. die Einrichtung beruflicher Vertretungen für das Reichsgebiet;
11. die Fürsorge für die Kriegsteilnehmer und ihre Hinterbliebenen;
12. das Enteignungsrecht;

13. die Vergesellschaftung von Naturschätzen und wirtschaftlichen Unternehmungen sowie die Erzeugung, Herstellung, Verteilung und Preisgestaltung wirtschaftlicher Güter für die Gemeinwirtschaft;
14. den Handel, das Maß- und Gewichtswesen, die Ausgabe von Papiergeld, das Bankwesen sowie das Börsenwesen;
15. den Verkehr mit Nahrungs- und Genußmitteln sowie mit Gegenständen des täglichen Bedarfs;
16. das Gewerbe und den Bergbau;
17. das Versicherungswesen;
18. die Seeschiffahrt, die Hochsee- und die Küstenfischerei;
19. die Eisenbahnen, die Binnenschiffahrt, den Verkehr mit Kraftfahrzeugen zu Lande, zu Wasser und in der Luft sowie den Bau von Landstraßen, soweit es sich um den allgemeinen Verkehr und die Landesverteidigung handelt;
20. das Theater- und Lichtspielwesen.

Artikel 8. Das Reich hat ferner die Gesetzgebung über die Abgaben und sonstigen Einnahmen, soweit sie ganz oder teilweise für seine Zwecke in Anspruch genommen werden. Nimmt das Reich Abgaben oder sonstige Einnahmen in Anspruch, die bisher den Ländern zustanden, so hat es auf die Erhaltung der Lebensfähigkeit der Länder Rücksicht zu nehmen.

Artikel 9. Soweit ein Bedürfnis für den Erlaß einheitlicher Vorschriften vorhanden ist, hat das Reich die Gesetzgebung über:
1. die Wohlfahrtspflege;
2. den Schutz der öffentlichen Ordnung und Sicherheit.

Artikel 10. Das Reich kann im Wege der Gesetzgebung Grundsätze aufstellen für:
1. die Rechte und Pflichten der Religionsgesellschaften;
2. das Schulwesen einschließlich des Hochschulwesens und das wissenschaftliche Büchereiwesen;
3. das Recht der Beamten aller öffentlichen Körperschaften;
4. das Bodenrecht, die Bodenverteilung, das Ansiedlungs- und Heimstättenwesen, die Bindung des Grundbesitzes, das Wohnungswesen und die Bevölkerungsverteilung;
5. das Bestattungswesen.

Artikel 11. Das Reich kann im Wege der Gesetzgebung Grundsätze über die Zulässigkeit und Erhebungsart von Landesabgaben aufstellen, soweit sie erforderlich sind, um
1. Schädigung der Einnahmen oder der Handelsbeziehungen des Reichs,
2 Doppelbesteuerungen,
3. übermäßige oder verkehrshindernde Belastung der Benutzung öffentlicher Verkehrswege und Einrichtungen mit Gebühren,
4. steuerliche Benachteiligungen eingeführter Waren gegenüber den eigenen Erzeugnissen im Verkehre zwischen den einzelnen Ländern und Landesteilen oder

5. Ausfuhrprämien

auszuschließen oder wichtige Gesellschaftsinteressen zu wahren.

Artikel 12. Solange und soweit das Reich von seinem Gesetzgebungsrechte keinen Gebrauch macht, behalten die Länder das Recht der Gesetzgebung. Dies gilt nicht für die ausschließliche Gesetzgebung des Reichs. Gegen Landesgesetze, die sich auf Gegenstände des Artikels 7 Ziffer 13 beziehen, steht der Reichsregierung, sofern dadurch das Wohl der Gesamtheit im Reiche berührt wird, ein Einspruchsrecht zu.

Artikel 13. Reichsrecht bricht Landrecht.

Bestehen Zweifel oder Meinungsverschiedenheiten darüber, ob eine landesrechtliche Vorschrift mit dem Reichsrecht vereinbar ist, so kann die zuständige Reichs- oder Landeszentralbehörde nach näherer Vorschrift eines Reichsgesetzes die Entscheidung eines obersten Gerichtshofs des Reichs anrufen.

Artikel 14. Die Reichsgesetze werden durch die Landesbehörden ausgeführt, soweit nicht die Reichsgesetze etwas anderes bestimmen.

Artikel 15. Die Reichsregierung übt die Aufsicht in den Angelegenheiten aus, in denen dem Reiche das Recht der Gesetzgebung zusteht. Soweit die Reichsgesetze von den Landesbehörden auszuführen sind, kann die Reichsregierung allgemeine Anweisungen erlassen. Sie ist ermächtigt, zur Überwachung der Ausführung der Reichsgesetze zu den Landeszentralbehörden und mit ihrer Zustimmung zu den unteren Behörden Beauftragte zu entsenden.

Die Landesregierungen sind verpflichtet, auf Ersuchen der Reichsregierung Mängel, die bei der Ausführung der Reichsgesetze hervorgetreten sind, zu beseitigen. Bei Meinungsverschiedenheiten kann sowohl die Reichsregierung als die Landesregierung die Entscheidung des Staatsgerichtshofs anrufen, falls nicht durch Reichsgesetz ein anderes Gericht bestimmt ist.

Artikel 16. Die mit der unmittelbaren Reichsverwaltung in den Ländern betrauten Beamten sollen in der Regel Landesangehörige sein. Die Beamten, Angestellten und Arbeiter der Reichsverwaltung sind auf ihren Wunsch in ihren Heimatgebieten zu verwenden, soweit dies möglich ist und nicht Rücksichten auf ihre Ausbildung oder Erfordernisse des Dienstes entgegenstehen.

Artikel 17. Jedes Land muß eine freistaatliche Verfassung haben. Die Volksvertretung muß in allgemeiner, gleicher, unmittelbarer und geheimer Wahl von allen reichsdeutschen Männern und Frauen nach den Grundsätzen der Verhältniswahl gewählt werden. Die Landesregierung bedarf des Vertrauens der Volksvertretung.

Die Grundsätze für die Wahlen zur Volksvertretung gelten auch für die Gemeindewahlen. Jedoch kann durch Landesgesetz die Wahlberechtigung von der Dauer des Aufenthalts in der Gemeinde bis zu einem Jahre abhängig gemacht werden[1].

Artikel 18. Die Gliederung des Reichs in Länder soll unter möglichster Berücksichtigung des Willens der beteiligten Bevölkerung der wirtschaftlichen und kul-

[1] *Vgl. Artikel 178.*

turellen Höchstleistung des Volkes dienen. Die Änderung des Gebiets von Ländern und die Neubildung von Ländern innerhalb des Reichs erfolgen durch verfassungsänderndes Reichsgesetz. Stimmen die unmittelbar beteiligten Länder zu, so bedarf es nur eines einfachen Reichsgesetzes.

Ein einfaches Reichsgesetz genügt ferner, wenn eines der beteiligten Länder nicht zustimmt, die Gebietsänderung oder Neubildung aber durch den Willen der Bevölkerung gefordert wird und ein überwiegendes Reichsinteresse sie erheischt.

Der Wille der Bevölkerung ist durch Abstimmung festzustellen. Die Reichsregierung ordnet die Abstimmung an, wenn ein Drittel der zum Reichstag wahlberechtigten Einwohner des abzutrennenden Gebiets es verlangt.

Zum Beschluß einer Gebietsänderung oder Neubildung sind drei Fünftel der abgegebenen Stimmen, mindestens aber die Stimmenmehrheit der Wahlberechtigten, erforderlich. Auch wenn es sich nur um Abtrennung eines Teiles eines preußischen Regierungsbezirkes, eines bayerischen Kreises oder in anderen Ländern eines entsprechenden Verwaltungsbezirkes handelt, ist der Wille der Bevölkerung des ganzen in Betracht kommenden Bezirkes festzustellen. Wenn ein räumlicher Zusammenhang des abzutrennenden Gebiets mit dem Gesamtbezirke nicht besteht, kann auf Grund eines besonderen Reichsgesetzes der Wille der Bevölkerung des abzutrennenden Gebiets als ausreichend erklärt werden.

Nach Feststellung der Zustimmung der Bevölkerung hat die Reichsregierung dem Reichstag ein entsprechendes Gesetz zur Beschlußfassung vorzulegen.

Entsteht bei der Vereinigung oder Abtrennung Streit über die Vermögensauseinandersetzung, so entscheidet hierüber auf Antrag einer Partei der Staatsgerichtshof für das Deutsche Reich.

Artikel 19. Über Verfassungsstreitigkeiten innerhalb eines Landes, in dem kein Gericht zu ihrer Erledigung besteht, sowie über Streitigkeiten nichtprivatrechtlicher Art zwischen verschiedenen Ländern oder zwischen dem Reiche und einem Lande entscheidet auf Antrag eines der streitenden Teile der Staatsgerichtshof für das Deutsche Reich, soweit nicht ein anderer Gerichtshof des Reiches zuständig ist.

Der Reichspräsident vollstreckt das Urteil des Staatsgerichtshofes.

II. Abschnitt. Der Reichstag

Artikel 20. Der Reichstag besteht aus den Abgeordneten des deutschen Volkes.

Artikel 21. Die Abgeordneten sind Vertreter des ganzen Volkes. Sie sind nur ihrem Gewissen unterworfen und an Aufträge nicht gebunden.

Artikel 22. Die Abgeordneten werden in allgemeiner, gleicher, unmittelbarer und geheimer Wahl von den über zwanzig Jahre alten Männern und Frauen nach den Grundsätzen der Verhältniswahl gewählt. Der Wahltag muß ein Sonntag oder ein öffentlicher Ruhetag sein. Das Nähere bestimmt das Reichswahlgesetz[1].

[1] *Reichswahlgesetz vom 27. April 1920 (Triepel, Nr. 38).*

Artikel 23. Der Reichstag wird auf vier Jahre gewählt. Spätestens am sechzigsten Tage nach ihrem Ablauf muß die Neuwahl stattfinden. Der Reichstag tritt zum ersten Male spätestens am dreißigsten Tage nach der Wahl zusammen.

Artikel 24. Der Reichstag tritt in jedem Jahre am ersten Mittwoch des November am Sitze der Reichsregierung zusammen. Der Präsident des Reichstags muß ihn früher berufen, wenn es der Reichspräsident oder mindestens ein Drittel der Reichstagsmitglieder verlangt. Der Reichstag bestimmt den Schluß der Tagung und den Tag des Wiederzusammentritts.

Artikel 25. Der Reichspräsident kann den Reichstag auflösen, jedoch nur einmal aus dem gleichen Anlaß. Die Neuwahl findet spätestens am sechzigsten Tage nach der Auflösung statt.

Artikel 26. Der Reichstag wählt seine Präsidenten, dessen Stellvertreter und seine Schriftführer. Er gibt sich seine Geschäftsordnung[1].

Artikel 27. Zwischen zwei Tagungen oder Wahlperioden führen Präsident und Stellvertreter der letzten Tagung ihre Geschäfte fort.

Artikel 28. Der Präsident übt das Hausrecht und die Polizeigewalt im Reichstagsgebäude aus. Ihm untersteht die Hausverwaltung; er verfügt über die Einnahmen und Ausgaben des Hauses nach Maßgabe des Reichshaushalts und vertritt das Reich in allen Rechtsgeschäften und Rechtsstreitigkeiten seiner Verwaltung.

Artikel 29. Der Reichstag verhandelt öffentlich. Auf Antrag von fünfzig Mitgliedern kann mit Zweidrittelmehrheit die Öffentlichkeit ausgeschlossen werden.

Artikel 30. Wahrheitsgetreue Berichte über die Verhandlungen in den öffentlichen Sitzungen des Reichstags, eines Landtags oder ihrer Ausschüsse bleiben von jeder Verantwortlichkeit frei.

Artikel 31. Bei dem Reichstag wird ein Wahlprüfungsgericht gebildet. Es entscheidet auch über die Frage, ob ein Abgeordneter die Mitgliedschaft verloren hat.

Das Wahlprüfungsgericht besteht aus Mitgliedern des Reichstags, die dieser für die Wahlperiode wählt, und aus Mitgliedern des Reichsverwaltungsgerichts, die der Reichspräsident auf Vorschlag des Präsidiums dieses Gerichts bestellt.

Das Wahlprüfungsgericht erkennt auf Grund öffentlicher mündlicher Verhandlung durch drei Mitglieder des Reichstags und zwei richterliche Mitglieder.

Außerhalb der Verhandlungen vor dem Wahlprüfungsgerichte wird das Verfahren von einem Reichsbeauftragten geführt, den der Reichspräsident ernennt. Im übrigen wird das Verfahren von dem Wahlprüfungsgerichte geregelt[2].

Artikel 32. Zu einem Beschlusse des Reichstags ist einfache Stimmenmehrheit erforderlich, sofern die Verfassung kein anderes Stimmenverhältnis vorschreibt. Für die vom Reichstag vorzunehmenden Wahlen kann die Geschäftsordnung Ausnahmen zulassen.

Die Beschlußfähigkeit wird durch die Geschäftsordnung geregelt.

[1] *12. Dezember 1922 (Triepel, Nr. 76).*
[2] *Wahlprüfungsordnung vom 8. 10. 1920 (Triepel, Nr. 52).*

Artikel 33. Der Reichstag und seine Ausschüsse können die Anwesenheit des Reichskanzlers und jedes Reichsministers verlangen.

Der Reichskanzler, die Reichsminister und die von ihnen bestellten Beauftragten haben zu den Sitzungen des Reichstags und seiner Ausschüsse Zutritt. Die Länder sind berechtigt, in diese Sitzungen Bevollmächtigte zu entsenden, die den Standpunkt ihrer Regierung zu dem Gegenstande der Verhandlung darlegen.

Auf ihr Verlangen müssen die Regierungsvertreter während der Beratung, die Vertreter der Reichsregierung auch außerhalb der Tagesordnung gehört werden.

Sie unterstehen der Ordnungsgewalt des Vorsitzenden.

Artikel 34. Der Reichstag hat das Recht und auf Antrag von einem Fünftel seiner Mitglieder die Pflicht, Untersuchungsausschüsse einzusetzen. Diese Ausschüsse erheben in öffentlicher Verhandlung die Beweise, die sie oder die Antragsteller für erforderlich erachten. Die Öffentlichkeit kann vom Untersuchungsausschuß mit Zweidrittelmehrheit ausgeschlossen werden. Die Geschäftsordnung regelt das Verfahren des Ausschusses und bestimmt die Zahl seiner Mitglieder. Die Gerichte und Verwaltungsbehörden sind verpflichtet, dem Ersuchen dieser Ausschüsse um Beweiserhebungen Folge zu leisten; die Akten der Behörden sind ihnen auf Verlangen vorzulegen.

Auf die Erhebungen der Ausschüsse und der von ihnen ersuchten Behörden finden die Vorschriften der Strafprozeßordnung sinngemäße Anwendung, doch bleibt das Brief-, Post- Telegraphen- und Fernsprechgeheimnis unberührt.

Artikel 35. Der Reichstag bestellt einen ständigen Ausschuß für auswärtige Angelegenheiten, der auch außerhalb der Tagung des Reichstags und nach der Beendigung der Wahlperiode oder der Auflösung des Reichstags bis zum Zusammentritte des neuen Reichstags tätig werden kann. Die Sitzungen dieses Ausschusses sind nicht öffentlich, wenn nicht der Ausschuß mit Zweidrittelmehrheit die Öffentlichkeit beschließt.

Der Reichstag bestellt ferner zur Wahrung der Rechte der Volksvertretung gegenüber der Reichsregierung für die Zeit außerhalb der Tagung und nach Beendigung einer Wahlperiode[1] einen ständigen Ausschuß.

Diese Ausschüsse haben die Rechte von Untersuchungsausschüssen.

Artikel 36. Kein Mitglied des Reichstags oder eines Landtags darf zu irgendeiner Zeit wegen seiner Abstimmung oder wegen der in Ausübung seines Berufs getanen Äußerungen gerichtlich oder dienstlich verfolgt oder sonst außerhalb der Versammlung zur Verantwortung gezogen werden.

Artikel 37. Kein Mitglied des Reichstages oder eines Landtags kann ohne Genehmigung des Hauses, dem der Abgeordnete angehört, während der Sitzungsperiode wegen einer mit Strafe bedrohten Handlung zur Untersuchung gezogen oder

[1] *Durch Reichsgesetz vom 15. 12. 1923 eingefügt:* oder der Auflösung des Reichstags bis *zum Zusammentritt des neuen Reichstags.*

verhaftet werden, es sei denn, daß das Mitglied bei Ausübung der Tat oder spätestens im Laufe des folgenden Tages festgenommen ist.

Die gleiche Genehmigung ist bei jeder anderen Beschränkung der persönlichen Freiheit erforderlich, die die Ausübung des Abgeordnetenberufs beeinträchtigt.

Jedes Strafverfahren gegen ein Mitglied des Reichstags oder eines Landtags und jede Haft oder sonstige Beschränkung seiner persönlichen Freiheit wird auf Verlangen des Hauses, dem der Abgeordnete angehört, für die Dauer der Sitzungsperiode aufgehoben.

Artikel 38. Die Mitglieder des Reichstags und der Landtage sind berechtigt, über Personen, die ihnen in ihrer Eigenschaft als Abgeordneten Tatsachen anvertrauen oder denen sie in Ausübung ihres Abgeordnetenberufs solche anvertraut haben sowie über diese Tatsachen selbst das Zeugnis zu verweigern. Auch in Beziehung auf Beschlagnahme von Schriftstücken stehen sie den Personen gleich, die ein gesetzliches Zeugnisverweigerungsrecht haben.

Eine Durchsuchung oder Beschlagnahme darf in den Räumen des Reichstags oder eines Landtags nur mit Zustimmung des Präsidenten vorgenommen werden.

Artikel 39. Beamte und Angehörige der Wehrmacht bedürfen zur Ausübung ihres Amtes als Mitglieder des Reichstags oder eines Landtags keines Urlaubs.

Bewerben sie sich um einen Sitz in diesen Körperschaften, so ist ihnen der zur Vorbereitung ihrer Wahl erforderliche Urlaub zu gewähren.

Artikel 40. Die Mitglieder des Reichstags erhalten das Recht zur freien Fahrt auf allen deutschen Eisenbahnen sowie Entschädigung nach Maßgabe eines Reichsgesetzes[2].

III. Abschnitt. Der Reichspräsident und die Reichsregierung

Artikel 41. Der Reichspräsident wird vom ganzen deutschen Volke gewählt.

Wählbar ist jeder Deutsche, der das fünfunddreißigste Lebensjahr vollendet hat.

[1] *15. 2. 1930 (Triepel Nr. 115).*

[2] *Durch Reichsgesetz vom 22. 5. 1926 eingefügt:*

Artikel 40a. Die Vorschriften der Artikel 36, 37, 38, Absatz 1, und 39, Absatz 1, gelten für den Präsidenten des Reichstags, seine Stellvertreter und die ständigen und ersten stellvertretenden Mitglieder der im Artikel 35 bezeichneten Ausschüsse auch für die Zeit zwischen zwei Tagungen (Sitzungsperioden) oder Wahlperioden des Reichstags.

Das gleiche gilt für den Präsidenten eines Landtags, seine Stellvertreter und die ständigen und ersten stellvertretenden Mitglieder von Ausschüssen eines Landtags, wenn sie nach der Landesverfassung außerhalb der Tagung (Sitzungsperiode) oder Wahlperiode tätig werden können.

Soweit Artikel 37 eine Mitwirkung des Reichstags oder eines Landtags vorsieht, tritt der Ausschuß zur Wahrung der Rechte der Volksvertretung an die Stelle des Reichstags und, falls Ausschüsse des Landtags fortbestehen, der vom Landtag bestimmte Ausschuß an die Stelle des Landtags.

Die im Absatz 1 bezeichneten Personen haben zwischen zwei Wahlperioden die im Artikel 40 bezeichneten Rechte.

Das Nähere bestimmt ein Reichsgesetz[1].

Artikel 42. Der Reichspräsident leistet bei der Übernahme seines Amtes vor dem Reichstag folgenden Eid:

Ich schwöre, daß ich meine Kraft dem Wohle des deutschen Volkes widmen, seinen Nutzen mehren, Schaden von ihm wenden, die Verfassung und die Gesetze des Reiches wahren, meine Pflichten gewissenhaft erfüllen und Gerechtigkeit gegen jedermann üben werde. Die Beifügung einer religiösen Beteuerung ist zulässig.

Artikel 43. Das Amt des Reichspräsidenten dauert sieben Jahre. Wiederwahl ist zulässig.

Vor Ablauf der Frist kann der Reichspräsident auf Antrag des Reichstags durch Volksabstimmung abgesetzt werden. Der Beschluß des Reichstags erfordert Zweidrittelmehrheit. Durch den Beschluß ist der Reichspräsident an der ferneren Ausübung des Amtes verhindert. Die Ablehnung der Absetzung durch die Volksabstimmung gilt als neue Wahl und hat die Auflösung des Reichstags zur Folge.

Der Reichspräsident kann ohne Zustimmung des Reichstags nicht strafrechtlich verfolgt werden.

Artikel 44. Der Reichspräsident kann nicht zugleich Mitglied des Reichstags sein.

Artikel 45. Der Reichspräsident vertritt das Reich völkerrechtlich. Er schließt im Namen des Reichs Bündnisse und andere Verträge mit auswärtigen Mächten. Er beglaubigt und empfängt die Gesandten. Kriegserklärung und Friedensschluß erfolgen durch Reichsgesetz.

Bündnisse und Verträge mit fremden Staaten, die sich auf Gegenstände der Reichsgesetzgebung beziehen, bedürfen der Zustimmung des Reichstags.

Artikel 46. Der Reichspräsident ernennt und entläßt die Reichsbeamten und die Offiziere, soweit nicht durch das Gesetz etwas anderes bestimmt ist. Er kann das Ernennungs- und Entlassungsrecht durch andere Behörden ausüben lassen.

Artikel 47. Der Reichspräsident hat den Oberbefehl über die gesamte Wehrmacht des Reichs.

Artikel 48. Wenn ein Land die ihm nach der Reichsverfassung oder den Reichsgesetzen obliegenden Pflichten nicht erfüllt, kann der Reichspräsident es dazu mit Hilfe der bewaffneten Macht anhalten.

Der Reichspräsident kann, wenn im Deutschen Reiche die öffentliche Sicherheit und Ordnung erheblich gestört oder gefährdet wird, die zur Wiederherstellung der öffentlichen Sicherheit und Ordnung nötigen Maßnahmen treffen, erforderlichenfalls mit Hilfe der bewaffneten Macht einschreiten. Zu diesem Zwecke darf er vorübergehend die in den Artikeln 114, 115, 117, 118, 123, 124 und 153 festgesetzten Grundrechte ganz oder zum Teil außer Kraft setzen.

Von allen gemäß Abs. 1 oder Abs. 2 dieses Artikels getroffenen Maßnahmen hat

[1] *4. 5. 1920 (Triepel, Nr. 42).*

der Reichspräsident unverzüglich dem Reichstag Kenntnis zu geben. Die Maßnahmen sind auf Verlangen des Reichstags außer Kraft zu setzen.

Bei Gefahr im Verzuge kann die Landesregierung für ihr Gebiet einstweilige Maßnahmen der im Abs. 2 bezeichneten Art treffen. Die Maßnahmen sind auf Verlangen des Reichspräsidenten oder des Reichstags außer Kraft zu setzen.

Das Nähere bestimmt ein Reichsgesetz.

Artikel 49. Der Reichspräsident übt für das Reich das Begnadigungsrecht aus.

Reichsamnestien bedürfen eines Reichsgesetzes.

Artikel 50. Alle Anordnungen und Verfügungen des Reichspräsidenten, auch solche auf dem Gebiete der Wehrmacht, bedürfen zu ihrer Gültigkeit der Gegenzeichnung durch den Reichskanzler oder den zuständigen Reichsminister. Durch die Gegenzeichnung wird die Verantwortung übernommen.

Artikel 51. Der Reichspräsident wird im Falle seiner Verhinderung zunächst durch den Reichskanzler vertreten. Dauert die Verhinderung voraussichtlich längere Zeit, so ist die Vertretung durch ein Reichsgesetz zu regeln.

Das gleiche gilt für den Fall einer vorzeitigen Erledigung der Präsidentschaft bis zur Durchführung der neuen Wahl.

Artikel 52. Die Reichsregierung besteht aus dem Reichskanzler und den Reichsministern.

Artikel 53. Der Reichskanzler und auf seinen Vorschlag die Reichsminister werden vom Reichspräsidenten ernannt und entlassen.

Artikel 54. Der Reichskanzler und die Reichsminister bedürfen zu ihrer Amtsführung des Vertrauens des Reichstags. Jeder von ihnen muß zurücktreten, wenn ihm der Reichstag durch ausdrücklichen Beschluß sein Vertrauen entzieht.

Artikel 55. Der Reichskanzler führt den Vorsitz in der Reichsregierung und leitet ihre Geschäfte nach einer Geschäftsordnung, die von der Reichsregierung beschlossen und vom Reichspräsidenten genehmigt wird[1].

Artikel 56. Der Reichskanzler bestimmt die Richtlinien der Politik und trägt dafür gegenüber dem Reichstag die Verantwortung. Innerhalb dieser Richtlinien leitet jeder Reichsminister den ihm anvertrauten Geschäftszweig selbständig und unter eigener Verantwortung gegenüber dem Reichstag.

Artikel 57. Die Reichsminister haben der Reichsregierung alle Gesetzentwürfe, ferner Angelegenheiten, für welche Verfassung oder Gesetz dieses vorschreiben, sowie Meinungsverschiedenheiten über Fragen, die den Geschäftsbereich mehrerer Reichsminister berühren, zur Beratung und Beschlußfassung zu unterbreiten.

Artikel 58. Die Reichsregierung faßt ihre Beschlüsse mit Stimmenmehrheit. Bei Stimmengleichheit entscheidet die Stimme des Vorsitzenden.

Artikel 59. Der Reichstag ist berechtigt, den Reichspräsidenten, den Reichskanzler und die Reichsminister vor dem Staatsgerichtshof für das Deutsche Reich anzuklagen,

[1] *3. 5. 1924 (Triepel, Nr. 87, vgl. ebd. Nr. 86 u. 100).*

daß sie schuldhafterweise die Reichsverfassung oder ein Reichsgesetz verletzt haben. Der Antrag auf Erhebung der Anklage muß von mindestens hundert Mitgliedern des Reichstags unterzeichnet sein und bedarf der Zustimmung der für Verfassungsänderungen vorgeschriebenen Mehrheit. Das Nähere regelt das Reichsgesetz über den Staatsgerichtshof[1].

IV. Abschnitt. Der Reichsrat

Artikel 60. Zur Vertretung der deutschen Länder bei der Gesetzgebung und Verwaltung des Reichs wird ein Reichsrat gebildet.

Artikel 61. Im Reichsrat hat jedes Land mindestens eine Stimme. Bei den größeren Ländern entfällt auf 1 Million Einwohner eine Stimme. Ein Überschuß, der mindestens der Einwohnerzahl des kleinsten Landes gleichkommt, wird einer vollen Million gleichgerechnet[2]. Kein Land darf durch mehr als zwei Fünftel aller Stimmen vertreten sein.

Deutschösterreich erhält nach seinem Anschluß an das Deutsche Reich das Recht der Teilnahme am Reichsrat mit der seiner Bevölkerung entsprechenden Stimmenzahl. Bis dahin haben die Vertreter Deutschösterreichs beratende Stimme[3].

Die Stimmenzahl wird durch den Reichsrat nach jeder allgemeinen Volkszählung neu festgesetzt.

Artikel 62. In den Ausschüssen, die der Reichsrat aus seiner Mitte bildet, führt kein Land mehr als eine Stimme.

Artikel 63. Die Länder werden im Reichsrat durch Mitglieder ihrer Regierungen vertreten. Jedoch wird die Hälfte der preußischen Stimmen nach Maßgabe eines Landesgesetzes von den preußischen Provinzialverwaltungen bestellt[4].

Die Länder sind berechtigt, so viele Vertreter in den Reichsrat zu entsenden, wie sie Stimmen führen.

Artikel 64. Die Reichsregierung muß den Reichsrat auf Verlangen von einem Drittel seiner Mitglieder einberufen.

Artikel 65. Den Vorsitz im Reichsrat und in seinen Ausschüssen führt ein Mitglied der Reichsregierung. Die Mitglieder der Reichsregierung haben das Recht und auf Verlangen die Pflicht, an den Verhandlungen des Reichsrats und seiner Ausschüsse teilzunehmen. Sie müssen während der Beratung auf Verlangen jederzeit gehört werden.

Artikel 66. Die Reichsregierung sowie jedes Mitglied des Reichsrats sind befugt, im Reichsrat Anträge zu stellen.

Der Reichsrat regelt seinen Geschäftsgang durch eine Geschäftsordnung.

[1] *9. 7. 1921 (Triepel, Nr. 60).*

[2] *Laut Reichsgesetz vom 24. 3. 1921, 2. Satz:* Statt 1 Million nur 700000 *und 3. Satz:* Ein Überschuß von mindestens 350000 Einwohnern wird 700000 gleichgerechnet.

[3] *Dieser Absatz wurde durch den Versailler Friedensvertrag und ein besonderes Protokoll vom 22. 9. 1919* (Triepel. Nr. 31) *außer Kraft gesetzt.*

[4] *Vgl. Artikel 168 und das Preußische Gesetz über die Bestellung von Mitgliedern des Reichsrats durch die Provinzialverwaltungen vom 3. 6. 1921 (Triepel, Anh. Nr. 170 und 171).*

Die Vollsitzungen des Reichsrats sind öffentlich. Nach Maßgabe der Geschäftsordnung kann die Öffentlichkeit für einzelne Beratungsgegenstände ausgeschlossen werden.

Bei der Abstimmung entscheidet die einfache Mehrheit der Abstimmenden.

Artikel 67. Der Reichsrat ist von den Reichsministerien über die Führung der Reichsgeschäfte auf dem laufenden zu halten. Zu Beratungen über wichtige Gegenstände sollen von den Reichsministerien die zuständigen Ausschüsse des Reichsrats zugezogen werden.

V. Abschnitt. Die Reichsgesetzgebung

Artikel 68. Die Gesetzesvorlagen werden von der Reichsregierung oder aus der Mitte des Reichstags eingebracht.

Die Reichsgesetze werden vom Reichstag beschlossen.

Artikel 69. Die Einbringung von Gesetzesvorlagen der Reichsregierung bedarf der Zustimmung des Reichsrats. Kommt eine Übereinstimmung zwischen der Reichsregierung und dem Reichsrat nicht zustande, so kann die Reichsregierung die Vorlage gleichwohl einbringen, hat aber hierbei die abweichende Auffassung des Reichsrats darzulegen.

Beschließt der Reichsrat eine Gesetzesvorlage, welcher die Reichsregierung nicht zustimmt, so hat diese die Vorlage unter Darlegung ihres Standpunkts beim Reichstag einzubringen.

Artikel 70. Der Reichspräsident hat die verfassungsmäßig zustande gekommenen Gesetze auszufertigen und binnen Monatsfrist im Reichs-Gesetzblatt zu verkünden.

Artikel 71. Reichsgesetze treten, soweit sie nichts anderes bestimmen, mit dem vierzehnten Tage nach Ablauf des Tages in Kraft, an dem das Reichs-Gesetzblatt in der Reichshauptstadt ausgegeben worden ist.

Artikel 72. Die Verkündung eines Reichsgesetzes ist um zwei Monate auszusetzen, wenn es ein Drittel des Reichstags verlangt. Gesetze, die der Reichstag und der Reichsrat für dringlich erklären, kann der Reichspräsident ungeachtet dieses Verlangens verkünden.

Artikel 73. Ein vom Reichstag beschlossenes Gesetz ist vor seiner Verkündung zum Volksentscheid zu bringen, wenn der Reichspräsident binnen eines Monats es bestimmt.

Ein Gesetz, dessen Verkündung auf Antrag von mindestens einem Drittel des Reichstags ausgesetzt ist, ist dem Volksentscheid zu unterbreiten, wenn ein Zwanzigstel der Stimmberechtigten es beantragt. Ein Volksentscheid ist ferner herbeizuführen, wenn ein Zehntel der Stimmberechtigten das Begehren nach Vorlegung eines Gesetzentwurfs stellt. Dem Volksbegehren muß ein ausgearbeiteter Gesetzentwurf zugrunde liegen. Er ist von der Regierung unter Darlegung ihrer Stellungnahme dem Reichstag zu unterbreiten. Der Volksentscheid findet nicht statt, wenn der begehrte Gesetzentwurf im Reichstag unverändert angenommen worden ist.

Über den Haushaltsplan, über Abgabengesetze und Besoldungsordnungen kann nur der Reichspräsident einen Volksentscheid veranlassen.

Das Verfahren beim Volksentscheid und beim Volksbegehren regelt ein Reichsgesetz[1].

Artikel 74. Gegen die vom Reichstag beschlossenen Gesetze sieht dem Reichsrat der Einspruch zu.

Der Einspruch muß innerhalb zweier Wochen nach der Schlußabstimmung im Reichstag bei der Reichsregierung eingebracht und spätestens binnen zwei weiteren Wochen mit Gründen versehen werden.

Im Falle des Einspruchs wird das Gesetz dem Reichstag zur nochmaligen Beschlußfassung vorgelegt. Kommt hierbei keine Übereinstimmung zwischen Reichstag und Reichsrat zustande, so kann der Reichspräsident binnen drei Monaten über den Gegenstand der Meinungsverschiedenheit einen Volksentscheid anordnen. Macht der Präsident von diesem Rechte keinen Gebrauch, sò gilt das Gesetz als nicht zustande gekommen. Hat der Reichstag mit Zweidrittelmehrheit entgegen dem Einspruch des Reichsrats beschlossen, so hat der Präsident das Gesetz binnen drei Monaten in der vom Reichstag beschlossenen Fassung zu verkünden oder einen Volksentscheid anzuordnen.

Artikel 75. Durch den Volksentscheid kann ein Beschluß des Reichstags nur dann außer Kraft gesetzt werden, wenn sich die Mehrheit der Stimmberechtigten an der Abstimmung beteiligt.

Artikel 76. Die Verfassung kann im Wege der Gesetzgebung geändert werden. Jedoch kommen Beschlüsse des Reichstages auf Abänderung der Verfassung nur zustande, wenn zwei Drittel der gesetzlichen Mitgliederzahl anwesend sind und wenigstens zwei Drittel der Anwesenden zustimmen. Auch Beschlüsse des Reichsrats auf Abänderung der Verfassung bedürfen einer Mehrheit von zwei Dritteln der abgegebenen Stimmen. Soll auf Volksbegehren durch Volksentscheid eine Verfassungsänderung beschlossen werden, so ist die Zustimmung der Mehrheit der Stimmberechtigten erforderlich.

Hat der Reichstag entgegen dem Einspruch des Reichsrats eine Verfassungsänderung beschlossen, so darf der Reichspräsident dieses Gesetz nicht verkünden, wenn der Reichsrat binnen zwei Wochen den Volksentscheid verlangt.

Artikel 77. Die zur Ausführung der Reichsgesetze erforderlichen allgemeinen Verwaltungsvorschriften erläßt, soweit die Gesetze nichts anderes bestimmen, die Reichsregierung. Sie bedarf dazu der Zustimmung des Reichsrats, wenn die Ausführung der Reichsgesetze den Landesbehörden zusteht.

VI. Abschnitt. Die Reichsverwaltung

Artikel 78. Die Pflege der Beziehungen zu den auswärtigen Staaten ist ausschließlich Sache des Reichs.

[1] *Reichsgesetz über den Volksentscheid vom 27. 6. 1921 (Triepel Nr. 59).*

In Angelegenheiten, deren Regelung der Landesgesetzgebung zusteht, können die Länder mit auswärtigen Staaten Verträge schließen; die Verträge bedürfen der Zustimmung des Reichs.

Vereinbarungen mit fremden Staaten über Veränderung der Reichsgrenzen werden nach Zustimmung des beteiligten Landes durch das Reich abgeschlossen. Die Grenzveränderungen dürfen nur auf Grund eines Reichsgesetzes erfolgen, soweit es sich nicht um bloße Berichtigung der Grenzen unbewohnter Gebietsteile handelt.

Um die Vertretung der Interessen zu gewährleisten, die sich für einzelne Länder aus ihren besonderen wirtschaftlichen Beziehungen oder ihrer benachbarten Lage zu auswärtigen Staaten ergeben, trifft das Reich im Einvernehmen mit den beteiligten Ländern die erforderlichen Einrichtungen und Maßnahmen.

Artikel 79. Die Verteidigung des Reichs ist Reichssache. Die Wehrverfassung des deutschen Volkes wird unter Berücksichtigung der besonderen landsmannschaftlichen Eigenarten durch ein Reichsgesetz einheitlich geregelt[1].

Artikel 80. Das Kolonialwesen ist ausschließlich Sache des Reichs.

Artikel 81. Alle deutschen Kauffahrteischiffe bilden eine einheitliche Handelsflotte.

Artikel 82. Deutschland bildet ein Zoll- und Handelsgebiet, umgeben von einer gemeinschaftlichen Zollgrenze.

Die Zollgrenze fällt mit der Grenze gegen das Ausland zusammen. An der See bildet das Gestade des Festlandes und der zum Reichsgebiete gehörigen Inseln die Zollgrenze. Für den Lauf der Zollgrenze an der See und an anderen Gewässern können Abweichungen bestimmt werden.

Fremde Staatsgebiete oder Gebietsteile können durch Staatsverträge oder Übereinkommen dem Zollgebiet angeschlossen werden.

Aus dem Zollgebiete können nach besonderem Erfordernisse Teile ausgeschlossen werden. Für Freihäfen kann der Ausschluß nur durch ein verfassungsänderndes Gesetz aufgehoben werden.

Zollausschüsse können durch Staatsverträge oder Übereinkommen einem fremden Zollgebiet angeschlossen werden.

Alle Erzeugnisse der Natur sowie des Gewerbe- und Kunstfleißes, die sich im freien Verkehr des Reichs befinden, dürfen über die Grenze der Länder und Gemeinden ein-, aus- oder durchgeführt werden. Ausnahmen sind auf Grund eines Reichsgesetzes zulässig.

Artikel 83. Die Zölle und Verbrauchssteuern werden durch Reichsbehörden verwaltet[2].

Bei der Verwaltung von Reichsabgaben durch Reichsbehörden sind Einrichtungen vorzusehen, die den Ländern die Wahrung besonderer Landesinteressen auf dem Gebiete der Landwirtschaft, des Handels, des Gewerbes und der Industrie ermöglichen.

[1] *Wehrgesetz vom 23. 3. 1921 (Triepel, Nr. 56).*

[2] *Vgl. Artikel 169. Reichsgesetz über die Reichsfinanzverwaltung vom 10. 9. 1919 (Triepel, Nr. 28).*

Artikel 84. Das Reich trifft durch Gesetz die Vorschriften über:

1. die Einrichtung der Abgabenverwaltung der Länder, soweit es die einheitliche und gleichmäßige Durchführung der Reichsabgabengesetze erfordert;

2. die Einrichtung und Befugnisse der mit der Beaufsichtigung der Ausführung der Reichsabgabengesetze betrauten Behörden;

3. die Abrechnung mit den Ländern;

4. die Vergütung der Verwaltungskosten bei Ausführung der Reichsabgabengesetze.

Artikel 85[1]. Alle Einnahmen und Ausgaben des Reichs müssen für jedes Rechnungsjahr veranschlagt und in den Haushaltsplan eingestellt werden.

Der Haushaltsplan wird vor Beginn des Rechnungsjahrs durch ein Gesetz festgestellt.

Die Ausgaben werden in der Regel für ein Jahr bewilligt; sie können in besonderen Fällen auch für eine längere Dauer bewilligt werden. Im übrigen sind Vorschriften im Reichshaushaltsgesetz unzulässig, die über das Rechnungsjahr hinausreichen oder sich nicht auf die Einnahmen und Ausgaben des Reichs oder ihre Verwaltung beziehen. Der Reichstag kann im Entwurfe des Haushaltsplans ohne Zustimmung des Reichsrats Ausgaben nicht erhöhen oder neu einsetzen.

Die Zustimmung des Reichsrats kann gemäß den Vorschriften des Artikels 74 ersetzt werden.

Artikel 86. Über die Verwendung aller Reichseinnahmen legt der Reichsfinanzminister in dem folgenden Rechnungsjahre zur Entlastung der Reichsregierung dem Reichsrat und dem Reichstag Rechnung. Die Rechnungsprüfung wird durch Reichsgesetz geregelt.

Artikel 87. Im Wege des Kredits dürfen Geldmittel nur bei außerordentlichem Bedarf und in der Regel nur für Ausgaben zu werbenden Zwecken beschafft werden. Eine solche Beschaffung sowie die Übernahme einer Sicherheitsleistung zu Lasten de Reichs dürfen nur auf Grund eines Reichsgesetzes erfolgen.

Artikel 88. Das Post- und Telegraphenwesen samt dem Fernsprechwesen ist ausschließlich Sache des Reichs.

Die Postwertzeichen sind für das ganze Reich einheitlich.

Die Reichsregierung erläßt mit Zustimmung des Reichsrats die Verordnungen, welche Grundsätze und Gebühren für die Benutzung der Verkehrseinrichtungen festsetzen. Sie kann diese Befugnis mit Zustimmung des Reichsrats auf den Reichspostminister übertragen.

Zur beratenden Mitwirkung in Angelegenheiten des Post-, Telegraphen- und Fernsprechverkehrs und der Tarife errichtet die Reichsregierung mit Zustimmung des Reichsrats einen Beirat[2].

Verträge über den Verkehr mit dem Ausland schließt allein das Reich.

[1] *Zu Artikel 85—87 vgl. § 15 des Reichspostfinanzgesetzes vom 18. 3. 1924 (Triepel, Nr. 85).*

[2] *Abschnitt 3 und 4 sind durch § 15 des Reichspostfinanzgesetzes vom 18. 3. 1924 außer Kraft gesetzt (Triepel, Nr. 85).*

Artikel 89[1]. Aufgabe des Reichs ist es, die dem allgemeinen Verkehre dienenden Eisenbahnen in sein Eigentum zu übernehmen und als einheitliche Verkehrsanstalt zu verwalten.

Die Rechte der Länder, Privateisenbahnen zu erwerben, sind auf Verlangen dem Reiche zu übertragen.

Artikel 90. Mit dem Übergange der Eisenbahnen übernimmt das Reich die Enteignungsbefugnis und die staatlichen Hoheitsrechte, die sich auf das Eisenbahnwesen beziehen. Über den Umfang dieser Rechte entscheidet im Streitfall der Staatsgerichtshof.

Artikel 91. Die Reichsregierung erläßt mit Zustimmung des Reichsrats die Verordnungen, die den Bau, den Betrieb und den Verkehr der Eisenbahnen regeln. Sie kann diese Befugnis mit Zustimmung des Reichsrats auf den zuständigen Reichsminister übertragen.

Artikel 92. Die Reichseisenbahnen sind, ungeachtet der Eingliederung ihres Haushalts und ihrer Rechnung in den allgemeinen Haushalt und die allgemeine Rechnung des Reichs, als ein selbständiges wirtschaftliches Unternehmen zu verwalten, das seine Ausgaben einschließlich Verzinsung und Tilgung der Eisenbahnschuld selbst zu bestreiten und eine Eisenbahnrücklage anzusammeln hat: Die Höhe der Tilgung und der Rücklage sowie die Verwendungszwecke der Rücklage sind durch besonderes Gesetz zu regeln.

Artikel 93. Zur beratenden Mitwirkung in Angelegenheiten des Eisenbahnverkehrs und der Tarife errichtet die Reichsregierung für die Reichseisenbahnen mit Zustimmung des Reichsrats Beiräte.

Artikel 94. Hat das Reich die dem allgemeinen Verkehre dienenden Eisenbahnen eines bestimmten Gebietes in seine Verwaltung übernommen, so können innerhalb dieses Gebiets neue, dem allgemeinen Verkehr dienende Eisenbahnen nur vom Reiche oder mit seiner Zustimmung gebaut werden. Berührt der Bau neuer oder die Veränderung bestehender Reichseisenbahnanlagen den Geschäftsbereich der Landespolizei, so hat die Reichseisenbahnverwaltung vor der Entscheidung die Landesbehörden anzurufen.

Wo das Reich die Eisenbahnen noch nicht in seine Verwaltung übernommen hat, kann es für den allgemeinen Verkehr oder die Landesverteidigung als notwendig erachtete Eisenbahnen kraft Reichsgesetzes auch gegen den Widerspruch der Länder, deren Gebiet durchschnitten wird, jedoch unbeschadet der Landeshoheitsrechte, für eigene Rechnung anlegen oder den Bau einem anderen zur Ausführung überlassen, nötigenfalls unter Verleihung des Enteignungsrechts.

Jede Eisenbahnverwaltung muß sich den Anschluß anderer Bahnen auf deren Kosten gefallen lassen.

[1] *Zu Artikel 89—95 vgl. das Reichsbahngesetz vom 30. 8. 1924 (Triepel, Nr. 90, vgl. ebd. Nr. 81).*

Artikel 95. Eisenbahnen des allgemeinen Verkehrs, die nicht vom Reiche verwaltet werden, unterliegen der Beaufsichtigung durch das Reich.

Die der Reichsaufsicht unterliegenden Eisenbahnen sind nach den gleichen vom Reiche festgesetzten Grundsätzen anzulegen und auszurüsten. Sie sind in betriebssicherem Zustand zu erhalten und entsprechend den Anforderungen des Verkehrs auszubauen. Personen- und Güterverkehr sind in Übereinstimmung mit dem Bedürfnis zu bedienen und auszugestalten.

Bei der Beaufsichtigung des Tarifwesens ist auf gleichmäßige und niedrige Eisenbahntarife hinzuwirken.

Artikel 96. Alle Eisenbahnen, auch die nicht dem allgemeinen Verkehre dienenden, haben den Anforderungen des Reichs auf Benutzung der Eisenbahnen zum Zwecke der Landesverteidigung Folge zu leisten.

Artikel 97. Aufgabe des Reichs ist es, die dem allgemeinen Verkehr dienenden Wasserstraßen in sein Eigentum und seine Verwaltung zu übernehmen.

Nach der Übernahme können dem allgemeinen Verkehre dienende Wasserstraßen nur noch vom Reiche oder mit seiner Zustimmung angelegt oder ausgebaut werden.

Bei der Verwaltung, dem Ausbau oder dem Neubau von Wasserstraßen sind die Bedürfnisse der Landeskultur und der Wasserwirtschaft im Einvernehmen mit den Ländern zu wahren. Auch ist auf deren Förderung Rücksicht zu nehmen.

Jede Wasserstraßenverwaltung hat sich den Anschluß anderer Binnenwasserstraßen auf Kosten der Unternehmer gefallen zu lassen. Die gleiche Verpflichtung besteht für die Herstellung einer Verbindung zwischen Binnenwasserstraßen und Eisenbahnen.

Mit dem Übergang der Wasserstraßen erhält das Reich die Enteignungsbefugnis, die Tarifhoheit sowie die Strom- und Schiffahrtspolizei.

Die Aufgaben der Strombauverbände in bezug auf den Ausbau natürlicher Wasserstraßen im Rhein-, Weser- und Elbgebiete sind auf das Reich zu übernehmen.

Artikel 98. Zur Mitwirkung in Angelegenheiten der Wasserstraßen werden bei den Reichswasserstraßen nach näherer Anordnung der Reichsregierung unter Zustimmung des Reichsrats Beiräte gebildet.

Artikel 99. Auf natürlichen Wasserstraßen dürfen Abgaben nur für solche Werke, Einrichtungen und sonstige Anstalten erhoben werden, die zur Erleichterung des Verkehrs bestimmt sind. Sie dürfen bei staatlichen und kommunalen Anstalten die zur Herstellung und Unterhaltung erforderlichen Kosten nicht übersteigen. Die Herstellungs- und Unterhaltungskosten für Anstalten, die nicht ausschließlich zur Erleichterung des Verkehrs, sondern auch zur Förderung anderer Zwecke bestimmt sind, dürfen nur zu einem verhältnismäßigen Anteil durch Schiffahrtsabgaben aufgebracht werden. Als Herstellungskosten gelten die Zinsen und Tilgungsbeträge für die aufgewandten Mittel. Die Vorschriften des vorstehenden Absatzes finden Anwendung auf die Abgaben, die für künstliche Wasserstraßen sowie für Anstalten an solchen und in Häfen erhoben werden.

Im Bereiche der Binnenschiffahrt können für die Bemessung der Befahrungsabgaben die Gesamtkosten einer Wasserstraße, eines Stromgebietes oder eines Wasserstraßennetzes zugrunde gelegt werden.

Diese Bestimmungen gelten auch für die Flößerei auf schiffbaren Wasserstraßen.

Auf fremde Schiffe und deren Ladungen andere oder höhere Abgaben zu legen als auf deutsche Schiffe und deren Ladungen, steht nur dem Reiche zu.

Zur Beschaffung von Mitteln für die Unterhaltung und den Ausbau des deutschen Wasserstraßennetzes kann das Reich die Schiffahrtsbeteiligten auch auf andere Weise durch Gesetz zu Beiträgen heranziehen.

Artikel 100. Zur Deckung der Kosten für Unterhaltung und Bau von Binnenschiffahrtswegen kann durch ein Reichsgesetz auch herangezogen werden, wer aus dem Bau von Talsperren in anderer Weise als durch Befahrung Nutzen zieht, sofern mehrere Länder beteiligt sind oder das Reich die Kosten der Anlage trägt.

Artikel 101. Aufgabe des Reichs ist es, alle Seezeichen, insbesondere Leuchtfeuer, Feuerschiffe, Bojen, Tonnen und Baken, in sein Eigentum und seine Verwaltung zu übernehmen. Nach der Übernahme können Seezeichen nur noch vom Reiche oder mit seiner Zustimmung hergestellt oder ausgebaut werden.

VII. Abschnitt. Die Rechtspflege

Artikel 102. Die Richter sind unabhängig und nur dem Gesetz unterworfen.

Artikel 103. Die ordentliche Gerichtsbarkeit wird durch das Reichsgericht und durch die Gerichte der Länder ausgeübt.

Artikel 104. Die Richter der ordentlichen Gerichtsbarkeit werden auf Lebenszeit ernannt. Sie können wider ihren Willen nur kraft richterlicher Entscheidung und nur aus den Gründen und unter den Formen, welche die Gesetze bestimmen, dauernd oder zeitweise ihres Amtes enthoben oder an eine andere Stelle oder in den Ruhestand versetzt werden. Die Gesetzgebung kann Altersgrenzen festsetzen, bei deren Erreichung Richter in den Ruhestand treten.

Die vorläufige Amtsenthebung, die kraft Gesetzes eintritt, wird hierdurch nicht berührt.

Bei einer Veränderung in der Einrichtung der Gerichte oder ihrer Bezirke kann die Landesjustizverwaltung unfreiwillige Versetzungen an ein anderes Gericht oder Entfernungen vom Amte, jedoch nur unter Belassung des vollen Gehalts, verfügen.

Auf Handelsrichter, Schöffen und Geschworene finden diese Bestimmungen keine Anwendung.

Artikel 105. Ausnahmegerichte sind unstatthaft. Niemand darf seinem gesetzlichen Richter entzogen werden. Die gesetzlichen Bestimmungen über Kriegsgerichte und Standgerichte werden hiervon nicht berührt. Die militärischen Ehrengerichte sind aufgehoben.

Artikel 106. Die Militärgerichtsbarkeit ist aufzuheben, außer für Kriegszeiten und an Bord der Kriegsschiffe. Das Nähere regelt ein Reichsgesetz[1].

Artikel 107. Im Reiche und in den Ländern müssen nach Maßgabe der Gesetze Verwaltungsgerichte zum Schutze der einzelnen gegen Anordnungen und Verfügungen der Verwaltungsbehörden bestehen.

Artikel 108. Nach Maßgabe eines Reichsgesetzes wird ein Staatsgerichtshof für das Deutsche Reich errichtet[2].

II. Hauptteil. Grundrechte und Grundpflichten der Deutschen

I. Abschnitt. Die Einzelperson

Artikel 109. Alle Deutschen sind vor dem Gesetze gleich.

Männer und Frauen haben grundsätzlich dieselben staatsbürgerlichen Rechte und Pflichten.

Öffentlich-rechtliche Vorrechte oder Nachteile der Geburt oder des Standes sind aufzuheben. Adelsbezeichnungen gelten nur als Teil des Namens und dürfen nicht mehr verliehen werden.

Titel dürfen nur verliehen werden, wenn sie ein Amt oder einen Beruf bezeichnen; akademische Grade sind hierdurch nicht betroffen.

Orden und Ehrenzeichen dürfen vom Staate nicht verliehen werden[3].

Kein Deutscher darf von einer ausländischen Regierung Titel oder Orden annehmen.

Artikel 110. Die Staatsangehörigkeit im Reiche und in den Ländern wird nach den Bestimmungen eines Reichsgesetzes erworben und verloren[4]. Jeder Angehörige eines Landes ist zugleich Reichsangehöriger.

Jeder Deutsche hat in jedem Lande des Reichs die gleichen Rechte und Pflichten wie die Angehörigen des Landes selbst.

Artikel 111. Alle Deutschen genießen Freizügigkeit im ganzen Reiche. Jeder hat das Recht, sich an beliebigem Orte des Reichs aufzuhalten und niederzulassen, Grundstücke zu erwerben und jeden Nahrungszweig zu betreiben. Einschränkungen bedürfen eines Reichsgesetzes.

Artikel 112. Jeder Deutsche ist berechtigt, nach außerdeutschen Ländern auszuwandern. Die Auswanderung kann nur durch Reichsgesetz beschränkt werden.

Dem Ausland gegenüber haben alle Reichsangehörigen inner- und außerhalb des Reichsgebiets Anspruch auf den Schutz des Reichs.

Kein Deutscher darf einer ausländischen Regierung zur Verfolgung oder Bestrafung überliefert werden.

[1] *17. 8. 1920 (Triepel, Nr. 50).*

[2] *9. 7. 1921 (Triepel, Nr. 60).*

[3] *Vgl. Artikel 175.*

[4] *Das Reichs- und Staatsangehörigkeitsgesetz vom 22. 7. 1913 (Triepel, Nr. 161) blieb in Kraft.*

Artikel 113. Die fremdsprachigen Volksteile des Reichs dürfen durch die Gesetzgebung und Verwaltung nicht in ihrer freien, volkstümlichen Entwicklung, besonders nicht im Gebrauch ihrer Muttersprache beim Unterrichte sowie bei der inneren Verwaltung und der Rechtspflege beeinträchtigt werden.

Artikel 114. Die Freiheit der Person ist unverletzlich. Eine Beeinträchtigung oder Entziehung der persönlichen Freiheit durch die öffentliche Gewalt ist nur auf Grund von Gesetzen zulässig.

Personen, denen die Freiheit entzogen wird, sind spätestens am darauffolgenden Tage in Kenntnis zu setzen, von welcher Behörde und aus welchen Gründen die Entziehung der Freiheit angeordnet worden ist; unverzüglich soll ihnen Gelegenheit gegeben werden, Einwendungen gegen ihre Freiheitsentziehung vorzubringen.

Artikel 115. Die Wohnung jedes Deutschen ist für ihn eine Freistätte und unverletzlich. Ausnahmen sind nur auf Grund von Gesetzen zulässig.

Artikel 116. Eine Handlung kann nur dann mit einer Strafe belegt werden, wenn die Strafbarkeit gesetzlich bestimmt war, bevor die Handlung begangen wurde.

Artikel 117. Das Briefgeheimnis sowie das Post-, Telegraphen- und Fernsprechgeheimnis sind unverletzlich. Ausnahmen können nur durch Reichsgesetz zugelassen werden.

Artikel 118. Jeder Deutsche hat das Recht, innerhalb der Schranken der allgemeinen Gesetze seine Meinung durch Wort, Schrift, Druck, Bild oder in sonstiger Weise frei zu äußern. An diesem Rechte darf ihn kein Arbeits- oder Anstellungsverhältnis hindern, und niemand darf ihn benachteiligen, wenn er von diesem Rechte Gebrauch macht.

Eine Zensur findet nicht statt, doch können für Lichtspiele durch Gesetz abweichende Bestimmungen getroffen werden[1]. Auch sind zur Bekämpfung der Schund- und Schmutzliteratur sowie zum Schutze der Jugend bei öffentlichen Schaustellungen und Darbietungen gesetzliche Maßnahmen zulässig.

II. Abschnitt. Das Gemeinschaftsleben

Artikel 119. Die Ehe steht als Grundlage des Familienlebens und der Erhaltung und Vermehrung der Nation unter dem besonderen Schutze der Verfassung. Sie beruht auf der Gleichberechtigung der beiden Geschlechter.

Die Reinerhaltung, Gesundung und soziale Förderung der Familie ist Aufgabe des Staates und der Gemeinden. Kinderreiche Familien haben Anspruch auf ausgleichende Fürsorge.

Die Mutterschaft hat Anspruch auf den Schutz und die Fürsorge des Staates.

Artikel 120. Die Erziehung des Nachwuchses zur leiblichen, seelischen und gesellschaftlichen Tüchtigkeit ist oberste Pflicht und natürliches Recht der Eltern, über deren Betätigung die staatliche Gemeinschaft wacht.

[1] *Lichtspielgesetz vom 12. 5. 1920.*

Artikel 121. Den unehelichen Kindern sind durch die Gesetzgebung die gleichen Bedingungen für ihre leibliche, seelische und gesellschaftliche Entwicklung zu schaffen wie den ehelichen Kindern.

Artikel 122. Die Jugend ist gegen Ausbeutung sowie gegen sittliche, geistige oder körperliche Verwahrlosung zu schützen. Staat und Gemeinde haben die erforderlichen Einrichtungen zu treffen.

Fürsorgemaßregeln im Wege des Zwanges können nur auf Grund des Gesetzes angeordnet werden.

Artikel 123. Alle Deutschen haben das Recht, sich ohne Anmeldung oder besondere Erlaubnis friedlich und unbewaffnet zu versammeln.

Versammlungen unter freiem Himmel können durch Reichsgesetz anmeldepflichtig gemacht und bei unmittelbarer Gefahr für die öffentliche Sicherheit verboten werden.

Artikel 124. Alle Deutschen haben das Recht, zu Zwecken, die den Strafgesetzen nicht zuwiderlaufen, Vereine oder Gesellschaften zu bilden. Dies Recht kann nicht durch Vorbeugungsmaßregeln beschränkt werden. Für religiöse Vereine und Gesellschaften gelten dieselben Bestimmungen.

Der Erwerb der Rechtsfähigkeit steht jedem Vereine gemäß den Vorschriften des bürgerlichen Rechtes frei. Er darf einem Vereine nicht aus dem Grunde versagt werden, daß er einen politischen, sozial-politischen oder religiösen Zweck verfolgt.

Artikel 125. Wahlfreiheit und Wahlgeheimnis sind gewährleistet. Das Nähere bestimmen die Wahlgesetze.

Artikel 126. Jeder Deutsche hat das Recht, sich schriftlich mit Bitten oder Beschwerden an die zuständige Behörde oder an die Volksvertretung zu wenden. Dieses Recht kann sowohl von einzelnen als auch von mehreren gemeinsam ausgeübt werden.

Artikel 127. Gemeinden und Gemeindeverbände haben das Recht der Selbstverwaltung innerhalb der Schranken der Gesetze.

Artikel 128. Alle Staatsbürger ohne Unterschied sind nach Maßgabe der Gesetze und entsprechend ihrer Befähigung und ihren Leistungen zu den öffentlichen Ämtern zuzulassen.

Alle Ausnahmebestimmungen gegen weibliche Beamte werden beseitigt.

Die Grundlagen des Beamtenverhältnisses sind durch Reichsgesetz zu regeln.

Artikel 129. Die Anstellung der Beamten erfolgt auf Lebenszeit, soweit nicht durch Gesetz etwas anderes bestimmt ist. Ruhegehalt und Hinterbliebenenversorgung werden gesetzlich geregelt. Die wohlerworbenen Rechte der Beamten sind unverletzlich. Für die vermögensrechtlichen Ansprüche der Beamten steht der Rechtsweg offen.

Die Beamten können nur unter den gesetzlich bestimmten Voraussetzungen und Formen vorläufig ihres Amtes enthoben, einstweilen oder endgültig in den Ruhestand oder in ein anderes Amt mit geringerem Einkommen versetzt werden.

Gegen jedes dienstliche Straferkenntnis muß ein Beschwerdeweg und die Möglich-

keit eines Wiederaufnahmeverfahrens eröffnet sein. In die Nachweise über die Person des Beamten sind Eintragungen von ihm ungünstigen Tatsachen erst vorzunehmen, wenn dem Beamten Gelegenheit gegeben war, sich über sie zu äußern. Dem Beamten ist Einsicht in seine Personalnachweise zu gewähren.

Die Unverletzlichkeit der wohlerworbenen Rechte und die Offenhaltung des Rechtswegs für die vermögensrechtlichen Ansprüche werden besonders auch den Berufssoldaten gewährleistet. Im übrigen wird ihre Stellung durch Reichsgesetz geregelt[1].

Artikel 130. Die Beamten sind Diener der Gesamtheit, nicht einer Partei.

Allen Beamten wird die Freiheit ihrer politischen Gesinnung und die Vereinigungsfreiheit gewährleistet.

Die Beamten erhalten nach näherer reichsgesetzlicher Bestimmung besondere Beamtenvertretungen.

Artikel 131. Verletzt ein Beamter in Ausübung der ihm anvertrauten öffentlichen Gewalt die ihm einem Dritten gegenüber obliegende Amtspflicht, so trifft die Verantwortlichkeit grundsätzlich den Staat oder die Körperschaft, in deren Dienste der Beamte steht. Der Rückgriff gegen den Beamten bleibt vorbehalten. Der ordentliche Rechtsweg darf nicht ausgeschlossen werden.

Die nähere Regelung liegt der zuständigen Gesetzgebung ob.

Artikel 132. Jeder Deutsche hat nach Maßgabe der Gesetze die Pflicht zur Übernahme ehrenamtlicher Tätigkeiten.

Artikel 133. Alle Staatsbürger sind verpflichtet, nach Maßgabe der Gesetze persönliche Dienste für den Staat und die Gemeinde zu leisten.

Die Wehrpflicht richtet sich nach den Bestimmungen des Reichswehrgesetzes[2]. Dieses bestimmt auch, wieweit für Angehörige der Wehrmacht zur Erfüllung ihrer Aufgaben und zur Erhaltung der Manneszucht einzelne Grundrechte einzuschränken sind.

Artikel 134. Alle Staatsbürger ohne Unterschied tragen im Verhältnis ihrer Mittel zu allen öffentlichen Lasten nach Maßgabe der Gesetze bei.

III. Abschnitt. Religion und Religionsgesellschaften

Artikel 135. Alle Bewohner des Reichs genießen volle Glaubens- und Gewissensfreiheit. Die ungestörte Religionsübung wird durch die Verfassung gewährleistet und steht unter staatlichem Schutze. Die allgemeinen Staatsgesetze bleiben hiervon unberührt.

Artikel 136. Die bürgerlichen und staatsbürgerlichen Rechte und Pflichten werden durch die Ausübung der Religionsfreiheit weder bedingt noch beschränkt.

Der Genuß bürgerlicher und staatsbürgerlicher Rechte sowie die Zulassung zu öffentlichen Ämtern sind unabhängig von dem religiösen Bekenntnis.

[1] *Wehrgesetz vom 23. 3. 1921 (Triepel, Nr. 56).*

[2] *23. 3. 1921 (Triepel, Nr. 56).*

Niemand ist verpflichtet, seine religiöse Überzeugung zu offenbaren. Die Behörden haben nur so weit das Recht, nach der Zugehörigkeit zu einer Religionsgesellschaft zu fragen, als davon Rechte und Pflichten abhängen oder eine gesetzlich angeordnete statistische Erhebung dies erfordert.

Niemand darf zu einer kirchlichen Handlung oder Feierlichkeit oder zur Teilnahme an religiösen Übungen oder zur Benutzung einer religiösen Eidesform gezwungen werden.

Artikel 137. Es besteht keine Staatskirche.

Die Freiheit der Vereinigung zu Religionsgesellschaften wird gewährleistet. Der Zusammenschluß von Religionsgesellschaften innerhalb des Reichsgebiets unterliegt keinen Beschränkungen.

Jede Religionsgesellschaft ordnet und verwaltet ihre Angelegenheiten selbständig innerhalb der Schranken des für alle geltenden Gesetzes. Sie verleiht ihre Ämter ohne Mitwirkung des Staates oder der bürgerlichen Gemeinde.

Religionsgesellschaften erwerben die Rechtsfähigkeit nach den allgemeinen Vorschriften des bürgerlichen Rechtes.

Die Religionsgesellschaften bleiben Körperschaften des öffentlichen Rechtes, soweit sie solche bisher waren. Anderen Religionsgesellschaften sind auf ihren Antrag gleiche Rechte zu gewähren, wenn sie durch ihre Verfassung und die Zahl ihrer Mitglieder die Gewähr der Dauer bieten. Schließen sich mehrere derartige öffentlich-rechtliche Religionsgesellschaften zu einem Verbande zusammen, so ist auch dieser Verband eine öffentlich-rechtliche Körperschaft.

Die Religionsgesellschaften, welche Körperschaften des öffentlichen Rechtes sind, sind berechtigt, auf Grund der bürgerlichen Steuerlisten nach Maßgabe der landesrechtlichen Bestimmungen Steuern zu erheben.

Den Religionsgesellschaften werden die Vereinigungen gleichgestellt, die sich die gemeinschaftliche Pflege einer Weltanschauung zur Aufgabe machen.

Soweit die Durchführung dieser Bestimmungen eine weitere Regelung erfordert, liegt diese der Landesgesetzgebung ob.

Artikel 138. Die auf Gesetz, Vertrag oder besonderen Rechtstiteln beruhenden Staatsleistungen an die Religionsgesellschaften werden durch die Landesgesetzgebung abgelöst. Die Grundsätze hierfür stellt das Reich auf[1].

Das Eigentum und andere Rechte der Religionsgesellschaften und religiösen Vereine an ihren für Kultus-, Unterrichts- und Wohltätigkeitszwecke bestimmten Anstalten, Stiftungen und sonstigen Vermögen werden gewährleistet.

Artikel 139. Der Sonntag und die staatlich anerkannten Feiertage bleiben als Tage der Arbeitsruhe und der seelischen Erhebung gesetzlich geschützt.

Artikel 140. Den Angehörigen der Wehrmacht ist die nötige freie Zeit zur Erfüllung ihrer religiösen Pflichten zu gewähren.

[1] *Vgl. Art. 173.*

Artikel 141. Soweit das Bedürfnis nach Gottesdienst und Seelsorge im Heer, in Krankenhäusern, Strafanstalten oder sonstigen öffentlichen Anstalten besteht, sind die Religionsgesellschaften zur Vornahme religiöser Handlungen zuzulassen, wobei jeder Zwang fernzuhalten ist.

IV. Abschnitt. Bildung und Schule

Artikel 142. Die Kunst, die Wissenschaft und ihre Lehre sind frei. Der Staat gewährt ihnen Schutz und nimmt an ihrer Pflege teil.

Artikel 143. Für die Bildung der Jugend ist durch öffentliche Anstalten zu sorgen. Bei ihrer Einrichtung wirken Reich, Länder und Gemeinden zusammen.

Die Lehrerbildung ist nach den Grundsätzen, die für die höhere Bildung allgemein gelten, für das Reich einheitlich zu regeln.

Die Lehrer an öffentlichen Schulen haben die Rechte und Pflichten der Staatsbeamten.

Artikel 144. Das gesamte Schulwesen steht unter der Aufsicht des Staates; er kann die Gemeinden daran beteiligen. Die Schulaufsicht wird durch hauptamtlich tätige, fachmännisch vorgebildete Beamte ausgeübt.

Artikel 145. Es besteht allgemeine Schulpflicht. Ihrer Erfüllung dient grundsätzlich die Volksschule mit mindestens acht Schuljahren und die anschließende Fortbildungsschule bis zum vollendeten achtzehnten Lebensjahre. Der Unterricht und die Lernmittel in den Volksschulen und Fortbildungsschulen sind unentgeltlich.

Artikel 146. Das öffentliche Schulwesen ist organisch auszugestalten. Auf einer für alle gemeinsamen Grundschule baut sich das mittlere und höhere Schulwesen auf. Für diesen Aufbau ist die Mannigfaltigkeit der Lebensberufe, für die Aufnahme eines Kindes in eine bestimmte Schule sind seine Anlage und Neigung, nicht die wirtschaftliche und gesellschaftliche Stellung oder das Religionsbekenntnis seiner Eltern, maßgebend.

Innerhalb der Gemeinden sind indes auf Antrag von Erziehungsberechtigten Volksschulen ihres Bekenntnisses oder ihrer Weltanschauung einzurichten, soweit hierdurch ein geordneter Schulbetrieb, auch im Sinne des Abs. 1, nicht beeinträchtigt wird. Der Wille der Erziehungsberechtigten ist möglichst zu berücksichtigen. Das Nähere bestimmt die Landesgesetzgebung nach den Grundsätzen eines Reichsgesetzes[1].

Für den Zugang Minderbemittelter zu den mittleren und höheren Schulen sind durch Reich, Länder und Gemeinden öffentliche Mittel bereitzustellen, insbesondere Erziehungsbeihilfen für die Eltern von Kindern, die zur Ausbildung auf mittleren und höheren Schulen für geeignet erachtet werden, bis zur Beendigung der Ausbildung.

Artikel 147. Private Schulen als Ersatz für öffentliche Schulen bedürfen der Ge-

[1] *Vgl. Art. Nr. 174.*

nehmigung des Staates und unterstehen den Landesgesetzen. Die Genehmigung ist zu erteilen, wenn die Privatschulen in ihren Lehrzielen und Einrichtungen sowie in der wissenschaftlichen Ausbildung ihrer Lehrkräfte nicht hinter den öffentlichen Schulen zurückstehen und eine Sonderung der Schüler nach den Besitzverhältnissen der Eltern nicht gefördert wird. Die Genehmigung ist zu versagen, wenn die wirtschaftliche und rechtliche Stellung der Lehrkräfte nicht genügend gesichert ist.

Private Volksschulen sind nur zuzulassen, wenn für eine Minderheit von Erziehungsberechtigten, deren Wille nach Artikel 146 Abs. 2 zu berücksichtigen ist, eine öffentliche Volksschule ihres Bekenntnisses oder ihrer Weltanschauung in der Gemeinde nicht besteht oder die Unterrichtsverwaltung ein besonderes pädagogisches Interesse anerkennt.

Private Vorschulen sind aufzuheben.

Für private Schulen, die nicht als Ersatz für öffentliche Schulen dienen, verbleibt es bei dem geltenden Rechte.

Artikel 148. In allen Schulen ist sittliche Bildung, staatsbürgerliche Gesinnung, persönliche und berufliche Tüchtigkeit im Geiste des deutschen Volkstums und der Völkerversöhnung zu erstreben.

Beim Unterricht in öffentlichen Schulen ist Bedacht zu nehmen, daß die Empfindungen Andersdenkender nicht verletzt werden.

Staatsbürgerkunde und Arbeitsunterricht sind Lehrfächer der Schulen. Jeder Schüler erhält bei Beendigung der Schulpflicht einen Abdruck der Verfassung.

Das Volksbildungswesen, einschließlich der Volkshochschulen, soll von Reich, Ländern und Gemeinden gefördert werden.

Artikel 149. Der Religionsunterricht ist ordentliches Lehrfach der Schulen mit Ausnahme der bekenntnisfreien (weltlichen) Schulen. Seine Erteilung wird im Rahmen der Schulgesetzgebung geregelt. Der Religionsunterricht wird in Übereinstimmung mit den Grundsätzen der betreffenden Religionsgesellschaft unbeschadet des Aufsichtsrechts des Staates erteilt.

Die Erteilung religiösen Unterrichts und die Vornahme kirchlicher Verrichtungen bleibt der Willenserklärung der Lehrer, die Teilnahme an religiösen Unterrichtsfächern und an kirchlichen Feiern und Handlungen der Willenserklärung desjenigen überlassen, der über die religiöse Erziehung des Kindes zu bestimmen hat.

Die theologischen Fakultäten an den Hochschulen bleiben erhalten.

Artikel 150. Die Denkmäler der Kunst, der Geschichte und der Natur sowie die Landschaft genießen den Schutz und die Pflege des Staates.

Es ist Sache des Reichs, die Abwanderung deutschen Kunstbesitzes in das Ausland zu verhüten.

V. Abschnitt. Das Wirtschaftsleben

Artikel 151. Die Ordnung des Wirtschaftslebens muß den Grundsätzen der Gerechtigkeit mit dem Ziele der Gewährleistung eines menschenwürdigen Daseins für

alle entsprechen. In diesen Grenzen ist die wirtschaftliche Freiheit des einzelnen zu sichern.

Gesetzlicher Zwang ist nur zulässig zur Verwirklichung bedrohter Rechte oder im Dienste überragender Forderungen des Gemeinwohls. Die Freiheit des Handels und Gewerbes wird nach Maßgabe der Reichsgesetze gewährleistet.

Artikel 152. Im Wirtschaftsverkehre gilt Vertragsfreiheit nach Maßgabe der Gesetze.

Wucher ist verboten. Rechtsgeschäfte, die gegen die guten Sitten verstoßen, sind nichtig.

Artikel 153. Das Eigentum wird von der Verfassung gewährleistet. Sein Inhalt und seine Schranken ergeben sich aus den Gesetzen.

Eine Enteignung kann nur zum Wohle der Allgemeinheit und auf gesetzlicher Grundlage vorgenommen werden. Sie erfolgt gegen angemessene Entschädigung, soweit nicht ein Reichsgesetz etwas anderes bestimmt. Wegen der Höhe der Entschädigung ist im Streitfall der Rechtsweg bei den ordentlichen Gerichten offen zu halten, soweit Reichsgesetze nichts anderes bestimmen. Enteignung durch das Reich gegenüber Ländern, Gemeinden und gemeinnützigen Verbänden kann nur gegen Entschädigung erfolgen.

Eigentum verpflichtet. Sein Gebrauch soll zugleich Dienst sein für das gemeine Beste.

Artikel 154. Das Erbrecht wird nach Maßgabe des bürgerlichen Rechtes gewährleistet.

Der Anteil des Staates am Erbgut bestimmt sich nach den Gesetzen.

Artikel 155. Die Verteilung und Nutzung des Bodens wird von Staats wegen in einer Weise überwacht, die Mißbrauch verhütet und dem Ziele zustrebt, jedem Deutschen eine gesunde Wohnung und allen deutschen Familien, besonders den kinderreichen, eine ihren Bedürfnissen entsprechende Wohn- und Wirtschaftsheimstätte zu sichern. Kriegsteilnehmer sind bei dem zu schaffenden Heimstättenrechte besonders zu berücksichtigen.

Grundbesitz, dessen Erwerb zur Befriedigung des Wohnungsbedürfnisses, zur Förderung der Siedlung und Urbarmachung oder zur Hebung der Landwirtschaft nötig ist, kann enteignet werden. Die Fideikommisse sind aufzulösen,

Die Bearbeitung und Ausnutzung des Bodens ist eine Pflicht des Grundbesitzers gegenüber der Gemeinschaft. Die Wertsteigerung des Bodens, die ohne eine Arbeits- oder Kapitalaufwendung auf das Grundstück entsteht, ist für die Gesamtheit nutzbar zu machen.

Alle Bodenschätze und alle wirtschaftlich nutzbaren Naturkräfte stehen unter Aufsicht des Staates. Private Regale sind im Wege der Gesetzgebung auf den Staat zu überführen.

Artikel 156. Das Reich kann durch Gesetz, unbeschadet der Entschädigung, in

sinngemäßer Anwendung der für Enteignung geltenden Bestimmungen, für die Vergesellschaftung geeignete private wirtschaftliche Unternehmungen in Gemeineigentum überführen. Es kann sich selbst, die Länder oder die Gemeinden an der Verwaltung wirtschaftlicher Unternehmungen und Verbände beteiligen oder sich daran in anderer Weise einen bestimmenden Einfluß sichern.

Das Reich kann ferner im Falle dringenden Bedürfnisses zum Zwecke der Gemeinwirtschaft durch Gesetz wirtschaftliche Unternehmungen und Verbände auf der Grundlage der Selbstverwaltung zusammenschließen mit dem Ziele, die Mitwirkung aller schaffenden Volksteile zu sichern, Arbeitgeber und Arbeitnehmer an der Verwaltung zu beteiligen und Erzeugung, Herstellung, Verteilung, Verwendung, Preisgestaltung sowie Ein- und Ausfuhr der Wirtschaftsgüter nach gemeinwirtschaftlichen Grundsätzen zu regeln.

Die Erwerbs- und Wirtschaftsgenossenschaften und deren Vereinigungen sind auf ihr Verlangen unter Berücksichtigung ihrer Verfassung und Eigenart in die Gemeinwirtschaft einzugliedern.

Artikel 157. Die Arbeitskraft steht unter dem besonderen Schutze des Reichs.

Das Reich schafft ein einheitliches Arbeitsrecht.

Artikel 158. Die geistige Arbeit, das Recht der Urheber, der Erfinder und der Künstler genießt den Schutz und die Fürsorge des Reichs.

Den Schöpfungen deutscher Wissenschaft, Kunst und Technik ist durch zwischenstaatliche Vereinbarung auch im Ausland Geltung und Schutz zu verschaffen.

Artikel 159. Die Vereinigungsfreiheit zur Wahrung und Förderung der Arbeits- und Wirtschaftsbedingungen ist für jedermann und für alle Berufe gewährleistet. Alle Abreden und Maßnahmen, welche diese Freiheit einzuschränken oder zu behindern suchen, sind rechtswidrig.

Artikel 160. Wer in einem Dienst- oder Arbeitsverhältnis als Angestellter oder Arbeiter steht, hat das Recht auf die zur Wahrnehmung staatsbürgerlicher Rechte und, soweit dadurch der Betrieb nicht erheblich geschädigt wird, zur Ausübung ihm übertragener öffentlicher Ehrenämter nötige freie Zeit. Wieweit ihm der Anspruch auf Vergütung erhalten bleibt, bestimmt das Gesetz.

Artikel 161. Zur Erhaltung der Gesundheit und Arbeitsfähigkeit, zum Schutze der Mutterschaft und zur Vorsorge gegen die wirtschaftlichen Folgen von Alter, Schwäche und Wechselfällen des Lebens schafft das Reich ein umfassendes Versicherungswesen unter maßgebender Mitwirkung der Versicherten.

Artikel 162. Das Reich tritt für eine zwischenstaatliche Regelung der Rechtsverhältnisse der Arbeiter ein, die für die gesamte arbeitende Klasse der Menschheit ein allgemeines Mindestmaß der sozialen Rechte erstrebt.

Artikel 163. Jeder Deutsche hat, unbeschadet seiner persönlichen Freiheit, die sittliche Pflicht, seine geistigen und körperlichen Kräfte so zu betätigen, wie es das Wohl der Gesamtheit erfordert.

Jedem Deutschen soll die Möglichkeit gegeben werden, durch wirtschaftliche Arbeit seinen Unterhalt zu erwerben. Soweit ihm angemessene Arbeitsgelegenheit nicht nachgewiesen werden kann, wird für seinen notwendigen Unterhalt gesorgt. Das Nähere wird durch besondere Reichsgesetze bestimmt.

Artikel 164. Der selbständige Mittelstand in Landwirtschaft, Gewerbe und Handel ist in Gesetzgebung und Verwaltung zu fördern und gegen Überlastung und Aufsaugung zu schützen.

Artikel 165. Die Arbeiter und Angestellten sind dazu berufen, gleichberechtigt in Gemeinschaft mit den Unternehmern an der Regelung der Lohn- und Arbeitsbedingungen sowie an der gesamten wirtschaftlichen Entwicklung der produktiven Kräfte mitzuwirken. Die beiderseitigen Organisationen und ihre Vereinbarungen werden anerkannt.

Die Arbeiter und Angestellten erhalten zur Wahrnehmung ihrer sozialen und wirtschaftlichen Interessen gesetzliche Vertretungen in Betriebsarbeiterräten sowie in nach Wirtschaftsgebieten gegliederten Bezirksarbeiterräten und in einem Reichsarbeiterrate.

Die Bezirksarbeiterräte und der Reichsarbeiterrat treten zur Erfüllung der gesamten wirtschaftlichen Aufgaben und zur Mitwirkung bei der Ausführung der Sozialisierungsgesetze mit den Vertretungen der Unternehmer und sonst beteiligter Volkskreise zu Bezirkswirtschaftsräten und zu einem Reichswirtschaftsrat[1] zusammen. Die Bezirkswirtschaftsräte und der Reichswirtschaftsrat sind so zu gestalten, daß alle wichtigen Berufsgruppen entsprechend ihrer wirtschaftlichen und sozialen Bedeutung darin vertreten sind.

Sozialpolitische und wirtschaftspolitische Gesetzentwürfe von grundlegender Bedeutung sollen von der Reichsregierung vor ihrer Einbringung dem Reichswirtschaftsrate zur Begutachtung vorgelegt werden. Der Reichswirtschaftsrat hat das Recht, selbst solche Gesetzesvorlagen zu beantragen. Stimmt ihnen die Reichsregierung nicht zu, so hat sie trotzdem die Vorlage unter Darlegung ihres Standpunkts beim Reichstag einzubringen. Der Reichswirtschaftsrat kann die Vorlage durch eines seiner Mitglieder vor dem Reichstag vertreten lassen. Den Arbeiter- und Wirtschaftsräten können auf den ihnen überwiesenen Gebieten Kontroll- und Verwaltungsbefugnisse übertragen werden.

Aufbau und Aufgabe der Arbeiter- und Wirtschaftsräte sowie ihr Verhältnis zu anderen sozialen Selbstverwaltungskörpern zu regeln, ist ausschließlich Sache des Reichs.

Übergangs- und Schlußbestimmungen

Artikel 166. Bis zur Errichtung des Reichsverwaltungsgerichts tritt an seine Stelle für die Bildung des Wahlprüfungsgerichts das Reichsgericht.

[1] *Verordnung über den vorläufigen Reichswirtschaftsrat vom 4. 5. 1920 (Triepel, Nr. 45).*

Artikel 167. Die Bestimmungen des Artikels 18 Abs. 3 bis 6 treten erst zwei Jahre nach Verkündung der Reichsverfassung in Kraft[1].

Artikel 168. Bis zum Erlasse des im Artikel 63 vorgesehenen Landesgesetzes, aber höchstens auf die Dauer eines Jahres[2], können die sämtlichen preußischen Stimmen im Reichsrat von Mitgliedern der Regierung abgegeben werden.

Artikel 169. Der Zeitpunkt des Inkrafttretens der Bestimmung im Artikel 83 Abs. 1 wird durch die Reichsregierung festgesetzt.

Für eine angemessene Übergangszeit kann die Erhebung und Verwaltung der Zölle und Verbrauchssteuern den Ländern auf ihren Wunsch belassen werden.

Artikel 170. Die Post- und Telegraphenverwaltungen Bayerns und Württembergs gehen spätestens am 1. April 1921 auf das Reich über. Soweit bis zum 1. Oktober 1920 noch keine Verständigung über die Bedingungen der Übernahme erzielt ist, entscheidet der Staatsgerichtshof.

Bis zur Übernahme bleiben die bisherigen Rechte und Pflichten Bayerns und Württembergs in Kraft. Der Post- und Telegraphenverkehr mit den Nachbarstaaten des Auslandes wird jedoch ausschließlich vom Reiche geregelt.

Artikel 171. Die Staatseisenbahnen, Wasserstraßen und Seezeichen gehen spätestens am 1. April 1921 auf das Reich über.

Soweit bis zum 1. Oktober 1920 noch keine Verständigung über die Bedingungen der Übernahme erzielt ist, entscheidet der Staatsgerichtshof.

[1] *Durch das Reichsgesetz betr. Oberschlesien vom 27. 11. 1920 wurde als Absatz 2 und 3 hinzugefügt:*

In der preußischen Provinz Oberschlesien findet innerhalb zweier Monate nachdem die deutschen Behörden die Vewaltung des zur Zeit besetzten Gebiets wieder übernommen haben, eine Abstimmung nach Artikel 18 Abs. 4 Satz 1 und Abs. 5 darüber statt, ob ein Land Oberschlesien gebildet werden soll.

Wird die Frage bejaht *(sie wurde in der Volksabstimmung vom 3. 9. 1922 verneint)*, so ist das Land unverzüglich einzurichten, ohne daß es eines weiteren Reichsgesetzes bedarf. Dabei gelten folgende Bestimmungen:

1. Es ist eine Landesversammlung zu wählen, die binnen drei Monaten nach der amtlichen Feststellung des Abstimmungsergebnisses zur Einsetzung der Landesregierung und zur Beschlußfassung über die Landesverfassung einzuberufen ist. Der Reichspräsident erläßt die Wahlordnung nach den Grundsätzen des Reichswahlgesetzes und bestimmt den Wahltag.

2. Der Reichspräsident bestimmt im Benehmen mit der oberschlesischen Landesversammlung, wann das Land als eingerichtet gilt.

3. Die oberschlesische Staatsangehörigkeit erwerben:

a) die volljährigen Reichsangehörigen, die am Tage der Einrichtung des Landes Oberschlesien (Nr. 2) in seinem Gebiete Wohnsitz oder ständigen Aufenthalt haben, mit diesem Tage;
b) sonstige volljährige preußische Staatsangehörige, die im Gebiet der Provinz Oberschlesien geboren sind und innerhalb eines Jahres nach Einrichtung des Landes (Nr. 2) der Landesregierung erklären, daß sie die oberschlesische Staatsangehörigkeit erwerben wollen, am Tage des Einganges dieser Erklärung;
c) alle Reichsangehörigen, die durch Geburt, Legitimation oder Eheschließung der Staatsangehörigkeit einer der unter a und b bezeichneten Personen folgen.

[2] *Durch Reichsgesetz vom 6. 8. 1920 geändert:* „bis zum 1. Juli 1921".

Artikel 172. Bis zum Inkrafttreten des Reichsgesetzes über den Staatsgerichtshof übt seine Befugnisse ein Senat von sieben Mitgliedern aus, wovon der Reichstag vier und das Reichsgericht aus seiner Mitte drei wählt. Sein Verfahren regelt er selbst.

Artikel 173. Bis zum Erlaß eines Reichsgesetzes gemäß Artikel 138 bleiben die bisherigen auf Gesetz, Vertrag oder besonderen Rechtstiteln beruhenden Staatsleistungen an die Religionsgesellschaften bestehen.

Artikel 174. Bis zum Erlasse des im Artikel 146 Abs. 2 vorgesehenen Reichsgesetzes bleibt es bei der bestehenden Rechtslage. Das Gesetz hat Gebiete des Reichs, in denen eine nach Bekenntnissen nicht getrennte Schule gesetzlich besteht, besonders zu berücksichtigen.

Artikel 175. Die Bestimmung des Artikels 109 findet keine Anwendung auf Orden und Ehrenzeichen, die für Verdienste in den Kriegsjahren 1914—1919 verliehen werden sollen.

Artikel 176. Alle öffentlichen Beamten und Angehörigen der Wehrmacht sind auf diese Verfassung zu vereidigen. Das Nähere wird durch Verordnung des Reichspräsidenten bestimmt[1].

Artikel 177. Wo in den bestehenden Gesetzen die Eidesleistung unter Benutzung einer religiösen Eidesform vorgesehen ist, kann die Eidesleistung rechtswirksam auch in der Weise erfolgen, daß der Schwörende unter Weglassung der religiösen Eidesform erklärt: „ich schwöre". Im übrigen bleibt der in den Gesetzen vorgesehene Inhalt des Eides unberührt.

Artikel 178. Die Verfassung des Deutschen Reiches vom 16. April 1871 und das Gesetz über die vorläufige Reichsgewalt vom 10. Februar 1919[2] sind aufgehoben.

Die übrigen Gesetze und Verordnungen des Reichs bleiben in Kraft, soweit ihnen diese Verfassung nicht entgegensteht. Die Bestimmungen des am 28. Juni 1919 in Versailles unterzeichneten Friedensvertrags werden durch die Verfassung nicht berührt[3].

Anordnungen der Behörden, die auf Grund bisheriger Gesetze in rechtsgültiger Weise getroffen waren, behalten ihre Gültigkeit bis zur Aufhebung im Wege anderweiter Anordnung der Gesetzgebung.

Artikel 179. Soweit in Gesetzen oder Verordnungen auf Vorschriften und Einrichtungen verwiesen ist, die durch diese Verfassung aufgehoben sind, treten an ihre Stelle die entsprechenden Vorschriften und Einrichtungen dieser Verfassung. Bis

[1] *14. 8. 1919 (Triepel, Nr. 25).*

[2] *Triepel, Nr. 12.*

[3] *Als nächster Satz hinzugefügt 6. 8. 1920:* Mit Rücksicht auf die Verhandlungen bei dem Erwerbe der Insel Helgoland kann zugunsten ihrer einheimischen Bevölkerung eine von Artikel 17 Absatz 2 abweichende Regelung getroffen werden.

zum Amtsantritt des ersten Reichspräsidenten wird sein Amt von dem auf Grund des Gesetzes über die vorläufige Reichsgewalt gewählten Reichspräsidenten geführt[1].

Die nach den bisherigen Vorschriften dem Staatenausschusse zustehende Befugnis zum Erlassen von Verordnungen geht auf die Reichsregierung über; sie bedarf zum Erlasse der Verordnungen der Zustimmung des Reichsrats nach Maßgabe dieser Verfassung[2].

Artikel 180. Bis zum Zusammentritte des ersten Reichstags gilt die Nationalversammlung als Reichstag. Bis zum Amtsantritte des ersten Reichspräsidenten wird sein Amt von dem auf Grund des Gesetzes über die vorläufige Reichsgewalt gewählten Reichspräsidenten geführt.

Artikel 181. Das deutsche Volk hat durch seine Nationalversammlung diese Verfassung beschlossen und verabschiedet. Sie tritt mit dem Tage ihrer Verkündung in Kraft[3].

5. GRUNDGESETZ FÜR DIE BUNDESREPUBLIK DEUTSCHLAND

Bonn, den 23. Mai 1949.

I. Die Grundrechte Art. 1—19. II. Der Bund und die Länder Art. 20—37. III. Der Bundestag Art. 38—49. IV. Der Bundesrat Art. 50—53. V. Der Bundespräsident Art. 54—61. VI. Die Bundesregierung Art. 62—69. VII. Die Gesetzgebung des Bundes Art. 70—82. VIII. Die Ausführung der Bundesgesetze und die Bundesverwaltung Art. 83—91. IX. Die Rechtsprechung Art. 92—104. X. Das Finanzwesen Art. 105—115. XI. Übergangs- und Schlußbestimmungen Art. 116—146.

Präambel

Im Bewußtsein seiner Verantwortung vor Gott und den Menschen, von dem Willen beseelt, seine nationale und staatliche Einheit zu wahren und als gleichberechtigtes Glied in einem vereinten Europa dem Frieden der Welt zu dienen, hat das deutsche Volk in den Ländern Baden, Bayern, Bremen, Hamburg, Hessen, Niedersachsen, Nordrhein-Westfalen, Rheinland-Pfalz, Schleswig-Holstein, Württemberg-Baden und Württemberg-Hohenzollern, um dem staatlichen Leben für eine Übergangszeit eine neue Ordnung zu geben, kraft seiner verfassungsgebenden Gewalt dieses Grundgesetz der Bundesrepublik Deutschland beschlossen. Es hat auch

[1] *Durch Reichsgesetz vom 27. 10. 1922 wird der zweite Satz wie folgt abgeändert:* Insbesondere treten an die Stelle der Nationalversammlung der Reichstag, an die Stelle des Staatenausschusses der Reichsrat, an die Stelle des auf Grund des Gesetzes über die vorläufige Reichsgewalt gewählten Reichspräsidenten der auf Grund dieser Verfassung gewählte Reichspräsident.

[2] *Vgl. Artikel 77.*

[3] Die Verfassung wurde in Schwarzburg, den 11. August 1919, von dem Reichspräsidenten Ebert unterzeichnet und trat damit in Kraft.

für jene Deutschen gehandelt, denen mitzuwirken versagt war. Das gesamte deutsche Volk bleibt aufgefordert, in freier Selbstbestimmung die Einheit und Freiheit Deutschlands zu vollenden.

I. Die Grundrechte

Artikel 1

1. Die Würde des Menschen ist unantastbar, sie zu achten und zu schützen ist Verpflichtung aller staatlichen Gewalt.

2. Das deutsche Volk bekennt sich darum zu unverletzlichen und unveräußerlichen Menschenrechten als Grundlage jeder menschlichen Gemeinschaft, des Friedens und der Gerechtigkeit in der Welt.

3. Die nachfolgenden Grundrechte binden Gesetzgebung, Verwaltung und Rechtsprechung als unmittelbar geltendes Recht.

Artikel 2

1. Jeder hat das Recht auf die freie Entfaltung seiner Persönlichkeit, soweit er nicht die Rechte anderer verletzt und nicht gegen die verfassungsmäßige Ordnung oder das Sittengesetz verstößt.

2. Jeder hat das Recht auf Leben und körperliche Unversehrtheit. Die Freiheit der Person ist unverletzlich. In diese Rechte darf nur auf Grund eines Gesetzes eingegriffen werden.

Artikel 3

1. Alle Menschen sind vor dem Gesetz gleich.

2. Männer und Frauen sind gleichberechtigt.

3. Niemand darf wegen seines Geschlechtes, seiner Abstammung, seiner Rasse, seiner Sprache, seiner Heimat und Herkunft, seines Glaubens, seiner religiösen oder politischen Anschauungen benachteiligt oder bevorzugt werden.

Artikel 4

1. Die Freiheit des Glaubens, des Gewissens und die Freiheit des religiösen und weltanschaulichen Bekenntnisses sind unverletzlich.

2. Die ungestörte Religionsausübung wird gewährleistet.

3. Niemand darf gegen sein Gewissen zum Kriegsdienst mit der Waffe gezwungen weiden. Das Nähere regelt ein Bundesgesetz.

Artikel 5

1. Jeder hat das Recht, seine Meinung in Wort, Schrift und Bild frei zu äußern und zu verbreiten und sich aus allgemein zugänglichen Quellen ungehindert zu unterrichten. Die Pressefreiheit und die Freiheit der Berichterstattung durch Rundfunk und Film werden gewährleistet. Eine Zensur findet nicht statt.

2. Diese Rechte finden ihre Schranken in den Vorschriften der allgemeinen Gesetze, den gesetzlichen Bestimmungen zum Schutze der Jugend und in dem Recht der persönlichen Ehre.

3. Kunst und Wissenschaft, Forschung und Lehre sind frei. Die Freiheit der Lehre entbindet nicht von der Treue zur Verfassung.

Artikel 6

1. Ehe und Familie stehen unter dem besonderen Schutze der staatlichen Ordnung.

2. Pflege und Erziehung der Kinder sind das natürliche Recht der Eltern und die zuvörderst ihnen obliegende Pflicht, über ihre Betätigung wacht die staatliche Gemeinschaft.

3. Gegen den Willen der Erziehungsberechtigten dürfen Kinder nur auf Grund eines Gesetzes von der Familie getrennt werden, wenn die Erziehungsberechtigten versagen oder wenn die Kinder aus anderen Gründen zu verwahrlosen drohen.

4. Jede Mutter hat Anspruch auf den Schutz und die Fürsorge der Gemeinschaft.

5. Den unehelichen Kindern sind durch die Gesetzgebung die gleichen Bedingungen für ihre leibliche und seelische Entwicklung und ihre Stellung in der Gesellschaft zu schaffen, wie den ehelichen Kindern.

Artikel 7

1. Das gesamte Schulwesen steht unter der Aufsicht des Staates.

2. Die Erziehungsberechtigten haben das Recht, über die Teilnahme des Kindes am Religionsunterricht zu bestimmen.

3. Der Religionsunterricht ist in den öffentlichen Schulen mit Ausnahme der bekenntnisfreien Schulen ordentliches Lehrfach. Unbeschadet des staatlichen Aufsichtsrechtes wird der Religionsunterricht in Übereinstimmung mit den Grundsätzen der Religionsgemeinschaft erteilt. Kein Lehrer darf gegen seinen Willen verpflichtet werden, Religionsunterricht zu erteilen.

4. Das Recht zur Errichtung von privaten Schulen wird gewährleistet, private Schulen als Ersatz für öffentliche Schulen bedürfen der Genehmigung des Staates und unterstehen den Landesgesetzen. Die Genehmigung ist zu erteilen, wenn die privaten Schulen in ihren Lehrzielen und Einrichtungen sowie in der wissenschaftlichen Ausbildung ihrer Lehrkräfte nicht hinter den öffentlichen Schulen zurückstehen und eine Sonderung der Schüler nach den Besitzverhältnissen der Eltern nicht gefördert wird. Die Genehmigung ist zu versagen, wenn die wirtschaftliche und rechtliche Stellung der Lehrkräfte nicht genügend gesichert ist.

5. Eine private Volksschule ist nur zuzulassen, wenn die Unterrichtsverwaltung ein besonderes pädagogisches Interesse anerkennt oder, auf Antrag von Erziehungsberechtigten, wenn sie als Gemeinschaftsschule, als Bekenntnis- oder Weltanschauungsschule errichtet werden soll und eine öffentliche Volksschule dieser Art in der Gemeinde nicht besteht.

6. Vorschulen bleiben aufgehoben.

Artikel 8

1. Alle Deutschen haben das Recht, sich ohne Anmeldung oder Erlaubnis friedlich und ohne Waffen zu versammeln.

2. Für Versammlungen unter freiem Himmel kann dieses Recht durch Gesetz oder auf Grund eines Gesetzes beschränkt werden.

Artikel 9

1. Alle Deutschen haben das Recht, Vereine und Gesellschaften zu bilden.

2. Vereinigungen, deren Zwecke oder deren Tätigkeit den Strafgesetzen zuwiderlaufen oder die sich gegen die verfassungsmäßige Ordnung oder gegen den Gedanken der Völkerverständigung richten, sind verboten.

3. Das Recht, zur Wahrung und Förderung der Arbeits- und Wirtschaftsbedingungen Vereinigungen zu bilden, ist für jedermann und für alle Berufe gewährleistet. Abreden, die dieses Recht einschränken oder zu behindern suchen, sind nichtig, hierauf gerichtete Maßnahmen sind rechtswidrig.

Artikel 10

Das Briefgeheimnis sowie das Post- und Fernmeldegeheimnis sind unverletzlich. Beschränkungen dürfen nur auf Grund eines Gesetzes angeordnet werden.

Artikel 11

1. Alle Deutschen genießen Freizügigkeit im ganzen Bundesgebiet.

2. Dieses Recht darf nur durch Gesetz und nur für die Fälle eingeschränkt werden, in denen eine ausreichende Lebensgrundlage nicht vorhanden ist und der Allgemeinheit daraus besondere Lasten entstehen würden, und in denen es zum Schutze der Jugend vor Verwahrlosung, zur Bekämpfung von Seuchengefahr oder um strafbaren Handlungen vorzubeugen, erforderlich ist.

Artikel 12

1. Alle Deutschen haben das Recht, Beruf, Arbeitsplatz und Ausbildungsstätte frei zu wählen. Die Berufsausübung kann durch Gesetz geregelt werden.

2. Niemand darf zu einer bestimmten Arbeit gezwungen werden, außer im Rahmen einer herkömmlichen allgemeinen, für alle gleichen öffentlichen Dienstleistungspflicht.

3. Zwangsarbeit ist nur bei einer gerichtlich angeordneten Freiheitsentziehung zulässig.

Artikel 13

1. Die Wohnung ist unverletzlich.

2. Durchsuchungen dürfen nur durch den Richter, bei Gefahr im Verzuge auch durch die in den Gesetzen vorgesehenen anderen Organe angeordnet und nur in der dort vorgeschriebenen Form durchgeführt werden.

3. Eingriffe und Beschränkungen dürfen im übrigen nur zur Abwehr einer gemeinen Gefahr oder einer Lebensgefahr für einzelne Personen, auf Grund eines Gesetzes auch zur Verhütung dringender Gefahren für die öffentliche Sicherheit und Ordnung, insbesondere zur Behebung der Raumnot, zur Bekämpfung von Seuchengefahr oder zum Schutze gefährdeter Jugendlicher vorgenommen werden.

Artikel 14

1. Das Eigentum und das Erbrecht werden gewährleistet. Inhalt und Schranken werden durch die Gesetze bestimmt.

2. Eigentum verpflichtet. Sein Gebrauch soll zugleich dem Wohle der Allgemeinheit dienen.

3. Eine Enteignung ist nur zum Wohle der Allgemeinheit zulässig. Sie darf nur durch Gesetz oder auf Grund eines Gesetzes erfolgen, das Art und Ausmaß der Entschädigung regelt. Die Entschädigung ist unter gerechter Abwägung der Interessen der Allgemeinheit und der Beteiligten zu bestimmen. Wegen der Höhe der Entschädigung steht im Streitfall der Rechtsweg vor den ordentlichen Gerichten offen.

Artikel 15

Grund und Boden, Naturschätze und Produktionsmittel können zum Zwecke der Vergesellschaftung durch ein Gesetz, das Art und Ausmaß der Entschädigung regelt, in Gemeineigentum oder in andere Formen der Gemeinwirtschaft überführt werden. Für die Entschädigung gilt Artikel 14 Absatz drei, Satz drei und vier entsprechend.

Artikel 16

Die deutsche Staatsangehörigkeit darf nicht entzogen werden. Der Verlust der Staatsangehörigkeit darf nur auf Grund eines Gesetzes und gegen den Willen des Betroffenen nur dann eintreten, wenn der Betroffene dadurch nicht staatenlos wird.

2. Kein Deutscher darf an das Ausland ausgeliefert werden. Politisch Verfolgte genießen Asylrecht.

Artikel 17

Jedermann hat das Recht, sich einzeln oder in Gemeinschaft mit anderen schriftlich mit Bitten oder Beschwerden an die zuständigen Stellen und an die Volksvertretung zu wenden.

Artikel 18

Wer die Freiheit der Meinungsäußerung, insbesondere die Pressefreiheit (Artikel 5 Absatz 1), die Lehrfreiheit (Artikel 5 Absatz 3), die Versammlungsfreiheit (Artikel 8), die Vereinigungsfreiheit (Artikel 9), das Brief-, Post- und Fernmeldegeheimnis (Artikel 10), das Eigentum (Artikel 14) oder das Asylrecht (Artikel 16 Absatz 2) zum Kampfe gegen die freiheitliche demokratische Grundordnung mißbraucht, verwirkt diese Grundrechte. Die Verwirkung und ihr Ausmaß werden durch das Bundesverfassungsgericht ausgesprochen.

Artikel 19

1. Soweit nach diesem Grundgesetz ein Grundrecht durch Gesetz oder auf Grund eines Gesetzes eingeschränkt werden kann, muß das Gesetz allgemein und nicht nur für den Einzelfall gelten. Außerdem muß das Gesetz das Grundrecht unter Angabe des Artikels nennen.

2. In keinem Falle darf ein Grundrecht in seinem Wesensgehalt angetastet werden.

3. Die Grundrechte gelten auch für inländische juristische Personen, soweit sie ihrem Wesen nach auf diese anwendbar sind.

4. Wird jemand durch die öffentliche Gewalt in seinen Rechten verletzt, so steht ihm der Rechtsweg offen. Soweit eine andere Zuständigkeit nicht begründet ist, ist der ordentliche Rechtsweg gegeben.

II. Der Bund und die Länder

Artikel 20

1. Die Bundesrepublik Deutschland ist ein demokratischer und sozialer Bundesstaat.

2. Alle Staatsgewalt geht vom Volke aus. Sie wird vom Volke in Wahlen und Abstimmungen und durch besondere Organe der Gesetzgebung, der vollziehenden Gewalt und der Rechtsprechung ausgeübt.

3. Die Gesetzgebung ist an die verfassungsmäßige Ordnung, die vollziehende Gewalt und die Rechtsprechung sind an Gesetz und Recht gebunden.

Artikel 21

1. Die Parteien wirken bei der politischen Willensbildung des Volkes mit. Ihre Gründung ist frei. Ihre innere Ordnung muß demokratischen Grundsätzen entsprechen und durch Offenlegung der Finanzquellen gegen undemokratische Einflüsse gesichert sein.

2. Parteien, die nach ihren Zielen oder nach dem Verhalten ihrer Anhänger darauf ausgehen, die freiheitliche demokratische Grundordnung zu beeinträchtigen oder zu beseitigen oder den Bestand der Bundesrepublik Deutschland zu gefährden, sind verfassungswidrig. Über die Frage der Verfassungswidrigkeit entscheidet das Bundesverfassungsgericht.

3. Das Nähere regeln Bundesgesetze.

Artikel 22

Die Bundesflagge ist Schwarz-Rot-Gold.

Artikel 23

Dieses Grundgesetz gilt zunächst im Gebiet der Länder Baden, Bayern, Bremen, Groß-Berlin[1], Hamburg, Hessen, Niedersachsen, Nordrhein-Westfalen, Rheinland-Pfalz, Schleswig-Holstein, Württemberg-Baden und Württemberg-Hohenzollern. In anderen Teilen Deutschlands ist es nach deren Beitritt in Kraft zu setzen.

Artikel 24

1. Der Bund kann durch Gesetz Hoheitsrechte auf zwischenstaatliche Einrichtungen übertragen.

2. Der Bund kann sich zur Wahrung des Friedens einem System gegenseitiger kollektiver Sicherheit einordnen. Er wird hierbei in die Beschränkungen seiner Hoheitsrechte einwilligen, die eine friedliche und dauerhafte Ordnung in Europa und zwischen den Völkern der Welt herbeiführen und sichern.

3. Zur Regelung zwischenstaatlicher Streitigkeiten wird der Bund Vereinbarungen über eine allgemeine, umfassende, obligatorische, internationale Schiedsgerichtsbarkeit beitreten.

[1] *Die Gültigkeit für Groß-Berlin wurde von den Besatzungsmächten zunächst nicht anerkannt.*

Artikel 25

Die allgemeinen Regeln des Völkerrechtes sind Bestandteil des Bundesrechtes. Sie gehen den Gesetzen vor und erzeugen Rechte und Pflichten unmittelbar für die Bewohner des Bundesgebietes.

Artikel 26

1. Handlungen, die geeignet sind und in der Absicht vorgenommen werden, das friedliche Zusammenleben der Völker zu stören, insbesondere die Führung eines Angriffskrieges vorzubereiten, sind verfassungswidrig. Sie sind unter Strafe zu stellen.

2. Zur Kriegführung bestimmte Waffen dürfen nur mit Genehmigung der Bundesregierung hergestellt, befördert und in Verkehr gebracht werden. Das Nähere regelt ein Bundesgesetz.

Artikel 27

Alle deutschen Kauffahrteischiffe bilden eine einheitliche Handelsflotte.

Artikel 28

1. Die verfassungsmäßige Ordnung in den Ländern muß den Grundsätzen des republikanischen, demokratischen und sozialen Rechtsstaates im Sinne dieses Grundgesetzes entsprechen. In den Ländern, Kreisen und Gemeinden muß das Volk eine Vertretung haben, die aus allgemeinen, unmittelbaren, freien, gleichen und geheimen Wahlen hervorgegangen ist. In Gemeinden kann an die Stelle einer gewählten Körperschaft die Gemeindeversammlung treten.

2. Den Gemeinden muß das Recht gewährleistet sein, alle Angelegenheiten der örtlichen Gemeinschaft im Rahmen der Gesetze in eigener Verantwortung zu regeln. Auch die Gemeindeverbände haben im Rahmen ihres gesetzlichen Aufgabenbereichs nach Maßgabe der Gesetze das Recht der Selbstverwaltung.

3. Der Bund gewährleistet, daß die verfassungsmäßige Ordnung der Länder den Grundrechten und den Bestimmungen der Absätze 1 und 2 entspricht.

Artikel 29

1. Das Bundesgebiet ist unter Berücksichtigung der landsmannschaftlichen Verbundenheit, der geschichtlichen und kulturellen Zusammenhänge, der wirtschaftlichen Zweckmäßigkeit und des sozialen Gefüges durch Bundesgesetz neu zu gliedern. Die Neugliederung soll Länder schaffen, die nach Größe und Leistungsfähigkeit die ihnen obliegenden Aufgaben wirksam erfüllen können.

2. In Gebietsteilen, die bei der Neubildung der Länder nach dem 8. Mai 1945 ohne Volksabstimmung ihre Landeszugehörigkeit geändert haben, kann binnen eines Jahres nach Inkrafttreten des Grundgesetzes durch Volksbegehren eine bestimmte Änderung der über die Landeszugehörigkeit getroffenen Entscheidung gefordert werden. Das Volksbegehren bedarf der Zustimmung eines Zehntels der zu den Landtagen wahlberechtigten Bevölkerung. Kommt das Volksbegehren zustande, so hat die Bundesregierung in den Gesetzentwurf über die Neugliederung eine Bestimmung über die Landeszugehörigkeit des Gebietsteiles aufzunehmen.

3. Nach Annahme des Gesetzes ist in jedem Gebiete, dessen Landeszugehörigkeit geändert werden soll, der Teil des Gesetzes, der dieses Gebiet betrifft, zum Volksentscheid zu bringen. Ist ein Volksbegehren nach Absatz 2 zustandegekommen, so ist in dem betreffenden Gebiete in jedem Falle ein Volksentscheid durchzuführen.

4. Soweit dabei das Gesetz mindestens in einem Gebietsteil abgelehnt wird, ist es erneut bei dem Bundestage einzubringen. Nach erneuter Verabschiedung bedarf es insoweit der Annahme durch Volksentscheid im gesamten Bundesgebiete.

5. Bei einem Volksentscheide entscheidet die Mehrheit der abgegebenen Stimmen.

6. Das Verfahren regelt ein Bundesgesetz. Die Neugliederung soll vor Ablauf von drei Jahren nach Verkündung des Grundgesetzes und, falls sie als Folge des Beitrittes eines anderen Teiles von Deutschland notwendig wird, innerhalb von zwei Jahren nach dem Beitritt geregelt sein.

7. Das Verfahren über jede sonstige Änderung des Gebietsbestandes der Länder regelt ein Bundesgesetz, das der Zustimmung des Bundesrates und der Mehrheit der Mitglieder des Bundestages bedarf.

Artikel 30

Die Ausübung der staatlichen Befugnisse und die Erfüllung der staatlichen Aufgaben ist Sache der Länder, soweit dieses Grundgesetz keine andere Regelung trifft oder zuläßt.

Artikel 31

Bundesrecht bricht Landesrecht.

Artikel 32

1. Die Pflege der Beziehungen zu auswärtigen Staaten ist Sache des Bundes.

2. Vor dem Abschluß eines Vertrages, der die besonderen Verhältnisse eines Landes berührt, ist das Land rechtzeitig zu hören.

3. Soweit die Länder für die Gesetzgebung zuständig sind, können sie mit Zustimmung der Bundesregierung mit auswärtigen Staaten Verträge abschließen.

Artikel 33

1. Jeder Deutsche hat in jedem Lande die gleichen staatsbürgerlichen Rechte und Pflichten.

2. Jeder Deutsche hat nach seiner Eignung, Befähigung und fachlichen Leistung gleichen Zugang zu jedem öffentlichen Amte.

3. Der Genuß bürgerlicher und staatsbürgerlicher Rechte, die Zulassung zu öffentlichen Ämtern sowie die im öffentlichen Dienste erworbenen Rechte sind unabhängig von dem religiösen Bekenntnis. Niemanden darf aus seiner Zugehörigkeit oder Nichtzugehörigkeit zu einem Bekenntnisse oder einer Weltanschauung ein Nachteil erwachsen.

4. Die Ausübung hoheitsrechtlicher Befugnisse ist als ständige Aufgabe in der Regel Angehörigen des öffentlichen Dienstes zu übertragen, die in einem öffentlichrechtlichen Dienst- und Treueverhältnis stehen.

5. Das Recht des öffentlichen Dienstes ist unter Berücksichtigung der hergebrachten Grundsätze des Berufsbeamtentums zu regeln.

Artikel 34

Verletzt jemand in Ausübung eines ihm anvertrauten öffentlichen Amtes die ihm einem Dritten gegenüber obliegende Amtspflicht, so trifft die Verantwortlichkeit grundsätzlich den Staat oder die Körperschaft, in deren Dienst er steht. Bei Vorsatz oder grober Fahrlässigkeit bleibt der Rückgriff vorbehalten. Für den Anspruch auf Schadenersatz und für den Rückgriff darf der ordentliche Rechtsweg nicht ausgeschlossen werden.

Artikel 35

Alle Behörden des Bundes und der Länder leisten sich gegenseitig Rechts- und Amtshilfe.

Artikel 36

Bei den obersten Bundesbehörden sind Beamte aus allen Ländern in angemessenem Verhältnis zu verwenden, die bei den übrigen Bundesbehörden beschäftigten Personen sollen in der Regel aus dem Lande genommen werden, in dem sie tätig sind.

Artikel 37

1. Wenn ein Land die ihm nach dem Grundgesetze oder einem anderen Bundesgesetze gegenüber dem Bund obliegenden Pflichten nicht erfüllt, kann die Bundesregierung mit Zustimmung des Bundesrates die notwendigen Maßnahmen treffen, um das Land im Wege des Bundeszwanges zur Erfüllung seiner Pflichten anzuhalten.

2. Zur Durchführung des Bundeszwanges hat die Bundesregierung oder ihr Beauftragter das Weisungsrecht gegenüber allen Ländern und ihren Behörden.

III. Der Bundestag

Artikel 38

1. Die Abgeordneten des deutschen Bundestages werden in allgemeiner, unmittelbarer, freier, gleicher und geheimer Wahl gewählt. Sie sind Vertreter des ganzen Volkes, an Aufträge und Weisungen nicht gebunden und nur ihrem Gewissen unterworfen.

2. Wahlberechtigt ist, wer das 21., wählbar, wer das 25. Lebensjahr vollendet hat.

3. Das Nähere bestimmt ein Bundesgesetz.

Artikel 39

1. Der Bundestag wird auf vier Jahre gewählt. Seine Wahlperiode endet vier Jahre nach dem ersten Zusammentritt oder mit seiner Auflösung. Die Neuwahl findet im letzten Vierteljahr der Wahlperiode statt, im Falle der Auflösung spätestens nach 60 Tagen.

2. Der Bundestag tritt spätestens am 30. Tage nach der Wahl, jedoch nicht vor dem Ende der Wahlperiode des letzten Bundestages zusammen.

3. Der Bundestag bestimmt den Schluß und den Wiederbeginn seiner Sitzung. Der Präsident des Bundestages kann ihn früher einberufen. Er ist hierzu verpflichtet,

wenn ein Drittel der Mitglieder, der Bundespräsident oder der Bundeskanzler es verlangen.

Artikel 40

1. Der Bundestag wählt seinen Präsidenten, dessen Stellvertreter und die Schriftführer. Er gibt sich eine Geschäftsordnung.

2. Der Präsident übt das Hausrecht und die Polizeigewalt im Gebäude des Bundestages aus. Ohne seine Genehmigung darf in den Räumen des Bundestages keine Durchsuchung oder Beschlagnahme stattfinden.

Artikel 41

1. Die Wahlprüfung obliegt dem Bundestage. Er entscheidet auch, ob ein Abgeordneter des Bundestages die Mitgliedschaft verloren hat.

2 Gegen die Entscheidung des Bundestages ist die Beschwerde an das Bundesverfassungsgericht zulässig.

3. Das Nähere regelt ein Bundesgesetz.

Artikel 42

1. Der Bundestag verhandelt öffentlich. Auf Antrag eines Zehntels seiner Mitglieder oder auf Antrag der Bundesregierung kann mit Zweidrittelmehrheit die Öffentlichkeit ausgeschlossen werden. Über den Antrag wird in nichtöffentlicher Sitzung entschieden.

2. Zu einem Beschlusse des Bundestages ist die Mehrheit der abgegebenen Stimmen erforderlich, soweit dieses Grundgesetz nichts anderes bestimmt. Für die vom Bundestage vorzunehmenden Wahlen kann die Geschäftsordnung Ausnahmen zulassen.

3. Wahrheitsgetreue Berichte über die öffentlichen Sitzungen des Bundestages und seiner Ausschüsse bleiben von jeder Verantwortlichkeit frei.

Artikel 43

1. Der Bundestag und seine Ausschüsse können die Anwesenheit jedes Mitgliedes der Bundesregierung verlangen.

2. Die Mitglieder des Bundesrates und der Bundesregierung sowie ihre Beauftragten haben zu allen Sitzungen des Bundestages und seiner Ausschüsse Zutritt. Sie müssen jederzeit gehört werden.

Artikel 44

1. Der Bundestag hat das Recht und auf Antrag eines Viertels seiner Mitglieder die Pflicht, einen Untersuchungs-Ausschuß einzusetzen, der in öffentlicher Verhandlung die erforderlichen Beweise erhebt. Die Öffentlichkeit kann ausgeschlossen werden.

2. Auf Beweiserhebungen finden die Vorschriften über den Strafprozeß sinngemäß Anwendung. Das Brief-, Post- und Fernmeldegeheimnis bleibt unberührt.

3. Gerichte und Verwaltungsbehörden sind zur Rechts- und Amtshilfe verpflichtet.

4. Die Beschlüsse der Untersuchungsausschüsse sind der richterlichen Erörterung entzogen. In der Würdigung und Beurteilung des der Untersuchung zugrunde liegenden Sachverhaltes sind die Gerichte frei.

Artikel 45

1. Der Bundestag bestellt einen ständigen Ausschuß, der die Rechte des Bundestages gegenüber der Bundesregierung zwischen zwei Wahlperioden zu wahren hat. Der ständige Ausschuß hat auch die Rechte eines Untersuchungsausschusses.

2. Weitergehende Befugnisse, insbesondere das Recht der Gesetzgebung, der Wahl des Bundeskanzlers und der Anklage des Bundespräsidenten stehen dem ständigen Ausschuß nicht zu.

Artikel 46

1 Ein Abgeordneter darf zu keiner Zeit wegen seiner Abstimmung oder wegen einer Äußerung, die er im Bundestage oder in einem seiner Ausschüsse getan hat, gerichtlich oder dienstlich verfolgt oder sonst außerhalb des Bundestages zur Verantwortung gezogen werden. Dies gilt nicht für verleumderische Beleidigungen.

2. Wegen einer mit Strafe bedrohten Handlung darf ein Abgeordneter nur mit Genehmigung des Bundestages zur Verantwortung gezogen oder verhaftet werden. es sei denn, daß er bei Begehung der Tat oder im Laufe des folgenden Tages festgenommen wird.

3. Die Genehmigung des Bundestages ist ferner bei jeder anderen Beschränkung der persönlichen Freiheit eines Abgeordneten oder zur Einleitung eines Verfahrens gegen einen Abgeordneten gemäß Artikel 18 erforderlich.

4. Jedes Strafverfahren und jedes Verfahren gemäß Artikel 18 gegen einen Abgeordneten, jede Haft und jede sonstige Beschränkung seiner persönlichen Freiheit sind auf Verlangen des Bundestages auszusetzen.

Artikel 47

Die Abgeordneten sind berechtigt, über Personen, die ihnen in ihrer Eigenschaft als Abgeordnete oder denen sie in dieser Eigenschaft Tatsachen anvertraut haben, sowie über diese Tatsachen selbst das Zeugnis zu verweigern. Soweit dieses Zeugnisverweigerungsrecht reicht, ist die Beschlagnahme von Schriftstücken unzulässig.

Artikel 48

1. Wer sich um einen Sitz im Bundestage bewirbt, hat Anspruch auf den zur Vorbereitung seiner Wahl erforderlichen Urlaub.

2 Niemand darf gehindert werden, das Amt eines Abgeordneten zu übernehmen und auszuüben. Eine Kündigung oder Entlassung aus diesem Grunde ist unzulässig.

3. Die Abgeordneten haben Anspruch auf eine angemessene, ihre Unabhängigkeit sichernde Entschädigung. Sie haben das Recht der freien Benutzung aller staatlichen Verkehrsmittel. Das Nähere regelt ein Bundesgesetz.

Artikel 49

Für die Mitglieder des Präsidiums und des ständigen Ausschusses sowie für deren erste Stellvertreter gelten die Artikel 46, 47 und 48 Absatz 2 und 3 auch für die Zeit zwischen zwei Wahlperioden.

IV. Der Bundesrat

Artikel 50

Durch den Bundesrat wirken die Länder bei der Gesetzgebung und Verwaltung des Bundes mit.

Artikel 51

1. Der Bundesrat besteht aus Mitgliedern der Regierungen der Länder, die sie bestellen und abberufen. Sie können durch andere Mitglieder ihrer Regierungen vertreten werden.

2. Jedes Land hat mindestens drei Stimmen, Länder mit mehr als zwei Millionen Einwohnern haben vier, Länder mit mehr als sechs Millionen Einwohnern fünf Stimmen.

3. Jedes Land kann soviel Mitglieder entsenden, wie es Stimmen hat. Die Stimmen eines Landes können nur einheitlich und nur durch anwesende Mitglieder oder deren Vertreter abgegeben werden.

Artikel 52

1. Der Bundesrat wählt seinen Präsidenten auf ein Jahr.

2. Der Präsident beruft den Bundesrat ein. Er hat ihn einzuberufen, wenn die Vertreter von mindestens zwei Ländern oder die Bundesregierung es verlangen.

3. Der Bundesrat faßt seine Beschlüsse mit mindestens der Mehrheit seiner Stimmen. Er gibt sich eine Geschäftsordnung. Er verhandelt öffentlich. Die Öffentlichkeit kann ausgeschlossen werden.

4. Den Ausschüssen des Bundesrates können andere Mitglieder oder Beauftragte der Regierungen der Länder angehören.

Artikel 53

Die Mitglieder der Bundesregierung haben das Recht und auf Verlangen die Pflicht, an den Verhandlungen des Bundesrates und seiner Ausschüsse teilzunehmen, sie müssen jederzeit gehört werden. Der Bundesrat ist von der Bundesregierung über die Führung der Geschäfte auf dem laufenden zu halten.

V. Der Bundespräsident

Artikel 54

1. Der Bundespräsident wird ohne Aussprache von der Bundesversammlung gewählt. Wählbar ist jeder Deutsche, der das Wahlrecht zum Bundestage besitzt und das 40. Lebensjahr vollendet hat.

2. Das Amt des Bundespräsidenten dauert fünf Jahre, anschließende Wiederwahl ist nur einmal zulässig.

3. Die Bundesversammlung besteht aus den Mitgliedern des Bundestages und einer gleichen Anzahl von Mitgliedern, die von den Volksvertretungen der Länder nach den Grundsätzen der Verhältniswahl gewählt werden.

4. Die Bundesversammlung tritt spätestens 30 Tage vor Ablauf der Amtszeit des Bundespräsidenten, bei vorzeitiger Beendigung spätestens 30 Tage nach diesem Zeitpunkt zusammen, sie wird von dem Präsidenten des Bundestages einberufen.

5. Nach Ablauf der Wahlperiode beginnt die Frist des Absatzes 4 Satz 1 mit dem ersten Zusammentritt des Bundestages.

6. Gewählt ist, wer die Stimmen der Mehrheit der Mitglieder der Bundesversammlung erhält. Wird diese Mehrheit in zwei Wahlgängen von keinem Bewerber erreicht, so ist gewählt, wer in einem weiteren Wahlgang die meisten Stimmen auf sich vereinigt.

7. Das Nähere regelt ein Bundesgesetz.

Artikel 55

1. Der Bundespräsident darf weder der Regierung noch einer gesetzgebenden Körperschaft des Bundes oder eines Landes angehören.

2. Der Bundespräsident darf kein anderes besoldetes Amt, kein Gewerbe und keinen Beruf ausüben und weder der Leitung noch dem Aufsichtsrat eines auf Erwerb gerichteten Unternehmens angehören.

Artikel 56

Der Bundespräsident leistet bei seinem Amtsantritt vor den versammelten Mitgliedern des Bundestages und des Bundesrates folgenden Eid: „Ich schwöre, daß ich meine Kraft dem Wohle des deutschen Volkes widmen, seinen Nutzen mehren, Schaden von ihm wenden, das Grundgesetz und die Gesetze des Bundes wahren und verteidigen, meine Pflichten gewissenhaft erfüllen und Gerechtigkeit gegen jedermann üben werde, so wahr mir Gott helfe." Der Eid kann auch ohne religiöse Beteuerung geleistet werden.

Artikel 57

Die Befugnisse des Bundespräsidenten werden im Falle seiner Verhinderung oder bei vorzeitiger Erledigung des Amtes durch den Präsidenten des Bundesrates wahrgenommen.

Artikel 58

Anordnungen und Verfügungen des Bundespräsidenten bedürfen zu ihrer Gültigkeit der Gegenzeichnung durch den Bundeskanzler oder durch den zuständigen Bundesminister. Dies gilt nicht für die Ernennung und Entlassung des Bundeskanzlers, die Auflösung des Bundestages gemäß Artikel 63 und das Ersuchen gemäß Artikel 69 Absatz 3.

Artikel 59

1, Der Bundespräsident vertritt den Bund völkerrechtlich. Er schließt im Namen des Bundes die Verträge mit auswärtigen Staaten, er beglaubigt und empfängt die Gesandten.

2. Verträge, welche die politischen Beziehungen des Bundes regeln oder sich auf Gegenstände der Bundesgesetzgebung beziehen, bedürfen der Zustimmung oder der

Mitwirkung der jeweils für die Bundesgesetzgebung zuständigen Körperschaften in der Form eines Bundesgesetzes. Für Verwaltungsabkommen gelten die Vorschriften über die Bundesverwaltung entsprechend.

Artikel 60

1. Der Bundespräsident ernennt und entläßt die Bundesrichter und die Bundesbeamten, soweit gesetzlich nichts anderes bestimmt ist.

2 Er übt im Einzelfall für den Bund das Begnadigungsrecht aus.

3. Er kann diese Befugnisse auf andere Behörden übertragen.

4. Die Absätze 2 bis 4 des Artikels 46 finden auf den Bundespräsidenten entsprechende Anwendung.

Artikel 61

1. Der Bundestag oder der Bundesrat können den Bundespräsidenten wegen vorsätzlicher Verletzung des Grundgesetzes oder eines anderen Bundesgesetzes vor dem Bundesverfassungsgericht anklagen. Der Antrag auf Erhebung der Anklage muß von mindestens einem Viertel der Mitglieder des Bundestages oder einem Viertel der Stimmen des Bundesrates gestellt werden. Der Beschluß auf Erhebung der Anklage bedarf der Mehrheit von zwei Dritteln der Mitglieder des Bundestages oder von zwei Dritteln der Stimmen des Bundesrates. Die Anklage wird von einem Beauftragten der anklagenden Körperschaft vertreten.

2. Stellt das Bundesverfassungsgericht fest, daß der Bundespräsident einer vorsätzlichen Verletzung des Grundgesetzes oder eines anderen Bundesgesetzes schuldig ist, so kann es ihn des Amtes für verlustig erklären. Durch einstweilige Anordnung kann es nach der Erhebung der Anklage bestimmen, daß er an der Ausübung seines Amtes verhindert ist.

VI. Die Bundesregierung

Artikel 62

Die Bundesregierung besteht aus dem Bundeskanzler und aus den Bundesministern.

Artikel 63

1. Der Bundeskanzler wird auf Vorschlag des Bundespräsidenten vom Bundestage ohne Aussprache gewählt.

2. Gewählt ist, wer die Stimmen der Mehrheit der Mitglieder des Bundestages auf sich vereinigt. Der Gewählte ist vom Bundespräsidenten zu ernennen.

3. Wird der Vorgeschlagene nicht gewählt, so kann der Bundestag binnen 14 Tagen nach dem Wahlgang mit mehr als der Hälfte seiner Mitglieder einen Bundeskanzler wählen.

4. Kommt eine Wahl innerhalb dieser Frist nicht zustande, so findet unverzüglich ein neuer Wahlgang statt, in dem gewählt ist, wer die meisten Stimmen erhält. Vereinigt der Gewählte die Stimmen der Mehrheit der Mitglieder des Bundestages auf sich, so muß der Bundespräsident ihn binnen 7 Tagen nach der Wahl ernennen.

Erreicht der Gewählte diese Mehrheit nicht, so hat der Bundespräsident binnen 7 Tagen entweder ihn zu ernennen oder den Bundestag aufzulösen.

Artikel 64

1. Die Bundesminister werden auf Vorschlag des Bundeskanzlers vom Bundespräsidenten ernannt und entlassen.

2. Der Bundeskanzler und die Bundesminister leisten bei der Amtsübernahme vor dem Bundestage den in Artikel 56 vorgesehenen Eid.

Artikel 65

Der Bundeskanzler bestimmt die Richtlinien der Politik und trägt dafür die Verantwortung. Innerhalb dieser Richtlinien leitet jeder Bundesminister seinen Geschäftsbereich selbständig und unter eigener Veranwortung. Über Meinungsverschiedenheiten zwischen den Bundesministern entscheidet die Bundesregierung. Der Bundeskanzler leitet ihre Geschäfte nach einer von der Bundesregierung beschlossenen und vom Bundespräsidenten genehmigten Geschäftsordnung.

Artikel 66

Der Bundeskanzler und die Bundesminister dürfen kein anderes besoldetes Amt, kein Gewerbe und keinen Beruf ausüben und weder der Leitung noch ohne Zustimmung des Bundestages dem Aufsichtsrate eines auf Erwerb gerichteten Unternehmens angehören.

Artikel 67

1. Der Bundestag kann dem Bundeskanzler das Mißtrauen nur dadurch aussprechen, daß er mit der Mehrheit seiner Mitglieder einen Nachfolger wählt und den Bundespräsidenten ersucht, den Bundeskanzler zu entlassen. Der Bundespräsident muß dem Ersuchen entsprechen und den Gewählten ernennen.

2. Zwischen dem Antrag und der Wahl müssen 48 Stunden liegen.

Artikel 68

1. Findet ein Antrag des Bundeskanzlers, ihm das Vertrauen auszusprechen, nicht die Zustimmung der Mehrheit der Mitglieder des Bundestages, so kann der Bundespräsident auf Vorschlag des Bundeskanzlers binnen 21 Tagen den Bundestag auflösen. Das Recht zur Auflösung erlischt, sobald der Bundestag mit der Mehrheit seiner Mitglieder einen anderen Bundeskanzler wählt.

2. Zwischen dem Antrag und der Abstimmung müssen 48 Stunden liegen.

Artikel 69

1. Der Bundeskanzler ernennt einen Bundesminister zu seinem Stellvertreter.

2. Das Amt des Bundeskanzlers oder eines Bundesministers endigt in jedem Falle mit dem Zusammentritt eines neuen Bundestages, das Amt eines Bundesministers auch mit jeder anderen Erledigung des Amtes des Bundeskanzlers.

3. Auf Ersuchen des Bundespräsidenten ist der Bundeskanzler, auf Ersuchen des Bundeskanzlers oder des Bundespräsidenten ein Bundesminister verpflichtet, die Geschäfte bis zur Ernennung seines Nachfolgers weiterzuführen.

VII. Die Gesetzgebung des Bundes

Artikel 70

1. Die Länder haben das Recht der Gesetzgebung, soweit dieses Grundgesetz nicht dem Bund Gesetzgebungsbefugnisse verleiht.

2. Die Abgrenzung der Zuständigkeit zwischen Bund und Ländern bemißt sich nach den Vorschriften dieses Grundgesetzes über die ausschließliche und die konkurrierende Gesetzgebung.

Artikel 71

Im Bereiche der ausschließlichen Gesetzgebung des Bundes haben die Länder die Befugnis zur Gesetzgebung nur, wenn und soweit sie hierzu in einem Bundesgesetz ausdrücklich ermächtigt werden.

Artikel 72

1. Im Bereiche der konkurrierenden Gesetzgebung haben die Länder die Befugnis zur Gesetzgebung, solange und soweit der Bund von seinem Gesetzgebungsrechte keinen Gebrauch macht.

2. Der Bund hat in diesem Bereiche das Gesetzgebungsrecht, soweit ein Bedürfnis nach bundesgesetzlicher Regelung besteht, weil

a) eine Angelegenheit durch die Gesetzgebung einzelner Länder nicht wirksam geregelt werden kann, oder

b) die Regelung einer Angelegenheit durch ein Landesgesetz die Interessen anderer Länder oder der Gesamtheit beeinträchtigen könnte oder

c) die Wahrung der Rechts- oder Wirtschaftseinheit, insbesondere die Wahrung der Einheitlichkeit der Lebensverhältnisse über das Gebiet eines Landes hinaus sie erfordert.

Artikel 73

Der Bund hat die ausschließliche Gesetzgebung über:

1. die auswärtigen Angelegenheiten;

2. die Staatsangehörigkeit im Bunde;

3. die Freizügigkeit, das Paßwesen, die Ein- und Auswanderung und die Auslieferung;

4. das Währungs-, Geld- und Münzwesen, Maße und Gewichte sowie die Zeitbestimmung;

5. die Einheit des Zoll- und Handelsgebietes, die Handels- und Schiffahrtsverträge, die Freizügigkeit des Warenverkehrs und den Waren- und Zahlungsverkehr mit dem Auslande einschließlich des Zoll- und Grenzschutzes;

6. die Bundeseisenbahnen und den Luftverkehr;

7. das Post- und Fernmeldewesen;

8. die Rechtsverhältnisse der im Dienste des Bundes und der bundesunmittelbaren Körperschaften des öffentlichen Rechtes stehenden Personen;

9. den gewerblichen Rechtsschutz, das Urheberrecht und das Verlagsrecht;

10. die Zusammenarbeit des Bundes und der Länder in der Kriminalpolizei und in Angelegenheiten des Verfassungsschutzes, die Einrichtung eines Bundeskriminalpolizeiamtes sowie die internationale Verbrechensbekämpfung;

11. Die Statistik für Bundeszwecke.

Artikel 74

Die konkurrierende Gesetzgebung erstreckt sich auf folgende Gebiete:

1. das bürgerliche Recht, das Strafrecht und den Strafvollzug, die Gerichtsverfassung, das gerichtliche Verfahren, die Rechtsanwaltschaft, das Notariat und die Rechtsberatung;

2. das Personenstandswesen;

3. das Vereins- und Versammlungsrecht;

4. das Aufenthalts- und Niederlassungsrecht der Ausländer;

5. den Schutz deutschen Kulturgutes gegen Abwanderung in das Ausland;

6. die Angelegenheiten der Flüchtlinge und Vertriebenen;

7. die öffentliche Fürsorge;

8. die Staatsangehörigkeit in den Ländern;

9. die Kriegsschäden und die Wiedergutmachung;

10. die Versorgung der Kriegsbeschädigten und Kriegshinterbliebenen, die Fürsorge für die ehemaligen Kriegsgefangenen und die Sorge für die Kriegsgräber;

11. das Recht der Wirtschaft (Bergbau, Industrie, Energiewirtschaft, Handwerk, Gewerbe, Handel, Bank- und Börsenwesen; privatrechtliches Versicherungswesen);

12. das Arbeitsrecht einschließlich der Betriebsverfassung des Arbeitsschutzes und der Arbeitsvermittlung sowie die Sozialversicherung einschließlich der Arbeitlosenversicherung;

13. die Förderung der wissenschaftlichen Forschung;

14. das Recht der Enteignung, soweit sie auf den Sachgebieten der Artikel 73 und 74 in Betracht kommt;

15. die Überführung von Grund und Boden, von Naturschätzen und Produktionsmitteln in Gemeineigentum oder in andere Formen der Gemeinwirtschaft;

16. die Verhütung des Mißbrauchs wirtschaftlicher Machtstellung;

17. die Förderung der land- und forstwirtschaftlichen Erzeugung, die Sicherung der Ernährung, die Ein- und Ausfuhr land- und forstwirtschaftlicher Erzeugnisse, die Hochsee- und Küstenfischerei und den Küstenschutz;

18. den Grundstücksverkehr, das Bodenrecht und das landwirtschaftliche Pachtwesen, das Wohnungswesen, das Siedlungs- und Heimstättenwesen;

19. die Maßnahmen gegen gemeingefährliche und übertragbare Krankheiten bei Menschen und Tieren, die Zulassung zu ärztlichen und anderen Heilberufen und zum Heilgewerbe, den Verkehr mit Arzneien, Heil- und Betäubungsmitteln und Giften;

20. den Schutz beim Verkehr mit Lebens- und Genußmitteln sowie Bedarfsgegen-

ständen, mit Futtermitteln, mit land- und forstwirtschaftlichem Saat- und Pflanzengut und den Schutz der Bäume und Pflanzen gegen Krankheiten und Schädlinge;

21. die Hochsee- und Küstenschiffahrt sowie die Seezeichen, die Binnenschiffahrt, den Wetterdienst, die Seewasserstraßen und die dem allgemeinen Verkehr dienenden Binnenwasserstraßen;

22. den Straßenverkehr, das Kraftfahrwesen und den Bau und die Unterhaltung von Landstraßen des Fernverkehrs;

23. die Schienenbahnen, die nicht Bundeseisenbahnen sind, mit Ausnahme der Bergbahnen.

Artikel 75

Der Bund hat das Recht unter den Voraussetzungen des Artikels 72 Rahmenvorschriften zu erlassen über:

1. die Rechtsverhältnisse der im öffentlichen Dienste der Länder, Gemeinden und anderen Körperschaften des öffentlichen Rechtes stehenden Personen;
2. die allgemeinen Rechtsverhältnisse der Presse und des Films;
3. das Jagdwesen, den Naturschutz und die Landschaftspflege;
4. die Bodenverteilung, die Raumordnung und den Wasserhaushalt;
5. das Melde- und Ausweiswesen.

Artikel 76

1. Gesetzesvorlagen werden beim Bundestage durch die Bundesregierung, aus der Mitte des Bundestages oder durch den Bundesrat eingebracht.

2. Vorlagen der Bundesregierung sind zunächst dem Bundesrate zuzuleiten; der Bundesrat ist berechtigt, innerhalb von 3 Wochen zu diesen Vorlagen Stellung zu nehmen;

3. Vorlagen des Bundesrates sind dem Bundestage durch die Bundesregierung zuzuleiten, sie hat hierbei ihre Auffassung darzulegen.

Artikel 77

1. Die Bundesgesetze werden vom Bundestage beschlossen, sie sind nach ihrer Annahme durch den Präsidenten des Bundestages unverzüglich dem Bundesrate zuzuleiten.

2. Der Bundesrat kann binnen zwei Wochen nach Eingang des Gesetzesbeschlusses verlangen, daß ein aus Mitgliedern des Bundestages und des Bundesrates für die gemeinsame Beratung von Vorlagen gebildeter Ausschuß einberufen wird. Die Zusammensetzung, das Verfahren dieses Ausschusses regelt eine Geschäftsordnung, die vom Bundestag beschlossen wird und der Zustimmung des Bundesrates bedarf. Die in diesen Ausschuß entsandten Mitglieder des Bundesrates sind nicht an Weisungen gebunden. Ist zu einem Gesetz die Zustimmung des Bundesrates erforderlich, so können auch der Bundestag und die Bundesregierung die Einberufung verlangen; schlägt der Ausschuß eine Änderung des Gesetzesbeschlusses vor, so hat der Bundestag erneut Beschluß zu fassen.

3. Soweit zu einem Gesetz die Zustimmung des Bundesrates nicht erforderlich ist, kann der Bundesrat, wenn das Verfahren nach Absatz 2 beendigt ist, gegen ein vom Bundestage beschlossenes Gesetz binnen einer Woche Einspruch einlegen. Die Einspruchsfrist beginnt im Falle des Absatzes 2, letzter Satz, mit dem Eingange des vom Bundestag erneut gefaßten Beschlusses, in allen anderen Fällen mit dem Abschlusse des Verfahrens vor dem in Absatz 2 vorgesehenen Ausschusse.

4. Wird der Einspruch mit der Mehrheit der Stimmen des Bundesrates beschlossen, so kann er durch Beschluß der Mehrheit der Mitglieder des Bundestages zurückgewiesen werden. Hat der Bundesrat den Einspruch mit einer Mehrheit von mindestens zwei Dritteln seiner Stimmen beschlossen, so bedarf die Zurückweisung durch den Bundestag einer Mehrheit von zwei Dritteln, mindestens der Mehrheit der Mitglieder des Bundestages.

Artikel 78

Ein vom Bundestag beschlossenes Gesetz kommt zustande, wenn der Bundesrat zustimmt, den Antrag gemäß Artikel 77 Absatz 2 nicht stellt, innerhalb der Frist des Artikels 77 Absatz 3 keinen Einspruch einlegt oder ihn zurücknimmt oder wenn der Einspruch vom Bundestage überstimmt wird.

Artikel 79

1. Das Grundgesetz kann nur durch ein Gesetz geändert werden, das den Wortlaut des Grundgesetzes ausdrücklich ändert oder ergänzt.

2. Ein solches Gesetz bedarf der Zustimmung von zwei Dritteln der Mitglieder des Bundestages und zwei Dritteln der Stimmen des Bundesrates.

3. Eine Änderung dieses Grundgesetzes, durch welche die Gliederung des Bundes in Länder, die grundsätzliche Mitwirkung der Länder bei der Gesetzgebung oder die in den Artikeln 1 und 2 niedergelegten Grundsätze berührt werden, ist unzulässig.

Artikel 80

1. Durch Gesetz können die Bundesregierung, ein Bundesminister oder die Landesregierungen ermächtigt werden, Rechtsverordnungen zu erlassen; dabei müssen Inhalt, Zweck und Ausmaß der erteilten Ermächtigung im Gesetze bestimmt werden. Die Rechtsgrundlage ist in der Verordnung anzugeben. Ist durch Gesetz vorgesehen, daß eine Ermächtigung weiter übertragen werden kann, so bedarf es zur Übertragung der Ermächtigung einer Rechtsverordnung.

2. Der Zustimmung des Bundesrates bedürfen, vorbehaltlich anderweitiger bundesgesetzlicher Regelung, Rechtsverordnungen der Bundesregierung oder eines Bundesministers über Grundsätze und Gebühren für die Benutzung der Einrichtungen der Bundeseisenbahnen und des Post- und Fernmeldewesens, über den Bau und Betrieb der Eisenbahnen sowie Rechtsverordnungen auf Grund von Bundesgesetzen, die der Zustimmung des Bundesrates bedürfen oder die von den Ländern im Auftrage des Bundes oder als eigene Angelegenheit ausgeführt werden.

Artikel 81

1. Wird im Falle des Artikels 68 der Bundestag nicht aufgelöst, so kann der Bundespräsident auf Antrag der Bundesregierung mit Zustimmung des Bundesrates für eine Gesetzesvorlage den Gesetzgebungsnotstand erklären, wenn der Bundestag sie ablehnt, obwohl die Bundesregierung sie als dringlich bezeichnet hat. Das gleiche gilt, wenn eine Gesetzesvorlage abgelehnt worden ist, obwohl der Bundeskanzler mit ihr den Antrag des Artikels 68 verbunden hatte.

2. Lehnt der Bundestag die Gesetzesvorlage nach Erklärung des Gesetzgebungsnotstandes erneut ab oder nimmt er sie in einer für die Bundesregierung als unannehmbar bezeichneten Fassung an, so gilt das Gesetz als zustande gekommen, soweit der Bundesrat ihm zustimmt. Das gleiche gilt, wenn die Vorlage vom Bundestage nicht innerhalb von vier Wochen nach der erneuten Einbringung verabschiedet wird.

3. Während der Amtszeit eines Bundeskanzlers kann auch jede andere vom Bundestage abgelehnte Gesetzesvorlage innerhalb einer Frist von sechs Monaten nach der ersten Erklärung des Gesetzgebungsnotstandes gemäß Absatz 1 und 2 verabschiedet werden. Nach Ablauf der Frist ist während der Amtszeit des gleichen Bundeskanzlers eine weitere Erklärung des Gesetzgebungsnotstandes unzulässig.

4. Das Grundgesetz darf durch ein Gesetz, das nach Absatz 2 zustande kommt, weder geändert, noch ganz oder teilweise außer Kraft oder außer Anwendung gesetzt werden.

Artikel 82

1. Die nach den Vorschriften dieses Grundgesetzes zustandegekommenen Gesetze werden vom Bundespräsidenten nach Gegenzeichnung ausgefertigt und im Bundesgesetzblatt verkündet. Rechtsverordnungen werden von der Stelle, die sie erläßt, ausgefertigt und vorbehaltlich anderweitiger gesetzlicher Regelung im Bundesgesetzblatt verkündet.

2. Jedes Gesetz und jede Rechtsverordnung soll den Tag des Inkrafttretens bestimmen. Fehlt eine solche Bestimmung, so treten sie mit dem 14. Tage nach Ablauf des Tages in Kraft, an dem das Bundesgesetzblatt ausgegeben worden ist.

VIII. Ausführung der Bundesgesetze und die Bundesverwaltung

Artikel 83

Die Länder führen die Bundesgesetze als eigene Angelegenheit aus, soweit dieses Grundgesetz nichts anderes bestimmt oder zuläßt.

Artikel 84

1. Führen die Länder die Bundesgesetze als eigene Angelegenheit aus, so regeln sie die Einrichtung der Behörden und das Verwaltungsverfahren, soweit nicht Bundesgesetzes mit Zustimmung des Bundesrates etwas anderes bestimmen.

2. Die Bundesregierung kann mit Zustimmung des Bundesrates allgemeine Verwaltungsvorschriften erlassen.

3. Die Bundesregierung übt die Aufsicht darüber aus, daß die Länder die Bundesgesetze dem geltenden Rechte gemäß ausführen. Die Bundesregierung kann zu diesem Zweck Beauftragte zu den obersten Landesbehörden entsenden, mit deren Zustimmung und falls diese Zustimmung versagt wird, mit Zustimmung des Bundesrates, auch zu den nachgeordneten Behörden.

4. Werden Mängel, die die Bundesregierung bei der Ausführung der Bundesgesetze in den Ländern festgestellt hat, nicht beseitigt, so beschließt auf Antrag der Bundesregierung oder des Landes der Bundesrat, ob das Land das Recht verletzt hat. Gegen den Beschluß des Bundesrates kann das Bundesverfassungsgericht angerufen werden.

5. Der Bundesregierung kann durch Bundesgesetz, das der Zustimmung des Bundesrates bedarf, zur Ausführung von Bundesgesetzen die Befugnis verliehen werden, für besondere Fälle Einzelweisungen zu erteilen. Sie sind, außer wenn die Bundesregierung den Fall für dringlich erachtet, an die obersten Landesbehörden zu richten.

Artikel 85

1. Führen die Länder die Bundesgesetze im Auftrage des Bundes aus, so bleibt die Einrichtung der Behörden Angelegenheit der Länder, soweit nicht Bundesgesetze mit Zustimmung des Bundesrates etwas anderes bestimmen.

2. Die Bundesregierung kann mit Zustimmung des Bundesrates allgemeine Verwaltungsvorschriften erlassen, sie kann die einheitliche Ausbildung der Beamten und Angestellten regeln. Die Leiter der Mittelbehörden sind mit ihrem Einvernehmen zu bestellen.

3. Die Landesbehörden unterstehen den Weisungen der zuständigen obersten Bundesbehörden. Die Weisungen sind, außer wenn die Bundesregierung es für dringlich erachtet, an die obersten Landesbehörden zu richten. Der Vollzug der Weisung ist durch die obersten Landesbehörden sicherzustellen.

4. Die Bundesaufsicht erstreckt sich auf Gesetzmäßigkeit und Zweckmäßigkeit der Ausführung. Die Bundesregierung kann zu diesem Zweck Bericht und Vorlage der Akten verlangen und Beauftragte zu allen Behörden entsenden.

Artikel 86

Führt der Bund die Gesetze durch bundeseigene Verwaltung oder durch bündesunmittelbare Körperschaften oder Anstalten des öffentlichen Rechtes aus, so erläßt die Bundesregierung, soweit nicht das Gesetz Besonderes vorschreibt, die allgemeinen Verwaltungsvorschriften. Sie regelt, soweit das Gesetz nichts anderes bestimmt, die Einrichtung der Behörden.

Artikel 87

1. In bundeseigener Verwaltung mit eigenem Verwaltungsunterbau werden geführt: der auswärtige Dienst, die Bundesfinanzverwaltung, die Bundeseisenbahnen, die Bundespost und nach Maßgabe des Artikels 89 die Verwaltung der Bundeswasserstraßen und der Schiffahrt. Durch Bundesgesetz können Bundesgrenzschutzbehörden, Zentralstellen für das polizeiliche Auskunfts- und Nachrichtenwesen zur

Sammlung von Unterlagen für Zwecke des Verfassungsschutzes und für die Kriminalpolizei eingerichtet werden.

2. Als bundesunmittelbare Körperschaften des öffentlichen Rechtes werden diejenigen sozialen Versicherungsträger geführt, deren Zuständigkeitsbereich sich über das Gebiet eines Landes hinaus erstreckt.

3. Außerdem können die Angelegenheiten, für die dem Bunde die Gesetzgebung zusteht, selbständige Bundesoberbehörden und neue bundesunmittelbare Körperschaften und Anstalten des öffentlichen Rechtes durch Bundesgesetz errichtet werden. Erwachsen dem Bunde auf Gebieten, für die ihm die Gesetzgebung zusteht, neue Aufgaben, so können bei dringendem Bedarf bundeseigene Mittel- und Unterbehörden mit Zustimmung des Bundesrates und der Mehrheit der Mitglieder des Bundestages errichtet werden.

Artikel 88

Der Bund errichtet eine Währungs- und Notenbank als Bundesbank.

Artikel 89

1. Der Bund ist Eigentümer der bisherigen Reichswasserstraßen.

2. Der Bund verwaltet die Bundeswasserstraßen durch eigene Behörden. Er nimmt die über den Bereich eines Landes hinausgehenden staatlichen Aufgaben der Binnenschiffahrt und die Aufgaben der Seeschiffahrt wahr, die ihm durch Gesetz übertragen werden. Er kann die Verwaltung von Bundeswasserstraßen, soweit sie im Gebiete eines Landes liegen, diesem Lande auf Antrag als Auftragsverwaltung übertragen. Berührt eine Wasserstraße das Gebiet mehrerer Länder, so kann der Bund das Land beauftragen, für das die beteiligten Länder es beantragen.

3. Bei der Verwaltung, dem Ausbau und dem Neubau von Wasserstraßen sind die Bedürfnisse der Landeskultur und der Wasserwirtschaft im Einvernehmen mit den Ländern zu wahren.

Artikel 90

1. Der Bund ist Eigentümer der bisherigen Reichsautobahnen und Reichsstraßen.

2. Die Länder oder die nach Landesrecht zuständigen Selbstverwaltungskörperschaften verwalten die Bundesautobahnen und sonstigen Bundesstraßen des Fernverkehrs im Auftrage des Bundes.

3. Auf Antrag eines Landes kann der Bund Bundesautobahnen und sonstige Bundesstraßen des Fernverkehrs, soweit sie im Gebiet dieses Landes liegen, in bundeseigene Verwaltung übernehmen.

Artikel 91

1. Zur Abwehr einer drohenden Gefahr für den Bestand oder die freiheitliche demokratische Grundordnung des Bundes oder eines Landes kann ein Land die Polizeikräfte anderer Länder anfordern.

2. Ist das Land, in dem die Gefahr droht, nicht selbst zur Bekämpfung der Gefahr bereit oder in der Lage, so kann die Bundesregierung die Polizei in diesem Lande

und die Polizeikräfte anderer Länder ihren Weisungen unterstellen. Die Anordnung ist nach Beseitigung der Gefahr im übrigen jederzeit auf Verlangen des Bundesrates aufzuheben.

IX. Die Rechtsprechung

Artikel 92

Die rechtsprechende Gewalt ist den Richtern anvertraut; sie wird durch das Bundesverfassungsgericht, durch das oberste Bundesgericht, durch die in diesem Grundgesetze vorgesehenen Bundesgerichte und durch die Gerichte der Länder ausgeübt.

Artikel 93

1. Das Bundesverfassungsgericht entscheidet:

a) über die Auslegung dieses Grundgesetzes aus Anlaß von Streitigkeiten über den Umfang der Rechte und Pflichten eines obersten Bundesorgans oder anderer Beteiligter, die durch dieses Grundgesetz oder in der Geschäftsordnung eines obersten Bundesorgans mit eigenen Rechten ausgestattet sind.

b) Bei Meinungsverschiedenheiten oder Zweifeln über die förmliche und sachliche Vereinbarkeit von Bundesrecht oder Landesrecht mit diesem Grundgesetze oder die Vereinbarkeit von Landesrecht mit sonstigem Bundesrechte auf Antrag der Bundesregierung, einer Landesregierung oder eines Drittels der Mitglieder des Bundestages.

c) Bei Meinungsverschiedenheiten über Rechte und Pflichten des Bundes und der Länder, insbesondere bei der Ausführung von Bundesrecht durch die Länder und bei der Ausübung der Bundesaufsicht.

d) In anderen öffentlich-rechtlichen Streitigkeiten zwischen dem Bunde und den Ländern, zwischen verschiedenen Ländern oder innerhalb eines Landes, soweit nicht ein anderer Rechtsweg gegeben ist.

c) In den übrigen in diesem Grundgesetze vorgesehenen Fällen.

2. Das Bundesverfassungsgericht wird ferner in den ihm sonst durch Bundesgesetz zugewiesenen Fällen tätig.

Artikel 94

1. Das Bundesverfassungsgericht besteht aus Bundesrichtern und anderen Mitgliedern. Die Mitglieder des Bundesverfassungsgerichtes werden je zur Hälfte vom Bundestage und vom Bundesrate gewählt; sie dürfen weder dem Bundestage, dem Bundesrate, der Bundesregierung noch entsprechenden Organen eines Landes angehören.

2. Ein Bundesgesetz regelt seine Verfassung und das Verfahren und bestimmt, in welchen Fällen seine Entscheidungen Gesetzeskraft haben.

Artikel 95

1. Zur Wahrung der Einheit des Bundesrechts wird ein oberstes Bundesgericht errichtet.

2. Das oberste Bundesgericht entscheidet in Fällen, deren Entscheidung für die Einheitlichkeit der Rechtsprechung der oberen Bundesgerichte von grundsätzlicher Bedeutung ist.

3. Über die Berufung der Richter des obersten Bundesgerichts entscheidet der Bundesjustizminister gemeinsam mit einem Richterwahlausschuß, der aus den Landesjustizministern und einer gleichen Anzahl von Mitgliedern besteht, die vom Bundestag gewählt werden.

4. Im übrigen werden die Verfassung des obersten Bundesgerichts und sein Verfahren durch Bundesgesetz geregelt.

Artikel 96

1. Für das Gebiet der ordentlichen, der Verwaltungs-, der Finanz-, der Arbeits- und Sozialgerichtsbarkeit sind obere Bundesgerichte zu errichten.

2. Auf die Richter der oberen Bundesgerichte findet Artikel 95 Abs. 3 mit der Maßgabe Anwendung, daß an die Stelle des Bundesjustizministers und der Landesjustizminister die für das jeweilige Sachgebiet zuständigen Minister treten. Ihre Dienstverhältnisse sind durch besonderes Bundesgesetz zu regeln.

3. Der Bund kann für Dienststrafverfahren gegen Bundesbeamte und Bundesrichter Bundesdienststrafgerichte errichten.

Artikel 97

1. Die Richter sind unabhängig und nur dem Gesetze unterworfen.

2. Die hauptamtlich und planmäßig angestellten Richter können wider ihren Willen nur kraft richterlicher Entscheidung und nur aus Gründen und unter den Formen, welche die Gesetze bestimmen, vor Ablauf ihrer Amtszeit entlassen oder dauernd oder zeitweise ihres Amtes enthoben oder an eine andere Stelle oder in den Ruhestand versetzt werden, die Gesetzgebung kann Altersgrenzen festsetzen, bei deren Erreichung auf Lebenszeit angestellte Richter in den Ruhestand treten. Bei Veränderungen der Einrichtung der Gerichte oder ihrer Bezirke können Richter an ein anderes Gericht versetzt oder aus dem Amte entfernt werden, jedoch nur unter Belassung des vollen Gehaltes.

Artikel 98

1. Die Rechtsstellung der Bundesrichter ist durch besonderes Bundesgesetz zu regeln.

2. Wenn ein Bundesrichter im Amte oder außerhalb des Amtes gegen die Grundsätze des Grundgesetzes oder gegen die verfassungsmäßige Ordnung eines Landes verstößt, so kann das Bundesverfassungsgericht mit Zweidrittelmehrheit auf Antrag des Bundestages anordnen, daß der Richter in ein anderes Amt oder in den Ruhestand zu versetzen ist. Im Falle eines vorsätzlichen Verstoßes kann auf Entlassung erkannt werden.

3. Die Rechtsstellung der Richter in den Ländern ist durch besondere Landesgesetze zu regeln. Der Bund kann Rahmenvorschriften erlassen.

4. Die Länder können bestimmen, daß über die Anstellung der Richter in den

Ländern der Landesjustizminister gemeinsam mit einem Richterwahlausschuß entscheidet.

5. Die Länder können für Landesrichter eine Absatz 2 entsprechende Regelung treffen. Geltendes Landesverfassungsrecht bleibt unberührt. Die Entscheidung über eine Richteranklage steht dem Bundesverfassungsgericht zu.

Artikel 99

Dem Bundesverfassungsgericht kann durch Landesgesetz die Entscheidung von Verfassungsstreitigkeiten innerhalb eines Landes, den oberen Bundesgerichten für den letzten Rechtszug die Entscheidung in solchen Sachen zugewiesen werden, bei denen es sich um die Anwendung von Landesrecht handelt.

Artikel 100

1. Hält ein Gericht ein Gesetz, auf dessen Gültigkeit es bei der Entscheidung ankommt, für verfassungswidrig, so ist das Verfaren auszusetzen und, wenn es sich um die Verletzung der Verfassung eines Landes handelt, die Entscheidung des für Verfassungsstreitigkeiten zuständigen Gerichtes des Landes, wenn es sich um die Verletzung dieses Grundgesetzes handelt, die Entscheidung des Bundesverfassungsgerichtes einzuholen. Dies gilt auch, wenn es sich um die Verletzung dieses Grundgesetzes durch Landesrecht oder um die Unvereinbarkeit eines Landesgesetzes mit einem Bundesgesetze handelt.

2. Ist in einem Rechtsstreite zweifelhaft, ob eine Regel des Völkerrechtes Bestandteil des Bundesverfassungsrechtes ist und ob sie unmittelbar Rechte und Pflichten für den einzelnen erzeugt (Artikel 25), so hat das Gericht die Entscheidung des Bundesverfassungsgerichtes einzuholen.

3. Will das Verfassungsgericht eines Landes bei der Auslegung des Grundgesetzes von einer Entscheidung des Bundesverfassungsgerichtes oder des Verfassungsgerichtes eines anderen Landes abweichen, so hat das Verfassungsgericht die Entscheidung des Bundesverfassungsgerichtes einzuholen, will es bei der Auslegung von sonstigem Bundesrecht von der Entscheidung des obersten Bundesgerichtes oder eines oberen Bundesgerichtes abweichen, so hat es die Entscheidung des obersten Bundesgerichtes einzuholen.

Artikel 101

1. Ausnahmegerichte sind unzulässig, niemand darf seinem gesetzlichen Richter entzogen werden.

2. Gerichte für besondere Sachgebiete können nur durch Gesetz errichtet werden.

Artikel 102

Die Todesstrafe ist abgeschafft.

Artikel 103

1. Vor Gericht hat jedermann Anspruch auf rechtliches Gehör.

2. Eine Tat kann nur bestraft werden, wenn die Strafbarkeit gesetzlich bestimmt war, bevor die Tat begangen wurde.

3. Niemand darf wegen derselben Tat auf Grund der allgemeinen Strafgesetze mehrmals bestraft werden.

Artikel 104

1. Die Freiheit der Person kann nur auf Grund eines förmlichen Gesetzes und nur unter Beachtung der darin vorgeschriebenen Formen beschränkt werden. Festgehaltene Personen dürfen weder seelisch noch körperlich mißhandelt werden.

2. Über die Zulässigkeit und Fortdauer einer Freiheitsentziehung hat nur der Richter zu entscheiden. Bei jeder nicht auf richterliche Anordnung beruhenden Freiheitsentziehung ist unverzüglich eine richterliche Entscheidung herbeizuführen. Die Polizei darf aus eigener Machtvollkommenheit niemanden länger als bis zum Ende des Tages nach dem Ergreifen in eigenem Gewahrsam halten. Das Nähere ist gesetzlich zu regeln.

3. Jeder wegen des Verdachtes einer strafbaren Handlung vorläufig Festgenommene ist spätestens am Tage nach der Festnahme dem Richter vorzuführen, der ihm die Gründe der Festnahme mitzuteilen, ihn zu vernehmen und ihm Gelegenheit zu Einwendungen zu geben hat, der Richter hat unverzüglich entweder einen mit Gründen versehenen schriftlichen Haftbefehl zu erlassen oder die Freilassung anzuordnen.

4. Von jeder richterlichen Entscheidung über die Anordnung oder Fortdauer einer Freiheitsentziehung ist unverzüglich ein Angehöriger des Festgehaltenen oder eine Person seines Vertrauens zu benachrichtigen.

X. Das Finanzwesen

Artikel 105

1. Der Bund hat die ausschließliche Gesetzgebung über die Zölle und Finanzmonopole.

2. Der Bund hat die konkurrierende Gesetzgebung über a) die Verbrauchs- und Verkehrssteuern mit Ausnahme der Steuern mit örtlich bedingtem Wirkungskreis, insbesondere der Grunderwerbssteuer, der Wertzuwachssteuer und der Feuerschutzsteuer; b) die Steuern vom Einkommen, Vermögen, von Erbschaften und Schenkungen; c) die Realsteuern mit Ausnahme der Festsetzung der Hebesätze, wenn er die Steuern ganz oder zum Teil zur Deckung der Bundesausgaben in Anspruch nimmt oder die Voraussetzungen des Artikels 72 Absatz 2, vorliegen.

3. Bundesgesetze über Steuern, deren Aufkommen den Ländern oder den Gemeinden (Gemeindeverbänden) ganz oder zum Teil zufließt, bedürfen der Zustimmung des Bundesrates.

Artikel 106

1. Die Zölle, der Ertrag der Monopole, die Verbrauchssteuern mit Ausnahme der Biersteuer, die Beförderungssteuer, die Umsatzsteuer und einmaligen Zwecken dienenden Vermögensabgaben fließen dem Bunde zu.

2. Die Biersteuer, die Verkehrssteuer mit Ausnahme der Beförderungssteuer und

der Umsatzsteuer, die Einkommen- und Körperschaftssteuer, die Vermögenssteuer, die Erbschaftssteuer, die Realsteuern und die Steuern mit örtlich bedingtem Wirkungskreis fließen den Ländern und nach Maßgabe der Landesgesetzgebung den Gemeinden (Gemeindeverbänden) zu.

3. Der Bund kann durch Bundesgesetz, das der Zustimmung des Bundesrates bedarf, einen Teil der Einkommen- und Körperschaftssteuer zur Deckung seiner durch andere Einkünfte nicht gedeckten Ausgaben, insbesondere zur Deckung von Zuschüssen, welche Ländern zur Deckung von Ausgaben auf dem Gebiete des Schulwesens, des Gesundheitswesens und des Wohlfahrtswesens zu gewähren sind, in Anspruch nehmen.

4. Um die Leistungsfähigkeit auch der steuerschwachen Länder zu sichern und eine unterschiedliche Belastung der Länder mit Ausgaben auszugleichen, kann der Bund Zuschüsse gewähren und die Mittel hierfür bestimmten, den Ländern zufließenden Steuern entnehmen. Durch Bundesgesetz, welches der Zustimmung des Bundesrates bedarf, wird bestimmt, welche Steuern hierbei herangezogen werden und mit welchen Beträgen und nach welchem Schlüssel die Zuschüsse an die ausgleichsberechtigten Länder verteilt werden. Die Zuschüsse sind den Ländern unmittelbar zu überweisen.

Artikel 107

Die endgültige Verteilung der der konkurrierenden Gesetzgebung unterliegenden Steuern auf Bund und Länder soll spätestens bis zum 31. Dezember 1952 erfolgen, und zwar durch Bundesgesetz, das der Zustimmung des Bundesrates bedarf. Dies gilt nicht für die Realsteuern und die Steuern mit örtlich bedingtem Wirkungskreis. Hierbei ist jedem Teil ein gesetzlicher Anspruch auf bestimmte Steuern oder Steueranteile entsprechend seinen Aufgaben einzuräumen.

Artikel 108

1. Zölle, Finanzmonopole, die der konkurrierenden Gesetzgebung unterworfenen Verbrauchssteuern, die Beförderungssteuer, die Umsatzsteuer und die einmaligen Vermögensabgaben werden durch Bundesfinanzbehörden verwaltet. Der Aufbau dieser Behörden und das von ihnen anzuwendende Verfahren werden durch Bundesgesetz geregelt, die Leiter der Mittelbehörden sind im Benehmen mit den Landesregierungen zu bestellen. Der Bund kann die Verwaltung der einmaligen Vermögensabgaben den Landesfinanzbehörden als Auftragsverwaltung übertragen.

2. Nimmt der Bund einen Teil der Einkommen- und Körperschaftssteuer für sich in Anspruch, so steht ihm insoweit die Verwaltung zu, er kann sie aber den Landesfinanzbehörden als Auftragsverwaltung übertragen.

3. Die übrigen Steuern werden durch Landesfinanzbehörden verwaltet. Der Bund kann durch Bundesgesetz, das der Zustimmung des Bundesrates bedarf, den Aufbau dieser Behörden und das von ihnen anzuwendende Verfahren und die einheitliche Ausbildung der Beamten regeln. Die Leiter der Mittelbehörden sind im Einvernehmen mit der Bundesregierung zu bestellen. Die Verwaltung der den Gemeinden (Ge-

meindeverbänden) zufließenden Steuern kann durch die Länder ganz oder zum Teil den Gemeinden (Gemeindeverbänden) übertragen werden.

4. Soweit die Steuern dem Bunde zufließen, werden die Landesfinanzbehörden im Auftrage des Bundes tätig. Die Länder haften mit ihren Einkünften für eine ordnungsmäßige Verwaltung dieser Steuern, der Bundesfinanzminister kann die ordnungsmäßige Verwaltung durch Bundesbevollmächtigte überwachen, welche gegenüber den Mittel- und Unterbehörden ein Weisungsrecht haben.

5. Die Finanzgerichtsbarkeit wird durch Bundesgesetz einheitlich geregelt.

6. Die allgemeinen Verwaltungsvorschriften werden durch die Bundesregierung erlassen, und zwar mit Zustimmung des Bundesrates, soweit die Verwaltung den Landesfinanzbehörden obliegt.

Artikel 109

Bund und Länder sind in ihrer Haushaltswirtschaft selbständig und voneinander unabhängig.

Artikel 110

1. Alle Einnahmen und Ausgaben des Bundes müssen für jedes Rechnungsjahr veranschlagt und in den Haushaltsplan eingesetzt werden.

2. Der Haushaltsplan wird vor Beginn des Rechnungsjahres durch Gesetz festgestellt. Er ist in Einnahme und Ausgabe auszugleichen. Die Ausgaben werden in der Regel für ein Jahr bewilligt. Sie können in besonderen Fällen auch für einen längeren Zeitraum bewilligt werden. Im übrigen dürfen in das Bundeshaushaltsgesetz keine Vorschriften aufgenommen werden, die über das Rechnungsjahr hinausgehen oder zelnen Einnahmen und Ausgaben, sondern nur das Endergebnis in den Haushaltsplan beziehen.

3. Das Vermögen und die Schulden sind in einer Anlage des Haushaltsplanes nachzuweisen.

4. Bei kaufmännisch eingerichteten Betrieben des Bundes brauchen nicht die einzelnen Einnahmen und Ausgaben sondern nur das Endergebnis in den Haushaltsplan eingestellt zu werden.

Artikel 111

1. Ist bis zum Schluß eines Rechnungsjahres der Haushaltsplan für das folgende Jahr nicht durch Gesetz festgestellt, so ist bis zu seinem Inkrafttreten die Bundesregierung ermächtigt, alle Ausgaben zu leisten, die nötig sind:

a) um gesetzlich bestehende Einrichtungen zu erhalten und gesetzlich beschlossene Maßnahmen durchzuführen;

b) um die rechtlich begründeten Verpflichtungen des Bundes zu erfüllen;

c) um Bauten, Beschaffungen und sonstige Leistungen fortzusetzen oder Beihilfen für diese Zwecke weiter zu gewähren, sofern durch den Haushaltsplan eines Vorjahres bereits Beträge bewilligt worden sind.

2. Soweit nicht auf besonderem Gesetze beruhende Einnahmen aus Steuern, Abgaben und sonstigen Quellen oder die Betriebsmittelrücklage die Ausgaben unter Ab-

satz 1 decken, darf die Bundesregierung die zur Aufrechterhaltung der Wirtschaftsführung erforderlichen Mittel bis zur Höhe eines Viertels der Endsumme des abgelaufenen Haushaltsplanes im Wege des Kredits flüssig machen.

Artikel 112

Haushaltsüberschreitungen und außerplanmäßige Ausgaben bedürfen der Zustimmung des Bundesministers der Finanzen. Sie darf nur im Falle eines unvorhergesehenen und unabweisbaren Bedürfnisses erteilt werden.

Artikel 113

Beschlüsse des Bundestages und des Bundesrates, welche die von der Bundesregierung vorgeschlagenen Ausgaben des Haushaltsplanes erhöhen oder neue Ausgaben in sich schließen oder für die Zukunft mit sich bringen, bedürfen der Zustimmung der Bundesregierung.

Artikel 114

Der Bundesminister der Finanzen hat dem Bundestag und dem Bundesrat über alle Einnahmen und Ausgaben sowie über das Vermögen und die Schulden jährlich Rechnung zu legen, die Rechnung wird durch einen Rechnungshof, dessen Mitglieder richterliche Unabhängigkeit besitzen, geprüft. Die allgemeine Rechnung und eine Übersicht über das Vermögen und die Schulden sind dem Bundestag und dem Bundesrat im Laufe des nächsten Rechnungsjahres mit den Bemerkungen des Rechnungshofes zur Entlastung der Bundesregierung vorzulegen. Die Rechnungsprüfung wird durch Bundesgesetz geregelt.

Artikel 115

Im Wege des Kredites dürfen Geldmittel nur bei außerordentlichem Bedarf und in der Regel nur für Ausgaben zu werbenden Zwecken und nur auf Grund eines Bundesgesetzes beschafft werden. Kreditgewährungen und Sicherheitsleistungen zu Lasten des Bundes, deren Wirkung über ein Rechnungsjahr hinausgeht, dürfen nur auf Grund eines Bundesgesetzes erfolgen. In dem Gesetz muß die Höhe des Kredits oder der Umfang der Verpflichtung, für die der Bund die Haftung übernimmt, bestimmt sein.

XI. Übergangs- und Schlußbestimmungen

Artikel 116

1. Deutscher im Sinne dieses Grundgesetzes ist vorbehaltlich anderweitiger gesetzlicher Regelung, wer die deutsche Staatsangehörigkeit besitzt oder als Flüchtling oder Vertriebener deutscher Volkszugehörigkeit oder als dessen Ehegatte oder Abkömmling in dem Gebiet des Deutschen Reiches nach dem Stande vom 31. Dezember 1937 Aufnahme gefunden hat.

2. Frühere deutsche Staatsangehörige, denen zwischen dem 30. Januar 1933 und dem 8. Mai 1945 die Staatsangehörigkeit aus politischen, rassischen oder religiösen Gründen entzogen worden ist und ihre Abkömmlinge sind auf Antrag wieder einzubürgern. Sie gelten als nicht ausgebürgert, sofern sie nach dem 8. Mai 1945 ihren

Wohnsitz in Deutschland genommen haben und nicht einen entgegengesetzten Willen zum Ausdruck gebracht haben.

Artikel 117

1. Das dem Artikel 3 Absatz 2 entgegenstehende Recht bleibt bis zu seiner Anpassung an diese Bestimmung des Grundgesetzes in Kraft, jedoch nicht länger als bis zum 31. März 1953.

2. Gesetze, die das Recht der Freizügigkeit mit Rücksicht auf die gegenwärtige Raumnot einschränken, bleiben bis zu ihrer Aufhebung durch Bundesgesetz in Kraft.

Artikel 118

Die Neugliederung in dem die Länder Baden, Württemberg-Baden und Württemberg-Hohenzollern umfassenden Gebiete kann abweichend von den Vorschriften des Artikels 29 durch Vereinbarung der beteiligten Länder erfolgen. Kommt eine Vereinbarung nicht zustande, so wird die Neugliederung durch Bundesgesetz geregelt, das eine Volksbefragung vorsehen muß.

Artikel 119

In Angelegenheiten der Flüchtlinge und Vertriebenen, insbesondere zu ihrer Verteilung auf die Länder, kann bis zu einer bundesgesetzlichen Regelung die Bundesregierung mit Zustimmung des Bundesrates Verordnungen mit Gesetzeskraft erlassen. Für besondere Fälle kann dabei die Bundesregierung ermächtigt werden, Einzelanweisungen zu erteilen. Die Weisungen sind außer bei Gefahr im Verzuge an die obersten Landesbehörden zu richten.

Artikel 120

1. Der Bund trägt die Aufwendungen für Besatzungskosten und die sonstigen inneren und äußeren Kriegsfolgelasten nach näherer Bestimmung eines Bundesgesetzes und die Zuschüsse zu den Lasten der Sozialversicherung mit Einschluß der Arbeitslosenversicherung, der Arbeitslosenfürsorge.

2. Die Einnahmen gehen auf den Bund zu demselben Zeitpunkt über, an dem der Bund die Ausgaben übernimmt.

Artikel 121

Mehrheit der Mitglieder des Bundestages und der Bundesversammlung im Sinne dieses Grundgesetzes ist die Mehrheit ihrer gesetzlichen Mitgliederzahl.

Artikel 122

1. Vom Zusammentritt des Bundestages an werden die Gesetze als ausschließlich von den in diesem Grundgesetz anerkannten gesetzgebenden Gewalten beschlossen.

2. Gesetzgebende und bei der Gesetzgebung beratend mitwirkende Körperschaften, deren Zuständigkeit nach Absatz 1 endet, sind mit diesem Zeitpunkte aufgelöst.

Artikel 123

1. Recht aus der Zeit vor dem Zusammentritt des Bundestages gilt fort, soweit es dem Grundgesetz nicht widerspricht.

2. Die vom Deutschen Reich abgeschlossenen Staatsverträge, die sich auf Gegen-

stände beziehen, für die nach diesem Grundgesetz die Landesgesetzgebung zuständig ist, bleiben, wenn sie nach allgemeinen Rechtsgrundsätzen gültig sind und fortgelten, unter Vorbehalt aller Rechte und Einwendungen der Beteiligten in Kraft, bis neue Staatsverträge durch die nach diesem Grundgesetze zuständigen Stellen abgeschlossen werden oder ihre Beendigung auf Grund der in ihnen enthaltenen Bestimmungen anderweitig erfolgt.

Artikel 124

Recht, das Gegenstände der ausschließlichen Gesetzgebung des Bundes betrifft, wird innerhalb seines Geltungsbereiches Bundesrecht.

Artikel 125

Recht, das Gegenstände der konkurrierenden Gesetzgebung des Bundes betrifft, wird innerhalb seines Geltungsbereiches Bundesrecht,

1. soweit es innerhalb einer oder mehrerer Besatzungszonen einheitlich gilt,

2. soweit es sich um Recht handelt, durch das nach dem 8. Mai 1945 früheres Reichsrecht abgeändert worden ist.

Artikel 126

Meinungsverschiedenheiten über das Fortgelten von Recht als Bundesrecht entscheidet das Bundesverfassungsgericht.

Artikel 127

Die Bundesregierung kann mit Zustimmung der Regierungen der beteiligten Länder Recht der Verwaltung des vereinigten Wirtschaftsgebietes, soweit es nach Artikel 124 oder 125 als Bundesrecht fortgilt, innerhalb eines Jahres nach Verkündung dieses Grundgesetzes in den Ländern Baden, Groß-Berlin, Rheinland-Pfalz und Württemberg-Hohenzollern in Kraft setzen.

Artikel 128

Soweit fortgeltendes Recht Weisungsrechte im Sinne des Artikels 84 Absatz 5 vorsieht, bleiben sie bis zu einer anderweitigen gesetzlichen Regelung bestehen.

Artikel 129

1. Soweit in Rechtsvorschriften, die als Bundesrecht fortgelten, eine Ermächtigung zum Erlaß von Rechtsverordnungen der allgemeinen Verwaltungsvorschriften sowie zur Vornahme von Verwaltungsakten enthalten ist, geht sie auf die nunmehr sichtlich zuständigen Stellen über. In Zweifelsfällen entscheidet die Bundesregierung im Einvernehmen mit dem Bundesrate. Die Entscheidung ist zu veröffentlichen.

2. Soweit in Rechtsvorschriften, die als Landesrecht fortgelten eine solche Ermächtigung enthalten ist, wird sie von den nach Landesrecht zuständigen Stellen ausgeübt.

3. Soweit Rechtsvorschriften im Sinne der Absätze 1 und 2 zu ihrer Änderung oder Ergänzung oder zum Erlaß von Rechtsvorschriften an Stelle von Gesetzen ermächtigen, sind diese Ermächtigungen erloschen.

4. Die Vorschriften der Absätze 1 und 2 gelten entsprechend, soweit in Rechts-

vorschriften auf nicht mehr geltende Vorschriften oder nicht mehr bestehende Einrichtungen verwiesen ist.

Artikel 130

1. Verwaltungsorgane und sonstige der öffentlichen Verwaltung oder Rechtspflege dienende Einrichtungen, die nicht auf Landesrecht oder Staatsverträge zwischen den Ländern beruhen, sowie die Betriebsvereinigungen der südwestdeutschen Eisenbahnen und der Verwaltungsrat für das Post- und Fernmeldewesen für das französische Besatzungsgebiet unterstehen der Bundesregierung. Diese regelt mit Zustimmung des Bundesrates die Überführung, Auflösung oder Abwicklung.

2. Oberster Disziplinarvorgesetzter der Angehörigen dieser Verwaltungen und Einrichtungen ist der zuständige Bundesminister.

3. Nicht landesunmittelbare und nicht auf Staatsverträgen zwischen den Ländern beruhende Körperschaften und Anstalten des öffentlichen Rechtes unterstehen der Aufsicht der zuständigen obersten Bundesbehörde.

Artikel 131

Die Rechtsverhältnisse von Personen einschließlich der Flüchtlinge und Vertriebenen, die am 8. Mai 1945 im öffentlichen Dienste standen, aus anderen als beamten- oder tarifrechtlichen Gründen ausgeschieden sind und bisher nicht oder nicht ihrer früheren Stellung entsprechend verwendet werden, sind durch Bundesgesetz zu regeln. Entsprechendes gilt für Personen einschließlich der Flüchtlinge und Vertriebenen, die am 8. Mai 1945 versorgungsberechtigt waren und aus anderen als beamten- oder tarifrechtlichen Gründen keine oder keine entsprechende Versorgung mehr erhalten. Bis zum Inkrafttreten des Bundesgesetzes können vorbehaltlich anderweitiger landesrechtlicher Regelung Rechtsansprüche nicht geltend gemacht werden.

Artikel 132

1. Beamte und Richter, die im Zeitpunkte des Inkrafttretens dieses Grundgesetzes auf Lebenszeit angestellt sind, können binnen sechs Monaten nach dem ersten Zusammentritt des Bundestages in den Ruhestand oder Wartestand oder in ein Amt mit niedrigerem Diensteinkommen versetzt werden, wenn ihnen die persönliche oder fachliche Eignung für ihr Amt fehlt. Auf Angestellte, die in einem unkündbaren Dienstverhältnis stehen, findet diese Vorschrift entsprechende Anwendung. Bei Angestellten, deren Dienstverhältnis kündbar ist, können über die tarifmäßige Regelung hinausgehende Kündigungsfristen innerhalb der gleichen Frist aufgehoben werden.

2. Diese Bestimmung findet keine Anwendung auf Angehörige des öffentlichen Dienstes, die von den Vorschriften über die „Befreiung von Nationalsozialismus und Militarismus" nicht betroffen oder die anerkannte Verfolgte des Nationalsozialismus sind, sofern nicht ein wichtiger Grund in ihrer Person vorliegt.

3. Den Betroffenen steht der Rechtsweg gemäß Artikel 19 Absatz 4 offen.

4. Das Nähere bestimmt eine Verordnung der Bundesregierung, die der Zustimmung des Bundesrates bedarf.

Artikel 133

Der Bund tritt in die Rechte und Pflichten der Verwaltung des Vereinigten Wirtschaftsgebietes ein.

Artikel 134

1. Das Vermögen des Reiches wird grundsätzlich Bundesvermögen.

2. Soweit es nach seiner ursprünglichen Zweckbestimmung überwiegend für Verwaltungsaufgaben bestimmt war, die nach diesem Grundgesetze nicht Verwaltungsaufgaben des Bundes sind, ist es unentgeltlich auf die nunmehr zuständigen Aufgabenträger und soweit es nach seiner gegenwärtigen nicht nur vorübergehenden Benutzung Verwaltungsaufgaben dient, die nach diesem Grundgesetz nunmehr von den Ländern zu erfüllen sind, auf die Länder zu übertragen. Der Bund kann auch sonstiges Vermögen den Ländern übertragen.

3. Vermögen, das dem Reich von den Ländern und Gemeinden (Gemeindeverbänden) unentgeltlich zur Verfügung gestellt wurde, wird wiederum Vermögen der Länder und Gemeinden (Gemeindeverbände), soweit es nicht der Bund für eigene Verwaltungsaufgaben benötigt.

4. Das Nähere regelt ein Bundesgesetz, das der Zustimmung des Bundesrates bedarf.

Artikel 135

1. Hat sich nach dem 8. Mai 1945 bis zum Inkrafttreten dieses Grundgesetzes die Landeszugehörigkeit eines Gebietes geändert, so steht in diesem Gebiete das Vermögen des Landes, dem das Gebiet angehört hat, dem Lande zu, dem es jetzt angehört.

2. Das Vermögen nicht mehr bestehender Länder und nicht mehr bestehender anderer Körperschaften und Anstalten des öffentlichen Rechtes geht, soweit es nach seiner ursprünglichen Zweckbestimmung überwiegend für Verwaltungsaufgaben bestimmt war, oder nach seiner gegenwärtigen, nicht nur vorübergehenden Benutzung überwiegend Verwaltungsaufgaben dient auf das Land oder die Körperschaft oder Anstalt des öffentlichen Rechtes über, die nunmehr diese Aufgaben erfüllen.

3. Grundvermögen nicht mehr bestehender Länder geht einschließlich des Zubehörs, soweit es nicht bereits zu Vermögen im Sinne des Absatzes 1 gehört, auf das Land über, in dessen Gebiet es gelegen ist.

4. Sofern ein überwiegendes Interesse des Bundes oder das besondere Interesse eines Gebietes es erfordert, kann durch Bundesgesetz eine von den Absätzen 1 bis 3 abweichende Regelung getroffen werden.

5. Im Übrigen wird die Rechtsnachfolge und die Auseinandersetzung, soweit sie nicht bis zum 1. Januar 1952 durch Vereinbarung zwischen den beteiligten Ländern oder Körperschaften oder Anstalten des öffentlichen Rechtes erfolgt, durch Bundesgesetz geregelt, das der Zustimmung des Bundesrates bedarf.

6. Beteiligungen des ehemaligen Landes Preußen an Unternehmen des privaten Rechtes gehen auf den Bund über. Das Nähere regelt ein Bundesgesetz, das auch Abweichendes bestimmen kann.

7. Soweit über Vermögen, das einem Lande oder einer Körperschaft oder Anstalt des öffentlichen Rechtes nach den Absätzen 1 bis 3 zufallen würde, von dem Danachberechtigten durch ein Landesgesetz auf Grund eines Landesgesetzes oder in anderer Weise bei Inkrafttreten des Grundgesetzes verfügt worden war, gilt der Vermögensübergang als vor der Verfügung erfolgt.

Artikel 136

1. Der Bundesrat tritt erstmalig am Tage des ersten Zusammentrittes des Bundestages zusammen.

2. Bis zur Wahl des ersten Bundespräsidenten werden dessen Befugnisse von dem Präsidenten des Bundesrates ausgeübt. Das Recht der Auflösung des Bundestages steht ihm nicht zu.

Artikel 137

1. die Wählbarkeit von Beamten, Angestellten des öffentlichen Dienstes und Richtern im Bunde, in den Ländern und den Gemeinden kann gesetzlich beschränkt werden.

2. Für die Wahl des ersten Bundestages, der ersten Bundesversammlung und des ersten Bundespräsidenten der Bundesrepublik gilt das vom parlamentarischen Rat zu beschließende Wahlgesetz.

2. Die dem Bundesverfassungsgerichte gemäß Artikel 41 Absatz 2 zustehende Befugnis wird bis zu seiner Errichtung von dem Deutschen Obergericht für das Vereinigte Wirtschaftsgebiet wahrgenommen, das nach Maßgabe seiner Verfahrensordnung entscheidet.

Artikel 138

Änderungen der Einrichtungen des jetzt bestehenden Notariats in den Ländern Baden, Bayern, Württemberg-Baden und Württemberg-Hohenzollern bedürfen der Zustimmung der Regierungen dieser Länder.

Artikel 139

Die zur „Befreiung des deutschen Volkes vom Nationalsozialismus und Militarismus" erlassenen Rechtsvorschriften werden von den Bestimmungen dieses Grundgesetzes nicht berührt.

Artikel 140

Die Bestimmungen der Artikel 136, 137, 138, 139 und 141 der Deutschen Verfassung vom 11. August 1919 sind Bestandteil dieses Grundgesetzes.

Artikel 141

Artikel 7 Absatz 3 Satz 1 findet keine Anwendung in einem Lande, in dem am 1. Januar 1949 eine andere landesrechtliche Regelung bestand.

Artikel 142

Ungeachtet der Vorschrift des Artikels 31 bleiben Bestimmungen der Landesverfassungen auch insoweit in Kraft, als sie in Übereinstimmung mit den Artikeln 1 bis 18 dieses Grundgesetzes Grundrechte gewährleisten.

Artikel 143

1. Wer mit Gewalt oder durch Drohung mit Gewalt die verfassungsmäßige Ord-

nung des Bundes oder eines Landes ändert, den Bundespräsidenten der ihm nach diesem Grundgesetz zustehenden Befugnisse beraubt oder mit Gewalt oder durch gefährliche Drohung nötigt oder hindert, sie überhaupt oder in einem bestimmten Sinne auszuüben, oder ein zum Bunde oder einem Lande gehöriges Gebiet losreißt, wird mit lebenslangem Zuchthaus oder Zuchthaus nicht unter zehn Jahren bestraft.

2. Wer zu einer Handlung im Sinne des Absatzes 1 öffentlich auffordert oder sie mit einem anderen verabredet oder in anderer Weise vorbereitet, wird mit Zuchthaus bis zu zehn Jahren bestraft.

3. In minder schweren Fällen kann in den Fällen des Absatzes 1 auf Zuchthaus nicht unter 2 Jahren, in den Fällen des Absatzes 2 auf Gefängnis nicht unter einem Jahr erkannt werden.

4. Wer aus freien Stücken seine Tätigkeit aufgibt oder bei Beteiligung mehrerer die verabredete Handlung verhindert, kann nicht nach den Vorschriften der Absätze 1 bis 3 bestraft werden.

5. Für die Aburteilung ist, sofern die Handlung sich ausschließlich gegen die verfassungsmäßige Ordnung eines Landes richtet mangels anderweitiger landesrechtlicher Regelung das für Strafsachen zuständige oberste Gericht des Landes zuständig, im übrigen ist das Oberlandesgericht zuständig, in dessen Bezirk die erste Bundesregierung ihren Sitz hat.

6. Die vorstehenden Vorschriften gelten bis zu einer anderweitigen Regelung durch Bundesgesetz.

Artikel 144

1. Dieses Grundgesetz bedarf der Annahme durch die Volksvertretungen in zwei Dritteln der deutschen Länder, in denen es zunächst gelten soll.

2. Soweit die Anwendung dieses Grundgesetzes in einem der in Artikel 23 Absatz 1 aufgeführten Länder oder in einem Teil eines dieser Länder Beschränkungen unterliegt, hat das Land oder der Teil des Landes das Recht, gemäß Artikel 38 Vertreter in den Bundestag und gemäß Artikel 50 Vertreter in den Bundesrat zu ent-

Artikel 145

1. Der Parlamentarische Rat stellt in öffentlicher Sitzung unter Mitwirkung der Abgeordneten Groß-Berlins die Annahme dieses Grundgesetzes fest, fertigt es aus und verkündet es[1].

2. Dieses Grundgesetz tritt mit Ablauf des Tages der Verkündung in Kraft.

3. Es ist im Bundesgesetzblatte zu veröffentlichen.

Artikel 146

Dieses Grundgesetz verliert seine Gültigkeit an dem Tage, an dem eine Verfassung in Kraft tritt, die von dem deutschen Volke in freier Entscheidung beschlossen worden ist.

[1] Die Ausfertigung erfolgte am 24. Mai 1949 in Bonn. Das Grundgesetz wurde von allen Mitgliedern des Parlamentarischen Rates mit Ausnahme der beiden kommunistischen Abgeordneten unterschrieben.

GROSSBRITANNIEN

GROSSBRITANNIEN

Im Gegensatz zu allen anderen modernen Staaten kennt England keine geschriebene Verfassung. Das englische Verfassungsrecht beruht auf der Gewohnheit und einigen alten Gesetzen, deren Gültigkeit sich durch die Jahrhunderte bewahrt hat und die zum Teil Vorbild aller späteren Freiheitsforderungen, Grundrechte und Verfassungen geworden sind und daher auch in dieser Sammlung nicht fehlen dürfen. Ausgangspunkt ist der bereits im Jahre 1215 als Folge der Streitigkeiten zwischen der englischen Kirche, dem englischen Adel und König Johann ohne Land erteilte Große Freibrief, die Magna Charta. Die gesamte englische Verfassungsgeschichte ist nach den Worten des klassischen englischen Verfassungshistorikers W. Stubbs nur ein Kommentar zu dieser Urkunde. Auch sie setzt kein neues Recht, sondern will lediglich die alten Freiheiten und Rechte des englischen Volkes bestätigen. Ebenso wurde sie von den nachfolgenden Königen immer erneut bestätigt und ist bis auf einzelne, im 19. Jahrhundert aufgehobene und durch die Zeit überholte Bestimmungen noch heute in Kraft. Sie steht daher mit Fug und Recht an der Spitze unserer Auswahl, doch wurden die zeitgebundenen, vor allem die lehnsrechtlichen Abschnitte beiseite gelassen.

Im 17. Jahrhundert, in dem sich die endgültige Auseinandersetzung des Landes mit dem Königtum vollzog, erfuhr die englische Verfassung ihre besondere Formung. In der Petition of Right hat das englische Parlament, dessen Aufspaltung in Ober- und Unterhaus bereits in die Frühzeit angelsächsischer Verfassung zurückreicht, unter Berufung auf die Magna Charta gegen die Willkür des zum Absolutismus drängenden Königtums die Bestätigung der Rechte und Freiheiten der Untertanen gefordert und von dem später hingerichteten König Karl I. erhalten. Nach der Revolution mußte König Karl II. in der umständlichen, vielfach verklausulierten Habeas-Corpus-Akte[1] (1679) das Individuum gegen jede Art von Rechtswillkür sichern.

Zehn Jahre später war das nach der Vertreibung der Stuarts durch die „Glorreiche Revolution" zur Herrschaft gelangte Königspaar, Wilhelm von Oranien und seine von den Stuarts abstammende Gemahlin Maria, gezwungen, in der Bill of Rights diese Rechtssicherungen weiter auszubauen. In der Act of Settlements (1700) wurde nicht nur die Thronfolge geregelt, sondern zugleich in weiteren verfassungsrechtlichen Bestimmungen die Parlamentsherrschaft und die Freiheiten auch einem künftigen landfremdem Königtum (Hannover) gegenüber gesichert.

Zu diesen hier ganz oder im Auszuge wiedergegebenen Gesetzen treten als Grundgesetze hinzu das Gesetz über die Vereinigung der Königreiche England und Schott-

[1] *Habeas Corpus, Du habest den Körper, Einleitungsformel mittelalterlicher Haftbefehle, jetzt richterlicher Befehl an den, der jemanden in Haft hält, den Verhafteten vor den Richter zu bringen, um die Rechtmäßigkeit der Haft festzustellen und das Strafverfahren einzuleiten.*

land (1707), über die Vereinigung von Großbritannien und Irland (1800), das Gesetz über die Emanzipation der Katholiken (1829) und vor allem die Gesetze über die Reform der Wahlen zum Unterhaus aus den Jahren 1832, 1867, 1884 und endlich 1918, durch das eigentlich erst das allgemeine Wahlrecht in England eingeführt wurde. Waren bis 1832 König, Oberhaus und Unterhaus die gleichberechtigten Träger der Verfassung, so regiert heute das Volk, das das Unterhaus wählt. Wurde die Regierung einst von Beauftragten des Königs geführt, die des Vertrauens des Ober- und Unterhauses bedurften, so ist das Kabinett heute zu einem Ausschuß des Parlaments geworden. König und Oberhaus sind zu bloßen Kontrollorganen herabgesunken. Diese Entwicklung findet ihren Ausdruck in dem Parlamentsgesetz von 1911, das besonders hart umkämpft wurde und eigentlich die Reform des Oberhauses einleiten sollte, die aber bis heute nicht erfolgt ist. Gerade weil das englische Verfassungsrecht nicht niedergeschrieben ist, hat es sich als elastisch genug erwiesen, auch solche umstürzenden Verfassungsänderungen auf friedlichem Wege, fast unmerklich durchzuführen.

Den Abschluß unserer Auswahl bildet das Westminsterstatut von 1931, gleichsam die Verfassungsurkunde des Britischen Weltreichs, in der umständlichen und wenig einprägsamen Form englischer Gesetze das Grundgesetz des größten Staatenbundes, der je in der Welt bestanden hat[1].

Texte: W. Stubbs, „Select Charters and other illustrations of english constitutional history", 8. ed. (1900, Nr. 1—5). G. B. Adam u. H. M. Stephens, „Select document of english history" (1902). E. M. Violette, „English constitutional documents since 1832" (1936). O. Dykes, „Source book of constitutional history from 1660" (1930). J. Hatschek, „Das Staatsrecht der Vereinigten Königreiche Großbritannien und Irland" (1914, Nr. 6). Druck des Westminsterstatuts in „Zeitschrift f. ausländisches öff. Recht u. Völkerrecht", III, 2 (1935), S. 286—289.

Schrifttum: W. Stubbs, „The constitutional history of England", 3 Bde. 6. ed. 1874—1878. Französische Übersetzung von Ch. Petit-Dutaillis et G. Lefebvre (1907—1927). Keir and Joliffe, „The constitutional history of England", 2 Bde. (1937). W. Dibelius, „England", 5. Aufl. (1929). W. J. Jennings, „Die britische Verfassung" (1947). Mac Kechnie, „Magna Charta, A Commentary" (1914).

[1] *Hingewiesen sei darauf, daß im Unterschied zum Mutterland die britischen Dominien geschriebene Verfassungen besitzen.*

1. MAGNA CHARTA LIBERATIS

15. Juni 1215

Johannes dei gratia rex Angliae . . . archiepiscopis, episcopis, abbatibus, comitibus, baronibus, iusticiariis, forestariis, vicecomitibus, praepositis, ministris et omnibus ballivis et fidelibus suis salutem. Sciatis nos intuitu Dei et pro salute animae nostrae et omnium antecessorum et haeredum nostrorum, ad honorem Dei et exaltationem sanctae ecclesiae et emendationem regni nostri, per consilium venerabilium patrum nostrorum (. . .) et nobilium virorum (. . .) et laiorum fidelium nostrorum:

1. In Primis concessisse Deo et hac praesenti carta nostra confirmasse pro nobis et haeredibus nostris in perpetuum, quod Anglicana ecclesia libera sit et habeat iura sua integra et libertates suas illaesas; et ita volumus observari; quod apparet ex eo, quod libertatem electionum, quae maxima et magis necessaria reputatur ecclesiae Anglicanae, mera et spontanea voluntate, ante discordiam inter nos et barones nostros motam, concessimus et carta nostra confirmavimus, et eam optinuimus a domino papa Innocentio tertio confirmari; quam et nos observabimus et ab haeredibus nostris in perpetuum bona fide volumus observari. Concessimus etiam omnibus liberis hominibus regni nostri, pro nobis et haeredibus nostris in perpetuum, omnes libertates subscriptas, habendas et tenendas, eis et haeredibus suis, de nobis et haeredibus nostris.

12. Nullum scutagium vel auxilium ponatur in regno nostro nisi per commune consilium regni nostri, nisi ad corpus nostrum redimendum, et primogenitum filium nostrum militem faciendum, et ad filiam nostram primogenitam semel maritandam, et ad haec non fiat nisi rationabile auxilium: simili modo fiat de auxiliis de civitate Londoniarum.

13. Et civitas Londoniarum habeat omnes antiquas libertates et liberas consuetudines suas, tam per terras quam per aquas. Praeterea volumus et concedimus. quod omnes aliae civitates et burgi et villae et portus habeant omnes libertates et liberas consuetudines suas.

14. Et ad habendum commune consilium regni de auxilio assidendo aliter quam in tribus casibus praedictis vel de scutagio assidendo, summoneri faciemus archiepiscopos, episcopos, abbates, comites et maiores barones sigillatim per litteras nostras; et praeterea faciemus summoneri in generali per vicecomites et ballivos nostros omnes illos qui de nobis tenent in capite; ad certum diem, scilicet ad terminum 40 dierum ad minus, et ad certum locum; et in omnibus litteris illius

1. DER GROSSE FREIBRIEF

15. Juni 1215

Johann, von Gottes Gnaden König von England . . . den Erzbischöfen, Bischöfen, Äbten, Grafen, Freiherrn, Richtern, Förstern, Vizegrafen, Pröpsten, Dienern und allen Amtleuten und allen seinen Getreuen Heil. Ihr sollt wissen, daß Wir auf Eingebung Gottes und zum Heile Unserer Seele und der aller Unserer Vorgänger und Unserer Erben, zur Ehre Gottes und zur Erhöhung der heiligen Kirche und zur Mehrung Unseres Königreiches auf den Rat Unserer ehrwürdigen Väter (2 Erzbischöfe, 7 Bischöfe, 2 Geistliche) und der edlen Männer (3 Grafen, 12 Edle) und anderer Unserer Getreuen

1. Gott zugestanden und durch diese Unsere vorliegende Urkunde für Uns und Unsere Erben in Ewigkeit bestätigt haben, daß die englische Kirche frei sei und ihre Rechte unversehrt, ihre Freiheiten unverletzt habe. Und so wollen Wir, daß dies beachtet werde. Das folgt daraus, daß Wir die Freiheit der Wahlen, die der englischen Kirche für ganz besonders nützlich erachtet wird, aus lauterem und freiem Willen, bevor die Zwietracht zwischen Uns und Unseren Edlen entstanden war, zugestanden und durch diese Urkunde bestätigt haben und erlangt haben, daß sie durch Papst Innocenz III. bestätigt wird. Wir werden sie beachten und wollen, daß sie von Unseren Erben in Ewigkeit guten Glaubens beachtet wird. Wir haben auch allen freien Menschen Unseres Königreiches für Uns und Unsere Erben in Ewigkeit zugestanden, daß alle nachstehend aufgeführten Freiheiten ihnen und ihren Erben von Uns und Unseren Erben zu halten und zu wahren sind.

2.—11. Lehns- und schuldrechtliche Bestimmungen.

12. Eine Umlage oder Beihilfe soll in Unserem Königreich nur durch den allgemeinen Reichstag Unseres Königreiches auferlegt werden außer als Lösegeld Unseres Körpers oder um Unseren erstgeborenen Sohn zum Ritter zu machen oder um Unsere erstgeborene Tochter einmal zu verheiraten. Und hierfür soll nur eine angemessene Beihilfe geschehen. Auf entsprechende Weise soll auch von der Stadt London die Beihilfe geschehen.

13. Und die Stadt London soll alle alten Freiheiten und ihre freien Bräuche zu Wasser wie zu Lande behalten. Außerdem wollen Wir und gestehen zu, daß alle anderen Städte, Burgen, Dörfer und Häfen alle ihre Freiheiten und freien Bräuche behalten.

14. Um einen allgemeinen Reichstag Unseres Königreiches zu halten, der eine Beihilfe in anderen als den drei vorgenannten Fällen bewilligen oder eine Umlage bewilligen soll, werden wir die Erzbischöfe, Bischöfe, Äbte, Grafen und größeren Herren durch Unsere versiegelten Briefe entbieten lassen. Und außerdem werden Wir durch Unsere Landrichter und Amtsleute alle die, die von Uns unmittelbar abhängig sind, im allgemeinen entbieten lassen an einen bestimmten Tag und binnen einer Frist von mindestens 40 Tagen und an einem bestimmten Ort. Und Wir werden

summonitionis causam summonitionis exprimemus; et sic facta summonitione negotium ad diem assignatum procedat secundum consilium illorum, qui praesentes fuerint, quamvis non omnes summoniti venerint.

15. Nos non concedemus de cetero alicui, quod capiat auxilium de liberis hominibus suis, nisi ad corpus suum redimendum et ad faciendum primogenitum filium suum militem et ad primogenitam filiam suam semel maritandam et ad haec non fiat nisi rationabile auxilium.

16. Nullus distringatur ad faciendum maius servitium de feodo militis nec de alio libero tenemento, quam inde debetur.

17. Communia placita non sequantur curiam nostram, sed teneantur in aliquo loco certo.

20. Liber homo non amercietur pro parvo delictu nisi secundum modum delicti; et pro magno delicto amercietur secundum magnitudinem delicti, salvo contenemento suo; et mercator eodem modo salva mercandisa sua, et villanus eodem modo amercietur salvo wainnagio suo, si inciderint in misericordiam nostram; et nulla praedictarum misericordiarum ponatur, nisi per sacramentum proborum hominum de visneto.

21. Comites et barones non amercientur nisi per pares suos et non nisi secundum modum delicti.

38. Nullus ballivus ponat de cetero aliquem ad legem simplici loquela sua, sine testibus fidelibus ad hoc inductis.

39. Nullus liber homo capiatur vel imprisonetur aut dissaisiatur aut utlagetur aut exuletur aut aliquo modo destruatur, nec super eum ibimus nec super eum mittemus, nisi per legale judicium parium suorum vel per legem terrae.

40. Nulli vendemus, nulli negabimus aut differemus rectum aut iustitiam.

45. Nos non faciemus iusticiarios, constabularios, vicecomites vel ballivos nisi de talibus, qui sciant legem regni et eam bene velint observare.

60. Omnes autem istas consuetudines praedictas et libertates, quas nos concessimus in regno nostro tenendas, quantum ad nos pertinet erga nostros, omnes de regno nostro, tam clerici quam laici, observent, quantum ad se pertinet erga suos [. . .].

Quare volumus et firmiter praecipimus, quod Anglicana ecclesia libera sit et quod homines in regno nostro habeant et teneant omnes praefatas libertates, iura et concessiones, bene et in pace, libere et quiete plene et integre, sibi et haeredibus suis de

in allen Aufgebotsbriefen den Grund des Aufgebots angeben. Und nachdem das Aufgebot so geschehen ist, wird an dem bezeichneten Tag die Verhandlung nach dem Rat derer, die anwesend sein werden, vor sich gehen, auch wenn nicht alle Aufgebotenen gekommen sind.

15. Wir gestehen nicht zu, daß irgendein anderer eine Beihilfe von seinen freien Untertanen nehme außer als Lösegeld seines Körpers oder um seinen erstgeborenen Sohn zum Ritter zu machen oder um seine erstgeborene Tochter einmal zu verheiraten. Und hierfür soll nur eine angemessene Beihilfe geschehen.

16. Niemand soll gezwungen werden, von seinem Ritterlehen oder einem anderen freien Lehngut eine größere Abgabe zu leisten, als er seither schuldig war.

17. Gewöhnliche Gerichtstage sollen nicht an Unseren Hof gezogen werden, sondern an irgendeinem bestimmten Orte abgehalten werden.

20. Ein freier Mann soll für ein geringes Vergehen nur entsprechend der Art des Vergehens mit einer Geldstrafe belegt werden. Für ein großes Vergehen soll er entsprechend der Größe des Vergehens, doch vorbehaltlich seines Lebensunterhaltes, mit einer Geldstrafe belegt werden. Ein Kaufmann soll auf die gleiche Weise vorbehaltlich seines Warenlagers und ein Bauer soll auf die gleiche Weise vorbehaltlich seines Inventars mit einer Geldstrafe belegt werden, wenn sie Unserer Strafe verfallen sind. Und keine der vorgenannten Strafen soll auferlegt werden, es sei denn durch den Eid rechtschaffener Männer der Nachbarschaft.

21. Grafen und Herren sollen nur durch ihresgleichen mit Geldstrafen belegt werden und nur nach Art ihres Vergehens.

22.—37. *Wirtschaftsrechtliche Bestimmungen.*

38. Kein Amtmann soll fortan jemanden vor Gericht auf seine einfache Anklage hin stellen, ohne daß er durch glaubwürdige Zeugen überführt ist.

39. Kein freier Mensch soll ergriffen, gefangengelegt, aus seinem Besitz vertrieben, heimatlos gemacht, geächtet oder auf eine andere Weise zugrunde gerichtet werden und Wir werden über ihn nicht gehen noch über ihn schicken außer durch rechtmäßiges Urteil seiner Standesgenossen oder nach Landrecht.

40. Wir werden keinem Recht und Gerechtigkeit verkaufen, verweigern oder verzögern.

45. Wir werden zu Richtern, Vögten, Landrichtern und Amtsleuten nur solche ernennen, die das Gesetz des Königreiches kennen und es gut beachten wollen.

60. Alle diese vorgenannten Bräuche und Freiheiten, die Wir in Unserem Königreich, soviel an Uns liegt, den Unseren zu halten zugestanden haben, sollen alle in Unserem Königreich, Geistliche wie Weltliche, soviel an ihnen liegt, den Ihren halten.

So wollen Wir und verordnen fest, daß die englische Kirche frei sei, und daß den Menschen in Unserem Königreich die vorgenannten Freiheiten, Rechte und Zugeständnisse wohl und in Frieden, frei und ruhig, voll und unversehrt für sich und

nobis et haeredibus nostris in omnibus rebus et locos in perpetuum, sicut praedictum est. Iuratum est autem tam ex parte nostra quam ex parte baronum, quod haec omnia supradicta bona fide et sine malo ingenio observabuntur. Testibus supradictis et multis aliis. Data per manum nostram in prato quod vocatur Runingmede inter Windelesorum et Stanes, 15. die Junii anno regni nostri 17.

2. PETITION OF RIGHT

1628

The Petition exhibited to his Majesty by the Lords Spiritual and Temporal, and Commons, in this present Parliament assembled, concerning divers Rigths and Liberties of the Subjects, with the King's Majesty's royal answer thereunto in full Parliament.

To the King's Excellent Majesty,

1. Humbly show unto our Sovereign Lord the King, the Lords Spiritual and Temporal, and Commons in Parliament assembled, that whereas it is declared and enacted by a statute made in the time of the reign of King Edward I., commonly called Statutum de Tallagio non Concedendo, that no tallage or aid shall be laid or levied by the king or his heirs in this realm, without the good will and assent of the archbishops, bishops, earls, barons, knights, burgesses, and other the freemen of the commonalty of this realm; and by authority of Parliament holden in the 25th year of the reign of King Edward III., it is declared and enacted, that from thenceforth no person should be compelled to make any loans to the king against his will, because such loans were against reason and the franchise of the land; and by other laws of this realm it is provided, that none should be charged by any charge or imposition called a benevolence, nor by such like charge; by which statutes before mentioned, and other the good laws and statutes of this realm, your subjects have inherited this freedom, that they should not be compelled to contribute to any tax, tallage, aid, or other like charge not set by common consent, in Parliament.

2. Yet nevertheless of late divers commissions directed to sundry commissioners in several counties, with instructions, have issued; by means whereof your people have been in divers places assembled, and required to lend certain sums of money unto your Majesty, and many of them, upon their refusal so to do, have had an oath administered unto them not warrantable by the laws or statutes of this realm,

ihre Erben von Uns und Unseren Erben in allen Dingen und Orten in Ewigkeit, wie vorgeschrieben ist, gehalten und bewahrt werden. Es ist so von Unserer Seite und von seiten der Herren beschworen, daß Wir alles Vorgenannte guten Glaubens und ohne Hintergedanken bewahren werden. In Anwesenheit der vorgenannten und vieler anderer Zeugen. Gegeben durch Unsere Hand auf der Wiese Runingmede zwischen Windsor und Stanes am 15. Juni, im 17. Jahre Unseres Königtums.

2. GESUCH UM GERECHTIGKEIT

1628

Ein Gesuch, E. M. im gegenwärtigen Parlament durch die geistlichen und weltlichen Lords und die Gemeinen vorgetragen, verschiedene Rechte und Freiheiten der Untertanen betreffend, und des Königs Majestät königliche Antwort darauf in vollzähligem Parlament.

Des Königs höchster Majestät!

1. Unserem obersten Herrn dem König bringen die geistlichen und weltlichen Lords und die Gemeinen, im Parlament versammelt, untertänigst vor: Es ist durch ein Statut, das unter der Herrschaft des Königs Eduard I. erlassen und gemeinhin „Statutum de tallagio non concedendo[1] genannt wird, erklärt und verfügt worden, daß von da an keine Steuer oder Beihilfe durch den König oder seine Erben in diesem Reiche ohne das Einverständnis und die Zustimmung der Erzbischöfe, Bischöfe, Grafen, Herren, Ritter, Bürger und anderer freier Männer der Gesamtheit dieses Reiches auferlegt oder erhoben werden soll; und durch Beschluß des Parlaments, das im 25. Regierungsjahre König Eduards III.[2] gehalten wurde, ist erklärt und verfügt worden, daß von da ab niemand gehalten sein soll, gegen seinen Willen irgendwelche Anleihen dem Könige zu geben, weil solche Anleihen der Vernunft und den Freiheiten des Landes entgegen wären; und durch andere Gesetze dieses Reiches ist ausbedungen worden, daß niemand mit einer Abgabe oder Steuer, die Bete heißt, noch durch eine entsprechende Abgabe belastet werden soll; durch diese vorerwähnten Statuten und andere gute Gesetze und Statuten dieses Reiches haben Eure Untertanen diese Freiheit ererbt, daß sie nicht gezwungen werden können zu irgendeiner Auflage, Steuer, Beihilfe oder einer anderen entsprechenden Abgabe beizutragen, die nicht durch allgemeine Zustimmung im Parlament festgesetzt ist.

2. Obwohl kürzlich verschiedene Vollmachten einzelnen Kommissaren in mehreren Grafschaften mit Weisungen gegeben wurden, auf Grund deren Euer Volk an verschiedenen Orten versammelt und ersucht wurde, bestimmte Geldsummen E. M. zu leihen, ist manchen von ihnen auf ihre Weigerung hin entgegen den Gesetzen und Statuten dieses Reiches ein Eid abgenommen und die Verpflichtung auferlegt worden,

[1] *1297. (Stubbs 497 f.) Statut über die nicht zu leistende Steuer.*

[2] *Eduard III. (1327—1377) mußte wegen der vielen Kriege in Schottland und Frankreich dem Parlament um der Geldbewilligungen willen viele Zugeständnisse machen.*

and have been constrained to become bound and make appearance and give utterance before your Privy Council and in other places, and others of them have been therefore imprisoned, confined, and sundry other ways molested und disquieted; and divers other charges have been laid and levied upon your people in several counties by lord lieutenants, deputy lieutenants, commissioners for musters, justices of peace and others, by command or direction from your Majesty, or your Privy Council, against the laws und free customs of the realm.

3. And whereas also by the statute called "The great Charter of the liberties of England", it is declared and enacted, that no freeman may be taken or imprisoned or be disseised of his freehold or liberties, or his free customs, or be outlawed or exiled, or in any manner destroyed, but by the lawful judgment of his peers, or by the law of the land.

4. And in the 28th year of the reign of King Edward III., it was declared and enacted by authority of Parliament, that no man, of what estate or condition that he be should be put out of his land or tenements, nor taken, nor imprisoned, nor disherited, nor put to death without being brought to answer by due process of law.

5. Nevertheless, against the tenor of the said statutes, and other the good laws and statutes of your realm to that end provided, divers of your subjects have of late been imprisoned without any cause showed; and when for their deliverance they were brought before your justices by your Majesty's writs of Habeas corpus, there to undergo and receive as the court should order, and their keepers commanded to certify the causes of their detainer, no cause was certified, but that they were detained by your Majesty's special command, signified by the lords of your Privy Council, and yet were returned back to several prisons, without being charged with anything to which they might take answer according to the law.

6. And whereas of late great companies of soldiers and mariners have been dispersed into divers counties of the realm, and the inhabitants against their wills have been compelled to receive them into their houses, and there to suffer them to sojourn against the laws and customs of this realm, and to the great grievance and vexation of the people.

7. And whereas also by authority of Parliament, in the 25th year of the reign of King Edward III., it is declared and enacted, that no man shall be forejudged of life or limb against the form of the Great Charter and the law of the land; and by the said Great Charter and other the laws and statutes of this your realm, no man

vor Eurem Geheimen Rat oder an anderen Orten zu erscheinen und Rede zu stehen. Andere von ihnen sind daraufhin verhaftet, eingesperrt und auf mannigfache andere Weise belästigt und beunruhigt worden. Und verschiedene andere Lasten sind von Euren Untertanen in einigen Grafschaften durch Lordleutnants[1], stellvertretende Lordleutnants, Musterungskommissare, Friedensrichter und andere auf Befehl oder Anordnung E. M. oder Eures Geheimen Rates gegen die Gesetze und Freiheiten des Reiches auferlegt und erhoben worden.

3. Und obwohl durch das Statut, das „Der große Freibrief von England"[2] genannt wird, erklärt und verfügt ist, daß kein Freier ergriffen oder verhaftet oder von seinem freien Besitz, seiner Freiheit und seinen besonderen Gewohnheiten vertrieben oder außerhalb des Gesetzes gestellt und verbannt oder in irgendeiner Weise gestört werden soll außer durch das rechtmäßige Urteil seiner Standesgenossen oder durch das Gesetz des Landes.

4. Und obwohl im 28. Jahr der Regierung König Eduards III. durch die Autorität des Parlaments erklärt und verfügt worden ist, daß kein Mann, wes Standes und Ranges er sei, von Haus und Hof vertrieben, ergriffen und verhaftet, enterbt oder zu Tode gebracht werden soll, ohne sich in einem rechtmäßigen Verfahren verantworten zu können, sind

5. trotzdem entgegen dem Wortlaut der genannten Statuten und anderer zu diesem Zweck geschaffener guter Gesetze und Statuten Eures Reiches verschiedene Eurer Untertanen kürzlich ohne ersichtliche Ursache verhaftet worden. Und als sie für ihre Freilassung entsprechend E. M. Habeas Corpus-Erlasse[3] vor Eure Richter gebracht wurden, um zu erdulden und entgegenzunehmen, was der Gerichtshof festsetzen würde, und ihren Hütern befohlen wurde, die Ursachen ihrer Verhaftung mitzuteilen, wurde kein anderer Grund angegeben, als daß sie auf E. M. besonderen Befehl, gezeichnet durch die Herren Eures Geheimen Rates, verhaftet wären. Und sie wurden zu den verschiedenen Gefängnissen zurückgebracht, ohne daß gegen sie eine Anklage erhoben worden wäre, gegen die sie sich entsprechend den Gesetzen verantworten konnten.

6. Kürzlich wurden große Einheiten von Soldaten und Matrosen in die verschiedenen Grafschaften des Reiches verteilt und die Einwohner gegen ihren Willen gezwungen, sie in ihre Häuser aufzunehmen und ihnen gegen die Gesetze und Gewohnheiten des Reiches Unterhalt zu gewähren, zur großen Beschwerde und Bedrückung des Volkes.

7. Durch die Autorität des Parlaments ist im 25. Jahre der Regierung des Königs Eduard III. erklärt und verfügt worden, daß niemand entgegen den Bestimmungen der Magna Charta und der Gesetze des Landes an Leib und Leben verurteilt werden soll. Und kraft der genannten Magna Charta und anderer Gesetze und Statuten

1 *Kommandant des kgl. Heerbannes in der Grafschaft.*
2 *Vgl. oben Nr. 1.*
3 *Vgl. unten Nr. 3.*

ought to be adjudged to death but by the laws established in this your realm. either by the customs of the same realm, or by acts of parliament; and whereas no offender of what kind soever is exempted from the proceedings to be used, and punishments to be inflected by the laws and statutes of this your realm; nevertheless of late time divers commissions under your Majesty's great seal have issued forth, by which certain persons haye been assigned and appointed commissioners with power and authority to proceed within the land, according to the justice of martial law, against such soldiers or mariners, or other dissolute persons joining with them, as should commit any murder, robberey, felony, mutiny, or other outrage or misdemeanour whatsoever, and by such summary course and order as is agreeable to martial law, and as is used in armies in time of war, to proceed to the trial and condemnation of such offenders, and them to cause to be executed and put to death according to the law martial.

8. By pretext whereof some of your Majesty's subjects have been by some of the said commissioners put to death, when and where, if by the laws and statutes of the land they had deserved death, by the same laws and statutes also they might, and by no other ought to have been judged and executed.

9. And also sundry grievous offenders, by colour thereof claiming an exemption, have escaped the punishments due to them by the laws and statutes of this your realm, by reason that divers of your officers and ministers of justice have unjustly refused or forborne to proceed against such offenders according to the same laws and statutes, upon pretence that the said offenders were punishable only by martial law, and by authority of such commissions as aforesaid. which commissions, and all other of like nature, are wholly und directly contrary to the said laws and statutes of this your realm.

10. They do therefore humbly pray your most excellent Majesty, that no man hereafter be compelled to make or yield any gift, loan, benevolence, tax, or such like charge without common consent by act of Parliament; and that none be called to make answer, or take such oath, or to give attendance, or be confined, or otherwise molested or disquieted concerning the same or for refusal thereof; and that no freeman, in any such manner as is before mentioned, be imprisoned or detained; and that your Majesty would be pleased to remove the said soldiers and mariners, and that your people may not be burdened in time to come; and that the aforesaid commissions, for proceeding by martial law, may be revoked and annulled; and that hereafter no commissions of like nature may issue forth to any person or persons whatsoever to be executed as aforesaid, lest by colour of them

Unterbeamten, Unterkerkermeister oder Vertreter binnen drei Tagen nach der Ausstellung (ausgenommen die Verhaftung sei erfolgt wegen Verrats und Treubruchs und dies sei klar und ausdrücklich in dem Verhaftbefehl ausgedrückt) gegen Zahlung oder Bürgschaft für die Kosten des Transportes des genannten Gefangenen, die von dem Richter oder Gerichtshof, die denselben vorladen, festgesetzt und auf dem Mandat schriftlich vermerkt sind, im Betrag von nicht mehr als 12 Pence für eine Meile, und gegen Sicherheit, gegeben durch des Gefangenen eigenen Schuldschein, die Kosten der Rückführung zu tragen, wenn er durch das Gericht oder den Richter, dem er gemäß diesem Gesetz gebracht wird, zu weiterer Haft verurteilt wird [und das Versprechen], daß er nicht unterwegs einen Fluchtversuch machen wird, dies Mandat zurücksenden. Und sie sollen bringen oder veranlassen zu bringen, den Leib der so verhafteten oder eingesperrten Person zum oder vor den amtierenden Lordkanzler oder Großsiegelbewahrer von England oder die Richter oder Barone des genannten Gerichts, von dem das Mandat ausgegangen ist, oder zu und vor andere Personen, denen das Mandat entsprechend dem darin enthaltenen Befehl wieder vorgelegt werden muß. Und er soll dann in gleicher Weise die wahren Ursachen des Gewahrsams oder der Haft bezeugen, es sei denn, daß die Haft der genannten Personen sich in einer größeren Entfernung als 20 Meilen von dem Platz oder den Plätzen befindet, in denen das Gericht oder die betreffende Person wohnt. Und wenn es weiter als 20 Meilen, aber nicht über 100 Meilen entfernt ist, dann soll es im Zeitraum von 10 Tagen geschehen und, wenn es über 100 Meilen entfernt ist, dann im Zeitraum von 20 Tagen nach der oben bezeichneten Zustellung, und nicht später.

In den weiteren 20 Artikeln des ausführlichen und umständlichen Gesetzes wird bestimmt, wie ein Gefangener innerhalb der Gerichtsferien durch den Lordkanzler oder Lordsiegelbewahrer und andere Richter ein Habeas-Corpus-Mandat erlangen kann, welche Strafen auf die Nichtbefolgung eines solchen Mandates stehen. Das Gesetz trifft nicht zu auf Personen, die sich in Schuldhaft befinden. Niemand soll ohne ein Habeas-Corpus in ein anderes Gefängnis oder in Gefängnisse außerhalb Englands gebracht werden. Niemand soll seinen gesetzlichen Richtern entzogen werden.

4. DIE BILL OF RIGHTS

23. Oktober 1689

Die geistlichen und weltlichen Lords und die Gemeinen, die zu Westminster in rechtmäßiger, vollzähliger und freier Vertretung aller Stände des Volkes dieses Reiches versammelt sind, haben am 13. Februar im Jahre unseres Herrn 1688 in Gegenwart Ihrer Majestäten, berufen und bekannt unter dem Titel Wilhelm und Maria, Prinz und Prinzessin von Oranien und in eigener Person anwesend, eine bestimmte schriftliche Erklärung, aufgestellt durch die genannten Lords und Gemeinen, in folgenden Worten gegeben:

Der frühere König Jacob II. hat mit Hilfe von ihm angestellter böser Ratgeber, Richter und Diener versucht, die protestantische Religion und die Gesetze und Freiheiten dieses Königreiches zu unterdrücken: *(Es folgen 12 Klagen des Parlaments*

All which are utterly and directly contrary to the known laws and statutes, and freedom of this realm.

And whereas the said late King James II. having abdicated the government, and the throne being thereby vacant, his Highness the Prince of Orange (whom it hath pleased Almighty God to make the glorious instrument of delivering this kingdom from popery and arbitrary power) did (by the advice of the Lords Spiritual and Temporal, and diverse principal persons of the Commons) cause letters to be written to the Lords Spiritual and Temporal, being Protestants, and other letters to the several counties, cities, universities, boroughs, and cinque ports, for the choosing of such persons as represent them, as were of right to be sent to Parliament, to meet and sit at Westminster upon the 22th day of January, in this year 1688, in order to such an establishment, as that their religion, laws and liberties might not again be in danger of being subverted; upon which letters, elections have been accordingly made.

I. And thereupon the said Lords Spiritual and Temporal, and Commons, pursuant to their respective letters and elections, being now assembled in a full and free representation of this nation, taking into their most serious consideration the best means for attaining the ends aforesaid, do in the first place (as their ancestors in like case have usually done), for the vindicating and asserting their ancient rights and liberties, declare:

1. That the pretended power of suspending of laws, or the execution of laws, by regal authority, without consent of parliament, is illegal.

2. That the pretended power of dispensing with laws, or the execution of laws by regal authority, as it hath been assumed and exercised of late, is illegal.

3. That the commission for erecting the late Court of Commissioners for Ecclesiastical causes, and all other commissions and courts of like nature, are illegal und pernicious.

4. That levying money for or to the use of the Crown, by pretence of prerogative, without grant of parliament, for longer time or in other manner than the same is or shall be granted, is illegal.

5. That it is the right of the subjects to petition the king, and all commitments and prosecutions for such petitioning are illegal.

6. That the raising or keeping a standing army within the kingdom in time of peace, unless it be with consent of parliament, is against law.

7. That the subjects which are Protestants may have arms for their defence suitable to their conditions, and as allowed by law.

8. That election of members of parliament ought to be free.

gegen seine Regierung, die mit den Feststellungen unter 1—4 und 6—13 fast wörtlich übereinstimmen.) All das ist ganz und gar im Widerspruch zu den bekannten Gesetzen und Statuten und Freiheiten dieses Reiches.

Und da der frühere König Jacob II. der Regierung entsagt hat und der Thron dadurch frei geworden ist, haben Seine Hoheit der Prinz von Oranien (den es dem Allmächtigen Gott gefallen hat, zum ruhmreichen Werkzeug der Befreiung dieses Königreiches vom Papismus und willkürlichen Regiment zu machen), befohlen (mit Rat der geistlichen und weltlichen Lords und einiger führender Mitglieder des Unterhauses), daß Ladungen an die protestantischen geistlichen und weltlichen Lords herausgingen und andere Ladungen an einige Grafschaften, Städte, Universitäten, Flecken und die fünf Häfen geschrieben wurden, damit sie solche Männer als ihre Vertreter wählten, die von Rechts wegen zum Parlament gesandt werden sollten, um zu Westminster am 22. Januar dieses Jahres 1688 zusammenzutreten und eine solche Ordnung zu treffen, daß ihre Religion, Gesetze und Freiheiten nicht wieder in die Gefahr der Unterdrückung kommen könnten. Auf Grund dieser Ladungen wurden die Wahlen gebührlich abgehalten.

I. Darauf haben sich die geistlichen und weltlichen Lords und die Gemeinen auf Grund dieser Ladungen und Wahlen heute in einer vollzähligen und freien Vertretung der Nation versammelt und aufs sorgsamste die besten Maßregeln zur Erlangung des vorgenannten Zieles in ernste Erwägung genommen. Sie erklären daher zuerst (so, wie es ihre Vorfahren im gleichen Falle gewöhnlich getan haben) zur Sicherung und Wahrung ihrer alten Rechte und Freiheiten:

1. Die angemaßte Macht, durch königliche Autorität ohne Zustimmung des Parlaments Gesetze oder die Ausführung von Gesetzen auszusetzen, ist ungesetzlich.

2. Die angemaßte Macht, durch königliche Autorität Gesetze oder die Ausführung von Gesetzen aufzuheben, wie sie in der Vergangenheit angemaßt und ausgeübt wurde, ist ungesetzlich.

3. Die Bestallung für die Errichtung des früheren Gerichtshofes der Kommissare für kirchliche Angelegenheiten und alle anderen Bestallungen und Gerichtshöfe gleicher Art sind ungesetzlich und verderblich.

4. Die Erhebung von Geld für den Gebrauch der Krone unter dem Vorwand [königlichen] Vorrechts ohne Bewilligung des Parlaments für längere Zeit und in anderer Weise, als sie bewilligt ist oder wird, ist ungesetzlich.

5. Es ist das Recht der Untertanen, an den König Gesuche zu richten. Alle Verhaftungen und Verfolgungen um solcher Petitionen willen sind ungesetzlich.

6. Das Aufstellen und Halten einer stehenden Armee im Königreich in Friedenszeiten, außer mit Zustimmung des Parlaments, ist ungesetzlich.

7. Die protestantischen Untertanen können Waffen führen, wie es ihrem Stande gemäß und durch das Gesetz erlaubt ist.

8. Die Wahl der Mitglieder des Parlaments soll frei sein.

9. That the freedom of speech, and debates or proceedings in parliament, ought not be impeached or questioned in any court or place out of parliament.

10. That excessive bail ought not to be required, nor excessive fines imposed; nor cruel and unusual punishments inflicted.

11. That jurors ought to be duly impanelled and returned, and jurors which pass upon men in trials for high treason ought to be freeholders.

12. That all grants and promises of fines and forfeitures of particular persons before conviction, are illegal and void.

13. And that for redress of all grievances, and for the amending, strengthening, and preserving of the laws, parliament ought to be held frequently.

And they do claim, demand, and insist upon all and singular the premises, as their undoubted rights and liberties, and that no declarations, judgments, doings or proceedings, to the prejudice of the people in any of the said premises, ought in any wise to be drawn hereafter into consequence or example.

To which demand of their rights they are particulary encouraged by the declaration of his Highness the Prince of Orange, as being the only means for obtaining a full redress and remedy therein.

Having therefore an entire confidence that his said Higness the Prince of Orange will perfect the deliverance so far advanced by him, and will still preserve them from the violation of their rights, which they have here asserted, and from all other attempts upon their religion, rights, and liberties:

II. The said Lords Spiritual and Temporal, and Commons, assembled at Westminster, do resolve, that William and Mary, Prince and Princess of Orange, be, and be declared, King and Queen of England, France, and Ireland, and the dominions thereunto belonging [. . .].

V. And thereupon their Majesties were pleased, that the said Lords Spiritual and Temporal, and Commons, being the two Houses of Parliament, should continue to sit, and whith their Majesties' royal concurrence make effectual provision for the settlement of the religion, laws, and liberties of this kingdom, so that the same for the future might not be in danger again of being subverted; to which the said

9. Die Freiheit der Rede, der Debatten und des Verfahrens im Parlament soll nicht vor irgendeinem Gerichtshof oder einer Stelle außerhalb des Parlaments verfolgt oder untersucht werden.

10. Es sollen nicht übermäßige Bürgschaften gefordert, noch übermäßige Geldbußen auferlegt, noch grausame und ungewöhnliche Strafen verhängt werden.

11. Die Geschworenen sollen in angemessener Form verzeichnet und gewechselt werden. Geschworene, die in Verhandlungen über Hochverrat über Menschen urteilen, sollen Freisassen sein.

12. Alle Bewilligungen und Zusagen von Geldstrafen und Pfändungen einzelner Personen vor ihrer gerichtlichen Überführung sind ungesetzlich und nichtig.

13. Für die Abstellung aller Klagen und für die Besserung, Bestätigung und Bewahrung der Gesetze sollen häufig Parlamente gehalten werden.

Sie beanspruchen, fordern und bestehen auf allen und jedem der vorgenannten Punkte als ihren zweifellosen Rechten und Freiheiten. Und keinerlei Erklärungen, Urteile, Handlungen und Vorgänge, die dem Volke in einem dieser Punkte nachteilig sind, sollen in irgendeiner Weise in Zukunft als Präzedenzfall oder Beispiel dienen.

Zu dieser Forderung ihrer Rechte sind sie besonders durch die Erklärung S. H. des Prinzen von Oranien ermutigt worden, daß dies das einzige Mittel sei, um vollständige Wiederherstellung und Abhilfe zu erlangen.

Sie haben daher das volle Vertrauen, daß S. H. der Prinz von Oranien die von ihm so sehr geförderte Befreiung vollenden will und sie stets vor jeder Verletzung ihrer Rechte, die ihnen bekräftigt wurden, und vor jedem anderen Angriff auf ihre Religion, ihre Rechte und Freiheiten bewahren will.

II. Die genannten Geistlichen und weltlichen Lords und die Gemeinen, in Westminster versammelt, beschließen, daß Wilhelm und Maria, Prinz und Prinzessin von Oranien, zum König und zur Königin von England, Frankreich[1] und Irland und den Ländern, die davon abhängen, erklärt sind und bleiben.

Regelung der Nachfolge.

III. Neue Formen des Huldigungseides und des Bekenntniseides[2].

IV. Annahme der Krone durch die Majestäten.

V. Und darauf hat es Ihren Majestäten gefallen, daß die geistlichen und weltlichen Lords und die Gemeinen, die die beiden Häuser des Parlaments bilden, ihre Tagung fortsetzen und mit Ihrer Königlichen Majestät Hilfe wirksame Vorsorge treffen für die Ordnung der Religion der Gesetze und Freiheiten dieses Königreiches, damit diese in Zukunft nicht wieder in die Gefahr kommen, umgestürzt zu werden. Des-

[1] *Der beanspruchte Titel erinnert an die mittelalterlichen Kämpfe um Frankreich und wurde bis 1801 geführt.*

[2] *Der Bekenntnis- oder Suprematseid schwört jeder Autorität des Papstes über die englische Krone oder in England ab.*

Lords Spiritual and Temporal, and Commons, did agree and proceed to act accordingly.

VI. Now in pursuance of the premises, the said Lords Spiritual and Temporal, and Commons, in parliament assembled, for the ratifying, confirming, and establishing the said declaration, and the articles, clauses, matters, and things therein contained, by the force of a law made in due form by authority of parliament, do pray that it may be declared and enacted. That all and singular the rights and liberties asserted and claimed in the said declaration, are the true, ancient, and indubitable rights and liberties of the people of this kingdom, and so shall be esteemed, allowed, adjudged, deemed, and taken to be, and that all and every the particulars aforesaid shall be firmly and strictly holden and observed, as they are expressed in the said declaration; and all officers and ministers whatsoever shall serve their Majesties and their successors according to the same in all times to come.

XI. All which their Majesties are contended and pleased shall be declared, enacted, and established by authority of this present parliament, and shall stand, remain, and be the law of this realm for ever; and the same are by their said Majesties, by and with the advice and consent of the Lords Spiritual and Temporal, and Commons, in parliament assembled, and by the authority of the same, declared, enacted, or established accordingly.

XII. And be it further declared and enacted by the authority aforesaid. That from and after this present session of parliament, no dispensation by non obstante of or to any statute, or any part thereof, shall be allowed, but that the same shall be held void and of no effect, except a dispensation be allowed of in such statute, and except in such cases as shall be specially provided for by one or more bill or bills to be passed during this present session of parliament.

XIII. Provided that no charter, or grant, or pardon granted before the 23th day of October, in the year of our Lord 1689, shall be any ways impeached or invalidated by this act, but that the same shall be and remain of the same force and effect in law, and no other, than as if this act had never been made.

wegen haben die geistlichen und weltlichen Lords und die Gemeinen ihr Einverständnis und ihren Willen bekundet, entsprechend zu handeln.

VI. Als Folge des Vorangegangenen bitten die im Parlament versammelten geistlichen und weltlichen Lords und die Gemeinen diese Deklaration und die in ihr enthaltenen Artikel, Klauseln, Punkte und Sachen kraft eines in ordnungsgemäßer Form durch Autorität des Parlaments gemachten Gesetzes zu bestätigen, zu bekräftigen und festzustellen, daß erklärt und verfügt werden möchte: Daß alle und jede in dieser Erklärung geforderten und beanspruchten Rechte und Freiheiten wahre, alte und zweifellose Rechte und Freiheiten des Volkes dieses Königreiches sind, und als solche hochgehalten, gebilligt, zuerkannt, geachtet und begriffen werden sollen, und daß alle und jede Einzelpunkte fest und genau gehalten und bewahrt werden sollen, wie sie in dieser Erklärung ausgedrückt sind. Und alle Beamten und Minister sollen Ihren Majestäten und deren Nachfolgern zu allen Zeiten in Übereinstimmung mit dieser Erklärung dienen.

VII. Anerkennung der Rechte Wilhelms und Marias an der Krone Englands.

VIII. Festsetzung der Thronfolgeordnung.

IX. Ausschluß aller Glieder der kgl. Familie von der Thronfolge, die sich selbst oder deren Gatten sich zum Katholizismus bekennen.

X. Verpflichtung jedes Herrschers am Tage der Krönung, die Akte, die Katholiken von beiden Häusern des Parlaments ausschließt, zu bekräftigen.

XI. All das hat Ihren Majestäten beliebt und gefallen, durch die Autorität des gegenwärtigen Parlaments zu erklären, zu verfügen und festzusetzen, damit es als Gesetz dieses Reichs für immer bestehe und bleibe. Und dasselbe ist durch Ihre Majestäten, durch und mit Rat und Zustimmung der im Parlament versammelten geistlichen und weltlichen Lords und der Gemeinen und durch die Autorität derselben, entsprechend erklärt, verfügt und festgesetzt worden.

XII. Und weiterhin ist durch deren Autorität erklärt und verfügt worden, daß von und nach der jetzigen Tagung des Parlaments keine Dispensation „Non obstante" von irgendeinem Statut oder einem Teil von ihm erlaubt ist, ausgenommen solche Fälle, die durch ein oder mehrere Gesetze, die während der jetzigen Tagung des Parlaments angenommen wurden, besonders bestimmt sind.

XIII. Es wird bestimmt, daß vor dem 23. Oktober 1689 bewilligte Urkunden, Verleihungen und Gnaden durch dies Gesetz in keiner Weise bestritten oder außer Kraft gesetzt werden sollen, sie sollen vielmehr von Rechts wegen in gleicher Kraft und Wirksamkeit bleiben, nicht anders als wenn dies Gesetz nicht gemacht worden wäre.

5. THE ACT OF SETTLEMENT

1700

An act for the further limitation of the crown, and better securing the rights and liberties of the subject.

III. And whereas it is requisite and necessary that some further provision be made of securing our religion, laws and liberties, from and after the death of his Majesty and the Princess Anne of Denmark, and in default of issue of the body of the said Princess, and of his Majesty respectively: Be it enacted by the King's most Excellent Majesty, by and with the advice and consent of the Lords Spiritual and Temporal, and Commons, in Parliament assembled, and by the authority of the same.

1. That whosoever shall hereafter come to the possession of this Crown, shall join in communion with the Church of England, as by law established.

2. That in case the Crown and imperial dignity of this realm shall hereafter come to any person, not being a native of this kingdom of England, this nation be not obliged to engage in any war for the defence of any dominions or territories which do not belong to the Crown of England, without the consent of Parliament.

3. That no person who shall hereafter come to the possession of this Crown, shall go out of the dominions of England, Scotland, or Ireland, without consent of Parliament.

4. That from and after the time that the further limitation by this Act shall take effect, all matters and things relating to the well governing of this kingdom, which are properly cognizable in the Privy Council by the laws and customs of this realm, shall by transacted there, and all resolutions taken thereupon shall be signed by such of the Privy Council as shall advise and consent to the same.

5. That after the said limitation shall take effect as aforesaid, no person born out of the kingdoms of England, Scotland, or Ireland, or the dominions thereunto belonging (although he be naturalised or made a denizen, except such as are born of English parents), shall be capable to be of the Privy Council, or a Member of either House of Parliament, or to enjoy any office or place of trust, either civil or military, or to have any grant of lands, tenements or hereditaments from the Crown, to himself or to any other or others in trust for him.

6. That no person who has an office or place of profit under the King, or

5. GRUNDORDNUNG
1700

Ein Gesetz für die weitere Nachfolge der Krone und die bessere Sicherung der Rechte und Freiheiten der Untertanen.

I. Festsetzung des Thronfolgerechtes der Kurfürstin Sophie von Hannover[1].

II. Ausschluß der Katholiken von der Thronfolge.

III. Und da es erforderlich und notwendig ist, weitere Vorsorge zu treffen für die Sicherung unserer Religion, Gesetze und Freiheiten für und nach dem Tode Seiner Majestät und der Prinzessin Anna von Dänemark und dem Fehlen von Leibeserben beider, der Prinzessin wie S. M., ist durch des Königs allerhöchste Majestät bei und mit Rat und Zustimmung der im Parlament versammelten geistlichen und weltlichen Lords und Gemeinen und durch die Autorität derselben verfügt worden:

1. Wer immer künftig in den Besitz dieser Krone gelangen wird, muß sich der Gemeinschaft der Kirche von England, wie sie durch Gesetz festgestellt ist, anschließen.

2. Falls Krone und kaiserliche Würde[2] dieses Reiches künftig jemandem zufällt, der nicht im Königreich England geboren ist, ist die Nation nicht verpflichtet, sich in irgendeinen Krieg für die Verteidigung eines Gebietes oder Landes, das nicht zur englischen Krone gehört, ohne Zustimmung des Parlaments einzusetzen.

3. Niemand, der künftig in den Besitz dieser Krone gelangen wird, soll die Länder England, Schottland und Irland ohne Zustimmung des Parlaments verlassen.

4. In und nach der Zeit, in der die weitere Beschränkung dieses Gesetzes wirksam wird, sollen alle Sachen und Gegenstände, die die gute Regierung dieses Königreiches betreffen, und die den Gesetzen und Bräuchen dieses Reiches nach dem Geheimen Rat eigentlich zustehen, dort verhandelt werden und alle darauf beruhenden Beschlüsse sollen mit dessen Rat und Zustimmung unterzeichnet werden.

5. Nachdem die vorerwähnte Beschränkung wirksam geworden ist, soll keine außerhalb der Königreiche England, Schottland, Irland oder der zugehörigen Länder geborene Person (auch wenn sie naturalisiert oder eingebürgert wurde, es sei denn, sie sei von englischen Eltern geboren) fähig sein, dem Geheimen Rat anzugehören, Mitglied beider Häuser des Parlaments zu sein, ein ziviles oder militärisches Amt oder eine Vertrauensstellung innezuhaben, und irgendeine Schenkung von Land, Besitz oder Erbgütern von der Krone für sich selbst, jemand anderen oder andere als Treuhänder für ihn zu empfangen.

6. Keine Person, die ein besoldetes Amt oder Stellung unter dem König hat, oder

[1] *Auf Wilhelm III. von Oranien († 1702) folgte zunächst seine Schwägerin Anna (1702—1714), nach deren kinderlosem Tode Georg I., Kurfürst von Hannover, der Sohn der Kurfürstin Sophie, einer Enkelin Jakobs I.*

[2] *Ausdruck der Gleichstellung mit dem Kaisertum.*

receives a pension from the Crown, shall be capable of serving as a Member of the House of Commons.

7. That after the said limitation shall take effect as aforesaid, Judge's Commissions be made Quamdiu se bene gesserint, and their salaries ascertained and established; but upon the Address of both Housus of Parliament it may be lawful to remove them.

8. That no pardon under the Great Seal of England be pleadable to an impeachment by the Commons in Parliament.

IV. And whereas the Laws of England are the birthright of the people thereof, and all the Kings and Queens, who shall ascend the Throne of this realm, ought to administer the Government of the same according to the said laws, and all their officers and ministers ought to serve them respectively according to the same: The said Lords Spiritual and Temporal, and Commons, do therefore further humbly pray, that all the Laws and Statutes of this realm for securing the established religion, and the rights and liberties of the people thereof, and all other Laws and Statutes of the same now in force, may be ratified and confirmed, and the same are by his Majesty, by and with the advice and consent of the Lords Spiritual and Temporal, and Commons, and by the authority of the same, ratified and confirmed accordingly.

6. PARLIAMENT ACT

1911

An act to make provision with respect to the powers of the House of Lords in relation to those of the House of Commons, and to limit the duration of Parliament.

Whereas it is expedient that provision should be made for regulating the relations between the two Houses of Parliament.

Whereas it is expedient to substitute for the House of Lords as it at present exists a Second Chamber constituted on a popular instead of hereditary basis, but such substitution cannot be immediately brought into operation:

And whereas provision will require hereafter to be made by Parliament in a measure effecting such substitution for limiting and defining the powers of the new Second Chamber, but it is expedient to make such provision as in this Act appears for restricting the existing powers of the House of Lords.

Be it therefore enacted by the King's most Excellent Majesty, by and with the advice and consent of the Lords Spiritual and Temporal, and Commons, in this present Parliament assembled, and by the authority of the same, as follows.

eine Pension von der Krone empfängt, soll imstande sein, Mitglied des Unterhauses zu sein[1].

7. Nach Wirksamwerden der vorerwähnten Beschränkung sollen richterliche Bestallungen „Quamdiu se bene gesserint"[2] erfolgen. Ihre Besoldung soll bestimmt und festgestellt werden. Nur auf Antrag beider Häuser des Parlaments soll ein Richter von Rechts wegen von seinem Amte entfernt werden.

8. Keine Begnadigung unter dem großen Siegel von England ist für einen durch das Unterhaus in Anklage Versetzten rechtsgültig.

IV. Da die Gesetze Englands die angestammten Rechte seines Volkes sind und die Könige und Königinnen, die auf den Thron dieses Reiches gelangen, die Regierung auf Grund dieser Gesetze führen und alle ihre Beamten und Diener ihnen in Übereinstimmung mit diesen dienen sollen, haben die genannten geistlichen und weltlichen Lords und die Gemeinen weiterhin ergebenst gebeten, daß alle Gesetze und Statuten dieses Reiches für die Sicherung der festgestellten Religion und die Rechte und Freiheiten dieses Volkes und alle anderen jetzt in Kraft befindlichen Gesetze und Statuten bestätigt und bekräftigt werden möchten. Und dieselben sind demgemäß durch S. M. bei und mit Rat und Zustimmung der geistlichen und weltlichen Lords und der Gemeinen und durch die Autorität derselben, bestätigt und bekräftigt worden.

6. PARLAMENTSGESETZ 1911

Ein Gesetz zur Bestimmung der Machtbefugnisse des Oberhauses gegenüber dem Unterhaus und zur Begrenzung der Dauer des Parlaments.

Da es dienlich ist, Verfügungen für die Regelung der Beziehungen zwischen beiden Häusern des Parlaments zu treffen,

und da es dienlich ist, das Oberhaus, so wie es gegenwärtig besteht, durch eine zweite Kammer zu ersetzen, die auf volksmäßiger und nicht erblicher Grundlage gebildet wird, aber eine solche Umbildung nicht sofort durchgeführt werden kann,

und da künftig, wenn das Parlament eine solche Umbildung durchführt, Verfügungen zu treffen sind, um die Machtbefugnisse der neuen zweiten Kammer zu begrenzen und zu umschreiben, scheint es richtig, durch dieses Gesetz die augenblicklichen Machtbefugnisse des Oberhauses einzuschränken.

Es wird daher durch des Königs allerhöchste Majestät und durch und mit Rat und Zustimmung der im gegenwärtigen Parlament versammelten geistlichen und weltlichen Lords und des Unterhauses und mit der Autorität derselben verkündet, was folgt:

[1] *Der 3. bis 6. Artikel sind im Laufe der Zeit außer Kraft gesetzt worden. Der 4. und 6. bereits unter der Königin Anna aufgehobene Artikel hätte vor allem die Bildung der Regierung aus dem Unterhause gehindert.*

[2] *Solange sie sich wohl verhalten.*

I. If a Money Bill, having been passed by the House of Commons, and sent up to the House of Lords at least one month before the end of the session is not passed by the House of Lords without amendment within one month after it is so sent up to that House the Bill shall, unless the House of Commons direct to the contrary be presentend to his Majesty and become an Act of Parliament on the Royal Assent being signified, notwithstanding that the House of Lords have not consented to the Bill.

A Money Bill means a Public Bill, which in the opinion of the Speaker of the House of Commons contains only provisions dealing with all or any of the following subjects, namely the imposition, repeal, remission, alteration or regulation of taxation; the imposition of the payment of debt or other financial purposes of charges on the Consolidated Fund or on money provided by Parliament, or the variation, or repeal of any such charges; supply the approbation, receipt, custody, issue or audit of accounts of any loan or the repayment thereof; or subordinate matters incidental to those subjects or any of them. In this subsection the expressions "taxation", "public money", and "Ioan" respectively do not include any taxation, money, or loan raised by local authorities or bodies for local purposes.

There shall be endorsed on every Money Bill, when it is sent up to the House of Lords and when it is presented to his Majesty for assent the certificate of the Speaker of the House of Commons signed by him that it is a Money Bill. Before giving his certificate, the Speaker shall consult, if practicable two members to be appointed from the Chairman's Panel at the beginning of each Session by the Committee of Selection.

2. If any Public Bill (other than a Money Bill or a Bill containing any provision to extend the maximum duration of Parliament beyond five years) is passed by the House of Commons in three successive sessions (whether of the same Parliament or not), and, having been sent up to the House of Lords at least one month before the end of the session is rejected by the House of Lords in each of those sessions, this Bill shall, on its rejection for the third time by the House of Lords, unless the House of Commons direct to the contrary, be presented to His Majesty and become an Act of Parliament on the Royal Assent being signified thereto, notwithstanding that the House of Lords have not consented to the Bill: Provided that this provision shall not take effect unless two years have elapsed between the date of the second reading in the first of those sessions of the Bill in the House of Commons and the date on which it passes the House of Commons in the third of those sessions.

When a bill is presented to His Majesty for assent in pursuance of the provisions

1. Wenn ein Finanzgesetz durch das Unterhaus angenommen und dem Oberhaus spätestens einen Monat vor Ende der Sitzungsperiode übersandt, von dem Oberhaus aber einen Monat, nachdem es ihm übersandt worden ist, nicht ohne Änderungen angenommen worden ist, wird das Gesetz, wenn das Unterhaus nichts Gegenteiliges beschließt, S. M. vorgelegt und wird, nach Erhalt der Königlichen Zustimmung, ein Parlamentsbeschluß, trotzdem das Oberhaus dem Gesetz nicht zugestimmt hat.

Ein Finanzgesetz ist ein öffentliches Gesetz, das nach der Meinung des Sprechers des Unterhauses allein Verfügungen über alle oder einige der folgenden Gegenstände enthält: die Auflage, die Aufhebung, die Ermäßigung, Änderung oder Regelung von Steuern, Auflagen zur Bezahlung von Schulden oder anderen finanziellen Bedürfnissen zu Lasten der Staatsschuld oder von durch das Parlament angenommenem Gelde, oder der Veränderung oder dem Erlaß solcher Lasten; es bestimmt die Verwendung, den Empfang, die Verwahrung, Ausgabe und Abrechnung irgendwelcher Anleihen oder die Rückzahlung derselben oder die zu diesen oder einigen von diesen Gegenständen gehörigen untergeordneten Sachen. In diesem Abschnitt schließen die Ausdrücke „Steuer", „öffentliche Gelder" und „Anleihe" keine durch örtliche Gewalten oder für örtliche Zwecke erhobenen Steuern, Gelder oder Anleihen ein.

Auf jedem Finanzgesetz soll, wenn es dem Oberhaus oder wenn es S. M. zur Zustimmung vorgelegt wird, die durch ihn selbst unterzeichnete Versicherung des Sprechers des Unterhauses vermerkt sein, daß es ein Finanzgesetz ist. Bevor diese Versicherung gegeben wird, soll der Sprecher zwei Mitglieder, die bei Beginn jeder Tagungsperiode durch den Wahlausschuß aus der Vorsitzer-Liste[1] bestimmt werden, befragen, ob diese Bestimmung anwendbar sei.

2. Wenn ein öffentliches Gesetz (oder wenn ein Finanzgesetz oder ein Gesetz, das eine Bestimmung enthält, das die Höchstdauer eines Parlaments über 5 Jahre ausdehnt) das Unterhaus in drei aufeinanderfolgenden Sitzungsperioden (des gleichen Parlaments oder nicht) passiert hat und dem Oberhaus spätestens einen Monat vor dem Ende der Sitzungsperiode zugesandt und durch das Oberhaus in jeder dieser Sitzungsperioden verworfen wird, dann wird das Gesetz, wenn es zum dritten Male durch das Oberhaus verworfen wurde, wenn das Unterhaus nichts Gegenteiliges beschließt, S. M. vorgelegt und wird nach Erhalt der Königlichen Zustimmung ein Parlamentsbeschluß, trotzdem das Oberhaus dem Gesetz nicht zugestimmt hat. Diese Bestimmung soll nur in Kraft treten, wenn zwei Jahre zwischen dem Zeitpunkt der zweiten Lesung in der ersten der Sitzungsperioden über dies Gesetz im Unterhaus und dem Zeitpunkt, in dem es das Unterhaus in der dritten dieser Sitzungsperioden passiert, liegen[2].

Wenn ein Gesetz S. M. zur Zustimmung infolge der Bestimmungen dieses Ab-

[1] *The Chairman's Panel, die vom Wahlausschuß aufgestellte Liste der Abgeordneten, die als Ausschußvorsitzende in Frage kommen.*

[2] *Die Frist ist neuerdings auf 1 Jahr herabgesetzt worden.*

of this section, there shall be endorsed on the Bill the certificate of the Speaker of the House of Commons signed by him that the provisions of this section have been duly complied with.

A Bill shall be deemed to be rejected by the House of Lords if it is not passed by the House of Lords either without amendment or with such amendments only as may be agreed to by both Houses.

A Bill shall be deemed to be the same Bill as a former Bill sent up to the House of Lords in the preceding session if, when it is sent up to the House of Lords, it is identical with the former Bill or contains only such alteration as are certified by the Speaker of the House of Commons to be necessary owing to the time which has elapsed since the date of the former Bill, or to represent any amendments which have been made by the House of Lords in the former Bill in the preceding session, and any amendments which are certified by the Speaker to have been made by the house of Lords in the third session and agreed to by the House of Lords and agreed to by the House of Commons shall be inserted in the Bill as presented for Royal Assent in pursuance of this section:

Provided that the House of Commons may if they think fit, on the passage of such a Bill through the House in the second or third session, suggest any further amendments without inserting the amendments in the Bill and any such suggested amendments shall be considered by the House of Lords, and, if agreed to by that House, shall be treated as amendments made by the House of Commons: but the exercise of this power by the House of Commons shall not effect the operation of this section in the event of the Bill being rejected by the House of Lords.

3. Any certificate of the Speaker of the House of Commons given under this Act shall be conclusive for all purposes and shall not be questioned in any court of law.

4. In every Bill presented to His Majesty unter the preceding provisions of this act, the words of enactment shall be as follows that is to say:

"Be it enacted by the King's most Excellent Majesty, by and with the advice and consent of the Commons in this present Parliament assembled, in accordance with the provisions of the Parliament Act 1911 and by authority of the same as follows."

Any alteration of a Bill necessary to give effect to this section shall not be deemed to be an amendment of the Bill.

5. In this Act the expression "Public Bill" does not include any Bill for confirming a provisional Order.

6. Nothing in this Act shall diminish or qualify the existing rights and privileges of the House of Commons Duration of Parliament.

7. Five Years shall be substituted for seven years as the time fixed for the maximum duration of Parliament under the Septennial act. 1715.

schnittes vorgelegt wird, dann soll auf diesem Gesetz durch den Sprecher des Unterhauses bestätigt und verzeichnet werden, daß die Bestimmungen dieses Abschnittes völlig erfüllt sind.

Ein Gesetz gilt als vom Oberhaus verworfen, wenn es das Oberhaus nicht ohne Änderungen oder doch ohne solche Änderungen, die beide Häuser des Parlaments annehmen können, passiert.

Ein Gesetz gilt als das gleiche Gesetz wie ein früheres Gesetz, das dem Oberhaus in der vorhergehenden Sitzungsperiode vorgelegt wurde, wenn es mit dem früheren Gesetz übereinstimmt oder wenn es nur solche Änderungen enthält, die der Sprecher des Unterhauses durch die seit der Zeit des früheren Gesetzes verflossene Zeit als notwendig geworden erklärt, oder wenn es Änderungen enthält, die durch das Oberhaus an dem früheren Gesetz in der vorangegangenen Sitzungsperiode vorgenommen wurden. Alle Änderungen, von denen der Sprecher bestätigt, daß sie durch das Oberhaus bei der dritten Lesung vorgenommen und durch das Unterhaus gebilligt wurden, werden dem Gesetz eingefügt, wenn es auf Grund dieses Abschnittes zur Königlichen Zustimmung vorgelegt wird.

Bestimmt wird: Wenn das Unterhaus es für richtig hält, bei der Behandlung eines solchen Gesetzes durch das Haus in der zweiten oder dritten Sitzungsperiode einige weitere Änderungen vorzunehmen, ohne diese Änderungen in das Gesetz einzufügen, dann sollen solche vorgenommenen Änderungen durch das Oberhaus beraten werden und, wenn das Haus zustimmt, behandelt werden als Änderungen, die das Unterhaus angenommen hat. Aber die Ausübung dieser Befugnis durch das Unterhaus soll nicht das in diesem Abschnitt für den Fall, daß das Oberhaus das Gesetz verwirft, vorgesehene Vergehen beeinträchtigen.

3. Eine durch den Sprecher des Unterhauses unter ein solches Gesetz gegebene Bestätigung soll für alle Zwecke ausreichen und durch keinen Gerichtshof in Frage gestellt werden können.

4. Bei jedem auf Grund der Bestimmungen dieses Gesetzes S. M. vorgelegten Gesetz sollen die Worte der Inkraftsetzung wie folgt lauten:

„Es ist in Kraft gesetzt durch des Königs allerhöchste Majestät bei und mit Rat und Zustimmung der in diesem gegenwärtigen Parlament versammelten Gemeinen in Übereinstimmung und kraft des Parlamentsgesetzes von 1911 und durch die Autorität derselben, wie folgt."

Jede notwendige Abänderung eines Gesetzes, die nötig ist, um diese Bestimmung auszuführen, gilt nicht als Änderung des Gesetzes.

5. In diesem Gesetz schließt der Ausdruck „öffentliches Gesetz" keine Gesetze ein, die eine provisorische Anordnung bestätigen.

6. Nichts in diesem Gesetz soll die Rechte und Privilegien des Unterhauses vermindern oder beschränken.

7. Fünf Jahre sollen statt der in der Septenalakte von 1715 festgelegten sieben Jahre als Höchstdauer eines Parlaments festgesetzt werden.

7. STATUTE OF WESTMINSTER

December 11. 1931

An Act to give effect to certain resolutions passed by Imperial Conferences held in the years 1926 and 1930. 11th December 1931.

Whereas the delegates of His Majesty's Governments in the United Kingdom, the Dominion of Canada, the Commonwealth of Australia, the Dominion of New Zealand, the Union of South Africa, the Irish Free State and Newfoundland, at Imperial Conferences holden at Westminster in the years of our Lord 1926 and 1930 did concur in making the declarations and resolutions set forth in the Reports of the said Conferences:

And whereas it is meet and proper to set out by way of preamble to this Act that, in as much as the Crown is the symbol of the free association of the members of the British Commonwealth of Nations and as they are united by a common allegiance to the Crown, it would be in accord with the established constitutional position of all the members of the Commonwealth in relation to one another that any alteration in the law touching the succession to the Throne or the royal Style and Titles shall hereafter require the assent as well of the Parliaments of all the Dominions as of the Parliament of the United Kingdom:

And whereas it is in accord with the established constitutional position that no law hereafter made by the Parliament of the United Kingdom shall extend to any of the said Dominions as part of the law of that Dominion otherwise than at the request and with the consent of that Dominion:

And whereas it is necessary for the ratifying, confirming and establishing of certain of the said declarations and resolutions of the said Conferences that a law be made and enacted in due form by authority of the Parliament of the United Kingdom:

And whereas the Dominion of Canada, the Commonwealth of Australia, the Dominion of New Zealand, the Union of South Africa, the Irish Free State and Newfoundland have severally requested and consented to the submission of a measure to the Parliament of the United Kingdom for making such provision with regard to the matters aforesaid as is hereafter in this Act contained:

Now, therefore, be it enacted by the King's most Excellent Majesty by and with the advice and consent of the Lords Spiritual and Temporal, and Commons, in this present Parliament assembled, and by the authority of the same, as follows:

1. in this Act the expression "Dominion" means any of the following Dominions, that is to say, the Dominion of Canada, the Commonwealth of Australia, the

7. DAS WESTMINSTERSTATUT

11. Dezember 1931

Ein Gesetz, um bestimmte Beschlüsse der Reichskonferenz der Jahre 1926 und 1930 zur Durchführung zu bringen. 11. Dezember 1931.

In Anbetracht, daß die Delegierten der Regierungen S. M. in dem Vereinigten Königreich [Großbritannien], dem Dominion von Kanada, dem Australischen Bund, dem Dominion Neuseeland, der Südafrikanischen Union, dem Irischen Freistaat und Neufundland zu Reichskonferenzen, die in Westminster in den Jahren 1926 und 1930 gehalten wurden[1], zusammentraten und Erklärungen und Entschließungen faßten, die in den Berichten dieser Konferenzen enthalten sind;

und in Anbetracht, daß, da es recht und billig ist, in einer Präambel zu diesem Gesetz festzustellen, daß die Krone das Symbol der freien Vereinigung der Mitglieder des Britischen Bundes der Völker ist und daß sie alle durch gemeinsame Treupflicht gegenüber der Krone verbunden sind, würde es in Übereinstimmung mit der überkommenen verfassungsmäßigen Stellung aller Mitglieder des Bundes untereinander sein, daß jede Änderung des Gesetzes, das die Nachfolge auf den Thron oder den königlichen Rang und Titel betrifft, künftig sowohl der Zustimmung der Parlamente aller Dominien wie des Parlamentes des Vereinigten Königreiches bedarf;

und in Anbetracht, daß in Übereinstimmung mit der festgestellten verfassungsmäßigen Lage kein Gesetz, das künftig durch das Parlament des Vereinigten Königreiches gemacht wird, sich auf eines der genannten Dominien als Teil der Gesetzgebung dieses Dominions erstrecken soll, es sei denn auf Antrag und mit Zustimmung dieses Dominions;

und in Anbetracht dessen, daß es für die Ratifizierung, Bestätigung und Inkraftsetzung einiger vorbezeichneter Entschließungen und Erklärungen der genannten Konferenzen notwendig ist, daß ein Gesetz in vorgeschriebener Form durch die Autorität des Parlaments des Vereinigten Königreiches geschaffen und erlassen wird;

und in Anbetracht dessen, daß das Dominion von Kanada, der Australische Bund das Dominion Neuseeland, die Südafrikanische Union, der Irische Freistaat und Neufundland einzeln den Antrag gestellt und der Vorlage einer Maßregel an das Parlament des Vereinigten Königreiches zugestimmt haben, um hinsichtlich der vorbezeichneten Gegenstände solche Vorsorge zu treffen, wie sie nachstehend in diesem Gesetz enthalten ist, wird durch des Königs Allerhöchste Majestät bei und mit Rat und Zustimmung der im jetzigen Parlament versammelten geistlichen und weltlichen Herren und der Gemeinen und durch die Autorität derselben wie folgt bestimmt:

1. In diesem Gesetz bezeichnet der Ausdruck „Dominion" eines der folgenden

[1] *Über die Reichskonferenz von 1926 vgl. K. Heck, Der Aufbau des britischen Reiches (1927), über die Reichskonferenz von 1930 Zs. f. ausländisches öffentl. Recht und Völkerrecht, II, 2 (1933), S. 384 ff.*

Dominion of New Zealand, the Union of South Africa, the Irish Free State and Newfoundland.

2. The Colonial Laws Validity Act 1865, shall not apply to any law made after the commencement of this Act by the Parliament of a Dominion.

No law and no provision of any law made after the commencement of this act by the Parliament of a Dominion shall be void or inoperative on the ground that it is repugnant to the law of England, or to the provisions of any existing or future Act of Parliament of the United Kingdom, or to any order, rule or regulation made under any such Act, and the Powers of the Parliament of a Dominion shall include the power to repeal or amend any such Act, order, rule or regulation in so far as the same is part of the law of the Dominion.

3. It is hereby declared and enacted that the Parliament of a Dominion has full power to make laws having extra-territorial operation.

4. No act of Parliament of the United Kingdom passed after the commencement of this Act shall extend, or be deemed to extend, to a Dominion as part of the Law of that Dominion, unless it is expressly declared in that Act that Dominion has requested, and consented to, the enactment thereof.

5. Without prejudice to the generality of the foregoing provisions of this Act, sections 1735 and 1736 of the Marchant Shipping Act, 1894, shall be construed as though reference therein to the Legislature of a British possession did not include reference to the Parliament of a Dominion.

6. Without prejudice to the generality of the foregoing provisions of this Act, section 4 of the Colonial Courts of Admiralty Act, 1890 (which requires certain laws to be reserved for the signification of His Majesty's pleasure or to certain a suspending clause), and so much of section 7 of that Act as required the approval of His Majesty in Council to any rules of Court for regulating the practice and procedure of a Colonial Court of Admiralty, shall cease to have effect in any Dominion as from the commencement of this Act.

7. Nothing in this Act shall be deemed to apply to the repeal, amendment or

Dominien: das Dominion von Kanada, den Australischen Bund, das Dominion Neuseeland, die Südafrikanische Union, den Irischen Freistaat und Neufundland[1].

2. Das Gesetz über die Gültigkeit von Kolonialgesetzen von 1865[2] soll auf kein Gesetz, das nach Inkrafttreten dieses Gesetzes von dem Parlament eines Dominions erlassen wird, Anwendung finden. Kein Gesetz und keine gesetzliche Vorschrift, die nach Inkrafttreten dieses Gesetzes von dem Parlament eines Dominions erlassen wird, soll aus dem Grunde nichtig oder unanwendbar sein, daß es dem englischen Recht oder den Vorschriften eines bestehenden oder künftigen Gesetzes des Parlaments des Vereinigten Königreiches oder einer Anordnung, einer Vorschrift oder Regel, die auf Grund eines solchen Gesetzes erlassen wurden, widerspricht. Und die Vollmachten des Parlaments eines Dominions sollen das Recht einschließen, solche Gesetze, Anordnungen, Vorschriften oder Regeln zu widerrufen oder abzuändern, insoweit sie Teil der Gesetze dieses Dominions sind.

3. Es wird hierbei erklärt und bestimmt, daß das Parlament eines Dominions volles Recht hat, Gesetze zu machen, die Wirkungen außerhalb der Grenzen dieses Dominions hervorrufen.

4. Kein Gesetz, das nach Inkrafttreten dieses Gesetzes vom Parlament des Vereinigten Königreiches erlassen wird, soll sich auf ein Dominion als Teil des Rechtes dieses Dominions erstrecken oder zu erstrecken beabsichtigen, es sei denn in diesem Gesetz ausdrücklich erklärt, daß das Dominion es beantragt und seinem Erlaß zugestimmt hat.

5. Unbeschadet der vorangehenden allgemeinen Bestimmungen dieses Gesetzes sollen die Abschnitte 1735 und 1736 des Gesetzes über die Handelsschiffahrt von 1894 so angewendet werden, als ob die Erwähnung der gesetzgebenden Versammlung einer britischen Besitzung keine Beziehung auf das Parlament eines Dominion hat.

6. Unbeschadet der vorangehenden allgemeinen Bestimmungen dieses Gesetzes sollen der Abschnitt 4 des Gesetzes über das koloniale Schiffahrtsgericht von 1890 (der vorsieht, daß bestimmte Gesetze dem freien Ermessen S. M. vorbehalten sind oder der die Befugnis zur Suspension – von Gesetzen – vorsieht) und der Teil des Abschnittes 7 dieses Gesetzes, der die Zustimmung S. M. im Geheimen Rat für alle Anordnungen fordert, welche die Praxis und das Verfahren des Kolonialen Schiffahrtsgerichtes regeln, mit Inkrafttreten dieses Gesetzes aufhören, in irgendeinem Dominion Anwendung zu finden.

7. Nichts in diesem Gesetz darf so verstanden werden, als ob es eine Aufhebung,

[1] *Am 15. August 1947 wurden aus dem Kaiserreich Indien die Dominien Indien und Pakistan gebildet. Schon vorher, 1946, hat Burma Dominionstatuts erhalten. Irland schied Ende 1948 aus dem britischen Weltreich aus.*

[2] *Das Gesetz legte den Vorrang englischer Gesetze und das Vetorecht des Gouverneurs in britischen Besitzungen fest.*

alteration of the British North America Acts, 1867 to 1930, or any order, rule or regulation made thereunder.

The provisions of section 2 of this Act shall extend to laws made by any of the Provinces of Canada and to the powers of the legislatures of such Provinces.

The powers conferred by this Act upon the Parliament of Canada or upon the legislatures of the Provinces shall be restricted to the enactment of laws in relation to matters within the competence of the Parliament of Canada or of any of the legislatures of the Provinces respectively.

8. Nothing in this Act shall be deemed to confer any power to repeal or alter the Constitution or the Constitution Act of the Commonwealth of Australia or the Constitution Act of the Dominion of New Zealand otherwise than in accordance with the law existing before the commencement of this Act.

9. Nothing in this Act shall be deemed to authorise the Parliament of the Commonwealth of Australia to make laws on any matter within the authority of the States of Australia, not being a matter within the authority of the Parliament or Government of the Commonwealth of Australia.

Nothing in this Act shall be deemed to require the concurrence of the Parliament or Government of the Commonwealth of Australia in any law made by the Parliament of the United Kingdom with respect to any matter within the authority of the States of Australia, not being a matter within the authority of the Parliament or Government of the Commonwealth of Australia, in any case where it would have been in accordance with the constitutional practice existing before the commencement of this Act that the Parliament of the United Kingdom should make that law without such concurrence.

In the application of this Act to the Commonwealth of Australia the request and consent referred to in section 4 shall mean the request and consent of the Parliament and Government of the Commonwealth.

10. None of the following sections of this Act, that is to say, sections 2, 3, 4, 5 and 6, shall extend to a Dominion to which this section applies as part of the law of that dominion unless that section is adopted by the Parliament of the Dominion, and any Act of that Parliament adopting any section of this Act may provide that the adoption shall have effect either from the commencement of this Act or from such later date as is specified in the adopting Act.

Ergänzung oder Abänderung der Britisch-Nordamerikagesetze von 1867 und 1930[1] oder einer daraufhin erlassenen Anordnung, Vorschrift oder Regel vorsieht.

Die Vorschriften des Abschnittes 2 dieses Gesetzes sollen sich auf alle Gesetze, die durch eine der Provinzen Kanadas erlassen werden und auf die Befugnisse der gesetzgebenden Körperschaften dieser Provinzen erstrecken.

Die Vollmachten, die durch dieses Gesetz auf das Parlament von Kanada oder auf die gesetzgebenden Körperschaften der Provinzen übertragen werden, sollen sich auf den Erlaß von Gesetzen über Angelegenheiten innerhalb der Zuständigkeit des Parlaments von Kanada oder einer der gesetzgebenden Körperschaften der Provinzen beschränken.

8. Nichts in diesem Gesetz darf dahin verstanden werden, als ob es irgendeine Vollmacht überträgt, die Verfassung oder das Verfassungsgesetz des Australischen Bundes oder das Verfassungsgesetz des Dominions von Neuseeland in anderer Weise aufzuheben oder zu ändern als auf Grund der vor Inkrafttreten dieses Gesetzes bestehenden Gesetze.

9. Nichts in diesem Gesetz darf dahin verstanden werden, als ob es das Parlament des Australischen Bundes ermächtigt, Gesetze über irgendwelche Angelegenheiten innerhalb der Zuständigkeit der australischen Staaten zu erlassen, die nicht eine Angelegenheit innerhalb der Zuständigkeit des Parlaments oder der Regierung des Australischen Bundes sind.

Nichts in diesem Gesetz darf dahin verstanden werden, als ob es die Mitwirkung des Parlaments des Australischen Bundes bei irgendeinem durch das Parlament des Vereinigten Königreiches erlassenen Gesetze verlangt, das Angelegenheiten innerhalb der Zuständigkeit der australischen Staaten betrifft, und nicht eine Angelegenheit innerhalb der Zuständigkeit des Parlaments oder der Regierung des Australischen Bundes ist, soweit es in Übereinstimmung mit der verfassungsmäßigen Praxis, die vor dem Inkrafttreten dieses Gesetzes bestand, steht, daß das Parlament des Vereinigten Königreiches dieses Gesetz ohne solche Mitwirkung erlassen kann[2].

In der Anwendung dieses Gesetzes auf den Australischen Bund soll die in Abschnitt 4 geforderte Beantragung und Zustimmung die Beantragung und Zustimmung des Parlaments und der Regierung des Bundes bedeuten.

10. Keine der folgenden Bestimmungen dieses Gesetzes, d. h. der Abschnitte 2, 3, 4, 5 und 6, soll auf ein Dominion, für das dieser Abschnitt bestimmt ist, als Teil des Rechtes dieses Dominions Anwendung finden, es sei denn, daß dieser Abschnitt durch das Parlament des Dominions angenommen wurde. Und ein Gesetz dieses Parlaments, das einen Abschnitt dieses Gesetzes annimmt, kann vorsehen, daß die Annahme, entweder vom Inkrafttreten dieses Gesetzes ab oder von einem späteren Zeitpunkt ab, der in dem Annahmegesetz festgelegt ist, wirksam wird.

[1] *Die Verfassungsgesetze von Kanada.*

[2] *Die australischen Staaten verkehren in Angelegenheiten, die nicht der Zuständigkeit des Australischen Bundes unterstehen, unmittelbar mit London. Dies bleibt erhalten.*

The Parliament of any such Dominion as aforesaid may at any time revoke the adoption of any section referred to in subsection 1 of this section.

The Dominions to which this section applies are the Commonwealth of Australia, the Dominion of New Zealand and Newfoundland.

11. Nothwithstanding anything in the Interpretation Act, 1889, the expression "Colony" shall not, in any Act of the Parliament of the United Kingdom passed after the commencement of this Act, include a Dominion or any Province or State forming part of a Dominion.

12. This Act may be cited as the Statute of Westminster 1931.

Das Parlament eines solchen Dominions kann jederzeit die Annahme eines solchen in Unterabschnitt 1 dieses Abschnittes erwähnten Abschnittes zurücknehmen.

Die Dominien, auf die dieser Abschnitt Anwendung findet, sind der Australische Bund, das Dominion Neuseeland und Neufundland.

11. Unbeschadet der Bestimmungen des Auslegungsgesetzes von 1889 soll der Ausdruck „Kolonie" in einem Gesetz des Parlaments des Vereinigten Königreiches, das nach Inkrafttreten dieses Gesetzes erlassen wird, weder ein Dominion noch eine Provinz oder einen Staat, der einen Teil eines Dominions bildet, einschließen.

12. Dieses Gesetz wird als das Westminsterstatut von 1931 angeführt.

FRANKREICH

Wohl kein anderes Land hat in den letzten anderthalb Jahrhunderten sich so viele Verfassungen gegeben wie Frankreich. Während die amerikanische Verfassung noch heute so in Kraft ist, wie sie das amerikanische Volk vor 160 Jahren beschlossen hat, ist in Frankreich jetzt die 12. Verfassung in Kraft getreten.

Die erste Verfassung, welche die Nationalversammlung Frankreich in Zusammenfassung ihrer einzelnen Verfassungsgesetze am 3. September 1791 gab, wurde bereits am 10. August 1792 suspendiert. Die zweite Verfassung, die der Konvent im Juni 1793 nach Abschaffung des Königtums beschloß, wurde zwar veröffentlicht, sollte aber erst nach Friedensschluß wirksam werden. Das geschah niemals. Erst 1795 wurde in raschen Beratungen eine neue Verfassung beschlossen. Aber auch diese Verfassung im Jahre III hatte nur bis zum Staatsstreich des 18. Brumaire im Jahre VIII (1799) Gültigkeit. Die neue Verfassung der Französischen Republik vom 13. Dezember 1799 wurde durch das Volk ratifiziert. Sie machte die Wandlungen der napoleonischen Herrschaftsformen mit und wurde erst 1814 durch die neue französische Verfassung ersetzt, die das Königtum Ludwigs XVIII. wiederherstellte. Die Herrschaft der Hundert Tage war lang genug, um 67 Zusatzartikel zu den Verfassungen des Kaiserreiches durch Parlament und Volksabstimmung beschließen und kurz vor der Schlacht von Belle-Alliance veröffentlichen zu können. Zu einer grundlegenden Revision der Charte Constitutionelle von 1814 führte die Revolution von 1830, die von 1848 gab Frankreich erneut eine republikanische Verfassung, die wiederum nur wenige Jahre Gültigkeit besaß. Nach seinem Staatsstreich verkündete Napoleon III. 1852 eine neue Verfassung, die wie die Verfassung seines Onkels alle Wandlungen seiner Herrschaft mit nicht weniger als 16 Verfassungsänderungen begleitete. Die Dritte Republik verzichtete darauf, sich eine eigentliche Verfassung zu geben. Erst mehr als vier Jahre nach dem Sturz Napoleons III. regelte sie unter der Herrschaft Mac Mahons durch drei Verfassungsgesetze den Aufbau der Staatsgewalten in Frankreich. Sie wurden durch zwei organische Gesetze ergänzt, in denen die Wahl des Senats und der Deputiertenkammer geregelt wurde. Im Unterschied zu den früheren Verfassungen verzichteten diese Gesetze darauf, die Grundrechte der Bürger erneut festzulegen oder die Rechte der Staatsgewalt zu bestimmen und zu begrenzen. Und doch hatten diese gleichsam nur für den Tag gegebenen Gesetze längeren Bestand als die früheren Verfassungen. Sie bestimmten mit nur geringfügigen Änderungen das Leben Frankreichs 65 Jahre hindurch. Lediglich drei Verfassungsänderungen, von denen nur die des Jahres 1884 größere Bedeutung hat, wurden in dieser Zeit vorgenommen. Im Jahre 1926 wurde zur Sicherung des Gleichgewichts im Staatshaushalt ein Artikel über die Schuldentilgung der Verfassung hinzugefügt. Während der Zeit der deutschen Besetzung gab die Regierung des Marschalls Pétain Frankreich eine neue autoritäre Verfassung. Nach dem Ende des zweiten Weltkriegs endlich wurde die 12. oder

wenn man will die 13. Verfassung Frankreichs beschlossen. Denn die 12. der ersten Nationalversammlung wurde durch Volksabstimmung abgelehnt, so daß erst die neugewählte verfassunggebende Versammlung die endgültige Form fand, die dann durch Volksabstimmung im November 1946 gutgeheißen wurde.

Die vorliegende Sammlung muß sich bei solcher Fülle auf eine knappe Auswahl beschränken. Sie bringt die erste französische Verfassung, die Mutter aller folgenden, an deren Spitze die bereits am 26. August 1789 beschlossenen Menschen- und Bürgerrechte stehen. Sie ist das Muster einer auf Gewaltenteilung beruhenden monarchischen Verfassung, ebenso wie die folgende Verfassung von 1793 das Vorbild einer radikalrepublikanischen Verfassung darstellt. An diese beiden Verfassungen der Französischen Revolution schließen sich die Verfassungsgesetze der Dritten Republik aus dem Jahre 1875 und die Französische Verfassung von 1946 an.

Text: W. Altmann, „Ausgewählte Urkunden zur außerdeutschen Verfassungsgeschichte" (1897). Duguit et Monnier, „Les constitutions et les principales lois politiques de la France depuis 1789", 4. ed. (1925). In beiden Publikationen finden sich auch die hier nicht abgedruckten Verfassungstexte. Die Verfassungstexte von 1875 mit ihren Ergänzungen und eine Übersicht über das Schrifttum bei Dareste, „Les Constitutions modernes", 4. ed. von J. Delpesch et J. Laferrière, I, 1 (1928), S. 1—29. Für die Verfassungsgesetzgebung der Französischen Revolution sei verwiesen auf A. Aulard, „Histoire politique de la Revolution française" (1900, deutsch 1921).

1. CONSTITUTION FRANÇAISE

1791 Septembre 3

Déclaration des droits de l'homme et du citoyen[1]

Les représentants du peuple français, constitués en assemblée nationale, considérant que l'ignorance, l'oubli ou le mépris des droits de l'homme sont les seules causes des malheurs publics et de la corruption des gouvernements, ont résolu d'exposer dans une déclaration solennelle les droits naturels, inaliénables et sacrés de l'homme, afin que cette déclaration, constamment présente à tous les membres du corps social, leur rappelle sans cesse leurs droits et leurs devoirs; afin que les actes du pouvoir législatif et ceux du pouvoir exécutif, pouvant être à chaque instant comparés avec le but de toute institution politique, en soient plus respectés; afin que les réclamations des citoyens, fondées désormais sur des principes simples et incontestables, tournent toujours au maintien de la constitution et au bonheur de tous.

En conséquence, l'Assemblée nationale reconnaît et déclare, en présence et sous les auspices de l'Être suprême, les droits suivants de l'homme et du citoyen.

Article 1. Les hommes naissent et demeurent libres et égaux en droits. Les distinctions sociales ne peuvent être fondées que sur l'utilité commune.

2. Le but de toute association politique est la conservation des droits naturels et imprescriptibles de l'homme. Ces droits sont la liberté, la propriété, la sûreté et la résistance à l'oppression.

3. Le principe de toute souveraineté réside essentiellement dans la nation; nul corps, nul individu ne peut exercer d'autorité, qui n'en émane expressément.

[1] *Schon am 26. August bzw. 3. November 1789 verkündigt.*

FRANZÖSISCHE VERFASSUNG

3. September 1791

Erklärung der Menschen- und Bürgerrechte. Die Französische Verfassung. Präambel. — Titel I. Grundeinrichtungen, von der Verfassung verbürgt. — Titel II. Von der Einteilung des Königreiches und dem Stand der Bürger. — Titel III. Von den öffentlichen Gewalten. — Kapitel I. Von der gesetzgebenden Nationalversammlung. — I. Zahl der Abgeordneten, Grundlagen der Abordnung. — II. Urversammlungen, Bestellung der Wahlmänner. — III. Wahlversammlung, Wahl der Abgeordneten. — IV. Abhaltung und Einrichtung der Ur- und Wahlversammlungen. — V. Zusammentritt der Abgeordneten zur gesetzgebenden Nationalversammlung. — Kapitel II. Vom Königtum, der Regentschaft und den Ministern. — I. Vom Königtum und dem König. — II. Von der Regentschaft. — III. Von der Familie des Königs. — IV. Von den Ministern. — Kapitel III. Von der Ausübung der gesetzgebenden Gewalt. — I. Macht und Aufgaben der gesetzgebenden Nationalversammlung. — II. Abhaltung der Sitzungen, Form der Beratung. — III. Von der königlichen Sanktion. — IV. Beziehungen der gesetzgebenden Körperschaft zum König. — Kapitel IV. Von der Ausübung der vollziehenden Gewalt. — I. Von der Verkündung der Gesetze. — II. Von der inneren Verwaltung. — III. Von den auswärtigen Beziehungen. — Kapitel V. Von der richterlichen Gewalt. — Titel IV. Von den öffentlichen Streitkräften. — Titel V. Von den öffentlichen Abgaben. — Titel VI. Von den Beziehungen der französischen Nation zu fremden Nationen. — Titel VII. Von der Revision der verfassungsmäßigen Beschlüsse.

Erklärung der Menschen- und Bürgerrechte

Da die Vertreter des französischen Volkes, als Nationalversammlung eingesetzt, erwogen haben, daß die Unkenntnis, das Vergessen oder die Verachtung der Menschenrechte die einzigen Ursachen des öffentlichen Unglücks und der Verderbtheit der Regierungen sind, haben sie beschlossen, die natürlichen, unveräußerlichen und heiligen Rechte der Menschen in einer feierlichen Erklärung darzulegen, damit diese Erklärung allen Mitgliedern des gesellschaftlichen Körpers beständig vor Augen ist und sie unablässig an ihre Rechte und Pflichten erinnert; damit die Handlungen der gesetzgebenden wie der ausübenden Macht in jedem Augenblick mit dem Endzweck jeder politischen Einrichtung verglichen werden können und dadurch mehr geachtet werden; damit die Ansprüche der Bürger, fortan auf einfache und unbestreitbare Grundsätze begründet, sich immer auf die Erhaltung der Verfassung und das Allgemeinwohl richten mögen.

Infolgedessen erkennt und erklärt die Nationalversammlung in Gegenwart und unter dem Schutze des Allerhöchsten folgende Menschen- und Bürgerrechte:

Artikel 1. Die Menschen sind und bleiben von Geburt frei und gleich an Rechten. Soziale Unterschiede können nur im gemeinen Nutzen begründet sein.

2. Das Ziel jeder politischen Vereinigung ist die Erhaltung der natürlichen und unverjährbaren Menschenrechte. Diese Rechte sind Freiheit, Eigentum, Sicherheit und Widerstand gegen Unterdrückung.

3. Der Ursprung jeder Souveränität ruht letztlich in der Nation. Keine Körperschaften, kein Individuum kann eine Gewalt ausüben, die nicht ausdrücklich von ihr ausgeht.

4. La liberté consiste à pouvoir faire tout ce, qui ne nuit pas à autrui: ainsi l'exercice des droits naturels de chaque homme n'a de bornes que celles, qui assurent aux autres membres de la société la jouissance de ces mêmes droits. Ces bornes ne peuvent être déterminées que par la loi.

5. La loi n'a le droit de défendre que les actions nuisibles à la société. Tout ce, qui n'est pas défendu par la loi, ne peut être empêché, et nul ne peut être contraint à faire ce, qu'elle n'ordonne pas.

6. La loi est l'expression de la volonté générale. Tous les citoyens ont le droit de concourir personnellement ou par leurs représentants à sa formation. Elle doit être la même pour tous, soit qu'elle protège, soit qu'elle punisse. Tous les citoyens, étant égaux à ses yeux, sont également admissibles à toutes dignités, places et emplois publics selon leur capacité et sans autre distinction que celle de leurs vertus et de leurs talents.

7. Nul homme ne peut être accusé, arrêté ni détenu que dans les cas déterminés par la loi et selon les formes, qu'elle a prescrites. Ceux, qui sollicitent, expédient, exécutent ou font exécuter des ordres arbitraires, doivent être punis: mais tout citoyen, appelé ou saisi en vertu de la loi, doit obéir à l'instant; il se rend coupable par la résistance.

8. La loi ne doit établir que des peines strictement et évidemment nécessaires, et nul ne peut être puni qu'en vertu d'une loi établie et promulguée antérieurement au délit et légalement appliquée.

9. Tout homme, étant présumé innocent jusqu'à ce, qu'il ait été déclaré coupable, s'il est jugé indispensable de l'arrêter, toute rigueur, qui ne serait pas nécessaire pour s'assurer de sa personne, doit être sévèrement réprimée par la loi.

10. Nul ne doit être inquiété pour ses opinions, même religieuses, pourvu que leur manifestation ne trouble pas l'ordre public établi par la loi.

11. La libre communication des pensées et des opinions est un des droits les plus précieux de l'homme; tout citoyen peut donc parler, écrire, imprimer librement, sauf à répondre de l'abus de cette liberté dans les cas déterminés par la loi.

12. La garantie des droits de l'homme et du citoyen nécessite une force publique; cette force est donc instituée pour l'avantage de tous, et non pour l'utilité particulière de ceux, auxquels elle est confiée.

13. Pour l'entretien de la force publique et pour les dépenses d'administration une contribution commune est indispensable; elle doit être également répartie entre tous les citoyens en raison de leur facultés.

14. Tous les citoyens ont le droit de constater par eux-mêmes ou par leurs repré-

4. Die Freiheit besteht darin, alles tun zu können, was einem anderen nicht schadet. So hat die Ausübung der natürlichen Rechte eines jeden Menschen nur die Grenzen, die den anderen Gliedern der Gesellschaft den Genuß der gleichen Rechte sichern. Diese Grenzen können allein durch Gesetz festgelegt werden.

5. Nur das Gesetz hat das Recht, Handlungen, die der Gesellschaft schädlich sind, zu verbieten. Alles, was nicht durch Gesetz verboten ist, kann nicht verhindert werden, und niemand kann gezwungen werden zu tun, was es nicht befiehlt.

6. Das Gesetz ist der Ausdruck des allgemeinen Willens. Alle Bürger haben das Recht, persönlich oder durch ihre Vertreter an seiner Formung mitzuwirken. Es soll für alle gleich sein, mag es beschützen, mag es bestrafen. Da alle Bürger in seinen Augen gleich sind, sind sie gleicherweise zu allen Würden, Stellungen und Beamtungen nach ihrer Fähigkeit zugelassen ohne einen anderen Unterschied als den ihrer Tugenden und ihrer Talente.

7. Jeder Mensch kann nur in den durch das Gesetz bestimmten Fällen und in den Formen, die es vorschreibt, angeklagt, verhaftet und gefangengehalten werden. Diejenigen, die willkürliche Befehle betreiben, ausfertigen, ausführen oder ausführen lassen, sollen bestraft werden. Doch jeder Bürger, der auf Grund des Gesetzes vorgeladen oder ergriffen wird, muß sofort gehorchen. Er macht sich durch Widerstand strafbar.

8. Das Gesetz soll nur solche Strafen festsetzen, die offenbar unbedingt notwendig sind. Und niemand kann auf Grund eines Gesetzes bestraft werden, das nicht vor Begehung der Tat erlassen, verkündet und gesetzlich angewandt worden ist.

9. Da jeder Mensch so lange für unschuldig gehalten wird, bis er für schuldig erklärt worden ist, soll, wenn seine Verhaftung für unumgänglich erachtet wird, jede Härte, die nicht notwendig ist, um sich seiner Person zu versichern, durch Gesetz streng vermieden sein.

10. Niemand soll wegen seiner Meinungen, selbst religiöser Art, beunruhigt werden, so lange ihre Äußerung nicht die durch das Gesetz festgelegte öffentliche Ordnung stört.

11. Die freie Mitteilung der Gedanken und Meinungen ist eines der kostbarsten Menschenrechte. Jeder Bürger kann also frei schreiben, reden und drucken unter Vorbehalt der Verantwortlichkeit für den Mißbrauch dieser Freiheit in den durch das Gesetz bestimmten Fällen.

12. Die Sicherung der Menschen und Bürgerrechte erfordert eine öffentliche Macht. Diese Macht ist also zum Vorteil aller eingesetzt und nicht für den besonderen Nutzen derer, denen sie anvertraut ist.

13. Für den Unterhalt der öffentlichen Macht und für die Kosten der Verwaltung ist eine gemeinsame Abgabe unumgänglich. Sie muß gleichmäßig auf alle Bürger unter Berücksichtigung ihrer Vermögensumstände verteilt werden.

14. Alle Bürger haben das Recht, selbst oder durch ihre Abgeordneten die Not-

sentants la nécessité de la contribution publique, de la consentir librement, d'en suivre l'emploi et d'en déterminer la quotité, l'assiette, le recouvrement et la durée.

15. La société, a le droit de demander compte à tout agent public de son administration.

16. Toute société, dans laquelle la garantie des droits n'est pas assurée, ni la séparation des pouvoirs déterminée, n'a point de constitution.

17. La propriété étant un droit inviolable et sacré, nul ne peut en être privé, si ce n'est lorsque la nécessité publique, légalement constatée, l'exige évidemment, et sous la condition d'une juste et préalable indemnité.

Constitution française

L'Assemblée nationale, voulant établir la Constitution française sur les principes, qu'elle vient de reconnaître et de déclarer, abolit irrévocablement les institutions, qui blessaient la liberté et l'égalité des droits.

Il n'y a plus ni noblesse, ni pairie, ni distinctions héréditaires, ni distinction d'ordres, ni régime féodal, ni justices patrimoniales, ni aucun des titres, dénominations et prérogatives qui en dérivaient, ni aucun ordre de chevalerie, ni aucune des corporations ou décorations, pour lesquelles on exigeait des preuves de noblesse, ou qui supposaient des distinctions de naissance, ni aucune autre supériorité, que celle des fonctionnaires publics dans l'exercice de leurs fonctions.

Il n'y a plus ni vénalité, ni hérédité d'aucun office public.

Il n'y a plus pour aucune partie de la nation, ni pour aucun individu aucun privilège ni exception au droit commun de tous les Français.

Il n'y a plus ni jurandes, ni corporations de professions, arts et métiers.

La loi ne reconnaît plus ni voeux religieux, ni aucun autre engagement qui serait contraire aux droits naturels ou à la Constitution.

Titre I. Dispositions fondamentales garanties par la Constitution

La Constitution garantit comme droits naturels et civils: 1. Que tous les citoyens sont admissibles aux places et emplois sans autre distinction que celle des vertus et des talents; 2. Que toutes les contributions seront réparties entre tous les citoyens également en proportion de leurs facultés; 3. Que les mêmes délits seront punis des mêmes peines sans aucune distinction des personnes.

La Constitution garantit pareillement comme droits naturels et civils:

La liberté à tout homme d'aller, de rester, de partir, sans pouvoir être arrêté ni détenu, que selon les formes déterminées par la Constitution;

La liberté à tout homme de parler, d'écrire, d'imprimer et publier ses pensées,

wendigkeit der öffentlichen Abgabe festzustellen, sie frei zu bewilligen, ihre Verwendung zu überprüfen und ihre Höhe, ihre Veranlagung, ihre Eintreibung und Dauer zu bestimmen.

15. Die Gesellschaft hat das Recht, von jedem öffentlichen Beamten Rechenschaft über seine Verwaltung zu fordern.

16. Eine Gesellschaft, in der die Verbürgung der Rechte nicht gesichert und die Trennung der Gewalten nicht festgelegt ist, hat keine Verfassung.

17. Da das Eigentum ein unverletzliches und heiliges Recht ist, kann es niemandem genommen werden, wenn es nicht die gesetzlich festgelegte, öffentliche Notwendigkeit augenscheinlich erfordert und unter der Bedingung einer gerechten und vorherigen Entschädigung.

Die französische Verfassung

Da die Nationalversammlung die Verfassung auf den Grundsätzen aufbauen will, die sie eben anerkannt und erklärt hat, schafft sie unwiderruflich die Einrichtungen ab, welche die Freiheit und die Gleichheit der Rechte verletzen.

Es gibt keinen Adel mehr, keinen Hochadel, keine erblichen Unterschiede, keine Standesunterschiede, keine Lehnsherrschaft, keine Patrimonialgerichtsbarkeit, keine Titel, Benennungen und Vorrechte, die davon herrühren, keine Ritterorden, Körperschaften oder Auszeichnungen, die Adelsproben erfordern oder die auf Unterschieden der Geburt beruhen, und keine andere Überlegenheit als die der öffentlichen Beamten in Ausübung ihres Dienstes.

Kein öffentliches Amt kann mehr gekauft oder ererbt werden.

Für keinen Teil der Nation, für kein Individuum gibt es mehr irgendein Privileg oder eine Ausnahme vom gemeinsamen Recht aller Franzosen.

Es gibt keine Zünfte mehr, keine Körperschaften von Berufen, Künsten oder Handwerken. Das Gesetz anerkennt keine geistlichen Gelübde noch irgendwelche andere Verbindlichkeiten, die den natürlichen Rechten oder der Verfassung entgegenstehen.

Titel I. Grundeinrichtungen, von der Verfassung verbürgt

Die Verfassung verbürgt als natürliche und bürgerliche Rechte: 1. daß alle Staatsbürger zu allen Stellungen und Beamtungen zugelassen sind ohne einen anderen Unterschied als den ihrer Tugenden und ihrer Talente; — 2. daß alle Abgaben auf alle Bürger gleichmäßig unter Berücksichtigung ihrer Vermögensverhältnisse verteilt werden; 3. daß dieselben Verbrechen mit denselben Strafen belegt werden ohne irgendeinen Unterschied der Person.

Die Verfassung verbürgt gleichfalls als natürliche und bürgerliche Rechte:

Die Freiheit jedes Menschen zu gehen, zu bleiben, zu reisen, ohne verhaftet oder gefangengehalten zu werden als in den durch die Verfassung festgelegten Formen;

die Freiheit jedes Menschen zu reden, zu schreiben, zu drucken und seine Gedanken zu veröffentlichen, ohne daß seine Schriften irgendeiner Zensur oder Aufsicht von

sans que ses écrits puissent être soumis à aucune censure ni inspection avant leur publication, et d'exercer le culte religieux, auquel il est attaché;

La liberté aux citoyens de s'assembler paisiblement et sans armes, en satisfaisant aux lois de police;

La liberté d'adresser aux autorités constituées des pétitions signées individuellement.

Le pouvoir législatif ne pourra faire aucunes lois, qui portent atteinte et mettent obstacle à l'exercice des droits naturels et civils, consignés dans le présent titre et garantis par la Constitution; mais comme la liberté ne consiste qu'à pouvoir faire tout ce, qui ne nuit ni aux droits d'autrui ni à la sûreté publique, la loi peut établir des peines contre les actes, qui, attaquant ou la sûreté publique ou les droits d'autrui, seraient nuisibles à la société.

La Constitution garantit l'inviolabilité des propriétés ou la juste et préalable indemnité de celles, dont la nécessité publique, légalement constatée, exigerait le sacrifice.

Les biens destinés aux dépenses du culte et à tous services d'utilité publique appartiennent à la Nation et sont dans tous les temps à sa disposition.

La Constitution garantit les aliénations, qui ont été ou qui seront faites suivant les formes établies par la loi.

Les citoyens ont le droit d'élire ou de choisir les ministres de leurs cultes.

Il sera créé et organisé un établissement général de sécours publics, pour élever les enfants abandonnés, soulager les pauvres infirmes et fournir du travail aux pauvres valides, qui n'auraient pas pu s'en procurer.

Il sera créé et organisé une instruction publique, commune à tous les citoyens, gratuite à l'égard des parties d'enseignement indispensables pour tous les hommes, et dont les établissements seront distribués graduellement, dans un rapport combiné avec la division du royaume.

Il sera établi des fêtes nationales pour conserver le souvenir de la révolution française, entretenir la fraternité entre les citoyens et les attacher à la Constitution, à la patrie et aux lois.

Il sera fait un code de lois civiles communes à tout le royaume.

Titre II. De la division du royaume et de l'état des citoyens

Article 1. Le royaume est un et indivisible; son territoire est distribué en 83 départements, chaque département en districts, chaque district en cantons.

2. Sont citoyens français:

Ceux qui sont nés en France d'un père français;

Ceux qui, nés en France d'un père étranger, ont fixé leur résidence dans le royaume;

ihrer Veröffentlichung unterworfen sein dürfen, und den religiösen Kult auszuüben, dem er anhängt;

die Freiheit der Bürger, sich friedlich und ohne Waffen zu versammeln in Übereinstimmung mit den Polizeigesetzen;

die Freiheit, an die verfassungmäßigen Behörden persönlich unterzeichnete Bittschriften zu richten.

Die gesetzgebende Gewalt kann keine Gesetze erlassen, welche die Ausübung der natürlichen und bürgerlichen Rechte, die in diesem Abschnitt bezeichnet und durch die Verfassung verbürgt sind, beeinträchtigen oder hindern. Und da die Freiheit nur darin besteht, alles das tun zu können, was weder den Rechten eines anderen noch der öffentlichen Sicherheit schadet, kann das Gesetz Strafen gegen die Handlungen festsetzen, welche die öffentliche Sicherheit oder die Rechte eines anderen angreifen und dadurch der Gesellschaft schaden würden.

Die Verfassung verbürgt die Unverletzlichkeit des Eigentums oder die gerechte und vorherige Entschädigung von dem, was die gesetzlich festgestellte, öffentliche Notwendigkeit als Opfer erfordert.

Die Güter, die für die Ausgaben der Kirchen und alle Zweige der öffentlichen Wohlfahrt bestimmt waren, gehören der Nation und stehen in jedem Falle zu ihrer Verfügung.

Die Verfassung verbürgt die Verkäufe der Nationalgüter, die in den durch das Gesetz festgelegten Formen geschehen sind oder noch geschehen werden.

Die Bürger haben das Recht, die Diener ihres Gottesdienstes selbst zu wählen

Es soll eine allgemeine Einrichtung öffentlicher Hilfe geschaffen und gebildet werden, um verlassene Kinder zu erziehen, armen Kranken zu helfen und verarmten Gesunden, die sich keine Arbeit verschaffen können, diese zu besorgen.

Es soll ein öffentliches Schulwesen eingerichtet und gebildet werden, das für alle Bürger gemeinsam und in den Bereichen des Unterrichts, die für alle Menschen notwendig sind, kostenlos ist. Seine Anstalten sollen entsprechend der Einteilung des Königreiches auf die einzelnen Gebiete verteilt werden.

Es sollen Nationalfeste eingeführt werden, um die Erinnerung an die Französische Revolution zu bewahren, die Brüderlichkeit unter den Bürgern zu stärken und sie an die Verfassung, das Vaterland und die Gesetze zu binden.

Titel II. Von der Einteilung des Königreiches und dem Stand der Bürger

Artikel 1. Das Königreich ist eines und unteilbar. Sein Gebiet ist in 83 Departements eingeteilt, jedes Departement in Distrikte, jeder Distrikt in Kantone.

2. Französische Bürger sind:

diejenigen, welche in Frankreich von einem französischen Vater gezeugt sind;

diejenigen, welche in Frankreich von einem ausländischen Vater gezeugt sind, aber ihren Wohnsitz in Frankreich aufgeschlagen haben;

Ceux qui, nés en pays étranger d'un père français, sont venus s'établir en France et ont prêté le serment civique;

Enfin ceux qui, nés en pays étranger et descendant, à quelque degré que ce soit, d'un Français ou d'une Française expatriés pour cause de religion, viennent demeurer en France et prêtent le serment civique.

3. Ceux qui, nés hors du royaume de parens étrangers, résident en France, deviennent citoyens français après cinq ans de domicile continu dans le royaume, s'ils y ont en outre acquis des immeubles ou épousé une Française, ou formé un établissement d'agriculture ou de commerce et s'ils ont prêté le serment civique.

4. Le pouvoir législatif pourra pour des considérations importantes donner à un étranger un acte de naturalisation, sans autres conditions que de fixer son domicile en France et d'y prêter le serment civique.

5. Le serment civique est: „Je jure d'être fidèle à la nation, à la loi et au roi et de maintenir de tout mon pouvoir la Constitution du royaume, décrétée par l'Assemblée nationale constituante aux années 1789, 1790 et 1791."

6. La qualité de citoyen français se perd. 1. Par la naturalisation en pays étranger; 2. Par la condamnation aux peines, qui emportent la dégradation civique, tant que le condamné n'ést pas réhabilité; — 3. Par un jugement de contumace, tant que le jugement n'est pas anéanti; — 4. Par l'affiliation à tout ordre de chevalerie étranger our à toute corporation étrangère, qui supposerait soit des preuves de noblesse, soit des distinctions de naissance, ou qui exigerait des voeux religieux.

7. La loi ne considère le mariage que comme contrat civil.

Le pouvoir législatif établira pour tous les habitants, sans distinction, le mode, par lequel les naissances, mariages et décès seront constatés; et il désignera les officiers publics, qui en recevront et conserveront les actes.

8. Les citoyens français, considérés sous le rapport des relations locales, qui naissent de leur reunion dans les villes et dans de certains arrondissements du territoire des campagnes, forment les communes.

Le pouvoir législatif pourra fixer l'étendue de l'arrondissement de chaque commune.

9. Les citoyens, qui composent chaque commune, ont le droit d'élire à temps, et suivant les formes déterminées par la loi, ceux d'entre eux, qui sous le titre d'officiers municipaux sont chargés de gérer les affaires particulières de la commune.

diejenigen, welche im Ausland von einem französischen Vater gezeugt sind, aber nach Frankreich gekommen sind und sich hier niedergelassen und den Bürgereid geleistet haben;

endlich diejenigen, welche in der Fremde geboren sind und, in welchem Grade es auch sei, von einem Franzosen oder einer Französin abstammen, die um ihrer Religion willen vertrieben wurden und nach Frankreich zurückkehren, um hier zu wohnen und den Bürgereid leisten.

3. Diejenigen, welche außerhalb des Königreiches von fremden Eltern geboren wurden und in Frankreich wohnen, werden nach einer ununterbrochenen Niederlassung von fünf Jahren im Königreich Bürger, wenn sie außerdem Grundbesitz erworben oder eine Französin geheiratet oder auch einen Landwirtschafts- oder Gewerbebetrieb eingerichtet und den Bürgereid geleistet haben.

4. Die gesetzgebende Gewalt kann aus wichtigen Gründen einen Ausländer naturalisieren, ohne andere Bedingungen, als daß er seinen Wohnsitz in Frankreich aufschlägt und dort den Bürgereid leistet.

5. Der Bürgereid lautet: „Ich schwöre, der Nation, dem Gesetz und dem Könige treu zu sein und mit allen meinen Kräften die Verfassung des Königreiches, die durch die verfassunggebende Nationalversammlung in den Jahren 1789, 1790 und 1791 beschlossen wurde, aufrechtzuerhalten."

6. Die Eigenschaft eines französischen Bürgers geht verloren:

1. durch die Naturalisation in einem fremden Lande; — 2. durch die Verurteilung zu Strafen, die die Aberkennung der Bürgerrechte einschließen, solange der Verurteilte nicht rehabilitiert ist; — 3. durch eine Verurteilung in Abwesenheit, solange das Urteil nicht aufgehoben ist; — 4. durch den Beitritt zu einem ausländischen Ritterorden oder einer ausländischen Körperschaft, die auf Adelsproben oder Geburtsunterschieden beruht oder religiöse Gelübde verlangen.

7. Das Gesetz betrachtet die Ehe nur als bürgerlichen Vertrag.

Die gesetzgebende Gewalt wird für alle Einwohner ohne Unterschied die Art festsetzen, in der Geburten, Heiraten und Todesfälle festgestellt werden sollen. Sie wird auch die öffentlichen Beamten ernennen, die diese Akte entgegennehmen und aufbewahren.

8. Die französischen Bürger bilden auf Grund der örtlichen Beziehungen, die aus ihrer Vereinigung in den Städten und in bestimmten Bezirken des Gebiets auf dem Lande entstehen, die Gemeinden.

Die gesetzgebende Gewalt kann den Umfang des Bezirks einer jeden Gemeinde festsetzen.

9. Die Bürger, die eine Gemeinde bilden, haben das Recht, auf Zeit und in den durch das Gesetz festgelegten Formen die unter ihnen zu wählen, die als Gemeindebeamte die besonderen Angelegenheiten der Gemeinde zu führen beauftragt sind.

Il pourra être délégué aux officiers municipaux quelques fonctions relatives à l'intérêt général de l'État.

10. Les règles, que les officiers municipaux seront tenus de suivre dans l'exercice, tant des fonctions municipales que de celles qui leur auront été déléguées pour l'intérêt général, seront fixées par les lois.

Titre III. Des pouvoirs publics

Article 1. La souveraineté est une, indivisible, inaliénable et imprescriptible; elle appartient à la Nation: aucune section du peuple ni aucun individu ne peut s'en attribuer l'exercice.

2. La Nation, de qui seule émanent tous les pouvoirs, ne peut les exercer que par délégation.

La Constitution française est représentative; les représentants sont le Corps législatif et le Roi.

3. Le Pouvoir législatif est délégué à une Assemblée nationale composée de représentants temporaires, librement élus par le peuple, pour être exercé par elle, avec la sanction du roi, de la manière qui sera déterminée ci-après.

4. Le gouvernement est monarchique; le pouvoir exécutif est délégué au roi, pour être exercé sous son autorité par des ministres et autres agents responsables, de la manière qui sera déterminée ci-après.

5. Le pouvoir judiciaire est délégué à des juges élus à temps par le peuple.

Chapitre I. De l'Assemblée nationale législative

Article 1. L'Assemblée nationale, formant le Corps législatif, est permanente et n'est composée que d'une chambre.

2. Elle sera formée tous les deux ans par de nouvelles élections.

Chaque période de deux années formera une législature.

3. Les dispositions de l'article précident n'auront pas lieu à l'égard du prochain Corps législatif, dont les pouvoirs cesseront le dernier jour d'avril 1793.

4. Le renouvellement du Corps législatif se fera de plein droit.

5. Le Corps législatif ne pourra être dissous par le roi.

Section I. Nombre des représentants. Bases de la représentation

Article 1. Le nombre des représentants au Corps législatif est de 745, à raison des 83 départements, dont le royaume est composé, et indépendamment de ceux, qui pourraient être accordés aux colonies.

Den Gemeindebeamten können einige Funktionen, die sich auf das allgemeine Staatsinteresse beziehen, übertragen werden.

10. Die Regeln, nach denen sich die Gemeindebeamten in Wahrnehmung der Gemeindeangelegenheiten wie der ihnen übertragenen Aufgaben des allgemeinen Interesses zu richten haben, werden durch Gesetze bestimmt.

Titel III. Von den öffentlichen Gewalten

Artikel 1. Die Souveränität ist eine, unteilbar, unveräußerlich und unverjährbar. Sie gehört der Nation. Kein Teil des Volkes und keine einzelne Person kann sich ihre Ausübung aneignen.

2. Die Nation, von der allein alle Gewalten ihren Ursprung haben, kann sie nur durch Übertragung ausüben.

Die französische Verfassung ist eine Repräsentativverfassung. Ihre Repräsentanten sind die gesetzgebende Körperschaft und der König.

3. Die gesetzgebende Gewalt ist einer Nationalversammlung übertragen, die aus Abgeordneten besteht, die durch das Volk frei und auf Zeit gewählt werden, um sie mit Sanktion des Königs auf die Art auszuüben, die nachstehend bestimmt wird.

4. Die Regierung ist monarchisch. Die ausführende Gewalt ist dem König übertragen, um unter seiner Autorität durch die Minister und andere verantwortliche Beamte auf die Art ausgeübt zu werden, die nachstehend bestimmt wird.

5. Die richterliche Gewalt ist den durch das Volk auf Zeit gewählten Richtern übertragen.

Kapitel I. Von der gesetzgebenden Nationalversammlung

1. Die Nationalversammlung, welche die gesetzgebende Körperschaft bildet, ist immerwährend und nur aus einer Kammer zusammengesetzt.

2. Sie wird alle zwei Jahre durch Neuwahlen gebildet.

Jeder Zeitraum von zwei Jahren bildet eine Legislatur.

3. Die Anordnungen des vorstehenden Artikels finden auf die nächste gesetzgebende Körperschaft keine Anwendung. Ihre Befugnisse erlöschen am letzten April 1793.

4. Die Erneuerung der gesetzgebenden Körperschaft wird zu vollem Rechte erfolgen.

5. Die gesetzgebende Körperschaft kann durch den König nicht aufgelöst werden.

Abschnitt I. Zahl der Abgeordneten. Grundlagen der Abordnung

Artikel 1. Die Zahl der Abgeordneten der gesetzgebenden Körperschaft beträgt 745 nach Maßgabe der 83 Departements, aus denen sich das Königreich zusammensetzt, und ohne Rücksicht auf diejenigen, welche den Kolonien bewilligt werden dürfen.

2. Les représentants seront distribués entre les 83 départements selon les trois proportions du territoire, de la population et de la contribution directe.

3. Des 745 représentants 247 sont attachés au territoire.

Chaque département en nommera 3, à l'exception du département de Paris, qui n'en nommera qu'un.

4. 249 représentants sont attribués à la population.

La masse totale de la population active du royaume est divisée en 249 parts, et chaque département nomme autant de députés, qu'il a de parts de population.

5. 249 représentants sont attachés à la population et de la contribution directe.

La somme totale de la contribution directe du royaume est de même divisée en 249 parts, et chaque département nomme autant de députés, qu'il paie de parts de contribution.

Section II. Assemblées primaires. Nomination des électeurs

Article 1. Pour former l'Assemblée nationale législative, les citoyens actifs se réuniront tous les deux ans en assemblées primaires dans les villes et dans les cantons.

Les assemblées primaires se formeront de plein droit le second dimanche de mars, si elles n'ont pas été convoquées plutôt par les fonctionnaires publics déterminés par la loi.

2. Pour être citoyen actif, il faut

Être né ou devenu Français;

Être âgé de 25 ans accomplis;

Être domicilié dans la ville ou dans le canton depuis le temps déterminé par la loi;

Payer dans un lieu quelconque du royaume une contribution directe au moins égale à la valeur de trois journées de travail et en représenter la quittance;

N'être pas dans un état de domesticité, c'est-à-dire de serviteur à gages;

Être inscrit dans la municipalité de son domicile au rôle des gardes nationales;

Avoir prêté le serment civique.

3. Tous les six ans le corps législatif fixera le minimum et le maximum de la valeur de la journée de travail, et les administrateurs des départements en feront la détermination locale pour chaque district.

4. Nul ne pourra exercer les droits de citoyen actif dans plus d'un endroit, ni se faire représenter par un autre.

2. Die Abgeordneten werden auf die 83 Departements nach den drei Verhältnissen des Staatsgebietes, der Bevölkerung und der direkten Besteuerung verteilt.

3. Von den 745 Abgeordneten werden 247 dem Staatsgebiet zugeteilt. Jedes Departement wird davon 3 wählen mit Ausnahme des Departements von Paris, das nur einen wählt.

4. 249 Abgeordnete sind der Bevölkerung zugeteilt.

Die Gesamtzahl der aktiven Bevölkerung des Königreiches wird in 249 Teile eingeteilt. Jedes Departement wählt soviel Abgeordnete, als es Teile der Bevölkerung hat.

5. 249 Abgeordnete sind der Bevölkerung nach der direkten Besteuerung zugeteilt.

Die Gesamtsumme der direkten Besteuerung des Königreiches wird ebenfalls in 249 Teile eingeteilt, und jedes Departement wählt so viele Abgeordnete, wie es Teile der Steuer bezahlt.

Abschnitt II. Urversammlungen. Bestellung der Wahlmänner

Artikel 1. Um die gesetzgebende Nationalversammlung zu wählen, treten die aktiven Bürger alle zwei Jahre in den Städten und den Kantonen zu Urversammlungen zusammen.

Die Urversammlungen treten rechtmäßig am zweiten Märzsonntag zusammen, wenn sie nicht schon früher durch die vom Gesetz bestimmten öffentlichen Beamten einberufen worden sind.

2. Um aktiver Bürger zu sein, ist es notwendig:

als Franzose geboren oder Franzose geworden zu sein,

das 25. Lebensjahr vollendet zu haben,

seinen Wohnsitz in der Stadt oder dem Kanton seit der durch das Gesetz festgelegten Zeit zu haben,

in irgendeinem Orte des Königreiches eine direkte Steuer zu zahlen, die wenigstens dem Wert von drei Arbeitstagen gleichkommt und darüber eine Quittung vorzulegen,

nicht dem Bedientenstand anzugehören, d. h. Lohnempfänger zu sein,

in der Gemeinde seines Wohnsitzes in die Liste der Nationalgarde eingeschrieben zu sein,

den Bürgereid geleistet zu haben.

3. Alle sechs Jahre wird die gesetzgebende Körperschaft den niedrigsten und den höchsten Satz des Wertes eines Arbeitstages festsetzen und die Verwalter der Departements werden ihn für jeden Bezirk örtlich festlegen.

4. Keiner kann die aktiven Bürgerrechte an mehr als einem Orte ausüben, noch sich durch einen anderen vertreten lassen.

5. Sont exclus de l'exercice des droits de citoyen actif:

Ceux qui sont en état d'accusation;

Ceux qui, après avoir été constitués en état de faillite ou d'insolvabilité, prouvé par pièces authentiques, ne rapportent pas un acquit général de leurs créanciers.

6. Les assemblées primaires nommeront des électeurs en proportion du nombre des citoyens actifs domiciliés dans la ville ou le canton.

Il sera nommé un électeur à raison de 100 citoyens actifs présents, ou non, à l'assemblée.

Il en sera nommé deux depuis 151 jusqu'à 250, et ainsi de suite.

7. Nul ne pourra être nommé électeur, s'il ne réunit aux conditions nécessaires pour être citoyen actif; savoir:

Dans les villes au-dessus de 6000 âmes, celle d'être propriétaire ou usufrutier d'un bien évalué sur les rôles de contribution à un revenu égal à la valeur locale de 200 journées de travail, ou d'être locataire d'une habitation évaluée sur les mêmes rôles à un revenu égal à la valeur de 750 journées de travail;

Dans les villes au-dessous de 6000 âmes, celle d'être propriétaire ou usufruitier d'un bien évalué sur les rôles de contribution à un revenu égal à la valeur locale de 150 journées de travail, ou d'être locataire d'une habitation évaluée sur les mêmes rôles à un revenu égal à la valeur de 100 journées de travail;

Et dans les campagnes, celle d'être propriétaire ou usufrutier d'un bien évalué sur les rôles de contribution à un revenu égal à la valeur locale de 150 journées de travail, ou d'être fermier ou métayer de biens évalués sur les mêmes rôles à la valeur de 400 journées de travail.

A l'égard de ceux, qui seront en même temps propriétaires ou usufruitiers, d'une part et locataires, fermiers ou métayers de l'autre, leurs facultés à ces divers titres seront cumulées jusqu'au taux nécessaire pour établir leur éligibilité.

Section III. Assemblée électorale. Nomination des représentants

Article 1. Les électeurs nommés en chaque département se réuniront pour élire le nombre des représentants, dont la nomination sera attribuée à leur département, et un nombre de suppléants égal au tiers de celui des représentants.

Les assemblées électorales se formeront de plein droit le dernier dimanche de mars, si elles n'ont pas été convoquées plutôt par les fonctionnaires publics déterminés par la loi.

2. Les représentants et les suppléants seront élus à la pluralité absolue des suffrages, et ne pourront être choisis que parmi les citoyens actifs du département.

3. Tous les citoyens actifs, quels que soient leur état, profession ou contribution, pourront être élus représentants de la nation.

5. Von der Ausübung des aktiven Bürgerrechtes sind ausgeschlossen:
diejenigen, welche im Anklagezustand stehen,
diejenigen, welche nach glaubwürdigem Zeugnis bankrott oder zahlungsunfähig gewesen waren und keine Generalquittung ihrer Gläubiger vorweisen können.

6. Die Urversammlungen wählen die Wahlmänner im Verhältnis zur Zahl der aktiven in der Stadt oder im Kanton wohnenden Bürger. Es wird auf 100 Aktivbürger, ob in der Versammlung anwesend oder nicht, ein Wahlmann zur Versammlung gewählt. Auf 151 bis 250 sollen zwei gewählt werden und so fort.

7. Keiner soll zum Wahlmann gewählt werden können, der nicht mit den notwendigen Bedingungen für das aktive Bürgerrecht folgende verbindet:

In Städten über 6000 Einwohner die, Besitzer oder Nutznießer eines Grundstücks zu sein, das zur Steuerrolle mit einem Einkommen veranlagt ist, das dem örtlichen Wert von 200 Arbeitstagen gleichkommt, oder Mieter einer Wohnung zu sein, die zur gleichen Rolle mit einem Einkommen, das dem Wert von 150 Arbeitstagen gleichkommt, veranlagt ist.

In Städten unter 6000 Einwohner die, Besitzer oder Nutznießer eines Vermögens zu sein, das zur Steuerrolle mit einem Einkommen veranlagt ist, das dem örtlichen Wert von 150 Arbeitstagen gleichkommt, oder Mieter einer Wohnung zu sein, die zur gleichen Rolle mit einem Einkommen, das dem Wert von 100 Arbeitstagen gleichkommt, veranlagt ist.

Und auf dem Lande die, Besitzer oder Nutznießer eines Gutes zu sein, das zur Steuerrolle mit einem Einkommen veranlagt ist, das dem örtlichen Wert von 150 Arbeitstagen gleichkommt oder Pächter oder Meier eines Gutes zu sein, das zur gleichen Rolle mit dem Wert von 400 Arbeitstagen veranlagt ist.

Bei denen, die gleichzeitig Eigentümer oder Nutznießer einerseits, Mieter, Pächter oder Meier anderseits sind, wird das Vermögen aus verschiedenen Titeln zusammengezählt bis zu dem für ihre Wählbarkeit notwendigen Steuersatz.

Abschnitt III. Wahlversammlung. Wahl der Abgeordneten

Artikel 1. Die in jedem Departement gewählten Urwähler treten zusammen, um die Anzahl der Abgeordneten, die ihrem Departement zugeteilt ist, und eine Anzahl von Stellvertretern, die einem Drittel der Abgeordneten gleichkommt, zu wählen.

Die Wahlversammlungen vereinigen sich rechtskräftig am letzten Märzsonntag, wenn sie nicht schon früher durch die vom Gesetz bestimmten öffentlichen Beamten einberufen worden sind.

2. Die Abgeordneten und ihre Stellvertreter werden mit absoluter Stimmenmehrheit gewählt. Sie können nur unter den aktiven Bürgern des Departements gewählt werden.

3. Alle aktiven Bürger, gleich welchen Standes, Berufes oder welcher Steuerleistung können zu Abgeordneten der Nation gewählt werden.

4. Seront néanmoins obligés d'opter les ministres et les autres agents du pouvoir exécutif, révocables à volonté, les commissaires de la trésorerie nationale, les percepteurs et receveurs des contributions directes, les préposés à la perception et aux régies des contributions indirectes et des domaines nationaux, et ceux qui, sous quelque dénomination que ce soit, sont attachés à des emplois de la maison militaire et civile du roi.

Seront également tenus d'opter les administrateurs, sous-administrateurs, officiers municipaux et commandants des gardes nationales.

5. L'exercice des fonctions judiciaires sera incompatible avec celle de représentant de la nation pendant toute la durée de la législature.

Les juges seront remplacés par leur suppléants, et le roi pourvoira par des brevets de commission au remplacement de ses commissaires auprès des tribunaux.

6. Les membres du corps législatif pourront être réélus à la législature suivante, et ne pourront l'être ensuite qu'après l'intervalle d'une législature.

7. Les représentants nommés dans les départements ne seront pas représentants d'un département particulier, mais de la nation entière, et il ne pourra leur être donné aucun mandat.

Section IV. Tenue et régime des assemblées primaires et électorales

Article 1. Les fonctions des assemblées primaires et électorales se bornent à élire; elles se sépareront aussitôt après les élections faites; et ne pourront se former de nouveau que lorsqu'elles seront convoquées, si ce n'est au cas de l'article 1 de la section II et de l'article 1 de la section III ci-dessus.

2. Nul citoyen actif ne peut entrer ni donner son suffrage dans une assemblée, s'il est armé.

3. La force armée ne pourra être introduite dans l'intérieur sans le voeu exprès de l'assemblée, se ce n'est qu'on y commit des violences; auquel cas l'ordre du président suffira pour appeler la force publique.

4. Tous les deux ans il sera dressé dans chaque district des listes par cantons des citoyens actifs, et la liste de chaque canton y sera publiée et affichée deux mois avant l'époque de l'assemblée primaire.

Les réclamations, qui pourront avoir lieu, soit pour contester la qualité des citoyens employés sur la liste, soit de la part de ceux, qui se prétendront amis injustement, seront portées aux tribunaux pour y être jugées sommairement.

La liste servira de règle pour l'admission des citoyens dans la prochaine assemblée primaire, en tout ce, qui n'aura pas été rectifié par des jugements rendus avant la tenue de l'assemblée.

4. Doch sollen verpflichtet sein zu wählen[1] die Minister und die anderen nach Belieben absetzbaren Beamten der vollziehenden Gewalt, die Kommissare des Staatsschatzes, die Einheber und Einnehmer der direkten Steuern, die Aufseher über die Erhebung und die Verwaltung der indirekten Steuern und der Nationalgüter und die, die unter welchem Namen auch immer zum militärischen oder zivilen Haushalt des Königs gehören. Gleicherweise zu wählen sind verpflichtet die Administratoren und Unteradministratoren, die Gemeindebamten und die Kommandanten der Nationalgarde.

5. Die Ausübung des Richteramtes ist mit der Stellung eines Abgeordneten der Nation während der ganzen Dauer der Legislatur unvereinbar.

Die Richter werden durch ihre Stellvertreter ersetzt und der König wird durch Patente für Ersatz seiner Kommissare bei den Gerichtshöfen sorgen.

6. Die Mitglieder der gesetzgebenden Körperschaft können für die folgende Legislatur wiedergewählt werden, darauf aber nur nach einem Zeitraum von zwei Jahren.

7. Die in einem Departement gewählten Abgeordneten sollen nicht Abgeordnete eines besonderen Departements, sondern der ganzen Nation sein. Und es kann ihnen kein Auftrag gegeben werden.

Abschnitt IV. Abhaltung und Einrichtung der Ur- und Wahlversammlungen

Artikel 1. Die Aufgaben der Ur- und Wahlversammlungen beschränken sich auf das Wählen. Sie sollen sich alsbald nach vollzogener Wahl trennen und können von neuem nur zusammentreten, wenn sie einberufen werden, außer im Falle des 1. Artikels des 2. Abschnitts und des 1. Artikels des 3. Abschnitts.

2. Kein aktiver Bürger kann in die Versammlung kommen und seine Stimme abgeben, wenn er bewaffnet ist.

3. Die bewaffnete Macht kann in den Sitzungsraum nicht eingelassen werden ohne den ausdrücklichen Willen der Versammlung, es sei denn, daß Gewalttätigkeiten begangen würden. In diesem Falle genügt die Anordnung des Präsidenten, um die öffentliche Macht herbeizurufen.

4. Alle zwei Jahre sollen in jedem Distrikt kantonweise Listen der aktiven Bürger aufgestellt werden. Die Liste jedes Kantons wird zwei Monate vor dem Zeitpunkt der Urversammlung veröffentlicht und angeschlagen werden.

Reklamationen, die erfolgen, um die Eigenschaft der auf der Liste angeführten Bürger zu bestreiten, oder von seiten derer, die glauben, zu Unrecht ausgelassen zu sein, sollen vor die Gerichtshöfe gebracht werden, um dort kurz entschieden zu werden.

Die Liste soll für die Zulassung der Bürger zur nächsten Urversammlung in alldem als Grundlage dienen, was nicht vor dem Abhalten der Versammlung durch richterlichen Entscheid verbessert worden ist.

[1] *Zwischen ihrem Amt und der Stellung als Abgeordneter*

5. Les assemblées électorales ont le droit de vérifier la qualité et les pouvoirs de ceux, qui s'y présenteront, et leurs décisions seront exécutées provisoirement sauf le jugement du corps législatif lors de la vérification des pouvoirs des députés.

6. Dans aucun cas et sous aucun prétexte le roi ni aucun des agents nommés par lui ne pourront prendre connaissance des questions relatives à la régularité des convocations, à la tenue des assemblées, à la forme des élections, ni aux droits politiques des citoyens, sans préjudice des fonctions des commissaires du roi dans les cas déterminés par la loi, où les questions relatives aux droits politiques des citoyens doivent être portées dans les tribunaux.

Section V. Réunion des représentants en Assemblée nationale législative

Article 1. Les représentants se réuniront le premier lundi du mois de mai au lieu des séances de la dernière législature.

2. Ils se formeront provisoirement en assemblée sous la présidence du doyen d'âge, pour vérifier les pouvoirs des représentants présents.

3. Dès qu'ils seront au nombre de 373 membres vérifiés, ils se constitueront sous le titre d'Assemblée nationale législative: elle nommera un président, un vice-président et des secrétaires et commencera l'exercice de ses fonctions.

4. Pendant tout le cours du mois de mai, si le nombre des représentants présents est au-dessous de 373, l'assemblée ne pourra faire aucun acte législatif.

Elle pourra prendre un arrêté, pour enjoindre aux membres absents de se rendre à leurs fonctions dans le délai de quinzaine au plus tard, à peine de 3000 livres d'amende, s'ils ne proposent pas une excuse, qui soit jugée légitime par l'assemblée.

5. Au dernier jour de mai, quel que soit le nombre des membres présents, il se constitueront en Assemblée nationale législative.

6. Les représentants prononceront tous ensemble au nom du peuple français le serment de vivre libres ou mourir.

Ils prêteront ensuite individuellement le serment de maintenir de tout leur pouvoir la Constitution du royaume, décrétée par l'Assemblée nationale constituante aux années 1789, 1790 et 1791; de ne rien proposer ni consentir dans le cours de la législature, qui puisse y porter atteinte, et d'être en tout fidèles à la nation, à la loi et au roi.

7. Les représentants de la nation sont inviolables: ils ne pourront être recherchés, accusés ni jugés en aucun temps pour ce, qu'ils auront dit, écrit ou fait dans l'exercice de leurs fonctions de représentants.

5. Die Wahlversammlungen haben das Recht, die Eigenschaft und die Vollmachten derer, die sich dort zeigen, zu prüfen. Ihre Entscheidungen sollen vorläufig ausgeführt werden, vorbehaltlich des Urteils der gesetzgebenden Körperschaft bei der Prüfung der Vollmachten der Abgeordneten.

6. In keinem Falle und unter keinem Vorwande können der König oder einer der von ihm ernannten Beamten Kenntnis von Fragen nehmen, die sich auf die Richtigkeit der Einberufungen, die Abhaltung der Versammlungen, die Form der Wahlen oder die politischen Rechte der Bürger beziehen, unter Vorbehalt der Aufgaben der königlichen Kommissare in den durch das Gesetz bestimmten Fällen und der Fragen bezüglich der politischen Rechte der Bürger, die vor die Gerichtshöfe gebracht werden müssen.

Abschnitt V. Zusammentritt der Abgeordneten zur gesetzgebenden Nationalversammlung

Artikel 1. Die Abgeordneten treten am ersten Montag im Monat Mai am Sitzungsort der letzten Legislatur zusammen.

2. Sie vereinigen sich vorläufig unter dem Vorsitz des Alterspräsidenten zur Versammlung, um die Vollmachten der anwesenden Abgeordneten zu prüfen.

3. Sobald 373 Mitglieder geprüft sind, konstituieren sie sich als gesetzgebende Nationalversammlung. Sie wählt einen Präsidenten, einen Vizepräsidenten und Sekretäre und beginnt mit der Ausübung ihrer Aufgaben.

4. Während des Monats Mai kann die Versammlung keinen gesetzgebenden Akt vornehmen, wenn die Zahl der anwesenden Abgeordneten weniger als 373 Mitglieder beträgt.

Sie kann einen Beschluß fassen, daß die abwesenden Mitglieder sich spätestens binnen 14 Tagen bei einer Strafe von 3000 Pfund an ihre Aufgaben begeben, wenn sie nicht eine Entschuldigung, die durch die Versammlung als rechtmäßig anerkannt wird, vorweisen.

5. Am letzten Mai konstituieren sie sich zur gesetzgebenden Nationalversammlung, welches auch die Zahl der anwesenden Mitglieder sei.

6. Die Abgeordneten sprechen gemeinsam im Namen des französischen Volkes den Eid aus, frei zu leben oder zu sterben.

Anschließend leisten sie jeder für sich den Eid, mit aller Kraft die durch die verfassunggebende Nationalversammlung in den Jahren 1789, 1790 und 1791 beschlossene Verfassung des Königreiches aufrechtzuerhalten, während der Dauer der Legislatur nichts vorzuschlagen oder zu bewilligen, was sie verletzen kann und in allem der Nation, dem Gesetz und dem Könige treu zu sein.

7. Die Abgeordneten der Nation sind unverletzlich. Sie können zu keiner Zeit für das, was sie in Ausübung ihrer Aufgaben als Abgeordnete gesagt, geschrieben oder getan haben, verfolgt, angeklagt oder verurteilt werden.

8. Ils pourront pour faits criminels être saisis en flagrant délit ou en vertu d'un mandat d'arrêt; mais il en sera donné avis sans délai au corps législatif; et la poursuite ne pourra être continuée qu'après que le corps législatif aura décidé, qu'il y a lieu à accusation.

Chapitre II. De la royauté, de la régence et des ministres

Section I. De la royauté et du roi

Article 1. La royauté est indivisible et déléguée héréditairement à la race régnante de mâle en mâle, par ordre de primogéniture, à l'exclusion perpétuelle des femmes et de leur descendance.

(Rien n'est préjugé sur l'effet des renonciations dans la race actuellement régnante.)

2. La personne du roi est inviolable et sacrée; son seul titre est Roi des Français.

3. Il n'y a point en France d'autorité supérieure à celle de la loi; le roi ne règne que par elle, et ce n'est qu'au nom de la loi, qu'il peut exiger l'obéissance.

4. Le roi, à son avénement au trône, ou dès qu'il aura atteint sa majorité, prêtera à la nation en présence du corps législatif le serment d'être fidèle à la nation et à la loi, d'employer tout le pouvoir, qui lui est délégué, à maintenir la Constitution décrétée par l'Assemblée nationale constituante aux années 1789, 1790 et 1791 et à faire exécuter les lois.

Si le corps législatif n'est pas assemblé, le roi fera publier une proclamation, dans laquelle seront exprimés ce serment et la promesse de le réitérer aussitôt que le corps législatif sera réuni.

5. Si un mois aprés l'invitation du corps législatif le roi n'a pas prêté ce serment, ou si, après l'avoir prêté, il le rétracte, il sera censé avoir abdiqué la royauté.

6. Si le roi se met à la tête d'une armée et en dirige les forces contre la nation, ou s'il ne s'oppose pas par un acte formel à une telle entreprise, qui s'exécuterait en son nom, il sera censé avoir abdiqué la royauté.

7. Si le roi, étant sorti du royaume, n'y rentrait pas après l'invitation, qui lui en serait faite par le corps législatif, et dans le délai, qui sera fixé par la proclamation, lequel ne pourra être moindre de deux mois, il serait censé avoir abdiqué la royauté.

Le délai commencera à courir du jour, où la proclamation du corps législatif aura été publiée dans le lieu de ses séances; et les ministres seront tenus sous leur responsabilité, de faire tous les actes du pouvoir exécutif, dont l'exercice sera suspendu dans la main du roi absent.

8. Sie können im Falle eines Verbrechens auf offener Tat oder auf Grund eines Haftbefehls ergriffen werden. Es muß aber sogleich der gesetzgebenden Körperschaft Nachricht gegeben werden, und der Prozeß kann nur dann seinen Fortgang nehmen, wenn die gesetzgebende Körperschaft entschieden hat, daß die Anklage stattfinde.

Kapitel II. Vom Königtum, der Regentschaft und den Ministern

Abschnitt I. Vom Königtum und dem König

Artikel 1. Das Königtum ist unteilbar und dem regierenden Hause im Mannesstamm nach dem Rechte der Erstgeburt erblich übertragen unter dauerndem Ausschluß der Frauen und ihrer Nachkommenschaft. (Über die Wirkung von Verzichtleistungen im gegenwärtig regierenden Hause ist nichts im voraus bestimmt.)

2. Die Person des Königs ist unverletzlich und heilig. Sein einziger Titel ist König der Franzosen.

3. Es gibt in Frankreich keine Autorität, die über dem Gesetz steht. Der König regiert nur durch dieses. Und nur im Namen des Gesetzes kann er Gehorsam verlangen.

4. Der König soll bei seiner Thronbesteigung, oder sobald er großjährig geworden ist, der Nation in Gegenwart der gesetzgebenden Körperschaft den Eid leisten, der Nation und dem Gesetze treu zu sein, alle ihm übertragene Macht zur Aufrechterhaltung der durch die verfassunggebende Nationalversammlung in den Jahren 1789, 1790 und 1791 beschlossenen Verfassung anzuwenden und die Gesetze ausführen zu lassen.

Wenn die gesetzgebende Körperschaft nicht versammelt ist, wird der König eine Proklamation erlassen, in der dieser Eid und das Versprechen, ihn zu wiederholen, sobald die gesetzgebende Körperschaft zusammengetreten ist, enthalten ist.

5. Wenn der König einen Monat nach der Aufforderung durch die gesetzgebende Körperschaft den Eid nicht geleistet hat, oder wenn er ihn zurücknimmt, nachdem er ihn geleistet hat, wird angenommen, daß er abgedankt hat.

6. Wenn der König sich an die Spitze einer Armee stellt und ihre Kräfte gegen die Nation führt, oder wenn er sich nicht durch einen formellen Akt einem solchen Unternehmen, das in seinem Namen durchgeführt wird, widersetzt, wird angenommen, daß er abgedankt hat.

7. Wenn der König das Königreich verlassen hat und dorthin nicht nach einer Aufforderung durch die gesetzgebende Körperschaft in der in der Proklamation festgesetzten Frist, die nicht unter zwei Monaten sein darf, zurückkehrt, wird angenommen, daß er abgedankt hat.

Die Frist beginnt von dem Tage an zu laufen, an dem die Proklamation von der gesetzgebenden Körperschaft inmitten ihrer Versammlung verkündet worden ist. Die Miniser sind verantwortlich und verpflichtet, alle Akte der vollziehenden Gewalt auszuführen, deren Ausübung in der Hand des abwesenden Königs liegen würde.

8. Après l'abdication expresse ou légale le roi sera dans la classe des citoyens et pourra être accusé et jugé comme eux pour les actes postérieurs à son abdication.

9. Les biens particuliers, que le roi possède à son avénement au trône, sont réunis irrévocablement au domaine de la nation: il a la disposition de ceux, qu'il acquiert a titre singulier; s'il n'en a pas disposé, ils sont pareillement réunis à la fin du règne.

10. La nation pourvoit à la splendeur du trône par une liste civile, dont le corps législatif déterminera la somme à chaque changement de règne, pour toute la durée du règne.

11. Le roi nommera un administrateur de la liste civile, qui exercera les actions judiciaires du roi, et contre lequel toutes les actions à la charge du roi seront dirigées et les jugements prononcés. Les condamnations obtenues par les créanciers de la liste civile seront exécutoires contre l'administrateur personellement et sur ses propres biens.

12. Le roi aura, indépendamment de la garde d'honneur, qui lui sera fournie par les citoyens gardes nationales du lieu de sa résidence, une garde payée sur les fonds de la liste civile; elle ne pourra excéder le nombre de 1200 hommes à pied et de 600 hommes à cheval.

Les grades et les règles d'avancement y seront les mêmes que dans les troupes de ligne; mais ceux, qui composeront la garde du roi, rouleront pour tous les grades exclusivement sur aux-mêmes et ne pourront en obtenir aucun dans l'armée de ligne.

Le roi ne pourra choisir les hommes de sa garde que parmi ceux, qui sont actuellement en activité de service dans les troupes de ligne, ou parmi les citoyens, qui ont fait depuis un an le service de gardes nationales, pourvu qu'ils soient résidants dans le royaume, et qu'ils aient précédemment prêté le serment civique.

La garde du roi ne pourra être commandée ni requise pour aucun autre service public.

Section II. De la régence

Article 1. Le roi est mineur jusqu'à l'âge de 18 ans accomplis; et pendant sa minorité il y a un régent du royaume.

2. La régence appartient au parent du roi le plus proche en degré, suivant l'ordre de l'hérédité au trône, et âgé de 25 ans accomplis, pourvu qu'il soit Français et regnicole, qu'il ne soit pas héritier présomptif d'une autre couronne et qu'il ait précédemment prêté le serment civique.

Les femmes sont exclues de la régence.

3. Si un roi mineur n'avait aucun parent réunissant les qualités ci-dessus exprimées, le régent du royaume sera élu ainsi qu'il va être dit aux articles suivants.

4. Le corps législatif ne pourra élire le régent.

8. Nach der ausdrücklichen oder gesetzlichen Abdankung gehört der König zur Klasse der Bürger und kann für Handlungen nach seiner Abdankung wie sie angeklagt und verurteilt werden.

9. Der Privatbesitz, den der König bei seiner Thronbesteigung besitzt, wird unwiderruflich mit den Nationalgütern vereinigt. Er hat über die, die er unter einem besonderen Titel erwirbt, die Verfügung. Wenn er über sie nicht verfügt, werden sie bei Ende seiner Regierung gleichfalls einverleibt.

10. Die Nation sorgt für den Glanz des Thrones durch eine Zivilliste, deren Summe die gesetzgebende Körperschaft bei jedem Regierungswechsel für die ganze Dauer der Regierung festlegt.

11. Der König ernennt einen Verwalter der Zivilliste, der die gerichtliche Vertretung des Königs übernimmt und gegen den alle Klagen gegen den König gerichtet und alle Urteile verkündet werden. Durch die Gläubiger der Zivilliste erlangte Urteile werden gegen den Verwalter persönlich und auf seinen eigenen Gütern vollstreckt.

12. Der König hat unabhängig von der Ehrengarde, die ihm am Orte seiner Residenz durch die Bürger der Nationalgarde gestellt wird, eine aus den Mitteln der Zivilliste bezahlte Garde. Sie darf die Zahl von 1200 Mann zu Fuß und 600 zu Pferde nicht überschreiten. Die Dienstgrade und die Beförderungsregeln sind die gleichen wie bei den Linientruppen. Aber diejenigen, welche die Garde des Königs bilden, beschränken sich in ihren Dienstgraden ausschließlich auf diese und können keinen anderen in der Linientruppe erhalten.

Der König kann die Männer seiner Garde nur unter denen wählen, die augenblicklich aktiv in den Linientruppen dienen oder unter den Bürgern, die ein Jahr in der Nationalgarde Dienst getan haben, vorausgesetzt, daß sie im Königreich wohnen und daß sie vorher den Bürgereid geleistet haben.

Die Garde des Königs kann für keinen anderen öffentlichen Dienst befohlen oder verwendet werden.

Abschnitt II. Von der Regentschaft

Artikel 1. Der König ist bis zum vollendeten 18. Lebensjahre minderjährig. Während seiner Minderjährigkeit gibt es einen Regenten des Königtums.

2. Die Regentschaft steht dem nächsten Verwandten des Königs nach der Erbfolge am Throne zu, wenn er das 25. Lebensjahr vollendet hat, Franzose und Staatsangehöriger ist, nicht voraussichtlicher Erbe einer anderen Krone ist und zuvor den Bürgereid geleistet hat. Frauen sind von der Regentschaft ausgeschlossen.

3. Wenn ein minderjähriger König keinen Verwandten hat, der diese oben angeführten Eigenschaften vereinigt, wird der Regent des Königs gemäß den folgenden Artikeln gewählt werden.

4. Nur die gesetzgebende Körperschaft kann den Regenten wählen.

5. Les électeurs de chaque district se réuniront au chef-lieu de district d'après une proclamation, qui sera faite dans la première semaine du nouveau règne par le corps législatif, s'il est réuni; et s'il était séparé, le ministre de la justice sera tenu de faire cette proclamation dans la même semaine.

6. Les électeurs nommeront en chaque district au scrutin individuel et à la pluralité absolue des suffrages un citoyen éligible et domicilié dans le district, auquel ils donneront par le procès-verbal de l'élection un mandat spécial borné à la seule fonction d'élire le citoyen, qu'il jugera en son âme et conscience le plus digne d'être élu régent du royaume.

7. Les citoyens mandataires nommés dans les districts seront tenus de se rassembler dans la ville, où le corps législatif tiendra sa séance, le quarantième jour, au plus tard, à partir de celui de l'avénement du roi mineur au trône, et ils formeront l'assemblée électorale, qui procédera à la nomination du régent.

8. L'élection du régent sera faite au scrutin individuel et à la pluralité absolue des suffrages.

9. L'assemblée électorale ne pourra s'occuper que de l'élection et se séparera, aussitôt que l'élection sera terminée; tout autre acte, qu'elle entreprendrait de faire, est déclaré inconstitutionnel et de nul effect.

10. L'assemblée électorale fera présenter par son président le procès-verbal de l'élection au corps législatif, qui, après avoir vérifié la régularité de l'élection, la fera publier dans tout le royaume par une proclamation.

11. Le régent exerce jusqu'à la majorité du roi toutes les fonctions de la royauté et n'est pas personnellement responsable des actes de son administration.

12. Le régent ne peut commencer l'exercice de ses fonctions, qu'après avoir prêté à la nation en présence du corps législatif le serment d'être fidèle à la nation, à la loi et au roi; d'employer tout le pouvoir délégué au roi, et dont l'exercice lui est confié pendant la minorité du roi, à maintenir la constitution décrétée par l'Assemblée nationale constituante aux années 1789, 1790 et 1791 et à faire exécuter les lois.

Si le corps législatif n'est pas assemblé, le régent fera publier une proclamation, dans laquelle seront exprimés ce serment et la promesse de le réitérer, aussitôt que le corps législatif sera réuni

13. Tant que le régent n'est pas entré en exercice des ses fonctions, la sanction des lois demeure suspendue; les ministres continuent de faire sous leur responsabilité tous les actes du pouvoir exécutif.

5. Die Wahlmänner jedes Distrikts treten am Hauptort des Distrikts auf Grund einer Proklamation zusammen, die in der ersten Woche der neuen Herrschaft durch die gesetzgebende Körperschaft erlassen wird, falls sie vereinigt ist. Wenn sie auseinandergegangen ist, ist der Justizminister angewiesen, diese Proklamation in der gleichen Woche zu erlassen.

6. Die Wahlmänner wählen in jedem Distrikt in persönlicher Abstimmung mit der absoluten Mehrheit der Stimmen einen in dem Distrikt wählbaren und ansässigen Bürger, dem sie durch das Wahlprotokoll den besonderen, auf die einzige Aufgabe beschränkten Auftrag geben, den Bürger zu wählen, den er seinem Gewissen nach für den würdigsten hält, als Regent des Königreichs gewählt zu werden.

7. Die in den Distrikten gewählten beauftragten Bürger sind angewiesen, sich spätestens am 40. Tag nach der Thronbesteigung des minderjährigen Königs in der Stadt, in der die gesetzgebende Körperschaft ihre Sitzungen abhält, zu versammeln und die Wahlversammlung zu bilden, welche die Wahl des Regenten vornimmt.

8. Die Wahl des Regenten erfolgt in persönlicher Abstimmung mit absoluter Stimmenmehrheit.

9. Die Wahlversammlung kann sich nur mit der Wahl beschäftigen und löst sich auf, sobald die Wahl beendet ist. Jede andere Handlung, die sie unternehmen würde, ist verfassungswidrig und nichtig.

10. Die Wahlversammlung wird durch ihren Präsidenten das Protokoll der Wahl der gesetzgebenden Körperschaft übergeben, die es nach der Prüfung der Rechtmäßigkeit der Wahl durch eine Proklamation im ganzen Königreich veröffentlichen wird.

11. Der Regent übt bis zur Großjährigkeit des Königs alle Obliegenheiten des Königtums aus und ist für die Handlungen seiner Verwaltung nicht persönlich verantwortlich.

12. Der Regent kann die Ausübung seiner Obliegenheiten nur beginnen, nachdem er der Nation in Gegenwart der gesetzgebenden Körperschaft den Eid geleistet hat, der Nation, dem Gesetz und dem König treu zu sein, alle dem König übertragene Macht, deren Ausübung ihm während der Minderjährigkeit des Königs anvertraut ist, zur Aufrechterhaltung der durch die verfassunggebende Nationalversammlung in den Jahren 1789, 1790 und 1791 beschlossenen Verfassung anzuwenden und die Gesetze ausführen zu lassen.

Wenn die gesetzgebende Körperschaft nicht versammelt ist, wird der Regent eine Proklamation erlassen, in der dieser Eid und das Versprechen, ihn zu wiederholen, sobald die gesetzgebende Körperschaft zusammengetreten ist, enthalten ist.

13. Solange der Regent die Ausübung seiner Obliegenheiten nicht begonnen hat, bleibt die Sanktion der Gesetze aufgeschoben. Die Minister fahren fort, unter ihrer Verantwortlichkeit alle Handlungen der vollziehenden Gewalt auszuführen.

14. Aussitôt que le régent aura prêté le serment, le corps législatif déterminera son traitement, lequel ne pourra être changé pendant la durée de la régence.

15. Si à raison de la minorité d'âge du parent, appelé à la régence, elle a été dévolue à un parent plus éloigné ou déférée par élection, le régent, qui sera entre en exercice, continuera ses fonctions jusqu'à la majorité du roi.

16. La régence du royaume ne confère aucun droit sur la personne du roi mineur.

17. La garde du roi mineur sera confiée à sa mère; et s'il n'a pas de mère ou si elle est remariée au temps de l'avénement de son fils au trône ou si elle se remarie pendant la minorité. la garde sera déférée par le corps législatif.

Ne peuvent être élus pour la garde du roi mineur ni le régent et ses descendants ni les femmes.

18. En cas de démence du roi, notoirement reconnue, légalement constatée et déclarée par le corps législatif après trois déliberations successivement prises de mois en mois, il y a lieu à la régence tant, que la démence dure.

Section III. De la famille du roi

Article 1. L'héritier présomptif portera le nom de prince royal.

Il ne peut sortir du royaume sans un décret du corps législatif et le consentement du roi.

S'il en est sorti, et si, étant parvenu à l'âge de 18 ans, il ne rentre pas en France, après avoir été requis par une proclamation du corps législatif, il est censé avoir abdiqué le droit de succession au trône.

2. Si l'héritier présomptif est mineur, le parent majeur, premier appelé à la régence, est tenu de résider dans le royaume.

Dans le cas, où il en serait sorti et n'y rentrerait pas sur la réquisition du corps législatif, il sera censé avoir abdiqué son droit à la régence.

3. La mère du roi mineur, ayant sa garde, ou le gardien élu, s'ils sortent du royaume, sont déchus de la garde.

Si la mère de l'héritier présomptif mineur sortait du royaume, elle ne pourrait, même après son retour, avoir la garde de son fils mineur devenu roi que par un décret du corps législatif.

14. Sobald der Regent den Eid geleistet hat, setzt die gesetzgebende Körperschaft sein Gehalt fest, das während der Dauer der Regentschaft nicht verändert werden darf.

15. Wenn sie auf Grund der Minderjährigkeit des zur Regentschaft berufenen Verwandten einem entfernteren Verwandten zugefallen oder durch Wahl übertragen ist, wird der Regent, der ihre Ausübung begonnen hat, seine Obliegenheiten bis zur Großjährigkeit des Königs fortsetzen.

16. Die Regentschaft des Königtums erteilt kein Recht auf die Person des minderjährigen Königs.

17. Die Aufsicht über den minderjährigen König soll seiner Mutter anvertraut sein. Wenn er keine Mutter hat, oder wenn sie zur Zeit der Thronbesteigung ihres Sohnes wieder verheiratet ist oder sich während seiner Minderjährigkeit wieder verheiratet, wird die Aufsicht durch die gesetzgebende Körperschaft übertragen.

Für die Aufsicht über den minderjährigen König können der Regent, seine Nachkommen und Frauen nicht gewählt werden.

18. Im Falle der notorisch anerkannten Geistesgestörtheit des Königs, die durch die gesetzgebende Körperschaft in drei mit Monatsfrist aufeinanderfolgenden Beratungen gesetzlich festgestellt und erklärt werden muß, findet eine Regentschaft statt, solange die Geistesgestörtheit andauert.

Abschnitt III. Von der Familie des Königs

Artikel 1. Der voraussichtliche Thronerbe führt den Namen Königlicher Prinz.

Er kann das Königreich ohne einen Beschluß der gesetzgebenden Körperschaft und die Zustimmung des Königs nicht verlassen.

Wenn er es verlassen hat und nach Erlangung des 18. Lebensjahres nicht nach Frankreich zurückkehrt, nachdem er durch eine Proklamation der gesetzgebenden Körperschaft dazu aufgefordert worden ist, so wird angenommen, daß er auf das Recht der Thronfolge verzichtet hat.

2. Wenn der voraussichtliche Thronerbe minderjährig ist, ist der großjährige Verwandte, der als erster zur Regentschaft berufen ist, verpflichtet, im Königreich zu residieren.

Im Falle, daß er es verläßt und auf Anfordern der gesetzgebenden Körperschaft nicht zurückkehrt, wird angenommen, daß er auf sein Recht an der Regentschaft verzichtet.

3. Die Mutter des minderjährigen Königs, die seine Aufsicht hat, oder der erwählte Hüter gehen der Aufsicht verlustig, wenn sie das Königreich verlassen.

Wenn die Mutter des voraussichtlichen minderjährigen Thronerben das Königreich verlassen würde, könnte sie auch nach ihrer Rückkehr die Aufsicht über ihren minderjährigen, inzwischen König gewordenen Sohn nur durch einen Beschluß der gesetzgebenden Körperschaft erlangen.

4. Il sera fait une loi, pour régler l'éducation du roi mineur et celle de l'héritier présomptif mineur.

5. Les membres de la famille du roi, appelés à la succession éventuelle au trône, jouissent des droits de citoyen actif, mais ne sont éligibles à aucune des places, emplois ou fonctions, qui sont à la nomination du peuple.

A l'exception des départements du ministère ils sont susceptibles des places et emplois à la nomination du roi; néanmoins ils ne pourront commander en chef aucune armée de terre ou de mer ni remplir les fonctions d'ambassadeurs qu'avec le consentement du corps législatif, accordé sur la proposition du roi.

6. Les membres de la famille du roi, appelés à la succession éventuelle au trône, ajouteront la dénomination de princes français au nom, qui leur aura été donné dans l'acte civil constatant leur naissance, et ce nom ne pourra être ni patronimique ni formé d'aucune des qualifications abolies par la présente Constitution.

La dénomination de prince ne pourra être donnée à aucun autre individu et n'emportera aucun privilège ni aucune exception au droit commun de tous les Français.

7. Les actes, par lesquels seront légalement constatés les naissances, mariages et décès des princes français, seront présentés au corps législatif, qui en ordonnera le dépôt dans ses archives.

8. Il ne sera accordé aux membres de la famille du roi aucun apanage réel.

Les fils puinés du roi recevront à l'âge de 25 ans accomplis ou lors de leur mariage une rente apanagère, laquelle séra fixée par le corps législatif et finira à l'extinction de leur postérité masculine.

Section IV. Des ministres

Article 1. Au roi seul appartiennent le choix et la révocation des ministres.

2. Les membres de l'Assemblée nationale actuelle et des législatures suivantes, les membres du tribunal de cassation, et ceux, qui serviront dans le haut-juré, ne pourront être promus au ministère, ni recevoir aucunes places, dons, pensions, traitements ou commission du pouvoir exécutif ou de ses agents pendant la durée de leurs fonctions ni pendant deux ans, après en avoir cessé l'exercice.

Il en sera de même de ceux, qui seront seulement inscrits sur la liste du haut-juré, pendant tout le temps, que durera leur inscription.

3. Nul ne peut entrer en exercice d'aucun emploi, soit dans les bureaux du ministère, soit dans ceux des régies ou administrations des revenus publics, ni en

4. Es wird ein Gesetz erlassen werden, um die Erziehung des minderjährigen Königs und die des voraussichtlichen minderjährigen Thronerben zu regeln.

5. Die Mitglieder der königlichen Familie, die gegebenenfalls zur Thronfolge berufen sind, genießen die Rechte aktiver Staatsbürger. Sie sind aber zu allen Stellungen, Beamtungen und Funktionen, die von der Wahl des Volkes abhängen, nicht wählbar.

Mit Ausnahme der Ministerien, können sie Stellungen und Beamtungen bekleiden, die von der Ernennung des Königs abhängen. Doch können sie Streitkräfte zu Wasser oder zu Lande nur befehligen und die Obliegenheiten eines Botschafters nur ausfüllen mit der Zustimmung der gesetzgebenden Körperschaft in Übereinstimmung mit einem Vorschlag des Königs.

6. Die Mitglieder der königlichen Familie, die gegebenenfalls zur Thronfolge berufen sind, fügen den Namen „Französischer Prinz" dem Namen zu, der ihnen bei der standesamtlichen Eintragung ihrer Geburt gegeben worden ist. Dieser Name kann kein Geschlechtsname sein noch irgendeine der durch die gegenwärtige Verfassung abgeschafften Eigenschaften begründen.

Der Beiname „Prinz" kann keiner anderen Person gegeben werden. Er ist mit keinem Privileg und keiner Ausnahme von dem allen Franzosen gemeinsamen Rechte verbunden.

7. Die Akte, durch die Geburten, Heiraten und Sterbefälle der französischen Prinzen gesetzlich festgestellt werden, werden der gesetzgebenden Körperschaft eingereicht, die deren Aufnahme in ihre Archive anordnet.

8. Den Mitgliedern der königlichen Familie soll keine Apanage an Grundbesitz bewilligt werden.

Die nachgeborenen Söhne des Königs erhalten nach vollendetem 25. Lebensjahr oder im Falle ihrer Heirat eine Leibrente, die durch die gesetzgebende Körperschaft festgelegt wird und mit dem Erlöschen ihrer männlichen Nachkommenschaft endet.

Abschnitt IV. Von den Ministern

Artikel 1. Allein dem König steht die Wahl und die Entlassung der Minister zu.

2. Die Mitglieder der gegenwärtigen Nationalversammlung und die der folgenden Legislaturen, die Mitglieder des Kassationshofes und die des Hochgeschworenengerichts können nicht in das Ministerium eintreten noch irgendwelche Stellungen, Geschenke, Pensionen, Gehälter oder Aufträge der vollziehenden Gewalt oder ihrer Beamten während der Dauer ihres Amtes und binnen zweier Jahre nach dessen Niederlegung erhalten.

Dasselbe gilt von denen, die nur auf der Liste des Hochgeschworenengerichts eingeschrieben sind, während der ganzen Zeit ihrer Eintragung.

3. Keiner darf die Ausübung irgendeines Amtes in den Büros der Ministerien, in denen der Aufsicht oder der Verwaltung der öffentlichen Einkünfte noch überhaupt

général d'aucun emploi à la nomination du pouvoir exécutif, sans prêter le serment civique ou sans justifier, qu'il l'a prêté.

4. Aucun ordre du roi ne pourra être exécuté, s'il n'est signé par lui et contresigné par le ministre ou l'ordonnateur du département.

5. Les ministres sont responsables de tous les délits par eux commis contre la sûreté nationale et la Constitution;

De tout attentat à la propriété et à la liberté individuelle;

De toute dissipation des deniers destinés aux dépenses de leur département.

6. En aucun cas, l'ordre du roi, verbal ou par écrit, ne peut soustraire un ministre à la responsabilité.

7. Les ministres sont tenus de présenter chaque année au corps législatif à l'ouverture de la session l'aperçu des dépenses à faire dans leur département, de rendre compte de l'emploi des sommes, qui y étaient destinées, et d'indiquer les abus, qui auraient pu s'introduire dans les différentes parties du gouvernement.

8. Aucun ministre en place ou hors de place ne peut être poursuivi en matière criminelle pour fait de son administration sans un décret du corps législatif.

Chapitre III. De l'exercice du pouvoir législatif

Section I. Pouvoirs et fonctions de l'Assemblée nationale législative

Article 1. La Constitution délègue exclusivement au corps législatif les pouvoirs et fonctions ci-après:

1. De proposer et décréter les lois; le roi peut seulement inviter le corps législatif à prendre un objet en considération;
2. De fixer les dépenses publiques;
3. D'établir les contributions publiques, d'en déterminer la nature, la quotité, la durée et le mode de perception;
4. De faire la répartition de la contribution directe entre les départements du royaume, de surveiller l'emploi de tous les revenus publics et de s'en faire rendre compte;
5. De décréter la création ou la suppression des offices publics;
6. De déterminer le titre, le poids, l'empreinte et la dénomination des monnaies;
7. De permettre ou de défendre l'introduction des troupes étrangères sur le territoire français et des forces navales étrangères dans les ports du royaume;

irgendeines Amtes auf Grund der Ernennung der vollziehenden Gewalt beginnen, ohne den Bürgereid zu leisten oder zu belegen, daß er ihn geleistet hat.

4. Kein königlicher Befehl kann ausgeführt werden, wenn er nicht durch ihn gezeichnet und durch den Minister oder den Vorgesetzten des Departements gegengezeichnet ist.

5. Die Minister sind verantwortlich für alle Verbrechen, die durch sie gegen die nationale Sicherheit und die Verfassung begangen werden,
für jeden Angriff auf das Eigentum und die persönliche Freiheit,
für jede Verschwendung der für die Ausgaben ihres Departements bestimmten Gelder.

6. In keinem Fall kann der mündliche oder schriftliche Befehl des Königs einen Minister von seiner Verantwortlichkeit entbinden.

7. Die Minister sind verpflichtet, jedes Jahr bei Eröffnung der Sitzungsperiode der gesetzgebenden Körperschaft eine Übersicht über die Ausgaben ihres Departements zu geben, Rechenschaft abzulegen über die Verwendung der dafür bestimmten Summen und die Mißbräuche anzuzeigen, die sich in die verschiedenen Zweige der Regierung einschleichen konnten.

8. Kein im Dienst oder außer Dienst befindlicher Minister kann in Kriminalfällen seiner Verwaltung ohne einen Beschluß der gesetzgebenden Körperschaft verfolgt werden.

Kapitel III. Von der Ausübung der gesetzgebenden Gewalt

Abschnitt I. Macht und Aufgaben der gesetzgebenden Nationalversammlung

Artikel 1. Die Verfassung überträgt der gesetzgebenden Körperschaft ausschließlich die folgenden Vollmachten und Aufgaben:

1. Gesetze vorzuschlagen und zu beschließen. Der König kann allein die gesetzgebende Körperschaft auffordern, eine Sache in Beratung zu nehmen;
2. die öffentlichen Ausgaben festzusetzen;
3. die öffentlichen Steuern anzusetzen, ihre Art, Höhe, Dauer und Erhebungsweise festzulegen;
4. die direkten Steuern unter die Departements des Königreiches zu verteilen, die Verwendung aller öffentlichen Einkünfte zu überwachen und sich davon Rechenschaft geben zu lassen;
5. die Errichtung oder Aufhebung der öffentlichen Ämter zu beschließen;
6. den Feingehalt, den Münzfuß, das Gepräge und die Benennung der Münzen zu bestimmen;
7. die Einführung fremder Truppen in französisches Gebiet oder fremder Seestreitkräfte in die Häfen des Königreiches zu erlauben oder zu verbieten;

8. De statuer annuellement après la proposition du roi sur le nombre d'hommes et de vaisseaux, dont les armées de terre et de mer seront composées; sur la solde et le nombre d'individus de chaque grade; sur les règles d'admission et d'avancement, les formes de l'enrôlement et du dégagement, la formation des équipages de mer; sur l'admission des troupes ou des forces navales étrangères au service de France et sur le traitement des troupes en cas de licenciement;

9. De statuer sur l'administration et d'ordonner l'aliénation des domaines nationaux;

10. De poursuivre devant la haute-cour nationale la responsabilité des ministres et des agents principaux du pouvoir exécutif;
D'accuser et de poursuivre devant la même cour, ceux qui seront prévenus d'attentat et de complot contre la sûreté générale de l'Etat ou contre la Constitution.

11. D'établir les lois, d'après lesquelles les marques d'honneur ou les décorations purement personelles seront accordées à ceux, qui ont rendu des services à l'Etat;

12. Le corps législatif a seul le droit de décerner les honneurs publics à la mémoire des grands hommes.

2. La guerre ne peut être décidée que par un décret du corps législatif, rendu sur la proposition formelle et nécessaire du roi et sanctionné par lui.

Dans le cas d'hostilités imminentes ou commencées, d'un allié à soutenir, ou d'un droit à conserver par la force des armes, le roi en donnera sans aucun délai la notification au corps législatif et en fera connaître les motifs. Si le corps législatif est en vacances, le roi le convoquera aussitôt.

Si le corps législatif décide, que la guerre ne doive pas être faite, le roi prendra sur-le-champ des mesures, pour faire cesser ou prévenir toutes hostilités, les ministres demeurant responsables des délais.

Si le corps législatif trouve, que les hostilités commencées soient une agression coupable de la part des ministres ou de quelque autre agent du pouvoir exécutif, l'auteur de l'agression sera poursuivi criminellement.

Pendant tout le cours de la guerre le corps législatif peut requérir le roi de négocier la paix; et le roi est tenu de déférer à cette réquisition.

A l'instant, où la guerre cessera, le corps législatif fixera le délai, dans lequel les

8. jährlich nach dem Vorschlag des Königs die Zahl der Männer und der Schiffe festzulegen, aus denen die Streitkräfte zu Wasser und zu Lande zusammengesetzt sind, den Sold und die Zahl der Personen jeden Dienstgrades, die Grundsätze der Zulassung und der Beförderung, die Formen der Werbung und der Entlassung, die Bildung der Schiffsbesatzungen, die Zulassung von fremden Truppen oder Seestreitkräften zum Dienste Frankreichs und die Besoldung der Truppen im Falle der Abmusterung;
9. über die Verwaltung zu entscheiden und die Veräußerung der Nationalgüter zu befehlen;
10. vor dem hohen Nationalgericht die Verantwortlichkeit der Minister und der vornehmsten Beamten der ausübenden Gewalt zu verfolgen;
    vor dem gleichen Gericht diejenigen zu verklagen und zu verfolgen, die eines Attentats oder einer Verschwörung gegen die allgemeine Sicherheit des Staates oder gegen die Verfassung verdächtig sind;
11. die Gesetze festzulegen, nach denen die rein persönlichen Ehrenzeichen und Auszeichnungen denen verliehen werden, die dem Staate Dienste geleistet haben;

12. die gesetzgebende Körperschaft hat allein das Recht, die öffentlichen Ehrungen zum Gedächtnis großer Männer zu beschließen.

2. Der Krieg kann nur durch ein Dekret der gesetzgebenden Körperschaft, das auf förmlichen und notwendigen Vorschlag des Königs erlassen und von ihm sanktioniert wird, beschlossen werden.

Im Falle drohender oder begonnener Feindseligkeiten, der Unterstützung eines Verbündeten oder der Wahrung eines Rechtes durch Waffengewalt wird der König ohne jede Verzögerung der gesetzgebenden Körperschaft davon Kenntnis und die Gründe bekannt geben. Wenn die gesetzgebende Körperschaft vertagt ist, wird der König sie alsbald zusammenrufen.

Wenn die gesetzgebende Körperschaft entscheidet, daß der Krieg nicht stattfinden darf, wird der König sogleich Maßnahmen ergreifen, um alle Feindseligkeiten zu beenden oder ihnen zuvorzukommen. Die Minister bleiben für den Verzug verantwortlich.

Wenn die gesetzgebende Körperschaft der Ansicht ist, daß die begonnenen Feindseligkeiten ein schuldhafter Angriff irgendeines Ministers oder eines anderen Beamten der ausübenden Macht sind, wird der Urheber des Angriffs strafrechtlich verfolgt werden.

Während des ganzen Verlaufes des Krieges kann die gesetzgebende Körperschaft den König ersuchen, über den Frieden zu verhandeln; und der König ist gehalten. diesem Ersuchen nachzukommen.

Im Augenblick des Kriegsendes wird die gesetzgebende Körperschaft die Frist

troupes, élevées au-dessus du pied de paix, seront congédiées, et l'armée réduite à son état ordinaire.

3. Il appartient au corps législatif de ratifier les traités de paix, d'alliance et de commerce; et aucun traité n'aura d'effet que par cette ratification.

4. Le corps législatif a le droit de déterminer le lieu de ses séances, de les continuer, autant qu'il le jugera nécessaire, et de s'ajourner. Au commencement de chaque règne, s'il n'est pas réuni, il sera tenu de se rassembler sans délai.

Il a le droit de police dans le lieu de ses séances et dans l'enceinte extérieure, qu'il aura déterminée.

Il a le droit de discipline sur ses membres; mais il ne peut prononcer de punition plus forte que la censure, les arrêts pour 8 jours ou la prison pour 3 jours.

Il a le droit de disposer pour sa sûreté et pour le maintien du respect, qui lui est dû, des forces, qui de son consentement seront établies dans la ville, où il tiendra ses séances.

5. Le pouvoir exécutif ne peut faire passer ou séjourner aucun corps de troupes de ligne dans la distance de 30 000 toises du corps législatif, si ce n'est sur sa réquisition ou avec son autorisation.

Section II. Tenue des séances, et forme de délibérer

Article 1. Les délibérations du corps legislatif seront publiques, et les procès-verbaux de ses séances seront imprimés.

2. Le corps législatif pourra cependant en toute occasion se former en comité général.

50 membres auront le droit de l'exiger.

Pendant la durée du comité général les assistants se retiretont, le fauteuil du président sera vacant, l'ordre sera maintenu par le vice-président.

3. Aucun acte législatif ne pourra être délibéré et décrété que dans la forme suivante.

4. Il sera fait trois lectures du projet de décret à trois intervalles, dont chacun ne pourra être moindre de 8 jours.

5. La discussion sera ouverte après chaque lecture; et néanmoins après la première ou seconde lecture le corps législatif pourra déclarer, qu'il y a lieu à l'ajournement ou qu'il n'y a pas lieu à délibérer; dans ce dernier cas le projet de décret pourra être representé dans la même session.

Tout projet de décret sera imprimé et distribué, avant que la seconde lecture puisse en être faite.

festsetzen, in der die über den Friedensstand hinaus ausgehobenen Truppen verabschiedet und die Armee auf ihren gewöhnlichen Stand zurückgeführt werden soll.

3. Es steht der gesetzgebenden Körperschaft zu, die Friedens-, Bündnis- und Handelsverträge zu ratifizieren. Jeder Vertrag tritt nur durch diese Ratifikation in Kraft.

4. Die gesetzgebende Körperschaft hat das Recht, den Ort ihrer Sitzungen festzusetzen, sie fortzuführen, solange sie es für notwendig hält, und sich zu vertagen. Zu Beginn jeder Regierung muß sie sich, wenn sie nicht beisammen ist, ohne Aufschub versammeln.

Sie hat das Polizeirecht am Sitzungsort und außerhalb in dem Umkreis, den sie bestimmen wird.

Sie hat das Disziplinarrecht über ihre Mitglieder. Aber sie darf keine härtere Strafe als den Tadel, Haft für 8 Tage oder Gefängnis für 3 Tage aussprechen.

Sie hat das Recht, zu ihrer Sicherheit und zur Erhaltung der Achtung, die man ihr schuldig ist, über die Streitkräfte zu verfügen, die mit ihrer Zustimmung in der Stadt liegen, in der ihre Sitzungen stattfinden.

5. Außer auf ihre Anforderung oder mit ihrer Ermächtigung darf die ausübende Gewalt keinen Teil der Linientruppen in einer Entfernung von 30 000 Klaftern[1] von der gesetzgebenden Körperschaft marschieren oder sich aufhalten lassen.

Abschnitt II. Abhaltung der Sitzungen. Form der Beratung

Artikel 1. Die Beratungen der gesetzgebenden Körperschaft sind öffentlich. Die Protokolle der Sitzungen werden gedruckt.

2. Die gesetzgebende Körperschaft kann sich indessen bei jeder Gelegenheit zu einem allgemeinen Ausschuß umbilden[2].

50 Mitglieder haben das Recht, es zu fordern.

Während der Dauer des allgemeinen Ausschusses zieht sich das Bureau zurück, der Stuhl des Präsidenten bleibt frei, die Ordnung wird durch den Vizepräsidenten aufrechterhalten.

3. Jeder gesetzgebende Akt kann nur in der folgenden Form beraten und beschlossen werden.

4. Es finden drei Lesungen des Gesetzesvorschlages in drei Zwischenzeiten, von denen jede wenigstens 8 Tage betragen soll, statt.

5. Nach jeder Lesung steht die Aussprache frei. Trotzdem kann nach der ersten oder zweiten Lesung die gesetzgebende Körperschaft erklären, daß die Vertagung oder keine Beratung stattfindet. Im letzteren Falle kann der Gesetzesvorschlag in der gleichen Sitzungsperiode wieder vorgelegt werden.

Jeder Gesetzesvorschlag wird gedruckt und verteilt, ehe die zweite Lesung stattfinden kann.

[1] *1,95 m, also etwa 60 km.*

[2] *D. h. unter Ausschluß der Öffentlichkeit tagen.*

6. Après la troisième lecture le président sera tenu de mettre en délibération, et le corps législatif décidera, s'il se trouve en état de rendre un décret définitif, ou s'il veut renvoyer la décisiou à un autre temps, pour recueillir les plus amples éclaircissements.

7. Le corps législatif ne peut délibérer, si la seance n'est composée de 200 membres au moins, et aucun décret ne sera formé que par la pluralité absolue des suffrages.

8. Tout projet de loi, qui, soumis à la discussion, aura été rejeté après la troisième lecture, ne pourra être représenté dans la même session.

9. Le préambule de tout décret définitif énoncera 1. les dates des séances, auxquelles les trois lectures du projet auront été faites; 2. le décret, par lequel il aura été arrêté après la troisième lecture, de décider définitivement.

10. Le roi refusera sa sanction au décret, dont le préambule n'attestera pas l'observation des formes ci-dessus: si quelqu'un de ces décrets était sanctionné, les ministres ne pourront le sceller ni le promulguer, et leur responsabilité à cet égard durera 6 années.

11. Sont exceptés des dispositions ci-dessus les décrets reconnus et déclarés urgents par une délibération préalable du corps législatif; mais ils peuvent être modifiés ou révoqués dans le cours de la même session.

Le décret, par lequel la matière aura été déclarée urgente, en énoncera les motifs; et il sera fait mention de ce décret préalable dans le préambule di décret définitif. senden.

Section III. De la sanction royale

Article 1. Les décrets du corps législatif sont présentés au roi, qui peut leur refuser son consentement.

2. Dans le cas, où le roi refuse son consentement, ce refus n'est que suspensif.

Lorsque les deux législatures, qui suivront celle, qui aura présenté le décret, auront successivement représenté le même décret dans les mêmes termes, le roi sera censé avoir donné la sanction.

3. Le consentement du roi est exprimé sur chaque décret par cette formule signée du roi: «le roi consent et fera exécuter.»

Le refus suspensif est exprimé par celle-ci: «le roi examinera».

4. Le roi est tenu d'exprimer son consentement ou son refus sur chaque décret dans les deux mois de la présentation.

5. Tout décret, auquel le roi a refusé son consentement, ne peut lui être représenté par la même législature.

6. Nach der dritten Lesung hat der Präsident das Gesetz zur Beratung zu stellen und die gesetzgebende Körperschaft zu entscheiden, ob ein endgültiger Beschluß stattfinden oder ob die Entscheidung auf einen anderen Zeitpunkt verschoben werden soll, um sich weitere Aufklärungen zu verschaffen.

7. Die gesetzgebende Körperschaft kann nicht beraten, wenn die Sitzung nicht wenigstens aus 200 Mitgliedern besteht und jeder Beschluß kann nur mit absoluter Stimmenmehrheit gefaßt werden.

8. Ein Gesetzesvorschlag, der der Aussprache unterworfen und nach der dritten Lesung abgelehnt worden ist, kann in der gleichen Sitzungsperiode nicht wieder vorgelegt werden.

9. Die Präambel jedes endgültigen Beschlusses soll enthalten 1. die Daten der Sitzungen, in denen die drei Lesungen des Vorschlages stattgefunden haben, 2. den Beschluß, durch den nach der 3. Lesung festgesetzt wurde, endgültig zu entscheiden.

10. Der König wird seine Sanktion einem Beschluß verweigern, dessen Präambel die Beachtung obiger Formen nicht bezeugt. Wenn einer dieser Beschlüsse schon sanktioniert wäre, können ihn die Minister weder besiegeln noch verkünden. Ihre Verantwortlichkeit in dieser Hinsicht wird 6 Jahre dauern.

11. Ausgenommen von den obigen Verfügungen sind die durch eine vorläufige Beratung der gesetzgebenden Körperschaft als dringend anerkannten und erklärten Beschlüsse; doch können sie im Verlauf der gleichen Sitzungsperiode verändert oder widerrufen werden. Der Beschluß, durch den der Gegenstand für dringend erklärt wird, muß die Gründe hierfür enthalten. Im Eingang des endgültigen Beschlusses wird des vorläufigen Beschlusses Erwähnung getan.

Abschnitt III. Von der königlichen Sanktion

Artikel 1. Die Beschlüsse der gesetzgebenden Körperschaft werden dem König vorgelegt, der ihnen seine Zustimmung verweigern kann.

2. Im Falle, daß der König seine Zustimmung verweigert, ist diese Verweigerung nur von aufschiebender Wirkung.

Wenn die beiden Legislaturen, die derjenigen folgen, die den Beschluß vorgelegt hat, nacheinander den gleichen Beschluß in der gleichen Fassung wiedervorlegen, so wird angenommen, daß der König seine Sanktion erteilt hat.

3. Die Zustimmung des Königs wird auf jedem Beschluß durch diese vom König unterzeichnete Formel ausgedrückt: „Der König stimmt zu und läßt es ausführen."

Die aufschiebende Verweigerung wird so ausgedrückt: „Der König wird prüfen."

4. Der König ist verpflichtet, seine Zustimmung oder seine Verweigerung auf jedem Dekret binnen zwei Monaten nach der Vorlage auszudrücken.

5. Ein Dekret, dem der König seine Zustimmung verweigert hat, kann ihm durch die gleiche Legislatur nicht wieder vorgelegt werden.

6. Les décrets sanctionnés par le roi et ceux, qui lui auront été présentés par trois législatures consécutives, ont force de loi et portent le nom et l'intitulé de lois.

7. Seront néanmoins exécutés comme lois, sans être sujets à la sanction, les actes du corps législatif concernant sa constitution en assemblée délibérante;

Sa police intérieure et celle, qu'il pourra exercer dans l'enceinte extérieure, qu'il aura déterminée;

La vérification des pouvoirs de ses membres présents.

Les injonctions aux membres absents;

La convocation des assemblées primaires en retard;

L'exercice de la police constitutionnelle sur les administateurs et sur les officiers municipaux;

Les questions soit d'éligibilité, soit de validité des élections.

Ne sont pareillement sujets à la sanction les actes relatifs à la responsabilité des ministres, ni les décrets portant, qu'il y a lieu à accusation.

8. Les décrets du corps législatif, concernant l'établissement, la prorogation et la perception des contributions publiques, porteront le nom et l'intitulé de lois. Ils seront promulgués et exécutés, sans être sujets à la sanction, si ce n'est pour les dispositions, qui établiraient des peines autres que des amendes et contraintes pécuniaires.

Ces décrets ne pourront être rendus qu'après l'observation des formalités prescrites par les articles 4, 5, 6, 7, 8 et 9 de la section II du présent chapitre; et le corps législatif ne pourra y insérer aucune disposition étrangère à leur objet.

Section IV. Relations du corps législatif avec le roi

Article 1. Lorsque le corps législatif est définitivement constitué, il envoie au roi une députation, pour l'en instruire. Le roi peut chaque année faire l'ouverture de la session et proposer les objets, qu'il croit devoir être pris en considération pendant le cours de cette session, sans néanmoins que cette formalité puisse être considérée comme nécessaire à l'activité du corps législatif.

2. Lorsque le corps législatif veut s'ajourner au-delà de quinze jours, il est tenu d'en prévenir le roi par une députation au moins 8 jours d'avance.

3. Huitaine au moins avant la fin de chaque session le corps législatif envoie

6. Die Beschlüsse, die durch den König sanktioniert sind und die, die ihm durch drei aufeinander folgende Legislaturen vorgelegt sind, haben Gesetzeskraft und führen den Namen und Titel „Gesetz".

7. Ohne der Sanktion unterworfen zu sein, werden als Gesetze ausgeführt die Akte der gesetzgebenden Körperschaft, die ihre Verfassung als beratende Versammlung betreffen;

die Polizei im Innern derselben und außerhalb in dem Umkreis, den sie bestimmen wird;

die Prüfung der Vollmachten ihrer anwesenden Mitglieder;

die Befehle an abwesende Mitglieder;

die Einberufung der Urversammlungen, wenn sie in Verzug sind;

die Ausübung der verfassungsmäßigen Polizei über die Verwaltungs- und Gemeindebeamten;

die Fragen der Wahlfähigkeit und der Gültigkeit von Wahlen.

Ebenso sind der Sanktion nicht unterworfen die Akte, welche die Verantwortlichkeit der Minister betreffen, und die Beschlüsse, die festlegen, daß eine Anklage stattfindet.

8. Die Beschlüsse der gesetzgebenden Körperschaft, welche die Einrichtung, die Verschiebung und die Erhebung von öffentlichen Steuern betreffen, tragen den Namen und Titel von Gesetzen. Sie werden, ohne der Sanktion unterworfen zu sein, verkündet und ausgeführt, wenn sie keine anderen Strafen als Bußen und Geldstrafen festsetzen.

Diese Beschlüsse können nur unter Beachtung der durch die Artikel 4, 5, 6, 7, 8 und 9 des II. Abschnittes dieses Kapitels vorgeschriebenen Formen gefaßt werden. Die gesetzgebende Körperschaft kann keine andersartige Verfügung diesem Gegenstand hinzufügen.

Abschnitt IV. Beziehungen der gesetzgebenden Körperschaft zum Könige

Artikel 1. Wenn die gesetzgebende Körperschaft endgültig gebildet ist, sendet sie dem König eine Abordnung, um ihn davon zu unterrichten. Der König kann jedes Jahr die Sitzungsperiode eröffnen und die Gegenstände vorschlagen, von denen er glaubt, daß sie während der Dauer dieser Sitzungsperiode in Beratung genommen werden müssen. Doch darf diese Förmlichkeit nicht als notwendig für die Tätigkeit der gesetzgebenden Körperschaft betrachtet werden.

2. Wenn die gesetzgebende Körperschaft sich länger als 14 Tage vertagen will, ist sie verpflichtet, den König wenigstens 8 Tage zuvor durch eine Abordnung davon zu benachrichtigen.

3. Wenigstens 8 Tage vor dem Ende jeder Sitzungsperiode schickt die gesetz-

au roi une députation, pour lui annoncer le jour, où il se propose de terminer ses séances. Le roi peut venir faire la clôture de la session.

4. Si le roi trouve important au bien de l'État, que la session soit continuée, ou que l'ajournement n'ait pas lieu, ou qu'il n'ait lieu que pour un temps moins long, il peut à cet effet envoyer un message, sur lequel le corps législatif est tenu de délibérer.

5. Le roi convoquera le corps législatif dans l'intervalle de ses sessions toutes les fois, que l'intérèt de l'État lui paraîtra l'exiger, ainsi que dans les cas, qui auront été prévus et déterminés par le corps législatif avant de s'ajourner.

6. Toutes les fois que le roi se rendra au lieu des séances du corps législatif, il sera reçu et reconduit par une députation; il ne pourra être accompagné dans l'intérieur de la salle que par le prince royal et par les ministres.

7. Dans aucun cas le président ne pourra faire partie d'une députation.

8. Le corps législatif cessera d'être corps délibérant, tant que le roi sera présent.

9. Les actes de la correspondance du roi avec le corps législatif seront toujours contre-signés par un ministre.

10. Les ministres du roi auront entrée dans l'assemblée nationale législative; ils y auront une place marquée.

Ils seront entendus, toutes les fois qu'ils le demanderont, sur les objets relatifs à leur administration, ou lors-qu'ils seront requis de donner des éclaircissements.

Ils seront également entendus sur les objets étrangers à leur administration, quand l'assemblée nationale leur accordera la parole.

Chapitre IV. De l'exercice du pouvoir exécutif

Article 1. Le pouvoir exécutif suprême réside exclusivement dans la main du roi.

Le roi est le chef suprême de l'administration générale du royaume: le soin de veiller au maintien de l'ordre et de la tranquillité publique lui est confié.

Le roi est le chef suprême de l'armée de terre et de l'armée de mer.

Au roi est délégué le soin de veiller à la sûreté extérieure du royaume et d'en maintenir les droits et les possessions.

2. Le roi nomme les ambassadeurs et les autres agents des négociations politiques.

Il confère le commandement des armées et des flottes et les grades de maréchal de France et d'amiral.

Il nomme les deux tiers de contre-amiraux, la moitié des lieutenants-généraux. maréchaux de camp, capitaines de vaisseaux et colonels de la gendarmerie nationale.

gebende Körperschaft dem König eine Abordnung, um ihm den Tag mitzuteilen, an dem sie vorhat, ihre Sitzungen zu beenden. Der König kann kommen, um den Abschluß der Sitzungsperiode vorzunehmen.

4. Wenn der König es dem Besten des Staates zuträglich findet, daß die Sitzungsperiode fortdauert oder daß keine Vertagung oder nur eine für kürzere Zeit stattfindet, kann er eine Botschaft senden, worüber die gesetzgebende Körperschaft beraten muß.

5. Der König wird die gesetzgebende Körperschaft in der Zeit zwischen den Sitzungsperioden jedesmal zusammenrufen, wenn es ihm das Staatsinteresse zu erfordern scheint, sowie in den Fällen, die durch die gesetzgebende Körperschaft vor ihrer Vertagung vorgesehen und bestimmt sind.

6. Sooft der König sich an den Sitzungsort der gesetzgebenden Körperschaft begibt, wird er durch eine Abordnung empfangen und zurückgeleitet. Er kann in das Innere des Saales nur durch den Kronprinzen und die Minister begleitet werden.

7. In keinem Fall darf der Präsident an einer Deputation teilnehmen.

8. Die gesetzgebende Körperschaft hört auf, eine beratende Körperschaft zu sein, wenn der König anwesend ist.

9. Die Akten des Schriftwechsels des Königs mit der gesetzgebenden Körperschaft sollen immer durch einen Minister gegengezeichnet sein.

10. Die königlichen Minister haben Zutritt zur gesetzgebenden Nationalversammlung. Sie haben dort einen bestimmten Platz.

Sie sollen jedesmal über Gegenstände ihrer Verwaltung gehört werden, wenn sie es fordern, oder wenn sie ersucht werden. Aufklärungen zu geben.

Sie sollen ebenso über Gegenstände gehört werden, die ihrer Verwaltung fremd sind, wenn die Nationalversammlung ihnen das Wort erteilt.

Kapitel IV. Von der Ausübung der vollziehenden Gewalt

Artikel 1. Die vollziehende Gewalt ruht ausschließlich in der Hand des Königs.

Der König ist der oberste Chef der allgemeinen Verwaltung des Königreiches. Die Sorge, über die Aufrechterhaltung der öffentlichen Ordnung und Ruhe zu wachen, ist ihm anvertraut.

Der König ist der oberste Chef der Streitkräfte zu Wasser und zu Lande.

Dem König ist die Sorge übertragen, über die äußere Sicherheit des Königreiches zu wachen und dessen Rechte und Besitzungen zu erhalten.

2. Der König ernennt die Botschafter und die anderen diplomatischen Geschäftsträger.

Er verleiht das Kommando über Armee und Flotte und die Würden eines Marschalls und eines Admirals von Frankreich.

Er ernennt zwei Drittel der Konteradmiräle, die Hälfte der Generalleutnante, Generalmajore, Kapitäne von Kriegsschiffen und Obersten der Nationalgarde.

Il nomme le tiers des colonels et des lieutenants-colonels et le sixième des lieutenants de vaisseaux.

Le tout en se conformant aux lois sur l'avancement.

Il nomme dans l'administration civile de la marine les ordonnateurs, les contrôleurs, les trésoriers des arsenaux, les chefs des travaux, sous-chefs des bâtiments civils, la moitié des chefs d'administration et des sous-chefs de construction.

Il nomme les commissaires auprès des tribunaux.

Il nomme les préposés en chef aux régies des contributions indirectes et à l'administration des domaines nationaux.

Il surveille la fabrication des monnaies et nomme les officiers chargés d'exercer cette surveillance dans la commission générale et dans les hôtels des monnaies.

L'effigie du roi est empreinte sur toutes les monnaies du royaume.

3. Le roi fait délivrer les lettres-patentes, brevets et commissions aux fonctionnaires publics ou autres, qui doivent en recevoir.

4. Le roi fait dresser la liste des pensions et gratifications, pour être présentée au corps législatif à chacune de ses sessions et être décrétée, s'il y a lieu.

Section I. De la promulgation des lois

Article 1. Le pouvoir exécutif est chargé de faire sceller les lois du sceau de l'État et de les faire promulguer.

Il est chargé également de faire promulguer et exécuter les actes du corps législatif, qui n'ont pas besoin de la sanction du roi.

2. Il sera fait deux expéditions originales de chaque loi, toutes deux signées du roi, contre-signées par le ministre de la justice et scellées de sceau de l'État.

L'une restera déposée aux archives du sceau, et l'autre sera remise aux archives du corps législatif.

3. La promulgation sera ainsi conçue: «N. (le nom du roi), par la grâce de Dieu et par la loi constitutionelle de l'État, roi des Français, à tous présents et à venir salut. L'assemblée nationale a décrété, et nous voulons et ordonnons ce qui suit»:

(La copie littérale du décret sera insérée sans aucun changement.)

«Mandons et ordonnons à tous les corps administratifs et tribunaux, que les présentes ils fassent consigner dans leurs registres, lire, publier et afficher dans leurs départements et ressorts respectifs et exécuter comme loi du royaume. En foi de quoi nous avons signé ces présentes, auxquelles nousavons fait apposer le sceau de l'État.»

4. Si le roi est mineur, les lois, proclamations et autres actes émanés de l'autorité royale pendant la régence, seront conçus ainsi qu'il suit: «N. (le nom du régent)

Er ernennt ein Drittel der Obersten und Oberstleutnante und ein Sechstel der Kapitänleutnante.

Und das alles in Übereinstimmung mit den Gesetzen über die Beförderung.

Er ernennt in der Zivilverwaltung der Marine die Vorsteher, Kontrolleure und Schatzmeister der Arsenale, die Leiter der Arbeiten, die Unterleiter der Zivilbauten, die Hälfte der Verwaltungsleiter und der Unterbauleiter.

Er ernennt die Kommissare bei den Tribunalen.

Er ernennt die Chefs bei der Verwaltung der indirekten Abgaben und der Verwaltung der Nationalgüter.

Er überwacht die Prägung der Münzen und ernennt die Beamten, die mit dieser Überwachung in der allgemeinen Kommission und in den Münzhäusern beauftragt sind.

Das Bild des Königs ist allen Münzen des Königreiches eingeprägt.

3. Der König läßt die Patente, Diplome und Kommissionen für die öffentlichen Beamten und andere, die sie erhalten müssen, ausstellen.

4. Der König läßt die Liste der Pensionen und Belohnungen aufstellen, die der gesetzgebenden Körperschaft in jeder Sitzungsperiode vorzulegen und von ihr gegebenenfalls zu beschließen ist.

Abschnitt I Von der Verkündung von Gesetzen

Artikel 1. Die vollziehende Gewalt muß die Gesetze mit dem Staatssiegel besiegeln und verkünden. Sie muß gleichermaßen die Akte der gesetzgebenden Körperschaft, die nicht der Sanktion des Königs bedürfen, verkünden und ausführen.

2. Sie soll von allen Gesetzen zwei Originalausfertigungen herstellen, beide vom König unterzeichnet, vom Justizminister gegengezeichnet und mit dem Staatssiegel besiegelt.

Die eine verbleibt in den Archiven des Siegelbewahrers, die andere wird den Archiven der gesetzgebenden Körperschaft übergeben.

3. Die Verkündung soll so lauten: „N. (der Name des Königs), von Gottes Gnaden und durch das Verfassungsgesetz des Staates König der Franzosen, allen Gegenwärtigen und Künftigen Heil. Die Nationalversammlung hat beschlossen und wir wollen und befehlen das folgende:"

(Die wörtliche Abschrift des Beschlusses wird ohne jede Änderung angefügt.)

„Wir ordnen an und befehlen allen Verwaltungskörperschaften und Gerichtshöfen, daß sie diese Urkunde in ihre Register eintragen, lesen, veröffentlichen und in ihren Departements und Ressorts anschlagen und als ein Gesetz des Königreiches ausführen. Zu Urkund dessen haben wir diese Urkunde unterzeichnet und mit dem Staatssiegel besiegeln lassen."

4. Wenn der König minderjährig ist, werden die Gesetze, Proklamationen und andere Akte der königlichen Autorität während der Regentschaft folgendermaßen

régent du royaume au nom de N». (le nom du roi), par la grâce de Dieu et par la loi constitutionnelle de l'État roi des Français etc. etc.»

5. Le pouvoir exécutif est tenu d'envoyer les lois aux corps administratifs et aux tribunaux, de faire certifier cet envoi et d'en justifier au corps législatif.

6. Le pouvoir exécutif ne peut faire aucune loi, même provisoire, mais seulement des proclamations conformes aux lois, pour en ordonner ou en rappeler l'exécution.

Section II. De l'administration intérieure

Article 1. Il y a dans chaque département une administration supérieure, et dans chaque district une administration subordonnée.

2. Les administrateurs n'ont aucun caractère de représentation.

Ils sont agents élus à temps par le peuple, pour exercer sous la surveillance et l'autorité du roi les fonctions administratives.

3. Ils ne peuvent ni s'immiscer dans l'exercice du pouvoir législatif, en suspendre l'exécution des lois, ni rien entreprendre sur l'ordre judiciaire, ni sur les dispositions ou opérations militaires.

4. Les administrateurs sont essentiellement chargés de répartir les contributions directes et de surveiller les deniers provenant de toutes les contributions et revenus publics dans leur territoire.

Il appartient au pouvoir législatif de déterminer les règles et le mode de leurs fonctions, tant sur les objets ci-dessus exprimés, que sur toutes les autres parties de l'administration intérieure.

5. Le roi a le droit d'annuller les actes des administrateurs de département, contraires aux lois ou aux ordres, qu'il leur aura adressés.

Il peut dans le cas d'une désobéissance persévérante, ou s'ils compromettent par leurs actes la sûreté ou la tranquillité publique, les suspendre de leurs fonctions.

6. Les administrateurs de département ont de même le droit d'annuller les actes des sous-administrateurs de district, contraires aux lois ou aux arrêtés des administrateurs de département ou aux ordres, que ces derniers leur auront donnés ou transmis.

Ils peuvent également dans le cas d'une désobéissance persévérante de sous-administrateurs, ou si ces derniers compromettent par leurs actes la sûreté ou la tranquillité publique, les suspendre de leurs fonctions, à la charge d'en instruire le soi, qui pourra lever ou confirmer la suspension.

7. Le roi peut, lorsque les administrateurs de département n'auront pas usé du

lauten: „N. (der Name des Regenten), Regent des Königreiches im Namen des N. (der Name des Königs), durch Gottes Gnade und durch das Verfassungsgesetz des Staates König der Franzosen usw."

5. Die vollziehende Gewalt muß die Gesetze den Verwaltungskörperschaften und Gerichtshöfen zusenden und diese Zusendung bescheinigen lassen und davon der gesetzgebenden Körperschaft Rechenschaft ablegen.

6. Die vollziehende Gewalt kann kein Gesetz, nicht einmal provisorisch erlassen, sondern nur Proklamationen in Übereinstimmung mit den Gesetzen, um deren Ausführung zu befehlen oder an sie zu erinnern.

Abschnitt II. Von der inneren Verwaltung

Artikel 1. In jedem Departement gibt es eine obere Verwaltung, in jedem Distrikt eine untergeordnete Verwaltung.

2. Die Administratoren sind keine Vertreter des Volkes.

Sie sind durch das Volk auf Zeit gewählte Beamte, um unter der Aufsicht und der Autorität des Königs die Verwaltungsaufgaben auszuführen.

3. Sie können sich nicht in die Ausübung der gesetzgebenden Gewalt einmischen, die Ausführung der Gesetze aufschieben noch etwas gegen richterliche Anordnungen oder militärische Verfügungen oder Operationen unternehmen.

4. Die Administratoren sind vor allem verpflichtet, die direkten Steuern zu verteilen und das Eingehen aller Abgaben und öffentlichen Einkünfte in ihrem Gebiet zu überwachen.

Es steht der gesetzgebenden Gewalt zu, die Grundsätze und die Art ihrer Amtsführung zu bestimmen, sowohl hinsichtlich der oben ausdrücklich genannten Gegenstände, wie aller anderen Zweige der inneren Verwaltung.

5. Der König hat das Recht, die Verfügungen der Administratoren der Departements aufzuheben, die den Gesetzen und den Anordnungen, die er ihnen gegeben hat, widersprechen.

Er kann sie im Falle dauernder Gehorsamsverweigerung oder, wenn sie durch ihre Verfügungen die öffentliche Sicherheit oder Ruhe gefährden, von ihren Geschäften entheben.

6. Die Administratoren der Departements haben auch das Recht, die Verfügungen der Unteradministratoren der Distrikte aufzuheben, die den Gesetzen oder den Befehlen der Administratoren des Departements oder den Anordnungen, die diesen gegeben oder zugestellt sind, widersprechen.

Sie können auch im Falle dauernden Ungehorsams der Unteradministratoren, oder wenn diese durch ihre Verfügungen die öffentliche Ruhe oder Sicherheit gefährden, sie von ihren Geschäften entheben, unter der Bedingung, daß sie davon den König unterrichten, der die Suspension aufheben oder bestätigen kann.

7. Der König kann, wenn die Administratoren der Departements die Macht, die

pouvoir, qui leur est délégué dans l'article ci-desses, annuller directement les actes des sous-administrateurs et les suspendre dans les mêmes cas.

8. Toutes les fois, que le roi aura prononcé ou confirmé la suspension des administrateurs ou sous-administrateurs, il en instruira le corps législatif.

Celui-ci pourra ou lever la suspension ou la confirmer ou même dissoudre l'administration coupable, et s'il y a lieu, renvoyer tous les administrateurs ou quelques-uns d'eux aux tribunaux criminels ou porter contre eux le décret d'accusation.

Section III. Des relations extérieures

Article 1. Le roi seul peut entretenir des relations politiques au dehors, conduire les négociations, faire des préparatifs de guerre proportionnés à ceux des États voisins, distribuer les forces de terre et de mer, ainsi qu'il le jugera convenable, et en régler la direction en cas de guerre.

2. Toute déclaration de guerre sera faite en ces termes:

«De la part du roi des Français au nom de la Nation.»

3. Il appartient au roi d'avrêter et de signet avec toutes les puissances etrangères tous les traités de paix, d'alliance et de commerce et autres conventions, qu'il jugera nécessaires au bien de l'État, sauf la ratification du corps législatif.

Chapitre V. Du pouvoir judiciaire

Article 1. Le pouvoir judiciaire ne peut en aucun cas être exercé par le corps legislatif ni par le roi.

2. La justice sera rendue gratuitement par des juges élus à temps par le peuple et institués par lettres-patentes du roi, qui ne pourra les refuser.

Ils ne pourront être ni destitués que pour forfaiture duement jugée ni suspendus que par une accusation admise.

L'accusateur public sera nommé par le peuple.

3. Les tribunaux ne peuvent ni s'immiscer dans l'exercice du pouvoir législatif ou suspendre l'exécution des lois ni entreprendre sur les fonctions administratives ou citer devant eux les administrateurs pour raison de leurs fonctions.

4. Les citoyens ne peuvent être distraits des juges, que la loi leur assigne, par aucune commission ni par d'autres attributions et évocations que celles, qui sont déterminées par les lois.

5. Le droit des citoyens, de terminer définitivement leurs contestations par la voie de l'arbitrage, ne peut recevoir aucune atteinte par les actes du pouvoir législatif.

ihnen in den vorstehenden Artikeln übertragen ist, nicht gebrauchen, unmittelbar die Verfügungen der Unteradministratoren aufheben und sie ebenfalls suspendieren.

8. Wenn der König die Suspension von Administratoren oder Unteradministratoren ausgesprochen oder bestätigt hat, unterrichtet er davon jedesmal die gesetzgebende Körperschaft.

Diese kann die Suspension aufheben oder bestätigen oder darüber hinaus die schuldige Verwaltung auflösen und alle Administratoren oder einige von ihnen den Strafgerichten übergeben oder gegen sie Anklage erheben.

Abschnitt III. Von den auswärtigen Beziehungen

Artikel 1. Allein der König unterhält politische Beziehungen zum Auslande, führt die Verhandlungen, trifft Kriegsvorbereitungen im Verhältnis zu denen der Nachbarstaaten, verteilt die Streitkräfte zu Wasser und zu Lande, so wie es ihm angemessen erscheint, und regelt ihre Verwendung im Kriegsfalle.

2. Jede Kriegserklärung soll in dieser Form geschehen: „Von seiten des Königs der Franzosen im Namen der Nation."

3. Dem König steht es zu, mit allen fremden Mächten die Friedens-, Bündnis- und Handelsverträge und andere Übereinkommen, die er zugunsten des Staates für notwendig hält, abzuschließen und zu unterzeichnen, vorbehaltlich der Ratifizierung durch die gesetzgebende Körperschaft.

Kapitel V. Von der richterlichen Gewalt

Artikel 1. Die richterliche Gewalt kann in keinem Fall durch die gesetzgebende Körperschaft oder durch den König ausgeübt werden.

2. Die Rechtsprechung erfolgt kostenlos durch die auf Zeit durch das Volk gewählten und durch Patente des Königs, die er nicht verweigern kann, eingesetzten Richter.

Sie können nur wegen eines gehörig abgeurteilten Verbrechens abgesetzt und wegen einer zugelassenen Anklage suspendiert werden. Der öffentliche Ankläger wird durch das Volk gewählt.

3. Die Gerichtshöfe können sich nicht in die Ausübung der gesetzgebenden Gewalt einmischen oder die Ausführung der Gesetze aufheben noch etwas gegen die Verwaltungsbehörden unternehmen oder die Administratoren auf Grund ihrer Funktionen vorladen.

4. Die Bürger können ihren gesetzlichen Richtern durch keine Mandate, Verfügungen oder Anordnungen, als die durch die Gesetze bestimmten, entzogen werden.

5. Das Recht der Bürger, auf schiedsrichterlichem Wege ihre Streitsachen endgültig zu entscheiden, kann durch Verfügungen der gesetzgebenden Gewalt nicht eingeschränkt werden.

6. Les tribunaux ordinaires ne peuvent recevoir aucune action au civil, sans qu'il leur soit justifié, que les parties ont comparu, ou que le demandeur a cité sa partie adverse devant des médiateurs, pour parvenir à une conciliation.

7. Il y aura un ou plusieurs juges de paix dans les cantons et dans les villes; le nombre en sera déterminé par le pouvoir législatif.

8. Il appartient au pouvoir législatif de régler le nombre et les arrondissements des tribunaux et le nombre des juges, dont chaque tribunal sera composé.

9. En matière criminelle nul citoyen ne peut être jugé que sur une accusation reçue par des jurés ou décrétée par le corps législatif, dans les cas où il lui appartient de poursuivre l'accusation.

Après l'accusation admise le fait sera reconnu et declaré par des jurés.

L'accusé aura la faculté d'en récuser jusqu'à 20, sans donner des motifs.

Les jurés, qui déclareront le fait, ne pourront être au-dessous du nombre de 12.

L'application de la loi sera faite par des juges.

L'instruction sera publique, et l'on ne pourra refuser aux accusés le secours d'un conseil.

Tout homme, acquitté par un juré légal, ne peut plus être repris ni accusé à raison du même fait.

10. Nul homme ne peut être saisi que pour être conduit devant l'officier de police; et nul ne peut être mis en arrestation ou détenu qu'en vertu d'un mandat des officiers de police, d'une ordonnance de prise-de-corps d'un tribunal, d'un décret d'accusation du corps législatif dans le cas, où il lui appartient de le prononcer, ou d'un jugement de condamnation à prison ou détention correctionnelle.

11. Tout homme, saisi et conduit devant l'officier de police, sera examiné sur-le-champ ou au plus tard dans les 24 heures.

S'il résulte de l'examen, qu'il n'y a aucun sujet d'inculpation contre lui, il sera remis aussitôt en liberté; ou s'il y a lieu de l'envoyer à la maison d'arrêt, il y sera conduit dans le plus bref délai, qui en aucun cas ne pourra excéder 3 jours.

12. Nul homme arrêté ne peut être retenu, s'il donne caution suffisante, dans tous les cas, où la loi permet de rester libre sous cautionnement.

13. Nul homme, dans le cas où sa détention est autorisée par la loi, ne peut être conduit et détenu que dans les lieux légalement et publiquement désignés, pour servir de maison d'arrêt, de maison de justice ou de prison.

14. Nul gardien ou geolier ne peut recevoir ni retenir aucun homme qu'en vertu d'un mandat ou ordonnance de prise-de-corps, décret d'accusation ou jugement,

6. Die gewöhnlichen Gerichtshöfe können keinen Zivilfall annehmen, wenn ihnen nicht nachgewiesen wird, daß die Parteien erschienen sind oder daß der Kläger die Gegenpartei vor Mittelmännern geladen hat, um zu einem Ausgleich zu gelangen.

7. In den Städten und Kantonen wird es einen oder mehrere Friedensrichter geben. Ihre Zahl wird durch die gesetzgebende Gewalt festgesetzt.

8. Es steht der gesetzgebenden Gewalt zu, die Zahl und die Bezirke der Gerichtshöfe und die Zahl der Richter an jedem Gerichtshof zu bestimmen.

9. In Straffällen kann ein Bürger nur durch eine von Geschworenen erhobene oder von der gesetzgebenden Körperschaft in den Fällen, in denen ihr die Erhebung der Anklage zusteht, beschlossene Anklage verurteilt werden.

Nach zugelassener Anklage wird der Tatbestand durch Geschworene erkannt und festgestellt.

Der Angeklagte hat das Recht, bis zu 20 [der Geschworenen] abzulehnen, ohne Gründe anzugeben.

Die Geschworenen, die den Tatbestand feststellen, können nicht weniger als 12 sein.

Die Anwendung des Gesetzes erfolgt durch die Richter.

Die Verhandlung soll öffentlich sein. Den Angeklagten kann der Beistand eines Anwaltes nicht verweigert werden.

Jeder, der durch ein Geschworenengericht rechtskräftig freigesprochen ist, kann für den gleichen Tatbestand nicht erneut ergriffen oder angeklagt werden.

10. Niemand kann ergriffen werden, ohne vor einen Polizeibeamten geführt zu werden. Und niemand kann verhaftet oder in Haft gehalten werden, als auf Grund eines Befehls eines Polizeibeamten, eines Haftbefehls eines Gerichtshofes, eines Anklagebeschlusses der gesetzgebenden Körperschaft in den Fällen, in denen es ihr zukommt, sie zu erheben, oder einer Verurteilung zu Gefängnis oder Zuchthaus.

11. Jeder, der ergriffen und vor einen Polizeibeamten geführt ist, muß sofort oder spätestens binnen 24 Stunden verhört werden.

Ergibt sich aus dem Verhör, daß keine Ursache zur Anklage vorliegt, ist er sofort in Freiheit zu setzen. Ist es nötig, ihn dem Untersuchungsgefängnis zu überantworten, so ist er dorthin in der kürzesten Frist, die keinesfalls 3 Tage überschreiten darf, zu übergeben.

12. Kein Verhafteter darf in Haft gehalten werden, wenn er in den Fällen, in denen es das Gesetz erlaubt, gegen Stellung einer Kaution auf freiem Fuß zu bleiben, eine genügende Kaution stellt.

13. Im Falle, daß die Verhaftung durch das Gesetz begründet ist, darf man nur in die gesetzlich und öffentlich bezeichneten Gebäude, die als Untersuchungsgefängnis, Hafthaus oder Gefängnis dienen, gebracht und in ihnen in Haft gehalten werden.

14. Ein Gefängniswärter oder Kerkermeister darf einen Menschen nur auf Grund eines der im Artikel 10 erwähnten Haftbefehle, Anklagebeschlüsse und Urteile in

mentionnés dans l'article X ci-dessus, et sans que la transcription en ait été faite sur son registre.

15. Tout gardien ou geolier est tenu, sans qu'aucun ordre puisse l'en dispenser, de représenter la personne du détenu à l'officier civil ayant la police de la maison de détention, toutes les fois qu'il en sera requis par lui.

La représentation de la personne du détenu ne pourra de même être refusée à ses parents et amis, porteurs de l'ordre de l'officier civil, qui sera toujours tenu de l'accorder, à moins que le gardien ou geolier ne représente une ordonnance du juge, transcrite sur son registre, pour tenir l'arrêté au secret.

16. Tout homme, quel que soit sa place ou son emploi, autre que ceux, à qui la loi donne le droit d'arrestation, qui donnera, signera, exécutera ou fera exécuter l'ordre d'arrêter un citoyen ou quiconque, même dans les cas d'arrestation autorisée par la loi, conduira, recevra ou retiendra un citoyen dans un lieu de détention non publiquement et légalement désigné, et tout gardien ou geolier, qui contreviendra aux dispositions des articles XIV et XV ci-dessus, seront coupables du crime de détention arbitraire.

17. Nul homme ne peut être recherché ni poursuivi pour raison des écrits, qu'il aura fait imprimer ou publier sur quelque matière que ce soit, si ce n'est, qu'il ait provoqué à dessein la désobéissance à la loi, l'avilissement des pouvoirs constitués, la résistance à leurs actes ou quelques-unes des actions déclarées crimes ou délits par la loi.

La censure sur les actes des pouvoirs constitués est permise; mais les calomnies volontaires contre la probité des fonctionnaires publics et la droiture de leurs intentions dans l'exercice de leurs fonctions pourront être poursuivies par ceux, qui en sont l'objet.

Les calomnies et injures contre quelques personnes que ce soit, relatives aux actions de leur vie privée, seront punies sur leurs poursuites.

18. Nul ne peut être jugé, soit par la voie civile, soit par la voie criminelle, pour fait d'écrits imprimés ou publiés, sans qu'il ait été reconnu et déclaré par un juré, 1. s'il y a délit dans l'écrit dénoncé; 2. si la personne poursuivie est coupable.

19. Il y aura pour tout le royaume un seul tribunal de cassation établi auprès du corps législatif. Il aura pour fonction de prononcer.

Sur les demandes en cassation contre les jugements rendus en dernier ressort par les tribunaux;

Sur les demandes en renvoi d'un tribunal à un autre pour cause de suspicion légitime;

Sur les réglements des juges et les prises à partie contre un tribunal entier.

20. En matière de cassation le tribunal de cassation ne pourra jamais connaître du fond des affaires; mais après avoir cassé le jugement, qui aura été rendu sur une

Empfang nehmen und behalten und muß darüber in seine Register eine Eintragung gemacht haben.

15. Jeder Gefängniswärter oder Kerkermeister ist verpflichtet, ohne daß ihn irgendein Befehl davon entbinden kann, den Häftling dem Beamten, der die Polizeiaufsicht über das Gefängnis hat, jedesmal vorzuführen, wenn es dieser verlangt.

Die Vorführung eines Häftlings kann auch seinen Verwandten und Freunden nicht verweigert werden, wenn diese den Befehl des Beamten vorzeigen, den dieser ihnen stets zugestehen muß, es sei denn, daß der Gefängniswärter oder Kerkermeister einen in sein Register eingetragenen richterlichen Befehl vorweist, den Gefangenen geheimzuhalten.

16. Jeder, wes Standes oder Amtes er sei, mit Ausnahme derer, denen das Gesetz das Recht zur Verhaftung gibt, der einen Haftbefehl gegen einen Bürger ausstellt, unterzeichnet, ausführt oder ausführen läßt, oder wer selbst in den durch das Gesetz gerechtfertigten Fällen der Verhaftung einen Bürger an einen nicht öffentlich und gesetzmäßig bezeichneten Haftort bringt, aufnimmt oder zurückhält, und jeder Gefängniswärter oder Kerkermeister, der den Anordnungen der Artikel 14 und 15 zuwiderhandelt, machen sich des Verbrechens der willkürlichen Verhaftung schuldig.

17. Niemand kann auf Grund von Schriften, die er über irgendwelche Gegenstände hat drucken oder veröffentlichen lassen, zur Untersuchung gezogen oder verfolgt werden, es sei denn, daß er zum Ungehorsam gegen das Gesetz, zur Verächtlichmachung der verfassungsmäßigen Gewalten, zum Widerstand gegen ihre Verfügungen oder zu irgendwelchen durch das Gesetz als Verbrechen oder Vergehen erklärten Handlungen auffordert.

Die Kritik der Verfügungen der verfassungsmäßigen Gewalten ist erlaubt. Aber willkürliche Verleumdungen gegen die Rechtmäßigkeit der Beamten und die Rechtlichkeit ihrer Absichten bei Ausübung ihres Dienstes können von denen, die davon betroffen werden, verfolgt werden.

Verleumdungen und Beleidigungen irgendwelcher Personen, die sich auf ihr Privatleben erstrecken, können auf ihre Anklage hin bestraft werden.

18. Keiner kann in Zivil- oder Straffällen für den Druck oder die Veröffentlichung von Schriften verurteilt werden, wenn nicht ein Geschworenengericht erkannt und erklärt hat, daß die betreffende Schrift ein Vergehen enthält und daß der Angeklagte dessen schuldig ist.

19. Für das ganze Königreich gibt es nur einen Kassationshof, der bei der gesetzgebenden Körperschaft eingerichtet wird. Er hat die Aufgabe, einen Ausspruch zu fällen über die Forderung der Kassation gegen die in letzter Instanz durch die Gerichtshöfe gefällten Urteile, über die Forderung der Überweisung von einem Gerichtshof an einen anderen im Falle eines rechtmäßigen Verdachtes, über die Dienstordnung der Richter und über Beschuldigungen gegen einen ganzen Gerichtshof.

20. Im Falle der Kassation kann der Kassationshof niemals über den Tatbestand erkennen. Aber nachdem das Urteil kassiert ist, weil es auf Grund eines Verfahrens

procédure, dans laquelle les formes auront été violées ou, qui contiendra une contravention expresse à la loi, il renverra le fond du procès au tribunal, qui doit en connaître.

21. Lorsqu'après deux cassations le jugement du troisième tribunal sera attaqué par les mêmes moyens que les deux premiers, la question ne pourra plus être agitée au tribunal de cassation, sans avoir été soumise au corps législatif, qui portera un décret déclaratoire de la loi, auquel le tribunal de cassation sera tenu de se conformer.

22. Chaque année le tribunal de cassation sera tenu d'envoyer à la barre du corps législatif une députation de 8 de ses membres, qui lui présenteront l'état des jugements rendus à côté de chacun, desquels seront la notice abrégée de l'affaire et le texte de la loi, qui aura déterminé la décision.

23. Une haute-cour nationale, formée de membres du tribunal de cassation et de hauts-jurés, connaîtra des délits des ministres et agents principaux du pouvoir exécutif et des crimes, qui attaqueront la sûreté générale de l'État, lorsque le corps législatif aura rendu un décret d'accusation.

Elle ne se rassemblera que sur la proclamation du corps législatif et à une distance de trente mille toises au moins du lieu, où la législature tiendra ses séances.

24. Les expéditions exécutoires des jugements des tribunaux seront conçues ainsi qu'il suit:

«N. (le nom du roi) par la grâce de Dieu et par la loi constitutionnelle de l'État roi des Français à tous présents et à venir salut. Le tribunal de ... a rendu le jugement suivant»:

(Ici sera copié le jugement, dans lequel il sera fait mention du nom des juges.)

«Mandons et ordonnons à tous huissiers sur ce requis, de mettre le dit jugement à exécution, à nos commissaires auprès des tribunaux d'y tenir la main et à tous commandants et officiers de la force publique de prêter main-forte, lorsqu'ils en seront légalement requis. En foi de quoi le présent jugement a été signé par le président du tribunal et par le greffier.»

25. Les fonctions des commissaires du roi auprès des tribunaux seront de requérir l'observation des lois dans les jugements à rendre et de faire exécuter les jugements rendus.

Ils ne seront point accusateurs publics, mais ils seront entendus sur toutes les accusations et requerront pendant le cours de l'instruction pour la régularité des formes et avant le jugement pour l'application de la loi.

26. Les commissaires du roi auprès des tribunaux dénonceront au directeur du juré, soit d'office, soit d'après les ordres, qui leur seront donnés par le roi:

Les attentats contre la liberté individuelle des citoyens, contre la libre circulation

ergangen ist, in dem die Formen verletzt wurden, oder weil es einen ausdrücklichen Widerspruch zum Gesetz enthält, wird er die Streitsache dem Gerichtshof, der darüber erkennen muß, zurücksenden.

21. Wenn nach zwei Kassationen das Urteil des dritten Gerichtes mit den gleichen Mitteln wie die beiden ersten angefochten wird, kann die Frage vom Kassationshof nicht mehr behandelt werden, ohne der gesetzgebenden Körperschaft vorgelegt zu werden, die einen erklärenden Beschluß zu dem Gesetz fassen wird, nach dem sich der Kassationshof zu richten hat.

22. Jedes Jahr muß der Kassationshof eine Deputation von 8 seiner Mitglieder vor die Schranken der gesetzgebenden Körperschaft schicken. Sie haben ihr eine Übersicht über die gefällten Urteilssprüche mit einem kurzen Abriß der Sache und des Gesetzestextes, der die Entscheidung bestimmt hat, zu übergeben.

23. Ein nationales Hochgericht, das aus Mitgliedern des Kassationshofes und Hochgeschworenen gebildet wird, erkennt über die Vergehen der Minister und der vornehmsten Beamten der vollziehenden Gewalt und Verbrechen, die die allgemeine Sicherheit des Staates berühren, wenn die gesetzgebende Körperschaft einen Anklagebeschluß faßt.

Es versammelt sich nur auf die Proklamation der gesetzgebenden Körperschaft hin und in einer Entfernung von mindestens 30 000 Klaftern von dem Ort, an dem die gesetzgebende Körperschaft ihre Sitzungen hält.

24. Die Ausfertigungen der Urteile der Gerichtshöfe sollen wie folgt gefaßt sein: „N. (der Name des Königs), durch Gottes Gnaden und durch das Verfassungsgesetz des Staates König der Franzosen, allen Gegenwärtigen und Zukünftigen Heil. Der Gerichtshof von ... hat das folgende Urteil gefällt:" (Hier folgt der Wortlaut des Urteils, in dem der Name der Richter zu erwähnen ist.) „Wir ordnen an und befehlen daraufhin, daß alle Gerichtsdiener dies Urteil zur Ausführung bringen, daß unsere Kommissare bei den Gerichtshöfen dazu behilflich sind, und daß alle Kommandanten und Offiziere der öffentlichen Streitkräfte standhaft Hilfe leisten, wenn sie gesetzmäßig darum ersucht werden. Zu Urkund dessen ist das gegenwärtige Urteil durch den Präsidenten des Gerichtshofes und den Gerichtsschreiber unterzeichnet."

25. Die Aufgaben der königlichen Kommissare bei den Gerichtshöfen bestehen darin, die Beobachtung der Gesetze bei den zu fällenden Urteilen zu verlangen und die gefällten Urteile ausführen zu lassen. Sie sollen keine öffentlichen Ankläger sein, aber über alle Anklagen gehört werden. Sie sollen während der Verhandlung für die Beobachtung der Formen und vor dem Urteil für die Anwendung des Gesetzes eintreten.

26. Die königlichen Kommissare bei den Gerichtshöfen sollen dem Direktor des Geschworenengerichts, sei es von Amts wegen, sei es auf königlichen Befehl hin, Anzeige erstatten von Angriffen gegen die persönliche Freiheit der Bürger, gegen

des subsistances et autres objets de commerce et contre la perception des contributions;

Les délits, par lesquels l'exécution des ordres, donnés par le roi, dans l'exercice des fonctions, qui lui sont déléguées, serait troublée ou empêchée;

Les attentats contre le droit des gens;

Et les rebellions à l'exécution des jugements et de tous les actes exécutoires émanés des pouvoirs constitués.

27. Le ministre de la justice dénoncera au tribunal de cassation par la voie du commissaire du roi et sans préjudice du droit des parties intéressées les actes, par lesquels les juges auraient excédé les bornes de leur pouvoir.

Le tribunal les annullera: et s'ils donnent lieu à la forfaiture, le fait sera dénoncé au corps législatif, qui rendra le décret d'accusation, s'il y a lieu, et renverra les prévenus devant la haute-cour nationale.

Titre IV. De la force publique

Article 1. La force publique est instituée, pour défendre l'État contre les ennemis du dehors et assurer au-dedans le maintien de l'ordre et l'exécution des lois.

2. Elle est composée

De l'armée de terre et de mer.

De la troupe spécialement destinée au service intérieur.

Et subsidiairement des citoyens actifs et de leurs enfants en état de porter les armes, inscrits sur le rôle de la garde nationale.

3. Les gardes nationales ne forment ni un corps militaire ni une institution dans l'État; ce sont les citoyens eux-mêmes appelés au service de la force publique.

4. Les citoyens ne pourront jamais se former ni agir comme gardes nationales qu'en vertu d'une réquisition ou d'une autorisation légale.

5. Ils sont soumis en cette qualité à une organisation déterminée par la loi.

Ils ne peuvent avoir dans tout le rogaume qu'une même discipline et un même uniforme.

Les distinctions de grade et la subordination ne subsistent que relativement au service et pendant sa durée.

6. Les officiers sont élus à temps et ne peuvent être élus qu'après un intervalle de service comme soldat.

Nul ne commandera la garde nationale de plus d'un district.

7. Toutes les partiers de la force publique, employées pour la sûreté de l'État contre les ennemis du dehors, agiront sous les ordres du roi.

8. Aucun corps ou détachement de troupes de ligne ne peut agir dans l'intérieur du royaume sans une réquisition légale.

den freien Vertrieb der Lebensmittel und andere Handelsartikel und gegen die Erhebung der Steuern;

von Verbrechen, durch welche die Ausführung der Befehle, die der König in Ausübung der ihm übertragenen Funktionen erteilt, gestört oder gehindert wird;

von Angriffen gegen das Völkerrecht

und von Auflehnungen gegen die Ausführung der Urteile und alle ausführenden Maßnahmen der verfassungsmäßigen Gewalten.

27. Der Justizminister zeigt dem Kassationshof durch den königlichen Kommissar und unter Vorbehalt des Rechts der beteiligten Parteien die Fälle an, in denen die Richter die Grenzen ihrer Macht überschritten haben.

Der Gerichtshof wird sie annullieren. Und wenn sie zur Strafverfolgung Anlaß geben, wird er sie der gesetzgebenden Körperschaft anzeigen, die gegebenenfalls den Anklagebeschluß faßt und die Angeklagten vor das nationale Hochgericht stellt.

Titel IV. Von den öffentlichen Streitkräften

Artikel 1. Die öffentlichen Streitkräfte sind dazu da, um den Staat gegen äußere Feinde zu verteidigen und die Aufrechterhaltung der Ordnung und die Ausführung der Gesetze im Innern zu sichern.

2. Sie bestehen aus der Landarmee und der Flotte, den besonders zum inneren Dienst bestimmten Truppen und ergänzend aus den aktiven Bürgern und ihren Söhnen, die Waffen tragen können und in die Liste der Nationalgarde eingetragen sind.

3. Die Nationalgarden bilden kein militärisches Korps und keine Institution im Staate. Es sind die Bürger selbst, die zum Dienst in den öffentlichen Streitkräften gerufen werden.

4. Die Bürger können als Nationalgarden nur auf Grund einer gesetzlichen Anforderung oder Ermächtigung zusammentreten und handeln.

5. Sie sind in dieser Eigenschaft einer durch das Gesetz bestimmten Organisation unterworfen.

Sie können im ganzen Königreich nur eine Disziplin und eine Uniform haben.

Die Dienstgrade und die Unterordnung bestehen nur hinsichtlich des Dienstes und während seiner Dauer.

6. Die Offiziere werden auf Zeit gewählt und können nur gewählt werden, nachdem sie eine Zeitlang als Soldat Dienst getan haben. Niemand kann die Nationalgarde von mehr als einem Distrikt befehligen.

7. Alle Teile der öffentlichen Streitkräfte, die für die Sicherheit des Staates gegen äußere Feinde verwendet werden, handeln unter dem Befehl des Königs.

8. Kein Korps oder Abteilung der Linientruppen kann im Innern des Königreiches ohne gesetzliche Anforderung verwendet werden.

9. Aucun agent de la force publique ne peut entrer dans la maison d'un citoyen. si ce n'est pour l'exécution des mandements de police et de justice, ou dans les cas formellement prévus par la loi.

10. La réquisition de la force publique dans l'intérieur du royaume appartient aux officiers civils, suivant les règles déterminées par le pouvoir législatif.

11. Si des troubles agitent tout un département, le roi donnera sous la responsabilité des ses minstres les ordres nécessaires pour l'exécution des lois et le rétablissement de l'ordres, mais à la charge d'en informer le corps législatif, s'il est assemblé, et de le convoquer, s'il est en vacance.

12. La force publique est essentiellement obéissante; nul corps armé ne peut délibérer.

13. L'armée de terre et de mer et la troupe destinée à la sûreté intérieure sont soumises à des lois particulières, soit pour le maintien de la discipline, soit pour la forme des jugements et la nature des peines en matière de délits militaires.

Titre V. Des contributions publiques

Article 1. Les contributions publiques seront déliberées et fixées chaque année par le corps législatif et ne pourront subsister au-delà du dernier jour de la session suivante, si elles n'ont pas été expressément renouvelées.

2. Sous aucun prétexte les fonds nécessaires à l'acquittement de la dette nationale et au paiement de la liste civile ne pourront être ni refusés ni suspendus.

Le traitement des ministres du culte catholique pensionnés, conservés, élus ou nommés en vertu des décrets de l'Assemblée nationale constituante, fait partie de la dette nationale.

Le corps législatif ne pourra en aucun cas charger la nation du paiement des dettes d'aucun individu.

3. Les comptes détaillés de la dépense des départements ministériels, signés et certifiés par les ministres ou ordonnateurs généraux, seront rendus publics par la voie de l'impression au commencement des sessions de chaque législature.

Il en sera de même des états de recette des diverses contributions et de tous les revenus publics.

Les états de ces dépenses et recettes seront distingués suivant leur nature et exprimeront les sommes touchées et dépensées année par année dans chaque district.

Les dépenses particulières à chaque département et relatives aux tribunaux, aux corps administratifs et autres établissements seront également rendues publiques.

9. Ein Beauftragter der öffentlichen Streitkräfte kann in das Haus eines Bürgers nur zur Ausführung von Befehlen der Polizei oder der Justiz oder in den durch das Gesetz ausdrücklich vorgesehenen Fällen eintreten.

10. Die Anforderung der öffentlichen Streitkräfte im Innern des Königreiches steht den Zivilbeamten nach den durch die gesetzgebende Körperschaft bestimmten Grundsätzen zu.

11. Wenn Unruhen in einem ganzen Departement herrschen, soll der König unter der Verantwortlichkeit seiner Minister die notwendigen Befehle für die Ausführung der Gesetze und die Wiederherstellung der Ordnung geben. Aber er soll zugleich die gesetzgebende Körperschaft, wenn sie versammelt ist, davon benachrichtigen und sie einberufen, wenn sie vertagt ist.

12. Die öffentlichen Streitkräfte sind ihrem Wesen nach gehorchend. Kein bewaffnetes Korps kann beraten.

13. Die Streitkräfte zu Wasser und zu Lande und die Truppen, die für die innere Sicherheit bestimmt sind, sind besonderen Gesetzen für die Aufrechterhaltung der Disziplin und die Form der Urteile und die Art der Strafen bei militärischen Vergehen unterworfen.

Titel V. Von den öffentlichen Abgaben

Artikel 1. Die öffentlichen Abgaben werden jährlich durch die gesetzgebende Körperschaft beraten und festgesetzt und können, wenn sie nicht ausdrücklich erneuert werden, nicht über den letzten Tag der folgenden Sitzungsperiode hinaus bestehen.

2. Unter keinem Vorwand dürfen die notwendigen Mittel für die Zahlung der Nationalschuld und für die Zahlung der Zivilliste verweigert oder aufgeschoben werden.

Das Gehalt der pensionierten, beibehaltenen oder durch Beschluß der verfassunggebenden Nationalversammlung gewählten oder ernannten Diener des katholischen Gottesdienstes bildet einen Teil der Nationalschuld.

Die gesetzgebende Körperschaft kann in keinem Fall die Nation mit der Bezahlung der Schulden eines einzelnen belasten.

3. Die ausführlichen, durch die Minister oder Generalsekretäre gezeichneten und bestätigten Rechnungen der Ausgaben der Ministerien sollen bei Beginn der Sitzungsperiode einer jeden Legislatur durch Druck veröffentlicht werden.

In gleicher Weise soll es mit den Übersichten über die Einnahmen der öffentlichen Abgaben und alle öffentlichen Einkünfte gehalten werden.

Die Übersichten der Ausgaben und Einnahmen sollen ihrer Art nach getrennt sein und die jährlich in jedem Distrikt eingenommenen und ausgegebenen Beträge enthalten.

Die besonderen Ausgaben jedes Departements und die der Gerichtshöfe, Verwaltungskörper und anderer Institute sollen in gleicher Weise veröffentlicht werden.

4. Les administrateurs de département et sous-administrateurs ne pourront ni établir aucune contribution publique, ni faire aucune répartition au-delà du temps et des sommes fixées par le corps législatif, ni délibérer ou permettre, sans y être autorisés par lui, aucun emprunt local à la charge des citoyens du département.

5. Le pouvoir exécutif dirige et surveille la perseption et le versement des contributions et donne tous les ordres nécessaires à cet effet.

Titre VI. Des rapports de la nation française avec les nations étrangères

La nation française renonce à entreprendre aucune guerre dans la vue de faire des conquêtes et n'emploiera jamais ses forces contre la liberté d'aucun peuple.

La Constitution n'admet point de droit d'aubaine.

Les étrangers, établis ou non en France, succèdent à leurs parents étrangers ou français.

Ils peuvent contracter, acquérir et recevoir des biens situés en France et en disposer de même que tout citoyen français, par tous les moyens autorisés par les lois.

Les étrangers, qui se trouvent en France, sont soumis aux mêmes lois criminelles et de police que les citoyens français, sauf les conventions arrêtées avec les puissances étrangères; leur personne, leurs biens, leur industrie, leur culte sont également protégés par la loi.

Titre VII. De la révision des décrets constitutionnels

Article 1. L'Assemblée nationale constituante déclare, que la nation a le droit imprescriptible de changer sa constitution et néanmoins, considérant, qu'il est plus conforme à l'intérêt national d'user seulement par les moyens pris dans la constitution même du droit d'en réformer les articles, dont l'expérience aurait fait sentir les inconvénients, décrète, qu'il y sera procédé par une assemblée de révision en la forme suivante:

2. Lorsque trois législatures consécutives auront émis un vœu uniforme pour le changement de quelque article constitutionnel, il y aura lieu à la révision demandeé.

3. La prochaine législature et la suivante ne pourront proposer la reforme d'aucun article constitutionnel.

4. Des trois législatures, qui pourront par la suite proposer quelques changements, les deux premières ne s'occuperont de cet objet que dans les deux derniers mois de leur dernière session et la troisième à la fin de sa première session annuelle ou au commencement de la seconde.

4. Die Administratoren der Departements und die Unteradministratoren können weder eine öffentliche Abgabe festsetzen noch irgendeine Verteilung vornehmen, die über die von der gesetzgebenden Körperschaft festgesetzten Fristen und Summen hinausgeht noch, ohne dazu ermächtigt zu sein, irgendeine örtliche Anleihe zu Lasten der Bürger des Departements beraten oder erlauben.

5. Die vollziehende Gewalt leitet und überwacht die Erhebung und Einnahme der Abgaben und gibt alle hierzu notwendigen Befehle.

Titel VI. Von den Beziehungen der französischen Nation zu fremden Nationen

Artikel 1. Die französische Nation verzichtet darauf, einen Krieg zu unternehmen, um Eroberungen zu machen. Sie wird ihre Streitkräfte niemals gegen die Freiheit eines anderen Volkes verwenden.

Die Verfassung läßt das Heimfallrecht nicht zu.

Ausländer, in Frankreich ansässig oder nicht, folgen ihren französischen oder ausländischen Verwandten nach.

Sie können Schulden machen, in Frankreich gelegene Güter erwerben und empfangen und gleich jedem französischen Bürger mit allen durch das Gesetz erlaubten Mitteln darüber verfügen.

In Frankreich befindliche Ausländer sind den gleichen Straf- und Polizeigesetzen unterworfen wie die französischen Bürger vorbehaltlich der mit fremden Mächten getroffenen Übereinkünfte. Ihre Person, ihre Güter, ihr Gewerbe, ihre Religion sind in gleicher Weise durch das Gesetz geschützt.

Titel VII. Von der Revision der verfassungsmäßigen Beschlüsse

Artikel 1. Die verfassungsmäßige Nationalversammlung erklärt, daß die Nation das unveräußerliche Recht hat, ihre Verfassung zu ändern; jedoch in Anbetracht dessen, daß es dem nationalen Interesse angemessener ist, die Artikel, deren Unzuträglichkeit die Erfahrung lehren wird, nur mit den in der Verfassung selbst vorgesehenen Mitteln zu reformieren, beschließt sie, daß [eine Änderung] durch die Revisionsversammlung in folgender Form vorgenommen werden soll:

2. Wenn drei aufeinanderfolgende Legislaturen den einstimmigen Wunsch auf Änderung eines Verfassungsartikels geäußert haben, soll die geforderte Revision stattfinden.

3. Die nächste und die darauffolgende Legislatur können keine Revision eines Verfassungsartikels vorschlagen.

4. Von den drei Legislaturen, die nacheinander irgendwelche Änderungen vorschlagen können, sollen sich die beiden ersten mit dieser Frage nur in den beiden letzten Monaten ihrer letzten Sitzungsperiode und die dritte am Ende ihrer ersten jährlichen Sitzungsperiode oder zu Beginn der zweiten befassen.

Leurs délibérations sur cette matière seront soumises aux mêmes formes que les actes législatifs; mais les décrets, par lesquels elles auront émis leur voeu, ne seront pas sujets à la sanction du roi.

5. La quatrième législature, augmentée de 249 membres élus en chaque département, par doublement du nombre ordinaire, qu'il fournit pour sa population, formera l'assemblée de révision.

Ces 249 membres seront élus, après que la nomination des représentants au corps législatif aura été terminée, et il en sera fait un procès-verbal separé.

L'assemblée de révision ne sera composée que d'une chambre.

6. Les membres de la troisième législature, qui aura demandé le changement, ne pourront être élus à l'assemblée de revision.

7. Les membres de l'assemblée de revision, après avoir prononcé tous ensemble le serment de vivre libres ou mourir, prêteront individuellement celui de se borner à statuer sur les objets, qui leur auront été soumis par le voeu uniforme des trois legislatures précédentes; de maintenir au surplus de tout leur pouvoir la Constitution du royaume, décrétée par l'Assemblée nationale constituante aux années 1789, 1790 et 1791 et d'être en tout fidèles à la nation, à la loi et au roi.

8. L'assemblée de révision sera tenue de s'occuper ensuite et sans délai des objets, qui auront été soumis à son examen. Aussitôt que son travail sera terminé, les 249 membres només en augmentation se retireront, sans pouvoir prendre part en aucun cas aux actes législatifs.

Les colonies et possessions françaises dans l'Asie, l'Afrique et l'Amérique, quoiqu'elles fassent partie de l'empire français, ne sont pas comprises dans la présente Constitution.

Aucun des pouvoirs, institués par la Constitution, n'a le droit de la changer dans son ensemble ni dans ses parties, sauf les réformes, qui pourront y être faites par la voie de la révision, conformément aux dispositions du titre VII ci-dessus.

L'Assemblée nationale constituante en remet le dépôt à la fidélité du corps législatif, du roi et des juges, à la vigilance des pères de famille, aux épouses et aux mères, à l'affection des jeunes citoyens, au courage de tous les Français.

Les décrets rendus par l'Assemblée nationale constituante, qui ne sont pas compris dans l'acte de Constitution, seront exécutés comme lois, et les lois antérieures, auxquelles elle n'a pas dérogé, seront également observées, tant que les uns ou les autres n'auront pas été révoqués ou modifiés par le pouvoir législatif.

L'Assemblée nationale, ayant entendu la lecture de l'acte constitutionnel ci-dessus

Die Beratungen über diesen Gegenstand sind den gleichen Formen wie die gesetzgebenden Akte unterworfen. Aber die Beschlüsse, durch die die Legislaturen ihren Wunsch geäußert haben, bedürfen nicht der königlichen Sanktion.

5. Die vierte Legislatur, vermehrt um 249 in den einzelnen Departements durch Verdoppelung der gewöhnlichen, auf Grund seiner Bevölkerungszahl gewählten Mitglieder bildet die Revisionsversammlung.

Diese 249 Mitglieder werden, nachdem die Wahl der Abgeordneten zur gesetzgebenden Körperschaft beendet ist, gewählt und es wird darüber ein besonderes Protokoll aufgenommen.

Die Revisionsversammlung besteht nur aus einer Kammer.

6. Die Mitglieder der dritten Legislatur, die die Abänderung gefordert hat, können zur Revisionsversammlung nicht gewählt werden.

7. Die Mitglieder der Revisionsversammlung leisten, nachdem sie gemeinsam den Eid frei zu leben oder zu sterben ausgesprochen haben, persönlich den Eid, sich auf Beschlüsse über die Gegenstände zu beschränken, die ihnen auf einstimmigen Wunsch der drei vorhergehenden Legislaturen überwiesen sind, darüber hinaus mit allen ihren Kräften die durch die verfassunggebende Nationalversammlung in den Jahren 1789, 1790 und 1791 beschlossene Verfassung aufrechtzuerhalten und in allem der Nation, dem Gesetz und dem König treu zu sein.

8. Die Revisionsversammlung ist verpflichtet, sich ununterbrochen und ohne Aufschub mit den Gegenständen, die ihrer Prüfung übergeben sind, zu beschäftigen. Sobald ihre Arbeit abgeschlossen ist, ziehen sich die 249 überzähligen Mitglieder zurück, ohne in irgendeinem Falle an den gesetzgebenden Akten teilzunehmen.

Die Kolonien und französischen Besitzungen in Asien, Afrika und Amerika sind, obgleich sie Teile des Französischen Reiches sind, in der vorliegenden Verfassung nicht inbegriffen.

Keine der durch die Verfassung eingesetzten Gewalten hat das Recht, diese insgesamt oder teilweise zu verändern, vorbehaltlich der Verbesserungen, die in Übereinstimmung mit den Anordnungen des obigen Titels VII durch den Wunsch nach Revision vorgenommen werden können.

Die verfassunggebende Nationalversammlung vertraut sie der Treue der gesetzgebenden Körperschaft, des Königs und der Richter, der Wachsamkeit der Familienväter, den Gattinnen und Müttern, der Liebe der jungen Bürger, dem Mute aller Franzosen an.

Die Beschlüsse der verfassunggebenden Nationalversammlung, die nicht in der Verfassung enthalten sind, werden als Gesetze ausgeführt. Die früheren Gesetze, die sie nicht aufgehoben hat, sollen in gleicher Weise beachtet werden, bis die einen oder die anderen durch die gesetzgebende Gewalt widerrufen oder abgeändert werden.

Die Nationalversammlung erklärt, nachdem sie die Verlesung der Verfassung

et après l'avoir approuvé, déclare, que la Constitution est terminée et qu'elle ne peut y rien changer.

Il sera nommé à l'instant une députation de 60 membres, pour offrir dans le jour l'acte constitutionnel au roi.

2. CONSTITUTION DE LA RÉPUBLIQUE FRANÇAISE.

1793 Juin 24

Déclaration des droits de l'homme et du citoyen

Le peuple français, convaincu que l'oubli et le mépris des droits naturels de l'homme sont les seules causes des malheurs du monde, a résolu d'exposer dans une déclaration solennelle ces droits sacrés et inaliénables, afin que tous les citoyens, pouvant comparer sans cesse les actes du gouvernement avec le but de toute institution sociale, ne se laissent jamais opprimer et avilir par la tyrannie; afin que le peuple ait toujours devant les yeux les bases de sa liberté et de son bonheur, le magistrat la règle de ses devoirs, le législateur l'objet de sa mission.

En conséquence il proclame en présence de l'Être suprême la déclaration suivante des droits de l'homme et du citoyen.

Article 1. Le but de la société est le bonheur commun.

Le gouvernement est institué, pour garantir à l'homme la jouissance de ses droits naturels et imprescriptibles.

2. Ces droits sont l'égalité, la liberté, la sûreté, la propriété.

3. Tous les hommes sont égaux par la nature et devant la loi.

4. La loi est l'expression libre et solenelle de la volonté générale; elle est la même pour tous, soit qu'elle protège, soit qu'elle punisse; elle ne peut ordonner que ce, qui est juste et utile à la société; elle ne peut défendre que ce, qui lui est nuisible.

angehört und sie gebilligt hat, daß die Verfassung beschlossen ist und daß sie nichts daran ändern könne.

Sie wählt sofort eine Abordnung von 60 Mitgliedern, um heute die Verfassung dem König vorzulegen.

DIE VERFASSUNG DER FRANZÖSISCHEN REPUBLIK

24. Juni 1793

Erklärung der Menschen- und Bürgerrechte

Das französische Volk hat in der Überzeugung, daß Vergessen und Verachtung der natürlichen Menschenrechte die einzigen Ursachen des Unglücks in der Welt sind, sich entschlossen, in einer feierlichen Erklärung diese heiligen und unveräußerlichen Rechte darzulegen, damit alle Bürger ständig die Handlungen der Regierung mit dem Ziel jeder gesellschaftlichen Einrichtung vergleichen können und sich daher niemals durch die Tyrannei unterdrücken und entehren lassen; damit das Volk immer die Grundlagen seiner Freiheit und seines Glückes, die Obrigkeit den Maßstab ihrer Pflichten, der Gesetzgeber den Gegenstand seiner Aufgaben vor Augen haben.

Infolgedessen verkündet sie in Gegenwart des Allerhöchsten folgende Menschen- und Bürgerrechte:

Artikel 1. Das Ziel der Gesellschaft ist das allgemeine Glück.

Die Regierung ist eingesetzt, um dem Menschen den Genuß seiner natürlichen und unverjährbaren Rechte zu verbürgen.

2. Diese Rechte sind Gleichheit, Freiheit, Sicherheit, Eigentum.

3. Alle Menschen sind von Natur und vor dem Gesetz gleich.

4. Das Gesetz ist der freie und feierliche Ausdruck des allgemeinen Willens; es ist für alle das gleiche, sei es, daß es schützt, sei es, daß es bestraft; es kann nur das befehlen, was gerecht und der Gesellschaft nützlich ist; es kann nur das verbieten, was ihr schädlich ist.

5. Tous les citoyens sont également admissibles aux emplois publics. Les peuples libres ne connaissent d'autres motifs de préférence dans leurs élections que les vertus et les talents.

6. La liberté est le pouvoir, qui appartient à l'homme de faire tout ce, qui ne nuit pas aux droits d'autrui; elle a pour principe la nature, pour règle la justice, pour sauve-garde la loi; sa limite morale est dans cette maxime: « Ne fais pas à un autre ce, que tu ne veux pas, qui te soit fait. »

7. Le droit de manifester sa pensée et ses opinions, soit par la voie de la presse, soit de toute autre manière, le droit de s'assembler paisiblement, le libre exercice des cultes ne peuvent être interdits.

La nécessité d'énoncer ces droits suppose ou la présence ou le souvenir récent du despotisme.

8. La sûreté consiste dans la protection, accordée par la société à chacun de ses membres pour la conservation de sa personne, de ses droits et de ses propriétés.

9. La loi doit protéger la liberté publique et individuelle contre l'oppression de ceux, qui gouvernent.

10. Nul ne doit être accusé, arrêté ni détenu que dans les cas déterminés par la loi et selon les formes, qu'elle a prescrites. Tout citoyen, appelé ou saisi par l'autorité de la loi, doit obéir à l'instant; il se rend coupable par la résistance.

11. Tout acte, exercé contre un homme hors des cas et sans les formes, que la loi détermine, est arbitraire et tyrannique; celui, contre lequel on voudrait l'exécuter par la violence, a le droit de le repousser par la force.

12. Ceux, qui solliciteraient, expédieraient, signeraient, exécuteraient ou feraient exécuter des actes arbitraires, sont coupables et doivent être punis.

13. Tout homme, étant présumé innocent jusqu'à ce, qu'il ait été déclaré coupable, s'il est jugé indispensable de l'arrêter, toute rigueur, qui ne serait pas nécessaire, pour s'assurer de sa personne, doit être sévèrement réprimée par la loi.

14. Nul ne doit être jugé et puni, qu'après avoir été entendu ou légalement appelé et qu'en vertu d'une loi promulguée antérieurement au délit. La loi, qui punirait des délits commis avant qu'elle existât, serait une tyrannie; l'effet rétroactif donné à la loi serait un crime.

15. La loi ne doit décerner que des peines strictement et évidemment nécessaires; les peines doivent être proportionnées au délit et utiles à la société.

16. Le droit de propriété est celui, qui appartient à tout citoyen, de jouir et disposer à son gré de ses biens, des ses revenus, du fruit de son travail et de son industrie.

17. Nul genre de travail, de culture, de commerce ne peut être interdit à l'industrie des citoyens.

5. Alle Bürger sind zu den öffentlichen Ämtern in gleicher Weise zugelassen. Freie Völker kennen bei ihren Wahlen keine anderen Gründe der Bevorrechtung als Tugend und Talent.

6. Die Freiheit ist die Macht, die dem Menschen erlaubt, das zu tun, was den Rechten eines anderen nicht schadet; sie hat als Grundlage die Natur, als Maßstab die Gerechtigkeit, als Schutzwehr das Gesetz. Ihre moralische Begrenzung liegt in dem Grundsatz: „Was du nicht willst, das man dir tu, das füg auch keinem andern zu."

7. Das Recht, seinen Gedanken und Meinungen durch die Presse oder auf jede andere Art Ausdruck zu geben, das Recht sich friedlich zu versammeln, die freie Ausübung von Gottesdiensten, können nicht untersagt werden.

Die Notwendigkeit, diesen Rechten Ausdruck zu geben, setzt das Vorhandensein oder die frische Erinnerung an den Despotismus voraus.

8. Die Sicherheit beruht in dem Schutz, den die Gesellschaft jedem ihrer Glieder für die Erhaltung seiner Person, seiner Rechte und seines Eigentums zusichert.

9. Das Gesetz soll die allgemeine und persönliche Freiheit gegen die Unterdrückung durch die, die regieren, sichern.

10. Jeder kann nur in den durch das Gesetz bestimmten Fällen und in den Formen, die es vorschreibt, angeklagt, verhaftet und gefangengehalten werden. Jeder Bürger. der auf Grund des Gesetzes geladen oder ergriffen wird, muß sofort gehorchen; er macht sich auch durch Widerstand strafbar.

11. Jede Handlung, die gegen einen Menschen außer den im Gesetz bestimmten Fällen und Formen begangen wird, ist willkürlich und tyrannisch; derjenige, gegen den man sie mit Gewalt durchführen will, hat das Recht, sie mit Gewalt abzuwehren.

12. Diejenigen, die willkürliche Akte veranlassen, fördern, unterzeichnen, ausführen oder ausführen lassen, sind schuldig und müssen bestraft werden.

13. Da jeder Mensch für unschuldig zu halten ist, solange er nicht für schuldig erklärt worden ist, soll, wenn es als unumgänglich erachtet wird, ihn zu verhaften, jede Härte, die nicht notwendig ist, um sich seiner Person zu versichern, durch das Gesetz ernstlich verboten sein.

14. Bestraft werden darf nur, wer gehört und gesetzlich vorgeladen worden ist und nur auf Grund eines vor Begehen der Tat verkündeten Gesetzes. Das Gesetz, das Vergehen, die vor seiner Schaffung begangen wurden, bestrafen wollte, wäre Tyrannei; einem Gesetz rückwirkende Kraft zu geben, wäre ein Verbrechen.

15. Das Gesetz soll nur die durchaus und unumgänglich notwendigen Strafen festlegen; die Strafen sollen der Tat angemessen und der Gesellschaft nützlich sein.

16. Das Recht auf Eigentum ist das, das jedem Bürger erlaubt, seine Güter, seine Einkünfte, den Ertrag seiner Arbeit und seines Fleißes zu genießen und über sie nach seinem Gutdünken zu verfügen.

17. Keine Art der Arbeit, des Erwerbes und des Handels kann dem Fleiße der Bürger verwehrt werden.

18. Tout homme peut engager ses services, son temps; mais il ne peut se vendre ni être vendu; sa personne n'est pas une propriété aliénable. La loi ne reconnaît point de domesticité; il ne peut exister qu'un engagement de soins et de reconnaissance entre l'homme, qui travaille, et celui, qui l'emploie.

19. Nul ne peut être privé de la moindre portion de sa propriété sans son consentement, si ce n'est lorsque la nécessité publique légalement constatée l'exige et sous la condition d'une juste et préalable indemnité.

20. Nulle contribution ne peut être établie que pour l'utilité générale. Tous les citoyens ont le droit de concourir à l'établissement des contributions, d'en surveiller l'emploi et de s'en faire rendre compte.

21. Les secours publics sont une dette sacrée. La société doit la subsistance aux citoyens malheureux, soit en leur procurant du travail, soit en assurant les moyens d'exister à ceux, qui sont hors d'état de travailler.

22. L'instruction est le besoin de tous. La société doit favoriser de tout son pouvoir les progrès de la raison publique et mettre l'instruction à la portée de tous les citoyens.

23. La garantie sociale consiste dans l'action de tous, pour assurer à chacun la jouissance et la conservation de ses droits: cette garantie repose sur la souveraineté nationale.

24. Elle ne peut exister, si les limites des fonctions publiques ne sont pas clairement déterminées par la loi et si la responsabilité de tous les fonctionnaires n'est pas assurée.

25. La souveraineté réside dans le peuple; elle est une et indivisible, imprescriptible et inaliénable.

26. Aucune portion du peuple ne peut exercer la puissance du peuple entier; mais chaque section du souverain assemblée doit jouir du droit d'exprimer sa volonté avec une entière liberté.

27. Que tout individu, qui usurperait la souveraineté, soit à l'instant mis à mort par les hommes libres.

28. Un peuple a toujours le droit de revoir, de réformer et de changer sa constitution. Une génération ne peut assujettir à ses lois les générations futures.

29. Chaque citoyen a un droit égal de concourir à la formation de la loi et à la nomination de ses mandataires ou de ses agents.

30. Les fonctions publiques sont essentiellement temporaires; elles ne peuvent être considérées comme des distinctions ni comme des récompenses, mais comme des devoirs.

18. Jeder Mensch kann über seine Dienste und seine Zeit verfügen; aber er kann sich nicht verkaufen noch verkauft werden; seine Person ist kein veräußerliches Eigentum. Das Gesetz erkennt keine Dienstbarkeit an; nur über die Dienstleistungen und die Entschädigung dafür kann zwischen dem Menschen, der arbeitet, und dem, der ihn anstellt, eine Vereinbarung stattfinden.

19. Ohne seine Einwilligung darf niemand des geringsten Teiles seines Eigentumes beraubt werden, wenn es nicht die gesetzlich festgestellte öffentliche Notwendigkeit erfordert, und unter der Bedingung einer gerechten und vorher festgesetzten Entschädigung.

20. Eine Steuer darf nur für den allgemeinen Nutzen auferlegt werden. Alle Bürger haben das Recht, bei der Festsetzung der Steuern mitzuwirken, über ihre Anwendung zu wachen und sich davon Rechnung legen zu lassen.

21. Die öffentliche Unterstützung ist eine heilige Schuld. Die Gesellschaft schuldet ihren unglücklichen Mitbürgern den Unterhalt, indem sie ihnen entweder Arbeit verschafft oder denen, die außerstande sind, zu arbeiten, die Mittel für ihr Dasein sichert.

22. Der Unterricht ist für alle ein Bedürfnis. Die Gesellschaft soll mit aller Macht die Fortschritte der öffentlichen Aufklärung fördern und den Unterricht allen Bürgern zugänglich machen.

23. Die gesellschaftliche Büngschaft besteht in der Tätigkeit aller, um einem jeden den Genuß und die Erhaltung seiner Rechte zu sichern: diese Bürgschaft beruht auf der Volkssouveränität.

24. Sie kann nicht bestehen, wenn die Grenzen der öffentlichen Verwaltung durch das Gesetz nicht deutlich bestimmt sind, und wenn die Verantwortlichkeit aller Beamten nicht gesichert ist.

25. Die Souveränität ruht im Volk; sie ist eins und unteilbar, unverjährbar und unveräußerlich.

26. Kein Teil des Volkes kann die Macht des gesamten Volkes ausüben; aber jeder Teil des souveränen Volkes, der sich versammelt, genießt das Recht, seinen Willen mit voller Freiheit auszudrücken.

27. Jedes Individuum, das die Souveränität sich anmaßen will, soll sogleich durch die freien Männer zum Tode verurteilt werden.

28. Ein Volk hat stets das Recht, seine Verfassung zu revidieren, zu verbessern und zu ändern. Eine Generation kann ihren Gesetzen nicht die künftigen Generationen unterwerfen.

29. Jeder Bürger hat das gleiche Recht, an der Gesetzgebung und der Ernennung seiner Beauftragten oder seiner Vertreter mitzuwirken.

30. Öffentliche Dienste sind ihrem Wesen nach zeitlich begrenzt; sie können nicht als Auszeichnungen noch als Belohnungen, sondern nur als Verpflichtungen betrachtet werden.

31. Les délits des mandataires du peuple et de ses agents ne doivent jamais être impunis. Nul n'a le droit de se prétendre plus inviolable que les autres citoyens.

32. Le droit, de présenter des pétitions aux dépositaires de l'autorité publique, ne peut en aucun cas être inderdit, suspendu ni limité.

33. La résistance à l'oppression est la conséquence des autres droits de l'homme.

34. Il y a oppression contre le corps social, lorsqu'un seul de ses membres est opprimé; il y a oppression contre chaque membre, lorsque le corps social est opprimé.

35. Quand le gouvernement viole les droits du peuple, l'insurrection est pour le peuple et pour chaque portion du peuple le plus sacré des droits et le plus indispensable des devoirs.

Acte constitútionnel

De la République

Article 1. La République française est une et indivisible.

De la distribution du peuple

2. Le peuple français est distribué pour l'exercice de sa souveraineté en assemblées primaires de cantons.

3. Il est distribué pour l'administration et pour la justice en départements, districts, municipalités.

De l'état des citoyens

4. Tout homme né et domicilié en France, âgé de 21 ans accomplis;

Tout étranger âgé de 21 ans accomplis, qui, domicilié en France depuis une année, y vit de son travail, ou acquiert une propriété, ou épouse une Française, ou adopte un enfant, ou nourrit un vieillard;

Tout étranger enfin, qui sera jugé par le corps législatif avoir bien mérité de l'humanité, est admis à l'exercice des droits de citoyen français.

5. L'exercice des droits de citoyen se perd la naturalisation en pays étranger:

Par l'acceptation de fonctions ou faveurs émanées d'un gouvernement non populaire;

Par la condamnation à des peines infamantes ou afflictives jusqu'à réhabilitation.

6. L'exercice des droits de citoyen est suspendu par l'état d'accusation;

Par un jugement de contumace, tant que le jugement n'est pas anéanti.

31. Vergehen der Beauftragten des Volkes oder seiner Vertreter sollen niemals straflos bleiben. Niemand hat das Recht, sich für unverletzlicher als die übrigen Bürger zu halten.

32. Das Recht, den öffentlichen Behörden Gesuche einzureichen, kann in keinem Falle untersagt, aufgehoben oder eingeschränkt werden.

33. Der Widerstand gegen Unterdrückung ist die Folge der übrigen Menschenrechte.

34. Unterdrückung der Gesamtheit der Gesellschaft ist es, wenn auch nur eines ihrer Glieder unterdrückt wird; Unterdrückung jedes einzelnen Gliedes ist es, wenn die Gesamtheit der Gesellschaft unterdrückt wird.

35. Wenn die Regierung die Rechte des Volkes verletzt, ist für das Volk und jeden Teil des Volkes der Aufstand das heiligste seiner Rechte und die unerläßlichste seiner Pflichten.

Verfassungsurkunde

Von der Republik

1. Die französische Republik ist eins und unteilbar.

Von der Einteilung des Volkes

2. Das französische Volk ist zur Ausübung seiner Souveränität in Urversammlungen nach Kantonen eingeteilt.

3. Es ist für die Verwaltung und Rechtspflege in Departements, Bezirke und Gemeinden eingeteilt.

Vom Stand der Bürger

4. Jeder in Frankreich geborene und ansässige Mann, der das Alter von 21 Jahren erlangt hat,

jeder Ausländer, der das Alter von 21 Jahren erlangt hat, in Frankreich seit einem Jahre ansässig ist und von seiner Arbeit lebt oder ein Besitztum erwirbt oder eine Französin geheiratet hat oder ein Kind annimmt oder einen Greis ernährt;

jeder Ausländer endlich, von dem die gesetzgebende Körperschaft erklärt, daß er sich um die Menschheit besonders verdient gemacht hat, ist zur Ausübung der Rechte eines französischen Bürgers zugelassen.

5. Die Ausübung der Bürgerrechte geht verloren durch Einbürgerung im Ausland; durch die Annahme von Ämtern oder Begünstigungen seitens einer nicht demokratischen Regierung;

durch die Verurteilung zu ehrenrührigen oder körperlichen Strafen bis zur Rehabilitation.

6. Die Ausübung der Bürgerrechte wird unterbrochen durch die Versetzung in den Anklagestand;

durch eine Verurteilung in Abwesenheit, solange das Urteil nicht aufgehoben ist.

De la souveraineté du peuple

7. Le peuple souverain est l'universalité des citoyens français.

8. Il nomme immédiatement ses députés.

9. Il délègue à des électeurs le choix des administrateurs, des arbitres publics, des juges criminels et de cassation.

10. Il délibère sur les lois.

Des assemblées primaires

11. Les assemblées primaires se composent des citoyens domiciliés depuis 6 mois dans chaque canton.

12. Elles sont composées de 200 citoyens au moins, de 600 au plus, appelés à voter.

13. Elles sont constituées par la nomination d'un président, de secrétaires, de scrutateurs.

14. Leur police leur appartient.

15. Nul n'y peut paraître en armes.

16. Les élections se font au scrutin ou à haut voix, au choix de chaque votant.

17. Une assemblée primaire ne peut en aucun cas prescrire un mode uniforme de voter.

18. Les scrutateurs constatent le vote des citoyens, qui, ne sachant pas écrire, préfèrent de voter au scrutin.

19. Les suffrages sur les lois sont donnés par oui et par non.

20. Le vœu de l'assemblée primaire est proclamé ainsi: «Les citoyens réunis en assemblée primaire de . . au nombre de . . . votants votent pour ou votent contre, à la majorité de . . . »

De la représentation nationale

21 La population est la seule base de la représentation nationale.

22. Il y a un député en raison de 40.000 individus.

23. Chaque réunion d'assemblées primaires, résultant d'une population de 30.000 à 41.000 âmes, nomme immédiatement un député.

24. La nomination se fait à la majorité absolue des suffrages.

25. Chaque assemblée fait le dépouillement des suffrages et envoie un commissaire pour le recensement général au lieu désigné comme le plus central.

26. Si le premier recensement ne donne point de majorité absolue, il est procédé à un second appel, et on vote entre les deux citoyens, qui ont réuni le plus de voix.

27. En cas d'égalité de voix le plus âgé a la préférence, soit pour être ballotté, soit pour être élu. En cas d'égalité d'âge le sort décide.

Von der Volkssouveränität

7. Das souveräne Volk ist die Gesamtheit der französischen Bürger.

8. Es wählt unmittelbar seine Abgeordneten.

9. Es überträgt den Wahlmännern die Wahl der Präfekten, der Schiedsrichter, der Strafrichter und der Richter der Berufungsgerichte.

10. Es beschließt über die Gesetze.

Von den Urversammlungen

11. Die Urversammlungen bestehen aus den Bürgern, die seit 6 Monaten in einem Kanton wohnen.

12. Sie bestehen mindestens aus 200, höchstens aus 600 Bürgern, die zusammengerufen sind, um abzustimmen.

13. Sie werden durch die Wahl eines Präsidenten, von Sekretären und Stimmzählern konstituiert.

14. Ihnen steht eine eigene Polizei zu.

15. Niemand darf bewaffnet erscheinen.

16. Die Wahlen erfolgen geheim oder mit lauter Stimme nach dem Belieben jedes Abstimmenden.

17. Eine Urversammlung kann in keinem Falle eine einheitliche Art, abzustimmen, vorschreiben.

18. Die Stimmzähler stellen die Abstimmung der Bürger fest, die nicht schreiben können und doch vorziehen, geheim abzustimmen.

19. Abstimmungen über Gesetze erfolgen durch Ja oder Nein.

20. Die Abstimmung der Urversammlung wird folgendermaßen verkündet: „Die in der Urversammlung vereinten Bürger von . . ., an Zahl . . . Abstimmende, stimmen für oder stimmen gegen mit der Majorität von . . .“

Von der Nationalrepräsentation

21. Die Bevölkerungszahl ist die einzige Grundlage der Nationalrepräsentation.

22. Auf 40 000 Individuen entfällt ein Abgeordneter.

23. Jeder Zusammenschluß von Urversammlungen, der auf einer Bevölkerungszahl von 39 000 oder 41 000 Seelen beruht, wählt unmittelbar einen Abgeordneten.

24. Die Wahl erfolgt mit absoluter Stimmenmehrheit.

25. Jede Versammlung zählt die Stimmen und sendet einen Kommissar für die allgemeine Zählung an den als Mittelpunkt festgelegten Ort.

26. Wenn die erste Zählung keine absolute Mehrheit ergibt, erfolgt ein zweiter Wahlgang, in dem über die beiden Bürger, die die meisten Stimmen auf sich vereinigt hatten, abgestimmt wird.

27. Im Falle der Stimmengleichheit hat der Ältere sowohl bei der Stichwahl wie bei der Wahl den Vorzug. Bei gleichem Alter entscheidet das Los.

28. Tout Français, exerçant les droits de citoyen, est éligible dans l'étendue de la République.

29. Chaque député appartient à la nation entière.

30. En cas de non-acceptation, démission, déchéance ou mort d'un député il est pourvu à son remplacement par les assemblées primaires, qui l'ont nommé.

31. Un député, qui a donné sa démission, ne peut quitter son poste qu'après l'admission de son successeur.

32. Le peuple français s'assemble tous les ans le 1. mai pour les élections.

33. Il y procède, quel que soit le nombre des citoyens ayant droit d'y voter.

34. Les assemblées primaires se forment extraordinairement sur la demande du cinquième des citoyens, qui ont droit d'y voter.

35. La convocation se fait en ce cas par la municipalité du lieu ordinaire du rassemblement.

36. Ces assemblées extraordinaires ne délibèrent qu'autant que la moitié plus un des citoyens, qui ont droit d'y voter, sont présents.

Des assemblées électorales

37. Les citoyens, réunis en assemblées primaires, nomment un électeur à raison de 200 citoyens présents ou non; deux depuis 301 jusqu'à 400; trois depuis 501 jusqu'à 600.

38. La tenue des assemblées électorales et le mode des élections sont les mêmes que dans les assemblées primaires.

Du corps législatif

39. Le corps législatif est un, indivisible et permanent.

40. Sa session est d'un an.

41. Il se réunit le 1. juillet.

42. L'assemblée nationale ne peut se constituer, si elle n'est composée au moins de la moitié des députés plus un.

43. Les députés ne peuvent être recherchés, accusés ni jugés en aucun temps pour les opinions, qu'ils ont énoncées dans le sein du corps législatif.

44. Ils peuvent pour fait criminel être saisis en flagrant délit; mais le mandat d'arrêt ni le mandat d'amener ne peuvent être décernés contre eux qu'avec l'autorisation du corps législatif.

Tenue des séances du corps législatif

45. Les séances de l'assemblée nationale sont publiques.

46. Les procès-verbaux de ses séances sont imprimés.

47. Elle ne peut délibérer, si elle n'est composée de deux cents membres au moins.

28. Jeder Franzose, der die Bürgerrechte ausübt, ist im ganzen Bereich der Republik wählbar.

29. Jeder Abgeordnete gehört der gesamten Nation an.

30. Im Falle der Nichtannahme, der Niederlegung, der Absetzung oder des Todes eines Abgeordneten ist für seine Ersetzung durch die Urversammlungen, die ihn gewählt haben, Sorge zu tragen.

31. Ein Abgeordneter, der seinen Rücktritt erklärt hat, kann seinen Posten erst nach der Einsetzung seines Nachfolgers verlassen.

32. Das französische Volk versammelt sich jährlich am 1. Mai zur Wahl.

33. Es führt sie durch, welches auch die Zahl der stimmberechtigten Bürger sein mag.

34. Die Urversammlungen treten außerordentlich auf Anfordern des fünften Teiles der stimmberechtigten Bürger zusammen.

35. Die Einberufung erfolgt in diesem Falle durch die Behörde des gewöhnlichen Versammlungsortes.

36. Diese außerordentlichen Versammlungen beschließen nur, wenn mehr als die Hälfte der stimmberechtigten Bürger anwesend ist.

Von den Wahlversammlungen

37. Die zu Urversammlungen vereinten Bürger wählen auf 200 Bürger, ob anwesend oder nicht, einen Wahlmann; zwei auf 301 bis 400; drei auf 501 bis 600.

38. Die Abhaltung der Wahlversammlungen und die Art der Wahlen ist dieselbe wie bei den Urversammlungen.

Von der Gesetzgebenden Körperschaft

39. Die gesetzgebende Körperschaft ist eins, unteilbar und immerwährend.

40. Ihre Tagung dauert ein Jahr.

41. Sie tritt am 1. Juli zusammen.

42. Die Nationalversammlung kann sich nur bilden, wenn sie aus mindestens einem mehr als der Hälfte der Abgeordneten besteht.

43. Die Abgeordneten können zu keiner Zeit für die Ansichten, die sie innerhalb der gesetzgebenden Körperschaft geäußert haben, verfolgt, angeklagt oder verurteilt werden.

44. Sie können bei einem Verbrechen auf frischer Tat ergriffen werden; aber der Haftbefehl und der Befehl sie vorzuführen, können nur mit Ermächtigung der gesetzgebenden Körperschaft gegen sie erlassen werden.

Verfahren bei den Sitzungen der gesetzgebenden Körperschaft

45. Die Sitzungen der Nationalversammlung sind öffentlich.

46. Die Sitzungsprotokolle werden gedruckt.

47. Sie kann nur beschließen, wenn sie aus mindestens 200 Mitgliedern besteht.

48. Elle ne peut refuser la parole à ses membres dans l'ordre, où ils l'ont réclamée.

49. Elle délibère à la majorité des présents.

50. Cinquante membres ont le droit d'exiger l'appel nominal.

51. Elle a le droit de censure sur la conduite de ses membres dans son sein.

52. La police lui appartient dans le lieu de ses séances et dans l'enceinte extérieure, qu'elle a déterminée.

Des fonctions du corps législatif

53. Le corps législatif propose des lois et rend des décrets.

54. Sont compris sous le nom général de « loi » les actes du corps législatif concernant :

La législation civile et criminelle ;

L'administration générale des revenus et des dépenses ordinaires de la république ;

Les domaines nationaux ;

Le titre, le poids, l'empreinte et la dénomination des monnaies ;

La nature, le montant et la perception des contributions ;

La declaration de guerre ;

Toute nouvelle distribution générale du territoire français ;

L'instruction publique ;

Les honneurs publics à la mémoire des grands hommes.

55. Sont désignés sous le nom particulier de « décret » les actes du corps législatif concernant:

L'établissement annuel des forces de terre et de mer ;

La permission ou la défense du passage des troupes étrangères sur le territoire français ;

L'introduction des forces navales étrangères dans les ports de la République ;

Les mesures de sûreté et de tranquillité générales ;

La distribution annuelle et momentanée des secours et travaux publics ;

Les ordres pour la fabrication des monnaies de toute espèce;

Les dépenses imprévues et extraordinaires ;

Les mesures locales et particulières à une administration, à une commune, à un genre de travaux publics ;

La défense du territoire ;

La ratification des traités ;

La nomination et la destitution des commandants en chef des armées;

La poursuite de la responsabilité des membres du conseil, des fonctionnaires publics ;

48. Sie kann ihren Mitgliedern das Wort in der Ordnung, in der sie es verlangt haben, nicht verweigern.

49. Sie beschließt mit der Mehrheit der Anwesenden.

50. Fünfzig Mitglieder haben das Recht, einen namentlichen Aufruf zu fordern.

51. Über das Betragen ihrer Mitglieder in ihrer Mitte hat sie das Recht der Aufsicht.

52. Am Sitzungsort und in dem äußeren Umkreis, den sie bestimmt hat, steht ihr die Polizei zu.

Die Aufgaben der gesetzgebenden Körperschaft

53. Die gesetzgebende Körperschaft schlägt Gesetze vor und erläßt Dekrete.

54. Unter dem allgemeinen Ausdruck „Gesetz" werden die Verfügungen der gesetzgebenden Körperschaft verstanden, die betreffen:

die Zivil- und Strafgesetzgebung;

die allgemeine Verwaltung der gewöhnlichen Einnahmen und Ausgaben des Staates;

die Nationalgüter;

den Feingehalt, den Münzfuß, das Gepräge und die Benennung der Münzen;

die Art, die Höhe und die Erhebung der Steuern;

die Kriegserklärung;

jede neue allgemeine Einteilung des französischen Gebietes;

den öffentlichen Unterricht;

die öffentlichen Ehrungen zum Gedächtnis großer Männer.

55. Mit dem besonderen Namen „Dekret" werden die Verfügungen der gesetzgebenden Körperschaft bezeichnet, die betreffen:

die jährliche Feststellung der Streitkräfte zu Wasser und zu Lande;

die Genehmigung oder das Verbot des Durchmarsches fremder Truppen durch französisches Gebiet;

die Einfahrt fremder Seestreitkräfte in die Häfen der Republik;

Maßnahmen der allgemeinen Sicherheit und Ruhe;

die jährliche und augenblickliche Verteilung der Unterstützungen und öffentlichen Arbeiten;

die Anordnungen für die Herstellung von Geld jeder Art;

unvorhergesehene und außerordentliche Ausgaben;

örtliche oder besondere Maßnahmen für eine Verwaltung, eine Gemeinde oder eine Art öffentlicher Arbeiten;

die Landesverteidigung;

die Ratifikation der Verträge;

die Ernennung und Abberufung der Oberbefehlshaber der Armeen;

die Verfolgung der Verantwortlichkeit der Mitglieder des Rates und der öffentlichen Beamten;

L'accusation des prévenus de complots contre la sûreté générale de la République;

Tout changement dans la distribution partielle du territoire français;
Les récompenses nationales.

De la formation de la loi

56. Les projets de loi sont précédés d'un rapport.

57. La discussion ne peut s'ouvrir et la loi ne peut être provisoirement arrêtée que quinze jours après le rapport.

58. Le projet est imprimé et envoyé à toutes les communes de la République sous ce titre: « Loi proposée. »

59. 40 jours après l'envoi de la loi proposée, si dans la moitié des départements plus un le dixième des assemblées primaires de chacun d'eux, régulièrement formées, n'a pas réclamé, le projet est accepté et devient «loi».

60. S'il y a réclamation, le corps législatif convoque les assemblées primaires.

De l'intitulé des lois et des décrets

61. Les lois, les décrets, les jugements et tous les actes publics sont intitulés: «Au nom du peuple français, l'an . . . de la République française. »

Du conseil exécutif

62. Il y a un conseil exécutif composé de 24 membres.

63. L'assemblée électorale de chaque département nomme un candidat. Le corps législatif choisit sur la liste générale les membres du conseil.

64. Il est renouvelé par moitié à chaque législature dans les derniers mois de sa session.

65. Le conseil est chargé de la direction et de la surveillance de l'administration générale; il ne peut agir qu'en exécution des lois et des décrets du corps législatif.

66. Il nomme hors de son sein les agents en chef de l'administration générale de la République.

67. Le corps législatif détermine le nombre et les fonctions de ces agents.

68. Ces agents ne forment point un conseil; ils sont séparés sans rapports immédiats entre eux, ils n'exercent aucune autorité personnelle.

69. Le conseil nomme hors de son sein les agents extérieurs de la République.

70. Il négocie les traités.

71. Les membres du conseil en cas de prévarication sont accusés par le corps législatif.

die Anklage gegen Personen, die der Verschwörung gegen die allgemeine Sicherheit der Republik beschuldigt werden;
jede teilweise Änderung der Einteilung des französischen Gebietes;
die Nationalbelohnungen.

Von der Entstehung von Gesetzen

56. Gesetzesvorschläge werden von einem Bericht begleitet.

57. Erst vierzehn Tage nach dem Bericht kann die Diskussion eröffnet und das Gesetz provisorisch beschlossen werden.

58. Der Vorschlag wird gedruckt und allen Gemeinden der Republik unter der Aufschrift „Vorgeschlagenes Gesetz" übersandt.

59. Wenn 40 Tage nach Übersendung des vorgeschlagenen Gesetzes in der um eines größeren Hälfte der Departements ein Zehntel ihrer regelmäßig gebildeten Urversammlungen nicht reklamiert hat, ist der Vorschlag angenommen und wird „Gesetz".

60. Wenn eine Reklamation erfolgt, beruft die gesetzgebende Körperschaft die Urversammlung ein.

Die Überschrift der Gesetze und Dekrete

61. Die Gesetze, Dekrete, Urteile und alle öffentlichen Verfügungen sind überschrieben: „Im Namen des französischen Volkes, im Jahre . . . der französischen Republik."

Vom Vollzugsrat

62. Der Vollzugsrat besteht aus 24 Mitgliedern.

63. Die Wahlversammlung jedes Departements wählt einen Kandidaten. Die gesetzgebende Körperschaft wählt aus der allgemeinen Liste die Mitglieder des Rates.

64. Er wird zur Hälfte in jeder Legislaturperiode in den letzten Monaten der Tagung erneuert.

65. Der Rat ist mit der Leitung und Überwachung der allgemeinen Verwaltung beauftragt.

66. Er ernennt, jedoch nicht aus seiner Mitte, die leitenden Beamten der allgemeinen Verwaltung der Republik.

67. Die gesetzgebende Körperschaft bestimmt die Zahl und die Aufgaben dieser Beamten.

68. Diese Beamten bilden kein Kollegium; sie sind getrennt, ohne unmittelbare Beziehung untereinander; sie üben keine persönliche Gewalt aus.

69. Der Rat ernennt, aber nicht aus seiner Mitte, die Beamten des auswärtigen Dienstes der Republik.

70. Er verhandelt über Verträge.

71. Die Mitglieder des Rates werden im Falle einer Pflichtverletzung durch die gesetzgebende Körperschaft angeklagt.

72. Le conseil est responsable de l'inexécution des lois et des décrets et des abus, qu'il ne dénonce pas.

73. Il révoque et remplace les agents à sa nomination.

74. Il est tenu de les dénoncer, s'il y a lieu, devant les autorités judiciaires.

Des relations du conseil exécutif avec le corps législatif

75. Le conseil exécutif réside auprès du corps législatif; il a l'entrée et une place séparée dans le lieu de ses séances.

76. Il est entendu toutes les fois, qu'il a un compte à rendre.

77. Le corps législatif l'appelle dans son sein en tout ou en partie, lorsqu'il le juge convenable.

Des corps administratifs et municipaux

78. Il y a dans chaque commune de la République une administration municipale;

Dans chaque district une administration intermédiaire;

Dans chaque département une administration centrale.

79. Les officiers municipaux sont élus par les assemblées de commune.

80. Les administrateurs sont nommés par les assemblées électorales de département et de district.

81. Les municipalités et les administrations sont renouvelées tous les ans par moitié.

82. Les administrateurs et officiers municipaux n'ont aucun caractère de représentation.

Ils ne peuvent en aucun cas modifier les actes du corps législatif, ni en suspendre l'exécution.

83. Le corps législatif détermine les fonctions des officiers municipaux et des administrateurs, les règles de leur subordination et les peines, qu'ils pourront encourir.

84. Les séances des municipalités et des administrations sont publiques.

De la justice civile

85. Le Code des lois civiles et criminelles est uniforme pour toute la République.

86. Il ne peut être porté aucune atteinte au droit, qu'ont les citoyens de faire prononcer sur leurs différends par des arbitres de leur choix.

87. La décision de ces arbitres est définitive, si les citoyens ne se sont pas réservé le droit de réclamer.

88. Il y a des juges de paix, élus par les citoyens des arrondissements déterminés par la loi.

72. Der Rat ist für die Nichtausführung der Gesetze und Dekrete und für Mißbräuche, die er nicht anzeigt, verantwortlich.

73. Er ruft die Beamten nach seinem Willen ab und ersetzt sie.

74. Er ist verpflichtet, sie gegebenenfalls den Justizbehörden anzuzeigen.

Die Beziehungen des Vollzugsrates zur Gesetzgebenden Körperschaft

75. Der Vollzugsrat hat seinen Sitz bei der gesetzgebenden Körperschaft; er hat Zutritt und einen besonderen Platz am Sitzungsort.

76. Er wird jedesmal angehört, wenn er Rechenschaft zu geben hat.

77. Die gesetzgebende Körperschaft beruft ihn ganz oder zum Teil in ihre Mitte, wenn sie es für zweckmäßig hält.

Vom Verwaltungskörper und den Gemeinden

78. In jeder Gemeinde der Republik gibt es eine Gemeindeverwaltung, in jedem Bezirk eine mittlere Verwaltung, in jedem Departement eine Zentralverwaltung.

79. Die Gemeindebeamten werden durch die Gemeindeversammlung gewählt.

80. Die Administratoren werden durch die Wahlversammlungen des Departements und Bezirkes gewählt.

81. Die Gemeindeverwaltungen und die Verwaltungsbehörden werden jährlich zur Hälfte erneuert.

82. Die Administratoren und Gemeindebeamten haben keinen repräsentativen Charakter.

Sie können die Verfügungen der gesetzgebenden Körperschaft in keinem Falle abändern oder ihre Ausführung aufschieben.

83. Die gesetzgebende Körperschaft bestimmt die Aufgaben der Gemeindebeamten und Administratoren, die Grundsätze ihrer Unterordnung und die Strafen, denen sie verfallen können.

84. Die Sitzungen der Gemeindeverwaltungen und Verwaltungsbehörden sind öffentlich.

Von der Zivilgerichtsbarkeit

85. Das bürgerliche und das Strafgesetzbuch sind für die ganze Republik einheitlich.

86. In das Recht der Bürger, ihre Streitigkeiten durch Schiedsrichter ihrer Wahl entscheiden zu lassen, darf nicht eingegriffen werden.

87. Die Entscheidung dieser Schiedsrichter ist endgültig, wenn sich die Bürger nicht das Recht der Berufung vorbehalten haben.

88. Es gibt Friedensrichter. Sie werden durch die Bürger der durch das Gesetz bestimmten Bezirke gewählt.

89. Ils concilient et jugent sans frais.

90. Leur nombre et leur compétence sont réglés par le corps législatif.

91. Il y a des arbitres publics élu par les assemblées électorales.

92. Leur nombre et leurs arrondissements sont fixés par le corps législatif.

93. Ils connaissent des contestations, qui n'ont pas été terminées définitivement par les arbitres privés ou par les juges de paix.

94. Ils délibèrent en public.

Ils opinent à haute voix.

Ils statuent en dernier ressort sur défenses verbales ou sur simple mémoire sens procédures et sans frais.

Ils motivent leurs décisions.

95. Les juges de paix et les arbitres publics sont élus tous les ans.

De la justice criminelle

96. En matière criminelle nul citoyen ne peut être jugé que sur une accusation reçu par les jurés ou décrétée par le corps législatif.

Les accusés ont des conseils choisis par eux ou nommés d'office.

L'instruction est publique.

Le fait et l'intention sont déclarés par un jury de jugement.

La peine est appliquée par un tribunal criminel.

97. Les juges criminels sont élus tous les ans par les assemblées electorales.

Du tribunal de cassation

98. Il y a pour toute la République un tribunal de cassation.

99. Ce tribunal ne connaît point du fond des affaires.

Il prononce sur la violation des formes et sur les contraventions expresses à la loi.

100. Les membres de ce tribunal sont nommés tous les ans par les assemblées électorales.

Des contributions publiques

101. Nul citoyen n'est dispensé de l'honorable obligation de contribuer aux charges publiques.

De la trésorerie nationale

102. La trésorerie nationale est le point central des recettes et dépenses de la République.

89. Sie versöhnen und urteilen kostenlos.

90. Ihre Zahl und ihre Zuständigkeit werden durch die gesetzgebende Körperschaft festgelegt.

91. Es gibt öffentliche Schiedsrichter, die durch die Wahlversammlungen gewählt werden.

92. Ihre Anzahl und ihre Amtsbezirke werden von der gesetzgebenden Körperschaft festgesetzt.

93. Sie erkennen in den Streitsachen, die nicht abschließend durch private Schiedsrichter oder durch die Friedensrichter entschieden worden sind.

94. Sie beratschlagen öffentlich.

Sie äußern ihre Meinung mit lauter Stimme.

Sie entscheiden in letzter Instanz form- und kostenlos über mündliche Verteidigungen oder über ein einfaches Gesuch.

Sie begründen ihre Entscheidungen.

95. Die Friedensrichter und die öffentlichen Schiedsrichter werden jährlich gewählt.

Von der Strafgerichtsbarkeit

96. In Strafsachen kann ein Bürger nur auf Grund einer durch die Geschworenen empfangenen oder durch die gesetzgebende Körperschaft beschlossenen Anklage verurteilt werden.

Die Angeklagten haben von ihnen gewählte oder von Amts wegen ernannte Beistände.

Die Verhandlung ist öffentlich.

Tatbestand und Absicht werden durch ein Geschworenengericht ausgesprochen.

Die Strafe wird durch ein Kriminalgericht auferlegt.

97. Die Strafrichter werden jährlich durch die Wahlversammlungen gewählt.

Vom Kassationshof

98. Für die ganze Republik gibt es einen Kassationshof.

99. Dieser Gerichtshof erkennt nicht über den Tatbestand. Er entscheidet über Formverletzungen und über ausdrückliche Gesetzesverletzungen.

100. Die Mitglieder dieses Gerichtshofes werden jährlich durch die Wahlversammlungen gewählt.

Von den öffentlichen Steuern

101. Kein Bürger ist von der ehrenvollen Verpflichtung ausgeschlossen, zu den öffentlichen Lasten beizusteuern.

Vom Nationalschatz

102. Der Nationalschatz ist der Mittelpunkt der Einnahmen und Ausgaben der Republik.

103. Elle est administrée par des agents comptables nommés par le conseil exécutif.

104. Ces agents sont surveillés par des commissaires nommés par le corps législatif, pris hors de son sein et responsables des abus, qu'ils ne dénoncent pas.

De la comptabilité

105. Les comptes des agents de la trésorerie nationale et des administrateurs des deniers publics sont rendus annuellement à des commissaires responsables, nommés par le conseil exécutif.

106. Ces vérificateurs sont surveillés par des commissaires à la nomination du corps législatif, pris hors de son sein et responsables des abus et des erreurs, qu'ils ne dénoncent pas.

Le corps législatif arrête les comptes.

Des forces de la République

107. La force générale de la République est composée du peuple entier.

108. La République entretient à sa solde même en temps de paix une force armée de terre et de mer.

109. Tous les Français sont soldats; ils sont tous exercés au maniement des armes.

110. Il n'y a point de généralissime.

111. La différence des grades, leurs marques distinctives et la subordination ne subsistent que relativement au service et pendant sa durée.

112. La force publique, employée pour maintenier l'ordre et la paix dans l'intérieur, n'agit que sur la réquisiton par écrit des autorités constituées.

113. La force publique employée contre les ennemis du dehors agit sous les ordres du conseil exécutif.

114. Nul corps armé ne peut délibérer.

Des conventions nationales

115. Si dans la moitié des départements plus un le dixième des assemblées primaires de chacun d'eux, régulièrement formées, demande la révision de l'acte constitutionnel ou le changement de quelques-uns de ses articles, le corps législatif est tenu de convoquer toutes les assemblées primaires de la République, pour savoir, s'il y a lieu à une convention nationale.

116. La convention nationale est formée de la même manière que les législatures et en réunit les pouvoirs.

117. Elle ne s'occupe relativement à la constitution que des objets, qui ont motivé sa convocation.

Des rapports de la République française avec les nations étrangères

118. Le peuple français est l'ami et l'allié naturel des peuples libres.

103. Er wird durch vom Vollzugsrat ernannte Rechnungsbeamte verwaltet.

104. Diese Beamten werden durch Kommissare überwacht, welche die gesetzgebende Körperschaft, jedoch nicht aus ihrer Mitte, wählt und die für Mißstände, die sie nicht anzeigen, verantwortlich sind.

Vom Rechnungswesen

105. Die Rechnungen der Beamten des Nationalschatzes und der Administratoren der öffentlichen Gelder werden jährlich von den verantwortlichen, durch den Vollzugsrat ernannten Kommissaren abgenommen.

106. Diese Prüfer werden durch Kommissare überwacht, welche die gesetzgebende Körperschaft, jedoch nicht aus ihrer Mitte, wählt und die für Mißbräuche und Irrtümer, die sie nicht anzeigen, verantwortlich sind.

Die gesetzgebende Körperschaft bewahrt die Rechnungen auf.

Von den Streitkräften der Republik

107. Die allgemeine Streitmacht der Republik besteht aus dem ganzen Volke.

108. Die Republik unterhält selbst in Friedenszeiten eine besoldete Land- und Seemacht.

109. Alle Franzosen sind Soldaten. Alle werden im Gebrauch der Waffen geübt.

110. Es gibt keinen Generalissimus.

111. Der Unterschied der Dienstgrade, ihre militärischen Abzeichen und die Unterordnung besteht nur im Dienste und während seiner Dauer.

112. Werden die öffentlichen Streitkräfte für die Aufrechterhaltung der Ordnung und des Friedens im Innern eingesetzt, handeln sie nur auf schriftliche Anforderung durch die verfassungsmäßigen Autoritäten.

113. Werden die öffentlichen Streitkräfte gegen äußere Feinde eingesetzt, handeln sie auf Anordnung des Vollzugsrates.

114. Kein bewaffnetes Korps kann beratschlagen.

Von den Nationalkonventen

115. Wenn in der um eines größeren Hälfte der Departements ein Zehntel ihrer ordnungsgemäß gebildeten Urversammlungen die Revision der Verfassungsurkunde oder die Abänderung einiger Artikel fordert, ist die gesetzgebende Körperschaft verpflichtet, alle Urversammlungen der Republik einzuberufen, um zu erfahren, ob ein Nationalkonvent stattfinden soll.

116. Der Nationalkonvent wird auf die gleiche Weise wie die gesetzgebende Körperschaft gebildet und vereinigt in sich die Gewalten.

117. Er beschäftigt sich hinsichtlich der Verfassung nur mit den Gegenständen, die der Grund seiner Einberufung waren.

Von den Beziehungen der Französischen Republik zu fremden Nationen

118. Das französische Volk ist der Freund und natürliche Verbündete aller freien Völker.

119. Il ne s'immisce point dans le gouvernement des autres nations; il ne souffre pas, que les autres nations s'immiscent dans le sien.

120. Il donne asile aux étrangers bannis de leur patrie pour la cause de la liberté. Il le refuse aux tyrans.

121. Il ne fait point la paix avec un ennemi, qui occupe son territoire.

De la garantie des droits

122. La constitution garantit à tous les Français l'égalité, la liberté, la sûreté, la propriété, la dette publique, le libre exercice des cultes, une instruction commune, des secours publics, la liberté indéfinie de la presse, le droit de pétition, le droit de se réunir en sociétés populaires, la jouissance de tous les droits de l'homme.

123. La République française honore la loyauté, le courage, la vieillesse, la piété filiale, le malheur. Elle remet le dépôt de sa constitution sous la garde de toutes les vertus.

124. La déclaration des droits et l'acte constitutionnel sont gravés sur des tables au sein du corps législatif et dans les places publiques.

3a. LOI CONSTITUTIONELLE SUR L'ORGANISATION DES POUVOIRS PUBLICS

1875 Février 25

Article 1. Le pouvoir législatif s'exerce par deux assemblées: la chambre des députés et le sénat.

La chambre des députés est nommée par le suffrage universel dans les conditions déterminées par loi électorale.

La composition, le mode de nomination et les attributions du sénat seront réglés par une loi spéciale.

2. Le président de la République est élu à la majorité absolue des suffrages par le sénat et par la chambre des députés réunis en assemblée nationale. Il est nommé pour sept ans; il est rééligible.

3. Le président de la République a l'initiative des lois, concurremment avec les membres des deux chambres; il promulgue les lois, lorsqu'elles ont été votées par les deux chambres; il en surveille et en assure l exécution.

Il a le droit de faire grâce; les amnisties ne peuvent être accordées que par une loi.

Il dispose de la force armée.

Il nomme à tous les emplois civils et militaires.

Il préside aux solennités nationales; les envoyés et les ambassadeurs des puissances étrangères sont accrédités auprès de lui.

119. Es mischt sich nicht in die Regierung anderer Nationen ein; es duldet nicht, daß andere Nationen sich in die seine einmischen.

120. Es gewährt Ausländern, die um der Sache der Freiheit willen aus ihrem Vaterland vertrieben wurden, Zuflucht.

121. Es schließt keinen Frieden mit einem Feind, der sein Gebiet besetzt hält.

Von der Garantie der Rechte

122. Die Verfassung verbürgt allen Franzosen die Gleichheit, die Freiheit, die Sicherheit, das Eigentum, die öffentliche Schuld, die freie Ausübung des Gottesdienstes, einen allgemeinen Unterricht, öffentliche Unterstützung, unbeschränkte Preßfreiheit, das Petitionsrecht, das Recht, sich in Volksversammlungen zu vereinen, den Genuß aller Menschenrechte.

123. Die Französische Republik ehrt die Treue, den Mut, das Alter, die kindliche Liebe, das Unglück. Sie stellt das Gut ihrer Verfassung unter die Hut aller Tugenden.

124. Die Erklärung der Rechte und die Verfassungsurkunde sollen auf Tafeln in der Mitte der gesetzgebenden Körperschaft und an öffentlichen Plätzen eingegraben werden.

3a. VERFASSUNGSGESETZ ÜBER DIE ORGANISATION DER FRANZÖSISCHEN STAATSGEWALT

25. Februar 1875

Artikel 1. Die gesetzgebende Gewalt wird von zwei Versammlungen ausgeübt: der Abgeordnetenkammer und dem Senat.

Die Abgeordnetenkammer wird durch allgemeines Stimmrecht unter den im Wahlgesetz festgelegten Bedingungen gewählt.

Die Zusammensetzung, die Art der Wahl und die Befugnisse des Senats werden durch ein besonderes Gesetz geregelt.

2. Der Präsident der Republik wird durch die absolute Mehrheit der Stimmen durch den Senat und die Abgeordnetenkammer gewählt, die zur Nationalversammlung vereinigt werden. Er wird auf sieben Jahre gewählt; er ist wieder wählbar.

3. Der Präsident der Republik hat das Vorschlagsrecht für Gesetze zugleich mit den Mitgliedern der beiden Kamern; er verkündet die Gesetze, nachdem sie von den beiden Kammern angenommen worden sind; er überwacht und sichert ihre Durchführung.

Er hat das Begnadigungsrecht, Straferlasse können nur durch ein Gesetz gewahrt werden.

Er verfügt über die bewaffnete Macht.

Er ernennt alle Zivil- und Militärbeamten.

Er führt den Vorsitz bei Nationalfeiern; die Gesandten und Botschafter auswärtiger Mächte werden bei ihm beglaubigt.

Chacun des actes du président de la République doit être contresigné par un ministre.

4. Au fur et à mesure des vacances, qui se produiront à partir de la promulgation de la présente loi, le président de la République nomme, en conseil des ministres, les conseillers d'état en service ordinaire.

Les conseillers d'état ainsi nommés ne pourront être révoqués que par décret rendu en conseil des ministres.

Les conseillers d'état nommés en vertu de la loi du 24 mai 1872 ne pourront jusqu'à l'expiration de leurs pouvoirs être révoqués que dans la forme déterminée par cette loi. Après la séparation de l'assemblée nationale la révocation ne pourra être prononcée que par une résolution du sénat.

5. Le président de la République peut sur l'avis conforme du sénat dissoudre la chambre des députés avant l'expiration légale de son mandat.

En ce cas les collèges électoraux sont convoqués pour de nouvelles élections dans le délai de trois mois.

6. Les ministres sont solidairement responsables devant les chambres de la politique générale du gouvernement et individuellement de leurs actes personnels.

Le président de la République n'est responsable que dans le cas de haute trahison.

7. En cas de vacance par décès ou pour toute autre cause les deux chambes réunies procèdent immédiatement à l'élection d'un nouveau président. Dans l'intervalle le conseil des ministres est investi du pouvoir exécutif.

8. Les chambres auront le droit, par délibérations séparées, prises dans chacune à la majorité absolue des voix, soit spontanément, soit sur la demande du président de la République, de déclarer, qu'il y a lieu de réviser les lois constitutionnelles.

Après que chacune des deux chambres aura pris cette résolution, elles se réuniront en assemblée nationale, pour procéder à la révision.

Les délibérations, portant révision des lois constitutionnelles en tout ou en partie, devront être prises à la majorité absolue des membres composant l'assemblée nationale[1].

Toutefois pendant la durée des pouvoirs conférés par la loi du 20 novembre 1873 à M. le maréchal de Mac-Mahon cette révision ne peut avoir lieu que sur la proposition du président de la République.

9. Le siège du pouvoir exécutif et des deux chambres est à Versailles.

[1] *13. Aug. 1884 durch Verfassungsgesetz hinzugefügt:* La forme républicaine du gouvernement ne peut faire l'objet d'une proposition de révision. Les membres des familles ayant régné sur la France sont inéligibles à la présidence de la République.

Jede Urkunde des Präsidenten der Republik muß durch einen Minister gegengezeichnet sein.

4. Nach Maßgabe der Stellen, die nach Verkündung des gegenwärtigen Gesetzes frei werden, ernennt der Präsident der Republik auf Vorschlag der Minister die Wirklichen Staatsräte.

Die so ernannten Staatsräte können nur durch eine auf Vorschlag der Minister erlassene Verordnung entlassen werden.

Die auf Grund des Gesetzes vom 24. Mai 1872 ernannten Staatsräte können bis zum Erlöschen ihrer Befugnisse nur in der durch dieses Gesetz bestimmten Form abberufen werden. Nach der Auflösung der Nationalversammlung kann die Abberufung nur durch einen Beschluß des Senats ausgesprochen werden.

5. Der Präsident der Republik kann in Übereinstimmung mit dem Senat die Abgeordnetenkammer vor Ablauf der gesetzlichen Amtsdauer auflösen.

In diesem Falle müssen die Wahlversammlungen für die Neuwahlen innerhalb von drei Monaten einberufen werden.

6. Die Minister sind vor den Kammern für die allgemeine Politik der Regierung insgesamt verantwortlich und jeder für sich für seine persönlichen Amtshandlungen.

Der Präsident der Republik ist nur im Falle von Hochverrat verantwortlich.

7. Im Falle der Erledigung durch Tod oder eine andere Ursache treten die beiden Kammern sofort zur Wahl eines neuen Präsidenten zusammen. Während der Zwischenzeit ist der Ministerrat mit der vollziehenden Gewalt bekleidet.

8. Die Kammern haben das Recht, durch getrennte Beschlüsse, in jeder Kammer mit der absoluten Stimmenmehrheit angenommen — von sich aus oder auf Aufforderung des Präsidenten der Republik hin —, zu erklären, daß eine Änderung der Verfassungsgesetze stattfinden soll. Nachdem jede der beiden Kammern diese Entschließung angenommen hat, treten sie zur Nationalversammlung zusammen, um die Änderung vorzunehmen.

Die Beschlüsse über die ganze oder teilweise Änderung der Verfassungsgesetze müssen mit der absoluten Mehrheit der Mitglieder, die die Nationalversammlung bilden, gefaßt werden[1].

Jedoch kann während der Dauer der Gewalt, die dem Marschall MacMahon durch das Gesetz vom 20. November 1873 übertragen worden ist[2], diese Änderung nur auf Vorschlag des Präsidenten der Republik hin erfolgen.

9. Der Sitz der vollziehenden Gewalt und der beiden Kammern ist in Versailles[3].

[1] *Durch Verfassungsgesetz vom 13. August 1884 hinzugefügt:* Die republikanische Staatsform darf nicht Gegenstand eines Änderungsvorschlages sein. Mitglieder von Familien, die einstmals in Frankreich regiert haben, sind als Präsident der Republik nicht wählbar.

[2] *Mac Mahon war von 1873—1879 Präsident der Republik.*

[3] *Seit 1879 Paris.*

3b. LOI CONSTITUTIONELLE SUR LES RAPPORTS DES POUVOIRS PUBLICS FRANÇAIS

1875 Juillet 16

L'assemblée nationale a adopté la loi, dont la teneur suit:

Article 1. Le sénat et la chambre des députés se réunissent chaque année le second mardi de janvier, à moins d'une convocation antérieure faite par le président de la République.

Les deux chambres doivent être réunies en session cinq mois au moins chaque année. La session de l'une commence et finit en même temps que celle de l'autre.

Le dimanche, qui suivra la rentrée, des prières publiques seront adressées à dieu dans les églises et dans les temples, pour appeler son secours sur les travaux des assemblées.

2. Le président de la République prononce la clôture de la session. Il a le droit de convoquer extraordinairement les chambres. Il devra les convoquer, si la demande en est faite dans l'intervalle des sessions par la majorité absolue des membres composant chaque chambre.

Le président peut ajourner les chambres. Toutefois l'ajournement ne peut excéder le terme d'un mois ni avoir lieu plus de deux fois dans la même session.

3. Un mois au moins avant le terme légal des pouvoirs du président de la République les chambres devront être réunies en assemblée nationale, pour procéder à l'élection du nouveau président.

A défaut de convocation cette réunion aurait lieu de plein droit le quinzième jour avant l'expiration de ces pouvoirs.

En cas de décès ou de démission du président de la République les deux chambres se réunissent immédiatement et de plein droit.

Dans le cas, où par application de l'article 5 de la loi du 25 février 1875 la chambre des députés se trouverait dissoute au moment, où la présidence de la République deviendrait vacante, les collèges électoraux seraient aussitôt convoqués, et le sénat se réunirait de plein droit.

4. Toute assemblée de l'une des deux chambres, qui serait tenue hors du temps de la session commune, est illicite et nulle de plein droit, sauf le cas prévu par l'article précédent et celui, où le sénat est réuni comme cour de justice; et dans ce dernier cas il ne peut exercer que des fonctions judiciaires.

5. Les séances du sénat et celles de la chambre des députés sont publiques.

Néanmoins chaque chambre peut se former en comité secret sur la demande d'un certain nombre de ses membres, fixé par le règlement.

3b. VERFASSUNGSGESETZ ÜBER DIE BEZIEHUNGEN DER FRANZÖSISCHEN STAATSGEWALTEN UNTEREINANDER

16. Juli 1875

Die Nationalversammlung hat das Gesetz angenommen, dessen Inhalt lautet:

Artikel 1. Der Senat und die Abgeordnetenkammer treten in jedem Jahre am zweiten Dienstag im Januar zusammen, wenn nicht eine frühere Einberufung durch den Präsidenten der Republik erfolgt ist.

Die beiden Kammern müssen in jedem Jahre mindestens fünf Monate lang tagen. Die Sitzungsperiode der einen Kammer beginnt und endet zur gleichen Zeit wie die der anderen.

An dem Sonntag, der auf den Wiederzusammentritt folgt, werden in den Kirchen und Gotteshäusern öffentliche Gebete zu Gott gerichtet, um seine Hilfe für die Arbeit der Versammlungen zu erflehen.

2. Der Präsident der Republik verkündet den Schluß der Sitzungsperiode. Er hat das Recht, die Kammern außer der Zeit zu berufen. Er muß sie einberufen, wenn die Forderung in der Zeit zwischen den Sitzungsperioden durch die absolute Mehrheit der Mitglieder einer der beiden Kammern gestellt wird.

Der Präsident kann die Kammern vertagen. Jedoch darf die Vertagung die Frist von einem Monat nicht überschreiten und nicht öfters als zweimal in der gleichen Sitzungsperiode erfolgen.

3. Mindestens einen Monat vor dem gesetzlichen Ende der Präsidentschaft müssen die beiden Kammern zur Nationalversammlung zusammentreten, um zur Wahl eines neuen Präsidenten zu schreiten.

In Ermangelung einer Einberufung würde der Zusammentritt am 15. Tag vor dem Erlöschen der Präsidentschaft rechtmäßig erfolgen.

Im Falle des Hinscheidens oder des Rücktritts des Präsidenten der Republik treten die beiden Kammern sofort und rechtmäßig zusammen. Im Falle, daß in Anwendung des Artikels 5 des Gesetzes vom 25. Februar 1875 die Abgeordnetenkammer in dem Augenblick aufgelöst wäre, in dem die Präsidentschaft der Republik erledigt würde, würden die Wahlversammlungen sofort einberufen werden und der Senat rechtmäßig zusammentreten.

4. Jede Tagung einer der beiden Kammern, die außerhalb der gemeinsamen Sitzungsperioden abgehalten würde, ist verboten und von Rechts wegen nichtig, ausgenommen den durch den vorhergehenden Artikel vorgesehenen Fall und den Fall, daß der Senat als Gerichtshof zusammentritt; in diesem letzteren Falle darf er nur richterliche Befugnisse ausüben.

5. Die Sitzungen des Senats und der Abgeordnetenkammer sind öffentlich.

Trotzdem kann jede Kammer auf Antrag einer bestimmten, durch die Geschäftsordnung festgesetzten Zahl von Mitgliedern die Öffentlichkeit ausschließen.

Elle décide ensuite à la majorité absolue, si la séance doit être reprise en public sur le même sujet.

6. Le président de la République communique avec les chambres par des messages, qui sont lus à la tribune par un ministre.

Les ministres ont leur entrée dans les deux chambres et doivent être entendus, quand ils le demandent. Ils peuvent se faire assister par des commissaires désignés pour la discussion d'un projet de loi déterminé, par décret du président de la République.

7. Le président de la République promulgue les lois dans le mois, qui suit la transmission au gouvernement de la loi définitivement adoptée. Il doit promulguer dans les trois jours les lois, dont la promulgation par un vote exprès dans l'une et l'autre chambre aura été déclarée urgente.

Dans le délai fixé pour la promulgation le président de la République peut par un message motivé demander aux deux chambres une nouvelle délibération, qui ne peut être refusée.

8. Le président de la République négocie et ratifie les traités. Il en donne connaissance aux chambres, aussitôt que l'intérêt et la sûreté de l'état le permettent.

Les traités de paix, de commerce, les traités, qui engagent les finances de l'état, ceux, qui sont relatifs à l'état des personnes et au droit de propriété des Français à l'étranger, ne sont définitifs qu'après avoir été votés par les deux chambres. Nulle cession, nul échange, nulle adjonction de territoire ne peut avoir lieu qu'en vertu d'une loi.

9. Le président de la République ne peut déclarer la guerre sans l'assentiment préalable des deux chambres.

10. Chacune des chambres est juge de l'éligibilité de ses membres et de la régularité de leur élection; elle peut seule recevoir leur démission.

11. Le bureau de chacune des deux chambres est élu chaque année pour la durée de la session et pour toute session extraordinaire, qui aurait lieu avant la session ordinaire de l'année suivante.

Lorsque les deux chambres se réunissent en assemblée nationale, leur bureau se compose des président, vice-présidents et secrétaires du sénat.

12. Le président de la République ne peut être mis en accusation que par la chambre des députés et ne peut être jugé que par le sénat.

Les ministres peuvent être mis en accusation par la chambre des députés pour crimes commis dans l'exercice de leurs fonctions. En ce cas ils sont jugés par le sénat.

Le sénat peut être constitué en cour de justice par un décret du président de la

Sie beschließt hierauf mit absoluter Mehrheit, ob die Sitzung über denselben Gegenstand wieder öffentlich aufgenommen werden soll.

6. Der Präsident der Republik verkehrt mit den Kammern durch Botschaften, die durch einen Minister von der Tribüne verlesen werden. Die Minister haben Zutritt zu beiden Kammern und müssen gehört werden, wenn sie es verlangen. Sie können sich durch Bevollmächtigte unterstützen lassen, die für die Erörterung eines bestimmten Gesetzentwurfes durch Erlaß des Präsidenten ernannt werden.

7. Der Präsident der Republik verkündet die Gesetze in dem Monat, der der Übergabe des endgültig angenommenen Gesetzes an die Regierung folgt. Er muß innerhalb von drei Tagen die Gesetze verkünden, deren Verkündung durch eine besondere Abstimmung in der einen und der anderen Kammer als dringlich erklärt worden ist.

Innerhalb der für die Verkündung festgesetzten Frist kann der Präsident der Republik durch eine begründete Botschaft von beiden Kammern eine nochmalige Beratung verlangen, die nicht verweigert werden darf.

8. Der Präsident der Republik schließt und ratifiziert die Verträge. Er bringt sie den Kammern zur Kenntnis, sobald das Interesse und die Sicherheit des Staates es erlauben.

Friedensverträge, Handelsverträge, Verträge, welche die Finanzen des Staates in Anspruch nehmen und solche, die sich auf den Personenstand und das Eigentumsrecht der Franzosen im Ausland beziehen, werden erst rechtskräftig, nachdem sie durch beide Kammern angenommen worden sind. Abtretung, Austausch und Neuerwerb von Gebieten kann nur kraft eines Gesetzes erfolgen.

9. Der Präsident der Republik kann Krieg nicht ohne vorherige Zustimmung beider Kammern erklären.

10. Jede Kammer prüft die Wählbarkeit ihrer Mitglieder und die Gesetzmäßigkeit ihrer Wahl; sie allein kann die Mandatsniederlegung entgegennehmen.

11. Das Büro jeder der beiden Kammern wird jedes Jahr für die Dauer der Sitzungsperiode und für jede außerordentliche Sitzungsperiode gewählt, die vor der gewöhnlichen Sitzungsperiode des folgenden Jahres stattfindet.

Wenn die beiden Kammern als Nationalversammlung zusammentreten, besteht ihr Büro aus dem Präsidenten, den Vizepräsidenten und den Sekretären des Senats.

12. Der Präsident der Republik kann nur durch die Abgeordnetenkammer in Anklagezustand versetzt und durch den Senat verurteilt werden. Die Minister können durch die Abgeordnetenkammer für Verbrechen, die sie in Ausübung ihres Amtes begangen haben, in Anklagezustand versetzt werden. In diesem Falle werden sie durch den Senat verurteilt.

Der Senat kann durch einen vom Ministerrat beschlossenen Erlaß des Präsidenten

République, rendu en conseil des ministres, pour juger toute personne prévenue d'attentat commis contre la sûreté de l'état.

Si l'instruction est commencée par la justice ordinaire, le décret de convocation du sénat peut être rendu jusqu'à l'arrêt de renvoi.

Une loi déterminera le mode de procéder pour l'accusation, l'instruction et le jugement.

13. Aucun membre de l'une ou de l'autre chambre ne peut être poursuivi ou recherché à l'occasion des opinions ou votes émis par lui dans l'exercice de ses fonctions.

14. Aucun membre de l'une ou de l'autre chambre ne peut pendant la durée de la session être poursuivi ou arrêté en matière criminelle ou correctionnelle qu'avec l'autorisation de la chambre, dont il fait partie, sauf le cas de flagrant délit.

La détention ou la poursuite d'un membre de l'une ou de l'autre chambre est suspendue pendant la session et pour toute sa durée, si la chambre le requiert.

Délibéré en séances publiques à Versailles les 22 juin, 7 et 16 Juillet 1875.

4. CONSTITUTION DE LA RÉPUBLIQUE FRANÇAISE

1946 Octobre 13

adoptée par l'Assemblée Nationale Constituante le 29 Septembre 1946 et soumise à l'approbation du corps électoral des citoyens français par voie de referendum le 13 octobre 1946.

Préambule

Au lendemain de la victoire remportée par les peuples libres sur les régimes, qui ont tenté d'asservir et de dégrader la personne humaine, le peuple français proclame à nouveau, que tout être humain, sans distinction de race, de religion ni de croyance, possède des droits inaliénables et sacrés. Il réaffirme solenellement les droits et

der Republik als Gerichtshof eingesetzt werden, um über jede Person zu urteilen, die eines Angriffs auf die Sicherheit des Staates beschuldigt wird.

Wenn die Untersuchung durch das ordentliche Gericht eingeleitet worden ist, kann der Erlaß über die Einberufung des Senats bis zum Überweisungsurteil zurückgestellt werden.

Ein Gesetz wird das Verfahren für Anklage, Untersuchung und Urteil festlegen.

13. Kein Mitglied der einen oder der anderen Kammer kann wegen Äußerungen oder Abstimmungen, die es in Ausübung seines Amtes gemacht hat, verfolgt oder in Untersuchung gezogen werden.

14. Kein Mitglied der einen oder der anderen Kammer kann während der Dauer der Sitzungsperiode strafrechtlich oder polizeilich verfolgt oder verhaftet werden ohne Zustimmung der Kammer, der es angehört, es sei denn, es würde auf frischer Tat ergriffen.

Die Verhaftung oder Verfolgung eines Mitgliedes der einen oder der anderen Kammer wird, wenn die Kammer es verlangt, während der Sitzungsperiode und für ihre ganze Dauer aufgehoben.

Beraten in öffentlichen Sitzungen in Versailles am 22. Juni, 7. und 16. Juli 1875.

VERFASSUNG DER FRANZÖSISCHEN REPUBLIK

13 Oktober 1946

Präambel. Von den Einrichtungen der Republik.

Titel I. Von der Souveränität, Artikel 1—4. — Titel II. Vom Parlament, Artikel 5—24. — Titel III. Vom Wirtschaftsrat, Artikel 25. —Titel IV. Von diplomatischen Verträgen, Artikel 26—28. Titel V. Vom Präsidenten der Republik, Artikel 29—44. — Titel VI. Vom Ministerrat, Artikel 45—55. —Titel VII. Von der strafrechtlichen Verantwortlichkeit der Minister, Artikel 56—59. — Titel VIII. Von der Französischen Union. Abschnitt I. Grundsätze, Artikel 60—62. Abschnitt II. Von der Organisation, Artikel 63—72. Abschnitt III. Von den überseeischen Departements und Gebieten, Artikel 73—82. — Titel IX. Vom Hohen Rat des Richtertums, Artikel 83—84. — Titel X. Von den territorialen Einheiten, Artikel 85—89. — Titel XI. Von der Revision der Verfassung, Artikel 90—95. — Titel XII. Übergangsbestimmungen, Artikel 96—100.

Verfassung der Französischen Republik, angenommen durch die Verfassunggebende Nationalversammlung am 29. September 1946 und der Zustimmung der Wählerschaft der französischen Bürger durch Volksabstimmung am 13. Oktober 1946 unterworfen.

Präambel

Am Tage nach dem Siege, den die freien Völker über die Regierungen davongetragen haben, die versucht hatten, die menschliche Persönlichkeit zu unterjochen und herabzuwürdigen, verkündet das französische Volk von neuem, daß jedes menschliche Wesen ohne Unterschied der Rasse, der Religion oder des Glaubens unveräußerliche und heilige Rechte besitzt. Es bestätigt feierlich erneut die Rechte

les libertés de l'homme et du citoyen consacrés par la Déclaration des droits de 1789 et les principes fondamentaux reconnus par les lois de la République.

Il proclame, en outre, comme particulièrement nécessaires à notre temps les principes politiques, économiques et sociaux ci-après :

La loi garantit à la femme, dans tous les domaines, des droits égaux à ceux de l'homme.

Tout homme, persécuté en raison de son action en faveur de la liberté, a droit d'asile sur les territoires de la République.

Chacun a le devoir de travailler et le droit d'obtenir un emploi. Nul ne peut être lésé, dans son travail ou son emploi, en raison de ses origines, de ses opinions ou de ses croyances.

Tout homme peut défendre ses droits et ses intérêts par l'action syndicale et adhérer au syndicat de son choix.

Le droit de grève s'exerce dans le cadre des lois, qui le réglementent.

Tout travailleur participe par l'intermédiaire de ses délégués à la détermination collective des conditions de travail ainsi qu'à la gestion des entreprises.

Tout bien, toute entreprise, dont l'exploitation a ou acquiert les caractères d'un service public national ou d'un monopole de fait, doit devenir la propriété de la collectivité.

La nation assure à l'individu et à la famille les conditions nécessaires à leur développement.

Elle garantit à tous, notamment à l'enfant, à la mère et aux vieux travailleurs, la protection de la santé, la sécurité materielle, le repos et les loisirs. Tout être humain qui, en raison de son âge, de son état physique ou mental, de la situation économique, se trouve dans l'incapacité de travailler, a le droit d'obtenir de la collectivité des moyens convenables d'existence.

La nation proclame la solidarité et l'égalité de tous les Français devant les charges qui résultent des calamités nationales.

La nation garantit l'égal accès de l'enfant et de l'adulte à l'instruction, à la formation professionelle et à la culture. L'organisation de l'enseignement public gratuit et laique à tous les degrés est un devoir de l'État.

La République Française, fidèle à ses traditions, se conforme aux règles du droit public international. Elle n'entreprendra aucune guerre dans des vues de conquête et n'emploira jamais ses forces contre la liberté d'aucun peuple.

Sous réserve de réciprocité, la France consent aux limitations de souveraineté nécessaires à l'organisation et à la défense de la paix.

und Freiheiten des Menschen und Bürgers, die durch die Erklärung der Rechte von 1789 geweiht sind, und die Grundprinzipien, die durch die Gesetze der Republik anerkannt sind.

Es verkündet außerdem als unserer Zeit besonders nötig die nachstehenden politischen, wirtschaftlichen und sozialen Grundsätze:

Das Gesetz sichert der Frau in allen Bereichen die gleichen Rechte wie dem Manne zu.

Jedermann, der auf Grund seiner Tätigkeit für die Freiheit verfolgt wird, hat in den Gebieten der Republik Zufluchtsrecht.

Jeder hat die Pflicht zu arbeiten, und das Recht, eine Anstellung zu erhalten. Niemand darf in seiner Arbeit oder seiner Tätigkeit auf Grund seiner Abstammung, seiner Überzeugung oder seines Glaubens geschädigt werden.

Jedermann kann seine Rechte und seine Interessen durch gewerkschaftliche Tätigkeit verteidigen und einer Gewerkschaft seiner Wahl sich anschließen.

Das Streikrecht ist im Rahmen der Gesetze, die es regeln, auszuüben. Jeder Arbeiter nimmt durch die Vermittlung seiner Vertreter an der gemeinschaftlichen Festsetzung der Arbeitsbedingungen sowie an der Verwaltung der Unternehmungen teil.

Jedes Vermögen, jede Unternehmung, deren Betrieb den Charakter eines öffentlichen nationalen Dienstes oder eines tatsächlichen Monopols hat oder erlangt, muß Eigentum der Gesamtheit werden.

Die Nation sichert dem Individuum und der Familie die zu ihrer Entfaltung notwendigen Bedingungen zu.

Sie sichert allen, vor allem den Kindern, den Müttern und den alten Arbeitern, den Schutz ihrer Gesundheit, materielle Sicherheit, Ruhe und Freiheit zu. Jedes menschliche Wesen, das wegen seines Alters, seines physischen oder geistigen Zustandes oder seiner wirtschaftlichen Lage arbeitsunfähig ist, hat das Recht, von der Gesamtheit angemessene Mittel für den Unterhalt zu bekommen.

Die Nation verkündet die gemeinschaftliche Verpflichtung und die Gleichheit aller Franzosen gegenüber den Aufgaben, die aus nationalen Unglücken herrühren.

Die Nation sichert dem Kinde wie dem Erwachsenen den gleichen Zutritt zum Unterricht, zur Berufsausbildung wie zur Bildung zu. Die Organisation des öffentlichen, kostenlosen und weltlichen Unterrichts in allen Stufen ist eine Pflicht des Staates.

Die Französische Republik, treu ihrer Überlieferung, richtet sich nach den Regeln des internationalen öffentlichen Rechtes. Sie wird keinen Krieg aus Eroberungsabsichten unternehmen und ihre Streitkräfte niemals gegen die Freiheit irgendeines Volkes wenden.

Unter Vorbehalt der Gegenseitigkeit stimmt Frankreich den zur Organisation und zur Verteidigung des Friedens notwendigen Begrenzungen seiner Souveränität zu.

La France forme avec les peuples d'outre-mer une Union fondée sur l'égalité des droits et des devoirs, sans distinction de race ni de religion.

L'Union Française est composée de nations et de peuples qui mettent en commun ou coordonnent leurs ressources et leurs efforts pour développer leurs civilisations respectives, accroître leur bien-être et assurer leur sécurité.

Fidèle à sa mission traditionelle, la France entend conduire les peuples dont elle a pris la charge à la liberté de s'administrer eux-mêmes et de gérer démocratiquement leurs propres affaires: écartant tout système de colonisation fondé sur l'arbitraire, elle garantit à tous legal accès aux fonctions publique et l'exercise individuel ou collectif des droits et libertés proclamés ou confirmés ci-dessus.

Des institutions de la République

Titre I. De la souveraineté

Article. La France est une République indivisible, laique, démocratique et sociale.

Article 2. L'emblème national est le drapeau tricolore, bleu, blanc, rouge à trois bandes verticales d'égales dimensions.

L'hymne national est la Marseillaise.

La devise de la République est «Liberté, Égalité, Fraternité».

Son principe est: gouvernement du peuple, pour le peuple et par le peuple.

Article 3. La souveraineté nationale appartient au peuple français.

Aucune section du peuple ni aucun individu ne peut s'en attribuer l'exercice.

Le peuple l'exerce, en matière constitutionelle, par le vote de ses représentants et par le referendum.

En toutes autres matières, il l'exerce par ses députés à l'Assemblée Nationale, élus au suffrage universel, égal, direct et secret.

Article 4. Sont électeurs, dans les conditions déterminées par la loi, tous les nationaux et ressortissants français majeurs des deux sexes, jouissant de leurs droits civils et politiques.

Titre II. Du Parlement

Article 5. Le parlement se compose de l'Assemblée Nationale et du Conseil de la République.

Article 6. La durée des pouvoirs de chaque Assemblée, son mode d'élection, les conditions d'éligibilité, le régime des inéligibilités et incompatibilités sont determinés par la loi.

Frankreich bildet mit den überseeischen Völkern eine Union, die ohne Unterschied der Rasse oder der Religion auf der Gleichheit der Rechte und Pflichten begründet ist.

Die Französische Union setzt sich aus Nationen und Völkern zusammen, die eine Gemeinschaft bilden und ihre Hilfsquellen und Anstrengungen verbinden, um ihre Zivilisationen gegenseitig zu entwickeln, ihren Wohlstand zu mehren und ihre Sicherheit zu wahren.

Treu seiner überlieferten Mission beabsichtigt Frankreich die Völker zu führen, denen es die Bürde der Freiheit, sich selbst zu verwalten und ihre eigenen Angelegenheiten demokratisch zu leiten, genommen hat. Indem es jedes auf Willkür gegründete Kolonialsystem ablehnt, sichert es allen den gesetzlichen Zutritt zu den öffentlichen Ämtern und die persönliche oder gemeinschaftliche Ausübung der nachstehend verkündeten und bestätigten Rechte und Freiheiten zu.

Von den Einrichtungen der Republik

Titel I. Von der Souveränität

Artikel 1. Frankreich ist eine unteilbare, weltliche, demokratische und soziale Republik.

Artikel 2. Nationales Sinnbild ist die dreifarbige Fahne (Trikolore), blau, weiß, rot in drei senkrechten Streifen gleicher Breite.

Die Nationalhymne ist die Marseillaise.

Die Devise der Republik ist: „Freiheit, Gleichheit, Brüderlichkeit."

Ihr Grundsatz ist: Regierung des Volkes, durch das Volk und für das Volk.

Artikel 3. Die nationale Souveränität steht dem französischen Volke zu. Kein Teil des Volkes und kein Individuum kann sich ihre Ausübung anmaßen.

Das Volk übt sie in verfassungsmäßiger Weise durch die Abstimmung seiner Vertreter und durch die Volksabstimmung aus.

In allen anderen Fällen übt es sie durch seine Abgeordneten der Nationalversammlung, die in allgemeiner, gleicher, unmittelbarer und geheimer Wahl gewählt wurden, aus.

Artikel 4. Wähler sind, unter den durch das Gesetz festgelegten Bedingungen, alle volks- und staatsangehörigen großjährigen Franzosen beiderlei Geschlechts, die im Genuß ihrer bürgerlichen und politischen Rechte sind.

Titel II. Vom Parlament

Artikel 5. Das Parlament besteht aus der Nationalversammlung und dem Rat der Republik.

Artikel 6. Die Dauer der Vollmachten jeder Kammer, die Art ihrer Wahl, die Bedingungen der Wählbarkeit, die Ordnung der Nichtwählbarkeit und Unvereinbarkeit [mit anderen Ämtern] wird durch Gesetz bestimmt. Jede der beiden Kammern

Toutefois les deux Chambres sont élues sur une base territoriale, l'Assemblée Nationale au suffrage universel direct, le Conseil de la République par les collectivités communales et départementales, au suffrage universel indirect. Le Conseil de la République est renouvelable par moitié. Néanmoins l'Assemblée Nationale peut élire elle-même à la représentation proportionelle des conseillers dont le nombre ne doit pas excéder le sixième du nombre total des membres du Conseil de la République.

Le nombre des membres du Conseil de la République ne peut être inférieur à 250 ni supérieur 320.

Article 7. La guerre ne peut être déclarée sans un vote de l'Assemblée Nationale et l'avis préalable du Conseil de la République.

Article 8. Chacune des deux Chambres est juge de l'égilibilité de ses membres et de la régularité de leur élection: elle peut seule recevoir leur démission.

Article 9. L'Assemblée Nationale se réunit de plein droit en session annuelle le second mardi de janvier.

La durée totale des interruptions de la session ne peut excéder quatre mois. Sont considérés comme interruptions de session les ajournements des séances supérieurs à 10 jours.

Le Conseil de la République siège en même temps que l'Assemblée Nationale.

Article 10. Les séances des deux Chambres sont publiques. Les comptes rendus in extenso des débats ainsi que les documents parlementaires sont publiés au Journal officiel.

Chacune des deux Chambres peut se former en comité secret.

Article 11. Chacune des deux Chambres élit son Bureau chaque année, au début de sa session, à la représentation proportionelle des groupes.

Lorsque les deux Chambres se réunissent pour l'élection du Président de la République, leur bureau est celui de l'Assemblée nationale.

Article 12. Quand l'Assemblée Nationale ne siège pas, son Bureau, contrôlant l'action du cabinet, peut convoquer le Parlement; il doit le faire à la demande du tiers des Députés, ou à celle du Président du Conseil des Ministres.

Article 13. L'Assemblée Nationale vote seul la loi. Elle ne peut déléguer ce droit.

Article 14. Le Président du Conseil des Ministres et les membres du Parlement ont l'initiative des lois.

Les projets de loi et les propositions de loi formulées par les membres de l'Assemblée Nationale sont déposés sur le bureau de celle-li.

Les propositions de loi formulés, par les membres du Conseil de la République sont déposées sur le bureau de celui-ci et transmises sans débat au bureau de l'Assemblée Nationale. Elles ne sont pas recevables lorsqu'elles auraient pour conséquence une diminution de recettes ou une création de dépenses.

wird auf gebietsmäßiger Grundlage gewählt, die Nationalversammlung durch allgemeine, direkte Wahl, der Rat der Republik durch die örtlichen und departementalen Gemeinschaften in allgemeiner, indirekter Wahl. Der Rat der Republik wird zur Hälfte erneuert. Doch kann die Nationalversammlung selbst zur verhältnismäßigen Vertretung Räte wählen, deren Zahl nicht über ein Sechstel der Gesamtzahl der Mitglieder des Rates der Republik hinausgehen darf.

Die Zahl der Mitglieder des Rates der Republik darf nicht weniger als 250, nicht mehr als 320 betragen.

Artikel 7. Krieg darf nicht ohne einen Beschluß der Nationalversammlung und vorherige Anhörung des Rates der Republik erklärt werden.

Artikel 8. Jede der beiden Kammern urteilt über die Wählbarkeit ihrer Mitglieder und die Rechtmäßigkeit ihrer Wahl. Sie allein kann ihren Rücktritt entgegennehmen.

Artikel 9. Die Nationalversammlung tritt zu ihrer jährlichen Tagung rechtmäßig am 2. Dienstag im Januar zusammen.

Die Gesamtdauer der Unterbrechungen einer Tagung darf nicht vier Monate überschreiten. Als Unterbrechungen der Tagung gelten Vertagungen der Sitzungen, die mehr als 10 Tage betragen.

Der Rat der Republik tagt gleichzeitig mit der Nationalversammlung.

Artikel 10. Die Sitzungen beider Kammern sind öffentlich. Die Rechnungslegungen im Auszug der Debatten wie die parlamentarischen Dokumente werden im Staatsanzeiger veröffentlicht.

Jede der beiden Kammern kann die Öffentlichkeit ausschließen.

Artikel 11. Jede der beiden Kammern wählt jährlich bei Beginn ihrer Tagung ihr Büro in verhältnismäßiger Vertretung der Parteien.

Wenn beide Kammern zur Wahl des Präsidenten der Republik zusammentreten, ist ihr Büro das der Nationalversammlung.

Artikel 12. Wenn die Nationalversammlung nicht tagt, beaufsichtigt ihr Büro die Tätigkeit des Kabinetts und kann das Parlament einberufen; es muß dies tun, wenn es ein Dritel der Abgeordneten oder der Ministerpräsident verlangt.

Artikel 13. Die Nationalversammlung allein beschließt Gesetze. Sie kann dieses Recht nicht übertragen.

Artikel 14. Der Ministerpräsident und die Mitglieder des Parlaments haben die Gesetzesinitiative.

Die Entwürfe und Vorschläge von Gesetzen, die durch Mitglieder der Nationalversammlung abgefaßt werden, werden bei ihrem Büro abgegeben.

Die Vorschläge von Gesetzen, die durch Mitglieder des Rates der Republick abgefaßt werden, werden bei ihrem Büro abgegeben und ohne Aussprache dem Büro der Nationalversammlung übersandt. Sie sind nicht statthaft, wenn sie eine Verminderung der Einnahmen oder eine Schaffung neuer Ausgaben zur Folge haben würden.

Article 15. L'Assemblée Nationale étudie les projets et propositions de loi, dont elle est saisie, dans des Commissions, dont elle fixe le nombre, la composition et la compétence.

Article 16. L'Assemblée Nationale est saisie du projet de budget.

Cette loi ne pourra comprendre que des dispositions strictement financières.

Une loi organique réglera le mode de présentation du budget.

Article 17. Les Députés à l'Assemblée Nationale possèdent l'initiative des dépenses.

Toutefois, aucune proposition tendant à augmenter les dépenses prévues ou à créer des dépenses nouvelles ne pourra être présentée lors de la discussion du budget, des crédits previsionnels et supplémentaires.

Article 18. L'Assemblée Nationale règle les comptes de la Nation.

Elle est, à cette effet, assistée de la Cour des comptes.

L'Assemblée Nationale peut charger La Cour des comptes de toutes enquêtes et études se rapportant à l'exécution des recettes et des dépenses publiques ou à la gestion de trésorerie.

Article 19. L'amnistie ne peut être accordée par une loi.

Article 20. Le Conseil de la République examine, pour avis, les projets et propositions de loi votées en première lecture par l'Assemblée Nationale.

Il donne son avis au plus tard dans les deux mois qui suivent la transmission par l'Assemblée Nationale. Quand il s'agit de la loi de budget, ce délai est abrégé le cas échéant de façon à ne pas excéder le temps utilisé par l'Assemblée Nationale pour son examen et son vote. Quand l'Assemblée Nationale a décidé l'adoption du procédure d'urgence, le Conseil de la République donne son avis dans le même délai que celui prévu pour les débats de l'Assemblée Nationale par le règlement de celle-ci. Les délais prévus au présent article sont suspendus pendant les interruptions de session. Ils peuvent être prolongés par décision de l'Assemblée Nationale.

Si l'avis du Conseil de la République est conforme ou s'il n'a pas été donné dans les délais prévus à l'aliéna précédent, la loi est promulguée dans le texte voté par l'Assemblée Nationale.

Si l'avis n'est pas conforme, l'Assemblée Nationale examine le projet ou la proposition de loi en seconde lecture. Elle statue définitivement et souverainement sur les seuls amendements proposés par le Conseil de la République en les acceptant ou en les rejetant en tout et en partie. En cas de rejet total ou partiel de ces amendements le vote en seconde lecture de loi a lieu au scrutin public, à la majorité

Artikel 15. Die Nationalversammlung prüft die Entwürfe und Vorschläge von Gesetzen, die ihr vorgelegt werden, in den Ausschüssen, deren Zahl, Zusammensetzung und Zuständigkeit sie festlegt.

Artikel 16. Der Nationalversammlung wird der Haushaltsvoranschlag vorgelegt.

Dieses Gesetz darf nur ausschließlich finanzielle Verfügungen enthalten.

Ein Grundgesetz ordnet die Art der Vorlage des Staatshaushaltes.

Artikel 17. Die Abgeordneten der Nationalversammlung besitzen das Recht, Ausgaben zu beantragen.

Jedoch darf ein Antrag, der die vorgesehenen Ausgaben vermehrt oder neue Ausgaben schafft, nur bei der Erörterung des Haushaltsplanes und von planmäßigen oder ergänzenden Krediten gestellt werden.

Artikel 18. Die Nationalversammlung ordnet das nationale Rechnungswesen.

Ihr steht in dieser Hinsicht der Rechnungshof zur Seite.

Die Nationalversammlung kann den Rechnungshof mit allen Untersuchungen und Ermittlungen, die sich auf die Ausführung der öffentlichen Einnahmen und Ausgaben und die Verwaltung des Staatsschatzes beziehen, beauftragen.

Artikel 19. Eine Amnestie kann nur durch ein Gesetz bewilligt werden.

Artikel 20. Der Rat der Republik prüft gutachtlich die Entwürfe und Vorschläge von Gesetzen, die in erster Lesung durch die Nationalversammlung angenommen worden sind.

Er erstattet sein Gutachten spätestens binnen zwei Monaten nach Übersendung durch die Nationalversammlung. Wenn es sich um das Haushaltsgesetz handelt, verkürzt sich diese Frist gegebenenfalls derart, daß sie die von der Nationalversammlung für die Prüfung und Abstimmung benötigte Zeit nicht überschreitet. Wenn die Nationalversammlung sich für die Annahme des Dringlichkeitsverfahrens entschieden hat, gibt der Rat der Republik sein Gutachten in der gleichen Frist, die für die Debatten der Nationalversammlung durch deren Geschäftsordnung vorgesehen ist. Die in diesem Artikel vorgesehenen Fristen laufen nicht während der Unterbrechungen der Tagung. Sie können durch Entscheid der Nationalversammlung verlängert werden.

Wenn das Gutachten des Rates der Republik übereinstimmt [mit dem Beschluß der Nationalversammlung] oder wenn es nicht in den im vorhergehenden Absatz vorgesehenen Fristen erstattet wird, wird das Gesetz in dem durch die Nationalversammlung beschlossenen Wortlaut verkündet.

Die Nationalversammlung prüft den Entwurf oder den Vorschlag eines Gesetzes in zweiter Lesung, wenn das Gutachten damit nicht übereinstimmt. Sie befindet endgültig und souverän über die durch den Rat der Republik vorgeschlagenen Abänderungen, indem sie sie insgesamt oder zum Teil annimmt oder verwirft. Im Falle der ganzen oder teilweisen Ablehnung dieser Anträge muß das Gesetz in zweiter Lesung in öffentlicher Abstimmung durch die absolute Mehrheit der Mitglieder, welche die

absolue des membres composant l'Assemblée Nationale, lorsque le vote sur l'ensemble a été émis par le Conseil de la République dans les mêmes conditions.

Article 21. Aucun membre du Parlement ne peut être poursuivi, recherché, arrêté, détenu ou jugé à l'occasion des opinions ou votes émis par lui dans l'exercice de ses fonctions.

Article 22. Aucun membre du Parlement ne peut, pendant la durée de son mandat être poursuivi ou arrêté en matière criminelle ou correctionelle qu'avec l'autorisation de la Chambre dont il fait partie, sauf le cas de flagrant délit. La détention ou la poursuite d'un membre du Parlement est suspendue, si la Chambre dont il fait partie le requiert.

Article 23. Les membres du Parlement perçoivent une indemnité fixée par référence au traitement d'une catégorie de fonctionnaires.

Article 24. Nul ne peut appartenir à la fois à l'Assemblée Nationale et au Conseil de la République.

Les membres du Parlement ne peuvent faire partie du Conseil économique ni de l'Assemblée de l'Union française.

Titre III. Du Conseil économique

Article 25. Un Conseil économique, dont le statut est réglé par la loi, examine, pour avis, les projets et propositions de loi de sa compétence. Ces projets lui sont soumis par l'Assemblée Nationale avant qu'elle n'en délibère.

Le conseil économique peut, en outre, être consulté par le Conseil des Ministres. Il l'est obligatoirement sur l'établissement d'un plan économique national ayant pour objet le plein emploi des hommes et l'utilisation rationelle des resources matérielles.

Titre IV. Des traités diplomatiques

Article 26. Les traités diplomatiques regulièrement ratifiés et publiés ont force de loi dans le cas même ou ils seraient contraires à des lois internes françaises, sans qu'il soit besoin pour en assurer l'application d'autres dispositions législatives que celles qui auraient été nécessaires pour assurer leur ratification.

Article 27. Les traités relatifs à l'organisation internationale, les traités de paix, de commerce, les traités qui engagent les finances de l'État, ceux qui sont relatifs à l'état des personnes et au droit de propriété des Français à l'étranger, ceux qui modifient les lois internes françaises, ainsi que ceux qui comportent cession échange, adjonction de territoire, ne sont définitifs qu'après avoir été ratifiés en vertu d'une loi.

Nationalversammlung bilden, angenommen werden, wenn die Abstimmung über das Ganze [Gesetz] durch den Rat der Republik unter den gleichen Bedingungen vorgenommen worden ist.

Artikel 21. Kein Mitglied des Parlaments darf auf Grund der Meinungen oder Abstimmungen, die es in Ausübung seines Amtes äußert, verfolgt, zur Untersuchung gezogen, verhaftet, in Haft gehalten oder verurteilt werden.

Artikel 22. Ein Mitglied des Parlaments darf während der Dauer seines Mandates in Straf- und Polizeisachen nur mit Ermächtigung der Kammer, der es angehört, verfolgt oder verhaftet werden, wenn es nicht bei offener Tat ergriffen wird. Die Verhaftung oder Verfolgung eines Mitgliedes des Parlamentes wird unterbrochen, wenn die Kammer, deren Mitglied es ist, es fordert.

Artikel 23. Die Mitglieder des Parlamentes erhalten eine Entschädigung, die unter Bezugnahme auf die Besoldung einer bestimmten Gruppe von Beamten festgesetzt wird.

Artikel 24. Niemand kann zugleich der Nationalversammlung und dem Rat der Republik angehören.

Die Mitglieder des Parlamentes können nicht Mitglieder des Wirtschaftsrates oder der Versammlung der Französischen Union sein.

Titel III. Vom Wirtschaftsrat

Artikel 25. Ein Wirtschaftsrat, dessen Satzung durch Gesetz geregelt wird, prüft gutachtlich die Vorschläge und Entwürfe von Gesetzen seiner Zuständigkeit. Diese Vorschläge werden ihm durch die Nationalversammlung unterbreitet, bevor diese sie berät.

Der Wirtschaftsrat kann außerdem durch den Ministerrat um Rat gefragt werden. Er muß es bei der Aufstellung eines nationalen Wirtschaftsplanes, der die Vollbeschäftigung der Menschen und die vernünftige Nutzung der materiellen Hilfsquellen zum Ziel hat.

Titel IV. Von diplomatischen Verträgen

Artikel 26. Diplomatische Verträge, die ordnungsgemäß ratifiziert und veröffentlicht sind, haben Gesetzeskraft selbst in dem Falle, in dem sie inneren französischen Gesetzen widersprechen, ohne daß es für die Sicherung ihrer Anwendung anderer gesetzlicher Verfügungen bedarf als die, welche für die Durchführung ihrer Ratifikation nötig sind.

Artikel 27. Verträge, welche die internationale Organisation betreffen, Friedens- und Handelsverträge, Verträge, welche die Staatsfinanzen in Mitleidenschaft ziehen, diejenigen, welche den Personalstand und das Eigentumsrecht der Franzosen im Ausland betreffen, die interne französische Gesetze abändern, sowie diejenigen, die Abtretung, den Austausch oder die Vereinigung von Gebieten mit sich bringen, sind nur gültig, wenn sie kraft eines Gesetzes ratifiziert sind.

Nulle cession, nul échange, nulle adjonction de territoire n'est valable sans le consentement des populations intéressées.

Article 28. Les traités diplomatiques régulièrement ratifiés et publiés ayant une autorité supérieure à celle des lois internes, leurs dispositions ne peuvent être abrogées, modifiées ou suspendues qu'à la suite d'une dénonciation régulière, notifiée par voie diplomatique. Lorsqu'il s'agit d'un des traités visés à l'article 27, la dénonciation doit être autorisée par l'Assemblée Nationale, exception faite pour les traités de commerce.

Titre V. Du Président de la République

Article 29. Le Président de la République est élu par le Parlement.

Il est élu pour 7 ans. Il n'est rééligible qu'une fois.

Article 30. Le Président de la République nomme en Conseil des Ministres les Conseillers d'État, le Grand Chancellier de la Légion d'honneur, les ambassadeurs et les envoyés extraordinaires, les membres du Conseil supérieur et du Comité de la Défense nationale, les recteurs des Universités, les préfets, les directeurs des administrations centrales, les officiers généraux, les représentants du Gouvernement dans les territoires d'outre-mer.

Article 31. Le Président de la République est tenue informé des négociations internationales. Il signe et ratifie les traités.

Le Président de la République accredite les ambassadeurs et les envoyés extraordinaires auprès des puissances étrangères; les ambassadeurs et les envoyés extraordinaires étrangers sont accrédités auprès de lui.

Article 32. Le Président de la République préside le Conseil des Ministres. Il fait l'établir et conserve les procès-verbaux des séances.

Article 33. Le Président de la République préside, avec les mêmes attributions, le Conseil supérieur et le Comité de la Défense nationale et prend le titre de Chef des armées.

Article 34. Le Président de la République préside le Conseil supérieur de la magistrature.

Article 35. Le Président de la République exerce le droit de grâce en Conseil supérieur de la magistrature.

Artikel 36. Le Président de la République promulgue les lois dans les 10 jours, qui suivent la transmission au Gouvernement de la loi définitivement adoptée. Ce délai est réduit à 5 jours en cas d'urgence déclarée par l'Assemblée Nationale.

Dans le délai fixé pour la promulgation, le Président de la République peut, par un message motivé, demander aux deux Chambres une nouvelle délibération, qui ne peut être refusée.

Keine Abtretung, kein Austausch und keine Vereinigung von Gebieten ist ohne die Zustimmung der beteiligten Bevölkerung gültig.

Artikel 28. Die diplomatischen Verträge, die ordnungsgemäß ratifiziert und veröffentlicht sind, haben eine größere Autorität als die inneren Gesetze. Ihre Anordnungen können nur infolge einer ordnungsgemäßen, auf diplomatischem Wege mitgeteilten Kündigung außer Kraft gesetzt, abgeändert oder aufgehoben werden. Wenn es sich um einen der in Artikel 27 genannten Verträge handelt, muß die Kündigung durch die Nationalversammlung gutgeheißen werden. Ausgenommen sind Handelsverträge.

Titel V. Vom Präsidenten der Republik

Artikel 29. Der Präsident der Republik wird durch das Parlament gewählt. Er wird für 7 Jahre gewählt. Er ist nur einmal wiederwählbar.

Artikel 30. Der Präsident ernennt im Ministerrat die Staatsräte, den Großkanzler der Ehrenlegion, die Botschafter und außerordentlichen Gesandten, die Mitglieder des Obersten Rates und des Komitees der Nationalen Verteidigung, die Rektoren der Universitäten, die Präfekten, die Direktoren der Zentralverwaltung, die Generale, die Vertreter der Regierung in den überseeischen Gebieten.

Artikel 31. Der Präsident der Republik wird über die internationalen Geschäfte unterrichtet. Er unterzeichnet und ratifiziert die Verträge.

Der Präsident der Republik beglaubigt die Botschafter und die außerordentlichen Gesandten bei fremden Mächten. Die Botschafter und die außerordentlichen Gesandten fremder Mächte werden bei ihm beglaubigt.

Artikel 32. Der Präsident der Republik führt den Vorsitz im Ministerrat. Er läßt die Sitzungsprotokolle führen und bewahrt sie auf.

Artikel 33. Der Präsident der Republik führt mit den gleichen Befugnissen den Vorsitz im Obersten Rat und im Komitee der Nationalen Verteidigung. Er führt den Titel eines Chefs der Armee.

Artikel 34. Der Präsident der Republik führt den Vorsitz im Obersten Rat des Richtertums.

Artikel 35. Der Präsident der Republik übt das Gnadenrecht im Obersten Rat des Richtertums aus.

Artikel 36. Der Präsident der Republik verkündet die Gesetze binnen 10 Tagen nach Übergabe des endgültig angenommenen Gesetzes an die Regierung. Diese Frist verkürzt sich auf 5 Tage, wenn es durch die Nationalversammlung für dringlich erklärt worden ist.

In der für die Verkündigung festgelegten Frist kann der Präsident der Republik durch eine begründete Botschaft von beiden Kammern eine neue Beratung fordern. Sie darf nicht verweigert werden.

A défaut de promulgation par le Président de la République dans les délais fixés par la présente Constitution, il y sera pourvu par le Président de l'Assemblée Nationale.

Article 37. Le Président de la République communique avec le Parlement par des messages adressés à l'Assemblée Nationale.

Article 38. Chacun des actes du Président de la République doit être contresigné par le Président du Conseil des Ministres et par un Ministre.

Article 39. Trente jours au plus, quince jours au moins avant l'expiration des pouvoirs du Président de la République, le Parlement procède à l'élection du nouveau Président.

Article 40. Si, en application de l'article précédent, l'élection doit avoir lieu dans une période où l'Assemblée Nationale est dissoute conformément à l'article 51, les pouvoirs du Président de la République en exercice sont prorogés jusqu'à l'élection du nouveau Président. Le Parlement procède à l'élection de ce nouveau Président dans les 10 jours de l'élection de la nouvelle Assemblée Nationale.

Dans ce cas, la désignation du Président du Conseil des Ministres a lieu dans les quinze jours qui suivent l'élection du nouveau Président de la République.

Article 41. En cas d'empêchement dûment constaté par un vote du Parlement, en cas de vacance par décès, démission ou toute autre cause, le Président de l'Assemblée Nationale assure provisoirement l'intérim des fonctions de Président de la République. Il sera remplacé dans ses fonctions par un viceprésident.

Le nouveau Président de la République est élu dans les 10 jours, sauf ce qui est dit à l'article précédent.

Article 42. Le Président de la République n'est responsable que dans le cas de haute trahison.

Il peut être mis en accusation par l'Assemblée Nationale et renvoyé devant la Haute Cour de justice dans les conditions prévues à l'article 57 ci-dessous.

Article 43. La charge de Président de la République est incompatible avec toute autre fonction publique.

Article 44. Les membres des familles ayant regné sur la France sont inéligibles à la présidence de la République.

Titre VI. Du Conseil des Ministres

Article 45. Au début de chaque législature, le Président de la République, après les consultations d'usage, désigne le Président du Conseil.

Celui-ci soumet à l'Assemblée Nationale le programme et la politique du cabinet, qu'il se propose de constituer.

Le Président du Conseil et les Ministres ne peuvent être nommés qu'après que le

Im Falle der Präsident der Republik die Verkündigung in den durch die gegenwärtige Verfassung festgelegten Fristen nicht vornimmt, wird sie durch den Präsidenten der Nationalversammlung erfolgen.

Artikel 37. Der Präsident der Republik verkehrt mit dem Parlament durch Botschaften, die an die Nationalversammlung gerichtet werden.

Artikel 38. Jede Verfügung des Präsidenten der Republik muß durch den Ministerpräsidenten und einen Minister gegengezeichnet sein.

Artikel 39. Höchstens 30 Tage, mindestens 14 Tage vor Erlöschen der Vollmachten des Präsidenten der Republik, nimmt das Parlament die Wahl des neuen Präsidenten vor.

Artikel 40. Wenn die Wahl, in Anwendung des vorstehenden Artikels, in einer Zeit stattfinden muß, in der die Nationalversammlnug gemäß Artikel 51 aufgelöst ist, werden die Vollmachten des im Amt befindlichen Präsidenten der Republik bis zur Wahl des neuen Präsidenten verlängert. Das Parlament nimmt die Wahl des neuen Präsidenten binnen 10 Tagen nach der Wahl der neuen Nationalversammlung vor.

In diesem Falle erfolgt die Ernennung des Ministerpräsidenten binnen 14 Tagen nach der Wahl des neuen Präsidenten der Republik.

Artikel 41. Im Falle der durch Parlamentsbeschluß gebührend festgestellten Verhinderung, im Falle der Erledigung durch Tod, Rücktritt oder aus anderer Ursache nimmt in der Zwischenzeit der Präsident der Nationalversammlung vorübergehend die Amtsbefugnisse des Präsidenten der Republik wahr. Er wird in seinen Amtsbefugnissen durch einen Vizepräsidenten vertreten.

Der neue Präsident der Republik wird binnen 10 Tagen gewählt unter Vorbehalt dessen, was im vorstehenden Artikel bestimmt ist.

Artikel 42. Der Präsident der Republik ist nur im Falle des Hochverrats verantwortlich.

Er kann durch die Nationalversammlung in Anklagezustand versetzt und unter den im nachstehenden Artikel 57 vorgesehenen Bedingungen dem Hohen Gerichtshof übergeben werden.

Artikel 43. Das Amt des Präsidenten der Republik ist mit jedem anderen öffentlichen Amte unvereinbar.

Artikel 44. Die Mitglieder der Familien, die in Frankreich regiert haben, sind zur Präsidentschaft der Republik nicht wählbar.

Titel VI. Vom Ministerrat

Artikel 45. Zu Beginn jeder Wahlperiode bezeichnet der Präsident der Republik nach den üblichen Beratungen den Ministerpräsidenten.

Dieser unterbreitet der Nationalversammlung das Programm und die Politik des Kabinetts, das er sich zu bilden vornimmt.

Der Ministerpräsident und die Minister können nur ernannt werden, nachdem

Président du Conseil ait été investi de la confiance de l'Assemblée au scrutin public et à la majorité absolue des Députés, sauf cas de force majeure empêchant la réunion de l'Assemblée Nationale.

Il en est de même au cours de la législature, en cas de vacance par décès, démission ou toute autre cause, sauf ce qui est dit à l'article 52 ci-dessous.

Aucun crise ministérielle intervenant dans le délai de quince jours de la nomination des ministres ne compte pour l'application de l'article 51.

Article 46. Le Président du Conseil et les Ministres choisis par lui sont nommés par décret du Président de la République.

Article 47. Le Président du Conseil des Ministres assure l'exécution des lois.

Il nomme à tous les emplois civils et militaires, sauf ceux prévus par les articles 30, 46 et 84.

Le Président du Conseil assure la direction des forces armées et coordonne la mise en œuvre de la défense nationale.

Les actes du Président du Conseil des Ministres prévus au présent article sont contresignés par les Ministres intéressés.

Article 48. Les ministres sont collectivement responsables devant l'Assemblée Nationale de la politique générale du Cabinet et individuellement de leurs actes personels.

Ils ne sont pas responsables devant le Conseil de la République.

Article 49. La question de confiance ne peut être posée qu'après délibération du Conseil des Ministres; elle ne peut l'être que par le Président du Conseil.

Le vote sur la question de confiance ne peut intervenir qu'un jour franc après qu'elle a été posée devant l'Assemblée. Il a lieu au scrutin public.

La confiance ne peut être refusée au Cabinet qu'à la majorité absolue des Députés à l'Assemblée.

Ce refus entraîne la démission collective du Cabinet.

Article 50. Le vote par l'Assemblée Nationale d'une motion de censure entraîne la démission collective du Cabinet.

Ce vote ne peut intervenir qu'un jour franc après le dépôt de la motion. Il a lieu au scrutin public.

La motion de censure ne peut être adoptée qu'à la majorité absolue des Députés à l'Assemblée.

Article 51. Si, au cours d'une même période de 18 mois, deux crises ministérielles surviennent dans les conditions prévues aux articles 49 et 50, la dissolution de l'Assemblée Nationale pourra être décidée en Conseil des Ministres, après avis du Président de l'Assemblée. La dissolution sera prononcée, conformément à cette décision, par décret du Président de la République.

der Ministerpräsident in öffentlicher Abstimmung durch die absolute Mehrheit der Abgeordneten das Vertrauen der Versammlung erhalten hat, es sei denn, daß höhere Gewalt den Zusammentritt der Nationalversammlung verhindert.

Das gleiche geschieht im Verlauf der Wahlperiode im Falle der Erledigung durch Tod, Rücktritt oder aus anderer Ursache unter Vorbehalt dessen, was unten im Artikel 52 festgesetzt ist.

Jede Ministerkrise, die binnen 14 Tagen nach Ernennung der Minister eintritt, fällt nicht unter die Anwendung des Artikels 51.

Artikel 46. Der Ministerpräsident und die durch ihn gewählten Minister werden durch Dekret des Präsidenten der Republik ernannt.

Artikel 47. Der Ministerpräsident sichert die Ausführung der Gesetze.

Er ernennt alle bürgerlichen und militärischen Beamten bis auf die in den Artikeln 30, 46 und 84 vorgesehenen Fälle.

Der Ministerpräsident sichert die Führung der bewaffneten Macht und ordnet den Einsatz der nationalen Verteidigung.

Die im gegenwärtigen Artikel vorgesehenen Verfügungen des Ministerpräsidenten werden durch die beteiligten Minister gegengezeichnet.

Artikel 48. Die Minister sind gemeinschaftlich vor der Nationalversammlung für die allgemeine Politik des Kabinetts und einzeln für ihre persönlichen Verfügungen verantwortlich.

Sie sind nicht dem Rat der Republik verantwortlich.

Artikel 49. Die Vertrauensfrage kann nur nach Beratung im Ministerrat gestellt werden. Sie kann nur durch den Ministerpräsidenten gestellt werden.

Die Abstimmung über die Vertrauensfrage kann, nachdem sie vor der Versammlung gestellt ist, nur nach Verlauf eines freien Tages stattfinden. Sie erfolgt in öffentlicher Abstimmung.

Das Vertrauen kann dem Kabinett nur durch die absolute Mehrheit der Abgeordneten der Versammlung verweigert werden.

Diese Verweigerung zieht den Gesamtrücktritt des Kabinetts nach sich.

Artikel 50. Der Beschluß eines Mißtrauensantrages durch die Nationalversammlung zieht den Gesamtrücktritt des Kabinetts nach sich.

Dieser Beschluß kann nur nach Verlauf eines freien Tages nach Einbringung des Antrages gefaßt werden. Er erfolgt in öffentlicher Abstimmung.

Der Mißtrauensantrag kann nur durch die absolute Mehrheit der Abgeordneten der Versammlung angenommen werden.

Artikel 51. Wenn im Verlauf eines Zeitraumes von 18 Monaten zwei Ministerkrisen unter den in den Artikeln 49 und 50 vorgesehenen Bedingungen eintreten, kann nach Anhören des Präsidenten der Versammlung die Auflösung der Nationalversammlung im Ministerrat beschlossen werden. Die Auflösung wird in Übereinstimmung mit diesem Beschlusse durch Dekret des Präsidenten der Republik verkündet.

Les dispositions de l'alinéa précédent ne sont applicables qu'à l'expiration des 18 premiers mois de la législature.

Article 52. En cas de dissolution, le cabinet, à l'exception du Président du Conseil et du Ministre de l'Intérieur, reste en fonction pour expédier les affaires courantes.

Le Président de la République désigne le Président de l'Assemblée Nationale comme Président du Conseil. Celui-ci désigne le nouveau ministre de l'Intérieur en accord avec le bureau de l'Assemblée Nationale. Il désigne comme ministres d'Etat des membres des groupes non répresentés au Gouvernement.

Les élections générales ont lieu 20 jours au moins, 30 jours au plus après la dissolution.

L'Assemblée Nationale se réunit de plein droit le troisième jeudi qui suit son élection.

Article 53. Les Ministres ont accès aux deux Chambres et à leurs Commissions. Ils doivent être entendus quand ils le demandent.

Ils peuvent se faire assister dans les discussions devant les Chambres par des commissaires désignés par décret.

Article 54. Le Président du Conseil des Ministres peut déléguer ses pouvoirs à un ministre.

Article 55. En cas de vacance par décès ou pour toute autre cause, le Conseil des Ministres charge un de ses membres d'exercer provisoirement les fonctions de Président du Conseil des Ministres.

Titre VII. De la Responsabilité pénale des Ministres

Article 56. Les ministres sont pénalement responsables des crimes et délits commis dans l'exercice de leurs fonctions.

Article 57. Les ministres peuvent être mis en accusation par l'Assemblée Nationale et renvoyés devant la Haute Cour de justice.

L'Assemblée Nationale statue au scrutin secret et à la majorité absolue des membres la composant, à l'exception de ceux qui seraient appelés à participer à la poursuite, à l'instruction ou au jugement.

Article 58. La Haute Cour de justice est élue par l'Assemblée Nationale au début de chaque législature.

Article 59. L'organisation de la Haute Cour de justice et la procédure suivie devant elle sont déterminées par une loi spéciale.

Titre VIII. De l'Union française

Section I. Principes

Article 60. L'Union française est formée, d'une part de la République française qui comprend la France métropolitaine, les départements et territoires d'outre-mer, d'autre part des territoires et États associés.

Die Verfügungen des vorstehenden Absatzes sind nur nach Verlauf der ersten 18 Monate der Wahlperiode anwendbar.

Artikel 52. Im Falle der Auflösung bleibt das Kabinett mit Ausnahme des Ministerpräsidenten und des Innenministers zur Erledigung der laufenden Geschäfte im Amt.

Der Präsident der Republik bestimmt den Präsidenten der Nationalversammlung als neuen Ministerpräsidenten. Dieser bestimmt den neuen Innenminister in Übereinstimmig mit dem Büro der Nationalversammlung. Er bestimmt Staatsminister aus den Mitgliedern der in der Regierung nicht vertretenen Parteien.

Die allgemeinen Wahlen finden mindestens 20 Tage, höchstens 30 Tage nach der Auflösung statt.

Die Nationalversammlung tritt rechtmäßig am dritten Donnerstag nach ihrer Wahl zusammen.

Artikel 53. Die Minister haben Zutritt zu den beiden Kammern und ihren Ausschüssen. Sie müssen, wenn sie es fordern, angehört werden.

Sie können sich in den Aussprachen vor der Kammer durch Kommissare, die durch ein Dekret bezeichnet sind, unterstützen lassen.

Artikel 54. Der Ministerpräsident kann seine Vollmachten einem Minister übertragen.

Artikel 55. Im Falle der Erledigung durch Tod oder aus anderer Ursache beauftragt der Ministerrat eines seiner Mitglieder, vorübergehend die Befugnisse des Ministerpräsidenten wahrzunehmen.

Titel VII. Von der strafrechtlichen Verantwortlichkeit der Minister

Artikel 56. Die Minister sind für Verbrechen und Vergehen, die sie in Ausübung ihres Amts begehen, strafrechtlich verantwortlich.

Artikel 57. Die Minister können durch die Nationalversammlung in Anklagezustand versetzt und vor den Hohen Gerichtshof gestellt werden.

Die Nationalversammlung beschließt in geheimer Abstimmung und mit absoluter Mehrheit der Mitglieder, die sie bilden, mit Ausnahme derer, die berufen sind, an der Verfolgung, der Untersuchung oder dem Urteil teilzunehmen.

Artikel 58. Der Hohe Gerichtshof wird zu Beginn jeder Wahlperiode durch die Nationalversammlung gewählt.

Artikel 59. Die Organisation des Hohen Gerichtshofes und das Verfahren vor ihm werden durch ein besonderes Gesetz festgelegt.

Titel VIII. Von der Französischen Union

Abschnitt I. Grundsätze

Artikel 60. Die Französische Union wird einerseits aus der Französischen Republik, die das Mutterland Frankreich und die überseeischen Departements und Gebiete umfaßt, und andererseits aus den verbündeten Gebieten und Staaten gebildet.

Article 61. La situation des États associés dans l'Union française résulte pour chacun d'eux de l'acte qui définit ses rapports avec la France.

Article 62. Les membres le l'Union française mettent en commun la totalité de leurs moyens pour garantir la défense de l'ensemble de l'Union. Le Gouvernement de la République assume la coordination de ces moyens et la direction de la politique propre à préparer et à assurer cette défense.

Section II. Organisation

Article 63. Les organes centraux de l'Union française sont: la Présidence, le Haut Conseil et l'Assemblée.

Article 64. Le Président de la République française est Président de l'Union française dont il représente les intérêts permanents.

Article 65. Le Haut Conseil de l'Union française est composé, sous la présidence du Président de l'Union, d'une délégation du Gouvernement français et de la représentation que chacun des États associés a la faculté de designer auprès du Président de l'Union.

Il a pour fonction d'assister le Gouvernement dans la conduite générale de l'Union.

Article 66. L'Assemblée de l'Union française est composée par moitié de membres représentant la France métropolitaine et, par moitié, de membres représentant les départements et territoires d'outre-mer et les États associés.

Une loi organique déterminera dans quelles conditions pourront être représentées les diverses parties de la population.

Article 67. Les membres de l'Assemblée de l'Union sont élus par les Assemblées territoriales en ce qui concerne les départements et les territoires d'outre-mer; ils sont élus, en ce qui concerne la France métropolitaine, à raison des deux tiers par les membres de l'Assemblée Nationale représentant la métropole et d'un tiers par les membres du Conseil de la République représentant la métropole.

Article 68. Les Etats associés peuvent désigner des délégués à l'Assemblée de l'Union dans des limites et des conditions fixées par une loi et un acte intérieur de chaque État.

Article 69. Le Président de l'Union française convoque l'Assemblée de l'Union française et en clôt les sessions. Il doit la convoquer à la démande de la moitié de ses membres.

L'Assemblée de l'Union française ne peut siéger pendant les interruptions de session du Parlement.

Article 70. Les règles des articles 8, 10, 21, 22 et 23 sont applicables à l'Assemblée, de l'Union française dans les mêmes conditions qu'au conseil de la République.

Artikel 61. Die Stellung der verbündeten Staaten in der Union folgt für jeden von ihnen aus dem Vertrag, der seine Beziehungen zu Frankreich festlegt.

Artikel 62. Die Mitglieder der Französischen Union vereinigen die Gesamtheit ihrer Mittel, um die Verteidigung der ganzen Union zu sichern. Die Regierung der Republik nimmt die Zusammenfassung dieser Mittel und die Führung der eigenen Politik auf sich, um diese Verteidigung vorzubereiten und zu sichern.

Abschnitt II. Von der Organisation

Artikel 63. Die zentralen Organe der Französischen Union sind: die Präsidentschaft, der Hohe Rat und die Versammlung.

Artikel 64. Der Präsident der Französischen Republik ist Präsident der Französischen Union, deren dauernde Interessen er vertritt.

Artikel 65. Der Hohe Rat der Französischen Union setzt sich unter dem Vorsitz des Präsidenten der Union aus einer Abordnung der französischen Regierung und der Vertretung, die jeder der verbündeten Staaten beim Präsidenten der Union benennen kann, zusammen.

Er hat die Aufgabe, die Regierung bei der allgemeinen Leitung der Union zu unterstützen.

Artikel 66. Die Versammlung der Französischen Union setzt sich zur Hälfte aus Mitgliedern zusammen, die das Mutterland Frankreich vertreten, und zur Hälfte aus Mitgliedern, welche die überseeischen Departements und Gebiete und die verbündeten Staaten vertreten.

Ein Grundgesetz bestimmt, unter welchen Bedingungen die verschiedenen Teile der Bevölkerung vertreten sein können.

Artikel 67. Die Mitglieder der Versammlung der Union werden durch die Versammlungen der Gebiete gewählt, soweit es die überseeischen Departements und Gebiete betrifft. Sie werden in Angelegenheiten, die das Mutterland Frankreich betreffen, zu zwei Dritteln durch die Mitglieder der Nationalversammlung, die das Mutterland vertreten, und zu einem Drittel durch die Mitglieder des Rates der Republik, die das Mutterland vertreten, gewählt.

Artikel 68. Die verbündeten Staaten können in den Grenzen und unter den Bedingungen, die durch ein Gesetz und eine interne Verfügung jedes Staates festgelegt werden, Vertreter für die Versammlung der Union benennen.

Artikel 69. Der Präsident der Französischen Union beruft die Versammlung der Französischen Union ein und schließt ihre Tagungen. Er muß sie auf Ansuchen der Hälfte ihrer Mitglieder einberufen.

Die Versammlung der Französischen Union kann während der Unterbrechungen der Tagungen des Parlamentes keine Sitzungen abhalten.

Artikel 70. Die Anordnungen der Artikel 8, 10, 21, 22 und 23 sind auf die Versammlung der Französischen Union unter den gleichen Bedingungen wie auf den Rat der Republik anwendbar.

Article 71. L'Assemblée de l'Union française connaît des projets ou propositions qui lui sont soumis pour avis par l'Assemblée Nationale ou le Gouvernement de la République française ou les Gouvernements des États associés.

L'Assemblée a qualité pour se prononcer sur les propositions de résolution qui lui sont présentées par l'un de ses membres et, si elle les prend en considération, pour charger son Bureau de les transmettre à l'Assemblée Nationale. Elle peut faire des propositions au Gouvernement français et au Haut Conseil de l'Union française.

Pour être recevables, les propositions de résolution visées à l'alinéa précédent. doivent avoir trait à la législation relative aux territoires d'outre-mer.

Article 72. Dans les territoires d'outre-mer, le pouvoir législatif appartient au Parlement en ce qui concerne la législation criminelle, le régime des libertés publiques et l'organisation politique et administrative.

En toutes autres matières, la loi française n'est applicable des les Territoires d'outre-mer que par disposition expresse ou si elle a été étendue par décret aux territoires d'outre-mer après avis de l'Assemblée de l'Union.

En outre, par dérogation à l'article 13, des dispositions particulières à chaque territoire pourront être édictées par le Président de la République en Conseil des Ministres sur avis préalable de l'Assemblée de l'Union.

Section III. Des départements et territoires d'outre-mer

Article 73. Le régime législatif des départements d'outre-mer est le même que celui des départements métropolitains, sauf les exceptions déterminées par la loi.

Article 74. Les territoires d'outre-mer sont dotés d'un statut particulier tenant compte de leurs intérêts propres dans l'ensemble des intérêts de la République.

Ce statut et l'organisation intérieure de chaque territoire d'outre-mer ou de chaque groupe de territoires sont fixés par la loi après avis de l'Assemblée de l'Union française et consultation des Assemblées territoriales.

Article 75. Les statuts respectifs des membres de la République et de l'Union française sont susceptibles d'évolution.

Les modifications de statut et les passages d'une catégorie à l'autre dans le cadre fixé par l'article 60 ne peuvent résulter que d'une loi votée par le Parlement après consultation des Assemblées territoriales et de l'Assemblée de l'Union.

Article 76. Le représentant du Gouvernement dans chaque territoire ou groupe des territoires est le dépositaire des pouvoirs de la République.

Artikel 71. Die Versammlung der Französischen Union erkennt über die Vorschläge und Entwürfe, die ihr gutachtlich durch die Nationalversammlung oder die Regierung der Französischen Republik oder durch die Regierungen der verbündeten Staaten unterbreitet werden.

Die Versammlung hat die Berechtigung, sich über die Vorschläge von Entschließungen, die ihr durch eines ihrer Mitglieder vorgelegt werden, zu äußern und, wenn sie diese in Erwägung zieht, ihr Büro zu beauftragen, sie der Nationalversammlung zu übersenden. Sie kann der französischen Regierung und dem Hohen Rat der Französischen Union Vorschläge machen.

Um zulässig zu sein, müssen die Vorschläge von Entschließungen auf Grund des vorstehenden Absatzes in der betreffenden gesetzgebenden Versammlung der überseeischen Gebiete behandelt worden sein.

Artikel 72. In den überseeischen Gebieten steht die gesetzgebende Gewalt dem Parlament zu, soweit es die Strafgesetzgebung, die Ordnung der öffentlichen Freiheiten und die politische und verwaltungsmäßige Organisation betrifft.

In allen anderen Fällen ist das französische Gesetz auf die überseeischen Gebiete nur durch ausdrückliche Verfügung anwendbar oder wenn es durch Dekret nach Anhörung der Versammlung der Union auf die überseeischen Gebiete ausgedehnt worden ist.

Außerdem können in Abweichung von Artikel 13 besondere Verfügungen für jedes Gebiet durch den Präsidenten der Republik im Ministerrat nach vorheriger Anhörung der Versammlung der Union erlassen werden.

Abschnitt III. Von den überseeischen Departements und Gebieten

Artikel 73. Die gesetzliche Regierung der überseeischen Departements ist die gleiche wie die der Departements des Mutterlandes bis auf die durch Gesetz festgelegten Ausnahmen.

Artikel 74. Die überseeischen Gebiete werden mit einem besonderen Statut ausgestattet, das im Rahmen der Interessen der Republik ihren eigenen Interessen Rechnung trägt.

Dieses Statut und die innere Organisation jedes überseeischen Gebietes oder jeder Gruppe von Gebieten werden nach Anhören der Versammlung der Französischen Union und Befragung der Versammlungen des Gebietes durch Gesetz festgelegt.

Artikel 75. Die Statuten über die Mitglieder der Republik und der Französischen Union sind entwicklungsfähig.

Die Änderung des Statuts und der Übergang von einer Kategorie zur anderen in dem durch Artikel 60 festgesetzten Rahmen können nur durch ein Gesetz erfolgen, das die Nationalversammlung nach Befragung der Versammlungen der Gebiete und der Versammlung der Union beschließt.

Artikel 76. Der Vertreter der Regierung in jedem Gebiet oder jeder Gruppe von Gebieten ist der Wahrer der Vollmachten der Republik.

Il est le chef de l'administration du territoire.

Il est responsable de ses actes devant le Gouvernement.

Article 77. Dans chaque territoire est instituée une Assemblée élue. Le régime électoral, la composition et la compétence de cette Assemblée sont déterminés par la loi.

Article 78. Dans les groupes de territoires, la gestion des intérêts communs est confiée à une Assemblée composée de membres élus par les Assemblées territoriales.

Sa composition et ses pouvoirs sont fixés par la loi.

Article 79. Les territoires d'outre-mer élisent des représentants à l'Assemblée Nationale et au Conseil de la République dans les conditions prévues par la loi.

Article 80. Tous les ressortissants des territoires d'outre-mer ont la qualité de citoyen, au même titre que les nationaux français de la métropole ou des territoires d'outre-mer. Des lois particulières établiront les conditions dans lesquelles ils exerceront leurs droits de citoyens.

Article 81. Tous les nationaux français et les ressortissants de l'Union française ont la qualité de citoyen de l'Union française qui leur assure la jouissance des droits et libertés garantis par la Préambule de la présente Constitution.

Article 82. Les citoyens qui n'ont pas le statut civil français conservent leur statut personnel tant qu'ils n'y ont pas renoncé.

Ce statut ne peut en aucun cas constituer un motif pour refuser ou limiter les droits et libertés attachés à la qualité de citoyen français.

Titre IX. Du Conseil supérieur de la magistrature

Article 83. Le conseil supérieur de la magistrature est composé de 14 membres.

Le Président de la République, président; — Le garde des Sceaux, ministre de la justice, vice-président; — 6 personnalités élues pour 6 ans par l'Assemblée Nationale, à la majorité des deux tiers en dehors de ses membres, 6 suppléants étant élus dans les mêmes conditions; — 6 personnalités désignées comme suit: 4 magistrate élus pour 6 ans représentant chacune des catégories de magistrats, dans les conditions prévues par la loi, 4 suppléants étant élus dans les mêmes conditions; 2 membres désignés par 6 ans par le Président de la République en dehors du Parlement et de la magistrature, mais au sein des professions judiciaires, 2 suppléants étant désignés dans les mêmes conditions.

Les décisions du Conseil supérieur de la magistrature sont prises à la majorité des suffrages. En cas de partage des voix, celle du président est prépondérante.

Article 84. Le Président de la République nomme, sur présentation du Conseil supérieur de la magistrature, les magistrats, à l'exception de ceux du Parquet.

Er ist der Chef der Verwaltung des Gebietes.

Er ist der Regierung für seine Handlungen verantwortlich.

Artikel 77. In jedem Gebiet wird eine gewählte Versammlung eingerichtet.

Die Wahlordnung, die Zusammensetzung und die Zuständigkeit dieser Versammlung wird durch Gesetz festgelegt.

Artikel 78. In den Gruppen von Gebieten wird die Wahrnehmung der gemeinschaftlichen Interessen einer Versammlung anvertraut, die aus Mitgliedern besteht, die durch die Versammlungen der [einzelnen] Gebiete gewählt wurden.

Ihre Zusammensetzung und ihre Machtbefugnisse werden durch Gesetz bestimmt.

Artikel 79. Die überseeischen Gebiete wählen Vertreter zur Nationalversammlung und zum Rat der Republik unter den durch das Gesetz vorgesehenen Bedingungen.

Artikel 80. Alle Staatsangehörigen der überseeischen Gebiete haben das Bürgerrecht mit dem gleichen Rechtsanspruch wie die eingeborenen Franzosen des Mutterlandes oder der überseeischen Gebiete. Besondere Gesetze legen die Bedingungen fest, unter denen sie ihre Bürgerrechte ausüben.

Artikel 81. Alle geborenen Franzosen und alle Angehörigen der Französischen Union haben das Bürgerrecht der Französischen Union. Es sichert ihnen den Genuß der durch die Präambel dieser Verfassung garantierten Freiheiten und Rechte zu.

Artikel 82. Die Bürger, die nicht den französischen Zivilstand haben, behalten ihren persönlichen Stand, so lange sie nicht darauf verzichtet haben.

Das Statut kann in keinem Fall einen Grund bilden, um die Rechte und Freiheiten, die einem französischen Bürger eignen, zu verewigen oder zu begrenzen.

Titel IX. Vom Hohen Rat des Richtertums

Artikel 83. Der Hohe Rat des Richtertums besteht aus 14 Mitgliedern: Dem Präsidenten der Republik als Präsidenten; dem Siegelbewahrer, Justizminister als Vizepräsidenten; 6 Persönlichkeiten, die für 6 Jahre durch die Nationalversammlung mit Zweidrittelmehrheit außerhalb ihrer Mitglieder gewählt werden; 6 Stellvertretern, die unter den gleichen Bedingungen gewählt werden. — 6 Persönlichkeiten, die folgendermaßen bezeichnet werden: 4 Justizbeamten, die auf 6 Jahre als Vertreter jeder Art von Justizbeamten in den durch das Gesetz vorgesehenen Bedingungen gewählt werden; 4 unter den gleichen Bedingungen gewählten Stellvertretern; 2 Mitgliedern, die auf 6 Jahre durch den Präsidenten der Republik außerhalb des Parlaments und der Richterschaft, aber aus den Reihen der Berufsjuristen bezeichnet werden; 2 unter den gleichen Bedingungen bezeichneten Stellvertretern.

Die Entscheidungen des Hohen Rates des Richtertums werden mit Stimmenmehrheit getroffen. Bei Stimmengleichheit gibt die Stimme des Präsidenten den Ausschlag.

Artikel 84. Der Präsident der Republik ernennt auf Vorschlag des Hohen Rates des Richtertums die Justizbeamten mit Ausnahme der Staatsanwälte.

Le Conseil supérieur de la magistrature assure, conformément à la loi, la discipline de ces magistrats, leur indépendance et l'administration des tribunaux judiciaires.

Les magistrats du siège sont inamovibles.

Titre X. Des collectivités territoriales

Article 85. La République française, une et indivisible, reconnaît l'existence de collectivités territoriales.

Ces collectivités sont les communes et départements, les territoires d'outre-mer.

Article 86. Le cadre, l'étendue, le regroupement éventuel et l'organisation des communes et départements, territoires d'outre-mer sont fixés par la loi.

Article 87. Les collectivités territoriales s'administrent librement par des conseils élus au suffrage universel.

L'exécution des décisions de ses conseils est assurée par leur maire ou leur président.

Article 88. La coordination de l'activité des fonctionnaires de l'État, la représentation des intérêts nationaux et le contrôle administratif des collectivités territoriales sont assurés dans le cadre départemental par des délégués du Gouvernement désignés en Conseil des Ministres.

Article 89. Des lois organiques étendront les libertés départementales et municipales ; elle pourront prévoir, pour certaines grandes villes, des règles de fonctionnement et des structures différentes de celles des petites communes, et comporter des dispositions spéciales pour certains départements ; elles détermineront les conditions d'application des articles 85 à 88 ci-dessus.

Des lois détermineront également les conditions dans lesquelles fonctionneront les services locaux des administrations centrales, de manière à rapprocher l'administration des administrés.

Titre XI. De la revision de la Constitution

Article 90. La revision a lieu dans les formes suivantes :

La revision doit être décidée par une résolution adoptée à la majorité absolue des membres composant l'Assemblée Nationale.

La résolution précise l'objet de la revision.

Elle est soumise, dans le délai minimum de trois mois, à une deuxième lecture à laquelle il doit être procédé dans les mêmes conditions qu'à la première, à moins que le Conseil de la République, saisi par l'Assemblée Nationale, n'ait adopté à la majorité absolue la même résolution.

Der Hohe Rat des Richtertums sichert in Übereinstimmung mit dem Gesetz die Disziplin der Justizbeamten, ihre Unabhängigkeit und die Verwaltung der Gerichtshöfe.

Die Beamten des Gerichtshofs sind unabsetzbar.

Titel X. Von den territorialen Einheiten

Artikel 85. Die Französische Republik, eins und unteilbar, anerkennt das Bestehen territorialer Einheiten.

Diese Einheiten sind die Gemeinden und Departements und die überseeischen Gebiete.

Artikel 86. Die Art, der Umfang, gegebenenfalls die Umordnung und die Organisation der Gemeinden, Departements und überseeischen Gebiete wird durch Gesetz festgelegt.

Artikel 87. Die territorialen Einheiten verwalten sich selbst frei durch in allgemeiner Abstimmung gewählte Räte.

Die Ausführung der Entscheidungen dieser Räte wird durch ihren Bürgermeister oder ihren Präsidenten gesichert.

Artikel 88. Die Gleichordnung der Tätigkeit der Staatsbeamten, die Vertretung der nationalen Interessen und die verwaltungsmäßige Kontrolle der territorialen Gebiete wird im Rahmen der Departements durch die im Ministerrat bestimmten Vertreter der Regierung gewahrt.

Artikel 89. Grundgesetze bestimmen die Freiheiten der Departements und Gemeinden; sie können für bestimmte große Städte Regeln der Verwaltung und des Aufbaus vorsehen, die sich von denen der kleinen Gemeinden unterscheiden und besondere Verfügungen für bestimmte Departements zulassen; sie regeln die Ausführungsbestimmungen für die obigen Artikel 85—88.

Gesetze bestimmen in gleicher Weise die Bedingungen, unter denen die örtlichen Instanzen der Zentralverwaltung zu arbeiten haben, um die Verwaltung den Verwalteten anzupassen.

Titel XI. Von der Revision der Verfassung

Artikel 90. Die Revision erfolgt in folgenden Formen:

Die Revision muß durch eine Entschließung entschieden werden, die von der absoluten Mehrheit der Mitglieder der Nationalversammlung angenommen wurde.

Die Entschließung bestimmt den Inhalt der Revision.

Sie unterliegt binnen einer Frist von mindestens drei Monaten einer zweiten Lesung, die unter den gleichen Bedingungen wie die erste vor sich geht, wenn nicht der Rat der Republik, damit durch die Nationalversammlung befaßt, die gleiche Entschließung mit absoluter Mehrheit angenommen hat.

Après cette seconde lecture, l'Assemblée Nationale élabore un projet de loi portant revision de la Constitution. Ce projet est soumis au Parlement et voté à la majorité et dans les formes prévues pour la loi ordinaire.

Il est soumis au referendum, sauf s'il a été adopté en seconde lecture par l'Assemblée Nationale à la majorité des deux tiers ou s'il a été voté à la majorité des trois cinquièmes par chacune des deux Assemblées.

Le projet est promulgué comme loi constitutionelle par le Président de la République dans les jours de son adoption.

Aucune revision constitutionelle relative à l'existence du Conseil de la République ne pourra être réalisée sans l'accord de ce Conseil ou le recours à la procédure du referendum.

Article 91. Le Comité constitutionel est présidé par le Président de la République.

Il comprend le Président de l'Assemblée Nationale, le Président du Conseil de la République, 7 membres élus par l'Assemblée Nationale au début de chaque session annuelle, à la représentation proportionelle des groupes et choisis en dehors de ses membres, 3 membres élus dans les mêmes conditions par le Conseil de la République.

Le Comité constitutionel examine si les lois votées par l'Assemblée Nationale supposent une revision de la Constitution.

Article 92. Dans le détail de promulgation de la loi, le Comité est saisi par une demande émanant conjointement du Président de la République et du Président du Conseil de la République, le Conseil ayant statué à la majorité absolue des membres le composant.

Le Comité examine la loi, s'efforce de provoquer un accord entre l'Assemblée Nationale et le Conseil de la République et, s'il n'y parvient pas, statue dans les 5 jours de sa saisine. Ce délai est ramené à 2 jours en cas d'urgence.

Il n'est compétent que pour statuer sur la possibilité de revision des dispositions des Titres premier à X de la présente Constitution.

Article 93. La loi qui, de l'avis du Comité, implique une revision de la Constitution, est renvoyée à l'Assemblée Nationale pour nouvelle délibération.

Si le Parlement maintient son premier vote, la loi ne peut être promulguée avant que la Constitution n'ait été revisée dans les formes prévues à l'article 90.

Si la loi est jugée conforme aux dispositions des Titres premier à X de la présente Constitution, elle est promulguée dans le délai prévu à l'article 36, celui-ci étant prolongé de la durée des délais prévus à l'article 92 ci-dessus.

Nach dieser zweiten Lesung arbeitet die Nationalversammlung einen Gesetzentwurf über die Verfassungsrevision aus. Dieser Entwurf wird dem Parlament vorgelegt und von der Mehrheit in den für ein gewöhnliches Gesetz vorgesehenen Formen angenommen.

Er ist der Volksabstimmung unterworfen, wenn er nicht in zweiter Lesung durch die Nationalversammlung mit Zweidrittelmehrheit oder durch jede der beiden Kammern mit Dreifünftelmehrheit angenommen worden ist.

Der Entwurf wird durch den Präsidenten der Republik als Verfassungsgesetz binnen 8 Tagen nach seiner Annahme verkündet.

Eine Verfassungsrevision bezüglich des Bestehens des Rates der Republik kann nicht ohne Zustimmung dieses Rates oder Zurückgreifen auf die Volksabstimmung durchgeführt werden.

Artikel 91. Der Verfassungsausschuß wird durch den Präsidenten der Republik präsidiert.

Er besteht aus dem Präsidenten der Nationalversammlung, dem Präsidenten des Rates der Republik, 7 durch die Nationalversammlung bei Beginn der jährlichen Tagungsperiode in verhältnismäßiger Vertretung ihrer Parteien über die Zahl ihrer Mitglieder hinaus gewählten Mitgliedern, und 3 vom Rat der Republik unter gleichen Bedingungen gewählten Mitgliedern.

Der Verfassungsausschuß prüft, ob die von der Nationalversammlung beschlossenen Gesetze eine Verfassungsrevision voraussetzen.

Artikel 92. Innerhalb der für die Verkündung des Gesetzes festgelegten Frist befaßt sich der Ausschuß auf gemeinsame Aufforderung des Präsidenten der Republik und des Präsidenten des Rates der Republik damit, nachdem es der Rat mit absoluter Mehrheit seiner Mitglieder beschlossen hat.

Der Ausschuß prüft das Gesetz, bemüht sich, Übereinstimmung zwischen der Nationalversammlung und dem Rat der Republik herzustellen und beschließt, wenn dies nicht gelingt, binnen 5 Tagen nach seiner Einberufung. Diese Frist verkürzt sich im Falle der Dringlichkeit auf 2 Tage.

Er ist nicht zuständig, um die Möglichkeit einer Revision der Anordnungen der Titel I bis X dieser Verfassung zu beschließen.

Artikel 93. Das Gesetz, das nach Meinung des Ausschusses eine Verfassungsrevision enthält, wird der Nationalversammlung zur neuen Beratung zurückgesandt.

Wenn das Parlament seinen ersten Beschluß aufrechterhält, kann das Gesetz nicht verkündet werden, ehe die Verfassung in den im Artikel 90 vorgesehenen Formen revidiert ist.

Wenn das Gesetz den Titeln I bis X dieser Verfassung gemäß erachtet wird, wird es in der im Artikel 36 vorgesehenen Frist verkündet. Diese verlängert sich um die Dauer der oben in Artikel 92 vorgesehenen Frist.

Article 94. Au cas d'occupation de tout ou partie du territoire métropolitain par des forces étrangères, aucune procédure de revision ne peut être engagée ou poursuivie.

Article 95. La forme républicaine du Gouvernement ne peut faire l'objet d'une proposition de revision.

Titre XII. Dispositions transitoires

Article 96. Le Bureau de l'Assemblée Nationale Constituante est chargé d'assurer la permanence de la représentation nationale jusqu'à la réunion des Députés à la nouvelle Assemblée Nationale.

Article 97. Dans le cas de circonstances exceptionelles, les députés en fonction à l'Assemblée Nationale Constituante pourront, jusqu'à la date prévue à l'article précédent, être réunis par le bureau de l'Assemblée soit de sa propre initiative, soit à la demande du Gouvernement.

Article 98. L'Assemblée Nationale se réunira de plein droit le troisième jeudi qui suivra les élections générales.

Le Conseil de la République se réunira le troisième mardi suivant son élection. La présente Constitution entrera en vigueur à partir de cette date.

Jusqu'à la réunion du Conseil de la République, l'organisation des Pouvoirs publics sera réglée par la loi du 2 novembre 1945, l'Assemblée Nationale ayant les attributions conférées par cette loi à l'Assemblée Nationale Constituante.

Article 99. Le Gouvernement provisoire constitué en vertu de l'article 98 remettra sa démission au Président de la République dès son élection par le Parlement dans les conditions fixées par l'article 29 ci-dessus.

Article 100. Le Bureau de l'Assemblée Nationale Constituante est chargé de préparer la réunion des Assemblées instituées par la présente Constitution et, notamment, de leur assurer, dès avant la réunion de leurs Bureaux respectifs, les locaux et les moyens administratifs nécessaires à leur fonctionnement.

Article 101. Pendant un délai maximum d'un an à compter de la réunion de l'Assemblée Nationale, le Conseil de la République pourra valablement délibérer dès que des deux tiers de ses membres auront été proclamés élus.

Article 102. Le premier Conseil de la République sera rénouvelé intégralement dans l'année qui suivra le renouvellement des conseils municipaux qui devra intervenir dans le délai d'un an à compter de la promulgation de la Constitution.

Article 103. Jusqu'à l'organisation du Conseil économique et pendant un délai maximum de 3 mois à compter de la réunion de l'Assemblée Nationale, il sera sursis à l'application de l'article 25 de la présente Constitution.

Artikel 94. Im Falle der ganzen oder teilweisen Besetzung des Mutterlandes durch fremde Streitkräfte darf keine Verfassungsrevision in Angriff genommen oder durchgeführt werden.

Artikel 95. Die republikanische Staatsform darf nicht Gegenstand eines Revisionsvorschlages sein.

Titel XII. Übergangsbestimmungen

Artikel 96. Das Büro der Verfassunggebenden Nationalversammlung ist beauftragt, bis zum Zusammentritt der Abgeordneten der neuen Nationalversammlung die Fortdauer der Nationalrepräsentation zu wahren.

Artikel 97. Im Falle außerordentlicher Umstände können die im Amt befindlichen Abgeordneten der Verfassunggebenden Nationalversammlung bis zu dem im vorhergehenden Artikel vorgesehenen Zeitpunkt durch das Büro der Versammlung aus eigener Initiative oder auf Anfordern der Regierung einberufen werden.

Artikel 98. Die Nationalversammlung tritt rechtmäßig am dritten Donnerstag nach ihrer Wahl zusammen.

Der Rat der Republik tritt am 3. Dienstag nach seiner Wahl zusammen.

Diese Verfassung tritt von diesem Datum ab in Kraft.

Bis zum Zusammentritt des Rates der Republik wird die Organisation der Staatsgewalten durch das Gesetz vom 2. November 1945 geregelt. Die Nationalversammlung hat die durch dieses Gesetz der Verfassunggebenden Nationalversammlung übertragenen Befugnisse.

Artikel 99. Die auf Grund des Artikels 98 gebildete provisorische Regierung wird dem Präsidenten der Republik nach seiner Wahl durch das Parlament unter den durch den obigen Artikel 29 festgesetzten Bedingungen ihren Rücktritt erklären.

Artikel 100. Das Büro der Verfassunggebenden Nationalversammlung ist beauftragt, die Einberufung der auf Grund dieser Verfassung gebildeten Versammlungen vorzubereiten und ihr besonders vor der Bildung ihrer Büros die notwendigen Lokale und Verwaltungsmittel für ihre Tätigkeit zu sichern.

Artikel 101. Während einer Frist von höchstens einem Jahre vom Zusammentritt der Nationalversammlung an gerechnet, wird der Rat der Republik rechtskräftig beraten können, sobald zwei Drittel seiner Mitglieder für gewählt erklärt sind.

Artikel 102. Der erste Rat der Republik wird vollständig erneuert in dem Jahr, das der Neuwahl der Stadträte folgt. Dies wird binnen Jahresfrist, von der Verkündung der Verfassung an gerechnet, geschehen.

Artikel 103. Bis zur Bildung des Wirtschaftsrates und während einer Frist von höchstens 3 Monaten, vom Zusammentritt der Nationalversammlung an gerechnet, wird die Anwendung des Artikels 25 dieser Verfassung aufgeschoben sein.

Article 104. Jusqu'à la réunion de l'Assemblée de l'Union française et pendant un délai maximum d'un an à compter de la réunion de l'Assemblée Nationale, il sera sursis à l'application des articles 71 et 72 de la présente Constitution.

Article 105. Jusqu'à la promulgation des lois prévues à l'article 89 de la présente Constitution et sous réserve des dispositions fixant le statut de certains départements et territoires d'outre-mer, les départements et communes de la République française seront administrés conformément aux textes en vigueur sauf en ce qui concerne les paragraphes 2 et 3 de l'article 97 de la loi du 5 avril 1884 pour l'application desquels la police d'État sera mise à disposition du maire.

Toutefois, les actes accomplis par le préfet, en sa qualité de représentant du département, seront exécutés par lui sous le contrôle permanent du président de l'assemblée départementale.

Les dispositions de l'aliéna qui précède ne sont pas applicables au département de la Seine.

Article 106. La présente Constitution sera promulguée par le Président du Gouvernement provisoire de la République dans les 2 jours qui suivront la date de la proclamation des résultates du referendum et dans la forme suivante :

« L'Assemblée Nationale a adopté, le peuple français a approuvé, le Président du Gouvernement provisoire de la République promulgue la Constitution dont la teneur suit : »

Artikel 104. Bis zum Zusammentritt der Versammlung der Französischen Union und während einer Frist von höchstens einem Jahre, vom Zusammentritt der Nationalversammlung an gerechnet, wird die Anwendung der Artikel 71 und 72 dieser Verfassung aufgeschoben sein.

Artikel 105. Bis zur Verkündung der im Artikel 89 dieser Verfassung vorgesehenen Gesetze und unter Vorbehalt der Verfügungen, welche die Ordnung bestimmter Departements und überseeischer Gebiete festlegt, werden die Departements und Gemeinden der Französischen Republik in Übereinstimmung mit den in Kraft befindlichen Gesetzen verwaltet, nur daß hinsichtlich der §§ 2 und 3 des Artikels 97 des Gesetzes vom 5. April 1884 die Staatspolizei zur Verfügung der Bürgermeister gestellt wird.

Auf jeden Fall werden die Verfügungen, die der Präfekt in seiner Eigenschaft als Vertreter des Departements erläßt, von ihm unter der dauernden Kontrolle des Präsidenten der Departementalversammlung ausgeführt.

Die Verfügungen des vorstehenden Abschnittes sind nicht auf das Departement der Seine anwendbar.

Artikel 106. Die gegenwärtige Verfassung wird durch den Präsidenten der provisorischen Regierung der Republik binnen 2 Tagen nach der Veröffentlichung der Ergebnisse der Volksabstimmung und in folgender Form verkündet:

„Die Nationalversammlung hat angenommen, das französische Volk hat gebilligt, der Präsident der provisorischen Regierung der Republik verkündet die Verfassung, deren Text folgt:"

RUSSLAND

Obgleich Rußland nach der Revolution von 1905 eine Verfassung erhalten hatte, war es eine absolute Monarchie geblieben. Ausdrücklich wurde der Zar in der Verfassung ein unumschränkter Selbstherrscher genannt, der das Vetorecht gegen alle Beschlüsse der Reichsduma (des Reichstages) hatte und dem die Minister allein verantwortlich waren. Die demokratische Republik, die im März 1917 das Zarentum stürzte, hatte keine Zeit, eine eigene Verfassung auszuarbeiten. Ehe noch die aus allgemeinen, gleichen und geheimen Wahlen auf Grund des Verhältniswahlrechtes hervorgegangene Verfassunggebende Nationalversammlung zusammentreten konnte, wurde die Republik im November 1917 durch die bolschewistische Diktatur, die Herrschaft der Arbeiter-, Bauern- und Soldatenräte, abgelöst. Der 3. allrussische Rätekongreß nahm am 23. Januar 1918 eine „Erklärung der Rechte des werktätigen und ausgebeuteten Volkes" an, die in die Verfassung der Russischen Sozialistischen Föderativen Sowjetrepublik, des größten Teilstaates der Union der Sozialistischen Sowjetrepubliken (UdSSR.), vom 10. Juli 1918 aufgenommen wurde. Diese Verfassung wurde am 11. Mai 1925 einer Neufassung unterzogen, in der die Diktatur des Proletariats noch klareren Ausdruck findet. Neben dieser Verfassung des größten Teilstaates steht die bundesstaatliche Verfassung der Union der Sozialistischen Sowjetrepubliken vom 6. Juli 1923, die nur die allen Teilstaaten gemeinsamen Rechte enthält. Sie wurde am 5. Dezember 1936 durch eine neue Verfassung ersetzt, die eine von Stalin geleitete Verfassungskommission entworfen und von ihm vor dem Rätekongreß der Union begründet wurde; Stalin ist ihr eigentlicher Schöpfer. Diese neue Verfassung enthält Abschnitte über die Grundrechte und die Grundpflichten, den gesellschaftlichen Aufbau und das Wahlsystem, die in der ersten Verfassung fehlten; vor allem aber vollzieht sie nach dem Sieg des sozialistischen Systems und der Beseitigung des Kapitalismus in der russischen Wirtschaft den Übergang von der Diktatur des Proletariats zu einer sozialistischen Demokratie, die auf der Gleichheit aller Bürger in einer klassenlosen Gesellschaft beruht. Sie wurde seitdem mehrfach abgeändert, am umfassendsten am 25. Februar 1947.

Text: Die Verfassung der Russischen Förderativen Sowjetrepublik von 1918 und der UdSSR. von 1923 bei M. Eljaschoff, „Die Grundzüge der Sowjetverfassung" (1925). Zur Geschichte der Verfassung Stalins „Geschichte der Kommunistischen Partei der Sowjetunion" (Bolschewiki) 1946.

Wir geben die Verfassung von 1936 im wesentlichen in der Übersetzung der „Zeitschrift für ausländisches öffentliches Recht und Völkerrecht", 11 (1943), S. 632—648, die den Verfassungstext mit allen während der 1., 2., 3., 6., 7. und 8. Session des Obersten Rates der UdSSR. angenommenen Änderungen und Ergänzungen gibt, ohne den ursprünglichen Wortlaut der Verfassung und die einzelnen Änderungen kenntlich zu machen.

Den gleichen Text, wenn auch in abweichender Übersetzung, geben K. Bittel in der „Kleinen Marxistischen Bibliothek" (Volksverlag Singen, 1946), K. Schultes, „Die Sowjetunion, wie sie wirklich ist", Heft 5 (Thüringer Volksverlag, Weimar 1946) und B. Dennewitz und B. Meißner, „Die Verfassungen der modernen Staaten" (1947), hier auch nochmals die Verfassungen von 1918 und 1923. Die Verfassungsnovellen von 1944 finden sich bei Bittel, S. 113—119 und Dennewitz-Meißner, S. 214—216, die von 1947 bei Dennewitz-Meißner, S. 216—224, die von 1948 und 1949 vgl. unten S. 431.

DIE VERFASSUNG DER UNION DER SOZIALISTISCHEN SOWJETREPUBLIKEN

5. Dezember 1936

Kapitel I. Die soziale Verfassung, Artikel 1—12. — II. Die Staatsverfassung, Artikel 13—29b. III. Die obersten Organe der Staatsgewalt der UdSSR., Artikel 30—56. — IV. Die obersten Organe der Staatsgewalt der Republiken, Artikel 57—63. — V. Die Organe der Staatsverwaltung der UdSSR., Artikel 64—78. — VI. Die Organe der Staatsverwaltung der Bundesrepubliken, Artikel 79—88. — VII. Die höchsten Organe der Staatsgewalt der Autonomen Sozialistischen Sowjetrepubliken, Artikel 89—93. — VIII. Die lokalen Organe der Staatsgewalt, Artikel 94—101. — IX. Gerichte und Staatsanwaltschaft, Artikel 102—117. — X. Die grundlegenden Rechte und Pflichten der Staatsbürger, Artikel 118—133. — XI. Das Wahlsystem, Artikel 134—142. — XII. Wappen, Flagge, Hauptstadt, Artikel 143—145. — XIII. Das Verfahren für die Änderung der Verfassung, Artikel 146.

Kapitel I. Die soziale Verfassung

Artikel 1. Die Union der Sozialistischen Sowjetrepubliken [fortan: UdSSR.] ist ein sozialistischer Staat der Arbeiter und Bauern.

Artikel 2. Die politische Grundlage der UdSSR. bilden die Räte[1] der Abgeordneten der Werktätigen, die als Resultat der Niederwerfung der Macht der Großgrundbesitzer und Kapitalisten und als Ergebnis der Eroberung der proletarischen Diktatur entstanden und gefestigt sind.

Artikel 3. Die gesamte Macht in der UdSSR. gehört den Werktätigen in Stadt und Land, verkörpert durch die Räte der Abgeordneten der Werktätigen.

Artikel 4. Die wirtschaftliche Grundlage der UdSSR. bilden das sozialistische Wirtschaftssystem und das sozialistische Eigentum an Produktionswerkzeugen und -mitteln, die sich nach der Liquidierung der kapitalistischen Wirtschaftsordnung, der Abschaffung des Privateigentums an Produktionswerkzeugen und -mitteln und der Aufhebung der Ausbeutung des Menschen durch den Menschen behauptet haben.

Artikel 5. Das sozialistische Eigentum in der UdSSR. hat entweder die Form von Staatseigentum (Gemeingut des Volkes) oder die Form von genossenschaftlich-kollektivwirtschaftlichem Eigentum (Eigentum einzelner Kollektivwirtschaften, Eigentum genossenschaftlicher Vereinigungen).

Artikel 6. Grund und Boden, Bodenschätze, Gewässer, Wälder, Werke, Fabriken, Gruben, Bergwerke, Eisenbahn-, Wasser- und Luftverkehrsmittel, Banken, Post,

[1] *Rat = Sowjet, hier und künftig.*

Telegraph und Telephon, die vom Staat organisierten landwirtschaftlichen Großbetriebe (Sowjetwirtschaften, Maschinen- und Traktorenstationen usw.) sowie die kommunalen Unternehmungen und die Hauptmasse der Wohnhäuser in Städten und Industrieorten sind Staatseigentum, d. h. Gemeingut des Volkes.

Artikel 7. Die öffentlichen Betriebe in Kollektivwirtschaften und genossenschaftlichen Organisationen mit ihrem lebenden und toten Inventar, die von Kollektivwirtschaften und Genossenschaften geschaffene Produktion, wie auch ihre öffentlichen Bauten sind genossenschaftliches sozialistisches Eigentum der Kollektivwirtschaften und genossenschaftlichen Organisationen.

Jeder Hof eines Kollektivbauern hat, außer dem Haupteinkommen von der öffentlichen Kollektivwirtschaft, zur persönlichen Nutzung ein bescheidenes Grundstück und im persönlichen Besitz eine zusätzliche Wirtschaft auf diesem Grundstück, ein Wohnhaus, Zugvieh, Geflügel und landwirtschaftliches Kleininventar gemäß der Satzung der Kollektivwirtschaften.

Artikel 8. Der Boden, der von den Kollektivwirtschaften besetzt ist, wird ihnen zu unentgeltlicher und unbefristeter Nutzung, d. h. für ewig, zugeteilt.

Artikel 9. Neben dem sozialistischen Wirtschaftssystem, das die herrschende Wirtschaftsform in der UdSSR. darstellt, ist die private Kleinwirtschaft der Einzelbauern und Gewerbetreibenden, die auf persönlicher Arbeit beruht und die Ausbeutung fremder Arbeit ausschließt, gesetzlich zugelassen.

Artikel 10. Das Recht des persönlichen Eigentums der Staatsbürger an ihrem Arbeitseinkommen und ihren Ersparnissen, an ihrem Wohnhaus und ihrer zusätzlichen Hauswirtschaft, an Hauswirtschafts- und Haushaltungsgegenständen, an Gegenständen des persönlichen Gebrauchs und Komforts wie auch das Recht der Beerbung des persönlichen Eigentums der Staatsbürger werden gesetzlich geschützt.

Artikel 11. Das Wirtschaftsleben der UdSSR. wird durch den staatlichen Volkswirtschaftsplan im Interesse der Vermehrung des öffentlichen Reichtums, der unentwegten Hebung des materiellen und kulturellen Niveaus der Werktätigen, der Festigung der Unabhängigkeit der UdSSR. und der Verstärkung ihrer Wehrfähigkeit bestimmt und geleitet.

Artikel 12. Die Arbeit ist in der UdSSR. Pflicht und Ehrensache eines jeden arbeitsfähigen Staatsbürgers nach dem Grundsatz: „Wer nicht arbeitet, soll auch nicht essen."

In der UdSSR. wird der Grundsatz des Sozialismus verwirklicht: „Von jedem nach seinen Fähigkeiten, jedem nach seiner Arbeit."

Kapitel II. Die Staatsverfassung

Artikel 13. Die UdSSR. ist ein Bundesstaat, gebildet auf der Grundlage der freiwilligen Vereinigung gleichberechtigter sozialistischer Sowjetrepubliken, der Russischen Sozialistischen Föderativen Sowjetrepublik, der Ukrainischen, der Weißrussischen,

der Usbekischen, der Kasachischen, der Georgischen, der Asserbeidschanischen, der Litauischen, der Moldauischen, der Lettischen, der Kirgisischen, der Tasdhikischen, der Armenischen, der Turkmenischen, der Estnischen, der Karelisch-Finnischen Sozialistischen Sowjetrepublik[1].

Artikel 14. Zu der Zuständigkeit der UdSSR. in der Gestalt ihrer obersten staatlichen Machtorgane[2] und der Staatsregierungsorgane gehören:

a) Die Vertretung der UdSSR. im internationalen Verkehr, der Abschluß, die Ratifizierung und die Kündigung[3] der Verträge der UdSSR. mit anderen Staaten; die Feststellung des allgemeinen Verfahrens in den gegenseitigen Beziehungen der Unionsrepubliken mit auswärtigen Staaten[4];
b) Fragen des Krieges und Friedens;
c) die Aufnahme neuer Republiken in die UdSSR.;
d) die Kontrolle der Erfüllung[5] der Verfassung der UdSSR. und die Sicherstellung der Übereinstimmung der Verfassung der Unionsrepubliken mit der Verfassung der UdSSR.;
e) die Bestätigung der Grenzänderung zwischen den Unionsrepubliken;
f) die Bestätigung der Bildung neuer Gaue und Gebiete, wie auch neuer autonomer Republiken und autonomer Gebiete[6] im Bestande der Bundesrepubliken;
g) die Organisierung der Landesverteidigung der UdSSR. und die Leitung der gesamten Wehrmacht der UdSSR.; die Feststellung der richtunggebenden Grundsätze für die Organisierung der Truppenformationen der Unionsrepubliken[7];
h) der Außenhandel auf der Grundlage des Staatsmonopols;
i) der Schutz der Staatssicherheit;
j) die Festsetzung der volkswirtschaftlichen Pläne der UdSSR.;
k) die Bestätigung des einheitlichen Staatsetats der UdSSR. und die Rechenschaft über seine Durchführung und auch die Festsetzung[8] der Steuern und Einkünfte, die zur Aufstellung des Staatsetats der Union, der Etats der Bundesrepubliken und der örtlichen Etats dienen;
l) die Leitung der Banken, der Industrie und landwirtschaftlichen Institutionen und Betriebe, wie auch der Handelsunternehmen, die für die gesamte Union von Bedeutung sind;

[1] *Die Moldauische, Estnische, Lettische, Litauische und Karelisch-Finnische Sozialistische Sowjetrepublik wurden 1940 neu aufgenommen. Durch die VR. 1947 wurden die Sowjetrepubliken in diesem Artikel ihrer Größe nach geordnet.*

[2] staatliche. *Zusatz 1947.*

[3] und die Kündigung, *Zusatz 1947.*

[4] *Letzter Satz 1. 2. 1944 eingefügt.*

[5] *1947* Erfüllung *statt* Durchführung.

[6] und autonomer Gebiete, *Zusatz 1947.*

[7] *letzter Satz Zusatz 1. 2. 1944.*

[8] und die Rechenschaft ... Festsetzung *1947 statt* und auch

m) die Leitung des Verkehrs-, Post-, Telegraphen-, und Telephonwesens;
n) die Leitung des Geld- und Kreditsystems;
o) die Organisierung des staatlichen Versicherungswesens;
p) der Abschluß und die Gewährung von Anleihen;
q) die Festlegung der Grundsätze der Bodennutzung, wie auch der Nutzung der Bodenschätze, Wälder und Gewässer;
r) die Festlegung der Grundsätze auf dem Gebiete des Bildungswesens und des Gesundheitsschutzes;
s) die Organisierung des einheitlichen Systems der volkswirtschaftlichen Statistik;
t) die Festlegung der Grundsätze der Arbeitsgesetzgebung;
u) die Gesetzgebung über die Gerichtsverfassung und die Prozeßordnung; das Straf- und Zivilgesetzbuch;
v) die Gesetzgebung[1] über die Bundesstaatsangehörigkeit; die Gesetzgebung über die Rechte der Ausländer;
w) Festsetzung der Grundlagen der Gesetzgebung über das Ehe- und Familienrecht[2].

Artikel 15. Die Souveränität der Bundesrepubliken ist lediglich innerhalb des Rahmens, der im Artikel 14 der Verfassung der UdSSR. angegeben ist, beschränkt. Außerhalb dieses Rahmens übt jede Bundesrepublik selbständig die Staatsgewalt aus. Die UdSSR. schützt die souveränen Rechte der Bundesrepubliken.

Artikel 16. Jede Bundesrepublik hat ihre Verfassung, die den Besonderheiten der Republik Rechnung trägt und in voller Übereinstimmung mit der Verfassung der UdSSR. aufgebaut ist.

Artikel 17. Jeder Bundesrepublik bleibt das Recht auf freien Austritt aus der UdSSR. vorbehalten.

Artikel 18. Das Gebiet der Bundesrepubliken darf nicht ohne deren Zustimmung geändert werden.

Artikel 18a. Jede Bundesrepublik hat das Recht, in unmittelbaren Verkehr mit auswärtigen Staaten einzutreten, mit ihnen Abkommen abzuschließen und diplomatische und konsularische Vertreter auszutauschen.

Artikel 18b. Jede Bundesrepublik hat ihre republikanischen Truppenformationen[3].

Artikel 19. Die Gesetze der UdSSR. haben auf dem Gebiet aller Bundesrepubliken gleiche Kraft.

Artikel 20. Im Falle der Nichtübereinstimmung des Gesetzes einer Bundesrepublik mit dem Allunionsgesetz gilt das Allunionsgesetz.

Artikel 21. Für die Staatsbürger der UdSSR. wird eine einheitliche Bundesstaatsangehörigkeit festgelegt.

Jeder Staatsbürger einer Bundesrepublik ist Staatsbürger der UdSSR.

1 die Gesetzgebung *1947 statt* Gesetze.
2 *Punkt w: Zusatz 1947.*
3 *Artikel 18a und b Zusatz 1. 2. 1944.*

Artikel 22–29b führen die Gaue, Gebiete, Autonomen Sozialistischen Sowjetrepubliken und Autonomen Gebiete auf, aus denen die Russische Sozialistische Sowjetrepublik und die Gebiete, aus denen die Ukrainische, Usbekische, Kasachische, Weißrussische, Turkmenische und Kirgisische Sozialistische Sowjetrupublik bestehen[1].

Kapitel III. Die obersten Organe der Staatsgewalt der UdSSR.

Artikel 30. Das höchste Organ der Staatsgewalt der UdSSR. ist der Oberste Rat der UdSSR.

Artikel 31. Der Oberste Rat der UdSSR. übt alle Rechte aus, die der UdSSR. gemäß Artikel 14 der Verfassung zugeteilt sind, sofern sie laut der Verfassung nicht zu der Zuständigkeit der Organe der UdSSR. gehören, die dem Obersten Rat der UdSSR. rechenschaftspflichtig sind: des Präsidiums des Obersten Rates der UdSSR., des Ministerrates der UdSSR. und der Ministerien der UdSSR.[2].

Artikel 32. Die gesetzgebende Gewalt der UdSSR. wird ausschließlich vom Obersten Rat der UdSSR. ausgeübt.

Artikel 33. Der Oberste Rat der UdSSR. besteht aus zwei Kammern, dem Rate der Union und dem Rat der Nationalitäten.

Artikel 34. Der Rat der Union wird von den Staatsbürgern der UdSSR. nach Wahlkreisen gewählt nach der Norm: ein Abgeordneter auf 300 000 Einwohner.

Artikel 35. Der Rat der Nationalitäten wird von den Staatsbürgern der UdSSR. nach Bundes- und autonomen Republiken, autonomen Gauen und nationalen Kreisen gewählt nach der Norm: je 25 Abgeordnete von jeder Bundesrepublik, je 11 Abgeordnete von jeder autonomen Republik, je 5 Abgeordnete von jedem autonomen Gau und je 1 Abgeordneter von jedem nationalen Kreis.

Artikel 36. Der Oberste Rat der UdSSR. wird für die Dauer von 4 Jahren gewählt.

Artikel 37. Beide Kammern des Obersten Rates der UdSSR., der Rat der Union und der Rat der Nationalitäten, sind gleichberechtigt.

Artikel 38. Dem Rat der Union und dem Rat der Nationalitäten steht in gleichem Maße die Gesetzesinitiative zu.

Artikel 39. Das Gesetz gilt als bestätigt, wenn es von beiden Kammern des Obersten Rates der UdSSR. mit einfacher Stimmenmehrheit einer jeden Kammer angenommen ist[3].

Artikel 40. Gesetze, die vom Obersten Rate der UdSSR. angenommen sind, werden mit den Unterschriften des Vorsitzenden und des Sekretärs des Präsidiums des Obersten Rates der UdSSR. in den Sprachen der Bundesrepubliken veröffentlicht.

[1] *Die Artikel 22—29 b wurden 1947 neugefaßt. Kaliningrad (Königsberg) bildet ein Gebiet der Russischen Sozialistischen Förderativen Sowjetrepublik, Transkarpathen (Karpathoukraine) eines der Ukrainischen Sozialistischen Sowjetrepublik.*

[2] *Hier und in allen folgenden Artikeln wurde statt Rat der Volkskommissare, Volkskommissariate und Volkskommissare 1946 Ministerrat, Ministerien und Minister gesetzt.*

[3] *1947 statt:* mit einfacher Mehrheit einer jeden.

Artikel 41. Die Sessionen des Rates der Union und des Rates der Nationalitäten beginnen und enden gleichzeitig.

Artikel 42. Der Rat der Union wählt den Vorsitzenden des Rates der Union und dessen zwei Stellvertreter.

Artikel 43. Der Rat der Nationalitäten wählt den Vorsitzenden des Rates der Nationalitäten und dessen zwei Stellvertreter.

Artikel 44. Die Vorsitzenden des Rates der Union und des Rates der Nationalitäten leiten die Sitzungen der entsprechenden Kammern und sorgen für die Einhaltung ihrer Hausordnungen.

Artikel 45. Die gemeinsamen Sitzungen beider Kammern des Obersten Rates der UdSSR. werden abwechselnd vom Vorsitzenden des Rates der Union und des Rates der Nationalitäten geleitet.

Artikel 46. Die Sessionen des Obersten Rates der UdSSR. werden vom Präsidium des Obersten Rates der UdSSR. zweimal jährlich einberufen.

Außerordentliche Tagungen werden vom Präsidenten des Obersten Rates der UdSSR. nach seinem Ermessen oder auf Antrag einer der Bundesrepubliken einberufen.

Artikel 47. Im Falle von Meinungsverschiedenheiten zwischen dem Rat der Union und dem Rat der Nationalitäten wird die Frage einer Schlichtungskommission, die auf paritätischer Grundlage von den Kammern[1] gebildet wird, zur Entscheidung überwiesen. Falls die Schlichtungskommission nicht zu einer übereinstimmenden Entscheidung kommt oder falls ihre Entscheidung eine der Kammern nicht befriedigt, wird die betreffende Frage zum zweiten Male in den Kammern behandelt. Beim Ausbleiben der übereinstimmenden Entscheidung der beiden Kammern löst das Präsidium des Obersten Rates der UdSSR. den Obersten Rat der UdSSR. auf und beraumt Neuwahlen an.

Artikel 48. Der Oberste Rat der UdSSR. wählt in gemeinsamer Sitzung der beiden Kammern das Präsidium des Obersten Rates der UdSSR., bestehend aus dem Vorsitzenden des Präsidiums des Obersten Rates der UdSSR., seinen 16 Stellvertretern, dem Sekretär des Präsidiums und 15[2] Mitgliedern des Präsidiums des Obersten Rates der UdSSR.

Das Präsidium des Obersten Rates der UdSSR. hat dem Obersten Rat der UdSSR. über seine gesamte Tätigkeit Rechenschaft abzulegen.

Artikel 49. Das Präsidium des Obersten Rates der UdSSR.:

a) beruft die Sessionen des Obersten Rates der UdSSR. ein;

b) erläßt Dekrete;

c) legt die geltenden Gesetze der UdSSR. aus[3];

[1] von den Kammern, *Zusatz 1947.*

[2] *1947 statt 24: 15.*

[3] *b und c vor 1947 zusammengefaßt als b. Dadurch verschiebt sich (wie auch bei h und k) die weitere Zählung.*

d) löst den Obersten Rat der UdSSR. auf Grund des Artikels 47 der Verfassung der UdSSR. auf und setzt Neuwahlen an;
e) nimmt eine Volksbefragung (Referendum) auf seine eigene Initiative oder auf Verlangen einer der Bundesrepubliken vor;
f) hebt Beschlüsse und Verordnungen des Rates der Volkskommissare der UdSSR. und der Räte der Volkskommissare der Bundesrepubliken auf, falls sie dem Gesetz nicht entsprechen;
g) in der Zeit zwischen den Sessionen des Obersten Rates der UdSSR. nimmt es Enthebungen oder Ernennungen einzelner Volkskommissare der UdSSR. auf Antrag des Vorsitzenden des Rates der Volkskommissare der UdSSR. vor, mit nachfolgender Vorlegung zur Bestätigung durch den Obersten Rat der UdSSR.[1];
h) stiftet Orden und Medaillen der UdSSR. und bestimmt die Ehrentitel der UdSSR.[2];
i) verleiht Orden, Medaillen und Ehrentitel der UdSSR.;
j) übt das Begnadigungsrecht aus;
k) bestimmt die militärischen Dienstgrade, die diplomatischen Dienstränge und andere Sonderbezeichnungen[3];
l) ernennt und entläßt das Oberkommando der Wehrmacht der UdSSR.;
m) erklärt in der Zeit zwischen den Sessionen des Obersten Rates der UdSSR. den Kriegszustand im Falle eines militärischen Angriffs auf die UdSSR. oder im Falle der notwendigen Ausübung der internationalen vertraglichen Verpflichtungen bezüglich der gegenseitigen Verteidigung gegen eine Aggression;
n) erklärt die allgemeine und teilweise Mobilmachung;
o) ratifiziert und kündigt[4] internationale Verträge;
p) ernennt und beruft die bevollmächtigten Vertreter der UdSSR. in ausländischen Staaten ab;
r) nimmt die Beglaubigungs- und die Abberufungsschreiben der bei ihm akkreditierten diplomatischen Vertreter der ausländischen Staaten entgegen;
s) erklärt in einzelnen Ortschaften oder im Gesamtgebiet der UdSSR. den Kriegszustand im Interesse der Landesverteidigung der UdSSR. oder der Sicherung der öffentlichen Ordnung und der Staatssicherheit.

Artikel 50. Der Rat der Union und der Rat der Nationalitäten wählen die Mandatskommissionen, welche die Vollmachten der Abgeordneten jeder Kammer prüfen.

Auf Antrag der Mandatskommissionen[5] entscheiden die Kammern entweder über die Anerkennung der Vollmachten oder über die Kassierung der Wahlen einzelner Abgeordneter.

[1] *Zusatz 1947.*
[2] Medaillen, *Zusatz 1947.*
[3] *Zusatz 1947.*
[4] und kündigt, *Zusatz 1947.*
[5] *1947 statt* Mandatskommission.

Artikel 51. Der Oberste Rat der UdSSR. ernennt, wenn er es für nötig erachtet, Untersuchungs- und Revisionsausschüsse für jede beliebige Frage.

Alle Amtsstellen und alle Amtspersonen sind verpflichtet, die Forderungen dieser Kommissionen zu erfüllen und ihnen die nötigen Materialien und Dokumente zur Verfügung zu stellen.

Artikel 52. Ohne die Zustimmung des Obersten Rates und in dem Zeitabschnitt, zwischen den Tagungen des Obersten Rates der UdSSR.[1], kann ohne die Zustimmung des Präsidiums des Obersten Rates der UdSSR. kein Abgeordneter des Obersten Rates der UdSSR. zu gerichtlicher Verantwortung gezogen oder verhaftet werden.

Artikel 53. Nach Ablauf der Vollmachten oder nach vorfristiger Auflösung des Obersten Rates der UdSSR. behält das Präsidium des Obersten Rates der UdSSR. seine Vollmachten bis zur Bildung eines neuen Präsidiums des Obersten Rates der UdSSR. durch den neu gewählten Obersten Rat der UdSSR.

Artikel 54. Nach Ablauf der Vollmachten oder im Falle vorfristiger Auflösung des Obersten Rates der UdSSR. beraumt das Präsidium des Obersten Rates der UdSSR. Neuwahlen nicht später als zwei Monate nach Ablauf der Vollmachten oder nach Auflösung des Obersten Rates der UdSSR. an.

Artikel 55. Der neugewählte Oberste Rat der UdSSR. wird vom Präsidium des Obersten Rates der UdSSR. der früheren Zusammensetzung nicht später als drei Monate[2] nach den Wahlen einberufen.

Artikel 56. Der Oberste Rat der UdSSR. bildet in gemeinsamer Sitzung beider Kammern die Regierung der UdSSR. — den Ministerrat der UdSSR.

Kapitel IV. Die obersten Organe der Staatsgewalt der Republiken

Artikel 57. Das höchste Organ der Staatsgewalt der Bundesrepublik ist der Oberste Rat der Bundesrepublik.

Artikel 58. Der Oberste Rat der Bundesrepublik wird von den Staatsbürgern der Republik auf die Dauer von vier Jahren gewählt. Die Vertretungsquoten werden durch die Verfassungen der Bundesrepubliken festgelegt.

Artikel 59. Der Oberste Rat der Bundesrepublik ist das einzige Gesetzgebungsorgan in der Republik.

Artikel 60. Der Oberste Rat der Bundesrepublik:

a) nimmt die Verfassung der Republik an und nimmt ihre Abänderungen gemäß Artikel 16 der Verfassung der UdSSR. vor;

b) bestätigt die Verfassungen der ihr eingegliederten autonomen Republiken und bestimmt die Grenzen ihrer Gebiete;

[1] *1947 statt:* in dem keine Tagung . . . stattfindet.

[2] *1947 statt:* ein Monat.

c) bestätigt den Volkswirtschaftsplan und den Etat der Republik;

d) übt das Recht der Amnestie und der Begnadigung der Staatsbürger aus, die von den Gerichtsorganen der Bundesrepublik verurteilt worden sind.

Artikel 61. Der Oberste Rat der Bundesrepublik wählt das Präsidium des Obersten Rates der Bundesrepublik, bestehend aus: dem Vorsitzenden des Präsidiums des Obersten Rates der Bundesrepublik, seinem Stellvertreter, dem Sekretär des Präsidiums und den Mitgliedern des Präsidiums des Obersten Rates der Bundesrepublik.

Die Vollmachten des Präsidiums des Obersten Rates der Bundesrepublik werden durch die Verfassung der Bundesrepublik bestimmt.

Artikel 62. Zwecks Leitung der Sitzungen wählt der Oberste Rat der Bundesrepublik den[1] Vorsitzenden des Obersten Rates der Bundesrepublik und dessen Stellvertreter.

Artikel 63. Der Oberste Rat der Bundesrepublik bildet die Regierung der Bundesrepublik — den Ministerrat der Bundesrepublik.

Kapitel V. Die Organe der Staatsverwaltung der UdSSR.

Artikel 64. Höchstes ausführendes und verfügendes Organ der Staatsgewalt der UdSSR. ist der Ministerrat der UdSSR.

Artikel 65. Der Ministerrat der UdSSR. ist dem Obersten Rat der UdSSR. verantwortlich und rechenschaftspflichtig und ihm in der Zeit zwischen den Sessionen des Obersten Rates dem Präsidium des Obersten Rates der UdSSR. rechenschaftspflichtig.

Artikel 66. Der Ministerrat der UdSSR. erläßt Verordnungen und Beschlüsse auf Grund und in Ausführung der geltenden Gesetze und prüft die Durchführung.

Artikel 67. Die Verordnungen und Beschlüsse des Ministerrates der UdSSR. unterliegen der obligatorischen Ausführung auf dem gesamten Gebiet der UdSSR.

Artikel 68. Der Ministerrat der UdSSR.:

a) faßt zusammen und leitet die Arbeit der Ministerien der UdSSR. und der unionsrepublikanischen Ministerien der UdSSR. und anderer ihm unterstellter[2] Behörden; Behörden;

b) ergreift Maßnahmen zur Verwirklichung des Volkswirtschaftsplanes, des Staatsetats und zur Festigung des Kredit- und Geldsystems;

c) ergreift Maßnahmen zur Sicherung der öffentlichen Ordnung, zum Schutze der Staatsinteressen und zur Wahrung der Rechte der Staatsbürger;

d) hat die allgemeine Leitung der Beziehungen zu ausländischen Staaten;

e) bestimmt alljährlich Kontingente von Staatsbürgern, die der Einberufung zum aktiven Militärdienst unterliegen, leitet den allgemeinen Aufbau der bewaffneten Streitkräfte des Landes;

[1] *1947* den *statt:* seinen.

[2] *1947 gestrichen:* wirtschaftlicher und kultureller.

f) bildet notfalls spezielle, dem Ministerrat der UdSSR. angegliederte Komitees und Hauptverwaltungen in allen Angelegenheiten des wirtschaftlichen, kulturellen und der Landesverteidigung dienenden Aufbaus.

Artikel 69. Der Ministerrat der UdSSR. ist berechtigt, auf den Gebieten der Verwaltung und der Wirtschaft, die der Zuständigkeit der UdSSR. unterstellt sind, Verordnungen und Beschlüsse der Ministerräte der Bundesrepubliken zu suspendieren und die Erlasse und Instruktionen der Minister der UdSSR. zu annullieren.

Artikel 70. Der Ministerrat der UdSSR. wird vom Obersten Rat der UdSSR. gebildet in folgender Zusammensetzung: der Vorsitzende des Ministerrates der UdSSR.; die Stellvertreter des Vorsitzenden des Ministerrates der UdSSR.; der Vorsitzende der staatlichen Plankommission der UdSSR.; die Minister der UdSSR.; der Vorsitzende des Komitees in Kunstangelegenheiten[1].

Artikel 71. Die Regierung der UdSSR. oder die Minister der UdSSR., an die eine Anfrage eines Abgeordneten des Obersten Rates der UdSSR. gerichtet wird, sind verpflichtet, nicht später als in einer dreitägigen Frist mündlich oder schriftlich Antwort an die entsprechende Kammer zu erteilen.

Artikel 72. Die Minister der UdSSR. leiten die Staatsverwaltungszweige, die zu der Zuständigkeit der UdSSR. gehören.

Artikel 73. Die Minister der UdSSR. erlassen im Zuständigkeitsbereich der entsprechenden Ministerien Verfügungen und Instruktionen auf Grund und in Ausführung der geltenden Gesetze, wie auch der Verordnungen und Beschlüsse des Ministerrates der UdSSR. und prüfen ihre Durchführung.

Artikel 74. Die Ministerien der UdSSR. sind entweder All-Unions-Volksministerien oder unions-republikanische Ministerien.

Artikel 75. Die All-Unions-Ministerien leiten den ihnen anvertrauten Zweig der Staatsverwaltung auf dem gesamten Gebiet der UdSSR. entweder unmittelbar oder durch von ihnen ernannte Organe.

Artikel 76. Die unions-republikanischen Ministerien leiten den ihnen anvertrauten Zweig der Staatsverwaltung der Regel nach durch gleichnamige Ministerien der Bundesrepubliken und verwalten unmittelbar nur eine begrenzte Zahl von Betrieben gemäß einer Liste, die vom Präsidium des Obersten Rates der UdSSR. bestätigt wird.

Artikel 77. Zu den All-Unions-Ministerien gehören die Ministerien für Flugzeugindustrie, Automobilindustrie, Außenhandel, Bewaffnung, Geologie, Beschaffung, Materialreserven, Maschinenbau und Geräteherstellung, Medizinische Industrie, Seeschiffahrt, Erdölindustrie der östlichen Gebiete, Erdölindustrie der westlichen Gebiete, Lebensmittelreserven, Nachrichtenmittelindustrie (Fernmeldetechnische Industrie), Verkehrswesen, Gummiindustrie, Binnenschiffahrt, Nachrichtenwesen, Landwirtschaft-

[1] *1947 gestrichen:* Der Vorsitzende der Kommission der Sowjetkontrolle; der Vorsitzende des Komitees in Angelegenheiten der Hochschulen; der Vorsitzende des Vorstandes der Staatsbank.

lichen Maschinenbau, Werkzeugmaschinenbau, Bau- und Wegebaumaschinenherstellung, Bau von Kriegs- und Kriegsmarinebetrieben, Bau von Betrieben der Schwerindustrie, Bau von Brennstoffbetrieben, Schiffbauindustrie, Transportmaschinenindustrie, Arbeitsreserven, Schweren Maschinenbau, Kohlenindustrie der östlichen Gebiete, Kohlenindustrie der westlichen Gebiete, Chemische Industrie, Buntmetallindustrie (Buntmetallhüttenwesen), Zellulose- und Papierindustrie, Schwarzmetallindustrie (Eisenhüttenwesen), Elektroindustrie, Kraftwerke[1].

Artikel 78. Zu den unions-republikanischen Ministerien gehören die Ministerien für: Galanteriewarenindustrie, Innere Angelegenheiten, Wehrmacht, Hochschulbildung, Staatskontrolle, Staatssicherheit, Gesundheitswesen, Auswärtige Angelegenheiten, Filmwesen, Leichtindustrie, Holzindustrie, Fleisch- und Milchindustrie, Nahrungsmittelindustrie, Baumaterialienindustrie, Fischindustrie der östlichen Gebiete, Fischindustrie der westlichen Gebiete, Landwirtschaft, Sowjetwirtschaften (Sowchose), Textilindustrie, Handel, Finanzen, Justiz[2].

Kapitel VI. Die Organe der Staatsverwaltung der Bundesrepubliken

Artikel 79. Höchstes vollziehendes und verfügendes Organ der Staatsmacht einer Bundesrepublik ist der Ministerrat der Bundesrepublik.

Artikel 80. Der Ministerrat der Bundesrepublik ist dem Obersten Rat der Bundesrepublik verantwortlich und ihm rechenschaftspflichtig und in der Zeit zwischen den Sessionen des Obersten Rates der Bundesrepublik dem Präsidium des Obersten Rates der Bundesrepublik rechenschaftspflichtig.

Artikel 81. Der Ministerrat der Bundesrepublik erläßt Verordnungen und Beschlüsse auf Grund und in Ausführung der geltenden Gesetze der UdSSR. und der Bundesrepublik, der Verordnungen und Beschlüsse des Ministerrates der UdSSR. und prüft ihre Durchführung.

Artikel 82. Der Ministerrat der Bundesrepublik ist berechtigt, Verordnungen und Beschlüsse der Ministerräte der autonomen Republiken zu suspendieren und die Erlasse und Verfügungen der Exekutivkomitees der Räte der Abgeordneten der Werktätigen der Gaue, Gebiete und autonomen Gebiete zu annullieren.

Artikel 83. Der Ministerrat einer Bundesrepublik wird vom Obersten Rat der Bundesrepublik in folgender Zusammensetzung gebildet: der Vorsitzende des Ministerrates der Bundesrepublik, die Stellvertreter des Vorsitzenden, der Vorsitzende

[1] *Artikel 77 in der Neufassung 1947. Die Ministerien für Verteidigung und Auswärtige Angelegenheiten wurden 1944 aufgehoben, zahlreiche neue Ministerien im Wirtschafts- und Rüstungsbereich zwischenzeitlich eingerichtet. Weitere Änderungen vgl. S. 431 Anm.*

[2] *Die Ministerien für Wehrmacht und Auswärtige Angelegenheiten wurden 1944 eingerichtet. Neugebildet wurden auch das Ministerium für Hochschulbildung und einzelne Wirtschaftsministerien. Weitere Änderungen vgl. S. 431 Anm.*

der staatlichen Plankommission, die Minister, der Leiter der Verwaltung für Kunstangelegenheiten, der Vorsitzende des Komitees für Kulturbildungsangelegenheiten[1].

Artikel 84. Die Ministerien der Bundesrepublik leiten die Zweige der Staatsverwaltung, die zu der Zuständigkeit der Bundesrepublik gehören.

Artikel 85. Die Minister der Bundesrepublik geben im Zuständigkeitsbereich der entsprechenden Ministerien Verfügungen und Instruktionen heraus, auf Grund und in Ausführung der Gesetze der UdSSR., der Bundesrepubliken, der Verordnungen und Beschlüsse des Rates der Volkskommissare der UdSSR. und der Bundesrepubliken, der Erlasse und Instruktionen der unions-republikanischen Volkskommissariate der UdSSR.

Artikel 86. Die Ministerien der Bundesrepubliken sind unions-republikanische oder republikanische.

Artikel 87. Die unions-republikanischen Ministerien leiten den ihnen übertragenen Zweig der Staatsverwaltung, wobei sie sowohl dem Ministerrat der Bundesrepublik wie auch dem entsprechenden unions-republikanischen Ministerium der UdSSR. unterstellt sind.

Artikel 88. Die republikanischen Ministerien leiten den ihnen übertragenen Zweig der Staatsverwaltung, wobei sie unmittelbar dem Ministerrat der Bundesrepublik unterstellt sind.

Kapitel VII. Die höchsten Organe der Staatsgewalt der Autonomen Sozialistischen Sowjetrepubliken

Artikel 89. Das höchste Organ der Staatsgewalt einer Autonomen Republik ist der Oberste Rat der Autonomen Sozialistischen Sowjetrepublik.

Artikel 90. Der Oberste Rat der Autonomen Republik wird von den Staatsbürgern der Republik auf die Dauer von vier Jahren gewählt, gemäß den Vertretungsquoten, die durch die Verfassung der Autonomen Republik bestimmt sind.

Artikel 91. Der Oberste Rat der Autonomen Sozialistischen Sowjetrepublik ist das einzige gesetzgebende Organ der Autonomen Sozialistischen Sowjetrepublik.

Artikel 92. Jede autonome Republik hat ihre Verfassung, die den Besonderheiten der autonomen Republik Rechnung trägt und in voller Übereinstimmung mit der Verfassung der Bundesrepublik gestaltet ist.

Artikel 93. Der Oberste Rat der Autonomen Republik wählt das Präsidium des Obersten Rates der Autonomen Republik und bildet den Ministerrat der Autonomen Republik gemäß ihrer Verfassung.

[1] *Die Aufzählung der einzelnen Ministerien (Volkskommissariate) wurde 1947 gestrichen, ebenso der Bevollmächtigte der allunionistischen Volkskommissariate. Neuhinzugefügt wurde der Vorsitzende des Komitees für Kulturbildungsangelegenheiten.*

Kapitel VIII. Die lokalen Organe der Staatsgewalt

Artikel 94. Die Organe der Staatsgewalt in den Gauen, Gebieten, autonomen Gebieten, Kreisen, Rayons, Städten, Dörfern sind die Räte der Abgeordneten der Werktätigen.

Artikel 95. Die Räte der Abgeordneten der Werktätigen der Gaue, Gebiete, autonomen Gebiete, Kreise, Rayons, Städte und Dörfer werden von den Werktätigen der entsprechenden Gaue, Gebiete, autonomen Gebiete, Kreise, Rayons, Städte und Dörfer auf die Dauer von zwei Jahren gewählt.

Artikel 96. Die Vertretungsquoten für die Räte der Abgeordneten der Werktätigen werden durch die Verfassungen der Bundesrepubliken bestimmt.

Artikel 97. Die Räte der Abgeordneten der Werktätigen leiten die Tätigkeit der ihnen untergeordneten Verwaltungsorgane, sichern den Schutz der staatlichen Ordnung, die Einhaltung der Gesetze und den Schutz der Rechte der Staatsbürger, leiten den örtlichen, wirtschaftlichen und kulturellen Aufbau und setzen das örtliche Budget fest.

Artikel 98. Die Räte der Abgeordneten der Werktätigen fassen Beschlüsse und treffen Anordnungen innerhalb der Grenzen der Rechte, die ihnen durch die Gesetze der UdSSR. und der Bundesrepublik zugeteilt sind.

Artikel 99. Die vollziehenden und verfügenden Organe der Räte der Abgeordneten und Werktätigen der Gaue, Gebiete, autonomen Gebiete, Kreise, Rayons, Städte und Dörfer sind die von ihnen gewählten Exekutivkomitees, bestehend aus einem Vorsitzenden, seinem Stellvertreter, einem Sekretär und den Mitgliedern.

Artikel 100. Das vollziehende und verfügende Organ der Räte[1], der Abgeordneten der Werktätigen in kleinen Siedlungn sind gemäß den Verfassungen der Bundesrepubliken der gewählte Vorsitzende, der Stellvertreter des Vorsitzenden[2] und der Sekretär.

Artikel 101. Die vollziehenden Organe der Räte der Abgeordneten der Werktätigen haben sowohl unmittelbar dem Rate der Abgeordneten der Werktätigen der sie gewählt hat, als auch dem vollziehenden Organ des höherstehenden Rates der Abgeordneten der Werktätigen Rechenschaft abzulegen.

Kapitel IX. Gerichte und Staatsanwaltschaft

Artikel 102. Die Gerichtsbarkeit wird in der UdSSR vom Obersten Gericht der UdSSR., den Obersten Gerichten der Bundesrepubliken, den Gau- und Gebietsgerichten der autonomen Republiken und autonomen Gebiete, den auf Beschluß des Obersten Rates der UdSSR. gebildeten Sondergerichten der UdSSR. und von Volksgerichten ausgeübt.

[1] *1947 statt:* Dorfräte.

[2] *1947 statt:* der von ihnen gewählte Vorsitzende, sein Stellvertreter.

Artikel 103. Die Behandlung der Prozesse vollzieht sich in allen Gerichten mit Beteiligung von Volksbeisitzern, mit Ausnahme der Fälle, die im Gesetz besonders vorgesehen sind.

Artikel 104. Das Oberste Gericht der UdSSR. ist das höchste Gerichtsorgan. Dem Obersten Gericht der UdSSR. wird die Aufsicht über die Tätigkeit sämtlicher Gerichtsorgane der UdSSR. und der Bundesrepubliken auferlegt.

Artikel 105. Das Oberste Gericht der UdSSR. und die Sondergerichte werden vom Obersten Rat der UdSSR. auf die Dauer von 5 Jahren gewählt.

Artikel 106. Die Obersten Gerichte der Bundesrepubliken werden von den Obersten Räten der Bundesrepubliken auf die Dauer von 5 Jahren gewählt.

Artikel 107. Die Obersten Gerichte der Autonomen Republiken werden von den Obersten Räten der Autonomen Republiken auf die Dauer von 5 Jahren gewählt.

Artikel 108. Die Gau- und Gebietsgerichte, die Gerichte der autonomen Gebiete, die Kreisgerichte werden von den Gau- und Gebiets- oder Kreisräten der Abgeordneten der Werktätigen oder von den Räten der Abgeordneten der Werktätigen der autonomen Gebiete auf die Dauer von 5 Jahren gewählt.

Artikel 109. Die Volksgerichte werden von den Staatsbürgern der Rayons auf der Grundlage des allgemeinen, direkten und gleichen Wahlsystems durch geheime Abstimmung auf die Dauer von drei Jahren gewählt.

Artikel 110. Das Gerichtsverfahren erfolgt in der Sprache der Bundes- oder Autonomen Republik oder des autonomen Gebietes, wobei Personen, die diese Sprache nicht beherrschen, volle Einsichtnahme in die Akten durch Dolmetscher sowie das Recht, sich vor Gericht ihrer Muttersprache zu bedienen, gewährt wird.

Artikel 111. Die Verhandlungen sind in allen Gebieten der UdSSR. öffentlich, sofern nicht durch das Gesetz Ausnahmen vorgesehen sind, wobei dem Angeklagten das Recht auf Verteidigung gesichert wird.

Artikel 112. Die Richter sind unabhängig und nur dem Gesetz untergeordnet.

Artikel 113. Die oberste Aufsicht über die genaue Befolgung der Gesetze seitens sämtlicher Ministerien und der ihnen unterstellten Behörden wie auch seitens der einzelnen Amtspersonen sowie Staatsbürger der UdSSR. wird dem Generalstaatsanwalt der UdSSR.[1] auferlegt.

Artikel 114. Der Generalstaatsanwalt der UdSSR. wird vom Obersten Rat der UdSSR. auf die Dauer von 7 Jahren ernannt.

Artikel 115. Die Republiks-, Gau- und Gebietsgeneralstaatsanwälte wie auch die Staatsanwälte der Autonomen Republiken und der autonomen Gebiete werden vom Generalstaatsanwalt der UdSSR. auf die Dauer von 5 Jahren ernannt.

Artikel 116. Die Kreis-, Rayons- und städtischen Staatsanwälte werden von den

[1] *1947 hier und in den folgenden Artikeln statt* Staatsanwalt der UdSSR.: Generalstaatsanwalt der UdSSR.

Staatsanwälten der Bundesrepublik mit Bestätigung durch den Generalstaatsanwalt der UdSSR. auf die Dauer von 5 Jahren ernannt.

Artikel 117. Die Organe der Staatsanwaltschaft üben ihre Funktionen unabhängig von jeglichen örtlichen Organen aus und sind nur dem Generalstaatanwalt der UdSSR. untergeordnet.

Kapitel X. Die grundlegenden Rechte und Pflichten der Staatsbürger

Artikel 118. Die Staatsbürger der UdSSR. haben das Recht auf Arbeit, d. h. das Recht auf gesicherte Arbeit mit Entlohnung dieser Arbeit gemäß ihrer Quantität und Qualität.

Das Recht auf Arbeit wird gesichert durch die sozialistische Organisierung der Volkswirtschaft, durch die unaufhörliche Entwicklung der produktiven Kräfte der Sowjetgemeinschaft, durch die Beseitigung der Möglichkeit von Wirtschaftskrisen und durch die Liquidierung der Arbeitslosigkeit.

Artikel 119. Die Staatsbürger der UdSSR. haben das Recht auf Erholung. Das Recht auf Erholung wird durch die Arbeiter und Angestellten gewährleistet durch die Festsetzung des Arbeitstages auf 8 Stunden und die Verkürzung des Arbeitstages bis zu 7 und 6 Stunden für eine Reihe von Berufen mit schweren Arbeitsbedingungen und bis zu 4 Stunden in Werken mit besonders schweren Arbeitsbedingungen[1], durch Festsetzung eines vollbezahlten alljährlichen Urlaubs für die Arbeiter und Angestellten und durch das in den Dienst der Werktätigen gestellte dichte Netz von Sanatorien, Erholungsheimen und Klubs.

Artikel 120. Die Staatsbürger der UdSSR. haben das Recht auf materielle Versorgung im Alter wie auch im Krankheitsfalle und im Falle des Verlustes der Arbeitsfähigkeit.

Dieses Recht wird durch breite Entwicklung der Sozialversicherung der Arbeiter und Angestellten auf Staatskosten gesichert, durch unentgeltliche medizinische Hilfe, durch das dichte Netz von Kurorten, die den Werktätigen zur Verfügung stehen.

Artikel 121. Die Staatsbürger der UdSSR. haben das Recht auf Bildung. Dieses Recht wird gewährleistet durch die allgemeine Grundschulpflicht, durch die Unentgeltlichkeit der siebenjährigen[2] Bildung[3], durch das System staatlicher Stipendien für die sich auszeichnenden Hochschulstudenten[4], durch Schulunterricht in der Muttersprache, durch Organisierung unentgeltlicher gewerblicher, technischer und agronomischer Schulung der Werktätigen in den Betrieben, den Sowjetwirtschaften, den Maschinen- und Traktorenstationen und den Kollektivwirtschaften.

1 *1947 statt* Verkürzung des Arbeitstages auf 7 Stunden.

2 *Zusatz 1947:* Siebenjährigen.

3 *1947 gestrichen:* einschließlich der Hochschulbildung.

4 *1947 statt:* überwiegende Mehrheit der Hochschulstudenten.

Artikel 122. Der Frau werden in der UdSSR. die gleichen Rechte wie dem Manne auf allen Gebieten des wirtschaftlichen, staatlichen, kulturellen und gesellschaftlich-politischen Lebens gewährt.

Die Möglichkeit der Ausübung der Rechte der Frau wird durch Gewährung des gleichen Rechts auf Arbeit wie dem Manne gesichert, durch die Entlohnung der Arbeit, durch Erholung, durch Sozialversicherung und Bildung, durch staatlichen Schutz der Interessen von Mutter und Kind, durch staatliche Hilfe für kinderreiche und alleinstehende Mütter[1], durch Gewährung eines bezahlten Schwangerschaftsurlaubs, durch ein dichtes Netz von Entbindungsheimen, Kinderkrippen und Kindergärten.

Artikel 123. Die Gleichberechtigung der Staatsbürger der UdSSR., unabhängig von ihrer Nationalität und Rasse auf sämtlichen Gebieten des wirtschaftlichen, staatlichen, kulturellen und gesellschaftlich-politischen Lebens ist ein unumstößliches Gesetz.

Jegliche direkte oder indirekte Beschränkung der Rechte oder umgekehrt die Einführung direkter oder indirekter Vorrechte der Staatsbürger wegen ihrer Rasse oder nationalen Zugehörigkeit wie auch jegliche Propaganda einer rassenmäßigen oder nationalen Exklusivität oder eines Hasses und einer Mißachtung wird gesetzlich bestraft.

Artikel 124. Zur Sicherung der Gewissensfreiheit der Staatsbürger sind in der UdSSR. die Kirche vom Staat und die Schulen von der Kirche getrennt. Die Freiheit der Ausübung religiöser Kulte und die Freiheit der antireligiösen Propaganda ist allen Staatsbürgern zuerkannt.

Artikel 125. Entsprechend den Interessen der Werktätigen und zwecks Festigung des sozialistischen Systems wird den Staatsbürgern der UdSSR. zugesichert:

a) die Freiheit des Wortes;

b) die Freiheit der Presse;

c) die Freiheit der Versammlungen und Meetings;

d) die Freiheit der Straßenumzüge und Kundgebungen.

Diese Rechte der Staatsbürger werden dadurch gesichert, daß den Werktätigen und ihren Organisationen die Druckereien, die Papiervorräte, die öffentlichen Gebäude, die Straßen, die Verkehrs- und Verbindungsmittel und andere materielle Bedingungen, die zur Ausübung dieser Rechte notwendig sind, zur Verfügung gestellt werden.

Artikel 126. Entsprechend den Interessen der Werktätigen und zwecks Entwicklung der organisatorischen Selbständigkeit und der politischen Aktivität der Volksmassen wird den Staatsbürgern der UdSSR. das Recht auf Vereinigung in genossenschaftlichen Organisationen gesichert; die Gewerkschaften, Genossenschaften, Jugendorganisationen, Sport- und Wehrorganisationen, kulturellen, technischen und wissenschaftlichen Gesellschaften und aktivsten und bewußten Staatsbürger aus den Reihen

[1] durch ... Mütter *Zusatz 1947.*

der Arbeiterklasse und anderen Schichten der Werktätigen vereinigen sich in der All-Unions-Kommunistischen Partei (der Bolschewiken), die die Vorhut der Werktätigen in ihrem Kampfe für die Festigung und Entwicklung des sozialistischen Systems ist und den führenden Kern sämtlicher Organisationen der Werktätigen, sowohl der genossenschaftlichen wie der staatlichen, darstellt.

Artikel 127. Den Staatsbürgern der UdSSR. wird die Unantastbarkeit der Person gesichert. Niemand darf auf andere Weise verhaftet werden als durch Verfügung des Gerichtes oder mit Zustimmung des Staatsanwalts.

Artikel 128. Die Unantastbarkeit der Wohnung der Staatsbürger und das Briefgeheimnis werden durch das Gesetz geschützt.

Artikel 129. Die UdSSR. gewährt ausländischen Staatsbürgern, die wegen der Verfechtung der Interessen von Werktätigen oder wegen wissenschaftlicher Tätigkeit oder wegen eines nationalen Befreiungskampfes verfolgt werden, Asylrecht.

Artikel 130. Jeder Staatsbürger der UdSSR. ist verpflichtet, die Verfassung der UdSSR. innezuhalten, die Gesetze zu befolgen, die Arbeitsdisziplin zu beobachten, ehrlich seine gesellschaftliche Pflicht zu erfüllen, die Regeln des sozialistischen Gemeinlebens zu achten.

Artikel 131. Jeder Staatsbürger der UdSSR. ist verpflichtet, das genossenschaftliche sozialistische Eigentum zu hüten und zu festigen als heilige und unantastbare Grundlage des Sowjetsystems, als Quelle des Reichtums und der Macht der Heimat, als Quelle eines wohlhabenden und kulturellen Lebens aller Werktätigen.

Personen, die Anschläge auf das genossenschaftliche sozialistische Eigentum ausüben, sind Feinde des Volkes.

Artikel 132. Die allgemeine Wehrpflicht ist Gesetz. Der Militärdienst in den Reihen der Wehrmacht der UdSSR.[1] ist Ehrenpflicht der Staatsbürger der UdSSR.

Artikel 133. Die Verteidigung des Vaterlandes ist die heilige Pflicht eines jeden Staatsbürgers der UdSSR.

Vaterlandsverrat: Verletzung des Eides, Übertritt zum Feinde, Schädigung der Wehrmacht des Staates, Spionage, werden mit aller Strenge des Gesetzes als schwerste Freveltat bestraft.

Kapitel XI. Das Wahlsystem

Artikel 134. Die Wahlen der Abgeordneten in alle Räte der Abgeordneten der Werktätigen: den Obersten Rat der UdSSR., die Obersten Räte der Bundesrepubliken, die Gau- und Gebietsräte der Abgeordneten der Werktätigen, die Obersten Räte der Autonomen Republiken, die Räte der Abgeordneten der Werktätigen der autonomen Gebiete, der Kreise, Rayons, Städte und Dörfer werden von den Wählern auf der

[1] *1947 statt:* der Roten Armee der Arbeiter und Bauern.

Grundlage des allgemeinen, gleichen, direkten Wahlrechts vorgenommen mit geheimer Stimmabgabe.

Artikel 135. Die Wahlen der Abgeordneten sind allgemein: alle Staatsbürger der UdSSR., die das 18. Lebensjahr erreicht haben, haben das Recht, unabhängig von ihrer rassischen oder nationalen Zugehörigkeit, von ihrer Konfession, ihrem Bildungsgrad, ihrer Niederlassung, der sozialen Herkunft, der materiellen Lage und früheren Tätigkeit an den Wahlen der Abgeordneten teilzunehmen[1], ausgenommen die Geisteskranken und die Personen, die gerichtlich zu dem Verlust des Wahlrechts verurteilt worden sind.

Artikel 136. Die Abgeordneten werden nach gleichem Wahlrecht gewählt. Jeder Staatsbürger hat eine Stimme: alle Staatsbürger beteiligen sich an den Wahlen auf gleicher Grundlage.

Artikel 137. Die Frauen genießen das Recht zu wählen und gewählt zu werden wie die Männer.

Artikel 138. Die Staatsbürger, die in den Reihen der Wehrmacht der UdSSR.[2] stehen, haben das gleiche Recht zu wählen und gewählt zu werden wie alle anderen Staatsbürger.

Artikel 139. Die Wahlen der Abgeordneten sind direkt: Die Wahlen in alle Räte der Abgeordneten der Werktätigen von Dorf- und Stadträten der Werktätigen bis hinauf zum Obersten Rat der UdSSR. werden von den Staatsbürgern unmittelbar auf dem Wege direkter Wahl vorgenommen.

Artikel 140. Die Abstimmung bei den Wahlen der Abgeordneten ist geheim.

Artikel 141. Die Kandidaten werden bei den Wahlen nach Wahlkreisen aufgestellt.

Das Recht der Kandidatenaufstellung steht den genossenschaftlichen Organisationen und den Vereinigungen der Werktätigen zu: kommunistischen Parteiorganisationen, gewerkschaftlichen Genossenschaften, Jugendorganisationen, kulturellen Gesellschaften.

Artikel 142. Jeder Abgeordnete ist verpflichtet, vor seinen Wählern über seine Arbeit und die Arbeit des Rates der Abgeordneten der Werktätigen Rechenschaft abzulegen und kann zu beliebiger Zeit auf Mehrheitsbeschluß der Wähler auf gesetzlich festgelegtem Wege abberufen werden.

Kapitel XII. Wappen, Flagge, Hauptstadt

Artikel 143. Das Staatswappen der UdSSR. besteht aus Sichel und Hammer auf einem Erdball in den Strahlen der Sonne dargestellt und von Ähren umrahmt mit der Aufschrift in den Sprachen der Bundesrepubliken: „Proletarier aller Länder vereinigt Euch." Am oberen Teil des Wappens befindet sich ein fünfzackiger Stern.

[1] *1947 gestrichen:* und gewählt zu werden.

[2] *1947 statt:* Roten Armee.

Artikel 144. Die Staatsflagge der UdSSR. besteht aus rotem Tuch, auf dem am Flaggenstock in der oberen Ecke in Gold Sichel und Hammer mit einem darüber befindlichen roten fünfzackigen Stern dargestellt sind, umrahmt von einem goldenen Rand. Das Verhältnis der Breite und Länge ist 1:2.

Artikel 145. Die Hauptstadt der UdSSR. ist Moskau.

Kapitel XIII. Das Verfahren für die Änderung der Verfassung

Artikel 146. Eine Änderung der Verfassung der UdSSR. kann nur auf Beschluß des Obersten Rates der UdSSR. vorgenommen werden, der von nicht weniger als einer Zweidrittelmehrheit der Stimmen in jeder seiner beiden Kammern angenommen werden muß[1].

[1] Nach B. Meißner, „Die Verfassungsentwicklung der Sowjetunion seit dem 2. Weltkrieg" (Jahrbuch für internat. und ausländ. öffentl. Recht 1948—49) und „Die Verfassungsändernde Gesetzgebung der obersten Sowjets und die Entwicklung der Ministerien 1947—49" (Europaarchiv 4, 1949) wurde 1948 in Art. 77 das Ministerium für Automobilindustrie in ein Ministerium für Automobil- und Traktorenindustrie umgewandelt und ein Ministerium für Forstwirtschaft neu hinzugefügt. 1949 wurden in Art. 77 die Ministerien für Lebensmittel und Materialreserven, für Erdölindustrie der östl. und westl. Gebiete und für Kohlenindustrie der östl. und westl. Gebiete in je einem Ministerium zusammengefaßt, die Ministerien für Medizinische Industrie, Gummiindustrie, Bau von Brennstoffbetrieben, Bau von Kriegs- und Kriegsmarinebetrieben, für Buntmetall-, Zellulose- und Papier- und Schwarzmetallindustrie aufgehoben. Neu hinzugefügt wurden Ministerien für Metallindustrie und Bau von Maschinenbaubetrieben. In Art. 78 wurden die Ministerien für Galanteriewarenindustrie, Forstwirtschaft, Papierindustrie und Textilindustrie aufgehoben, die beiden Ministerien für Fischindustrie der östl. und westl. Gebiete in eines zusammengefaßt.

SCHWEIZ

In gewissem Sinne stellt der Bund der drei Waldstätte Uri, Schwyz und Unterwalden aus dem Jahre 1291 die älteste Verfassungsurkunde der Schweizerischen Eidgenossenschaft dar. Doch erst im Laufe langer Jahrhunderte hat sie ihre heutige staatliche Form gefunden. Bis zur Französischen Revolution bildete die Eidgenossenschaft einen Staatenbund, dessen gemeinsame Angelegenheiten durch die Tagsatzung, zu der die Vertreter der einzelnen Kantone zusammentraten, erledigt wurden. Eine eigentliche Verfassung besaß der Bund nicht. Nach dem Zwischenspiel der Helvetischen Republik (1798—1803) welche die Schweiz nach französischem Vorbild als eine und unteilbare Republik zum Einheitsstaat zu bilden suchte, sich aber nicht durchzusetzen vermochte, wurde 1815 der Staatenbund wieder hergestellt. Im Bundesvertrag erkannten die Mächte die Souveränität der einzelnen Kantone an. Gemeinsame Angelegenheiten wurden erneut durch die Tagsatzung, auf der jeder Kanton durch einen Gesandten mit einer Stimme vertreten war, behandelt. Im Laufe des 19. Jahrhunderts entstand aus dem Staatenbund der Bundesstaat. Eine erste Etappe stellte die Bundesverfassung vom 12. September 1848 dar. Die Verfassung vom 29. Mai 1874 brachte die Entwicklung zum Abschluß. Sie wurde durch eine Volksabstimmung mit großer Mehrheit angenommen.

Keine Verfassung hat in der Folge so viel Änderungen erlebt wie die der Schweiz. Nicht weniger als 43 verfassungsändernde Vorlagen wurden in den verflossenen sieben Jahrzehnten durch Volksabstimmungen angenommen, 33 weitere abgelehnt. Durch diese fast jährlich erfolgenden Änderungen war es möglich, das Verfassungsrecht des Bundes organisch weiterzuentwickeln. Die Befugnisse des Bundes, vor allem auf rechtlichem und wirtschaftlichem Gebiet, wurden immer ausgedehnter, die Volksrechte wurden ausgebaut. Freilich hat durch die vielfachen Änderungen und Einschübe neuer Verfassungsartikel die Einheitlichkeit der Verfassung gelitten. Unser Abdruck gibt den heutigen Text, macht aber die Änderungen jeweils kenntlich und gibt den ursprünglichen Wortlaut anmerkungsweise, so daß sich ein deutliches Bild der Entwicklung gewinnen läßt.

Text: „Bundesverfassung der Schweizerischen Eidgenossenschaft vom 29. Mai 1874 mit den bis 1. Mai erfolgten Abänderungen", herausgegeben von der Bundeskanzlei, eingeleitet von E. v. Waldkirch (1946). H. Nabholz und P. Kläui, „Quellenbuch zur Verfassungsgeschichte der schweizerischen Eidgenossenschaft und der Kantone von den Anfängen bis zur Gegenwart" (1946).

Schrifttum: W. Burckhardt, „Schweizerisches Bundesrecht" (5. B. u. Regbd. 1930—32). W. A. Rappard, „Die Bundesverfassung der schweizerischen Eidgenossenschaft 1848—1949" (1948).

BUNDESVERFASSUNG DER SCHWEIZERISCHEN EIDGENOSSENSCHAFT

29. Mai 1874

I. Abschnitt. **Allgemeine Bestimmungen.** *Artikel 1. Gebiet, 2. Zweck, 3.—11. Bund und Kantone, 12. Verbot von Orden und Titeln, 13.—22. Wehrwesen, 23.—24. öffentliche Dienste, 25. Tierschutz, 26. Eisenbahn, 27. Schule, 28.—32. Zoll und Gewerbe, 33.—34. Sozialgesetzgebung, 35. Spielbanken, 36. Post, 37. Straßen, Auto, Luftschiffahrt, 38.—40. Münze, Geldwesen, Maß, Gewicht, 41. Schießpulver, 41 bis. Stempelabgaben, 41 ter. Tabak, 42. Ausgaben, 43.—48. Bürgerrecht, 55.—57. Presse und Vereine, 58.—63. Sicherung der Rechte, 64.—70. Rechtsprechung.*

II. Abschnitt. **Bundesbehörden.** *I. Bundesversammlung, 71. A. Nationalrat, 72—79. B. Ständerat, 80—83. C. Befugnisse der Bundesversammlung, 84—94. II. Bundesrat, 95—104. III. Bundeskanzlei, 105. IV. Organisation und Befugnisse des Bundesgerichts, 106—114. IV bis. Eidgenössische Verwaltungs- und Disziplinargerichtsbarkeit, 114 bis. V. Verschiedene Bestimmungen, 115—117.*

III. Abschnitt. **Revision der Bundesverfassung,** *118—123.* **Übergangsbestimmungen.**

Im Namen Gottes des Allmächtigen!

Die schweizerische Eidgenossenschaft, in der Absicht, den Bund der Eidgenossen zu befestigen, die Einheit, Kraft und Ehre der schweizerischen Nation zu erhalten und zu fördern, hat nachstehende Bundesverfassung angenommen:

I. Abschnitt. Allgemeine Bestimmungen

Artikel 1. Die durch gegenwärtigen Bund vereinigten Völkerschaften der zweiundzwanzig souveränen Kantone, als: Zürich, Bern, Luzern, Uri, Schwyz, Unterwalden (ob und nid dem Wald), Glarus, Zug, Freiburg, Solothurn, Basel (Stadt und Landschaft), Schaffhausen, Appenzell (beider Rhoden), St. Gallen, Graubünden, Aargau. Thurgau, Tessin, Waadt, Wallis, Neuenburg und Genf, bilden in ihrer Gesamtheit die schweizerische Eidgenossenschaft.

Artikel 2. Der Bund hat zum Zweck: Behauptung der Unabhängigkeit des Vaterlandes gegen außen, Handhabung von Ruhe und Ordnung im Innern, Schutz der Freiheit und der Rechte der Eidgenossen und Beförderung ihrer gemeinsamen Wohlfahrt.

Artikel 3. Die Kantone sind souverän, soweit ihre Souveränität nicht durch die Bundesverfassung beschränkt ist, und üben als solche alle Rechte aus, welche nicht der Bundesgewalt übertragen sind.

Artikel 4. Alle Schweizer sind vor dem Gesetze gleich. Es gibt in der Schweiz keine Untertanenverhältnisse, keine Vorrechte des Orts, der Geburt, der Familien oder Personen.

Artikel 5. Der Bund gewährleistet den Kantonen ihr Gebiet, ihre Souveränität innert den Schranken des Artikels 3, ihre Verfassungen, die Freiheit, die Rechte des

Volkes und die verfassungsmäßigen Rechte der Bürger gleich den Rechten und Befugnissen, welche das Volk den Behörden übertragen hat.

Artikel 6. Die Kantone sind verpflichtet, für ihre Verfassungen die Gewährleistung des Bundes nachzusuchen.

Der Bund übernimmt diese Gewährleistung insofern:

a) sie nichts den Vorschriften der Bundesverfassung Zuwiderlaufendes enthalten;
b) sie die Ausübung der politischen Rechte nach republikanischen (repräsentativen oder demokratischen) Formen sichern;
c) sie vom Volke angenommen worden sind und revidiert werden können, wenn die absolute Mehrheit der Bürger es verlangt.

Artikel 7. Besondere Bündnisse und Verträge politischen Inhalts zwischen den Kantonen sind untersagt.

Dagegen steht ihnen das Recht zu, Verkommnisse über Gegenstände der Gesetzgebung, des Gerichtswesens und der Verwaltung unter sich abzuschließen; jedoch haben sie dieselben der Bundesbehörde zur Einsicht vorzulegen, welche, wenn diese Verkommnisse etwas dem Bunde oder den Rechten anderer Kantone Zuwiderlaufendes enthalten, deren Vollziehung zu hindern befugt ist. Im entgegengesetzten Falle sind die betreffenden Kantone berechtigt, zur Vollziehung die Mitwirkung der Bundesbehörden anzusprechen.

Artikel 8. Dem Bunde allein steht das Recht zu, Krieg zu erklären und Frieden zu schließen, Bündnisse und Staatsverträge, namentlich Zoll- und Handelsverträge mit dem Auslande, einzugehen.

Artikel 9. Ausnahmsweise bleibt den Kantonen die Befugnis, Verträge über Gegenstände der Staatswirtschaft, des nachbarlichen Verkehrs und der Polizei mit dem Auslande abzuschließen; jedoch dürfen dieselben nichts dem Bunde oder den Rechten anderer Kantone Zuwiderlaufendes enthalten.

Artikel 10. Der amtliche Verkehr zwischen Kantonen und auswärtigen Staatsregierungen sowie ihren Stellvertretern findet durch Vermittlung des Bundesrates statt.

Über die im Artikel 9 bezeichneten Gegenstände können jedoch die Kantone mit den untergeordneten Behörden und Beamten eines auswärtigen Staates in unmittelbaren Verkehr treten.

Artikel 11. Es dürfen keine Militärkapitulationen abgeschlossen werden.

Artikel 12. Die Mitglieder der Bundesbehörden, die eidgenössischen Zivil- oder Militärbeamten und die eidgenössischen Repräsentanten oder Kommissarien sowie die Mitglieder kantonaler Regierungen und gesetzgebender Behörden[1] dürfen von auswärtigen Regierungen weder Pensionen oder Gehalte, noch Titel, Geschenke oder

[1] sowie ... Behörden *eingefügt durch Verfassungsrevision (VR.) vom 3. 6. 1931.*

Orden annehmen. Handeln sie dem Verbote zuwider, so hat dies das Ausscheiden aus ihrer Stellung zur Folge[1].

Wer solche Pensionen, Titel oder Orden besitzt, ist als Mitglied einer Bundesbehörde, als eidgenössischer Zivil- oder Militärbeamter, als eidgenössischer Repräsentant oder Kommissar, oder als Mitglied einer kantonalen Regierung oder gesetzgebenden Behörde nur wählbar, wenn er vor Amtsantritt auf den Genuß der Pension oder das Tragen des Titels ausdrücklich verzichtet oder den Orden zurückgegeben hat.

Im schweizerischen Heere dürfen weder Orden getragen noch von auswärtigen Regierungen verliehene Titel geltend gemacht werden.

Das Annehmen solcher Auszeichnungen ist allen Offizieren, Unteroffizieren und Soldaten untersagt[2].

Artikel 13. Der Bund ist nicht berechtigt, stehende Truppen zu halten.

Ohne Bewilligung der Bundesbehörde darf kein Kanton oder in geteilten Kantonen kein Landesteil mehr als 300 Mann stehende Truppen halten, die Landjägerkorps nicht inbegriffen.

Artikel 14. Die Kantone sind verpflichtet, wenn Streitigkeiten unter ihnen vorfallen, sich jeder Selbsthilfe sowie jeder Bewaffnung zu enthalten und sich der bundesmäßigen Entscheidung zu unterziehen.

Artikel 15. Wenn einem Kantone vom Ausland plötzlich Gefahr droht, so ist die Regierung des bedrohten Kantons verpflichtet, andere Kantone zur Hilfe zu mahnen, unter gleichzeitiger Anzeige an die Bundesbehörde und unvorgreiflich den spätern Verfügungen dieser letztern. Die gemahnten Kantone sind zum Zuzuge verpflichtet. Die Kosten trägt die Eidgenossenschaft.

Artikel 16. Bei gestörter Ordnung im Innern, oder wenn von einem andern Kantone Gefahr droht, hat die Regierung des bedrohten Kantons dem Bundesrate sogleich Kenntnis zu geben, damit dieser innert den Schranken seiner Kompetenz (Artikel 102, Ziffer 3, 10 und 11) die erforderlichen Maßregeln treffen oder die Bundesversammlung einberufen kann. In dringenden Fällen ist die betreffende Regierung befugt, unter sofortiger Anzeige an den Bundesrat, andere Kantone zur Hilfe zu mahnen, und die gemahnten Stände sind zur Hilfeleistung verpflichtet.

Wenn die Kantonsregierung außerstande ist, Hilfe anzusprechen, so k a n n , und wenn die Sicherheit der Schweiz gefährdet wird, so s o l l die kompetente Bundesbehörde von sich aus einschreiten.

[1] *Schlußsatz von Absatz 1 ebenso.*

[2] *Absatz 2—4 durch die gleiche VR. neueingefügt. Gestrichen wurden die bisherigen Absätze 2 und 3:*

Sind sie bereits im Besitze von Pensionen, Titeln oder Orden, so haben sie für ihre Amtsdauer auf den Genuß der Pensionen und das Tragen der Titel und Orden zu verzichten.

Untergeordneten Beamten und Angestellten kann jedoch vom Bundesrat der Fortbezug von Pensionen bewilligt werden.

In Fällen eidgenössischer Intervention sorgen die Bundesbehörden für Beachtung der Vorschriften von Artikel 5.

Die Kosten trägt der mahnende oder die eidgenössische Intervention veranlassende Kanton, wenn nicht die Bundesversammlung wegen besonderer Umstände etwas anderes beschließt.

Artikel 17. In den durch die Artikel 15 und 16 bezeichneten Fällen ist jeder Kanton verpflichtet, den Truppen freien Durchzug zu gestatten. Diese sind sofort unter eidgenössische Leitung zu stellen.

Artikel 18. Jeder Schweizer ist wehrpflichtig.

Wehrmänner, welche infolge des eidgenössischen Militärdienstes ihr Leben verlieren oder dauernden Schaden an ihrer Gesundheit erleiden, haben für sich oder ihre Familien im Falle des Bedürfnisses Anspruch auf Unterstützung des Bundes.

Die Wehrmänner sollen ihre erste Ausrüstung, Bekleidung und Bewaffnung unentgeltlich erhalten. Die Waffe bleibt unter den durch die Bundesgesetzgebung aufzustellenden Bedingungen in den Händen des Wehrmannes.

Der Bund wird über den Militärpflichtersatz einheitliche Bestimmungen aufstellen.

Artikel 19. Das Bundesheer besteht:

a) aus den Truppenkörpern der Kantone;
b) aus allen Schweizern, welche zwar nicht zu diesen Truppenkörpern gehören, aber nichtsdestoweniger militärpflichtig sind.

Die Verfügung über das Bundesheer mit Inbegriff des gesetzlich dazu gehörigen Kriegsmaterials steht der Eidgenossenschaft zu.

In Zeiten der Gefahr hat der Bund das ausschließliche und unmittelbare Verfügungsrecht auch über die nicht in das Bundesheer eingeteilte Mannschaft und alle übrigen Streitmittel der Kantone.

Die Kantone verfügen über die Wehrkraft ihres Gebietes, soweit sie nicht durch verfassungsmäßige oder gesetzliche Anordnungen des Bundes beschränkt sind.

Artikel 20. Die Gesetzgebung über das Heerwesen ist Sache des Bundes. Die Ausführung der bezüglichen Gesetze in den Kantonen geschieht innerhalb der durch die Bundesgesetzgebung festzusetzenden Grenzen und unter Aufsicht des Bundes durch die kantonalen Behörden.

Der gesamte Militärunterricht und ebenso die Bewaffnung ist Sache des Bundes.

Die Beschaffung der Bekleidung und Ausrüstung und die Sorge für deren Unterhalt ist Sache der Kantone; die daherigen Kosten werden jedoch den Kantonen vom Bunde nach einer von ihm aufzustellenden Norm vergütet.

Artikel 21. Soweit nicht militärische Gründe entgegenstehen, sollen die Truppenkörper aus der Mannschaft desselben Kantons gebildet werden.

Die Zusammensetzung dieser Truppenkörper, die Fürsorge für die Erhaltung ihres Bestandes und die Ernennung und Beförderung ihrer Offiziere ist, unter Beachtung der durch den Bund aufzustellenden allgemeinen Vorschriften, Sache der Kantone.

Artikel 22. Der Bund hat das Recht, die in den Kantonen vorhandenen Waffenplätze und die zu militärischen Zwecken bestimmten Gebäude samt Zugehören gegen billige Entschädigung zur Benutzung oder als Eigentum zu übernehmen.

Die Normen für die daherige Entschädigung werden durch die Bundesgesetzgebung geregelt.

Artikel 23. Dem Bunde steht das Recht zu, im Interesse der Eidgenossenschaft oder eines großen Teiles derselben auf Kosten der Eidgenossenschaft öffentliche Werke zu errichten oder die Errichtung derselben zu unterstützen.

Zu diesem Zwecke ist er auch befugt, gegen volle Entschädigung das Recht der Expropriation[1] geltend zu machen. Die nähern Bestimmungen hierüber bleiben der Bundesgesetzgebung vorbehalten.

Die Bundesversammlung kann die Errichtung öffentlicher Werke untersagen, welche die militärischen Interessen der Eidgenossenschaft verletzen.

Artikel 23 bis[2]. Der Bund unterhält die zur Sicherung der Versorgung des Landes nötigen Vorräte von Brotgetreide. Er kann die Müller verpflichten, Brotgetreide zu lagern und seine Vorräte zu übernehmen, um deren Auswechslung zu erleichtern.

Der Bund fördert den Anbau von Brotgetreide im Inland, begünstigt die Züchtung und Beschaffung hochwertigen inländischen Saatgutes und unterstützt die Selbstversorgung unter besonderer Berücksichtigung der Gebirgsgegenden. Er übernimmt gutes, mahlfähiges Inlandgetreide zu einem Preise, der den Getreidebau ermöglicht. Die Müller können verpflichtet werden, dieses Getreide auf Grundlage des Marktpreises zu übernehmen.

Der Bund sorgt für die Erhaltung des einheimischen Müllereigewerbes, desgleichen wahrt er die Interessen der Mehl- und Brotkonsumenten. Er beaufsichtigt im Rahmen der ihm übertragenen Aufgaben den Verkehr mit Brotgetreide, Backmehl und Brot sowie deren Preise. Der Bund trifft die nötigen Maßnahmen zur Regelung der Einfuhr des Backmehls; er kann sich das ausschließliche Recht vorbehalten, das Backmehl einzuführen. Der Bund gewährt nötigenfalls den Müllern Erleichterungen auf den Transportkosten im Innern des Landes. Er trifft zugunsten der Gebirgsgegenden Maßnahmen, die geeignet sind, einen Ausgleich der Mehlpreise herbeizuführen.

Die statistische Gebühr im Warenverkehr mit dem Auslande ist zu erhöhen. Der Ertrag dieser Gebühr wird zur Deckung der aus der Getreideversorgung des Landes erwachsenden Ausgaben beitragen.

Artikel 24. Der Bund hat das Recht der Oberaufsicht über die Wasserbau- und Forstpolizei[3].

Er wird die Korrektion und Verbauung der Wildwasser sowie die Aufforstung ihrer Quellengebiete unterstützen und die nötigen schützenden Bestimmungen zur Erhaltung dieser Werke und der schon vorhandenen Waldungen aufstellen.

[1] *Enteignung.*

[2] *VR. 20. Juni 1929.*

[3] *Durch VR. vom 15. 10. 1897 wurde der Zusatz* im Hochgebirge *gestrichen.*

Artikel 24 bis[1]. Die Nutzbarmachung der Wasserkräfte steht unter der Oberaufsicht des Bundes.

Die Bundesgesetzgebung stellt die zur Wahrung der öffentlichen Interessen und zur Sicherung der zweckmäßigen Nutzbarmachung der Wasserkräfte erforderlichen allgemeinen Vorschriften auf. Dabei ist auch die Binnenschiffahrt nach Möglichkeit zu berücksichtigen.

Unter diesem Vorbehalt steht die Regelung der Nutzbarmachung der Wasserkräfte den Kantonen zu.

Wenn jedoch eine Gewässerstrecke, die für die Gewinnung einer Wasserkraft in Anspruch genommen wird, unter der Hoheit mehrerer Kantone steht und sich diese nicht über eine gemeinsame Konzession verständigen können, so ist die Erteilung der Konzession Sache des Bundes. Ebenso steht dem Bunde unter Beiziehung der beteiligten Kantone die Konzessionserteilung an Gewässerstrecken zu, die die Landesgrenze bilden.

Die Gebühren und Abgaben für die Benutzung der Wasserkräfte gehören den Kantonen oder den nach der kantonalen Gesetzgebung Berechtigten.

Sie werden für die vom Bunde ausgehenden Konzessionen von diesem nach Anhörung der beteiligten Kantone und in billiger Rücksichtnahme auf ihre Gesetzgebung bestimmt. Für die übrigen Konzessionen werden die Abgaben und Gebühren von den Kantonen innert den durch die Bundesgesetzgebung zu bestimmenden Schranken festgesetzt.

Die Abgabe der durch Wasserkraft erzeugten Energie ins Ausland darf nur mit Bewilligung des Bundes erfolgen.

In allen Wasserrechtskonzessionen, die nach Inkrafttreten dieses Artikels erteilt werden, ist die künftige Bundesgesetzgebung vorzubehalten.

Der Bund ist befugt, gesetzliche Bestimmungen über die Fortleitung und die Abgabe der elektrischen Energie zu erlassen.

Artikel 24ter[2]. Die Gesetzgebung über die Schiffahrt ist Bundessache.

Artikel 25. Der Bund ist befugt, gesetzliche Bestimmungen über die Ausübung der Fischerei und Jagd, namentlich zur Erhaltung des Hochwildes sowie zum Schutze der für die Land- und Forstwirtschaft nützlichen Vögel zu treffen.

Artikel 25 bis[3]. Das Schlachten der Tiere ohne vorherige Betäubung vor dem Blutentzuge ist bei jeder Schlachtart und Viehgattung ausnahmslos untersagt.

Artikel 26. Die Gesetzgebung über den Bau und Betrieb der Eisenbahnen ist Bundessache.

Artikel 27. Der Bund ist befugt, außer der bestehenden polytechnischen Schule[4]

[1] *VR. 22. 12. 1908.*
[2] *VR. 4. 5. 1919.*
[3] *VR. 22. 12. 1893.*
[4] *Technische Hochschule Zürich.*

eine Universität und andere höhere Unterrichtsanstalten zu errichten oder solche Anstalten zu unterstützen.

Die Kantone sorgen für genügenden Primarunterricht, welcher ausschließlich unter staatlicher Leitung stehen soll. Derselbe ist obligatorisch und in den öffentlichen Schulen unentgeltlich[1].

Die öffentlichen Schulen sollen von den Angehörigen aller Bekenntnisse ohne Beeinträchtigung ihrer Glaubens- und Gewissensfreiheit besucht werden können.

Gegen Kantone, welche diesen Verpflichtungen nicht nachkommen, wird der Bund die nötigen Verfügungen treffen[2].

Artikel 27 bis[3]. Den Kantonen werden zur Unterstützung in der Erfüllung der ihnen auf dem Gebiete des Primarunterrichtes obliegenden Pflichten Beiträge geleistet.

Das nähere bestimmt das Gesetz.

Die Organisation, Leitung und Beaufsichtigung des Primarschulwesens bleibt Sache der Kantone, vorbehalten die Bestimmungen des Artikels 27.

Artikel 28. Das Zollwesen ist Sache des Bundes. Derselbe hat das Recht, Ein- und Ausfuhrzölle zu erheben.

Artikel 29. Bei Erhebung der Zölle sollen folgende Grundsätze beachtet werden:

1. Eingangsgebühren:

a) Die für die inländische Industrie und Landwirtschaft erforderlichen Stoffe sind im Zolltarif möglichst gering zu taxieren.

b) Ebenso die zum nötigen Lebensbedarf erforderlichen Gegenstände.

c) Die Gegenstände des Luxus unterliegen den höchsten Taxen.

Diese Grundsätze sind, wenn nicht zwingende Gründe entgegenstehen, auch bei Abschließung von Handelsverträgen mit dem Auslande zu befolgen.

2. Die Ausgangsgebühren sind möglichst mäßig festzusetzen.

3. Durch die Zollgesetzgebung sind zur Sicherung des Grenz- und Marktverkehrs geeignete Bestimmungen zu treffen.

Dem Bunde bleibt immerhin das Recht vorbehalten, unter außerordentlichen Umständen, in Abweichung von vorstehenden Bestimmungen, vorübergehend besondere Maßnahmen zu treffen.

Artikel 30. Der Ertrag der Zölle fällt in die Bundeskasse.

Die den Kantonen bisher bezahlten Entschädigungen für die losgekauften Zölle, Weg- und Brückengelder, Kaufhaus- und andern Gebühren dieser Art fallen weg.

Ausnahmsweise erhalten die Kantone Uri, Graubünden, Tessin und Wallis, mit Rücksicht auf ihre internationalen Alpenstraßen, eine jährliche Entschädigung, die mit Wirkung vom 1. Januar 1925 an festgestellt wird wie folgt:

[1] *Übergangsartikel 4 räumt den Kantonen eine Frist von 5 Jahren zur Einführung der Unentgeltlichkeit des öffentlichen Privatunterrichtes ein.*

[3] *VR. 27. 6. 1919.*

[2] *VR. 19. 12. 1902.*

für Uri . . . . Fr. 160 000
für Graubünden . . . . . . Fr. 400 000
für Tessin . . . . Fr. 400 000
für Wallis . . . . Fr. 100 000[1]

Artikel 31[2]. Die Handels- und Gewerbefreiheit ist im ganzen Umfange der Eidgenossenschaft gewährleistet, soweit sie nicht durch die Bundesverfassung und die auf ihr beruhende Gesetzgebung eingeschränkt ist.

Kantonale Bestimmungen über die Ausübung von Handel und Gewerben und deren Besteuerung bleiben vorbehalten; sie dürfen jedoch, soweit die Bundesverfassung nichts anderes vorsieht, den Grundsatz der Handels- und Gewerbefreiheit nicht beeinträchtigen. Vorbehalten bleiben auch die kantonalen Regalrechte.

Artikel 31bis[3]. Der Bund trifft im Rahmen seiner verfassungsmäßigen Befugnisse

[1] *Laut VR. vom 29. 6. 1927. Die ursprüngliche Fassung des letzten Absatzes von Artikel 3 und des gestrichenen Absatzes 4 lautet:*

welche, in Würdigung aller Verhältnisse, festgestellt wird, wie folgt:

Für Uri	Fr. 80 000
„ Graubünden	Fr. 200 000
„ Tessin	Fr. 200 000
„ Wallis	Fr. 50 000

Für Besorgung des Schneebruches auf dem St. Gotthard erhalten die Kantone Uri und Tessin eine jährliche Entschädigung von zusammen 40 000 Franken für so lange, als die Straße über den Bergpaß nicht durch eine Eisenbahn ersetzt sein wird.

[2] *VR. 1946. Der ursprüngliche Wortlaut:*

Die Freiheit des Handels und der Gewerbe ist im ganzen Umfange der Eidgenossenschaft gewährleistet. Vorbehalten sind:

a) Das Salz- und Pulverregal, die eidgenössischen Zölle, die Eingangsgebühren von Wein und andern geistigen Getränken sowie andere vom Bunde ausdrücklich anerkannte Verbrauchssteuern nach Maßgabe des Artikels 32.

b) Die Herstellung, die Einfuhr, die Reinigung, der Verkauf und die fiskalische Belastung gebrannter Weine nach Maßgabe der Artikel 32 bis und 32 ter.

c) Das Wirtschaftswesen und der Handel mit geistigen Getränken nach Maßgabe des Artikels 32 quater.

(Absatz b und c nach VR. vom 25. 6. 1925. Zuerst eingefügt durch VR. vom 22. 12. 1885:

b) Die Fabrikation und der Verkauf gebrannter Wasser nach Maßgabe des Artikels 32 bis [*durch VR. 7. 10. 1908 hinzugefügt:* und 32 ter].

c) Das Wirtschaftswesen und der Kleinhandel mit geistigen Getränken, in dem Sinne, daß die Kantone auf dem Wege der Gesetzgebung die Ausübung des Wirtschaftsgewerbes und des Kleinhandels mit geistigen Getränken den durch das öffentliche Wohl geforderten Beschränkungen unterwerfen können.)

d) *(urspr. Absatz* b) Sanitätspolizeiliche Maßregeln zur Bekämpfung übertragbarer oder stark verbreiteter oder bösartiger Krankheiten von Menschen und Tieren.

(Nach VR. vom 20. 6. 1913. Der ursprüngl. Wortlaut: Sanitätspolizeiliche Maßregeln gegen Epidemien und Viehseuchen.)

e) Verfügungen über Ausübung von Handel und Gewerben, über Besteuerung des Gewerbebetriebes und über die Benutzung der Straßen.

Diese Verfügungen dürfen den Grundsatz der Handels- und Gewerbefreiheit nicht beeinträchtigen.

[3] *VR. 1946.*

die zur Mehrung der Wohlfahrt des Volkes und zur wirtschaftlichen Sicherung der Bürger geeigneten Maßnahmen.

Unter Wahrung der allgemeinen Interessen der schweizerischen Gesamtwirtschaft kann der Bund Vorschriften erlassen über die Ausübung von Handel und Gewerben und Maßnahmen treffen zur Förderung einzelner Wirtschaftszweige oder Berufe. Er ist dabei, unter Vorbehalt von Abs. 3, an den Grundsatz der Handels- und Gewerbefreiheit gebunden.

Wenn das Gesamtinteresse es rechtfertigt, ist der Bund befugt, nötigenfalls in Abweichung von der Handels- und Gewerbefreiheit, Vorschriften zu erlassen:

a) zur Erhaltung wichtiger, in ihren Existenzgrundlagen gefährdeter Wirtschaftszweige oder Berufe sowie zur Förderung der beruflichen Leistungsfähigkeit der Selbständigerwerbenden in solchen Wirtschaftszweigen oder Berufen;
b) zur Erhaltung eines gesunden Bauernstandes und einer leistungsfähigen Landwirtschaft sowie zur Festigung des bäuerlichen Grundbesitzes;
c) zum Schutze wirtschaftlich bedrohter Landesteile;
d) gegen volkswirtschaftlich oder sozial schädliche Auswirkungen von Kartellen und ähnlichen Organisationen;
e) über vorsorgliche Maßnahmen für Kriegszeiten.

Bestimmungen gemäß Lit. a und b sind nur zu erlassen, wenn die zu schützenden Wirtschaftszweige oder Berufe diejenigen Selbsthilfemaßnahmen getroffen haben, die ihnen billigerweise zugemutet werden können.

Der Bund gewährleistet bei der Gesetzgebung auf Grund von Abs. 3, Lit. a und b, die Entwicklung der auf gegenseitiger Hilfe beruhenden Organisationen der Wirtschaft.

Artikel 31ter[1]. Die Kantone sind befugt, auf dem Wege der Gesetzgebung die Führung von Betrieben des Gastwirtschaftsgewerbes von der persönlichen Befähigung und die Zahl gleichartiger Betriebe vom Bedürfnis abhängig zu machen, sofern dieses Gewerbe durch übermäßige Konkurrenz in seiner Existenz bedroht ist. Dabei ist der Bedeutung der verschiedenen Arten von Wirtschaften für das Gemeinwohl angemessen Rechnung zu tragen.

Außerdem kann der Bund die Kantone im Rahmen seiner eigenen Gesetzgebungsbefugnisse ermächtigen, Vorschriften zu erlassen auf Gebieten, die keiner allgemeinen Regelung durch den Bund bedürfen und für welche die Kantone nicht kraft eigenen Rechts zuständig sind.

Artikel 31quater[2]. Der Bund ist befugt, über das Bankwesen Bestimmungen aufzustellen.

Diese Bestimmungen haben der besondern Aufgabe und Stellung der Kantonalbanken Rechnung zu tragen.

[1] VR. 1946.
[2] VR. 1946.

Artikel 31 quinquies[1]. Der Bund trifft in Verbindung mit den Kantonen und der privaten Wirtschaft Maßnahmen zur Verhütung von Wirtschaftskrisen und nötigenfalls zur Bekämpfung eingetretener Arbeitslosigkeit. Er erläßt Vorschriften über die Arbeitsbeschaffung.

Artikel 32[2]. Die in Artikel 31 bis, 31 ter Abs. 2, 31 quater und 31 quinquies genannten Bestimmungen dürfen nur durch Bundesgesetze oder Bundesbeschlüsse eingeführt werden, für welche die Volksabstimmung verlangt werden kann. Für Fälle dringlicher Art in Zeiten wirtschaftlicher Störungen bleibt Artikel 89, Abs. 3, vorbehalten.

Die Kantone sind vor Erlaß der Ausführungsgesetze anzuhören. Ihnen ist in der Regel der Vollzug der Bundesvorschriften zu übertragen.

Die zuständigen Organisationen der Wirtschaft sind vor Erlaß der Ausführungsgesetze anzuhören und können beim Vollzug der Ausführungsvorschriften zur Mitwirkung herangezogen werden.

Artikel 32 bis[3]. Der Bund ist befugt, auf dem Wege der Gesetzgebung Vorschriften über die Herstellung, die Einfuhr, die Reinigung, den Verkauf und die fiskalische Belastung gebrannter Wasser zu erlassen.

[1] *VR. 1946.*

[2] *VR. 1946. Der ursprüngliche Wortlaut:*

Die Kantone sind befugt, die im Artikel 31, Lit. a, erwähnten Eingangsgebühren von Wein und andern geistigen Getränken unter folgenden Beschränkungen zu erheben:

a) Werden die für den Verbrauch eingeführten Gegenstände wieder aus dem Kanton ausgeführt, so sind die bezahlten Eingangsgebühren ohne weitere Belästigung zurückzuerstatten.

b) Bei dem Bezug derselben soll der Transit in keiner Weise belästigt und der Verkehr überhaupt so wenig als möglich gehemmt und mit keinen andern Gebühren belegt werden.

c) Die Erzeugnisse schweizerischen Ursprungs sind mit niedrigern Gebühren zu belegen als diejenigen des Auslandes.

d) Eingangsgebühren von Wein und andern geistigen Getränken schweizerischen Ursprungs dürfen da, wo solche schon bestehen, nicht erhöht, und in Kantonen, welche noch keine beziehen, nicht eingeführt werden.

e) Die Gesetze und Verordnungen der Kantone über den Bezug der Eingangsgebühren sind der Bundesbehörde vor Vollziehung derselben zur Gutheißung vorzulegen, damit die Nichtbeachtung vorstehender Grundsätze verhindert werden kann.

Mit Ablauf des Jahres 1890 sollen alle Eingangsgebühren, welche dermalen von den Kantonen erhoben werden, sowie ähnliche, von einzelnen Gemeinden bezogene Gebühren ohne Entschädigung dahinfallen.

[3] Artikel 32 *bis laut VR. vom 25. 6. 1930. Der ursprüngliche Wortlaut gemäß VR. vom 22. 12. 1885:*

Der Bund ist befugt, im Wege der Gesetzgebung Vorschriften über die Fabrikation und den Verkauf gebrannter Wasser zu erlassen. Bei dieser Gesetzgebung sollen diejenigen Erzeugnisse, welche entweder ausgeführt werden oder eine den Genuß ausschließende Zubereitung erfahren haben, keiner Besteuerung unterworfen werden. Das Brennen von Wein, Obst und deren Abfällen, von Enzianwurzeln, Wacholderbeeren und ähnlichen Stoffen fällt

Die Gesetzgebung ist so zu gestalten, daß sie den Verbrauch von Trinkbranntwein und dementsprechend dessen Einfuhr und Herstellung vermindert. Sie fördert den Tafelobstbau und die Verwendung der inländischen Brennereirohstoffe als Nahrungs- oder Futtermittel. Der Bund wird die Zahl der Brennapparate vermindern, indem er solche auf dem Wege der freiwilligen Übereinkunft erwirbt.

Die gewerbsmäßige Herstellung gebrannter Wasser wird durch Konzession genossenschaftlichen und andern privatwirtschaftlichen Unternehmungen übertragen. Die erteilten Konzessionen sollen die Verwertung der Abfälle des Obst-, Wein- und Zuckerrübenbaues und der Überschüsse des Obst- und Kartoffelbaues ermöglichen, soweit diese Rohstoffe nicht anders zweckmäßig verwendet werden können.

Das nicht gewerbsmäßige Herstellen oder Herstellenlassen von Trinkbranntwein aus Obst und Obstabfällen, Obstwein, Most, Wein, Traubentrestern, Weinhefe, Enzianwurzeln und ähnlichen Stoffen ist in den schon vorhandenen Hausbrennereien oder in fahrbaren Brennereien gestattet, wenn diese Stoffe ausschließlich inländisches Eigen- oder Wildgewächs sind. Dieser Branntwein ist steuerfrei, soweit er im Haushalt und Landwirtschaftsbetrieb des Produzenten erforderlich ist. Die nach Ablauf einer Frist von fünfzehn Jahren, vom Zeitpunkt der Annahme dieses Artikels an, noch bestehenden Hausbrennereien bedürfen zum Weiterbetrieb einer Konzession, welche ihnen unter den im Gesetz aufzustellenden Bedingungen gebührenfrei zu erteilen ist.

Die fiskalische Belastung der Spezialitäten aus Steinobst, Wein, Traubentrestern, Weinhefe, Enzianwurzeln und ähnlichen Stoffen erfolgt in Form der Besteuerung. Dabei soll ein angemessenes Entgelt für die Rohstoffe inländischer Herkunft gewahrt bleiben.

Mit Ausnahme des steuerfreien Eigenbedarfes und der Spezialitäten ist der im Inlande hergestellte Branntwein dem Bunde abzuliefern, der ihn zu angemessenen Preisen übernimmt.

betreffend die Fabrikation und Besteuerung nicht unter die Bundesgesetzgebung.

Nach dem Wegfall der im Artikel 32 der Bundesverfassung erwähnten Eingangsgebühren aus geistigen Getränken kann der Handel mit solchen, welche nicht gebrannt sind, von den Kantonen keinen besonderen Steuern unterworfen werden, noch andern Beschränkungen als denjenigen, welche zum Schutze vor gefälschten oder gesundheitsschädlichen Getränken notwendig sind. Jedoch bleiben hierbei in betreff des Betriebs von Wirtschaften und des Kleinverkaufs von Quantitäten unter zwei Litern die den Kantonen nach Artikel 31 zustehenden Kompetenzen vorbehalten.

Die aus der Besteuerung des Verkaufs gebrannter Wasser erzielten Reineinnahmen verbleiben den Kantonen, in welchen sie zum Bezug gelangen.

Die Reineinnahmen des Bundes aus der inländischen Fabrikation und aus dem entsprechenden Zollzuschlag auf eingeführte gebrannte Wasser werden unter die sämtlichen Kantone nach Verhältnis der durch die jeweilige letzte eidgenössische Volkszählung ermittelten faktischen Bevölkerung verteilt. Von den daherigen Einnahmen haben die Kantone wenigstens 10 % zur Bekämpfung des Alkoholismus in seinen Ursachen und Wirkungen zu verwenden.

Keiner Besteuerung unterliegen die Erzeugnisse, welche ausgeführt oder durchgeführt werden oder denaturiert sind.

Die Einnahmen aus der Besteuerung des Ausschanks und des Kleinhandels innerhalb des Kantonsgebietes verbleiben den Kantonen. Die Patente für den interkantonalen und internationalen Kleinhandel werden vom Bunde ausgestellt; die Einnahmen werden auf die Kantone im Verhältnis der Wohnbevölkerung verteilt.

Von den Reineinnahmen des Bundes aus der fiskalischen Belastung gebrannter Wasser erhalten die Kantone die Hälfte, die im Verhältnis der Wohnbevölkerung unter sie zu verteilen ist; von seinem Anteil hat jeder Kanton wenigstens zehn Prozent zur Bekämpfung des Alkoholismus in seinen Ursachen und Wirkungen zu verwenden. Die andere Hälfte der Reineinnahmen verbleibt dem Bunde und ist für die Alters- und Hinterlassenenversicherung zu verwenden und bis zu deren Einführung in den bezüglichen Fonds zu legen.

Artikel 32ter[1]. Fabrikation, Einfuhr, Transport, Verkauf und Aufbewahrung zum Zwecke des Verkaufs des unter dem Namen Absinth bekannten Likörs sind im ganzen Umfange der Eidgenossenschaft verboten. Dieses Verbot bezieht sich auch auf alle Getränke, die unter irgendwelcher Bezeichnung eine Nachahmung dieses Likörs darstellen. Vorbehalten bleiben der Durchgangstransport und die Verwendung zu pharmazeutischen Zwecken.

Das Verbot tritt zwei Jahre nach seiner Annahme in Kraft. Die Bundesgesetzgebung wird die infolge des Verbotes notwendig werdenden Bestimmungen treffen.

Der Bund hat das Recht, dasselbe Verbot auf dem Wege der Gesetzgebung in bezug auf alle andern absinthhaltigen Getränke zu erlassen, welche eine öffentliche Gefahr bilden.

Artikel 32quater[2]. Die Kantone können auf dem Wege der Gesetzgebung die Ausübung des Wirtschaftsgewerbes und des Kleinhandels mit geistigen Getränken den durch das öffentliche Wohl geforderten Beschränkungen unterwerfen. Als Kleinhandel mit nicht gebrannten geistigen Getränken gilt der Handel mit Mengen von weniger als zwei Litern.

Der Handel mit nicht gebrannten geistigen Getränken in Mengen von zwei bis zehn Litern kann innerhalb der Grenzen von Artikel 31, Abs. 2[3] von den Kantonen auf dem Wege der Gesetzgebung von einer Bewilligung und der Entrichtung einer mäßigen Gebühr abhängig gemacht und der behördlichen Aufsicht unterstellt werden.

Der Verkauf nicht gebrannter, geistiger Getränke darf von den Kantonen, abgesehen von den Patentgebühren, mit keinen besonderen Steuern belastet werden.

Juristische Personen dürfen von den Kantonen nicht ungünstiger behandelt werden als natürliche. Die Produzenten von Wein, Obstwein und Most können ihr Eigen-

[1] *VR. 7. 10. 1908.*

[2] *VR. 25. 6. 1930.*

[3] *VR. 1946, vorher:* Lit. e.

gewächs in Mengen von zwei und mehr Litern ohne Bewilligung und ohne Gebühr verkaufen.

Der Bund ist befugt, auf dem Wege der Gesetzgebung Vorschriften für die Ausübung des Handels mit nicht gebrannten, geistigen Getränken in Mengen von zwei und mehr Litern aufzustellen. Diese Vorschriften dürfen den Grundsatz der Handels- und Gewerbefreiheit nicht beeinträchtigen.

Das Hausieren mit geistigen Getränken sowie ihr Verkauf im Umherziehen sind untersagt.

Artikel 33. Den Kantonen bleibt anheimgestellt, die Ausübung der wissenschaftlichen Berufsarten von einem Ausweise der Befähigung abhängig zu machen.

Auf dem Wege der Bundesgesetzgebung ist dafür zu sorgen, daß derartige Ausweise für die ganze Eidgenossenschaft gültig erworben werden können.

Artikel 34. Der Bund ist befugt, einheitliche Bestimmungen über die Verwendung von Kindern in den Fabriken und über die Dauer der Arbeit erwachsener Personen in denselben aufzustellen. Ebenso ist er berechtigt, Vorschriften zum Schutze der Arbeiter gegen einen die Gesundheit und Sicherheit gefährdenden Gewerbebetrieb zu erlassen.

Der Geschäftsbetrieb von Auswanderungsagenturen und von Privatunternehmungen im Gebiete des Versicherungswesens unterliegt der Aufsicht und Gesetzgebung des Bundes.

Artikel 34bis[1]. Der Bund wird auf dem Wege der Gesetzgebung die Kranken- und Unfallversicherung einrichten, unter Berücksichtigung der bestehenden Krankenkassen.

Er kann den Beitritt allgemein oder für einzelne Bevölkerungsklassen obligatorisch erklären.

Artikel 34ter[2]. Der Bund ist befugt, Vorschriften aufzustellen:

a) über den Schutz der Arbeitnehmer;

b) über das Verhältnis zwischen Arbeitgebern und Arbeitnehmern, insbesondere über die gemeinsame Regelung betrieblicher und beruflicher Angelegenheiten;

c) über die Allgemeinverbindlicherklärung von Gesamtarbeitsverträgen und von andern gemeinsamen Vorkehren von Arbeitgeber- und Arbeitnehmerverbänden zur Förderung des Arbeitsfriedens;

d) über den angemessenen Ersatz des Lohn- und Verdienstausfalles infolge Militärdienstes;

e) über die Arbeitsvermittlung;

f) über die Arbeitslosenversicherung und die Arbeitslosenfürsorge;

g) über die berufliche Ausbildung in Industrie, Gewerbe, Handel, Landwirtschaft und Hausdienst.

[1] *VR. 7. 12. 1890.*

[2] *VR. 1946. Ursprünglich durch VR. 7. 10. 1908 eingefügt:* Der Bund ist befugt, auf dem Gebiete des Gewerbewesens einheitliche Bestimmungen aufzustellen.

Die Allgemeinverbindlicherklärung gemäß Lit. c ist nur für Sachgebiete, welche das Arbeitsverhältnis betreffen, und nur dann zulässig, wenn die Regelung begründeten Minderheitsinteressen und regionalen Verschiedenheiten angemessen Rechnung trägt und die Rechtsgleichheit sowie die Verbandsfreiheit nicht beeinträchtigt.

Die Durchführung der Arbeitslosenversicherung ist Sache öffentlicher und privater, sowohl paritätischer als einseitiger Kassen. Die Befugnis zur Errichtung öffentlicher Arbeitslosenversicherungskassen sowie zur Einführung eines allgemeinen Obligatoriums der Arbeitslosenversicherung bleibt den Kantonen vorbehalten.

Die Vorschriften von Artikel 32 finden entsprechende Anwendung.

Artikel 34 quater[1]. Der Bund wird auf dem Wege der Gesetzgebung die Alters- und die Hinterlassenenversicherung einrichten; er ist befugt, auf einen späteren Zeitpunkt auch die Invalidenversicherung einzuführen.

Er kann diese Versicherungszweige allgemein oder für einzelne Bevölkerungsklassen obligatorisch erklären.

Die Durchführung erfolgt unter Mitwirkung der Kantone; es können öffentliche und private Versicherungskassen beigezogen werden.

Die beiden ersten Versicherungszweige sind gleichzeitig einzuführen.

Die finanziellen Leistungen des Bundes und der Kantone dürfen sich zusammen auf nicht mehr als die Hälfte des Gesamtbedarfes der Versicherung belaufen.

Vom 1. Januar 1926 an leistet der Bund einen Beitrag in der Höhe der gesamten Einnahmen aus der fiskalischen Belastung des Tabaks an die Alters- und Hinterlassenenversicherung.

Der Anteil des Bundes an den Reineinnahmen aus einer künftigen fiskalischen Belastung gebrannter Wasser wird für die Alters- und Hinterlassenenversicherung verwendet.

Artikel 34 quinquies[2]. Der Bund berücksichtigt in der Ausübung der ihm zustehenden Befugnisse und im Rahmen der Verfassung die Bedürfnisse der Familie.

Der Bund ist zur Gesetzgebung auf dem Gebiete der Familienausgleichskassen befugt. Er kann den Beitritt allgemein oder für einzelne Bevölkerungsgruppen obligatorisch erklären. Er berücksichtigt die bestehenden Kassen, fördert die Bestrebungen der Kantone und der Berufsverbände zur Gründung neuer Kassen und ist befugt, eine zentrale Ausgleichskasse zu errichten. Die finanziellen Leistungen des Bundes können von angemessenen Leistungen der Kantone abhängig gemacht werden.

Der Bund ist befugt, auf dem Gebiete des Siedlungs- und Wohnungswesens Bestrebungen zugunsten der Familie zu unterstützen. Ein Bundesgesetz wird bestimmen, an welche Bedingungen die Bundesbeiträge geknüpft werden können; es wird die baupolizeilichen Bestimmungen der Kantone vorbehalten.

Der Bund wird auf dem Wege der Gesetzgebung die Mutterschaftsversicherung

[1] VR. *19. 2. 1926. Vgl. auch die Übergangsbestimmungen vom 16. 12. 1938.*

[2] VR. *25. 11. 1945.*

einrichten. Er kann den Beitritt allgemein oder für einzelne Bevölkerungsgruppen obligatorisch erklären, und es dürfen auch Personen, die nicht in den Genuß der Versicherungsleistungen kommen können, zu Beiträgen verpflichtet werden. Die finanziellen Leistungen des Bundes können von angemessenen Leistungen der Kantone abhängig gemacht werden.

Der Vollzug der auf Grund dieses Artikels ergehenden Gesetze erfolgt unter Mitwirkung der Kantone; private und öffentliche Vereinigungen können beigezogen werden.

Artikel 35[1]. Die Errichtung und der Betrieb von Spilebanken sind verboten.

Die Kantonsregierungen können unter den vom öffentlichen Wohl geforderten Beschränkungen den Betrieb der bis zum Frühjahr 1925 in den Kursälen üblich gewesenen Unterhaltungsspiele gestatten, sofern ein solcher Betrieb nach dem Ermessen der Bewilligungsbehörde zur Erhaltung oder Förderung des Fremdenverkehrs als notwendig erscheint und durch eine Kursaalunternehmung geschieht, welche diesem Zwecke dient. Die Kantone können auch Spiele dieser Art verbieten.

Über die vom öffentlichen Wohl geforderten Beschränkungen wird der Bundesrat eine Verordnung erlassen. Der Einsatz darf zwei Franken nicht übersteigen.

Jede kantonale Bewilligung unterliegt der bundesrätlichen Genehmigung.

Ein Viertel der Roheinnahmen aus dem Spielbetrieb ist dem Bunde abzuliefern, der diesen Anteil ohne Anrechnung auf seine eigenen Leistungen den Opfern von Elementarschäden sowie gemeinnützigen Fürsorgeeinrichtungen zuwenden soll.

Der Bund kann auch in Beziehung auf die Lotterien geeignete Maßnahmen treffen.

Artikel 36. Das Post- und Telegraphenwesen im ganzen Umfange der Eidgenossenschaft ist Bundessache.

Der Ertrag der Post- und Telegraphenverwaltung fällt in die eidgenössische Kasse.

Die Tarife werden im ganzen Gebiete der Eidgenossenschaft nach den gleichen, möglichst billigen Grundsätzen bestimmt.

Die Unverletzlichkeit des Post- und Telegraphengeheimnisses ist gewährleistet.

Artikel 37. Der Bund übt die Oberaufsicht über die Straßen und Brücken, an deren Erhaltung die Eidgenossenschaft ein Interesse hat.

Die Summen, welche den im Artikel 30 bezeichneten Kantonen mit Rücksicht auf ihre internationalen Alpenstraßen zukommen, werden von der Bundesbehörde zurück-

[1] *Absatz 1—5 laut VR. vom 14. 3. 1929. Sie treten an Stelle der VR. vom 16. 4. 1921:*
Die Errichtung von Spielbanken ist untersagt.
Als Spielbank ist jede Unternehmung anzusehen, welche Glücksspiele betreibt.
Die jetzt bestehenden Spielbankbetriebe sind binnen fünf Jahren nach Annahme dieser Bestimmung zu schließen.
Der ursprüngliche Wortlaut:
Die Errichtung von Spielbanken ist untersagt. Die zur Zeit bestehenden Spielhäuser müssen am 31. Christmonat 1877 geschlossen werden.
Allfällig seit dem Anfange des Jahres 1871 erteilte oder erneuerte Konzessionen werden als ungültig erklärt.

behalten, wenn diese Straßen von den betreffenden Kantonen nicht in gehörigen Zustand unterhalten werden.

Artikel 37 bis [1]. Der Bund ist befugt, Vorschriften über Automobile und Fahrräder aufzustellen.

Den Kantonen bleibt das Recht gewahrt, den Automobil- und Fahrradverkehr zu beschränken oder zu untersagen. Der Bund kann indessen bestimmte, für den allgemeinen Durchgangsverkehr notwendige Straßen in vollem oder beschränktem Umfange offen erklären. Die Benützung der Straßen im Dienste des Bundes bleibt vorbehalten.

Artikel 37ter[2]. Die Gesetzgebung über die Luftschiffahrt ist Sache des Bundes.

Artikel 38. Dem Bunde steht die Ausübung aller im Münzregale begriffenen Rechte zu.

Die Münzprägung geht einzig vom Bunde aus.

Er bestimmt den Münzfuß und erläßt allfällige Vorschriften über die Tarifierung fremder Münzsorten.

Artikel 39[3]. Das Recht zur Ausgabe von Banknoten und anderen gleichartigen Geldzeichen steht ausschließlich dem Bunde zu.

Der Bund kann das ausschließliche Recht zur Ausgabe von Banknoten durch eine unter gesonderter Verwaltung stehende Staatsbank ausüben oder es, vorbehältlich des Rückkaufsrechtes, einer zu errichtenden zentralen Aktienbank übertragen, die unter seiner Mitwirkung und Aufsicht verwaltet wird.

Die mit dem Notenmonopol ausgestattete Bank hat die Hauptaufgabe, den Geldumlauf des Landes zu regeln und den Zahlungsverkehr zu erleichtern.

Der Reingewinn der Bank über eine angemessene Verzinsung beziehungsweise eine angemessene Dividende des Dotations- oder Aktienkapitals und die nötigen Einlagen in den Reservefonds hinaus kommt wenigstens zu zwei Dritteilen den Kantonen zu.

Die Bank und ihre Zweiganstalten dürfen in den Kantonen keiner Besteuerung unterzogen werden.

Eine Rechtsverbindlichkeit für die Annahme von Banknoten und andern gleichartigen Geldzeichen kann der Bund, außer bei Notlagen in Kriegszeiten, nicht aussprechen.

Die Bundesgesetzgebung wird über den Sitz der Bank, deren Grundlagen und Organisation sowie über die Ausführung dieses Artikels überhaupt das Nähere bestimmen.

[1] *VR. 22. 5. 1921.*

[2] *VR. 22. 5. 1921.*

[3] *VR. 23. 12. 1891. Der ursprüngliche Wortlaut:*

Der Bund ist befugt, im Wege der Gesetzgebung allgemeine Vorschriften über die Ausgabe und die Einlösung von Banknoten zu erlassen.

Er darf jedoch keinerlei Monopol für die Ausgabe von Banknoten ausstellen und ebenso keine Rechtsverbindlichkeit für die Annahme derselben aussprechen.

Artikel 40. Die Festsetzung von Maß und Gewicht ist Bundessache.

Die Ausführung der bezüglichen Gesetze geschieht durch die Kantone unter Aufsicht des Bundes.

Artikel 41[1]. Fabrikation und Verkauf des Schießpulvers stehen ausschließlich dem Bunde zu.

Herstellung, Beschaffung und Vertrieb von Waffen, Munition, Sprengmitteln, sonstigem Kriegsmaterial und deren Bestandteilen bedürfen einer Bewilligung des Bundes. Die Bewilligung darf nur an Personen und Unternehmungen erteilt werden, die vom Standpunkte der Landesinteressen aus die nötige Gewähr bieten. Die Regiebetriebe des Bundes werden vorbehalten.

Die Einfuhr und Ausfuhr von Wehrmitteln im Sinne dieser Verfassungsbestimmungen darf nur mit Bewilligung des Bundes erfolgen. Der Bund ist berechtigt, auch die Durchfuhr von einer Bewilligung abhängig zu machen.

Der Bundesrat erläßt unter Vorbehalt der Bundesgesetzgebung in einer Verordnung die zum Vollzug der Abs. 2 und 3 nötigen Vorschriften. Er stellt insbesondere die näheren Bestimmungen über Erteilung, Dauer und Widerruf der Bewilligungen und über die Überwachung der Konzessionäre auf. Er bestimmt ferner, welche Arten von Waffen, Munition, Sprengmitteln, sonstigem Material und welche Bestandteile unter diese Verfassungsbestimmung fallen.

Artikel 41 bis[2]. Der Bund ist befugt, Stempelabgaben auf Wertpapieren, Quittungen für Versicherungsprämien, Wechseln und wechselähnlichen Papieren, auf Frachturkunden und andern Urkunden des Handelsverkehrs zu erheben; diese Befugnis erstreckt sich nicht auf die Urkunden des Grundstückverkehrs und des Grundpfandverkehrs. Urkunden, für die der Bund die Abgabepflicht oder die Abgabefreiheit festsetzt, dürfen von den Kantonen nicht mit Stempelabgaben oder Registrierungsgebühren belastet werden.

Vom Reinertrag der Stempelabgaben fällt ein Fünftel den Kantonen zu.

Der Vollzug dieser Bestimmungen erfolgt durch die Bundesgesetzgebung.

Artikel 41 ter[3]. Der Bund ist befugt, den rohen und den verarbeiteten Tabak zu besteuern.

Artikel 42. Die Ausgaben des Bundes werden bestritten:

a) aus dem Ertrag des Bundesvermögens;

b) aus dem Ertrag der schweizerischen Grenzzölle;

c) aus dem Ertrag der Post- und Telegraphenverwaltung;

d) aus dem Ertrag der Pulververwaltung;

[1] *VR. 29. 4. 1938. Der ursprungliche Wortlaut:*
Fabrikation und Verkauf des Schießpulvers im Umfange der Eidgenossenschaft stehen ausschließlich dem Bunde zu.
Als Schießpulver nicht brauchbare Sprengfabrikate sind im Regal nicht inbegriffen.

[2] *VR. 19. 6. 1917.*

[3] *VR. 19. 2. 1926.*

e) aus der Hälfte des Bruttoertrages der von den Kantonen bezogenen Militärpflichtersatzsteuern;

f) aus den Beiträgen der Kantone, deren nähere Regulierung, vorzugsweise nach Maßgabe der Steuerkraft derselben, der Bundesgesetzgebung vorbehalten ist;

g) aus dem Ertrag der Stempelabgaben[1].

Artikel 43. Jeder Kantonsbürger ist Schweizer Bürger.

Als solcher kann er bei allen eidgenössischen Wahlen und Abstimmungen an seinem Wohnsitze Anteil nehmen, nachdem er sich über seine Stimmberechtigung gehörig ausgewiesen hat.

Niemand darf in mehr als einem Kanton politische Rechte ausüben.

Der niedergelassene Schweizer Bürger genießt an seinem Wohnsitze alle Rechte der Kantonsbürger und mit diesen auch alle Rechte der Gemeindebürger. Der Mitanteil an Bürger- und Korporationsgütern sowie das Stimmrecht in rein bürgerlichen Angelegenheiten sind jedoch hievon ausgenommen, es wäre denn, daß die Kantonalgesetzgebung etwas anderes bestimmen würde.

In kantonalen und Gemeindeangelegenheiten erwirbt er das Stimmrecht nach einer Niederlassung von drei Monaten.

Die kantonalen Gesetze über die Niederlassung und das Stimmrecht der Niedergelassenen in den Gemeinden unterliegen der Genehmigung des Bundesrates.

Artikel 44[2]. Ein Schweizer Bürger darf weder aus der Schweiz noch aus seinem Heimatkanton ausgewiesen werden.

Die Bedingungen für die Erteilung und den Verlust des Schweizer Bürgerrechts werden durch die Bundesgesetzgebung aufgestellt.

Sie kann bestimmen, daß das Kind ausländischer Eltern von Geburt an Schweizer Bürger ist, wenn seine Mutter von Abstammung Schweizer Bürgerin war und die Eltern zur Zeit der Geburt in der Schweiz ihren Wohnsitz haben. Die Einbürgerung erfolgt in der früheren Heimatgemeinde der Mutter.

Die Bundesgesetzgebung stellt die Grundsätze für die Wiederaufnahme in das Bürgerrecht auf.

Die auf Grund dieser Bestimmungen eingebürgerten Personen haben die Rechte eines Gemeindebürgers, mit der Einschränkung, daß sie keinen Anteil an den Bürger- oder Korporationsgütern erhalten, soweit die kantonale Gesetzgebung es nicht

[1] *Lit. g hinzugefügt durch VR. 19. 6. 1917.*

[2] *VR. 29. 9. 1928. Ursprünglicher Wortlaut:*

Kein Kanton darf einen Kantonsbürger aus seinem Gebiete verbannen (verweisen) oder ihn des Bürgerrechtes verlustig erklären.

Die Bedingungen für die Erteilung des Bürgerrechtes an Ausländer sowie diejenigen, unter welchen ein Schweizer zum Zwecke der Erwerbung eines ausländischen Bürgerrechtes auf sein Bürgerrecht verzichten kann, werden durch die Bundesgesetzgebung geordnet.

anders ordnet. Der Bund übernimmt bei den Einbürgerungen, die bei der Geburt erfolgt sind, bis zum vollendeten achtzehnten Altersjahr der Eingebürgerten wenigstens die Hälfte der den Kantonen und Gemeinden erwachsenden Unterstützungskosten. Einen gleichen Anteil übernimmt er bei Wiederaufnahmen in das Bürgerrecht während der ersten zehn Jahre nach der Aufnahme.

Die Bundesgesetzgebung bestimmt, in welchen Fällen bei Einbürgerungen Heimatloser eine Beitragsleistung an die den Kantonen und den Gemeinden erwachsenden Kosten stattfindet.

Artikel 45. Jeder Schweizer hat das Recht, sich innerhalb des schweizerischen Gebietes an jedem Orte niederzulassen, wenn er einen Heimatschein oder eine andere gleichbedeutende Ausweisschrift besitzt.

Ausnahmsweise kann die Niederlassung denjenigen, welche infolge eines strafgerichtlichen Urteils nicht im Besitze der bürgerlichen Rechte und Ehren sind, verweigert oder entzogen werden.

Weiterhin kann die Niederlassung denjengen entzogen werden, welche wegen schwerer Vergehen wiederholt gerichtlich bestraft worden sind, sowie denjenigen, welche dauernd der öffentlichen Wohltätigkeit zur Last fallen und deren Heimatgemeinde beziehungsweise Heimatkanton eine angemessene Unterstützung trotz amtlicher Aufforderung nicht gewährt.

In Kantonen, wo die örtliche Armenpflege besteht, darf die Gestattung der Niederlassung für Kantonsangehörige an die Bedingung geknüpft werden, daß dieselben arbeitsfähig und an ihrem bisherigen Wohnorte im Heimatkanton nicht bereits in dauernder Weise der öffentlichen Wohltätigkeit zur Last gefallen seien.

Jede Ausweisung wegen Verarmung muß von seiten der Regierung des Niederlassungskantons genehmigt und der heimatlichen Regierung zum voraus angezeigt werden.

Der niedergelassene Schweizer Bürger darf von seiten des die Niederlassung gestattenden Kantons mit keiner Bürgschaft und mit keinen andern besondern Lasten behufs der Niederlassung belegt werden. Ebenso darf die Gemeinde, in welcher er seinen Wohnsitz nimmt, ihn nicht anders besteuern als den Ortsbürger.

Ein Bundesgesetz wird das Maximum der für die Niederlassungsbewilligung zu entrichtenden Kanzleigebühr bestimmen.

Artikel 46. In Beziehung auf die zivilrechtlichen Verhältnisse stehen die Niedergelassenen in der Regel unter dem Rechte und der Gesetzgebung des Wohnsitzes.

Die Bundesgesetzgebung wird über die Anwendung dieses Grundsatzes sowie gegen Doppelbesteuerung die erforderlichen Bestimmungen treffen.

Artikel 47. Ein Bundesgesetz wird den Unterschied zwischen Niederlassung und Aufenthalt bestimmen und dabei gleichzeitig über die politischen und bürgerlichen Rechte der schweizerischen Aufenthalter die nähern Vorschriften aufstellen.

Artikel 48. Ein Bundesgesetz wird über die Kosten der Verpflegung und Be-

erdigung armer Angehöriger eines Kantons, welche in einem andern Kanton krank werden oder sterben, die nötigen Bestimmungen treffen.

Artikel 49. Die Glaubens- und Gewissensfreiheit ist unverletzlich.

Niemand darf zur Teilnahme an einer Religionsgenossenschaft, oder an einem religiösen Unterricht, oder zur Vornahme einer religiösen Handlung gezwungen, oder wegen Glaubensansichten mit Strafen irgendwelcher Art belegt werden.

Über die religiöse Erziehung der Kinder bis zum erfüllten 16. Altersjahr verfügt im Sinne vorstehender Grundsätze der Inhaber der väterlichen oder vormundschaftlichen Gewalt.

Die Ausübung bürgerlicher oder politischer Rechte darf durch keinerlei Vorschriften oder Bedingungen kirchlicher oder religiöser Natur beschränkt werden.

Die Glaubensansichten entbinden nicht von der Erfüllung der bürgerlichen Pflichten.

Niemand ist gehalten, Steuern zu bezahlen, welche speziell für eigentliche Kultuszwecke einer Religionsgenossenschaft, der er nicht angehört, auferlegt werden. Die nähere Ausführung dieses Grundsatzes ist der Bundesgesetzgebung vorbehalten.

Artikel 50. Die freie Ausübung gottesdienstlicher Handlungen ist innerhalb der Schranken der Sittlichkeit und der öffentlichen Ordnung gewährleistet.

Den Kantonen sowie dem Bunde bleibt vorbehalten, zur Handhabung der Ordnung und des öffentlichen Friedens unter den Angehörigen der verschiedenen Religionsgesellschaften sowie gegen Eingriffe kirchlicher Behörden in die Rechte der Bürger und des Staates die geeigneten Maßnahmen zu treffen.

Anstände aus dem öffentlichen oder Privatrechte, welche über die Bildung oder Trennung von Religionsgenossenschaften entstehen, können auf dem Wege der Beschwerdeführung der Entscheidung der zuständigen Bundesbehörden unterstellt werden.

Die Errichtung von Bistümern auf schweizerischem Gebiete unterliegt der Genehmigung des Bundes.

Artikel 51. Der Orden der Jesuiten und die ihm affiliierten[1] Gesellschaften dürfen in keinem Teile der Schweiz Aufnahme finden, und es ist ihren Gliedern jede Wirksamkeit in Kirche und Schule untersagt.

Dieses Verbot kann durch Bundesbeschluß auch auf andere geistliche Orden ausgedehnt werden, deren Wirksamkeit staatsgefährlich ist oder den Frieden der Konfessionen stört.

Artikel 52. Die Errichtung neuer und die Wiederherstellung aufgehobener Klöster oder religiöser Orden ist unzulässig.

Artikel 53. Die Feststellung und Beurkundung des Zivilstandes ist Sache der bürgerlichen Behörden. Die Bundesgesetzgebung wird hierüber die nähern Bestimmungen treffen.

[1] *Angeschlossenen.*

Die Verfügung über die Begräbnisplätze steht den bürgerlichen Behörden zu. Sie haben dafür zu sorgen, daß jeder Verstorbene schicklich beerdigt werden kann.

Artikel 54. Das Recht zur Ehe steht unter dem Schutze des Bundes.

Dieses Recht darf weder aus kirchlichen oder ökonomischen Rücksichten noch wegen bisherigen Verhaltens oder aus andern polizeilichen Gründen beschränkt werden.

Die in einem Kanton oder im Auslande nach der dort geltenden Gesetzgebung abgeschlossene Ehe soll im Gebiete der Eidgenossenschaft als Ehe anerkannt werden.

Durch den Abschluß der Ehe erwirbt die Frau das Heimatrecht des Mannes.

Durch die nachfolgende Ehe der Eltern werden vorehelich geborene Kinder derselben legitimiert.

Jede Erhebung von Brauteinzugsgebühren oder andern ähnlichen Abgaben ist unzulässig.

Artikel 55. Die Pressefreiheit ist gewährleistet.

Über den Mißbrauch derselben trifft die Kantonalgesetzgebung die erforderlichen Bestimmungen, welche jedoch der Genehmigung des Bundesrates bedürfen.

Dem Bunde steht das Recht zu, Strafbestimmungen gegen den Mißbrauch der Presse zu erlassen, der gegen die Eidgenossenschaft und ihre Behörden gerichtet ist.

Artikel 56. Die Bürger haben das Recht, Vereine zu bilden, sofern solche weder in ihrem Zweck noch in den dafür bestimmten Mitteln rechtswidrig oder staatsgefährlich sind. Über den Mißbrauch dieses Rechtes trifft die Kantonalgesetzgebung die erforderlichen Bestimmungen.

Artikel 57. Das Petitionsrecht ist gewährleistet.

Artikel 58. Niemand darf seinem verfassungsmäßigen Richter entzogen, und es dürfen daher keine Ausnahmegerichte eingeführt werden.

Die geistliche Gerichtsbarkeit ist abgeschafft.

Artikel 59. Der aufrechtstehende Schuldner, welcher in der Schweiz einen festen Wohnsitz hat, muß für persönliche Ansprachen vor dem Richter seines Wohnortes gesucht und es darf daher für Forderungen auf das Vermögen eines solchen außer dem Kanton, in welchem er wohnt, kein Arrest gelegt werden.

Vorbehalten bleiben mit Bezug auf Ausländer die Bestimmungen bezüglicher Staatsverträge.

Der Schuldverhaft ist abgeschafft.

Artikel 60. Sämtliche Kantone sind verpflichtet, alle Schweizer Bürger in der Gesetzgebung sowohl als im gerichtlichen Verfahren den Bürgern des eigenen Kantons gleich zu halten.

Artikel 61. Die rechtskräftigen Zivilurteile, die in einem Kanton gefällt sind, sollen in der ganzen Schweiz vollzogen werden können.

Artikel 62. Alle Abzugsrechte im Innern der Schweiz sowie die Zugrechte von Bürgern des einen Kantons gegen Bürger anderer Kantone sind abgeschafft.

Artikel 63. Gegen die auswärtigen Staaten besteht Freizügigkeit, unter Vorbehalt des Gegenrechtes.

Artikel 64. Dem Bunde steht die Gesetzgebung zu:

über die persönliche Handlungsfähigkeit;

über alle auf den Handel und Mobiliarverkehr bezüglichen Rechtsverhältnisse (Obligationenrecht, mit Inbegriff des Handels- und Wechselrechts);

über das Urheberrecht an Werken der Literatur und Kunst;

über den Schutz gewerblich verwertbarer Erfindungen, mit Einschluß der Muster und Modelle[1];

über das Beitreibungsverfahren und das Konkursrecht.

Der Bund ist zur Gesetzgebung auch in den übrigen Gebieten des Zivilrechts befugt[2].

Die Organisation der Gerichte, das gerichtliche Verfahren und die Rechtsprechung verbleiben, wie bis anhin, den Kantonen[3].

Artikel 64 bis[4]. Der Bund ist zur Gesetzgebung im Gebiete des Strafrechts befugt.

Die Organisation der Gerichte, das gerichtliche Verfahren und die Rechtsprechung verbleiben, wie bis anhin, den Kantonen.

Der Bund ist befugt, den Kantonen zur Errichtung von Straf-, Arbeits- und Besserungsanstalten und für Verbesserungen im Strafvollzuge Beiträge zu gewähren. Er ist auch befugt, sich an Einrichtungen zum Schutze verwahrloster Kinder zu beteiligen.

Artikel 65[5]. Wegen politischer Vergehen darf kein Todesurteil gefällt werden. Körperliche Strafen sind untersagt.

Artikel 66. Die Bundesgesetzgebung bestimmt die Schranken, innerhalb welcher ein Schweizer Bürger seiner politischen Rechte verlustig erklärt werden kann.

Artikel 67. Die Bundesgesetzgebung trifft die erforderlichen Bestimmungen über die Auslieferung der Angeklagten von einem Kanton an den andern; die Auslieferung kann jedoch für politische Vergehen und für Preßvergehen nicht verbindlich gemacht werden.

Artikel 68. Die Ausmittlung von Bürgerrechten für Heimatlose und die Maßregeln

[1] *Dieser Satz lt. VR. 1. 7. 1905. Erste Fassung eingefügt durch VR. 20. 12. 1887:* Über den Schutz neuer Muster und Modelle sowie solcher Erfindungen, welche durch Modelle dargestellt und gewerblich verwertbar sind.

[2] *Absatz eingefügt durch VR. 21. 12. 1898.*

[3] *Letzter Absatz: VR. 21. 12. 1898. Ursprünglicher Wortlaut:*

Die Rechtsprechung selbst verbleibt den Kantonen, mit Vorbehalt der dem Bundesgerichte eingeräumten Kompetenzen.

[4] *Artikel 64 bis eingefügt durch VR. 21. 12. 1898.*

[5] *VR. 20. 6. 1879. Ursprünglicher Wortlaut:*

Die Todesstrafe ist abgeschafft.

Die Bestimmungen des Militärstrafgesetzes bleiben jedoch in Kriegszeiten vorbehalten.

Körperliche Strafen sind untersagt.

zur Verhinderung der Entstehung neuer Heimatlosen sind Gegenstand der Bundesgesetzgebung.

Artikel 69[1]. Der Bund ist befugt, zur Bekämpfung übertragbarer oder stark verbreiteter oder bösartiger Krankheiten von Menschen und Tieren gesetzliche Bestimmungen zu treffen.

Artikel 69 bis[2]. Der Bund ist befugt, gesetzliche Bestimmungen zu erlassen:

a) über den Verkehr mit Nahrungs- und Genußmitteln;

b) über den Verkehr mit anderen Gebrauchs- und Verbrauchsgegenständen, soweit solche das Leben oder die Gesundheit gefährden können.

Die Ausführung der bezüglichen Bestimmungen geschieht durch die Kantone, unter Aufsicht und mit der finanziellen Unterstützung des Bundes.

Dagegen liegt die Kontrolle der Einfuhr an der Landesgrenze dem Bunde ob.

Artikel 69 ter[3]. Die Gesetzgebung über Ein- und Ausreise, Aufenthalt und Niederlassung der Ausländer steht dem Bunde zu.

Die Entscheidung über Aufenthalt und Niederlassung treffen nach Maßgabe des Bundesrechtes die Kantone. Dem Bunde steht jedoch das endgültige Entscheidungsrecht zu gegenüber:

a) kantonalen Bewilligungen für länger dauernden Aufenthalt, für Niederlassung und gegenüber Toleranzbewilligungen;

b) Verletzung von Niederlassungsverträgen;

c) kantonalen Ausweisungen aus dem Gebiete der Eidgenossenschaft;

d) Verweigerung des Asyls.

Artikel 70. Dem Bunde steht das Recht zu, Fremde, welche die innere oder äußere Sicherheit der Eidgenossenschaft gefährden, aus dem schweizerischen Gebiet wegzuweisen.

II. Abschnitt. Bundesbehörden

I. Bundesversammlung

Artikel 71. Unter Vorbehalt der Rechte des Volkes und der Kantone (Artikel 89 und 123[4]) wird die oberste Gewalt des Bundes durch die Bundesversammlung ausgeübt, welche aus zwei Abteilungen besteht: A. aus dem Nationalrat, B. aus dem Ständerat.

[1] *VR. 20. 6. 1913. Ursprünglicher Wortlaut:* Dem Bunde steht die Gesetzgebung über die gegen gemeingefährliche Epidemien und Viehseuchen zu treffenden gesundheitspolizeilichen Verfügungen zu.

[2] *Artikel 69 bis eingefügt durch VR. 15. 10. 1897.*

[3] *Eingefügt durch VR. 23. 12. 1925.*

[4] *Ursprünglich Artikel 121.*

A. Nationalrat

Artikel 72. Der Nationalrat wird aus Abgeordneten des schweizerischen Volkes gebildet. Auf je 22 000 Seelen der Gesamtbevölkerung wird ein Mitglied gewählt. Eine Bruchzahl über 11 000 Seelen wird für 22 000 Seelen berechnet[1].

Jeder Kanton und bei geteilten Kantonen jeder der beiden Landesteile hat wenigstens ein Mitglied zu wählen.

Artikel 73[2]. Die Wahlen in den Nationalrat sind direkte. Sie finden nach dem Grundsatze der Proportionalität statt, wobei jeder Kanton und jeder Halbkanton einen Wahlkreis bildet.

Die Bundesgesetzgebung trifft über die Ausführung dieses Grundsatzes die näheren Bestimmungen.

Artikel 74. Stimmberechtigt bei Wahlen und Abstimmungen ist jeder Schweizer, der das 20. Altersjahr zurückgelegt hat und im übrigen nach der Gesetzgebung des Kantons, in welchem er seinen Wohnsitz hat, nicht vom Aktivbürgerrechte ausgeschlossen ist.

Es bleibt jedoch der Gesetzgebung des Bundes vorbehalten, über diese Stimmberechtigung einheitliche Vorschriften aufzustellen.

Artikel 75. Wahlfähig als Mitglied des Nationalrates ist jeder stimmberechtigte Schweizer Bürger weltlichen Standes.

Artikel 76. Der Nationalrat wird auf die Dauer von vier Jahren gewählt[3], und es findet jeweilen Gesamterneuerung statt.

Artikel 77. Die Mitglieder des Ständerates, des Bundesrates und von letzterem gewählte Beamte können nicht zugleich Mitglieder des Nationalrates sein.

Artikel 78. Der Nationalrat wählt aus seiner Mitte für jede ordentliche oder außerordentliche Sitzung einen Präsidenten und Vizepräsidenten.

Dasjenige Mitglied, welches während einer ordentlichen Sitzung die Stelle eines Präsidenten bekleidete, ist für die nächstfolgende ordentliche Sitzung weder als Präsident noch als Vizepräsident wählbar. Das gleiche Mitglied kann nicht während zwei unmittelbar aufeinanderfolgenden ordentlichen Sitzungen Vizepräsident sein.

Der Präsident hat bei gleich geteilten Stimmen zu entscheiden; bei Wahlen übt er das Stimmrecht aus wie jedes Mitglied.

Artikel 79. Die Mitglieder des Nationalrates werden aus der Bundeskasse entschädigt.

[1] *Durch VR. vom 20. 6. 1931 wurden die Wahlzahlen von 20 000 auf 22 000 und von 10 000 auf 11 000 erhöht.*

[2] *VR. 11. 12. 1918. Ursprünglicher Wortlaut:*
Die Wahlen für den Nationalrat sind direkte. Sie finden in eidgenössischen Wahlkreisen statt, welche jedoch nicht aus Teilen verschiedener Kantone gebildet werden können.

[3] *Durch VR. vom 20. 6. 1931:* vier, *statt* drei Jahre.

B. Ständerat

Artikel 80. Der Ständerat besteht aus 44 Abgeordneten der Kantone. Jeder Kanton wählt zwei Abgeordnete, in den geteilten Kantonen jeder Landesteil einen Abgeordneten.

Artikel 81. Die Mitglieder des Nationalrates und des Bundesrates können nicht zugleich Mitglieder des Ständerates sein.

Artikel 82. Der Ständerat wählt für jede ordentliche oder außerordentliche Sitzung aus seiner Mitte einen Präsidenten und Vizepräsidenten.

Aus den Abgeordneten desjenigen Kantons, aus welchem für eine ordentliche Sitzung der Präsident gewählt worden ist, kann für die nächstfolgende ordentliche Sitzung weder der Präsident noch der Vizepräsident gewählt werden.

Abgeordnete des gleichen Kantons können nicht während zwei unmittelbar aufeinanderfolgenden ordentlichen Sitzungen die Stelle eines Vizepräsidenten bekleiden.

Der Präsident hat bei gleich geteilten Stimmen zu entscheiden; bei Wahlen übt er das Stimmrecht aus wie jedes Mitglied.

Artikel. 83. Die Mitglieder des Ständerates werden von den Kantonen entschädigt.

C. Befugnisse der Bundesversammlung

Artikel 84. Der Nationalrat und der Ständerat haben alle Gegenstände zu behandeln, welche nach Inhalt der gegenwärtigen Verfassung in die Kompetenz des Bundes gehören und nicht einer andern Bundesbehörde zugeschieden sind.

Artikel 85. Die Gegenstände, welche in den Geschäftskreis beider Räte fallen, sind insbesondere folgende:

1. Gesetze über die Organisation und die Wahlart der Bundesbehörden.

2. Gesetze und Beschlüsse über diejenigen Gegenstände, zu deren Regelung der Bund nach Maßgabe der Bundesverfassung befugt ist.

3. Besoldung und Entschädigung der Mitglieder der Bundesbehörden und der Bundeskanzlei; Errichtung bleibender Beamtungen und Bestimmung ihrer Gehalte.

4. Wahl des Bundesrates, des Bundesgerichtes, des Kanzlers sowie des Generals der eidgenössischen Armee.

Der Bundesgesetzgebung bleibt vorbehalten, auch die Vornahme oder Bestätigung weiterer Wahlen der Bundesversammlung zu übertragen.

5. Bündnisse und Verträge mit dem Auslande sowie die Gutheißung von Verträgen der Kantone unter sich oder mit dem Auslande. Solche Verträge der Kantone gelangen jedoch nur dann an die Bundesversammlung, wenn vom Bundesrat oder einem andern Kanton Einsprache erhoben wird.

6. Maßregeln für die äußere Sicherheit, für Behauptung der Unabhängigkeit und Neutralität der Schweiz, Kriegserklärungen und Friedensschlüsse.

7. Garantie der Verfassungen und des Gebietes der Kantone; Intervention infolge

der Garantie; Maßregeln für die innere Sicherheit, für Handhabung von Ruhe und Ordnung; Amnestie und Begnadigung.

8. Maßregeln, welche die Handhabung der Bundesverfassung, die Garantie der Kantonalverfassungen, die Erfüllung der bundesmäßigen Verpflichtungen zum Zwecke haben.

9. Verfügungen über das Bundesheer.

10. Aufstellung des jährlichen Voranschlages und Abnahme der Staatsrechnung sowie Beschlüsse über Aufnahme von Anlehen.

11. Die Oberaufsicht über die eidgenössische Verwaltung und Rechtspflege.

12. Beschwerden gegen Entscheidungen des Bundesrates über Administrativstreitigkeiten (Artikel 113).

13. Kompetenzstreitigkeiten zwischen Bundesbehörden.

14. Revision der Bundesverfassung.

Artikel 86. Die beiden Räte versammeln sich jährlich einmal zur ordentlichen Sitzung an einem durch das Reglement festzusetzenden Tage.

Sie werden außerordentlich einberufen durch Beschluß des Bundesrates oder wenn ein Vierteil der Mitglieder des Nationalrates oder fünf Kantone es verlangen.

Artikel 87. Um gültig verhandeln zu können, ist die Anwesenheit der absoluten Mehrheit der Mitglieder des betreffenden Rates erforderlich.

Artikel 88. Im Nationalrat und Ständerat entscheidet die absolute Mehrheit der Stimmenden.

Artikel 89. Für Bundesgesetze und Bundesbeschlüsse ist die Zustimmung beider Räte erforderlich.

Bundesgesetze sowie allgemeinverbindliche Bundesbeschlüsse sind dem Volke zur Annahme oder Verwerfung vorzulegen[1], wenn es von 30000 stimmberechtigten Schweizer Bürgern oder von 8 Kantonen verlangt wird.

Allgemeinverbindliche Bundesbeschlüsse, deren Inkrafttreten keinen Aufschub erträgt, können durch die Mehrheit aller Mitglieder in jedem der beiden Räte als dringlich erklärt werden. In diesen Fällen kann die Volksabstimmung nicht verlangt werden. Die Geltungsdauer von dringlichen Bundesbeschlüssen ist zu befristen.

Staatsverträge mit dem Auslande, welche unbefristet oder für eine Dauer von mehr als 15 Jahren abgeschlossen sind, sind ebenfalls dem Volke zur Annahme oder Verwerfung vorzulegen, wenn es von 30000 stimmberechtigten Schweizer Bürgern oder von 8 Kantonen verlangt wird[2].

Artikel 90. Die Bundesgesetzgebung wird bezüglich der Formen und Fristen der Volksabstimmung das Erforderliche feststellen.

[1] *VR. 3. 2. 1939. Ursprünglicher Wortlaut:* Bundesgesetze sowie allgemein verbindliche Bundesbeschlüsse, die nicht dringlicher Natur sind, sollen überdies dem Volke zur Annahme oder Verwerfung vorgelegt werden.

[2] *Absatz 3 und 4 Zusatz VR. 3. 2. 1939.*

Artikel 91. Die Mitglieder beider Räte stimmen ohne Instruktionen.

Artikel 92. Jeder Rat verhandelt abgesondert. Bei Wahlen (Artikel 85, Ziffer 4), bei Ausübung des Begnadigungsrechtes und für Entscheidung von Kompetenzstreitigkeiten (Artikel 85, Ziffer 13) vereinigen sich jedoch beide Räte unter der Leitung des Präsidenten des Nationalrates zu einer gemeinschaftlichen Verhandlung, so daß die absolute Mehrheit der stimmenden Mitglieder beider Räte entscheidet.

Artikel 93. Jedem der beiden Räte und jedem Mitgliede derselben steht das Vorschlagsrecht (die Initiative) zu.

Das gleiche Recht können die Kantone durch Korrespondenz ausüben.

Artikel 94. Die Sitzungen der beiden Räte sind in der Regel öffentlich.

II. Bundesrat

Artikel 95. Die oberste vollziehende und leitende Behörde der Eidgenossenschaft ist ein Bundesrat, welcher aus sieben Mitgliedern besteht.

Artikel 96. Die Mitglieder des Bundesrates werden von der Bundesversammlung aus allen Schweizer Bürgern, welche als Mitglieder des Nationalrates wählbar sind, auf die Dauer von vier Jahren ernannt[1]. Es darf jedoch nicht mehr als ein Mitglied aus dem nämlichen Kanton gewählt werden.

Nach jeder Gesamterneuerung des Nationalrates findet auch eine Gesamterneuerung des Bundesrates statt.

Die in der Zwischenzeit ledig gewordenen Stellen werden bei der nächstfolgenden Sitzung der Bundesversammlung für den Rest der Amtsdauer wieder besetzt.

Artikel 97. Die Mitglieder des Bundesrates dürfen keine andere Beamtung, sei es im Dienste der Eidgenossenschaft, sei es in einem Kantone, bekleiden, noch irgendeinen andern Beruf oder Gewerbe treiben.

Artikel 98. Den Vorsitz im Bundesrat führt der Bundespräsident, welcher, sowie auch der Vizepräsident, von den vereinigten Räten aus den Mitgliedern desselben für die Dauer eines Jahres gewählt wird.

Der abtretende Präsident ist für das nächstfolgende Jahr weder als Präsident noch als Vizepräsident wählbar. Das gleiche Mitglied kann nicht während zwei unmittelbar aufeinanderfolgenden Jahren die Stelle eines Vizepräsidenten bekleiden.

Artikel 99. Der Bundespräsident und die übrigen Mitglieder des Bundesrates beziehen einen jährlichen Gehalt aus der Bundeskasse.

Artikel 100. Um gültig verhandeln zu können, müssen wenigstens vier Mitglieder des Bundesrates anwesend sein.

Artikel 101. Die Mitglieder des Bundesrates haben bei den Verhandlungen der beiden Abteilungen der Bundesversammlung beratende Stimme und auch das Recht, über einen in Beratung liegenden Gegenstand Anträge zu stellen.

[1] *Durch VR. 20. 6. 1931:* vier, *statt* drei Jahre.

Artikel 102. Der Bundesrat hat innert den Schranken der gegenwärtigen Verfassung vorzüglich folgende Befugnisse und Obliegenheiten:

1. Er leitet die eidgenössischen Angelegenheiten, gemäß den Bundesgesetzen und Bundesbeschlüssen.

2. Er hat für Beobachtung der Verfassung, der Gesetze und Beschlüsse des Bundes sowie der Vorschriften eidgenössischer Konkordate zu wachen; er trifft zur Handhabung derselben von sich aus oder auf eingegangene Beschwerde, soweit die Beurteilung solcher Rekurse nicht nach Artikel 113 dem Bundesgerichte übertragen ist, die erforderlichen Verfügungen.

3. Er wacht für die Garantie der Kantonalverfassungen.

4. Er schlägt der Bundesversammlung Gesetze und Beschlüsse vor und begutachtet die Anträge, welche von den Räten des Bundes oder von den Kantonen an ihn gelangen.

5. Er vollzieht die Bundesgesetze und Bundesbeschlüsse, die Urteile des Bundesgerichts sowie die Vergleiche oder schiedsrichterlichen Sprüche über Streitigkeiten zwischen Kantonen.

6. Er hat diejenigen Wahlen zu treffen, welche nicht der Bundesversammlung und dem Bundesgerichte oder einer andern Behörde übertragen werden.

7. Er prüft die Verträge der Kantone unter sich oder mit dem Auslande und genehmigt dieselben, sofern sie zulässig sind (Artikel 85, Ziffer 5).

8. Er wahrt die Interessen der Eidgenossenschaft nach außen, wie namentlich ihre völkerrechtlichen Beziehungen, und besorgt die auswärtigen Angelegenheiten überhaupt.

9. Er wacht für die äußere Sicherheit, für die Behauptung der Unabhängigkeit und Neutralität der Schweiz.

10. Er sorgt für die innere Sicherheit der Eidgenossenschaft, für Handhabung von Ruhe und Ordnung.

11. In Fällen von Dringlichkeit ist der Bundesrat befugt, sofern die Räte nicht versammelt sind, die erforderliche Truppenzahl aufzubieten und über solche zu verfügen, unter Vorbehalt unverzüglicher Einberufung der Bundesversammlung, sofern die aufgebotenen Truppen zweitausend Mann übersteigen oder das Aufgebot länger als drei Wochen dauert.

12. Er besorgt das eidgenössische Militärwesen und alle Zweige der Verwaltung, welche dem Bunde angehören.

13. Er prüft die Gesetze und Verordnungen der Kantone, welche seiner Genehmigung bedürfen; er überwacht diejenigen Zweige der Kantonalverwaltung, welche seiner Aufsicht unterstellt sind.

14. Er sorgt für die Verwaltung der Finanzen des Bundes, für die Entwerfung des Voranschlages und die Stellung der Rechnungen über die Einnahmen und Ausgaben des Bundes.

15. Er hat die Aufsicht über die Geschäftsführung aller Beamten und Angestellten der eidgenössischen Verwaltung.

16. Er erstattet der Bundesversammlung jeweilen bei ihrer ordentlichen Sitzung Rechenschaft über seine Verrichtungen sowie Bericht über den Zustand der Eidgenossenschaft im Innern sowohl als nach außen und wird ihrer Aufmerksamkeit diejenigen Maßregeln empfehlen, welche er zur Beförderung gemeinsamer Wohlfahrt für dienlich erachtet.

Er hat auch besondere Berichte zu erstatten, wenn die Bundesversammlung oder eine Abteilung derselben es verlangt.

Artikel 103[1]. Die Geschäfte des Bundesrates werden nach Departementen unter die einzelnen Mitglieder verteilt. Der Entscheid über die Geschäfte geht vom Bundesrat als Behörde aus.

Durch die Bundesgesetzgebung können bestimmte Geschäfte den Departementen oder ihnen untergeordneten Amtsstellen unter Vorbehalt des Beschwerderechts zur Erledigung überwiesen werden.

Die Bundesgesetzgebung bezeichnet die Fälle, in denen ein eidgenössisches Verwaltungsgericht für die Behandlung der Beschwerde zuständig ist.

Artikel 104. Der Bundesrat und seine Departemente sind befugt, für besondere Geschäfte Sachkundige beizuziehen.

III. Bundeskanzlei

Artikel 105. Eine Bundeskanzlei, welcher ein Kanzler vorsteht, besorgt die Kanzleigeschäfte bei der Bundesversammlung und beim Bundesrat.

Der Kanzler wird von der Bundesversammlung auf die Dauer von vier Jahren jeweilen gleichzeitig mit dem Bundesrat gewählt[2].

Die Bundeskanzlei steht unter der besonderen Aufsicht des Bundesrates.

Die nähere Organisation der Bundeskanzlei bleibt der Bundesgesetzgebung vorbehalten.

IV. Organisation und Befugnisse des Bundesgerichts

Artikel 106. Zur Ausübung der Rechtspflege, soweit dieselbe in den Bereich des Bundes fällt, wird ein Bundesgericht aufgestellt.

Für Beurteilung von Straffällen (Artikel 112) werden Schwurgerichte (Jury) gebildet.

Artikel 107. Die Mitglieder des Bundesgerichts und die Ersatzmänner werden

[1] *VR. 23. 12. 1914. Ursprünglicher Wortlaut:*
Die Geschäfte des Bundesrates werden nach Departementen unter die einzelnen Mitglieder verteilt. Diese Einteilung hat aber einzig zum Zweck, die Prüfung und Besorgung der Geschäfte zu fördern; der jeweilige Entscheid geht von dem Bundesrate als Behörde aus.

[2] *Durch VR. vom 20. 6. 1931:* vier, *statt* drei Jahre.

von der Bundesversammlung gewählt. Bei der Wahl derselben soll darauf Bedacht genommen werden, daß alle drei Amtssprachen[1] des Bundes vertreten seien.

Das Gesetz bestimmt die Organisation des Bundesgerichtes und seiner Abteilungen, die Zahl der Mitglieder und Ersatzmänner, deren Amtsdauer und Besoldung.

Artikel 108. In das Bundesgericht kann jeder Schweizer Bürger ernannt werden. der in den Nationalrat wählbar ist.

Die Mitglieder der Bundesversammlung und des Bundesrates und die von diesen Behörden gewählten Beamten können nicht gleichzeitig Mitglieder des Bundesgerichtes sein.

Die Mitglieder des Bundesgerichtes dürfen keine andere Beamtung, sei es im Dienste der Eidgenossenschaft, sei es in einem Kantone, bekleiden, noch irgendeinen andern Beruf oder Gewerbe treiben.

Artikel 109. Das Bundesgericht bestellt seine Kanzlei.

Artikel 110. Das Bundesgericht beurteilt zivilrechtliche Streitigkeiten:

1. zwischen dem Bunde und den Kantonen;
2. zwischen dem Bunde einerseits und Korporationen oder Privaten andererseits, wenn der Streitgegenstand eine durch die Bundesgesetzgebung zu bestimmende Bedeutung hat, und wenn diese Korporationen oder Privaten Kläger sind;
3. zwischen den Kantonen unter sich;
4. zwischen den Kantonen einerseits und Korporationen oder Privaten andererseits, wenn der Streitgegenstand von einer durch die Bundesgesetzgebung zu bestimmenden Bedeutung ist und eine Partei es verlangt.

Das Bundesgericht urteilt ferner über Anstände betreffend Heimatlosigkeit sowie über Bürgerrechtsstreitigkeiten zwischen Gemeinden verschiedener Kantone.

Artikel 111. Das Bundesgericht ist verpflichtet, die Beurteilung auch anderer Fälle zu übernehmen, wenn dasselbe von beiden Parteien angerufen wird und der Streitgegenstand von einer durch die Bundesgesetzgebung zu bestimmenden Bedeutung ist.

Artikel 112. Das Bundesgericht urteilt mit Zuziehung von Geschwornen, welche über die Tatfrage absprechen in Straffällen:

1. über Hochverrat gegen die Eidgenossenschaft, Aufruhr und Gewalttat gegen die Bundesbehörden;
2. über Verbrechen und Vergehen gegen das Völkerrecht;
3. über politische Verbrechen und Vergehen, die Ursache oder Folge derjenigen Unruhen sind, durch welche eine bewaffnete eidgenössische Intervention veranlaßt wird, und
4. in Fällen, wo von einer Bundesbehörde die von ihr ernannten Beamten ihm zur strafrechtlichen Beurteilung überwiesen werden.

Artikel 113. Das Bundesgericht urteilt ferner:

[1] *Durch VR. vom 29. 4. 1938:* Amtssprachen *statt* Nationalsprachen.

1. über Kompetenzkonflikte zwischen Bundesbehörden einerseits und Kantonalbehörden andererseits;
2. über Streitigkeiten staatsrechtlicher Natur zwischen Kantonen;
3. über Beschwerden betreffend Verletzung verfassungsmäßiger Rechte der Bürger sowie über solche von Privaten wegen Verletzung von Konkordaten und Staatsverträgen.

Vorbehalten sind die durch die Bundesgesetzgebung näher festzustellenden Administrativstreitigkeiten.

In allen diesen Fällen sind jedoch die von der Bundesversammlung erlassenen Gesetze und allgemein verbindlichen Beschlüsse sowie die von ihr genehmigten Staatsverträge für das Bundesgericht maßgebend.

Artikel 114. Es bleibt der Bundesgesetzgebung überlassen, außer den in den Artikeln 110, 112 und 113 bezeichneten Gegenständen auch noch andere Fälle in die Kompetenz des Bundesgerichtes zu legen, insbesondere die Befugnisse festzustellen, welche ihm nach Erlassung der im Artikel 64 vorgesehenen eidgenössischen Gesetze behufs einheitlicher Anwendung derselben zu übertragen sind.

IV bis.[1] Eidgenössische Verwaltungs- und Disziplinargerichtsbarkeit

Artikel 114bis. Das eidgenössische Verwaltungsgericht beurteilt die in den Bereich des Bundes fallenden Administrativstreitigkeiten, die die Bundesgesetzgebung ihm zuweist.

Dem Verwaltungsgericht steht auch die Beurteilung von Disziplinarfällen der Bundesverwaltung zu, die ihm durch die Bundesgesetzgebung zugewiesen werden, soweit dafür nicht eine besondere Gerichtsbarkeit geschaffen wird.

Die Bundesgesetzgebung und die von der Bundesversammlung genehmigten Staatsverträge sind für das eidgenössische Verwaltungsgericht maßgebend.

Die Kantone sind mit Genehmigung der Bundesversammlung befugt, Administrativstreitigkeiten, die in ihren Bereich fallen, dem eidgenössischen Verwaltungsgericht zur Beurteilung zuzuweisen.

Die Organisation der eidgenössischen Verwaltungs- und Disziplinargerichtsbarkeit sowie das Verfahren wird durch das Gesetz bestimmt.

V. Verschiedene Bestimmungen

Artikel 115. Alles, was sich auf den Sitz der Bundesbehörden bezieht, ist Gegenstand der Bundesgesetzgebung.

Artikel 116[2]. Das Deutsche, Französische, Italienische und Rätoromanische sind die Nationalsprachen der Schweiz.

[1] *Abschnitt IV bis und Artikel 114 bis eingefügt durch VR. 23. 12. 1914.*

[2] *VR. 29. 4. 1938. Ursprünglicher Wortlaut:*
Die drei Hauptsprachen der Schweiz, die deutsche, französische und italienische, sind Nationalsprachen des Bundes.

Als Amtssprachen des Bundes werden das Deutsche, Französische und Italienische erklärt.

Artikel 117. Die Beamten der Eidgenossenschaft sind für ihre Geschäftsführung verantwortlich. Ein Bundesgesetz wird diese Verantwortlichkeit näher bestimmen.

III. ABSCHNITT. REVISION DER BUNDESVERFASSUNG

Artikel 118. Die Bundesverfassung kann jederzeit ganz oder teilweise[1] revidiert werden.

Artikel 119. Die Totalrevision[2] geschieht auf dem Wege der Bundesgesetzgebung.

Artikel 120. Wenn eine Abteilung der Bundesversammlung die Totalrevision beschließt und die andere nicht zustimmt, oder wenn fünfzigtausend stimmberechtigte Schweizer Bürger die Totalrevision der Bundesverfassung verlangen, so muß im einen wie im andern Falle die Frage, ob eine solche stattfinden soll oder nicht, dem schweizerischen Volke zur Abstimmung vorgelegt werden.

Sofern in einem dieser Fälle die Mehrheit der stimmenden Schweizer Bürger über die Frage sich bejahend ausspricht, so sind beide Räte neu zu wählen, um die Totalrevision an die Hand zu nehmen.

Artikel 121[3]. Die Partialrevision kann sowohl auf dem Wege der Volksanregung (Initiative) als der Bundesgesetzgebung vorgenommen werden.

Die Volksanregung umfaßt das von fünfzigtausend stimmberechtigten Schweizer Bürgern gestellte Begehren auf Erlaß, Aufhebung oder Abänderung bestimmter Artikel der Bundesverfassung.

Wenn auf dem Wege der Volksanregung mehrere verschiedene Materien zur Revision oder zur Aufnahme in die Bundesverfassung vorgeschlagen werden, so hat jede derselben den Gegenstand eines besonderen Initiativbegehrens zu bilden.

Die Initiativbegehren können in der Form der allgemeinen Anregung oder des ausgearbeiteten Entwurfs gestellt werden.

Wenn ein solches Begehren in Form der allgemeinen Anregung gestellt wird und die eidgenössischen Räte mit demselben einverstanden sind, so haben sie die Partialrevision im Sinne der Initianten auszuarbeiten und dieselbe dem Volke und den Ständen zur Annahme oder Verwerfung vorzulegen. Stimmen die eidgenössischen Räte dem Begehren nicht zu, so ist die Frage der Partialrevision dem Volke zur Abstimmung zu unterbreiten und, sofern die Mehrheit der stimmenden Schweizer Bürger sich bejahend ausspricht, die Revision von der Bundesversammlung im Sinne des Volksbeschlusses an die Hand zu nehmen.

[1] Ganz oder teilweise *Zusatz VR. 29. 7. 1891.*

[2] *In Artikel 119 und 120 ist durch die VR. 29. 7. 1891 jeweils* Totalrevision *statt* Revision *gesetzt worden.*

[3] *Artikel 121 und 122 durch die VR. 29. 7. 1891 neueingefügt. Der ursprüngliche Artikel 121 jetzt Artikel 123.*

Wird das Begehren in Form eines ausgearbeiteten Entwurfs gestellt und stimmt die Bundesversammlung demselben zu, so ist der Entwurf dem Volke und den Ständen zur Annahme oder Verwerfung vorzulegen. Im Falle der Nichtzustimmung kann die Bundesversammlung einen eigenen Entwurf ausarbeiten oder die Verwerfung des Vorschlages beantragen und ihren Entwurf oder Verwerfungsantrag gleichzeitig mit dem Initiativbegehren der Abstimmung des Volkes und der Stände unterbreiten.

Artikel 122. Über das Verfahren bei den Volksbegehren und den Abstimmungen betreffend Revision der Bundesverfassung wird ein Bundesgesetz das Nähere bestimmen.

Artikel 123. Die revidierte Bundesverfassung, beziehungsweise der revidierte Teil derselben[1], treten in Kraft, wenn sie von der Mehrheit der an der Abstimmung teilnehmenden Bürger und von der Mehrheit der Kantone angenommen sind.

Bei Ausmittlung der Mehrheit der Kantone wird die Stimme eines Halbkantons als halbe Stimme gezählt.

Das Ergebnis der Volksabstimmung in jedem Kantone gilt als Standesstimme desselben.

ÜBERGANGSBESTIMMUNGEN[2].

Artikel 2. Diejenigen Bestimmungen der eidgenössischen Gesetzgebung, der Konkordate, der kantonalen Verfassungen und Gesetze, welche mit der neuen Bundesverfassung im Widerspruch stehen, treten mit Annahme derselben beziehungsweise der Erlassung der darin in Aussicht genommenen Bundesgesetze außer Kraft.

[1] Beziehungsweise der revidierte Teil derselben *Zusatz VR. 29. 7. 1891.*

[2] *Die Übergangsbestimmungen sind ebenso wie die Zusätze zur Bundesverfassung betr. die Finanzierung der Landesverteidigung im ersten und zweiten Weltkrieg im ganzen unberücksichtigt geblieben.*

George Macaulay Trevelyan

Geschichte Englands

2 Bände. 4. Auflage, 868 Seiten, 36 Karten,
1 Anhang, Gr.-8°, 1949, Hlw. DM 26.-

Mit der geübten Hand des erfahrenen Forschers schildert der bekannte Historiker und Professor an der Universität Cambridge die angelsächsische Entwicklungsgeschichte. Sein ebenso offener Blick für die Schwächen des eigenen Volkes wie für seine natürlichen Kräfte, für die Geschicklichkeit wie für die Mängel der englischen Politik steuert die überaus lebendige, oft geradezu spannende Wiedergabe des umfangreichen Materials, die ebensosehr der bewegten und leidensvollen religiösen Entwicklung Englands, Schottlands und Irlands Rechnung trägt, wie der Darstellung ihres äußeren und inneren politischen und wirtschaftlichen Auf und Nieder.
Ein Zeugnis bester englischer wissenschaftlicher Überlieferung im Dienste der Wahrheitsforschung, ein Bildnis der staatlichen und geistigen Entwicklung des britischen Inselreiches, wie es selten so glücklich gezeichnet wurde.

*

Charles Seignobos

Geschichte der Französischen Nation

356 Seiten, 7 Karten, 8°, 1947, Hlw. DM 11.80

Seignobos' Werk enthüllt uns das Wesen und die Eigenart seines Volkes, zeigt uns die historische Entwicklung der „Grande Nation" in meisterhaft lebendiger Darstellung. Tief eindringend in die geistigen und seelischen Zusammenhänge weist es auf die fortschreitende Entwicklung ihrer Geschichte und deren Einfluß auf Volkstum, Einrichtungen und Gesetzgebung, auf Religion, Kunst und Leben wie auf die Politik. Nirgends tritt dabei das Wissen als trockene Gelehrsamkeit hervor. Wie in einem freundschaftlichen Gespräch entsteht vor uns ein vielfältiges Bild aller Triebquellen und -kräfte, die das Wesen und Handeln des modernen Frankreich bestimmen.
Da der Verfasser auch die Problematik der Stellung Frankreichs zu Deutschland veranschaulicht, wird dieses Buch dem Verständnis zwischen beiden Völkern dienen und eine Brücke schlagen des Verstehens, des Erkennens von Mensch zu Mensch.

VERLAG VON R. OLDENBOURG, MÜNCHEN

Georg Stadtmüller

Geschichte Südosteuropas

350 Seiten, 20 Abbildungen, Gr.-8°, 1950. In Vorbereitung.

Zum ersten Male wird hier die mannigfaltige Geschichte des gesamten riesigen Vielvölkerraumes Südosteuropas — von den Sudeten bis zum Bosporus — in einer umfassenden Darstellung wiedergegeben. Die einheitliche Behandlung dieses vielfältigen Stoffes gelingt dem Verfasser durch eine wohlabgewogene Gliederung in bestimmte Hauptepochen und entscheidende große Bewegungen, die anschaulich und meisterhaft beschrieben werden. Vor uns entsteht ein farbig lebendiges Bild dieses völkerdurchwogten Gebietes und seiner stürmisch zerrissenen Geschichte, von dem ersten Auftauchen der Germanen bis in die neueste Zeit. Von dem Schicksal des Gotenreiches, dem Hunnensturm und der slawischen Landnahme, von Ostrom und der karolingischen Mark, über Venedig, über Hussitenkrieg und Reformation, die Osmanen und den Staat der Habsburger führt uns der Verfasser zum Verfall der Türkei, dem griechischen Freiheitskampf und zum Entstehen der modernen Nationalitäten.

*

Ulrich Wilcken

Griechische Geschichte im Rahmen der Altertumsgeschichte

5. Neuauflage mit 32 Bildtafeln und 2 Karten, 1950. In Vorbereitung.

Umfassende Beherrschung des Quellenmaterials und uns auf Schritt und Tritt begegnende Liebe und Vertrautheit zu altgriechischem Denken machen dieses Buch zu einem Meisterwerk der Geschichtsliteratur.
Es entspricht dem Stande der modernen Altertumsforschung wie der Menge des vom Orient her eindringenden Materials, daß Wilcken an den Anfang seines Werkes Betrachtungen orientalischer, historischer Fragen stellt, die für die Entwicklungen in Griechenland und seinen Stammlanden von Bedeutung waren. Dies geschieht, wie die Darstellung der eigentlich griechischen Geschichtsvorgänge, mit der dem Autor eigenen souveränen Meisterung des gesamten Stoffgebietes, aus der hervorragenden Kenntnis selbst geringfügiger Einzelheiten und in einer wunderbaren Klarheit, die Politik, Wirtschaft, Kunst und Wissenschaft gleichmäßig zu ihrem Recht kommen läßt und den Wert und die Bedeutung der geschichtsbildenden Persönlichkeit insbesondere im Rahmen der altgriechischen Geschichte vorbildlich hervorhebt.

VERLAG VON R. OLDENBOURG · MÜNCHEN

Carl Brockelmann

Geschichte der islamischen Völker und Staaten

2. Auflage, 507 Seiten mit 8 Karten, Gr.-8°, 1943, broschiert DM 11.50, Hlw. DM 12.50

Die ganze vielgestaltige Geschichte des „Morgenlandes" und seiner trotz all der verschiedenartigen Völker im Grunde doch einheitlichen, religiös bestimmten Kultur, zieht hier in einer Fülle von Bildern und Berichten lebendig an uns vorüber. Das so wechselhaft folgenschwere Leben Muhammeds, die jähe Ausbreitung seiner Lehre, die Glanzzeit der arabischen Kultur in Bagdad, die Blüte der persischen Literatur, aber auch Glaubensfanatismus, tiefe Mystik, zarteste Blüten der Kunst erstehen im Bilde, während blutige Kriegsgreuel und Vernichtungsstürme über die unglücklichen, immer wieder geknechteten Völker dahingehen, bis endlich aus der Prüfung der Weltkriege sich auch hier eine neue Ordnung Bahn bricht.

*

Anfang 1950 erscheint:

Oldenbourg's Abriß der Weltgeschichte

Politik und Kultur in der Geschichte der Menschheit

Herausgeber: Dr. Eberhard Ritter

Ein Nachschlagewerk über das politische Geschehen, über die wichtigsten kriegerischen Ereignisse und über die kulturellen Errungenschaften aller Völker der Erde.

Im Gegensatz zu anderen Werken dieser Art wird hier das Schwergewicht weniger auf Politik und Kriege, vielmehr auf das gesamte Gebiet der Kulturgeschichte gelegt. Das Werk behandelt also Geistes-, Philosophie- und Wissenschaftsgeschichte, Literatur-, Kunst- und Musikgeschichte, Wirtschafts- und Finanzgeschichte, Religions- und Kirchengeschichte, die Geschichte der Sozialkämpfe, der Wanderungen und Bevölkerungsbewegungen, der Erfindungen und der Technik.

Der Abriß umfaßt etwa 800 Seiten mit zahlreichen Karten und einem Anhang, enthaltend Zusammenstellungen der Herrscher, Staatspräsidenten und Ministerien zahlreicher Länder, Stammtafeln wichtiger Dynastien und hervorragender Einzelpersönlichkeiten.

VERLAG VON R. OLDENBOURG · MÜNCHEN

www.ingramcontent.com/pod-product-compliance
Lightning Source LLC
LaVergne TN
LVHW092151300926
849161LV00002B/245